교육정책의 역사적 변동과 전망

서울대학교 행정대학원
국가리더십연구센터 국가리더십연구총서 8

교육정책의 역사적 변동과 전망

초판 1쇄 발행 2017년 8월 10일
초판 2쇄 발행 2022년 2월 10일

지은이 김신복 외

펴낸곳 서울대학교출판문화원
주소 08826 서울 관악구 관악로 1
도서주문 02-889-4424, 02-880-7995
홈페이지 www.snupress.com
페이스북 @snupress1947
인스타그램 @snupress
이메일 snubook@snu.ac.kr
출판등록 제15-3호

ISBN 978-89-521-1904-9 94350
978-89-521-1641-3 (세트)

서울대학교 행정대학원 국가리더십연구센터
국가리더십연구총서 8

교육정책의 역사적 변동과 전망

김신복 김인희 김재춘
서정화 신정철 이무근
이종재 천세영 최운실

서울대학교출판문화원

머리말

2015년은 제2차 세계대전이 연합군의 승리로 끝나 36년간의 일본 식민통치로부터 벗어나면서 광복을 되찾은 지 70주년이 되는 해였다. 지난 70년 동안 우리나라는 정치, 경제, 사회, 문화 등 여러 분야에서 엄청난 변화와 발전을 이룩하였지만 그늘진 부분도 없지 않았다. 서울대학교 행정대학원 국가리더십연구센터에서는 광복 이후 '주요 분야 정책의 역사적 변동과 전망'이라는 연구총서를 시리즈로 출간하고 있는바 이미 사회복지정책, 환경정책, 고용노동정책, 문화정책, 국토교통정책, 해양수산정책 등에 관한 연구총서가 발간되었거나 연구가 완료되었다.

이번 연구총서의 발간 목적은 광복 이후 우리나라의 발전과정에서 교육 분야의 주요 정책들이 어떻게 변동되어 왔고, 그 성패요인들은 무엇이었으며, 향후 정책수립과 집행에 대한 시사점과 제언은 무엇인지를 종합하여 차세대 지도자들에게 체계적인 지식과 교훈을 제공하는 데 있다.

우리 교육은 국내외로부터 지난 수십 년 동안 국가발전의 원동력이었다는 평가를 받고 있을 뿐만 아니라 교육정책은 지속적으로 국민들의 높은 관심을 받았지만 그 타당성에 관한 논란도 많았다. 그리고 후술하는 바와 같이 교육정책은 타 분야의 정책들에 비해 상대적인 특수성을 갖고 있기 때문에 별도로 분석 검토하는 것이 바람직하다.

따라서 이 책의 발간 목적은 지난 70여 년 동안 우리나라 교육정책의 형성·집행 과정에서 주요 영역 또는 기능별로 특징적인 변동의 양상과 관련요인(영향요인, 성패요인 등)들을 밝히고 장래에 대한 시사점과 제언을 제공하는 데 있다.

교육정책은 경제정책, 사회간접자본(SOC)정책, 정보통신정책 등 타 분야 정책들에 비해 상대적으로 몇 가지 특수성이 있어 일반화시키기 어려운 측면이 있으므로 별도의 연구가 필요하다.

첫째로 교육정책은 독립변수적인 성격과 종속변수적인 성격을 함께 가지고 있다. 우리나라 민주시민으로서 타고난 잠재능력을 최대한 개발하여 자아실현을 돕고 국가사회에 기여할 수 있는 자질을 함양한다는 것은 정권이나 환경의 변화와 상관없이 추구되어야 할 궁극적인 목표이다. 반면에 경제적 전망이나 기술변화, 사회적 기대에 부응하여 인적자원의 양성·배분을 양적·질적으로 조정해 나가야 할 종속적인 측면도 결코 소홀히 할 수 없다.

둘째로 교육을 통한 인적자원 개발에는 장기간이 소요되며 투자회임기간(gestation period)이 길다. 초등학교에서 대학까지 졸업하려면 16년이 소요되며 고급 인력일수록 개발(양성)에 장기간이 소요된다. 또 지식이나 기술의 습득보다는 가치관의 형성과 태도의 변화에 더 많은 기간이 소요된다는 것이 통설이다. 이렇게 타 자원개발에 비해 전체적으로 장기간이 소요되기 때문에 교육정책을 추진함에 있어서도 단기적인 효과에 국한하지 않고 장기적인 효과를 고려하지 않으면 안 된다. 물론 기관이나 인프라(infrastructure)를 설치하는 사업처럼 단기적인 정책과제도 있지만 그 효과를 평가하는 경우에도 장기적인 시각에서 나타날 영향(impact)을 감안해야 한다.

셋째로 우리나라의 교육정책에 관해서는 국민들의 관심이 타 분야 정책들보다 현저하게 높다. 흔히 지적하는 것처럼 교육문제에 대해서는 누구나 일가견을 가지고 있으며, 취업문제 역시 생활과 직결되므로 큰 관심을 가지는 것이 당연하다. 따라서 경제문제나 다른 사회·문화 분야의 정책들에 대해서는 소수의 전문가들 외에는 논의조차 꺼리는 것이 보통이지만 교육정책에 관해서는 교직원들은 물론 정치인이나 모든 부처의 관료, 일반 국민들까지 자기 나름대로 문제의식과 의견을 가지고 있는 것이다. 이는 교육정책평가에 있어 정책수립과정이 충분한 여론수렴과 투명한 검토과정을 거쳐 이루어졌는지를 심도 있게 검토해야 함을 시사한다. 즉, 정책의 결과만을 평가할 것이 아니라 그것을 수립하고 집행과정을 평가하는 데 더 큰 관심과 노력을 기울여야 한다는 것이다.

넷째로 교육은 인간을 대상으로 이루어지는데 인간은 스스로 판단하고 활동하는 주체이므로 폐쇄적인 체제 속에서 인과관계를 설정하고 평가하기가 어렵다. 따라서 교육에 있어서는 투입변인과 산출 사이에 관련되는 상황변인(situational variable)이 많이 작용한다. 교육정책의 효과를 분석하기 위해서는 학업성취나 교육의 성과에 영향을 미치는 변인들을 규명하는 것이 중요한데, 여기에는 교원이나 시설, 교재 등의 투입변인 외에 환경적 변인이나 가정과 사회의 역할 등 많은 변인이 작용한다는 점을 감안하지 않으면 안 된다. 또 어떤 교육정책이 소기의 성과를 거두지 못한 경우에도 담당자들의 노력 부족 때문만이 아니라 다른 관련 요인들이 작용했을 가능성을 염두에 두어야 한다.

다섯째로 사회문화 분야의 정책들이 대부분 그러하거니와 교육정책의 효과를 계량적으로 측정하는 데에는 한계가 있다. 양성·배출되는 인원처럼 개략적인 산출의 측정은 가능하겠지만 교육이수자의 질적인 차이를 계량화하는 것은 매우 어려운 작업이다. 특히 교육·훈련을 통해서 배양되는 지식·기술과 가치관이나 태도의 변화 정도를 평가하는 것은 최근 부분적으로 방법론이 개발되고 있지만 한계를 가지고 있다. 따라서 각 정책에 의해 투입되는 비용 및 자원과 정책의 효과를 비교하는 능률성(efficiency)을 평가하는 것은 더욱 어려운 과제가 될 것이다. 그러므로 가시적인 산출 위주의 개략적인 평가에 그치지 않고 전문적인 안목으로 질적·정성적(定性的) 평가를 병행하여 타당성을 높이려는 노력이 필요하다.

여섯째로 교육정책은 지속적으로 추진되기 때문에 착수시점과 종료시점을 획정하기 어려운 경우가 많다. 공장이나 교량을 건설하는 것처럼 추진기간이 분명한 것이 아니라 계속해서 추진되어야 할 성격의 정책들이 많다는 것이다. 따라서 정책평가에 있어서도 모든 집행과정이 종료된 다음에 시행하는 총괄평가에 국한하지 않고 진행 중인 정책들에 대한 중간평가 내지 도중평가 성격의 평가를 실시하여 잘못된 점이나 애로사항을 개선하는 조성적·지원적 목적의 평가에 더 큰 의미를 부여해야 할 것이다.

과거에도 광복 50주년, 60주년에 즈음하여 교육발전의 성과와 요인들을 정리해 본 연구서들이 있었다. 그리고 이번 70주년을 맞아서도 그러한 시도들이 없지 않았다. 그러나 교육정책의 역사적 변동에 초점을 맞추고 그 큰 흐름을 조망하고자 한 연구서는 별로 없었던 것 같다. 이 책에서는 분야별 교육정책의 변화를 연대별로 열거하는 백서 형식이나 단순히 성과와 실적을 제시하는 방식은 지양하였다. 각 장에서는 지난 70년을 몇 개의 기간으로 구분한 다음, 하위영역(절)별로 주요 정책의 변동추이를 거시적 흐름, 특히 정책의 패러다임 변화 중심으로 살펴보고, 현저한 정책 변경, 혁신, 또는 개혁에 초점을 두고 그러한 정책형성(변경)요인과 집행결과의 성패요인을 살펴보고자 하였다.

특히 연구를 기획한 행정대학원 국가리더십연구센터의 관심사를 감안하여 주요 교육정책들이 형성(변경)된 배경과, 결정되고 집행된 과정에서 주도자(집단)의 리더십, 이해관계 및 갈등의 노출 및 조정, 성공 또는 실패의 요인, 장래 정책 수립·집행에 대한 시사점과 제언 등이 포함되도록 노력하였다.

우리나라에서는 과거에 정치지도자들의 관심 및 의견과 조직화된 정책관련 집단들의 이해관계를 우선 반영하거나, 행정편의적으로 정책을 수립·집행한 사례들이 적지 않았다. 이를 감안하여 정책과정과 성과를 검토하면서 필자들은 공급자(정부, 교원) 측의 관점과 수요자(학생, 학부모, 고용주) 측의 관점을 균형 있게 반영하도록 노력하였다.

지난 70년의 교육분야의 정책변동은 타 분야와 마찬가지로 몇 개의 기간으로 나누어 검토하는 것이 흐름을 파악하는 데 효율적일 뿐만 아니라 비교를 용이하게 할 것이다. 구체적인 시기 구분은 ① 신교육제도의 형성과 전쟁피해로부터의 재건에 역점을 두었던 자유화기(1945~1960), ② 초·중등 교육기회의 확대와 양적 성장을 실현한 산업화기(1961~1979), ③ 교육의 질적 발전에 역점을 두었던 민주화기(1980~1997), ④ 교육운영의 자율화와 혁신을 추구했던 선진화기(1998~2015)로 구분하여 검토하고자 한다. 다만 교육정책의 하위영역에 따라 시기 구분을 약간 달리할 필요가 있는 경우에는 소폭 조정을 하였다.

교육분야의 하위영역을 구분하는 데는 교육영역별 구분과 지원기능별 구분을 적용할 수 있다. 그러나 어느 한쪽 기준으로만 구분하는 경우에는 사각지대나 중복되는 부분이 생길 가능성이 많다. 따라서 이 책에서는 두 가지 기준에 의한 분류를 병용하되 해당 분야나 기능의 중요성을 감안하여 하위영역을 다음과 같이 구성하였다. 제1부 총론 다음에, 학교교육정책을 '유·초·중등교육정책'과 '고등교육정책'으로 나누고, 공교육 못지않게 현실적으로 큰 비중을 차지해 온 '사교육 대책 및 대학입학선발제도'와 묶어서 제2부로 구성하였다. 또한 학교 내에서는 물론 학교 밖에서도 활발하게 실현되고 있는 '직업교육정책'과 '평생학습정책'을 제3부로 구분하였다. 그리고 교육여건과 직결되는 직접지원 기능 영역으로 '교직원정책'과 '교육복지 및 환경정책'을 선정하였고, 교육체제의 운영과 간접지원을 담당하는 영역으로 '교육행정 및 정책과정'과 '교육재정정책'을 포함시켜 제4부를 구성하였다.

집필자의 구성은 각 하위 분야 교육정책에 관해 이론은 물론 실제 행정경험을 가진 분들로 구성하였다. 즉, 학계의 해당 분야에서 인정받는 학자(교수)이면서 교육행정기관이나 국책연구기관에서 고위행정직을 역임한 분들에게 집필을 의뢰하였다.

이 책을 집필하는 과정에서는 체계의 일관성을 유지하고 내용의 통합성(integrity)을 제고함과 아울러 상호논평을 통해 각 논문의 질을 향상시키기 위해 여러 차례의 조정작업과 워크숍 및 세미나를 가졌다.

2015년 12월에 집필자 상견례 겸 집필지침에 관한 상호 의견교환이 있었고, 2016년 2월 20일에는 중간발표 성격의 집필자 워크숍을 개최하여 장별로 집필 예정인 세부 차례와 이미 집필한 부분에 대한 발표와 의견교환이 있었다. 그 후에 워크숍에서 지적된 취약점과 제언들을 반영하여 세부 차례를 다시 수정하여 공유하는 과정을 거쳤다. 6월 13일까지 각 장의 원고를 마감하고 6월 18일에는 공개세미나를 개최하여 필자들이 발표하고 외부 전문학자들이 논평하는 기회를 가졌다. 세미나에서의 논평 내용을 반영하여 마지막으로 수정하는 과정을 거쳐 8월 10일까지 최종 원고를 마감하였다. 한편 제1장은 대표집필자가 6월 13일 세미나에 일부 초안을 집필진에게 공개하여 논평을 구했으며, 각 장의 내용을 종합한 부분은 8월 초순에 완성하여 집필진의 검토를 거쳤다.

이 책은 앞에서 밝힌 바와 같이 서울대학교 행정대학원 국가리더십연구센터에서 발간하는 연구총서의 일환으로 시작되었다. 센터의 김병섭 소장님과 최동훈 박사는 대부분의 연구관련 모임에 참석하면서 조언과 협력을 아끼지 않았고, 필자들은 그에 대해 깊은 감사의 뜻을 표한다. 그리고 각 장의 초안을 검토했던 공개세미나에 지명토론자로 참석하여 귀중한 의견을 주신 진동섭(서울대), 허병기(교원대), 박동열(한국직업능력개발원), 안선희(중부대), 임연기(공주대), 정기오(교원대) 교수

님들께도 심심한 감사를 드린다. 끝으로 이 책을 발간하기로 결정하고 편집 및 출판 작업을 수행하신 서울대학교출판문화원 관계자들께도 고마움을 전하고자 한다.

2017년 7월

집필진을 대표하여 김신복

차례

1부

총론

1장 /

교육정책, 교육발전, 국가발전

김신복

이 장에서는 각 장에서 교육정책의 하위영역별로 주요 교육정책들의 역사적 변동과 그 패러다임 변화 및 시사점 등을 상세하게 살펴보기 전에 그 큰 흐름을 개관해 보고자 한다. 이어서 교육발전의 과정에서 교육정책들이 어떤 역할을 했으며 교육(정책)이 국가발전에는 어떻게 기여했는지를 고찰해 보고자 한다.

I. 서론: 개념 및 분석의 틀

1. 교육정책의 이념 및 패러다임

흔히 우리가 쓰는 이념(ideology)이라는 개념은 어떤 국가사회가 추구하는 최고의 정치적 가치나 정치질서를 뜻하며 민주주의, 사회주의 등이 그 예이다. 한 국가나 사회의 발전이라는 거시적 측면에서의 이념은 추구해야 할 목적 및 바람직한 가치에 관하여 일반적으로 공감하는 이론체계라고 할 수 있다. 정치·경제적 차원에서의 이념은 가치 및 자원의 동원·배분에서 공권력의 개입 정도가 핵심적인 기준이 된다.

한편, 행정에서의 이념은 행정이 추구하는 최고의 가치, 즉 바람직한 지침이나 원리를 말한다. 일관성 있고 발전적인 행정이 이루어지기 위해서는 지향하는 궁극적인 가치와 원칙이 명료하게 설정되지 않으면 안 된다. 이러한 가치나 원칙이 행정인을 비롯한 사회구성원들 사이에 공통으로 이해되고 수용되어 내면화되면 비로소 '행정이념'이라고 부를 수 있다.

패러다임(paradigm)은 어떤 한 시대 사람들의 견해나 사고를 지배하고 있는 이론적 틀이나 개념의 집합체를 말한다. 따라서 행정 및 정책의 패러다임은 해당 분야의 지배적인 접근방법이나 관점을 가리킨다. 이러한 패러다임은 관계자들로 하여금 그 분야의 현상을 바라보는 관점을 형성해 줌으로써 문제 선정과 해답의 방향 탐색에 일관성을 갖게 해 준다.

국가기능 및 공공정책의 확대는 경제활동에 대한 개입 및 규제의 증대뿐만 아니라 국민복지의 증진을 위한 적극적인 활동과 노력에서 비롯되었다. 즉, 자유방임에 의한 보이지 않는 손(invisible hand)에 의해서가 아니라 공적인 관리에 의한 인위적인 조화와 발전을 추구한 결과이다. 따라서 공공정책을 추진하는 것은 통제(control)를 수반하게 된다. 예상되는 미래가 바람직하지 못하면 자연적인 추세를 촉진하거나 억제하여 소망스러운 방향으로 이끌어 가는 의도적인 노력이 곧 정책과정이기 때문이다. 그러나 이때의 통제는 공공의 이익을 증진하기 위한 공공통제(public control)가 중심이 된다.

공공정책, 특히 교육정책에서 가장 중요한 이념 중의 하나인 민주성은 내용적 측면과 과정적 측면에서 아울러 추구되어야 한다. 우선 정책의 내용적 측면에서는 개인의 자아실현(self-actualization)과 기회균등, 사회정의와 형평 등의 가치를 정책목표 속에 충분히 반영하는 인본주의적 철학에 기초를 두어야 할 것이다. 이를 위해서는 풍요한 삶을 보장하기 위한 경제개발목표와 취업, 교육, 보건 등 국민복지의 향상을 위한 목표, 그리고 경제적 혜택이나 기회의 균등한 제공 등 형평을 위한 목표들이 정책내용 속에 포함되지 않으면 안 된다.

정책의 과정적 측면에서는 정책의 수립·집행과정에의 광범한 참여를 통하여 대표성(representativeness)을 높이고 개인의 지적 성장을 촉진하는 것이 곧 민주성을 실현하는 길이다. 정책을 수립·추진하는 과정에서 참여가 갖는 효용은 우선 각계의 의견과 중지(衆智)를 수렴하여 정책내용의 타당성을 높이고 관련 당사자들의 이해관계를 조정하여 형평성(equity)을 높여 준다. 또 참여과정에서의 정보교환, 토론 등 상호작용을 통하여 참여자들은 많은 것을 배우게 된다.

정책추진의 가장 중요한 과제는 발전목표를 설정하고 그 실현방안을 구체화하는 일이므로 목표달성의 극대화, 즉 효과성 제고는 발전행정이나 정책이 추구하는 기본이념 중의 하나로서 받아들여지고 있다. 여기서 현실적으로 당면하게 되는 과제는 발전목표를 누가 어떻게 설정할 것이며, 그 달성 정도를 구체적으로 어떻게 평가할 것인가 하는 문제이다. 특히 발전목표의 설정에는 가치판단이 크게 작용하고 구체화·계량화하기가 어렵기 때문에 객관성을 확보하는 데 애로가 있다. 따라서 합리적이고 실천적인 발전목표를 수립하는 작업 자체가 정책과정의 가장 중요한 기능 중의 하나이다.

이와 아울러 정책추진의 가장 핵심적 이념인 능률성은 설정된 목표를 가장 적은 비용으로 성취하고자 하는 경제성(economy)을 의미하며 투입(input) 대 산출(output)의 비율로 나타낼 수 있다. 바꾸어 말하면 능률성은 일정한 투입자원이나 비용을 가지고 최대의 산출 또는 성과를 이룩하거나, 일정한 성과를 산출하기 위해 최소의 비용을 투입하는 방안을 강구하려는 원칙이다.

이러한 공공성, 민주성, 효과성, 능률성과 더불어 공공정책 및 교육정책이 추구하는 이념은 합목적성, 자율성, 형평성, 준법성, 합리성 등 여러 가지를 제시할 수 있으며, 이들은 상호 중복되는 측면들도 있지만 약간씩 강조점이 다르기 때문에 보완적으로 채택·반영되어야 한다. 더 중요한 것은 이러한 정책이념들이 정책분야별로 달리 적용되기보다는 시대에 따라 또는 정권에 따라 중점을 달리하면서 적용되었을 가능성이 높다는 점이다. 왜냐하면 정책(교육정책 포함)의 이념은 시대적 사명, 정권의 통치이념, 경제사회적 발전목표 등에 따라 강조점이 달라질 것이기 때문이다. 따라서 지난 70년간 교육정책의 이념변화를 성찰하는 과정에서는 이러한 시각과 준거틀(frame of reference)을 적용하고자 하였다.

2. 교육발전과 교육정책

교육발전의 개념에 관해서는 시각과 초점에 따라 여러 가지로 규정하고 있다. 교육기회 확대나 인력양성 등 양적인 측면을 중요시하거나 수업의 효과나 교원의 자질과 같은 질적인 측면에 초점을 두기도 한다. 또 교육이 추구하는 이념이나 교육목표와 같은 철학적 측면을 강조하거나 교육체제의 분화과정이나 교육제도의 민주성과 같은 구조적 측면에 역점을 두기도 한다.

국가나 사회의 차원에서 교육활동이 지향하는 궁극적인 가치 내지는 교육발전의 지향목표는 크게 세 가지로 나눌 수 있을 것이다. 첫째로 교육을 받고자 하는 국민의 욕구를 어느 정도 충족시켜 주고 있는가? 둘째로 교육의 과정에서 필요로 하는 교육자원을 양적·질적으로 어느 정도 만족스럽게 동원, 활용하고 있는가? 셋째로 교육의 성과가 교육 내적 기준과 사회적 요청에 어느 정도 부합하고 있는가? 이를 토대로 교육발전은 교육의 기회를 확대·균등화함과 아울러 교육여건을 개선하여 교육의 질을 높이고 교육의 효과성 및 능률성을 향상시키는 과정이라고 정의하였다. 교육발전의 핵심요소로서 교육의 효과성(effectiveness)과 능률성(efficiency) 향상은 교육체제의 산출 및 운영의 성과를 높이는 일이다. 교육의 효과는 개인의 지식, 기술, 태도 및 가치관의 변화로서 나타나지만 국가사회가 필요로 하는 인재를 양성·공급해 주고 있는지, 그리고 그러한 교육활동에 대한 지원과 체제운영이 효율적으로 이루어지고 있는지가 종합적으로 검토되어야 한다.

3. 국가발전과 교육(정책)의 기여

여기서 국가발전은 국가적 정체성(identity)을 바탕으로 정치, 경제, 사회 등 하위체제가 바람직한 방향으로 변화하는 과정으로 이해한다. 교육과 국가발전의 관계분석은 쌍방적인 관계를 함께 살펴보아야 한다. 그러나 여기서는 교육정책이 국가발전에 미친 영향 측면에 중점을 두고 살펴보고자 한다. 즉, 교육정책의 결과에 따라 교육이 정치, 경제, 사회의 각 측면에 얼마만큼 기여해 왔는지를 그동안 수행되어 온 선행연구결과들을 종합하면서 체계적으로 정리해 보려는 것이다.

우선 정치발전에 대해서는 교육정책이 갖는 정치적 사회화, 정치적 충인, 정치직 통합에 대한 기여도를 살펴본다. 정치적 사회화란 정치사회가 요구하는 지식, 태도, 가치관 등의 인간적 특성을 학습 또는 체득하게 되는 과정을 말한다. 이것은 정치현상에 대한 국민의 심리적 지향성을 나타내는 정치문화의 유형을 결정하며 정치적 참여 및 시민성 배양과 같은 요소와 직결된다. 정치적 충원은 정치를 담당하는 엘리트 계층을 배출하는 기능으로서 양적인 규모와 더불어 이 엘리트들의 교육 수준이 관심사항이 된다. 정치적 통합은 국민으로서의 국가의식, 주체의식 등의 배양과 아울러 공동체의 통합을 강화하는 여건을 조성하는 기능이다.

다음으로 경제발전에 대한 교육정책의 기여는 경제의 양적 성장과 질적 구조 변화에 어떤 영향을 미쳤는지를 분석하는 데 초점을 둔다. 교육과정정책 면에서 교육목표와 내용이 기술 및 인력개발에 중점을 두었는지, 교육산업의 확대가 경제성장에 얼마만큼 기여했으며, 교육이 노동생산성 향상과 부가가치 증대를 통해 경제성장에 기여한 비중은 얼마인지를 종합적으로 검토해 보고자 한다. 그와 관련하여 학교급별 교육기회 확대정책에 따른 학력 간 임금격차의 변화추이와 근로자들의 학력별 사회적 수익률도 함께 살펴보게 될 것이다.

마지막으로 사회발전에 대한 교육정책의 기여 측면에서는 도시화, 가족구조의 변화, 사회계층구조의 변화 등에 초점을 두고 그러한 변화를 가져오는 가장 중요한 요인이라 할 수 있는 의식구조의 변화에 교육이 어떤 영향을 미쳤는지 중점적으로 살펴보고자 한다.

II. 교육정책의 이념 및 패러다임 변동

이 절에서는 우리나라 교육정책이 추구해 온 최고의 가치, 즉 이념과 패러다임이 어떻게 달라져 왔는지를 개관해 보고자 한다. 우선 정부의 통치이념과 그것을 구현하는 행정이념이 기간별로 어떻게 변해 왔으며 그에 따라 교육정책의 이념이 어떻게 달라져 왔는지를 살펴본 다음, 교육정책의 하위영역별로 어떠한 패러다임 변화가 있었는지를 개관해 보고자 한다. 더 구체적인 주요 정책들의 역사적 변동과 그 흐름 및 패러다임 변화에 관해서는 후속하는 각 장에서 상세하게 기술하게 될 것이다.

1. 통치이념, 행정이념, 교육정책 이념의 변동

정부수립 이후 우리나라는 정치, 경제, 사회의 여러 영역에서 엄청난 변화와 발전을 경험하였다. 그러한 시대적 상황변화는 정부에 의해 비롯되거나 촉진된 부분도 많지만 정부의 역할변화를 가져온 측면들도 적지 않았다. 즉, 시대적 상황과 정부의 역할변화는 상호 영향을 주고받는 쌍방적인 관계에 있었다는 것이다.

해방 이후 남북분단으로 남한에 단독정부가 수립된 후 자주독립국가의 기틀을 다지기도 전에 1950년 한국전쟁이 발발하여 천문학적인 인적·물적 손실을 보았다. 휴전 이후에도 남북한 간에 준전시적인 대립이 지속되었고 경제적으로는 저개발 빈곤상태를 벗어나지 못하였다. 휴전 이후에는 반공정책을 최고의 통치이념으로 표방하면서 자유민주주의를 기반으로 하는 국민형성(nation building)과 경제재건에 발전목표를 두었다. 이 시기에 정부는 정치·사회적 혼란 상황에서도 국가의 기틀을 다지고 사회경제적 위기를 극복하여 국가의 정체성(identity)을 유지하는 데 기여했다고 할 수 있다. 당시에 정부의 핵심적인 역할은 자유민주주의 체제를 유지하는 것이었고 제한된 범위에서나마 지방자치제를 실시하는 등 국민의 자유와 자율을 존중했던 시기였다. 교육정책이 추구했던 최고의 가치 역시 신교육제도를 정착시키고 자유민주시민을 육성하는 데 두었다.

한국경제는 1960년대 중반부터 고도성장을 시작하였다. 그 계기는 아무래도 근대화와 경제발전을 통치이념으로 한 박정희정부의 등장을 들어야 할 것이다. 1961년 5·16 군사정변으로 집권한 박정희는 정치과정에 매이지 않고 경제성장을 추구하는 행정형 국가를 구축하려고 하였다(이제민, 2008). 군사정권은 국민으로부터 정권의 정통성을 인정받기 위해 가시적인 경제성장을 최우선적인 발전목표로 하였고 산업구조조정과 사회간접자본의 확충을 아울러 추진하였다. 그 과정에서 박정희정부는 제조업의 육성, 특히 수출지향적 산업화전략을 강력하게 추진하였다. 따라서 교육정책의 핵심 목표도 사회적 수요를 충족시키기 위한 교육기회 확대와 산업인력의 양성에 두었다.

1960~1970년대 정부는 시장실패를 대신한다고 할 만큼 정부 주도적인 산업정책을 선도하였다. 한국정부가 수출진흥과 산업구조 고도화를 목표로 시행한 정책은 무역, 재정, 금융, 산업조직, 지역개발정책까지 얽혀 있었으며 자원의 동원과 배분에 정부가 직접 개입하고 행정적인 규제를 가하였다. 이를 뒷받침하는 데 가장 효과적인 수단으로 5개년개발계획, 즉 종합기획체제를 채택한 것이다. 행정이념도 목표의 달성을 최우선으로 하는 효과성이 강조되었다.

1980년대의 전두환, 노태우 등 권위주의 정권들도 산업구조의 고도화와 중화학공업의 육성, 사회개발(social development)정책들은 그대로 이어갔지만 집권층의 중앙집권적인 종합기획방식에 대한 의존도와 추진 열의는 약화되었다. 민주화운동으로 정부의 통제력이 약화되기 시작했고, 따라서 정부는 정책결정과정에서 시민사회의 목소리를 의식할 수밖에 없게 되었으며 국회가 여소야대 구조였던 노태우 정권에서는 경제민주화 주장이 민간 주도화 주장보다 우선하기도 하였다. 경제규모가 커지면서 정부 개입을 줄이고 시장경제체제로 이행하여 효과성과 능률성을 동시에 추구하려 하였지만 실제로는 제대로 이루어지지 않았다.

1990년대에 접어들면서 국내외 환경은 크게 변하기 시작하였다. 국내적으로는 경제자유화와 정치민주화에 대한 요구가 높아지면서 자본가 계급과 시민사회세력이 정부의 정책결정과정에서 더 큰 영향력을 행사하였으며, 국제적으로는 탈냉전과 세계화(globalization)의 물결 속에서 신자유주의적인 무역질서가 확산되어 국가경쟁력의 배양이 큰 과제로 등장하였다. 이에 따라 교육정책의 이념도 교육기회를 확대, 균등화함과 아울러 교육의 질을 높이는 데 두었다. 1993년에 문민정부를 표방하면서 등장한 김영삼정부는 규제철폐와 경제의 자유화 및 세계화를 주된 내용으로 하는 개혁에 착수하였다. 이 과정에서 30여 년간 경제개발 5개년계획을 주도해 온 경제기획원이 해체되고 종합기획방식도 큰 변화를 겪게 되었다.

국민의 정부 이후 작은 정부로의 개혁은 여러 정권에서 시도되었다. 그러나 부처통폐합 및 공무원정원감축, 규제개혁과 같은 공공부문 개혁은 정권 초기에는 어느 정도 성과를 보이다가 나중에는 흐지부지되는 경향을 보여 왔다. 물론 경제운용에 대한 정부개입은 전반적으로 축소하는 정책기조를 유지하였고 공공서비스 공급을 민영화하거나 민

〈표 1-1〉 통치이념, 행정이념, 교육정책 이념의 변화

이념·역할 \ 시기	정초기 (1945~1960)	산업화기 (1961~1979)	민주화기 (1980~1997)	선진화기 (1998~2015)
정권	이승만, 장면	박정희	전두환, 노태우, 김영삼	김대중, 노무현, 이명박, 박근혜
핵심적 통치이념	자주독립 국가형성	근대화, 경제발전	발전, 안정, 자율	민주, 복지, 효율
경제·사회 발전의 핵심적 목표	자유민주국가 및 국민형성 사회안정 경제부흥	경제성장 우선 산업구조 개편 사회간접자본 확충 사회개발 시동	산업구조 고도화 중화학공업 발전 사회개발 촉진 국제화 강조	기술혁신·정보화 사회복지와 형평 경제적·사회적 균형발전
정부의 핵심적 역할	체제유지 자유존중	종합기획 자원의 동원·배분 직접적 규제	지속성장 촉진 점진적 자율화	시장경제 육성 조정 및 협치
행정의 핵심적 이념	공공성 자율성	효과성 (목표달성 우선)	효과성 능률성	민주성 형평성
교육정책의 핵심적 이념	신교육제도 정착 자유민주시민 육성	교육기회 확대 산업인력 양성	교육기회의 확대 및 균등화 교육의 질 향상	인적자원 개발 교육운영 자율화 교육복지 증진

간위탁을 확대하는 정책방향을 유지해 왔다. 참여정부에서는 작은 정부 구현이나 공기업 민영화 등의 정책기조는 중단되었고, 균형발전·복지증진을 위한 정부의 역할증대가 강조되었다. 지역 간 균형발전을 위한 행정수도이전, 혁신도시건설, 지방대학혁신역량강화(NURI)사업 등이 추진되었고, 저소득층과 소외계층을 위한 복지정책도 확대되었으며 경제와 사회복지의 균형발전이 강조되었다.

이명박정부는 집권 초기에 경제를 살리기 위한 성장회복에 역점을 두었다. 그러나 '기업프렌들리 정책'으로 대변되면서 신자유주의적이라고 비판을 받았던 정책기조들은 나중에 그 방향이 바뀌기 시작하였다. 2009년 '친서민 중도실용'을 표방하면서 보금자리주택과 미소금융을 시작하였고, 2010년 6·2 지방선거에서 패배한 후 '공정사회'를 표방하

면서 중소기업과 대기업 간의 동반성장 정책을 강조하였으며, 2011년에는 '공생발전' 정책기조로 이어졌다.

이렇게 보면, 2000년대 이후 통치이념은 민주화와 복지증진을 우선하면서도 기술혁신과 정보화를 통해 효율성을 높이려는 노력이 병행되었다고 할 수 있다. 그에 따라 정부의 역할도 관 주도 방식에 의존하지 않고 시장경제를 육성하면서 민간부문과 협의·조정을 통한 협치(governance)를 지향하면서 민주성과 형평성을 확보하려는 노력이 강화된 시기였다고 하겠다. 교육정책의 이념도 전인적인 인적자원개발 기능을 강화함과 아울러 교육복지를 증진하고 교육운영을 자율화하는 데 두었다고 할 수 있다.

2. 학교교육정책과 사교육 대책

지난 70여 년 동안 우리의 공교육정책과 사교육 대책은 서로 밀접한 관련 속에서 전개됐다. 우선 초·중등학교의 경우 교육기회 확대정책은 이미 성공적으로 완성된 것으로 평가할 수 있다. 초등교육은 1950년대에 의무교육완성 6개년계획을 거치면서 보편화 수준에 이르렀으며, 중학교 교육은 1960년대에 무시험 전형정책을 거치면서 빠른 속도로 팽창하였고, 고등학교 교육은 1970년대에 고교평준화정책을 거치면서 급속히 팽창하기 시작하였다. 1990년대에는 대학교육과 유아교육이 빠르게 팽창하기 시작했다.

둘째, 초·중등학교 교육과정정책은 1950년대부터 1970년까지 교육부 관료들이 교육과정 개정안을 개발하는 행정모형기를 시작으로, 1980년대부터 2000년대 중반까지 전문가들이 교육과정 개정안을 만드는 연구·개발 모형기를 거쳐, 2000년대 중반부터는 교육과정을 수시로 개정하는 수시개정기에 이르렀다. 그리고 교과서의 발행에 대해서는 1945년 이래로 1970년대까지는 정부의 개입을 강화하는 정책을 추진하다가 1980년대부터 민간의 자율과 창의를 강조하면서 교과서 발행에 대한 정부의 개입을 줄이는 정책을 취했다. 특히 이명박정부에서는 국정 도서를 축소하고 인정도서를 대폭 확대하여 자율성을 확대하는 교과서정책을 추진했다.

셋째, 우리나라 수업과 평가정책은 1950년대부터 1960년대까지 미국 진보주의 영향하에서 수업을 개선하려는 새교육운동과 표준화검사 및 조사연구를 강조하는 교육의 과학화시대를 겪었다. 그리고 1970년대와 1980년대에는 표준화된 수업과 평가모형으로 새교육체제와 완전학습이론을 개발하여 확산시켰다. 1990년대부터는 학생 집단별 또는 개인별 특성에 적합한 수업과 평가모형을 개발하고 활용하려는 다양화시대에 진입하였다. 이 시기는 열린교육, 수준별수업, 교과교실제, 자유학기제, 수행평가 등 한편으로는 학생 집단별 또는 개인별 특성에 맞는 수업과 평가모형을 다양하게 개발하려는 다양성의 시기이면서 다른 한편으로는 교사의 전문성과 자율성을 강조하는 수업과 평가의 민주화 시기라고도 볼 수 있다.

넷째, 우리나라 유아교육은 1950년대까지는 정부의 관심을 받지 못하다가 1960년대에 들어서야 '유치원시설기준령'과 '유치원교육과정령'이 제정되기에 이르렀다. 그리고 초·중등교육이 보편화 단계에 이른 1990년대에야 유아교육 공교육화 논의가 시작되었으며, 1998년 '교육기본법'을 필두로 한 교육법체제 개편과정에서 유치원이 정식 학교체제 곧 공교육체제로 편입되었다. 2004년 '유아교육법' 제정으로 5세 무상교육정책의 천명과 공사립 유치원을 대상으로 한 유아학비 보조 정책(바우처 제도)이 시행되었다. 2011년에 유아교육과정과 보육과정을 통합한 누리과정이 완성되었고, 2012년부터 만 5세 유아를 대상으로 누리과정 무상교육화가 추진되었다.

다섯째, 우리나라 교육정보화는 1950년대부터 1980년대에 이르는 교육방송기를 시작으로, 1990년대 중반에 초고속정보통신과 에듀넷시대를 거쳐, 2010년대 이후 스마트교육정책시대를 맞이하고 있다.

고등교육정책영역에서 세 가지 주요 정책의 흐름을 개관해 보면 다음과 같다. 우선 대학 설립인가 및 대학정원 정책의 경우 1950년대까지는 대학교육의 질적 수준을 유지하기 위하여 일정한 요건을 갖춘 대학들에 설립을 인가해 주고, 교육여건에 따라 학생정원을 달리 책정하였다. 1960~1990년대에는 이러한 기준 및 지침을 더욱 엄격하게 설정하였으며, 2000년대에 접어들어 외형적으로는 이를 완화하는 것처럼 보였으나 실질적으로는 다양한 평가와 재정지원수단 등을 활용하여 지속해서 대학의 설립과 학생정원을 통제하였다. 즉, 대학설립 인가 및 대학정원 책정은 시기와 관계없이 정부의 통제하에 있었다고 할 수 있다. 다만 통제의 수단이 과거에는 법령과 지침 등이었던 반면, 2000년대 이후에는 평가와 재정지원이라는 간접적 정책수단을 활용하여 대학을 통제하고자 한다는 점에 차이가 있을 뿐이다.

1960~1990년대의 대학정책들은 규제 목적의 정책들이 주를 이루고 있으나, 대표적인 대학정책은 역설적으로 대학의 학사운영 '자율화'를 위한 대학평가정책이었다. 정부는 1973년 실험대학 평가를 실시하고 평가기준을 통과한 대학에 '실험대학' 지위를 부여함으로써 대학운영에 상당한 자율성을 부여하였다. 즉, 대학 통제의 정책기조를 유지하면서도 다른 한편으로는 '평가'라는 정책수단을 활용하여 대학의 자율성을 높이기 위한 노력을 병행하였다. 대학의 자율성을 보장해 주기 위한 평가는 1982년에 설립된 한국대학교육협의회에 의한 대학평가로 발전하였으며, 1994년 이후에는 대학평가인정제로 진화하였다. 이러한 대학평가는 1980년대 급속한 정원증가정책에 따른 대학교육의 질 보장 장치로 기능하면서, 우리 고등교육의 양적·질적 성장을 동시

에 도모하는 견인차 역할을 하였다.

2000년대 이후의 대표적인 정책은 ‘평가에 의한 재정지원’ 정책이라고 할 수 있다. 5·31 교육개혁 이후 정부는 대학에 최대한의 자율성을 부여하되, 정부가 원하는 정책방향대로 대학을 이끌어 가기 위해 재정지원을 주된 정책수단으로 활용하였다. 이를 위해 정부가 원하는 정책내용을 평가지표에 포함시켰으며, 평가결과에 따라 재정지원 대상 대학 및 규모를 결정하였다. 결국 외적으로는 대학자율화를 표방하였으나, 내적으로는 평가지표 및 재정지원사업을 통해 정부의 정책방향을 대학에 강제하였다. 근래에는 대부분의 ‘정부 재정지원사업’이 평가에 기반을 두고 있다.

우리나라 교육에서 초·중·고등학교와 대학교 등 공교육제도와 더불어 다른 하나의 큰 축을 형성해 온 것이 사교육이다. 사교육은 참여자 수나 사교육비 지출 등이 공교육에 필적할 만한 규모였기 때문에 역대 정부는 그 대책 마련에 부심해 왔다. 해방 이후 1950년대까지는 보충학습형 개인과외가 성행했지만 정부에서 특별한 대책을 수립하지 않고 자유방임하는 상황이었다. 대학입시도 각 대학이 자율적으로 시행하도록 맡겨져 정원외 입학과 입시부정이 성행하여 사회적 부작용이 심각하였다. 1960년대에는 좋은 중학교 입학을 위한 경쟁이 입시지옥이라고 할 만큼 치열하였으나, 정부가 중학교무시험진학제를 실시한 이후에는 고등학교 입시를 위한 경쟁과 사교육행위(개인 및 학원 과외)가 과열되어 역시 사회문제화되었고 정부는 다시 고등학교 평준화 정책을 채택하였다. 이처럼 당시 정부의 사교육 대책은 중등학교 입학시험 자체를 제거한 제도적 접근이었다.

1980년대에 접어들어 전두환정부는 심각한 사회문제로 등장한 대학입학재수생 문제와 과열 입시경쟁을 규제하기 위해 일체의 사교육 행위를 물리적으로 금지하는 조치를 취하기도 하였다. 이러한 사교육

금지조치와 더불어 7·30 교육개혁방안 중 공교육내실화 및 사교육비 경감대책, 3불(세 가지 금지)조치를 비롯한 대학입시제도 개혁정책 등을 병행하였다. 따라서 민주화기(1980~1997)의 대학입학전형제도는 산업화기(1961~1979)의 대학별 시험중심 선발제도로부터 정부 주도의 시험중심 선발방식으로 전환되었다.

2000년대 이후에는 고교평준화제도의 부작용을 보완하기 위하여 고등학교 유형의 다양화가 추진되었고 중등교육단계에서의 사교육은 선행학습형이 중심이었다. 헌법재판소에서 과외금지조치가 위헌이라는 최종판결이 내려짐에 따라 사교육 대책도 사교육을 금지하기보다는 학교에서 학생들에게 필요한 방과후교육 프로그램을 제공하는 정책과 공교육을 내실화하는 정책을 병행하였다. 아울러 대학입시제도도 수능시험 등 학력고사 위주보다는 특기와 적성을 중시하고 선발기준을 다양화하여 한 줄 세우기식의 대학서열화를 탈피하고자 하였다. 그러나 중등교육의 정상화를 명분으로 정부가 대학입학전형방식을 직·간접적으로 규제하는 관행은 정도가 약해지기는 했지만 지속되고 있다.

3. 직업교육 및 평생학습정책

역대 정권의 중등직업교육정책의 기획 및 결정 과정을 보면 산업인력 양성이 중심이었던 1960~1970년대 산업화기에는 직업교육정책 목표가 교육 수요자인 학생의 요구와 교육적인 필요에 의해 결정되기보다는 단기적인 인력수급상황에 의해 갑자기 정해지거나 변경되는 경우가 많았고, 정치·경제·사회 등 교육 외적 요인에 의해 결정되는 경우가 대부분이었다. 예컨대 당시 공고교육은 산업체가 요구하는 기능인력 개발에 너무 초점을 맞추다 보니 소양과 전공 기초능력이 갖추어진 직업교육보다 특정 기능 습득에 치우친 직업훈련에 가깝다는 비판을 받기도 하였다. 그러나 2단계 직업교육이 실시된 1980년대 이후의 민주화·선진화기에서는 직업교육정책이 여러 자문위원회와 관련학회 및 협회, 산업계 대표 등의 참여 속에 비교적 합리적으로 결정되었다고 할 수 있다. 역대 정부 중에 중등직업교육정책을 비교적 적극적으로 추진한 정부는 박정희, 김영삼, 이명박 정부였다. 세 정부 모두 대통령과 교육부 장관들이 직업교육에 관심이 많았고 청와대 담당 수석비서관과 장관의 추진력이 강하였다.

고등교육단계에서는 1960년대 이후 역대 정권들이 전문대학으로 하여금 시대 변화에 맞춰 산업사회가 필요로 하는 다양한 분야의 중견 직업인을 양성하도록 정책을 수립, 추진해 왔다. 그러나 전문대학 체제가 너무 빈번하게 개편되면서 단기직업교육기관으로서의 기반을 구축하는 데 어려움이 있었다. 1963년에 설립한 5년제 고등전문학교가 10년도 지속하지 못하고 1970년에 사실상 중단된 것이 전형적인 사례이다. 1970년대 말까지만 하여도 우수한 국립전문대학을 시·도마다 설립, 운영하였다. 그러나 1980년대 초에 국립전문대학을 개방(산업)대학으로 개편하기 시작한 후 현재는 모두 일반대학으로 개편하였거나 통합하였다. 그 후 1990년대 중반부터 도마다 1~2개의 도립전문대학을 설립·운영하고 있지만 공립전문대학으로서의 특성과 역할도 미미하였다. 그리하여 우리나라 단기 고등직업교육은 거의 사학에 의존해 왔다.

한국의 평생학습정책은 해방 이후 1950년대 정부수립 초기에 문맹퇴치형 성인기초교육에서 시작되었다. 이 시기에 핵심적 정책수단으로는 국가문맹퇴치 5개년계획과 국문보급운동을 들 수 있으며 국가 주도로 강력한 정책추진이 이루어졌다. 1960년대와 1970년대 개발연대를 맞으면서 평생학습정책은 농촌사회 근대화를 위한 새마을교육 등의 지역사회개발형 사회교육정책으로 발전되었다. 핵심적 정책수단으로는 재건국민운동, 새마을교육운동, 지역사회교육운동 등이 있었으며 강력한 관제형 국민운동의 형태로 추진되었다.

1980년대와 1990년대 평생학습정책은 국가 주도형 평생교육 법제 및 기반조성정책이 중심이었다고 할 수 있으며, 그것은 법치주의 행정에 근거한 평생학습 추진의 근간이 되는 만큼 매우 중요한 정책목표 겸 정책수단으로 평가할 만하다. 그런 점에서 제5공화국에서 헌법에 국가의 평생교육진흥 의무조항을 명시한 것과 사회교육법을 제정한 것은 매우 의미 있고 중요한 전략적 선택이었다고 하겠다. 김영삼정부의 5·31 교육개혁은 국정개혁의 선두 과제를 평생교육정책에 두고 열린 학습사회를 위한 평생교육체제 확충을 위해 다각적 정책수단과 전략을 활용하였다. 정책추진방식도 사회적 민주화 분위기에 부응하여 상향식으로 합의를 모색하는 방식으로 접근하였다. 김대중정부 전반기에는 1998년 학점은행제 시행, 1999년 '평생교육법' 제정, 2002년 평생학습진흥종합계획 수립이 이루어졌다. 후반기에는 장관이 부총리를 겸하게 된 교육인적자원부 출범을 계기로 인적자원개발이라는 관점에서 평생학습정책을 조명함으로써 새로운 영역의 발굴과 실천이 이루어졌으며, 이는 결과적으로 직업능력개발 분야와 같은 평생학습정책의 범주 확대라는 결과를 초래하였다.

2000년대에 접어들어 노무현정부는 중앙-지역 단위의 인적자원개발과 일터에서의 '일-교육-자격' 체제 구축을 위한 종합계획의 필요성을 인식하고, '평생학습진흥 종합계획(2008~2012)'을 수립, 발표하였다. 여기까지 저출산·고령화 및 양극화 현상에 대비해 '학습, 고용, 복지, 문화'를 연계하고, 소외계층에 대한 사회적 공적 지원 시스템을 구축하는 방안이 제시되었다. 동 계획은 참여정부 말기에 수립되어 이명박정부에 이르러 본격적으로 추진되었는데 핵심적 평생교육진흥정책의 하나는 다원화 사회에 걸맞은 맞춤형 학습기회 제공과 학습권 보장을 위한 '국가평생교육 추진체제'의 확충이었다. 중앙의 교육부와 국가평생교육진흥원(NILE)을 축으로 광역지자체 평생교육진흥원과 시·군·구 평생학습관들이 유기적으로 연계될 수 있도록 하는 국가평생교육 추진체제를 구축하였다. 또한 평생학습국가 건설 프로젝트를 출범시켰는데 그 핵심 정책수단은 평생학습계좌제, 평생학습중심대학, 평생학습도시라는 세 가지였다. 그 연장선상에서 박근혜정부는 평생학습도시 확대정책에 역점을 두어 지자체 중심의 평생학습 확대와 온라인을 통해 언제 어디서나 누구든 접근 가능한 온라인공개수업(MOOC) 중심의 평생학습 활성화, 그리고 대학의 평생교육 추진체제 개편 및 확대를 중점적으로 추진하였다.

이처럼 한국의 평생학습정책은 지속적으로 확대 및 전환과 부침을 거듭하며 변화해 왔다. 공통점은 평생교육 유관정책과 법제 및 행정조직 등이 유기적으로 작동해 왔고 이를 확대, 개선하려는 노력들이 지속되어 왔다는 점이다. 이러한 평생교육정책의 효율적인 기획 및 집행과 성과 거양을 위해 역대 정권들이 전개한 나름대로의 노력은 시대적 상황과 요청에 부응하여 매우 긍정적인 결실을 맺었다고 평가할 만하다. 그리고 정책추진방식도 과거의 정부 주도적 하향식 방식으로부터 참여와 민주적 합의를 중시하면서 다원화되고 전문화된 네트워크형 추진방식으로 전환되는 과정에 있음을 발견할 수 있다. 이제 평생학습시대가 도래하고 100세 시대 행복학습을 위한 교육정책이 국정과제로 중요시되고 있음을 감안하여 향후에는 학습의 관점에서 전 생애주기에 걸친 모든 이를 위한 평생학습정책을 구안하고 새롭게 디자인하는 노력이 요망된다.

4. 교직원정책 및 교육복지·환경정책

지난 70여 년 동안 우리 교직원정책들이 추구해 온 이념, 즉 최고의 가치는 교육의 기회확대 및 기회균등 실현, 민주화 구현, 전문성 심화, 효율성과 형평성, 수월성 추구 등에 중점을 두어 왔다. 1980년대 중반 이후 대통령직속 교육개혁기구들은 교사의 양성, 신규채용, 연수, 인사관리, 처우, 근무조건, 복지후생, 평가 등 교직원정책의 여러 영역에 걸쳐 교원 수의 확충, 교원양성기관의 연한 연장, 교사임용 기회의 확대 및 공정성 확립 등과 관련한 여러 가지 개혁방안들을 제시하였다. 그중에는 재원부족 등으로 실현되지 못한 경우도 많았지만 교직원 전문성 신장을 비롯하여 임용제도의 합리화, 근무여건 개선 및 사기진작, 그리고 인사관리 방식의 효율화 등을 지속적으로 추진해 왔다. 또한 사범학교 및 교육대학교의 양성기간 연장을 비롯해서, 교육공무원 임용에 있어서 국·사립 출신 차별 철폐, 복수 교원단체 활동 허용 등을 통해 학교교육의 질 향상과 교직의 위상 강화를 실현하고자 하였다.

1989년 전국교직원노동조합(이하 전교조)이 결성되었으나 불법단체로 남아 있다가 김대중정부가 1999년 교원노조를 허용한 이후에 전교조의 세력이 크게 확장되었다. 그러나 순수한 교육활동보다는 '민족·민주·인간화 교육'으로 집약되는 저항 이데올로기로서의 '참교육 논리'를 강조하여 의식화 교육에 치중한다는 비판을 받기도 하였다.

우리 교직원정책은 2000년대에 이르러서도 고질적인 문제상황을 해소하지 못하고 있다. 우선 교원의 수요와 공급이 지나친 불균형을 이루고 있다. 이는 일차적으로 정확한 수요 예측을 토대로 공급을 제대로 조절하지 못한 데 원인이 있지만 각 교원양성기관에서 자율적인 정원조절과 질적 통제를 하지 못한 탓도 있다.

다음으로, 많은 정책이 학생·학부모 입장에서 형성·추진되는 것이 아니라 교사, 학교 및 교육행정 당국 위주의 교직원정책이 운용되는 경우도 적지 않았다. 또한 교직사회가 교수·학습활동보다도 상위 직급으로의 승진에 집착하는 분위기가 조성되어 있으며 폐쇄적이고 변화에 보수적이라는 지적을 많이 받아 왔다. 특히 교직원정책의 개발·운용에 있어서 지나친 평등의식이 깊게 깔려 있고 선의의 경쟁을 통한 학교 교육의 질 향상 풍토가 조성되어 있지 못하다. 교원평가제도를 전면 수용하지 못하고 있는 것이 그 전형적인 예가 될 것이다. 일부 교원 단체나 학부모 단체 등은 자기들의 이해관계에 집착하여 교직원정책 수립에 있어 집단이기주의적인 경향을 보였다. 따라서 능력 및 실적 평가를 기초로 한 성과급제도가 제대로 실현되지 못하고 있으며, 다양하고 차별화된 프로그램을 개발하고 운영하려는 학교 간의 경쟁도 촉진되지 못하고 있다.

교육환경·복지정책을 교육복지, 학교시설, 학생건강의 세 영역으로 나누어 개관해 보면 다음과 같다. 첫째로 교육복지정책의 경우 해방 이후 1970년대까지는 교육기회 접근을 위한 기초적·제한적 교육복지제도를 정착시키는 데 역점을 두었다. 검정고시, 공민학교, 방송중·고등학교, 고등기술학교, 산업체부설중고 등의 설치를 통해 정규학교에 진학하지 못한 청소년들에게 교육기회를 제공하였다. 그 후 1990년대 이후부터 교육복지개념이 태동되고 정책적 관심이 높아지기 시작하였다. 1995년 5·31 교육개혁안에 '교육복지국가' 수립목표가 제시되었고 5개 영역의 교육복지대책(1996~1997)이 수립되었다. 교육복지정책의 틀이 정립되고 다양한 교육복지사업이 추진된 것은 2000년대 이후의 일이다. 교육복지종합계획이 수립되었으며 다양한 취약계층에 대해서 무상복지지원을 확대하기 시작하였다.

교육시설정책의 경우 1970년대까지는 양적 공급에 역점을 두고 '표준설계도와 학교시설설비기준령'에 의한 획일적 공간 및 시설설비를 확보하는 방식에 의존하였다. 1990년대에는 교육환경개선이라는 정책기조를 유지하면서 시설의 질적 개선에도 관심이 높아졌다. 두 차례에 걸친 교육환경개선 5개년계획을 추진하였고 현대화 시범학교도 추진하였다. 그 연장선상에서 2000년대에는 교육시설을 다양화하고 현대화하는 정책들을 지속적으로 전개하였다.

학생건강사업의 경우 1970년대까지는 관련 법령을 정비하고 제도적 기반을 구축하면서 학교신체검사 등 일부 사업을 시행하는 데 그쳤다. 1990년대에는 학생건강정책을 본격적으로 시행하고 적용범위를 확대하였으며 학생종합검진과 학교급식 제도를 실시하기 시작하였다. 2000년대에는 학생건강증진정책을 선진화, 내실화하면서 학교안전정책을 강화하였다.

5. 교육 행정·재정 정책

1950년대까지 우리 교육행정의 사명은 민주적 신교육제도를 정착시키고 전후 피폐된 교육시설의 확충을 통해 교육기회를 확대하는 것이 급선무였다. 그때부터 정부는 교육여건의 확충을 위해서 지속적으로 여러 차례 중기·단기 계획들을 수립·추진하였다. 또 그것을 뒷받침하는 법령의 정비와 조직개편도 수시로 이루어졌지만 재원의 확보는 제대로 실현되지 않았고 충실한 평가를 통한 책무성 확보 기능도 1990년대 중반까지는 미흡했다. 1980년대 이후 정부재정규모의 확대와 더불어 교육의 질 향상을 위한 교육환경 개선과 제도적 개선 노력은 큰 진전이 있었고 고등교육 확충을 위한 제도적인 개선도 추진되었다. 1970년대 이후 경제가 빠르게 성장함에 따라 급증한 인력수요를 충족시키기 위해 인력양성체제를 정비하고 교육의 질을 높이는 것이 교육정책의 핵심적 사명이 되었다. 1990년대 이후 정치사회적 민주화 시기를 거치면서 교육정책의 이념도 형평과 복지에 더 큰 가치를 두기 시작하였고, 교육행정과정에서도 민주성과 자율성을 강화하였다. 교육부 장관의 잦은 교체로 인한 교육정책의 안정성 결여, 조령모개식 입시제도 변경, 과도한 행정규제, 관료적 행정수행방식 등은 지속적으로 비판의 대상이 되었다.

정부의 기획 및 정책과정은 1960년대 초반부터 1990년대 중반까지의 권위주의 정부에서는 경제기획원이 주관하여 일곱 차례에 걸쳐 경제(사회)개발(발전) 5개년계획을 수립, 추진하였고 교육분야도 그에 부응하여 종합기획방식을 채택하였다. 그러나 문민정부 이후에는 5개년 종합계획 추진방식을 폐지하고 각 부처에서 세부 분야별로 기본계획과 연차계획을 수립, 추진하는 방식이 일반화되고 있다. 표면적·공식적으로는 관련법령을 마련한 후 주관 위원회를 설치하여 계획을 수립, 집행, 평가하는 과정을 거치도록 되어 있어 매우 합리적인 거버넌스를 지향하는 것처럼 보이지만 실제로는 여전히 관(官) 주도적인 방식을 벗어나지 못하였다. 그러나 군 출신 대통령들의 권위주의 정권이 끝나면서, 정책추진(행정)과정에서 국회와 정당, 언론, 교직관련 집단들의 참여기회는 지속적으로 확대되어 왔으며, 특히 2000년대 이후에는 합법화된 교원노조와의 단체협상이 공식적으로 시행되어 왔다.

정책(행정)과정에서의 거버넌스는 행정관료중심의 계층적 거버넌스가 일반화되어 있다가, 1990년대 이후 자율과 성과를 중시하는 시장거버넌스가 대두되었다고 할 수 있다. 교육기관이나 교육행정기관에 각종 평가시스템이 도입되는 등 자율화에 따른 책무성 확보기제가 강화되었고 교육행정정보화의 진전에 따라 행정의 효율성도 향상되었기 때문이다. 그와 함께 정책수립과정에서 정당과 언론, 이익단체와 연구기관 등의 영향력이 증대되고 행정과정도 점차 개방적·참여적 정책과정으로 변화하기 시작하였지만, 신뢰와 참여 및 협력을 근간으로 하는 네트워크 거버넌스로 전환되었다고 평가하기는 시기상조이다. 지방과 단위학교에서의 거버넌스는 상급 행정기관들의 통제가 점진적으로 완화되었고, 특히 2000년대 이후 교육감 직선제와 학교운영위원회 제도 도입을 계기로 자율성이 현저하게 확대되었다고 평가할 만하다.

지난 70년 동안 교육재정정책의 변동을 재원확보, 재원배분, 재정운용의 세 가지 측면에서 살펴보면 다음과 같다. 첫째, 재원확보 측면의 요점은 재원의 안정성과 충분성이었다. 건국 초기 국가의 재정확보 역량은 사실상 제로에 가까웠으며, 그것은 정부부문과 민간부문 모두 마찬가지였다. 그러나 70여 년 동안 무에서 유를 창조하듯 안정적이고 충분한 재정확보에 기적적인 성공을 거두었으며 이는 세계사에서도 사례를 찾기 어렵다. 건국 초기에 미국을 비롯한 국제사회의 지원이 있었으며, 이를 바탕으로 정부재원과 민간재원이 상호 보완해 왔고, 특히 초기 국가재정능력이 부족할 때는 민간재원이 효과적인 교육재원 동원에 참여했다고 볼 수 있다. 결과적으로 GDP 곧 국가경제규모를 기준으로 했을 때 초기에는 민간재원이 큰 역할을 했으나 점차 공공재원의 규모가 커져 왔다. 그러나 민간교육재원의 규모는 2000년대 이후에도 계속 2.7% 정도로서 세계에서 가장 높은 민간교육비 부담률을 보이고 있다.

둘째, 재원배분제도의 변천에서 두드러지는 특징은 지방정부 간 재정형평성을 보장하기 위한 지방교육재정교부금 배분제도의 발전, 학교예산의 자율성과 책무성 보장을 위한 학교비배분제도의 발전, 그리고 사립학교의 재정건실화를 위한 사학재정결함보조금제도의 발전 과정으로 요약된다. 대체적으로 지난 70년 동안 지역 간 그리고 학교 간 재정격차를 줄이고 균등한 교육기회를 보장하는 데 역점을 두었다고 평가할 만하다. 이는 헌법에 보장된 균등한 교육기회의 보장이라는 교육정책 이념을 달성하는 데는 분명히 기여를 해 왔다. 그러나 다른 한편으로는 사립학교별 교육프로그램의 다양성과 특색을 발전시키지 못하고 교육의 획일성을 온존시키는 부작용도 있었다. 또한 지방교육자치단체들도 재정자립도를 갖추려 노력하기보다는 중앙정부 재원에만 의존하였으며, 그 결과 지역별 교육의 특색과 다양성을 살리지 못했다.

셋째, 재정운영 측면에서 가장 역점을 두었던 정책가치는 재정운영의 자율성이었다. 지방의 교육행정 당국이나 학교의 입장에서는 항상 재정난에 직면해 왔기 때문에 사실상 자율적 재정운영의 폭은 절대적으로 제한되어 있었다. 1990년대까지 대부분의 재정은 교원 인건비와 기본 시설 및 환경 개선비로 지출되었으며 교육의 최종 단위 책임경영자인 학교장 수준에서 현장 특성에 맞는 교육프로그램을 운영한다는 일은 사실상 불가능했다.

그러나 교육재정운영의 자율성과 효율성은 지속적인 정책목표가 되어 왔으며, 1990년대 이후 교육재정 사정이 개선되면서 세 가지 정도의 중요한 정책발전이 있었다. 즉, 지방교육비 특별회계제도의 운영, 학교회계제도 도입, 그리고 에듀파인으로 대표되는 디지털교육재정 회계시스템이다. 물론 교육활동의 최종 단위인 학교의 재정운영 자율성을 최고의 정책가치로 생각했을 때 현재로서는 도입 초기의 혼란이 남아 있으며, 특히 완전한 의미의 단위학교 책임경영제가 정착되지 않은 단계에 있어서 예산운영의 자율성 제고는 풀어야 할 숙제로 남아 있다.

III. 교육발전과 교육정책

1. 교육기회의 확대

국민 모두가 각자의 능력에 따라 균등하게 교육받을 기회를 제공하는 것은 교육발전의 가장 중요한 목표 중 하나이다. 그리고 취학에 관한 자료는 대부분의 국가들이 비교적 정확하게 파악하고 있으므로 교육발전 정도를 국가 간에 비교분석할 때도 가장 많이 적용하는 측면이다.

1) 초·중등교육

정부는 제헌 헌법 제16조에서 "모든 국민은 균등하게 교육을 받을 권리가 있다. 적어도 초등교육은 의무적이며 무상으로 한다"고 규정함으로써 초등학교 의무교육의 기틀을 마련하고, 1949년 12월 공포된 교육법 제8조에서는 모든 국민의 초등교육을 받을 권리, 친권자나 후견인의 보호 아동에 대한 취학의 의무, 국가와 지방공공단체의 학교 설치·경영 의무 등을 규정하여 이러한 헌법의 정신을 구체화시켰다.

한국전쟁 직후 문교부가 추진한 '의무교육완성 6개년계획(1954~1959)'은 의무교육제도의 진전에 크게 기여하였다. 동 계획은 의무교육에 필요한 재원을 확보하여 부족한 교실을 신축하고, 목표연도까지 학령아동 취학률을 96.13%까지 향상시키는 것을 목표로 하였다. 이러한 계획을 시행한 결과, 교원의 확보와 교육시설의 확충은 목표에 미치지 못하였으나 취학률은 96.4%로 상승하는 의미 있는 성과를 이끌어 내게 되었다(김신복, 2008: 610).

정부는 1958년 '교육세법'과 '의무교육재정교부금법'을 제정하여 의무교육재정의 강화를 추구하였고, 그 결과 정부예산 중 교육예산이 차지하는 비중이 종래 10%대에서 15%대로 증대되는 성과를 보이게 되었다. 그에 따라 의무교육정책 시작시점인 1948년에는 취학아동 240만 명, 취학률 74.8%에 그쳤으나 의무교육완성 6개년계획이 종료된 1959년에는 360만 명의 아동이 초등학교에 취학하여 96.4%의 취학률을 기록함으로써 드디어 완전취학단계에 이르게 되었다. 그리고 1970년대 초부터는 교과서 무상지급을 점차 확대하고 육성회비도 국고로 전환하여 마침내 1970년대 후반에 와서는 의무교육의 완전무상화까지도 달성하였다(김신복, 2008: 612).

초등학생의 중학교 진학률이 1968년에는 56%에 불과하였으나 1971년 중학교 무시험 진학제도가 실시된 이후 매년 급속하게 증가하여 1979년에는 96%에 도달하게 되었다. 이러한 배경하에 1984년 교육법을 개정하여 "모든 국민은 6년의 초등교육과 3년의 중등교육을 받을 권리가 있다"고 규정함으로써 중학교 의무교육 실시를 위한 법적 근거를 마련하였다. 마침내 1985년부터 중학교 의무교육이 시작되었지만 이 정책을 전국적으로 실시하는 데는 막대한 재정이 확보되어야 했기 때문에 지역별, 단계별로 확대 실시하는 방향으로 추진되었다(김신복, 2008: 611). 1990년에 중학교 취학률도 90%에 이르게 되었지만 무상화 측면에서는 2004년에야 중학교 의무교육이 완성되기에 이르렀다.

2) 고등교육

1950년대까지 고등교육에 대한 정부의 기본적 정책기조가 개방적·자유방임적인 것이었다고 한다면, 1961년 5·16 군사정변 직후 등장한 군사정부와 이후의 제3공화국 정부는 고등교육에 대한 국가 차원의 관리를 중시하는 통제정책을 병행하는 성격을 띠었다고 할 수 있다(교육부, 1998: 466). 이 시기에 실시된 대표적인 고등교육 통제정책으로는 대학정비안과 대학학생정원령, 학위등록제 등이 있었다(교육부, 1998: 466-469). 1961년부터 시행된 대학정비안은 대학의 정상화를 목적으로 시행된 것으로서 부정 및 분규대학의 정비, 대학의 지역적 분산, 인문계 감축 및 실업계 증가, 전국 대학생 총원의 감축, 교육정상화 방안(교수 정년제, 교수연구실적심사, 대학입학자격 및 학사자격 국가고시제) 등의 내용을 담고 있었다. 그리고 1966년부터 시행된 '대학학생정원령'과 학위등록제는 일부 사학의 정원을 초과한 학생 모집행태를 규제하기 위해 도입된 제도였다.

고등교육분야에 있어 1980년대는 교육의 양적 확대와 질적 향상을 동시에 추구한 시기라고 볼 수 있다. 우선 교육의 양적 확대를 위한 노력으로는 1980년 7·30 교육개혁안에 포함되어 있던 대학입학정원의 확대, 졸업정원제의 실시와 같은 조치를 들 수 있다. 이 조치는 인구 및 국민소득의 증가에 따라 대학수요가 크게 증가하였는데도 1980년 당시 대학입학정원은 전문대학을 포함해도 15만 명에 불과하여, 과열과외 성행, 재수생 누적 등의 사회적 문제가 대두됨에 따라 해결책으로 제시된 것이었다. 그런데 이러한 조치는 교원과 교육시설이 전혀 준비되어 있지 않은 상태에서 대학입학정원만 확대한 것이어서 대학교육의 질적 저하, 졸업정원제의 비교육적 측면 등에 인해 비판을 받았다(교육부, 1998: 475).

고등교육기관의 취학률은 1975년에 6.7%에 불과하였으나 1980년대 이후 폭발적으로 증가하여 1985년에 23%, 2000년에는 52.5%에 달하여 고등교육의 보편화 단계에 접어들었다. 대학문호 개방정책은 1990년대 후반 이후에도 계속되어 교원, 시설, 수익용 재산 등 몇 가지 조건만 갖추면 대학설립을 거의 자동적으로 인가해 주는 대학설립준칙주의를 정책기조로 채택해 왔다. 결과적으로 고등학교 졸업생들의 대학진학률은 2010년에 75.4%까지 높아졌다가 2014년에는 70.9%에 달하였으며, 특히 일반계 고교 졸업자의 진학률은 78.7%에 달하였다. 이처럼 고등교육이 양적 팽창을 가져온 주요 동인은 국민들의 높은 교육열과 그에 부응한 정부의 고등교육기회 확대정책이었다고 할 수 있을 것이다.

2. 교육기회의 균등화

능력에 따라 균등하게 교육을 받을 수 있는 기회를 보장받는 것은 헌법(제27조)에 규정된 국민으로서의 권리이다. 교육의 기회균등은 취학의 기회뿐만 아니라 균등한 교육여건 속에서 균등한 질의 교육을 받을 기회가 주어져야 함을 의미한다. 그러나 가장 시급한 것은 성별, 소득계층별, 지역별로 취학기회의 격차를 해소하는 일이라 할 수 있다(경제기획원·한국개발연구원, 1978: 213).

교육기회의 남녀 간 격차는 남아선호사상에 따라 여성에 대한 교육의 필요성을 경시하는 사회문화적 요인과 깊은 관련성을 갖고 있다. 소득계층 간 교육기회의 격차와 교육비 부담, 취업기회의 격차는 경제적 요인과 직결되어 있다. 교육기회의 지역 간 불균등은 지역 간 사회경제적 격차와 상승작용을 하는 일종의 악순환(vicious circle)을 형성하고 있다. 따라서 학교의 도시 편재(偏在)가 인구의 도시집중 결과인지 원인인지는 단정적으로 말하기 어렵다.

교육기회가 균등하게 제공되어 왔는지를 분석하는 것은 매우 중요하지만 사회계층을 구분하는 것은 개념상으로도 어렵고 소득계층별 격차에 관한 실증적 과거 자료도 별로 없는 실정이다.

중등교육기회의 확대 및 균등화에 크게 기여한 것은 1973년 6월 28일에 발표한 고교평준화정책이었다. 시행 전보다 훨씬 많은 중학교 졸업생들이 고등학교에 진학하게 되었고 고등학교 간 투입, 교육여건, 산출 면에서 격차도 현저하게 줄어들었기 때문이다. 고교평준화정책은 이듬해인 1974년부터 서울과 부산을 시발점으로 점차 확대, 적용하여 1981년에는 전국 21개 지역에서 고교평준화정책을 적용하게 되었다. 문교부는 1982년 8월 '평준화정책 보완계획'을 수립하였는데, 그 내용은 보충수업 및 교과별·능력별 이동수업의 의무화, 종교계 학교의 이교(異教)계 학생배정 금지, 공고·농고 추천입학제 도입, 교육여건의 정비, 사학에 대한 지원 확대, 영재 양성교육의 실시, 야간부 학급의 운영, 학군별 학교배치의 적정화, 도심지 학교의 외곽 이전 등이었다. 1974년 고교평준화정책 실시 이후 평준화정책의 적용을 받는 학교와 학생 수는 점차로 증가하여, 최근에는 전체 고등학교의 반 이상, 전체 고등학생의 3분의 2 이상이 평준화정책의 적용을 받는 지역에 속하게 되었다.

이러한 고교평준화정책은 정책 입안 당시 설정했던 정책목표의 달성도 측면에서 볼 때, 지난 40여 년간 시행되어 오면서 중학교 교육을 정상화하고 고등학교 간의 심한 교육격차를 해소시키는 데 기여해 왔다. 그리고 중학교 학생들을 과중한 입시 부담에서 해방시켜 전인적 발달을 도모할 수 있는 여건을 조성하였고, 고입 재수생 문제와 중학생들의 과열과외를 해소시켰다. 또한 지역 간 교육격차가 완화되어 지역 간 균형 발전과 대도시 인구 집중을 억제하는 효과도 가져왔다(윤정일 외, 2003: 154-155). 그러나 다른 한편으로 평준화정책의 실시는 고등학교에서 학습집단의 이질화로 인한 수업의 효율성 저하, 학교 간 선의의 경쟁을 통하여 학교의 특성적 발전을 모색하려는 유인체제의 억제, 사학의 자율성 위축 및 경영난의 가중, 학생과 학부모의 학교 선택권 제한 등의 문제를 초래하기도 하였다(김영철·김주훈, 1985).

소득계층별 교육비 지출 격차는 1980년대 이후 오히려 심화되고 있는 것으로 분석되었다. 예컨대 저소득층인 소득 1분위의 가구당 교육비는 1982년 1만 8,000원에서 2007년 11만 원으로 증가한 반면, 5분위는 10만 1,000원에서 48만 3,000원으로 증가하였다. 교육비 지출항목의 구성을 보더라도 납입금의 비중은 소득이 낮을수록 증가하고, 보충교육비의 비중은 소득이 높을수록 증가하였다(이종재 외, 2010: 421). 이는 역대 정부가 지속적으로 추진해 온 공교육 내실화 및 사교육 감축정책이 큰 성과를 거두지 못했음을 의미한다.

우리나라의 고등교육 취학기회는 1970년대까지 수요에 비해 매우 제한되어 있었다. 이는 정부가 국·공·사립을 막론하고 대학설립인가와 학생정원 증가를 엄격하게 통제해 왔기 때문이다. 그에 따라 대학진학을 위해서는 치열한 경쟁을 거쳐야 했으며 과외공부 등 사교육에 소요되는 비용도 큰 부담이 되었다. 이런 관점에서 과외억제조치 및 고교내신 위주의 입학전형을 강력하게 권고한 1980년대 이후 정부의 정책은 대학입학기회의 계층 간 균등화에 기여했다고 할 수 있다. 그러나 입학 후에 등록금과 하숙비는 저소득층이나 타 지역 가정에 과중한 부담이 되어 결과적으로 고등교육기회는 중산층 이상에 집중되어 있었다.

1980년대 이후 대학입학 문호를 대폭적으로 개방한 정원정책, 공정한 입시관리를 위한 정부의 철저한 지도감독, 일정 비율 이상의 장학금 지급을 의무화한 시책 등은 대학입학기회의 계층 간 균등화에 기여했다고 하겠다. 특히 이명박정부가 추진한 든든장학금(취업 후 상환조건 학자금 대여)제도와 박근혜정부가 추진한 반값등록금정책은 경제적 형편 때문에 대학진학을 못하는 일이 없도록 함으로써 고등교육기회의 균등화에 크게 기여했다고 평가할 만하다.

3. 교육여건의 확충

교육은 장래의 자아실현을 위한 수단임과 동시에 그 자체가 청소년들의 중요한 생활이기 때문에 어떤 여건 속에서 이루어지는가는 중요한 의미를 갖는다(경제기획원·한국개발연구원, 1978: 219). 교육여건을 구성하는 요인은 여러 가지가 있지만 중요한 것은 교원, 직원 등 인적자원과 교육시설, 설비 등 물적 자원이며 이를 뒷받침하기 위한 재원확보가 관건이다. 교육여건은 교육체제를 구성하는 내부요소로서 교육의 질에 크게 영향을 미치는 요인이다. 또 교육여건의 확충을 좌우하는 것은 정부 및 민간으로부터의 재정지원 등 투입요소라 할 수 있다.

1) 교육시설과 교원

정부는 경제개발 5개년계획에 맞추어 의무교육 여건을 획기적으로 개선하기 위한 '의무교육시설확충 5개년계획'을 두 차례에 걸쳐 시행하였다. 제1차 계획(1962~1966)은 노후교실 개수와 교실 신축을 목표로 하였으며, 제2차 계획(1967~1971)은 부족시설 완전 해소, 노후교실의 개축, 의무교육재정확보, 학급규모 축소, 교과서 무상지급 등을 목표로 하였다. 이러한 계획을 강력히 추진한 결과, 학교증설 및 교실신축은 목표를 초과하게 되었고 그에 따라 1971년에 와서는 부족교실이 거의 해소되고 대도시 지역을 제외하고는 전국적으로 2부제 수업도 거의 사라지게 되었다. 또한 초등학교 교원확보율도 교원확보 노력에 힘입어 1970년에는 법정기준에 도달하게 되었다(김신복, 2008: 611).

한편 제1차, 제2차 계획기간 중 중등교육과 고등교육을 위해서도 재원이 투입되었으나 그 대부분이 실업계 고교와 대학에 집중되었으며, 그에 따라 중등교육의 대부분을 차지하고 있는 중학교와 인문계 고등학교의 교육환경 개선에는 큰 성과를 거두지 못하였다.

1970년대에도 교육시설 확충 노력은 지속되었으나, 1972년의 8·3 긴급조치에 따른 교육재정의 결손으로 1960년대에 비해 다소 위축되었다(윤정일·송기창, 1996: 190). 1980년대에는 교육환경과 교원처우 개선을 위한 '교육세법' 제정으로 교육환경에 대한 집중적인 투자가 이루어졌다. 그러나 증가하는 교육수요에 따른 교육시설 부족 문제를 해소하는 데는 역부족이었다.

1990년대 초부터는 일련의 교육환경개선특별회계의 설치를 통해 교육환경 개선을 도모하였다. 제1기 특별회계(1990~1992)에서는 총 1조 1,100억 원을 투입하여 교원근무환경과 노후시설의 개선을 추구하였는데 그 결과 전화기 증설, 책걸상 교체, 교실난방구조 개선, 이중창 설치 등 상당한 성과를 거두었다(송기창 외, 2001: 118). 제2기 특별회계(1996~2000)에서는 총 5조 원의 투입을 통해 교육의 물적 시설 개선을 추구하였다. 계획했던 예산의 87.7%가 실제 집행되었는데, 그 결과 대수선, 화장실·난방시설 개선사업에서는 목표를 초과달성하는 성과를 보였으나 교원편의시설 증개축, 책걸상 및 사물함 개선 등의 경우에는 목표를 달성하지 못하였다.

2000년대 들어서도 교육 여건 개선 노력은 계속되었다. 그러한 노력 중에서 가장 대표적인 것이 2001년부터 시작한 7·20 교육여건개선사업이다. 이 사업은 ① 교수-학습방법의 개선, ② 학급당 학생 수의 대폭적인 감축, ③ 초·중등교원의 증원, ④ 제7차 교육과정 시설확충, ⑤ 국립대학 교수 증원과 기초학문 보호·육성 등을 목표로 4년 동안 16조 원의 재원을 투자하는 사업으로서, 그 결과 과밀학급이 크게 줄었고, 평균학급규모도 크게 축소되는 성과를 가져왔다(교육인적자원부, 2006: 115-116). 1970년 이후 학생 1인당 건물면적과 교사대지, 체육장 면적은 전반적으로 증가하는 경향을 보여 주고 있어, 학교시설과 공간 면적은 지속적인 개선이 이루어졌다고 할 수 있다.

해방 이후 교원 1인당 학생 수와 학급당 학생 수를 살펴보면, 초등학교의 경우 지속적인 감소세를 보여 왔고 중등교육 부문에서는 중학교가 1970년대 중반 이후 계속해서 감소해 왔지만 고등학교의 경우는 1980년대 중반 이후에야 본격적인 감소세를 보였다. 따라서 1970년도 전후와 비교해 보면 교원 1인당 학생 수와 학급당 학생 수는 거의 반으로 줄어드는 개선이 있었다고 평가할 만하다. 그러나 이러한 향상에도 불구하고 OECD 선진국과 비교할 경우 우리나라의 교원 1인당 학생 수와 학급당 학생 수는 여전히 많은 상태이다(OECD, 2010).

2) 교육재정

정부수립 후 1950년대 후반까지 교육예산을 주로 어느 영역에 배분하였는지를 살펴보면, 1948~1959년 사이에 편성·집행된 문교 예산 중에서 의무교육비가 62~80%로 가장 큰 비중을 차지하였다. 이는 의무교육의 수행이 당시 교육 당국의 최우선 정책이었음을 보여 주는 것이다(교육부, 1998: 719).

1960~1970년대 우리나라 교육예산은 절대액이 점차 늘어났을 뿐만 아니라, 그것이 정부예산에서 차지하는 비중도 상당히 증가하였다. 즉, 1960~1970년대에는 교육예산이 정부예산에서 차지한 비중이 대체로 14~17%로서, 1950년대의 2~14%에 비해 매우 크게 증가한 것이다. 또한 매년 정부예산에서 교육예산이 차지하는 비중의 변동폭도 1950년대에 비해 상당히 줄어들어 교육재정운영이 상당히 안정화되었다(교육부, 1998: 726-728).

한편, 이 시기에는 새로운 교육재정 정책과제로서 사립학교에 대한 재정보조의 필요성이 크게 부각되었다. 1974년 도입된 고교평준화제도는 평준화 지역에서의 공사립 학교 간 차등적 공납금 부과를 곤란하게 만들었고, 그에 따라 사립학교에 대한 재정지원이 불가피하게 된 것이다.

1982년 이후 우리나라 교육예산이 정부예산에서 차지하는 비중은 20%를 상회하게 되었다. 그리고 GDP 대비 교육부 예산 비율도 지속적으로 상승하여 2005년에는 3.5% 수준에 이르게 되었다. 이것은 교육에 대한 공공투자의 증대를 의미하며 국민교육의 중요성에 대한 사회적 인식의 심화를 반영하는 것이다. 의무교육예산의 비중은 1960년 83% 선에 육박했던 시기를 고비로 점차 축소 조정되어, 1980년대에는 64~68% 선으로 점차 안정되었다. 이는 중·고등교육에 대한 투자의 상대적 증가를 의미하는 것임에 틀림없으나, 다른 한편으로는 의무교육을 위한 예산이 전체 교육예산의 3분의 2에 달해 중·고등교육의 많은 부분은 여전히 수익자 부담 원칙에 의해 운영되었음을 보여 주는 것이기도 하다(김신복, 2008: 631).

1990년대에는 지방교육자치제의 실시와 함께 지방교육재정의 안정적인 확보를 위해 교육세의 세원을 확대하였다. 또한 1991년도부터 교육부는 시·도교육청으로의 지방교육재정교부금의 배분방식을 총액배분제로 전환하였다. 이것은 지방교육자치를 지원하기 위하여 학교급별 교육비 차이도에 의한 가중 학생 수에 의거하여 시·도교육청에 재정을 총액으로 배분하는 것으로서, 이로 인해 시·도교육청은 재정을 자율적으로 배분, 사용할 수 있게 되었다(교육부, 1998: 738). 그리고 교육환경을 획기적으로 개선하기 위하여 1996~2000년까지 5년간 한시적으로 교육환경개선특별회계를 설치, 운영하기도 하였다.

한편, 정부가 부담하는 교육재정규모에 비해 민간이 부담하는 재정규모가 너무 크다는 점도 지적되어야 할 것이다. 무엇보다 고등교육단계에서 민간부담률이 높은 것으로 나타나고 있는데, 이는 전체 고등교육기관 중 사립교육기관에 재학하고 있는 학생 비율이 80% 이상이며, 또한 고등교육재정의 대부분을 학생의 수업료에 의존하고 있기 때문이다.

4. 교육활동의 질 개선

교육자원의 확충을 통해 교육여건을 개선하는 것은 간접적으로 교육의 질을 개선하는 데 큰 기여를 하지만 그것만으로 충분하지는 않다. 교육의 질을 결정짓는 보다 직접적인 요소는 교육의 목표, 내용, 방법을 개선하는 일이라 할 수 있다. 이는 국가발전과 자아실현이라는 궁극적인 가치와 교육이념을 반영하면서 환경변화에 능동적으로 대응해야 하며 체계적이고 효율적으로 구성되고 적용되어야 한다.

1) 질적 향상 노력

양적 확대 위주의 의무교육 확대정책은 많은 부작용도 낳았다(임연기, 1999: 274-275). 무엇보다 교사당 학생 수, 학생당 교육비 등 교육의 질적 지표가 매우 낮은 수준에 머무르게 되었다는 점이다. 즉, 과밀학급, 과대학교나 2부제 수업을 통해 일단 아동을 수용하고 보는 의무교육정책으로 인해 양적 성장과 교육여건 사이에 심각한 불균형의 문제가 발생하게 된 것이다. 다음으로 의무교육의 실질적 보장책으로서 적극적인 무상화를 지향하는 정책이 미흡하였다는 점이다. 즉, 교육과정 운영에 필요한 각종 학습자료를 학부모 부담으로 구입하게 하여 실질적인 무상교육이 되지 못했던 것이다.

한국전쟁 이후부터 1950년대 후반까지는 교육시설의 복구 및 재건과 함께 고등교육의 질적 발전을 위한 법적·제도적 노력을 전개한 시기라 할 수 있다. 즉, 1954년에는 대학의 학점 기준을 기존 180학점에서 160학점으로 조정하여 교육과정의 개선과 내실화를 가져올 수 있는 계기를 마련하였고, 1955년 8월에는 대학 설립에 있어 시설과 교원 등에 관한 소정의 기준을 규정한 '대학설치기준령'을 제정하여 대학의 질 관리를 모색하였던 것이다(김신복, 2008: 616). 1963년부터 문교부에서 실시한 학술연구조성비제도는 교수들의 개인연구와 공동연구에 대한 지원은 물론 학회와 연구기관에 대한 연구조성과 각종 정책연구를 통한 정책개발에도 공헌하는 등의 성과를 보여 왔는데, 이 제도는 한국연구재단에 의해 지금까지도 계속 시행되고 있다.

1970년대에 들어서는 초등학교 의무교육의 내실화가 주요 정책으로 대두되었으며 정부는 여러 가지 조치들을 시행하였다. 우선 교육 내용 및 방법의 개선을 위해 노력하였다. 1972년의 교육과정 개정과 한국교육개발원이 추진한 교육체제 연구, 시범활동을 통한 학업성적 향상 노력 등이 이에 해당한다 할 수 있을 것이다. 또한 고등교육정책도 새로운 차원의 개혁을 시도하였다. 이때 시도된 여러 가지 개혁사업 중에서 주목할 만한 것으로는 실험대학의 운영 및 대학특성화의 추진, 단기 고등교육기관인 전문대학과 방송통신대학의 발족 등이 있다(교육부, 1998: 471-474).

1980년대 이후에는 오랜 양적 성장 위주의 교육발전이 지나친 사교육, 치열한 입시경쟁, 극심한 교육열과 같은 사회적 문제를 야기하면서 이 문제에 대한 해결이 또 다른 시대적 정책과제로 부상하게 되었다.

이에 정부는 교육개혁기구를 설치하여 일련의 교육개혁 조치들을 입안, 수행하였다. 그러한 교육개혁은 양적 성장으로부터 질적 개선으로, 효율성보다는 적합성을, 행정적 통제보다는 자율성의 부여와 책무성을 제고하는 방향으로 교육체제 운영의 틀 변화를 추구하는 것이었다(이종재 외, 2010). 한편, 대통령 직속의 교육개혁기구인 교육개혁심의회(1985~1987)와 교육정책자문회의(1989~1992)는 여러 가지 개혁안을 제안하였는데, 그중에서 대학평가인정제, 대학교육심의회, 대학설립예고제, 독학에 의한 학위 취득제 등이 시행되었다.

1990년대 문민정부에서는 대통령 자문기관으로서 교육개혁위원회를 설치하여 교육개혁을 추진하였다. 교육 수요자 중심의 대학운영 확대(시간제, 등록제 등), 대학의 다양화와 특성화 확대(대학설립준칙주의 도입, 단설전문대학원제도 등), 대학별 자구노력 지원체제 도입, 대학교육·연구의 세계화·첨단화, 직업관련 계속 교육기회의 확대 등을 포함한 고등교육개혁안을 마련하여 실천하였다.

국민의 정부에서는 집권 초기에 새교육공동체위원회에서, 교육부가 교육인적자원부로 개편된 집권 후반기에는 교육인적자원정책위원회에서 고등교육에 대한 개혁안을 마련하여 시행하였다. 이 시기에는 대학평가와 재정지원의 연계를 통한 대학특성화, 대학총장 선출 및 교수 임용제도 개선 등을 실천하였으며, 특히 1999년부터는 대학원 중심 대학의 육성, 학문 후속세대의 양성, 산학협동의 강화 등을 목표로 두뇌한국 21사업을 시작하였다(김신복, 2008: 617-618).

참여정부에서는 고등교육정책을 지역균형발전에 초점을 맞추어 추진하였다. 따라서 대학자율 확대와 특성화, 선택과 집중에 의한 지원, 통폐합 및 인수합병 유도, 이공계 집중 육성과 지방대학의 활성화 등 다양한 대학균형발전정책을 마련하여 시행하였다. 이명박정부 이후 강화된 대학재정규제와 등록금인상 억제정책, 그리고 반값등록금 정책 등은 상대적으로 대학들의 교육의 질적 개선을 위한 재정지출 여력을 제약하는 결과를 가져왔다.

2) 학업성취도 향상

교육을 이수한 학생들이 달성한 교육성과들은 다양한 형태로 나타나지만 가장 중요한 것은 학업성취도(scholastic achievement)라 할 수 있다. 여기에는 물론 지식·기술, 태도·가치관, 신체발달 등의 종합적 자질들이 얼마나 향상되었는지가 파악되어야 하며 당초에 달성하고자 했던 교육목표들이 어느 정도 성취되었는지를 평가해야 한다. 따라서 학교교육의 경우 학교 급별, 학년별로 교육과정상의 교육목표들을 수립하고 성취 수준평가를 위한 기준이 미리 설정되어 있지 않으면 안 된다.

학생들의 학업성취도를 연도별 또는 시기별로 비교하는 것은 매우 어려운 일이며 그 이유는 여러 가지가 있다. 우선 학업성취도평가를 위해서는 학년별로 미리 학업성취 기준이 명확하게 설정되어야 하는데 그러한 노력이 미흡하였다. 다음은 정기적으로 전국적인 학업성취도

평가 또는 학력고사를 실시하여 결과를 비교해야 하는데 지역 간, 학교 간, 학급 간 격차가 노출되는 것을 기피하여 실시한 실적이 거의 없다. 2000년대 이후 몇 개 학년을 표본으로 한 학력진단평가를 실시하였으나 일부 교원단체의 반대로 비교분석결과를 공표하지 못하고 개별적으로 통보해 주는 데 그쳤다.

한편, 국제학업성취도평가에서 우리나라는 주목할 만한 결과를 보여 왔다. 예컨대 OECD가 주관하는 국제학생평가프로그램(Program for International Student Assessment, 이하 PISA)을 통해 만 15세 학생들의 학업성취도를 국제 비교한 결과를 보면 매우 높은 순위를 유지해 오고 있다. 읽기, 수학, 과학 성적의 세계순위가 각각 2000년에 6위, 3위, 1위였고, 2003년에는 2위, 3위, 4위였으며, 2006년에는 1위, 4위, 11위를 나타낸 것이다. 즉, 읽기는 지속적인 성장을 보이고 수학은 꾸준하게 매우 우수한 성적을 보이는 반면에 과학은 하락하는 경향을 보이고 있다(이종재 외, 2010: 415). 그리고 학생들의 각 교과학습에 대한 자신감이 부족하고 흥미가 있거나 즐거워하는 인식도 부족하며 상위성적 학생들의 비율이 상대적으로 낮다는 점 등은 문제점으로 지적되고 있다.

5. 교육의 외적 생산성 개선

교육은 개인적 차원의 자아실현과 더불어 외부환경을 구성하는 국가와 사회로부터 여러 형태의 요구와 기대를 받고 있다. 교육체제로부터의 산출과 성과가 이러한 요구와 기대를 얼마만큼 충족시켜 주느냐는 정부와 국민으로부터 엄청난 재정지원을 받고 있는 교육 당국으로서 가장 중요한 책무일 것이다. 외적 효율성은 그러한 요구충족도로서 정치사회적 측면에서는 민주시민으로서의 자질함양이 가장 중요한 정책과제일 것이며, 경제적 측면에서는 소요되는 인적자원의 양성과 공급이 핵심과제가 될 것이다(McGinn, 1980: 64).

1948년 정부수립 직후에 가장 중요한 과제는 국민들에게 신생독립국가의 국민들로서 공민의식을 심어 주는 것이었다. 그러한 과제를 수행하는 데 당시 매우 큰 장애물 중에 하나는 바로 국민들의 높은 문맹률이었다(해방 당시 국민의 78%가 문맹). 따라서 정부는 '문맹퇴치 및 국문보급운동'을 활발히 전개하였고 그 결과 1950년대 후반에는 문맹률을 한 자리 숫자까지 낮출 수 있게 되었다.

1960년대부터 1980년대까지는 제1차부터 제4차에 이르는 경제개발 5개년계획이 수립·추진된 시기로서, 국가와 사회의 가장 주요한 관심은 '경제성장과 자립경제'의 달성이었다. 그에 따라 교육은 이러한 경제의 성장에 필수적인 기술인력의 양성에 초점이 맞추어졌다. 즉, '교육과 경제의 협력적 대응(cooperative correspondence)'이 이루어진 것이다(이종재 외, 2006: 5-6). 구체적으로 살펴보면, 1960년대 '경공업 중심의 노동집약적 산업화' 추진 시기에는, 교육정책기조로서 초등교육의 완전취학을 달성하고, 중등교육을 확대하기 시작하였다. 그리고 1970년대의 '자본집약적 중화학공업 육성' 추진 시기에는, 실업계 고등학교를 확충하고 공고를 특성화하였으며, 고등학교 평준화정책을 시행하였다. 또한 공공부문의 직업훈련을 지속적으로 확충해 나갔다.

한편, 경제개발의 지속적인 추진으로 인해 산업구조가 서서히 고도화됨에 따라 고급인력에 대한 사회적 수요가 증대되었고, 이에 교육당국은 단계적인 교육기회 확대를 통해 이 문제에 대응해 나갔다. 즉, 처음에는 초등교육, 다음에 중등교육, 이어서 고등교육 순으로 교육기회를 확대해 온 '상향식 단계적 교육기회 확대' 전략을 전개한 것이다(이종재 외, 2006: 6). 그리고 이러한 전략을 채택함으로써 산업단계별로 필요한 노동력을 적시에 적정한 양만큼 공급할 수 있었다.

1980년대와 1990년대의 가장 주요한 국가·사회의 시대적 과제는 경제적으로는 안정적 성장과 구조적 조정, 정치적으로는 민주주의의 회복이었다. 이러한 시대적 과제에 부응하여 교육부문은 과학·기술교육의 강화, 고등교육기관의 정비, 공공기관 및 기업체의 산업교육 강화 등을 꾀하였다. 또한 정치적 민주화가 진전됨에 따라 교육부문에서도 지방교육자치제의 실시와 학교운영의 자율화, 민주화를 추진하였다.

2000년대 접어들어 우리나라가 당면하게 된 정책과제는 정치·사회 전반의 국제경쟁력 확보, 지식기반경제로의 재구조화, 그리고 궁극적으로는 정치적·경제적 차원에서 실질적인 선진국으로 진입이었다(이종재 외, 2006: 7). 이러한 시대적 요구에 따라 한국교육은 국가 경쟁력 확보를 위한 지원과 인적자원개발 목적에 부합하는 교육행정체제의 구축을 시도하였다. 우선 정부는 교육인적자원개발정책을 총괄할 핵심부처인 교육부의 위상을 강화시켰다. 즉, 2001년에 교육부를 부총리급의 교육인적자원부로 격상하여 인적자원개발정책을 조정하는 책임을 맡도록 한 것이다. 위상이 강화된 교육인적자원부는 우선적으로 고등교육의 개혁을 중점적으로 추진하여 대학특성화를 위한 구조개혁, 세계적 수준의 연구중심대학 육성 및 지방대학 육성, 산학협력의 실질화 등을 모색하였다. 그러나 이명박정부는 부총리제를 폐지하고 교육부와 과학기술부를 통합했다가 박근혜정부에서 다시 분리하는 시행착오를 겪기도 했다.

6. 교육운영의 역량과 효율성 제고

단위교육기관이나 각급 교육행정체제는 교육활동을 효율적으로 지원하는 일이 임무이자 기능이다. 그러한 지원기능을 제대로 수행할 수 있으려면 필요한 조직과 인원, 그리고 전문성을 확대하지 않으면 안 된다. 적절한 구조적인 분화도 필요할 것이며 기획역량, 정보관리능력,

연구개발역량 등이 뒷받침되어야 한다.

1) 교육행정조직과 리더십

우리나라 중앙교육행정조직의 변천과정에서는 다음과 같은 특징들을 발견할 수 있다(김신복, 2008). 첫째, 우리나라 중앙교육행정조직의 규모는 지속적으로 확대되는 경향을 보여 주었다는 점이다. 물론 작은 정부를 지향하는 정권이 집권할 경우에 일시적으로 교육행정조직이 축소되기도 하였지만, 그처럼 작은 정부를 지향하는 정부에서조차도 정권 말기에 이르러서는 정권 초기보다 교육행정조직의 규모가 더 확대된 경우가 대부분이었다.

둘째, 하위부서의 편제가 매우 빈번하게 개편되어 왔다는 점이다. 정권의 변동에 따라 교육부의 조직편제가 달라진 것은 당연하지만, 동일한 정권의 통치기간 내에서도 시기에 따라 교육부 조직편제는 빈번히 개편되어 왔다. 심지어 1년 사이에 교육부의 편제가 두 번이나 바뀐 경우도 있었다. 이와 같이 빈번한 교육행정조직 구조의 변동은 사회의 교육수요를 반영한 결과라는 의미로 해석할 수 있지만, 한편으로는 장기적인 비전이 없이 그때그때의 교육문제에 대처하기 위한 수단으로서 교육행정조직을 운영한 결과라고도 볼 수 있다.

역대 우리나라의 교육부 장관 임명은 교육 및 교육행정에 대한 전문성과 도덕성 면에서는 그런대로 좋은 점수를 줄 수 있다고 생각된다. 교수 출신들이 많이 장관에 임명되어 어느 정도 교육에 대한 전문적 식견을 갖춘 인사가 임명되어 왔다고 볼 수 있고, 도덕성 면에서도 한두 분을 제외하고는 크게 흠잡을 만한 인물은 거의 없었기 때문이다. 하지만 리더십 여건 조성의 차원에서는 문제점이 있었다. 무엇보다 장관의 재임기간이 평균 14.3개월로 결코 충분치 않았으며, 특히 2000년 이후만 놓고 볼 경우에는 이 기간이 더욱 짧아져 평균 7.5개월에 지나지 않았다. 이처럼 재임기간이 짧다 보니 교육정책의 일관성, 예측가능성이 낮아지고, 그에 따라 교육정책이 조령모개식으로 변해 왔다는 비판을 가져온 한 요인이 되었다고 할 수 있다(조영기, 2005).

2) 지방교육자치

교육자치제의 본격적인 실시는 1952년에 제정·공포된 '교육법시행령'이 시행되면서부터이다. 그러나 1952년 6월부터 시·군 단위에서 부분적으로 시행된 교육자치제는 1961년 5·16 군사정변을 계기로 폐지되고, 1964년부터는 시·도 단위에서 명목뿐인 교육자치제를 채택하여 1980년대까지 시행되었다. 그러다가 1988년 4월 시·도 단위 및 시·군·구 단위의 교육자치제를 동시에 실시토록 하는 교육법 개정안이 통과되어, 그 본격적인 실시를 다시 준비하였으며, 1991년 3월에 비로소 '지방자치제에 관한 법률'을 제정·공포하여 법적 토대를 마련하고, 이어 1991년 8월 교육위원을 선출하고 각 시·도에 교육위원회가 구성됨으로써 30년 만에 명실상부한 교육자치제를 시행하게 되었다.

2000년대 이후 지방교육자치제는 교육행정의 지방분권을 통해 주민의 참여의식을 높이고 지역의 특성에 적합한 교육정책을 추진할 수 있도록 하여 교육의 자주성·전문성·정치적 중립성의 신장에 적지 않게 기여해 왔다. 2006년 개정된 법률에서는 지방교육감의 선출을 간선제에서 직선제로 바꾸었고, 아울러 교육위원회는 준독립형 기구로부터 시·도의회의 한 분과위원회로 위상이 변화되었다. 결과적으로 교육정책 및 행정에 대한 주민들의 요구에 대해서는 더욱 민감하게 반응할 수밖에 없는 거버넌스 시스템(governance system)을 갖게 된 셈이다.

IV. 국가발전과정에서 교육(정책)의 기여

1. 정치발전과 교육정책

1) 정치적 사회화

해방 이후 우리나라 학교교육에서의 정치교육(political education)은 다양한 형태로 전개되어 왔다. 미군정하에서와 정부수립 직후에는 민주시민양성을 중점목표로 삼아 매우 진보적이고 개방적인 이념교육을 실시하였다. 식민지형 교육의 잔재를 청산하고 민주주의에 입각한 이른바 '새교육'을 표방하였던 것이다. 이와 아울러 자유민주주의 수호를 위한 반공정신의 확립을 강조하였다.

한국전쟁을 겪으면서 반공교육·승공교육은 더욱 강화되었다. 제2대 문교부 장관 백낙준은 인성교육을 중시하여 민주주의 독립국가의 국민이 가져야 할 품성을 기르는 데 역점을 두고 중등학교 이상의 각급 학교에 국방교육을 실시하였다(한국교육문제연구소, 1974: 149).

5·16 군사정변으로 집권한 군사정부는 인간개조와 사회개혁을 기본적인 혁명과업으로 제시하였고, 따라서 문교(文敎)정책에서도 민주주의교육과 국방교육을 강조하였다. 이러한 교육이념의 기조는 제3공화국 이후에도 지속되었으며 1960년대 후반부터는 민족 주체성과 국민적 윤리관의 확립이 강조되었다. 특히 월남 패망 이후 대내외적으로 충격적인 사태가 빈발함에 따라 국민정신교육의 강화라는 교육목표가 더욱 부각되어 왔다.

그동안 꾸준히 제기된 비판으로는, 종래 계속되어 온 민주주의교육이 보편적인 민주주의의 개념과 이해만 가르치는 데 치중하여 민주주의가 구체적인 상황에서 어떻게 실현되어야 하며 각국의 환경과 여건 속에서 어떻게 토착화되는가 하는 문제에 소홀했다는 점이다. 반공교육에 있어서도 공산주의에 대한 일방적 반대와 혐오감 조성에 급급하였다는 비판을 면치 못하였다.

1945년 이래의 정치교육은 정부수립 직후 1~2년은 민주시민교육이 다소 언급되었으나 그 이후에는 반공교육 내지 국민윤리교육이 강조되었을 뿐, 일상생활과 지역사회에 관련된 경험적 내용을 중심으로 한 민주시민교육은 거의 무시되어 왔다고 해도 과언이 아니다(박용헌, 1978). 또 학교교육에 의해서 간접적으로 민주 성향이 길러진다 하더라도 가정과 사회집단 등 전통적인 행동규범과 가치가 지배하고 있어 바람직한 민주 성향을 발전시키기가 어려웠다(김충남, 1980). 무엇보다도 민주적 정치문화가 정착되기 위해서는 오랜 기간에 걸친 명실상부한 민주정치의 경험을 필요로 함에도 불구하고 그러한 기회가 부족했던 것이다.

경직된 권위주의적 통치체제는 제5공화국(1981~1988)에서도 지속되었으며 대학의 운영과 학생활동에 대해서도 엄격한 통제를 가하였다. 정치교육 측면에서는 이데올로기 비판교육이 중심을 이루었다. 1970년대 후반부터 좌경화된 급진이론, 예컨대 종속이론, 해방신학, 네오마르크시즘(Neo-Marxism) 등이 대학사회에 파고들어 학생들에게 잘못 인식되거나 갈등을 일으키고 있다는 통치권의 판단에 따라 그에 대응하는 이론적 무장이 필요하다고 본 것이다. 1982년 각 대학에 이데올로기비판 교육연구회를 설치하여 이론체계화, 지도자료 개발·보급, 세미나와 연수 등을 통한 계몽, 건전이념서클 지도·육성 등을 담당하도록 하였다(문교부, 1988). 그러나 그와 같은 이데올로기 비판교육은 성과도 있었지만 역기능을 가져오기도 하였다. 특히 정통성이 결여된 제5공화국 정권에 대한 학생들의 비판과 저항운동이 거세지면서 전제적 통치방식의 정당화를 위한 수단으로 인식되어 매우 부정적인 이미지가 형성되었다.

제6공화국(1988~1992)에 접어들어 교육기관 및 대학에 대한 통제가 완화되고 자율화 조치가 많이 이루어졌다. 대학행정분야에서도 대학 총·학장의 선거제가 일반화되고 교수재임용제를 폐지하였으며, 교양과정편성을 자율에 맡겨 국민윤리 등 이른바 국책과목들이 폐지되었다. 초·중등교육에서도 민주시민 자질함양교육을 표방하였다. 그 추진을 위해 담당장학사연찬, 교사연수, 교육자료 개발 등을 실시하고 학생교육원에서의 수련활동을 민주적 생활실천훈련으로 실시하였다. 그리고 민주적 방식을 통한 학생간부의 선출과 학생회 운영이 이루어지도록 지도하고 학생자치활동을 활성화하는 조치도 이루어졌다(공보처, 1992: 54). 이러한 민주시민교육은 과거에도 표방해 왔지만 실천적 프로그램으로 연결되지 못했고 사회여건 자체가 권위적·전제적인 군사정부 체제하에 있었기 때문에 이론과 실제가 괴리됨으로써 학생들의 냉소적인 반응을 초래하였다. 그러나 제6공화국 정부는 선거를 통해 형성되어 완전하지는 않더라도 정통성을 인정받았고 상당한 정도 민주화·자율화 조치를 취함으로써 민주시민 자질함양교육이 다소나마 설득력을 갖게 되었다.

문민정부 이후부터 대학은 물론 중등학교에서도 특정 정권의 정당성을 뒷받침하거나 특정 정치이념을 주입하기 위해 교육과정편성을 규제하거나 특정 교재 사용을 강요하는 방식은 거의 사라졌다. 학생들은 정상적인 교육과정과 다양한 교재로 민주시민교육을 받았다. 다만 일부 교원단체가 이념적으로 편향된 교재를 발간하거나 역사교과서를 국정화하려는 시도는 여기에 예외적인 사례이다.

2) 정치적 통합

전술한 바와 같이 교육은 일반적으로 정치적 통합에 기여하는 요인으로 간주되고 있지만 그 정도는 구체적인 교육내용과 획일성 여하에 따라 달라진다. 우리나라의 경우 정부수립 이후 지금까지 교육내용을 결정하는 교육과정(curriculum)과 교과서는 정부의 엄격한 통제를 받아왔다. 국민학교는 단일의 국정교과서가 전국적으로 적용되었으며 중등학교에서도 국어, 도덕 등의 교과서는 국정이었다. 나머지 교과들도 정부의 검인정을 받은 것 중에서 학교가 선택하도록 하였다. 이와 함께 학기당, 주당 이수시간에 대해서도 과목별로 기준이 제시되었다.

대학의 경우에 교과서에 관한 통제는 거의 없지만 앞에서 언급한 바와 같이 교양과정의 비중에 대한 기준이 행정 당국에 의해 제시되며 그중 몇 개 과목은 의무적으로 이수하도록 지정된다. 이와 같은 교육내용의 획일화 내지 표준화가 피교육자의 사고와 지향성을 유사하게 만드는 데 기여하리라는 것은 쉽게 예상할 수 있다.

여러 교과 중에서 정치적 통합과 관련이 깊은 것은 국어, 국사, 도덕(대학의 경우는 국민윤리) 등이었다고 할 수 있다. 그동안 교과서는 교육과정개편에 따라 여러 차례 재편찬되었다. 중·고등학교 도덕교과서의 내용을 분석한 바에 의하면, 강조점이 개인으로부터 국가 위주로 변해 왔음을 알 수 있다. 1957년에 편찬된 도덕교과서에는 개인의 행위가 강조되었다. 그러나 1965년의 교과서에서는 사회윤리와 집단 속의 개인의 조화문제가 중점적으로 다루어졌으며, 1974년에 편찬된 교과서에서는 국가복리에 대한 개인의 기여에 중점이 두어졌다는 것이다. 사회와 국어 교과서 내용분석에서도 이와 비슷한 경향을 발견할 수 있었다고 한다(McGinn, 1980: 201).

다음으로 정치적·사회적 통합과 관련하여 우리나라에서 고등교육기회가 사회계층에 상관없이 균등하게 제공되어 왔는지를 비교해 보는 것은 중요한 의의를 가진다. 그러나 사회계층을 구분하는 것은 개념적인 차원에서도 어려울 뿐만 아니라 계층 간 교육기회의 균등성에 관한 자료도 별로 없는 실정이다.

〈표 1-2〉 계층별 교육기회의 구조변화(1960~1970)

연도	계층 / 학교	자영업자	화이트칼라	노동자	기타	합계	조사연도
1960년	중학교	42.1	53.5	–	4.4	–	1959
	고 교	57.4	34.8	0.5	7.3	100.0	1960
	대 학	61.0	32.1	0.5	6.4	100.0	1962
	인구 구성비	66.6	7.4	25.0	1.0	100.0	1960
1970년	중학교	44.2	53.1	–	2.7	100.0	1969
	고 교	45.4	44.1	0.1	10.4	100.0	1970
	대 학	49.4	43.3	–	7.3	100.0	1970
	인구 구성비	46.8	14.5	38.7	–	100.0	1971

자료: 김영모(1973: 159-160).

희귀한 자료 중의 하나는 1960년과 1970년의 사회계층별 각급 학교 취학자 구성비를 비교한 김영모의 연구이다. 〈표 1-2〉에 나타난 바와 같이 대학재학생들의 가정배경은 인구 구성비에 비해서 전문사무직(white collar) 출신이 현저하게 많은 것으로 나타났으며 그 구성비는 10년 동안 상당히 높아졌음을 알 수 있다. 자영업자의 경우 10년간 인구 구성비가 줄어든 점을 감안하면 역시 대학재학생들 중 자영업자 자녀들의 점유 비율은 상대적으로 늘어난 셈이다. 반면에 1970년도의 경우는 거의 무시할 만한 수로 나타나고 있다. 따라서 우리의 고등교육기회는 대체로 중산층 이상에 집중되어 있었으며 최소한 1960년에는 그러한 불균형이 결코 개선되지 못하였음을 보여 준다.

이와 같이 직업이나 소득 등 사회계층별로 고등교육기회가 불균등하게 향유되고 있는 것은 교육비 부담능력에 따라 대학진학이 제한을 받고 있기 때문이다. 공납금도 문제이지만 농촌 출신의 경우처럼 타지역에서 대학을 다녀야 하는 학생들은 하숙비 등이 큰 부담이 되었다. 또 1970년대 말까지 그리고 1980년대 이후 대학입시를 위한 과외

공부가 성행함에 따라 입학시험에의 합격여부조차 경제적인 지원능력에 따라 크게 좌우되어 왔다. 이러한 관점에서 볼 때 과외금지조치 및 고교 내신성적의 균등한 반영 등은 대학입학기회의 계층 간 균등화에 기여했다고 보겠다.

한편, 우리나라에서 선호하는 고등교육기관에의 취학기회는 현실적으로 사회계층 간에 상당한 차이를 보이고 있으며, 이는 엘리트계층의 영속화를 가져와 정치·사회적 통합에 마이너스 요인으로 작용할 소지를 안고 있다. 그러나 최근에 대학문호의 대폭적인 개방과 공정한 경쟁여건의 조성으로 입학기회의 불균등성은 많이 완화되었다고 할 수 있다.

3) 정치적 충원

국민 전체의 교육 수준과 비교할 때 정치엘리트들의 교육 수준이 월등히 높은 것은 오히려 당연한 현상이다. 예컨대 해방 당시에는 고등교육을 받은 인구가 극소수였음에도 불구하고 제헌국회의원들의 58% 정도가 전문학교 이상의 고등교육을 이수한 것으로 나타났다. 〈표 1-3〉에서 보는 바와 같이 국회의원들의 높은 학력분포는 그 후에도 계속되고 있다.

이는 교육이 정치적 엘리트로 진출하는 데 중요한 통로(channel)가 되고 있음을 반영한다. 파이(Lucian W. Pye)는 동남아의 정치체제에 관한 연구에서 서구식 교육이 민족주의운동 및 신생독립정부를 위한 지도세력을 양성하는 데 중요한 역할을 하였으며, 동남아에서 정치엘리트층의 충원에는 계급, 직업, 수입보다도 교육이 더 결정적인 요인이라고 지적한 바 있다(Pye, 1967: 106). 이는 한국에도 그대로 적용될 뿐만 아니라 동남아 다른 국가들에 비해서 더 현저했다고 판단된다.

학교교육에 의한 자질향상이라는 관점에서 중요한 것은 역대 국회의원들의 학력 수준이 꾸준히 향상되어 왔다는 사실이다. 전문학교 중

〈표 1-3〉 역대 국회의원들의 학력 분포 (단위: 명, %)

학력 \ 국회	제헌	3대	6대	9대	12대	14대
무학 및 기타	12 (6.0)	3 (1.5)	4 (2.3)	2 (0.9)	–	–
국졸	25 (12.5)	22 (10.8)	3 (1.7)	–	–	2 (0.7)
중졸	47 (23.5)	65 (32.0)	4 (2.3)	1 (0.4)	–	–
고졸	4 (2.0)	1 (0.6)	21 (12.0)	10 (4.5)	3 (1.0)	5 (1.7)
전문대졸	34 (17.0)	21 (10.3)	17 (9.7)	4 (1.8)	2 (0.8)	–
대졸	78 (39.0)	91 (44.8)	111 (63.4)	129 (58.9)	159 (57.6)	155 (51.8)
대학원졸	–	–	15 (8.6)	73 (33.3)	112 (40.6)	137 (45.8)
합계	200 (100.0)	203 (100.0)	175 (100.0)	219 (100.0)	276 (100.0)	299 (100.0)

주: 중퇴는 졸업에 포함.
자료: 국회사무처(1994).

퇴 이상의 고등교육을 받은 국회의원의 비율을 보면 제헌국회시 58%였으나 4대 국회에서는 68.5%로 높아졌고, 9대 국회 이후에 와서는 90%를 넘어섰으며 12대 이후에는 98% 정도에 달하였다. 또한 특기할 만한 것은 5대 국회 이후 대학원을 졸업한 의원들의 수가 눈에 띄게 늘어나고 있다는 점이다. 최근에 와서는 외국유학을 하였거나 석·박사 학위를 가진 의원들도 상당수에 달하고 있다.

행정부의 정치적 엘리트라고 할 수 있는 장·차관 및 국장급의 교육 수준 비교에서도 국회의원들과 같은 경향을 발견할 수 있다. 우선 정부수립 직후부터 1967년 8월까지 20여 년 동안 장·차관 및 국장급

〈표 1-4〉 고위 행정관들의 학력 분포(1948~1967) (단위: 명, %)

직급＼학력	고졸 이하	대졸	석사	박사	미상	합계
상관	20 (7.5)	202 (75.3)	23 (8.6)	20 (7.5)	3 (1.2)	268 (100)
차관	13 (6.7)	149 (77.6)	10 (4.9)	17 (8.8)	4 (2.0)	193 (100)
국장	42 (7.5)	381 (70.2)	90 (16.6)	26 (4.6)	6 (1.1)	545 (100)
합계	75 (7.3)	732 (72.8)	123 (12.2)	63 (6.3)	13 (1.3)	1,006 (100)

주: 1948. 8.~1967. 8., 재직자에 대한 이력조사 결과임.
자료: 박동서(1980: 315).

으로 근무한 1,000여 명의 교육 수준별 분포를 보면 〈표 1-4〉에 나타난 바와 같다.

먼저 눈에 띄는 것은 이들 고위행정관들의 교육 수준이 아주 높다는 사실이다. 대학 이상의 고등교육을 받은 사람이 전체의 90% 이상을 점유하고 있었던 것이다. 1967년도의 우리나라 고등교육 취학률이 8% 정도에 불과했던 점을 감안하면 이들의 교육 수준이 일반 국민에 비해서 얼마나 높았는지를 짐작할 수 있다. 이는 우리나라의 경우 전통적으로 내려온 관존민비사상과 막강한 행정권으로 인하여 교육 수준이 높은 엘리트들이 관직을 선호했기 때문이라고 해석된다.

한편, 1970년대 이후에 고위행정관으로 충원된 사람들은 과거 선임자들보다 교육 수준이 훨씬 높았다. 1983년 공무원센서스 결과에 의하면 중앙부처 국장급인 3급 이상 공무원 649명 중 고졸 이하의 학력을 가진 사람은 16명에 불과하고 나머지는 모두 고등교육을 이수한 것으로 나타났다(총무처, 1983: 74). 이들 중 대학원 재학 또는 수료자가 288명으로 44%를 점하고 있었으며 박사학위 소지자만도 48명에 달했다.

요컨대 정부수립 이후 70여 년 동안 교육기회의 확대로 우리나라 정치엘리트들의 교육 수준은 현저하게 향상되었으며, 이는 교육의 질적 개선과 더불어 그들의 자질을 높이는 데 크게 기여했다고 해석할 만하다. 또한 우리나라는 사회적 지위의 세습 경향이 약하고 정치적 격변이 빈번했기 때문에 1980년대까지 고등교육의 이수 여부는 정치엘리트로 충원되는 데 있어서 중요한 요건으로 작용하였으며, 따라서 다른 어느 나라보다도 고등교육과 정치적 충원 사이에 밀접한 관련이 유지되어 왔다. 그러나 1990년대에 이르러 고등교육취학률이 50%를 넘고 2000년대 이후 고교졸업생의 진학률이 70%를 넘어서면서 대학졸업 사실이 정치적 충원에 미친 선별(screening) 효과는 거의 사라졌다.

2. 경제발전과 교육정책

1) 교육의 목표 및 내용과 인력개발

1950년대 이후 교육의 성장이 선행되었고 경제성장이 뒤따랐다. 이것은 일견 교육이 경제성장에 중요한 기여를 했다는 증거로 보여진다. 이와 같은 상황에 대한 설명의 하나로 지적되는 것은 한국에는 양질의 축적된 인적자원이 있었기 때문에 경제적 도약에 활용 가능했다는 점이다. 그러나 가용자원의 축적이 필요조건은 될 수 있으나 충분조건은 되지 못한다. 교육이 경제성장의 원인이었다는 가설은 논리적으로 추론할 수는 있지만 인과론적인 해석이 가능하려면 교육목표 및 내용 면에서의 변화가 뒷받침되지 않으면 안 된다.

교육정책 면에서 실업·기술교육에 중점을 두었음에도 불구하고 실제로는 경제도약이 발생할 때까지 그러한 목표로의 진전은 크게 이루어지지 못했다. 1950년대의 교육과정에서는 개인주의나 생산성이 강조되었으나 1960년대에 들어서는 강조된 내용이 단결과 국민총화정신으로 바뀌게 되었다. 그리고 지역단위에서 일선 교육현장을 직접 담당하는 교사와 행정가 그리고 학부형이 인지하는 교육목표와 중앙의 교육행정 당국에 의해 표방된 교육목표 간에는 현격한 괴리가 존재하였다. 따라서 이 시기에는 한국의 학교교육과정이 경제발전에 실패한 다른 나라의 교육과정과 구별될 만큼 과학과 기술에 중점을 두었다고 보기는 어렵다. 즉, 한국의 학교에서 전수되었던 정규교육 내용이 경제적 기적을 낳은 산업노동력의 기능증진에 밑거름이 되었다고 보기 어렵다는 것이다. 학교에서는 많은 내용을 가르쳤지만 농업이나 저기술공업부문에 취업한 근로자에게 필요한 지식은 아니었다(김영봉 외, 1984).

1970년대에는 중화학공업의 발전과 중동 건설현장에서 일할 기술 및 기능 인력이 절대적으로 부족하였다. 뿐만 아니라 고등학교 졸업과 동시에 산업현장에서 즉시 일할 수 있는 인력 양성을 요구하였다. 그리하여 정부는 공업고등학교를 기계공고, 시범공고, 특성화공고, 일반공고로 구분하여 기능인을 집중 육성하였다. 유형에 따라 교육과정 운영에 유연성을 두면서 산업사회가 요구하는 다양한 기능 인력을 양성하였다. 학교와 산업체 간에 자매결연 등을 통한 산학협력도 활성화되어 교육내실화에도 크게 도움이 되었다(한국직업능력개발원, 1998).

정부는 1980년 '교육의 정상화 방침'에 따라 교육과정을 전면 개정하여 1984학년도부터 시행하였다. 당시 교육과정의 특징은 고등학교 교육과정으로 통합하여 단일화, 기초교육 강화, 일반 교육 강화, 총 이수단위 수 감축, 그리고 특별활동을 강화하여 전인교육을 지향하는 것이었다. 이에 따라 실업계 고교의 교육목표는 전인교육에 두되 계열별 목표를 제시하여 일반 교육과 산업 예비 인력으로서의 전문교육을 함께 추구하게 되었다. 1990년대에는 일반계·실업계의 교육과정을 통합·운영함으로써 공통필수과정을 최소화하고, 2~3학년에서는 계열 구분 없이 다양한 교과목을 선택 수강할 수 있게 하였으며, 지역실정과 학교

형편에 따라 다양한 선택과정을 개설, 운영하게 하였다. 2000년대에 와서 정부는 진로교육의 중요성을 인식하고 2009년 개정된 교육과정의 목표에서 인간상에 '전인적인 성장의 기반 위에 개성의 발달과 진로를 개척하는 사람'을 명문화하였다. 교육내용은 초등학교에서는 '다양한 일의 세계 이해', 중학교에서는 '적극적인 진로탐색', 고등학교에서는 '진로계획'을 명시함으로써 진로교육의 중요성을 부각하였다.

2) 교육을 통한 노동의 질적 개선

데니슨(E. F. Denison)은 다른 조건이 일정할 경우 ① 교육 수준이 높은 취업자의 노동생산성은 교육 수준이 상대적으로 낮은 취업자의 노동생산성보다 높을 것이며, ② 교육 수준별 취업자의 노동생산성격차는 한계생산력설이 주장하는 바와 같이 취업자의 임금격차로 분배에 반영된다는 사실을 전제로 설정하였다. 그러니까 교육 수준이 높을수록 노동의 질이 높아 생산성이 크며 그 결과 높은 임금을 받게 된다는 전제를 세운 셈이다. 이러한 전제 위에서 먼저 교육으로 인한 노동의 질적 개선 효과를 추정하고 다음 단계에서 노동의 질적 개선이 요소비용에 의한 국민소득의 성장에 기여한 정도를 추정하게 되면 결국 교육의 경제성장 기여도가 산출된다(Denison, 1962).

데니슨의 방법론을 원용하여 과거 한국의 경제성장에 대한 교육의 기여도를 측정한 연구가 몇 개 있다. 첫째로 톨리(G. S. Tolley)가 1962~1963년과 1968~1969년 사이의 기간을 대상으로 분석한 것이 그 하나이다. 이 연구에 의하면 이 기간 중에 한국경제의 성장률은 약 10%인데 그것을 100으로 볼 때 교육에 의한 노동의 질적 개선이 기여한 바를 약 5%로 추정하고 있다(Tolley, 1973).

둘째로 1960~1974년을 분석기간으로 한 김영봉 등(1984)의 연구에 의하면 이 기간 동안 국민총생산은 연평균 9.07% 증가하였으며 교육에 의한 노동의 질은 연평균 1.18%의 향상을 보였는데 데니슨의 분석방법에 준하여 교육에 의한 노동의 질적 개선이 경제성장에 기여한 정도를 계측해서 7.8%로 추정하고 있다(김영봉 외, 1984).

셋째로 1983년 한국교육개발원의 연구결과에 따르면 취업자들의 교육 수준별 구성변화가 국민소득의 성장에 기여한 정도는 1963~1972년 사이에 3.7%, 1972~1981년 사이에는 6.8%에 이르고 전 기간에 걸쳐서는 5.4%로 나타나고 있다(한국교육개발원, 1983).

이 분석결과에 따르면 1960년대에 비하여 1970년대에는 취업자의 질(교육 수준) 향상이 경제성장에 기여한 정도가 현저하게 향상되고 있음을 알 수 있다.

경제성장률을 개별 투입물의 증가율과 투입물 전체의 가중평균의 증가율로 분석한 경제성장회계방식(economic growth accounting method)을 활용하여 교육(노동의 질 향상)의 경제성장 기여도를 교육 수준별로 산출한 연구가 있다(최강식, 1996). 그 결과에 따르면 1981년에는 대학교육의 질적 기여도와 고등학교교육의 질적 기여도가 거의 비슷한 것으로 나타났으나 그 이후에는 대학교육의 기여도가 상당히 더 큰 것으로 나타났다. 1966~1970년 사이 대졸 노동력의 질적 기여도는 GDP 성장률을 100%로 계산할 경우 1.96%였으며, 1970~1975년 사이에는 감소하여 1.15%에 불과하였다. 그러나 1980~1994년 기간에는 GDP 성장률을 100%로 계산할 경우 3.42%의 기여를 하였다. 이 기여도 분석 결과에 의하면 1980년대 이후 교육의 경제성장 기여 효과는 대부분이 대학교육에 의한 것이었음을 알 수 있다.

3) 교육산업의 확대에 따른 경제성장

경제성장을 국민총생산의 증가로 볼 때 이는 연도별 최종생산물 또는 부가가치 합계의 증가로 파악해야 한다. 교육부문에서의 매년 부가가치는 다른 산업부문과는 성격을 달리한다. 다른 산업부문에서는 총생산물이라는 산출의 합계에서 중간투입을 뺀 나머지가 부가가치로 잡히지만 교육부문에서는 인력양성이나 연구결과의 부가가치를 측정하기가 거의 불가능하다. 그러므로 국민소득계정에 있어서 하나의 산업부문으로 취급되는 교육부문의 부가가치는 투입 측면에서만 파악하고 있다.

국민소득계정에서 볼 수 있는 교육산업부문의 부가가치는 교육서비스를 받기 위하여 학생들이 납부하는 등록금과 정부가 제공하는 공적 교육경비의 합계에서 교육기관이 각급 학교에서 교육서비스를 제공하기 위하여 소요되는 각종 재화와 용역에 대한 지불, 즉 중간투입에 대한 지불을 뺀 나머지로 계산한다.

극히 제한된 의미를 갖기는 하지만 투입요소비용 등의 교육산업의 부가가치는 각 연도의 국민총생산의 한 부분을 구성함으로써 그해 국민총생산 증가, 즉 경제성장에 그만큼 기여한다.

1953년 이후 1961년 사이에 교육산업부문의 부가가치는 연평균 4.9%의 증가를 보였으며 같은 기간 동안 국민총생산에 대한 교육부문 부가가치의 구성비가 연평균 2.1%에 이르기 때문에 이 기간에 국민총생산 성장에 대한 교육산업의 기여도는 연평균 2.2%가 되는 셈이다. 같은 방법으로 계측하면 1962~1971년의 기간 동안 국민총생산의 성장에 대한 기여도는 교육부문의 연평균 1.5%로 약간 높아진다. 1953~1981년의 전 기간을 대상으로 하면 교육산업의 부가가치는 연평균 5.5%의 증가율을 보이고 국민총생산에 대한 교육산업 부가가치의 구성비는 연평균 2.3%에 이르므로 경제성장에 대한 교육산업의 기여도는 연평균 1.7% 수준으로 추정할 수 있다. 그러니까 1953~1981년의 전 기간에 보인 연평균 경제성장률 7.5%를 100으로 할 때 그 1.7%는 교육산업의 부가가치 확대에 의한 직접적인 기여분이라고 볼 수 있다(김신복 외, 1983).

1980년대 이후 입시학원을 비롯한 각종 사교육기관의 지속적인 성장으로 교육산업은 크게 확대되었다. 2013년 사교육비 조사에 의하면 각급학교의 사교육 의존 비율은 초등학교 81.8%, 중학교 69.5%, 고등학교 49.2%로 집계되었고, 2013년도 초·중·고등학교 학생들의 사교육비는 총 18조 6,000억 원으로 추정되었다. 이러한 사교육 및 사교육비 지출의 확대가 결코 바람직한 것은 아니지만 수많은 사람들에게 일자리와 수입을 제공해 온 것은 부인할 수 없는 사실이다. 그렇다고 사교육 억제정책을 소홀히 할 수는 없지만 국민소득 창출을 통한 경제성장에 그만큼 기여하고 있는 측면도 인정해야 한다는 것이다.

4) 인적자본 축적에 따른 수익률 변동

교육 수준별 교육비의 차이와 생애소득의 차이를 이용하여 교육 수준별 투자수익률을 구할 수 있다. 이때 교육비 속에는 정부부담과 사부담의 공교육비뿐만 아니라 상급교육을 받음으로써 일을 하지 못함에 따른 기회비용(opportunity cost)도 포함시켜야 하며 생애임금 역시 미래에 발생할 수익을 일정한 할인율로 현재가치(present value)화해야 한다. 비슷한 방법으로 우리나라 교육 수준별 투자수익률을 계산한 분석결과들을 보면 대체로 1970년대 초까지는 중·고등학교의 교육투자 수익률이 대학보다 높았으나 1970년대 후반부터는 오히려 대학의 교육투자 수익률이 중·고등학교의 그것보다 높아졌음을 알 수 있다.

〈표 1-5〉에 제시되어 있는 사회적 교육투자 수익률의 변화추세를 살펴보면, 1960년대 후반부터 1970년대 전반까지는 중·고등학교의 수익률이 대학의 경우보다 높게 나타나고 있으나, 1970년대 후반 이후는 1994년의 경우를 제외하고는 전반적으로 대학의 투자수익률이 가장 높고, 다음으로 고등학교, 중학교 순으로 나타나고 있다.

국제 비교 연구결과에 의하면, 국가경제수준이 높아지고 교육기

〈표 1-5〉 사회적 교육투자 수익률 변화추세 (단위: %)

연구자	기준연도	중학교	고등학교	대학(교)
김광석	1967	12.0	9.0	5.0
플로리다 주립대팀	1969	20.0	11.0	9.5
정창영	1971	8.2	14.6	9.3
배종근	1977	2.8	9.9	13.8
박세일	1980	2.9	8.1	11.7
한국교육개발원	1985	11.2	7.6	14.5
한국교육개발원	1994	–	7.3	7.2

주: 교육투자 수익률은 남자의 사회적 수익률을 나타냄.
자료: 한국교육개발원(1994).

회가 확대될수록 교육투자 수익률은 점차 낮아지는 경향을 보이고 있다(Psacharopoulos, 1989). 그러나 우리나라의 교육투자 수익률의 변화추세는 이러한 경향과 상반된 특징을 보이고 있다. 특히 대학의 경우 1970년 이후 우리나라 경제가 고도성장을 거듭하고 고등교육인구도 지속적으로 증가하였음에도 불구하고 고등교육에 대한 투자수익률은 계속 상승하는 경향을 보여 왔다. 그러한 경향의 주요 원인으로는 대졸인구가 대학입학정원의 통제로 대졸인력에 대한 사회·경제적 수요 증가에 부응할 만큼 충분히 늘어나지 못하였다는 점, 즉 대졸인력의 공급보다 수요가 항상 컸다는 점과 사회적·문화적 영향으로 학력 간 임금격차, 특히 대졸자와 고졸자·중졸자 간의 임금격차가 노동생산성의 격차 이상으로 컸다는 점이 지적되고 있다(박훤구·박세일, 1984).

대학입학정원확대가 노동시장의 인력구조에 아직 영향을 미치기 전인 1985년까지는 대학교육의 투자수익률은 계속 상승해 왔으며, 중등교육에 비하여 가장 높은 수준을 유지하고 있는 것으로 나타나고 있다. 그러나 1994년의 분석 결과를 보면 대학교육의 투자수익률이 크게 떨어져 고등학교와 비슷한 수준이거나 오히려 더 낮은 것으로 나타나고 있다. 이러한 경향은 두 가지 점에서 원인분석이 가능하다(한국교

〈표 1-6〉 연도별·학력별 임금의 상대적 격차 추이 (단위: %)

구분	전 학력	중졸 이하	고졸	전문대졸	대졸 이상
1975	83.3	57.2	100.0	136.2	214.4
1980	96.9	72.7	100.0	145.7	217.3
1985	104.5	79.3	100.0	129.5	214.7
1990	108.0	87.7	100.0	116.7	174.7
2006	112.8	87.9	100.0	108.0	155.4
2013	112.3	80.2	100.0	115.3	153.7

자료: 노동부(2013).

육개발원, 1994). 첫째는 1980년대 후반에서 1990년대 초반 사이에 대졸인력의 공급이 상당한 규모로 증가하였다는 점이고, 두 번째 원인은 1980년대 후반에 노사 간의 임금단체교섭이 일반화된 결과 〈표 1-6〉에 제시되어 있듯이 학력 간 임금격차가 과거보다 많이 축소되었다는 점이다. 특히 1980년대 중반 이후 대졸자와 고졸자 간의 임금격차 감소는 두 교육 수준 간의 투자수익률 격차를 축소시키는 직접적인 원인이었음을 알 수 있다.

3. 사회발전과 교육정책

1) 사회구조 및 의식변화와 교육정책

사회발전의 중요한 구조적 변동으로는 공업화, 도시화, 사회계층구조의 변화와 가치관의 변화를 들 수 있다. 공업화를 제외한 도시화, 사회계층구조의 변화, 가치관의 변화라는 세 측면에서 지난 50년 동안의 한국사회발전의 주요 요소들을 추출하여 교육과 사회발전과의 관계를 살펴보면 다음과 같다.

일반적으로 선진공업국의 도시화는 생산력의 증가와 생산수준의 향상을 수반하여 왔지만, 후진국의 도시화는 반드시 그렇지는 못하였으며, 우리나라도 예외적일 수 없었다. 특히 우리나라에서 주목되는 현상은 강한 교육열이 도시화 현상을 더욱 촉진하였다는 것이다. 도시인구를 대상으로 한 몇몇 사회조사에서 발견된 결과를 보면 주거 이주의 원인으로 교육적인 이유가 매우 큰 비중을 차지하고 있으며, 그러한 성향은 교육 수준이 높을수록 더욱 크게 나타났다. 특히 고등교육에 대한 열망은 도시화, 그중에서도 서울로의 인구집중을 가속화시켰다.

그와 같은 도시화의 과정에서 한국국민의 높은 교육열과 교육투자는 도시화를 촉진하는 자극제가 되었음이 분명하고, 교육의 양적·질적 측면에서의 도시편중은 도시화를 촉진하는 요인이 되었을 뿐만 아니라 농촌과 도시의 격차를 벌리는 데에도 영향을 미쳤다고 할 수 있다. 도시의 공업화는 농촌의 저축을 교육투자에 소비한 결과로 형성된 인적 자본(human capital)에 크게 힘입었으나 상대적으로 그와 같은 교육투자는 농촌의 발전에는 부정적인 작용을 하였다고 볼 수 있다(김신복 외, 1983: 105).

도시화의 영향은 가족관계와 자녀관의 변화에서도 나타나고 있는데, 소가족주의 성향이 그것이다. 1960대 초만 하더라도 도시지역이나 농촌지역에서 주부들은 4명 내외의 자녀를 이상적이라고 여겼으나 이 숫자는 1970년대 후반에 이르러서는 2.6명, 1990년대 들어서는 1.6명으로 줄어들었다. 다자녀출산의 원인 중 하나로 지적되었던 남아선호의 경향도 점차로 약화되는 추세이다. 남아선호의 성향은 대체로 연령이 높을수록, 교육 수준이 낮을수록 더 강하게 나타나고 있는데, 교육 수준의 향상이 다른 어떤 요소보다도 이러한 성향을 둔화시키는 데 기여해 왔다. 자녀 수의 감소는 자녀의 양육과 교육에 더 많은 투자와 주의를 기울이게 함으로써 결과적으로 국민 전체의 교육 수준 향상에도 적지 않은 영향을 미치게 되었다.

교육은 흔히 개인의 근대성 개발에 결정적인 요인으로 간주되며 그 개발의 정도는 학교교육과정에 따라 달라진다고 가정한다. 그러나 한국교육의 내용을 본다면 개성의 근대화와 직결되지 못하였다고 할 수 있다. 교육과정상의 변화는 근대적 가치로 간주되는 내용이나 개인의 기업가정신에 합치되는 태도를 강조하고 있지만 교육의 실제가 그에 부합하여 이루어졌다고 보기 어렵다. 오히려 학교교육에서의 암기식 학습과정과 시험(평가)내용이 학생의 창의성과 혁신성을 위축시켰다고 볼 수도 있을 것이다.

일반적으로 높은 수준의 교육을 받은 사람들은 대부분의 경우에 근대적 사회생활에 부합하는 태도, 특히 합리적 소비행태와 사회적 참여를 강조하는 태도를 가지는 경향을 나타낸다. 이 점은 한국도 다른 나라의 경우와 일치한다. 그러나 한국에서 수행된 연구에 의하면 높은 교육을 받은 사람일수록 정부정책에 대하여 비판적인 것으로 나타났다. 특히 대학생들은 개인의 자유보다도 통합된 일체감을 강조하는 능률 위주의 사회와 국가발전을 동일시하려는 시도에 반발해 왔다.

사회환경의 변화는 이와 같이 의식구조의 변화를 수반하게 된다. 우리가 전통적으로 지녀 왔던 가치인식은 교육의 발전과 더불어 크게 변해 왔다. 교육을 많이 받은 젊은 세대로 내려갈수록 전통적 가치관과 집단지향적인 성향은 약화되고 이기적이고 타산적인 성향이 더 강하게 나타나고 있다. 이것은 특히 직업의식에 있어서 뚜렷이 나타나고 있는데 교육 수준의 향상으로 각 직종이 가졌던 전통적 직업선호순위를 크게 수정하지 않을 수 없게 되었다.

2) 사회계층화와 교육정책

한국사회의 계층구조는 지난 2000년대 이전까지 중산층이 확대되고 하층계급이 감소되는 다이아몬드형 계층구조에 접근하는 변화가 일어났다. 그러나 한국의 중산층은 전문직, 관리직 등이 중심이 되는 근대적 중간계급으로 확립되어 있지 못하며, 하층계급은 1960년 이후 산업화에 의해서 자극받은 기대상승으로 상대적 박탈감과 소외감이 높아져 왔다.

그와 같은 계층구조의 변화에 있어 교육은 역시 중요한 요인이었다고 할 수 있다. 교육은 사회적 이동(social mobility)의 가장 중요한 경로(channel)였으며, 그와 같은 현상은 그동안의 높은 교육열 특히 높은 대학진학희망률이 잘 반영해 주고 있다. 우리나라는 1960~1970년대에 영국이나 프랑스 같은 나라와 비교해서도 세대(generation) 간에 더 높은 상향이동률을 보였으며, 그것은 높은 교육 수준을 매개로 세대 간 상향이동이 촉진된 결과로 나타난 현상으로 볼 수 있다(이영덕 외, 1976: 386).

그러나 1997년 외환위기 이후 한국의 계층 간 격차는 점차 심화되어 왔다는 것이 일반적인 관찰이다. 중산층이 감소하고 빈곤층이 증가하여 빈부 간 격차가 극심해지는 양극화가 진행되고 있으며 '부와 지위의 세습', '빈곤 대물림'에 대한 우려가 커지고 있는 것이다. 즉, 세대 간 지위의 대물림이 이루어지고 있으며, 특히 근래에는 지위의 양극단(단순노무직, 전문직)에 위치한 부모와 자녀 간 지위의 대물림이 자녀의 학력을 매개로 이루어지고 있다는 지적이 많아지고 있다. 실제로 사회계층 간, 지역 간 교육격차가 점점 커지고 있다. 교육격차는 기회, 과정, 결과 등 교육의 전 과정에서 발생하고, 교육소외 현상, 부적응 현상도 커지고 있다.

교육격차는 가정의 경제적 배경 이외에 다양한 개인적·지역적·사회적 요인 등으로 인해 발생하지만 부모의 사회경제적 배경이 상당한 영향을 미치는 것으로 나타나고 있다. 예컨대 국가 수준 학업성취도 평가결과 부모의 학력과 학생들의 학업성취도 수준이 비례하는 결과를 보여 준다. 국내 연구결과에 의하면 부모가 모두 대졸인 학생들의 수능점수가 부모가 모두 고졸 이하인 학생들보다 19.8점 높은 것으로 나타났으며, PISA 2006 결과에서도 부모의 사회경제적 배경이 학생들의 학업 성취도에 상당한 영향을 미친다는 사실을 확인하였다. 국제수학과학교육추이(Trends in International Math and Science Study, 이하 TIMSS) 2007 결과보고에 따르면 학교에 저소득층 학생이 많을수록 수학·과학 성취도가 낮았고, 저소득층이 적을수록 성취도가 높은 현상이 나타났다. 그리고 TIMSS의 1999년과 2007년 수학점수를 비교 분석한 결과 미국의 경우 저소득층 자녀들의 학력이 향상 내지 유지되었으나 한국은 오히려 저하되었다(김경희, 2010).

다른 한편, 부모의 사회계층이 자녀의 진학과 취업에도 큰 영향을 미치는 것으로 나타나고 있다. 부모의 소득격차에 따른 사교육비 지출과 부모의 학력에 따른 자녀의 월급 모두 차이가 뚜렷이 나타나고 있는 것이다. 소득 상위 20%인 5분위와 소득 하위 20%인 1분위 가구의 교육비 지출 차이는 2010년 6.3배였지만 2015년에는 7.5배로 벌어졌다. 2010년 자녀의 첫 월급은 부모 모두 대졸인 경우 평균 202만 9,009원인 데 비해 부모 둘 다 대학을 못 나온 경우 156만 4,458원으로 77%에 그쳤다(통계청, 2010; 2015). 이는 명문대에 진학하려면 사교육비 투자를 많이 해야 하고 좋은 직장에 취업하려면 '스펙'을 쌓기 위한 투자가 뒷받침되어야 하기 때문인 것으로 해석된다. 따라서 근래에는 돈 없으면 공부를 제대로 시키기도 어렵고 본인의 능력과 노력만으로는 선망하는 직업을 획득하기 어렵다는 인식이 높아지고 있어 과거처럼 '개천에서 용 나기'가 어렵다는 인식이 확산되고 있는 것 같다.

교육이 사회이동 면에서 사회적 형평을 개선시키느냐에 대해서는 많은 의문이 제기되어 왔다. 학교진학인구의 비율이 증가하는 것과 사회적·경제적 불평등이 감소하는 것 사이에 정(正)의 상관관계가 있을 것으로 기대해서는 안 된다는 것이었다. 즉, 교육적 평등이 반드시 사회적·경제적 평등을 보장하는 것은 아니라는 것이다. 또 교육기회의 확대, 특히 고등교육기회의 급격한 확대정책은 교육 수준에 따른 계층화의 폭을 감소시켜 주었다. 한국의 교육확대정책은 다른 대부분의 개발도상국들과는 달리 소득격차를 심화시키지 않았는데, 이것은 교육받은 자의 생산성이 다른 나라보다 낮았기 때문이 아니라 교육의 사회적 가치가 급여로서 나타나지 않고 사회적 지위로서 나타난 데서 기인하였다고 볼 수 있다.

교육은 젊은이들을 사회화시키고 선발하며 졸업자에게 특정한 보상과 특권이 부여되는 자격을 줄 뿐만 아니라, 가치 있는 지식의 범주를 선정하고 그 지식을 활용할 수 있는 사람을 한정하는 사회제도를 정당화(legitimatize)시켜 왔다. 이와 같은 정당화는 재학생과 졸업생들 모두에게 영향을 미쳤다. 학생들은 특정한 형태의 학교 학생으로서 당시의 지위에 적합하다고 생각되는 가치관과 태도, 그리고 그들이 졸업 후 취업할 직위에 상응하는 가치관과 태도를 형성하는 경향을 지니게 되었다. 한국대학생, 특히 일부 일류대학에 재학하는 학생들은 대학졸업자라는 학력배경 때문에 사회에서 책임 있는 직위를 맡아 왔다. 그리고 교육 수준에 따라 사회적 지위가 결정되면 대부분 그 자신에게 부여되는 특정한 가치규범을 수용해 왔다. 대학생들의 가치관이나 태도는 교육에 의하여 달라지기를 기대했던 바에 비하면 학교교육과정에 의하여 그만큼 현저하게 변화되지는 않았다.

V. 요약, 시사점 및 미래 리더를 위한 제언

1. 교육정책의 이념 및 패러다임 변동

1950년대까지 우리 교육정책의 이념(추구한 최고의 가치)은 민주적 신교육제도를 정착시키고 전후 피폐된 교육시설의 확충을 통해 교육기회를 확대하는 것이 급선무였다. 정부수립 당시에 초등교육의 무상의무교육을 헌법으로 규정한 정부는 6세 인구가 100만 명에 육박한 1960~1970년대에는 초·중등학교의 수용능력 확대에 정책의 최우선순위를 두었고 과열된 입시경쟁을 해소하기 위해 중·고등학교의 입시를 폐지하였다. 1980년대 이후 정부재정규모의 확대와 더불어 교육의 질 향상을 위한 교육환경 개선과 교수학습체제 개선 노력은 큰 진전이 있었고 고등교육 확충을 위한 제도적인 개선도 추진되었다. 1970년대 이후 경제의 빠른 성장에 따라 급증한 인력수요를 충족시키기 위해 인력양성체제를 정비하고 교육의 질을 높이는 것이 교육정책의 핵심적 사명이 되었다. 1990년대 이후 정치·사회적 민주화 시기를 거치면서 교육정책의 이념도 형평과 복지에 더 큰 가치를 부여하여 교육기회의 실질적인 균등화에 역점을 두기 시작하였고 교육행정과정에서도 민주성과 자율성을 강화하였다.

교육정책변동 분석에서 나타난 시사점을 정리해 보면 다음과 같다. 첫째, 교육 이외 다른 전문영역의 정부와 민간에 걸친 다양한 주체와의 공통관심사가 많아 광범위한 연계·협력과 조정·조율 노력이 절실히 필요하다. 둘째, 교육정책은 전문적인 영역이므로 과학적인 분석과 객관적 결정이 요구되면서도 다양한 이해관계자의 참여기회를 확대하는 절차의 민주성이 중시되어야 한다. 교육정책은 관련 이익집단간의 갈등, 정치적 이념 대립 등 정치적 영향에 노출되어 이로부터 정책의 합리성을 지키기 위한 특별한 노력이 요망된다. 셋째, 교육정책은 사회적 상황과 국민들의 기대 및 바람과 의식 수준의 변화에 부응해야 하며 과학기술의 발전과 인프라 등의 변화를 파악하여 능동적으로 대처하지 않으면 안 된다. 넷째, 교육정책을 추진하는 주요 리더들은 합리적인 철학과 가치관, 교육활동에 대한 전문적 이해, 협치지향의 리더십, 미래에 대한 통찰력과 비전 등을 가지는 것이 결정적으로 중요하며, 정책결정 및 집행 과정에 참여하는 주체들도 공공성 및 실천 역량을 확보해야 한다.

2. 교육발전과 교육정책 및 정부의 역할

한국교육의 발전과정에서는 국민들의 높은 교육열과 교육비 부담이 가장 핵심적인 원동력이었지만 정부가 수립·추진해 온 주요 정책과 제도들이 지대한 역할을 해 온 것이 사실이다. 우리나라에서는 다른 대부분의 행정분야와 마찬가지로 교육행정에 있어서도 강력한 중앙집권적 지배구조와 정부 주도적 발전모델이 적용되어 왔기 때문이다. 그러나 지난 60여 년 동안 교육발전 과정에서 정부의 역할은 시대별로 약간씩 변해 왔으며 채택된 정책수단들도 달라져 왔다.

한국의 교육발전과정에서 정부는 지대한 역할을 수행하였다. 단순히 교육발전을 기획하고 지원하는 유도적(indicative) 기능뿐만 아니라 자원을 동원, 배분하고 세부적인 집행과정까지 통제하는 규제적(regulative) 기능까지 수행하였으며, 그 대상도 공공기관(국립학교)뿐만 아니라 민간기관(사립학교)에 대해서까지 별 차이 없이 적용되었다. 그러나 정치, 경제, 사회의 민주화 및 발전에 따라 교육발전과정에서 정부의 역할과 기능도 자율화, 분권화, 다원화를 강화하는 방향으로 변화해 왔음을 발견할 수 있다.

교육발전의 이념과 목표의 우선순위는 시대적 상황과 정권의 통치 이념에 따라 차이를 보이고 있다. 한국교육발전의 특징적인 전략으로서는 의무교육과 완전 취학의 조기실현, 선(先) 지원지 수용·후(後) 교육여건 확충, 학교설립 및 교육비 부담에서 민간부문에 의존, 입시제도 개편을 통한 교육기회 조절 및 교육개혁 추진 등을 꼽을 수 있을 것이다. 정부가 연속적으로 대통령 직속 교육개혁기구를 설치하고 중·장기 교육계획들을 수립·추진하면서 소요재원의 법정화를 위해 노력한 점은 높이 평가할 만하다. 또 그동안 많은 교육정책을 적절한 시기에 수립하고 효율적으로 집행하여 제한된 공교육재원으로 이만큼 양적·질적 발전을 이룩한 것은 묵묵히 최선을 다해 온 교육자와 행정가들의 공로라고 하지 않을 수 없다.

그러나 국민들의 지나치게 높은 교육열에 밀려 과도한 입시경쟁 완화대책으로 교육제도나 정책들이 일관성 없이 수립·추진되어 조령모개(朝令暮改)의 대명사처럼 인식되어 온 것은 유감스러운 일이다.

3. 국가발전에 대한 교육(정책)의 기여

교육정책의 정치·경제·사회 발전에 대한 영향분석을 통하여 이 논문에서 발견한 바는 다음과 같이 요약할 수 있다. 우선 해방 이후 학교교육의 정치발전에 대한 기여를 세 가지 측면에서 나누어 살펴보고 도출한 결론은 다음과 같다.

우선 정치사회화와 참여라는 차원에서 볼 때 우리의 학교교육은 적극적이고 주체적인 정치지향성을 함양하는 데 기여한 것으로 보인다. 그러나 고등교육을 받은 층도 민주시민으로서의 충분한 자질과 투철한 신념은 약한 것으로 밝혀지고 있어 우리 대학에서의 정치교육이 크게 실효를 거두지 못했음을 시사한다.

다음으로 정치적 통합의 측면에서 우리 교육정책은 국가와 민족 차원의 정체성에 대한 인식과 반공의식을 고양하는 데 크게 기여한 것으로 평가된다. 그러나 고등교육을 받은 사람일수록 집권정부나 정치적 권위에 대해서 부정적인 태도를 표출해 왔으며 이는 민주화운동의 동인이 되기도 하였다. 또한 우리 고등교육은 사회계층에 따라 교육기회가 상당히 불균등한 것으로 나타나고 있어 정치적·사회적 통합을 저해하는 요인으로 작용한 시기도 있었지만, 1990년대 이후의 대학입학정원 확대정책과 학령인구 감소, 2010년 이후의 대학등록금 인상억제 및 장학금 확대정책 등으로 그러한 기회불균등은 크게 완화되었다고 하겠다.

그리고 정치엘리트의 배출을 통해서 우리 학교교육은 그들의 자질향상에 지대한 기여를 하였다. 교육기회의 급격한 확대로 그들의 교육 수준은 계속해서 향상되어 왔기 때문이다. 우리나라에서는 교육을 통한 상향적 사회이동(upward social mobility)이 활발했으므로 다른 나라보다도 교육과 정치적 충원 사이의 관계가 한층 긴밀했던 것으로 판단된다.

한국의 교육과 경제는 국가발전과정에 있어 뚜렷한 실적을 거두었으며 통계적으로 두 영역의 지표들 사이에 높은 상관관계가 산출되었다. 그러나 우리 학교교육정책이 근로의식 함양과 질 높은 기능 및 기술교육을 통해 인적자원을 형성함으로써 1960~1970년대 고도의 경제성장을 가져왔다고 결론짓기에는 실증적 증거가 미흡하다. 한국의 학교교육정책이 질 높은 인력의 수요증가를 예측하여 면밀한 계획하에 교육의 양과 질을 확충해 왔다고 보기 어렵다. 예컨대 1960년대의 경제적 성장에 대비하여 1950년대에 교육대상을 미리 확대하였다고 보기 어렵다는 것이다. 이것은 물론 문자를 해득하고 상당한 교육을 받은 근로자가 풍부했기 때문에 1960년대의 경제발전이 촉진되었다는 결론을 부정하는 것은 아니다. 정부가 경제발전에 기여하도록 교육을 진흥시키기는 하였지만 1970년대까지의 교육목표와 운영방침을 보면 기술습득과 발전적 가치관의 함양보다는 학생을 자주독립국가로서 통일된 한국을 실현하는 데 부응하는 교육에 너 치중하였다. 교육기회의 확대와 균등화는 산업인력의 양성을 위한 정책목표보다는 더 많은 교육을 받고자 하는 사회적 욕구를 충족시키고 국민적 일체감을 형성하는 데 더 큰 의미를 부여하였다.

물론 한국의 교육체제는 근로자의 생산성을 향상시키고 인력공급을 원활히 함으로써 경제성장에 크게 기여하였다. 일반화된 분석방법을 통해서 계측한 결과에 의하면 교육은 노동의 질 향상을 통해 경제성장에 5~8% 정도 기여하였으며, 교육산업의 부가가치 확대를 통해 경제성장에 1.7% 정도 기여한 것으로 나타났다. 또 물적 투자의 수익률보다는 낮지만 교육투자의 개인적·사회적 수익률도 상당히 높은 편이다. 그러나 이는 양과 질 면에서 산업인력의 수요를 미리 예측하여 그에 부합되도록 교육정책이나 계획을 수립하고 충실히 시행해 온 결과라기보다는 국민의 교육열 등 사회적 수요를 충족하는 정책을 펴 온 것이 인력의 공급원을 확대하여 수급을 원활히 한 것으로 평가할 수 있다.

사회구조와 교육의 관계 측면에서 보면 한국의 학교교육은 국민들의 가치체계 변화를 통해 도시화를 촉진하고 가족구조를 변화시키는 데 기여하였다. 그리고 한국사회에서의 교육은 사회적 상승이동의 가장 중요한 수단으로 작용하였으며 학력과 학벌은 사회적 지위와 사회계층을 결정짓는 데 지대한 역할을 해 왔다. 이는 계층구조의 고착화를 방지하는 데도 순기능을 해 왔지만 2000년대 이후에는 역기능적인 측면이 현저하게 나타나고 있다.

우리 교육정책이 개인의 근대성(modernity) 개발에 어떤 방향으로 작용했는지는 단순화시켜 결론짓기 어렵다. 공식적인 교육정책에서는 교육목표와 교육과정이 바람직한 방향과 내용을 표방하고 있지만 실제 교육현장과의 괴리가 심하고 입시 위주 교육에서 오는 부정적인 방향으로의 영향도 적지 않기 때문이다.

4. 미래 리더를 위한 제언

이 장에서는 분야별 교육정책의 패러다임 변화와 교육발전과정에서 교육정책의 역할, 그리고 교육(정책)의 국가발전에 대한 기여 등을 조감하였다. 그러한 분석 및 검토의 결과가 미래 리더들에게 시사하는 바를 제시해 보고자 한다.

첫째로 온고이지신(溫故而知新)의 정신을 가져야 한다. 옛것을 제대로 알고서 새로운 것을 익히고자 하는 기본적인 태도야말로 정책의 안정성과 혁신성을 함께 추구하는 기초이다. 옛것을 숙지하는 것은 결코 과거의 선례를 답습하자는 것이 아니며, 그 시사하는바 교훈을 토대로 올바른 취사선택이 가능함은 물론 리더로서 역사적 책임의식을 갖게 될 것으로 기대하기 때문이다. 이 책에서 밝히고자 한 각 분야 주요 교육정책들의 역사적 변동과정 및 그 흐름과 정책과정에서의 역동관계(dynamics)를 파악하고 교훈을 얻음으로써 장래의 정책방향을 설정하고 추진하는 데 좋은 밑거름이 되기를 기대한다.

둘째로 교육정책을 추진함에 있어서는 교육이 갖는 독립변수적인 성격과 종속변수적인 성격을 조화롭게 추구하는 시각과 자세가 필요하다. 우리나라 민주시민으로서 타고난 잠재능력을 최대한 개발하여 자아실현을 돕고 국가사회에 기여할 수 있는 자질을 함양한다는 궁극적인 목표는 정권이나 환경의 변화에 별 상관없이 실현해야 할 가치로서 추구되어야 한다. 반면에 경제적 전망이나 기술변화, 사회적 기대에 부응하여 인적자원의 양성·배분을 양적·질적으로 조정해 나가야 할 수단적인 측면도 결코 소홀히 할 수 없다. 이 장에서 교육정책이 교육발전과정에서 어떤 역할을 했으며 국가발전에는 어떻게 기여했는지를 종합적으로 다룬 것도 이러한 시각에서이다.

셋째로 교육정책을 추진해야 할 미래의 리더들은 장기적인 전망과 비전을 토대로 해야 한다. 교육을 통한 인적자원의 개발에는 장기간이 소요되며 투자회임기간(gestation period)이 길다. 또 지식이나 기술의 습득보다는 가치관의 형성과 태도의 변화에 더 많은 기간이 소요된다는 것이 통설이다. 그러므로 교육정책을 추진함에 있어서도 단기적인 효과에 국한하지 않고 장기적인 효과를 고려하지 않으면 안 된다. 물론 기관이나 인프라(infrastructure)를 설치하는 사업처럼 단기적인 정책과 제도 있지만 그 효과를 평가하는 경우에도 장기적인 시각에서 나타날 영향(impact)을 감안해야 할 것이다.

넷째로 교육정책은 여러 분야와 관련되어 있고 대다수 국민들의 관심사인 만큼 많은 전문가의 도움과 조언을 구하고 다양한 이해관계자들의 의견을 반영하기 위한 노력과 제도적인 장치를 강화해야 한다. 행정조직 내에서는 물론 외부 관련집단들과 일반 국민들과의 소통기회를 확대하고 정책(행정)과정에 참여기회를 확대하는 것은 미래 리더들에게 요구되는 가장 기본적인 책무이기 때문이다. 이는 교육정책평가에 있어 정책수립과정이 충분한 여론수렴과 투명한 검토 과정을 거쳐 이루어졌는지를 심도 있게 검토해야 함을 시사한다. 즉, 정책의 결과만을 평가할 것이 아니라 그것을 수립하고 집행하는 과정을 평가하는 데 다른 분야의 정책평가보다도 더 큰 관심과 노력을 기울여야 한다는 것이다.

다섯째로 교육정책의 목표를 설정하고 효과를 평가함에 있어 너무 계량적이고 단순화된 인과론적인 분석에 초점을 두어서는 안 될 것이다. 교육의 효과를 분석하기 위해서는 학업성취나 교육의 성과에 영향을 미치는 변인들을 규명하는 것이 중요한데 여기에는 교원이나 시설, 교재 등의 투입변인 외에 환경적 변인이나 가정과 사회의 역할 등 많은 변인이 작용한다. 또 교육정책의 효과를 계량적으로 측정하는 데에는 한계가 있다. 양성·배출되는 인원처럼 가시적인 산출은 가능하겠지만 교육이수자의 질적인 차이를 계량화하는 것은 매우 어려운 과제이다. 그러므로 가시적인 산출 위주의 계량적인 평가에 그치지 않고 전문적인 안목으로 질적·정성적(定性的)인 평가를 병행하여 타당성을 높이는 노력이 필요하다.

참고문헌

경제기획원·한국개발연구원(1978). 「한국의 사회지표(해설편)」. 미발간연구보고서.

공보처(1992). 『제6공화국 실록』 제5권.

교육부(1998). 『교육 50년사: 1948~1998』.

교육인적자원부(2006). 『교육백서』.

교육인적자원부(2015). 『교육통계연보』.

국회사무처(1994). 『의정자료집』.

김경희(2010). 「PISA와 TIMSS를 통해 본 학업성취 수준의 국제비교」. 이종재·김성열·돈 애넘스 편저. 『한국교육 60년』. 서울대학교출판문화원.

김신복(1995). 「광복 50년의 국가발전에 대한 교육의 기여」. 『행정논총』. 제33권 제1호. 서울대학교 한국행정연구소.

김신복(1999). 「고등교육의 문제」. 『한국교육문제론』. 교육과학사.

김신복(2008). 「교육 및 인력정책개편」. 최병선·최종원 공편. 『국가운영시스템』. 나남.

김신복(2011). 「교육발전: 정부역할과 정책수단」. 『한국행정학회』. 학술대회 발표논문집.

김신복·박래영·임희섭(1983). 『국가 발전에 대한 고등교육의 기여』. 한국대학교육협의회 연구보고서.

김영모(1973). 「한국사회의 교육기회에 대한 사회계층적 분석」. 『진단학보』 35.

김영봉·김신복·김기영·N. T. McGinn·D. R. Snodgrass(1984). 『한국의 교육과 경제발전(1945~1975)』. 한국교육개발원.

김영철·김주훈(1985). 『고등학교 평준화 정책의 개선 방안』. 한국교육개발원.

김충남(1980). 「한국민주발전의 독립변수로서의 교육」. 『한국정치학회보』 14.

노동부(2013). 『임금구조 기본통계 조사보고서』.

문교부(1988). 『문교 40년사』.

박동서(1980). 『한국행정의 발전』. 법문사.

박부권(2002). 『고등학교 평준화정책의 진단과 보완방안에 관한 연구』. 교육인적자원부.

박세일(1982). 『우리나라 교육 투자수익률 분석』. 한국개발연구원.

박용헌(1978). 『통일·반공교육의 변천과정 분석 연구』. 국토통일원.

박훤구·박세일(1984). 『한국의 임금구조』. 한국개발연구원.

송기창(2000). 「교육재정 GNP 5% 확보정책의 반성과 교훈」. 『교육재정경제연구』 9(1).

송기창·이화룡·신상명(2001). 「교육환경개선특별회계 종결에 따른 평가연구」. 『교육재정경제연구』 10(1).
윤정일·송기창(1996). 『한국교육정책의 탐구』. 교육과학사.
윤정일·김병주·김영철·김윤태·윤종건·이현청(2003). 『교육개혁론』(교육행정학 전문서 11). 한국교육행정학회.
이상오(2005). 『평생교육론』. 문음사.
이영덕·김신복·이상주(1976). 『국가발전에 대한 교육의 기여(1945~75)』. 학술연구조성비에 의한 연구보고서.
이제민(2008). 「경제적 맥락(1): 경제성장과 정부의 역할」. 한국행정연구원 편. 『한국행정 60년 I: 배경과 맥락』. 법문사.
이종재·김성열·돈 애덤스 편저(2010). 『한국교육 60년』. 서울대학교출판문화원.
이종재·정성수·김영식(2006). 「한국교육의 발전 전략과 새로운 과제」. 『교육행정학연구』 24(4).
이형행·신태진(1995). 「한국 현대 고등교육 발전 반세기의 평가와 반성」. 『광복50주년기념논문집 6: 교육』. 한국학술진흥재단.
임연기(1999). 『한국 교육정책의 쟁점과 과제』. 한국교육개발원.
조성일·신재흡(2005). 『한국 교육행정발달사 탐구』. 집문당.
조영기(2005). 「교육(인적자원)부 정관의 임용관련 요인과 리더십에 관한 연구」. 『한국교육』 32(1).
주삼환·천세영·김택균(2007). 『교육행정 및 교육경영』. 학지사.
천세영(2006). 『지방교육재정 구조 혁신전략 연구』. 교육인적자원부.
총무처(1983). 『공무원통계』.
최강식(1996). 「교육이 경제 성장에 미친 효과 분석」. 한국교육개발원 미발간 용역 보고서.
통계청(2010, 2015). 「초·중·고 사교육비 조사」. 한국교육개발원 미발간 용역 보고서.
한국교육개발원(1983). 『교육투자와 경제적 효과』.
한국교육개발원(1992). 『한국 사회교육의 과거, 현재, 미래』.
한국교육개발원(1994). 『한국교육투자의 실태와 수익률 분석에 관한 연구』.
한국교육개발원(2005). 『고교평준화정책의 적합성 연구』.
한국교육개발원(2006). 『한국 교육 60년 성장에 대한 교육지표 분석』.
한국교육문제연구소(1974). 『문교사(1945~1973)』. 중앙대학교 한국교육문제연구소.
한국직업능력개발원(1998). 『한국직업교육훈련 100년사』.
허경철·정재걸(1995). 「해방 이후 초·중등학교 교육내용과 방법의 변화와 추세」. 『광복50주년 기념논문집 6: 교육』. 한국학술진흥재단.

Almond, G. A. & Coleman, J. S.(1960). *The Politics of the Developing Areas*. Princeton University Press.

Denison, E. F.(1962). *The Source of Economic Growth in the United States and Alternatives before Us*. OECD.

McGinn, N. F.(1980). *Education and Development in Korea*. Harvard University Press.

OECD(1970). *Occupational and Educational Structure of the Labor Force and Levels of Economic Development*. OECD.

OECD(2010). *Education at a Glance 2010*. OECD.

Psacharopoulos, George(1989). "Time trends of the returns to education: Cross-national evidence." *Economics of Education Review*, 8(3).

Pye, Lucian W.(1967). *The Politics of Southeast Asia*. Princeton University Press.

Tolley, G. S.(1973). "Why is Korea growing." 『한국경제』. 성균관대학교 한국산업연구소.

2부

공교육 및 사교육 정책

2장 /

유·초·중등교육정책의 변동

김재춘

I. 서론

1945년 해방 이후 오늘날까지 지난 70년 동안 우리나라가 이룬 성과는 세계에서 유례를 찾아보기 쉽지 않다. 1953년에 1인당 국내총생산(GDP)이 66달러에 불과하여 세계에서 가장 가난했던 나라가 2015년에는 1인당 국내총생산이 3만 달러에 근접하는 OECD 회원국으로 성장하였다. 2011년에는 세계에서 여덟 번째로 연간 수출액 5,000억 달러를 달성하였으며, 2012년에는 세계에서 일곱 번째로 1인당 국민소득 2만 달러 이상, 인구 5,000만 이상을 뜻하는 '20-50클럽'에 가입하는 국가가 되었다. 제국주의 식민 지배를 경험한 국가 중 이처럼 단기간에 산업화와 민주화를 동시에 이룬 사례는 매우 드물어서 우리나라의 발전을 '한강의 기적' 또는 '대한민국 기적'이라고 부르기도 한다. 이러한 발전의 근저에 교육이 놓여 있다는 것을 부인하기는 어렵다. 1945년에 45%에 불과했던 초등학교 취학률과 5%에 불과했던 중학교 취학률은 2015년에는 완전 진학률인 100%에 근접하고 있다. 심지어 대학 취학률도 세계 최고 수준인 70% 정도로 이미 보편화 단계에 이르렀다. PISA나 TIMSS 같은 국제학업성취도평가에서도 우리나라 학생들의 국어, 수학, 과학 실력이 세계 최고 수준임이 연달아 입증되고 있다.

이 장에서는 해방 이후부터 2015년에 이르기까지 지난 70년에 걸친 우리나라 유·초·중등교육정책의 역사적 변천과정을 분석하고, 미래세대를 위한 정책 제언을 제시하고자 한다. 이 절에서는 이 장에서 다룰 유·초·중등교육정책 분석의 범위를 제시하고, 교육정책의 시기 구분에 대해 살펴보고자 한다.

1. 교육정책 분석의 범위

유·초·중등교육은 수직적인 차원에서 볼 때, 우리나라의 기간 학제인 6-3-3-4제에서 6-3-3에 해당할 뿐만 아니라 초등학교 취학 이전에 이루어지는 3년의 유아교육도 포함한다. 즉, 대학교육과 평생교육을 제외한 모든 교육이 유·초·중등교육에 해당한다. 수평적인 차원에서 본다면 유·초·중등교육은 교육과정, 교과서, 수업, 평가영역뿐만 아니라 학생, 교원, 입시, 행정, 재정, 시설환경 등 많은 영역을 포괄한다. 그러나 교원, 입시, 행정, 재정, 시설환경 등은 이 책의 다른 장에서 별도의 분석이 이루어지기 때문에 이 장에서는 이들을 분석의 범위에서 제외하고자 한다.

이 장에서는 유·초·중등교육정책 중 ① 교육기회 확대정책, ② 교육과정과 교과서정책, ③ 수업과 평가정책, ④ 유아교육정책, ⑤ 교육정보화정책을 중심으로 다루고자 한다. 이들을 교육정책분석의 주요 대상으로 선정한 이유는 다음과 같다.

첫째, 교육기회 확대정책은 학생들에게 '교육기회를 어떻게 확대해 줄 것인가'에 대한 의사결정과 관련된 정책이다. 해방 이후 어려운 여건에서도 많은 사람에게 교육기회를 제공해 주려던 정부의 정책적 노력은 중요한 의미를 지닌다. 지난 70년 동안 초·중등교육의 보편화로 교육기회 확대정책은 다른 정책에 비해 가장 빨리 그리고 성공적으로 '완성'되었다고 볼 수 있다. 이 장에서는 해방 이후 어려운 여건에서도 급증하는 학교교육에 대한 요구에 정부가 어떻게 정책적으로 대응해 왔는가를 분석해 보고자 한다.

둘째, 교육과정과 교과서정책은 학생들에게 '무엇을 가르칠 것인가'에 대한 의사결정과 관련된 정책이다. 학생들에게 가르칠 내용을 선정하여 교과별, 학년별로 조직해 놓은 문서가 '교육과정'이고, 교육과정에 담긴 내용을 수업에 활용하기 편하게 구현해 놓은 것이 '교과서'이다. 이 장에서는 '무엇을'에 해당하는 '교육과정과 교과서정책'이 해방 이후 어떤 변천과정을 거쳐 왔는지를 분석해 보고자 한다.

셋째, 수업정책과 평가정책은 학생들에게 '어떻게 가르치고 평가할 것인가'에 대한 의사결정과 관련된 정책이다. 어떻게 가르칠 것인가에 대한 의사결정이 '수업정책'이고, 어떻게 평가할 것인가에 대한 의사결정이 '평가정책'이다. 이 장에서는 '어떻게'에 해당하는 '수업정책과 평가정책'이 해방 이후 어떤 변천과정을 거쳐 왔는지를 분석해 보고자 한다.

넷째, 유아교육정책의 변천과정을 살펴보고자 한다. 유아교육정책을 초·중등교육정책과 구분하여 별도의 절로 다루는 이유는 유아교육정책과 초·중등교육정책 간의 간격이 매우 크기 때문이다. 해방 이후 교육인프라가 워낙 열악한 상황에서 정부는 초·중등교육 확대에 우선적인 관심을 두었고, 1990년대 중반 이후에야 유아교육에 대한 정책적 관심을 두기 시작했다. 달리 말하면, 유아교육은 초·중등교육과는 달리, 기본 학제에 포함되지 않았다는 점 외에도 정부의 정책적 관심을 받기 시작한 시기와 접근방법 등이 많이 달랐다. 이런 연유로 유아교육정책은 초·중등교육과 구분되는 별도의 절로 다루고자 한다.

다섯째, 교육정보화정책의 변천과정 또한 살펴보고자 한다. 교육정보화정책을 초·중등교육정책과 구분하여 별도의 절로 다루는 이유는 일종의 교육매체나 교육환경에 해당하는 교육정보화정책의 추진 시기나 정책의 성격이 초·중등교육의 일반 정책과는 전혀 다르기 때문이다. 우리나라는 한편으로 우리만의 특수한 상황에서 발생한 문제를 해결하기 위해 교육방송을 다양하게 활용해 온 역사를 지니면서, 다른 한편으로는 정보기술(Information Technology, IT) 강국으로서 교육정보화를 견인하는 선도적 역할을 해 온 나라이니 만큼, 교육정보화정책을 별도의 절로 구분하여 다룰 필요가 있다.

2. 교육정책의 시기 구분

해방 이후부터 오늘날에 이르기까지 우리나라 70년의 역사는 다양한 방식으로 시기 구분이 가능하다. 대표적인 시기 구분 방식으로는 이승만, 박정희, 전두환 정부 등 정치체제나 정권의 변화에 따른 시기 구분 방식이 있고, 1950년대, 1960년대, 1970년대와 같이 10년 단위로 시기 구분하는 방식도 있다. 그러나 유·초·중등교육정책의 경우 주요 정책의 전환에 따른 시기 구분이 더 의미가 있다고 판단된다.

우리나라 유·초·중등교육정책은 대체로 정초기, 발전기, 선진화기 세 단계로 구분이 가능하다. 다만 관심 정책영역에 따라 정초, 발전, 선진화의 구체적인 내용과 시기가 달라진다. 예컨대, 초·중등교육의 확대는 초등학교는 1945~1950년대, 중학교는 1960~1970년대, 고등학교는 1970~1980년대에 집중적으로 이루어졌다. 교육과정과 교과서, 수업과 평가정책은 대체로 1960~1970년대까지는 정초기에 해당하고, 1970~1980년대는 발전기에 해당하며, 1990년대 이후는 선진화기에 해당한다. 반면에 유아교육과 교육정보화 정책은 1980년대까지는 정초기에 해당하고, 1990~2000년대는 발전기, 2010년대는 선진화기에 해당한다. 따라서 이 장에서는 정책영역별로 시기를 세 단계로 구분하여 정책변천과정을 살펴보고자 한다.

II. 교육기회 확대정책

해방 이후 우리나라 학교교육은 세계에서 유례를 찾아보기 어려울 정도로 단기간에 빠른 속도로 팽창하였다. 이처럼 가파르게 팽창한 데에는 여러 요인이 복합적으로 작용하였다. 그중 한 요인은 정부의 시의

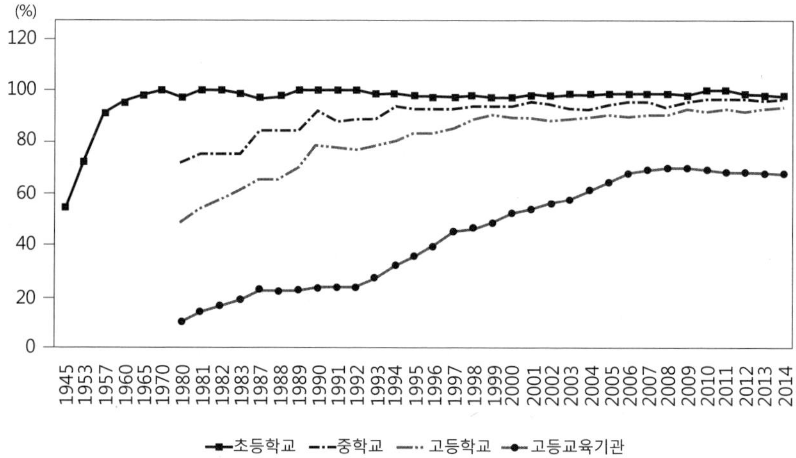

〈그림 2-1〉 우리나라 교육의 학교 단계별 양적 팽창(1945~2014)

자료: 한국교육개발원(2005)과 교육부·한국교육개발원(2016) 자료 재구성.

적절한 정책이라고 볼 수 있다. 1950년대에 이루어진 초등학교 교육의 팽창과정에는 '의무교육정책'이 있었고, 1960년대에 이루어진 중학교 교육의 팽창과정에는 '중학교 무시험 전형정책'이 있었으며, 1970년대에 이루어진 고등학교 교육의 팽창과정에는 '고교평준화정책'이 있었다. 초·중·고 각 학교급의 교육이 10~20년 간격으로 빠르게 보편화되면서 우리나라에서는 해방 이후 50여 년 만에 초·중·고등교육이 보편화되는 인류 역사상 보기 드문 사례가 만들어졌다. 우리나라 교육의 학교 단계별 양적 팽창과정을 보면 〈그림 2-1〉과 같다.

1. 초등학교 의무교육정책

1945년에 약 45%였던 초등학교 취학률이 1940년대 말에는 약 80%에 이르고, 1950년대 말에는 약 96%에 도달하여 거의 완전 취학 수준에 이르렀다. 이러한 초등학교 취학률의 급상승에 기여했던 핵심적인 정부 정책은 바로 초등학교 '의무교육정책'이었다.

1946년 1월에 조선교육심의회[1]는 초등학교 의무교육을 1946년 9월 신학기부터 시작하여 1951년에 완성하기로 결정하였다(강일국, 2015). 그리고 1948년의 제헌 헌법,[2] 1949년의 교육법[3] 제정으로 인하여 1950년 6월 1일부터 법령에 의한 의무교육을 실시할 수 있는 근거가 마련되었다. 그러나 한국전쟁으로 인해 초등학교 의무교육 실시가 중단되었다가 전쟁 직후인 1954년부터 '의무교육완성 6개년계획(1954~1959)'이 수립되어 초등학교 의무교육이 다시 추진되었다. 이 계획은 재원 확보와 시설 확충을 통해 취학률을 높이기 위한 것이었다. 이 계획의 완성연도인 1959년에는 거의 완전 취학 수준인 취학률 96%를 달성하였다. 1945년에는 약 137만 명이었던 초등학생 수가 1950년에는 약 266만 명으로 증가하였고, 1955년에는 약 295만 명으로 증가하였다.

해방 이후부터 시작하여 1950년대에 걸쳐 진행된 초등학교 교육의 가파른 팽창에는 정부의 초등학교 의무교육정책과 학부모의 높은 교육열이 주 요인으로 작용했다. 내 자녀만은 꼭 교육시키겠다는 의지로 표현되는 높은 교육열이 정부의 초등학교 의무교육정책과 맞물리면서 초등학교 교육기회는 짧은 기간 동안에 획기적으로 확대되었다.

---

1 조선교육심의회(National Council on Education Planning)는 1945년 11월에 조직된 학무국장 산하의 자문위원회로 교육계와 학계 지도자 100여 명으로 구성되었다. 10개 소위원회로 구성된 조선교육심의회는 중앙교육계획위원회, 중앙교육심의회 등 다양한 이름으로 (번역되어) 불리기도 하였다.

2 제헌 헌법 제16조에는 "모든 국민은 균등하게 교육을 받을 권리가 있다. 적어도 초등교육은 의무적이며 무상으로 한다"고 규정되어 있다.

3 교육법 제8조에는 "모든 국민은 6년의 초등교육을 받을 권리가 있다. 국가와 지방공공단체는 전 항의 초등교육을 위하여 필요한 학교를 설치 운영하여야 하며, 학령 아동의 친권자 또는 후견인은 그 보호하는 아동에게 초등교육을 받게 할 의무가 있다"고 규정되어 있다.

특히 해방 이후 정부수립 이전부터 초등학교 의무교육 실시를 결정한 점, 정부수립과 더불어 초등학교 의무교육 실시를 법령화한 점, 한국전쟁 직후 '의무교육완성 6개년계획'을 마련하여 추진한 점 등은 당시 정부가 초등학교 교육기회의 확대에 얼마나 많은 관심을 갖고 있었는가를 명확하게 보여 준다.

2. 중학교 무시험 전형정책

1945년에는 5%에 미치지 않는 소수의 사람들만이 중학교에 취학하고 있었다. 중학교 취학률이 낮은 이유는 초등학교 교육에 필요한 재원도 충분하지 않은 상태에서 정부가 중학교 교육기회를 확대할 여력이 없었기 때문이다. 중학교의 경우 의무교육이 아닐 뿐만 아니라 입학시험이 있었기 때문에 이를 통해 중학교 취학률을 억제할 수 있었다. 그 결과 초등학교 취학률이 거의 완전 취학 수준에 이르렀던 1950년대 말에도 중학교 취학률은 20%대에 머물렀다.

그러나 1960년대에 들어와서 한편으로는 초등학교 의무교육으로 인한 졸업생의 급증과 다른 한편으로는 중학교 진학 요구의 증가로 중학교 진학을 위한 입시 위주 교육, 과도한 사교육, 재수생 문제 등이 사회문제로 등장하였다. 특히 1964년 12월에 치러진 서울시 중학교 입학시험에서 발생한 복수 정답 문제인 이른바 '무즙사건'은 당시 치열한 입시경쟁과 학부모의 과열된 교육열이 얼마나 심각한 수준이었는가를 단적으로 보여 주었다.

중학교 진학을 위한 과도한 입시경쟁과 이로 인하여 발생한 제반 사회문제를 해결하기 위해 1969년에 중학교 입학시험을 폐지하는 '중학교 무시험 전형정책'을 실시하였다. 이는 1959년에 이루어진 초등학교 의무교육완성 6개년계획의 종료로 인한 초등학교 졸업생의 급증,

늘어난 진학 요구 등이 맞물리면서 과도한 입시경쟁과 제반 사회문제를 야기하였고, 정부는 중학교 입학시험을 폐지하는 무시험 전형정책을 도입하여 중학교 교육기회를 확대하였다.

중학교 무시험 전형정책으로 인하여 중학교 교육이 빠른 속도로 팽창하였지만, 정부는 중학교 교육기회 확대를 위한 막대한 재정을 확보할 수 없었다.[4] 그 결과, 정부는 학교의 설립과 경영을 민간에 맡기는 이른바 '사학진흥정책'과 학생에게 학비를 부과하는 '유상교육정책'을 통해 중학교 교육기회를 확대하였다. 이런 정책의 결과로 중학교 교육기회는 빠른 속도로 확대되었다. 1965년에 약 75만 명이었던 중학생 수가 1970년에는 약 132만 명으로 증가하였고, 1975년에는 약 203만 명으로 증가하였다.

3. 고등학교 평준화정책

중학교 무시험 전형정책으로 인하여 중학교 입시를 둘러싼 각종 교육적·사회적 문제들이 상당한 정도로 해소되었다. 그러나 중학교 취학률의 급격한 상승은 필연적으로 졸업생의 급격한 증가를 가져와 1970년대 초반에 고등학교 입시와 관련된 각종 교육적·사회적 문제들이 악화되기 시작했다. 고등학교 진학 요구가 증가함에 따라 중학교 무시험 전형정책을 도입하기 이전에 초등학교에서 나타났던 과열 입시경쟁

4 1958년에 교육재정을 안정적으로 확보하기 위하여 '교육세법'과 '의무교육재정교부금법'을 제정하였다. 그러나 '교육세법'은 4·19와 5·16 등을 거치면서 정부 교체 시기에 유명무실하게 운영되다가 1962년에 폐지되었고, '의무교육재정교부금법'은 당시 의무교육이었던 초등교육에만 해당하였기 때문에 중학교 교육을 위해 필요한 재정을 확보할 수 있는 방안은 없었다. 1963년에 '지방교육교부세법'을 제정하여 중등학교 교직원의 봉급을 국가가 교부하여 주기 시작하였다.

양상과 제반 사회문제가 그대로 중학교에서 나타났다.

고등학교 입시를 둘러싸고 나타난 각종 교육적·사회적 문제가 악화되자 정부는 1973년에 '고등학교 추첨입학제'를 도입하겠다고 발표했다. 고등학교 추첨입학제는 학군 도입, 과정별 지원, 추첨 배정을 주된 내용으로 하는 정책이었다. 이는 사실상 '고등학교 무시험 전형정책'에 해당하였다.

고등학교 추첨입학제는 정책추진의 기본방향 중의 하나로 "학생, 교원, 시설 등 고등학교의 완전한 평준화를 이룬다"(문교부, 1973)는 내용을 포함하고 있었다. 바로 이런 연유로 고등학교 추첨입학제는 '고교평준화정책'으로 불리게 되었다. 역으로 생각해 보면, 고등학교 추첨입학제 도입 이전에는 고등학교 간에 학생, 교원, 시설 등에 심각한 격차가 있었고, 고교평준화정책이라는 명칭은 이러한 격차를 해소하려는 정부의 의지, 그리고 그런 해소를 바라는 국민들의 염원이 반영된 이름이다.

고교평준화정책은 1974년에 서울과 부산에 처음으로 도입되었고, 1975년에는 대구, 인천, 광주 지역으로 확대되었다. 그러나 명문고등학교의 반발, 중학생들의 비평준화 지역으로의 이동, 학교 간 교육여건의 차이 문제 등으로 인하여 평준화 확대정책은 잠시 보류되었다. 이후 이루어진 한국교육개발원의 평준화정책에 대한 평가결과가 긍정적으로 나옴에 따라 평준화정책은 1979년에 대전, 전주 등 7개 도청 소재지 중심의 도시에 확대 적용되었고, 1980년에 성남, 완주 등 8개 도시로 확대되는 등 1981년까지 총 21개 도시에 확대 시행되었다(이돈희 외, 2015).

고교평준화정책으로 인하여 고등학교 교육기회는 빠른 속도로 확대되었다. 1970년에 약 59만 명이었던 고등학생 수가 1975년에는 약 112만 명으로 증가하였고, 1980년에는 약 170만 명으로, 1985년에는

215만 명으로 증가하였다.

4. 교육기회 확대정책에 대한 논의

앞에서 살펴본 것처럼 우리나라 초·중등교육은 세계에서 유례를 찾아보기 쉽지 않을 정도로 빠른 속도로 팽창하였다. 그렇다면 초·중등교육의 기회를 이처럼 빠르게 확대시킨 요인과 기제는 무엇인가?

우리나라 초·중등교육 팽창의 요인으로는 ① 높은 교육열, ② 정부의 시의적절한 정책, ③ 민간의 교육재원 활용 등을 꼽을 수 있다. 이 요인들의 상호작용을 통해 초·중등교육의 기회는 빠른 속도로 확대되었다고 해석할 수 있다.

교육기회 확대에 기여한 첫 번째 요인으로는 높은 교육열이 있다. 전통적인 숭문사상, 일본의 식민지배와 한국전쟁을 통한 전통적인 신분질서의 와해 등으로 인하여 교육을 통한 신분상승이 용이하다는 점 등이 높은 교육열을 유발한 것으로 해석할 수 있다. 따라서 높은 교육열은 초등교육의 팽창뿐만 아니라 중등교육의 팽창, 더 나아가 대학교육 팽창의 상수 역할을 했다고 볼 수 있다. 높은 교육열과 초등학교 의무교육정책의 시너지 효과로 인하여 1950년대 말에 초등학교 취학률이 거의 완전 취학 단계에 이르자 1960년대 들어 중학교 입시경쟁이 격화되었다. 그리고 1965년부터 1975년 사이 약 10년 동안 중학생 수가 3배 가까이 증가함에 따라 고등학교 입시경쟁 또한 격화되었다. 학교를 졸업한 대부분의 학생이 상급학교 진학을 희망할 정도로 우리 사회의 교육열은 매우 높았다.

교육기회 확대에 기여한 두 번째 요인으로는 정부의 시의적절한 정책이 있다. 초등학교 교육기회 확대과정에서는 '의무교육'정책이 있었고, 중·고등학교 교육기회 확대과정에서는 상급학교 입시 관련 정책 변경이 있었다. 의무교육 실시로 초등학교 졸업생 수가 급격히 늘어났을 뿐만 아니라 높은 진학 열기로 중학교 입시경쟁이 격화되자 정부는 1969년에 '중학교 무시험 전형정책'을 도입하였고, 중학교 졸업생 수가 급격히 늘어나 고등학교 입시경쟁이 격화되자 정부는 1974년에 '고교평준화정책'을 도입하였다. 상급학교 진학을 당연시할 정도로 높은 교육열로 인하여 상급학교 입시경쟁은 격화되었고, 입시경쟁 격화로 인해 발생한 여러 교육적·사회적 문제를 해결하고자 정부는 새로운 입시정책을 도입하였다.

교육기회 확대에 기여한 정부의 시의성 있는 정책은 의무교육정책이나 입시정책에 제한되지 않았다. 정부는 부족한 교육재정을 확보하기 위해 다양한 재정 전략 또한 구사하였다. 초등학교의 경우 늘어나는 학생들을 감당할 시설과 교원 부족 문제를 해결하기 위해 2부제 또는 3부제(심지어 4부제) 수업을 진행하였고, 중·고등학교의 경우 사학진흥정책과 유상교육정책을 수립하여 시행하였다. 한국전쟁의 폐허 속에서 초등학교 의무교육에 필요한 재정도 감당하기 쉽지 않아 2부제 또는 3부제 수업을 실시해야만 하는 상황에서 정부 재정으로 중·고등학교까지 교육기회를 확대할 여력이 없었다. 그래서 정부는 학교의 설립과 운영을 민간에 맡기는 사학진흥정책과 중·고등학교 교육을 무상이 아닌 유상으로 시행하는 유상교육정책을 추진하였다.

교육기회 확대에 기여한 세 번째 요인으로는 민간의 교육재원 활용전략이 있었다. 초·중등교육의 팽창과정에서 민간의 교육재원을 활용하는 전략에는 세 가지가 있었다. 첫째, 학교설립에 민간의 교육재원을 활용하는 방안이 있었다. 우리나라에는 구한말부터 민족사학과 기독교사학의 설립 전통이 있었으며, 해방 이후에도 대지주들을 포함한 민간인들의 학교설립 운동이 있었다. 둘째, 사립학교 운영비용 마련을 위해 수업료를 부과하는 형태로 민간의 교육재원을 활용하였다.

사립학교는 수익자 부담의 원칙으로 학교를 운영하였다. 셋째, 공사립학교를 막론하고 학부모에게 학교 후원금을 부담시키는 형태로 민간의 교육재원을 활용하였다. 시대 흐름에 따라 후원회, 사친회, 기성회, 육성회 등으로 명칭을 변경해 가면서 학교가 학부모에게 반강제적으로 부과한 각종 잡부금은 최대 70여 가지에 이른 경우도 있으며, 교사 급여를 포함한 학교 운영 경비의 약 80%까지 차지한 경우도 있었다(천세영, 1990).

앞에서 살펴본 세 가지 요인이 우리나라 초·중등교육의 교육기회 확대에 기여한 주요 요인임은 분명하다. 그러나 이 요인들을 단순 나열하는 것만으로는 우리나라 교육기회의 가파른 팽창을 충분히 설명할 수 없다. 여기서 우리는 학교교육이 팽창(대중화 또는 보편화)하는 과정에서 나타나는 역동성에도 주목할 필요가 있다. 트로우(Trow, 1961; 1972)와 그린(Green, 1980)에 따르면 취학률의 증가에 따라 학교교육은 특권에서 권리로, 그리고 다시 권리에서 의무로 이행한다. 트로우와 그린의 이론을 차용해 우리나라 초·중등교육의 교육기회 팽창에 대한 해석을 시도해 보자.

취학률의 상승이 초래하는 대학교육의 질적 변화를 분석한 트로우는 취학률이 15%에 이를 때까지는 대학교육이 '특권'으로 여겨지지만, 취학률이 15%를 넘어 50%에 이르는 과정에서 대학교육은 '권리'로 바뀌며, 취학률이 50%를 넘어서면 누구나 교육을 받지 않을 수 없는 '의무'가 된다고 주장했다. 그리고 미국의 초·중등학교 교육의 팽창과정을 역사적·경험적 자료에 근거하여 분석한 그린은 취학률이 낮은 단계에서 졸업장은 사회경제적 이득을 가져다주는 '특권'에 해당하지만, 취학률이 높은 단계에 이르면 취학으로 인한 특권은 사라진 반면, 미취학으로 인한 불이익이 급증한다는 결론을 끌어냈다. 따라서 취학률이 높은 단계에서 받는 학교 졸업장은 어떠한 특권도 보장해 주지 않지만 미취학으로 인해 받게 될 불이익을 피할 수 있게 해 준다.

우리나라의 높은 교육열은 오랜 전통의 숭문사상, 일제강점기와 한국전쟁으로 인한 전통적 신분체계의 붕괴와 교육을 통한 신분상승의 용이성이라는 새로운 신분상승 통로의 형성 등에서 유래한 것으로 설명될 수 있다. 이런 해석도 상당히 설득력을 지닌다. 그러나 트로우와 그린의 해석에 따르면, 초·중등교육의 팽창과정에서 초기 취학자의 학교 졸업장이 지닌 사회경제적 특권을 목격한 사람들이 동일한 특권을 기대하고 학교에 진학함에 따라 학교교육이 빠른 속도로 팽창하였다고 해석할 수도 있다. 예컨대, 중학교 초기 취학자의 졸업장이 지닌 사회경제적 특권(예컨대, 많은 월급을 주는 그리고 사회적 품격이 있는 직장에 취직 등)을 보고 많은 사람이 중학교에 진학을 희망한다. 그러나 중학교 교육기회가 팽창하여 이들이 막상 중학교 진학하여 졸업할 때쯤이면 중학교 교육이 이미 보편화 단계에 접어들어 중학교 졸업장의 특권은 상실된다. 중학교를 졸업한 이들이 또다시 고등학교 졸업장의 특권을 목격하고 다시 고등학교 진학을 희망한다. 그러나 마찬가지로 고등학교 교육기회가 팽창하여 이들이 막상 고등학교에 진학하면 다시 고등학교 교육이 보편화되어 그 특권이 상실되는 경험을 다시 한다. 이런 경험은 한국에서처럼 초·중등교육의 팽창이 매우 빠른 속도로 일어날 경우에만 가능하다. 요컨대 우리나라 초·중등교육이 빠른 속도로 팽창한 데에는 해당 학교 졸업자의 대부분이 상급학교 진학을 희망하는 높은 교육열이 중요한 요인 중의 하나로 볼 수 있으며, 이처럼 높은 교육열이 발생하는 이유 중의 하나는 많은 사람이 학교의 팽창과정에서 초기에 취학하여 졸업한 자들이 누리는 특권을 직접 목격할 수 있었기 때문이다. 이런 해석에 따르면, 우리나라 초·중등교육의 가파른 팽창의 중요한 원인 중의 하나는 사회경제적 특권을 누리기 위한 목적에서 상급학교에 진학하려는 사람들의 욕망이라고 해석할 수 있다.

III. 교육과정 및 교과서 정책

우리나라 국가 교육과정은 1954/1955년[5]에 '제1차 교육과정'이 제정된 이래 총 아홉 차례 전면 개정되었다. 그리고 교과서정책은 대체로 국가 교육과정 개정과 함께 바뀌어 왔다. 그렇다면 지난 70년 동안 이루어진 국가 교육과정정책 역사의 시대 구분은 어떻게 하는 것이 적절한가? 이 절에서는 국가 교육과정 개정 방식의 변화에 초점을 맞춰 살펴보고자 한다.

우리나라 국가 교육과정정책은 ① 교육부 관료의 주도로 국가 교육과정 개정안을 만들던 '행정모형기', ② 전문기관 또는 전문가의 연구·개발 과정을 거쳐 국가 교육과정 개정안을 만들던 '연구·개발 모형기', ③ 국가 교육과정을 수시로 개정하던 '수시개정기'로 구분하여 살펴보고, 교과서정책에 대한 역사도 교육과정정책에 대한 역사의 시기 구분과 연계지어 살펴보고자 한다.

1. 행정모형기의 교육과정 및 교과서 정책

우리나라는 1945년 8월 15일 해방되었지만, 국가 교육과정이 제정되어 공포되기까지는 10년 가까이 더 기다려야 했다. 해방 이후 교육과

5 제1차 교육과정의 '각급학교 교육과정 시간배당 기준령', 즉 총론은 1954년 4월 20일에 공포되었고, '각급학교 교과과정', 즉 각론은 1955년 8월 1일에 공포되었다. 이런 연유로 제1차 교육과정의 제정 및 공포 연도는 1954/1955년으로 표기하였다.

정 과도기(1945. 8. 15.~1946. 9.)와 교수요목기(1946. 9.~1954. 3.)를 거쳐 1954년 4월에 제1차 교육과정에 해당하는 국가 교육과정이 제정되었다. 1945년 9월 24일에 초등학교, 그리고 10월 1일에 중등학교의 문을 열게 되면서 미군정청은 '임시 교과목 편제와 시간배당표'를 발표하였다. 그러나 (조선어학회의 '한글첫걸음'이 있는) 국어와 (진단학회의 '국사교본'이 있는) 국사를 제외하고는 전국적으로 통일된 교수요목이 없었다. 따라서 미군정청 학무국은 '교수요목 제정위원회'를 조직하여 교과목별로 가르칠 내용을 정하는 작업을 시작하여 1946년 9월 1일에 '교수요목'을 제정하였다(유봉호, 1992). 그러나 제정된 교수요목은 짧은 기간 동안에 급하게 만들어졌기 때문에 교과별로 가르칠 주제를 나열한 것에 불과하였고, 내용은 학생 수준에 맞지 않아 교사가 개별적으로 또는 학교나 지역 단위로 교육내용을 정하여 가르치고 있었다.

1949년 12월 31일에 '교육법'이 제정·공포된 뒤 교육부는 국가 교육과정을 제정하기 위하여 1950년 6월 2일 '교수요목 제정심의회 규정'을 공포하고 각급학교 교육과정 작성에 착수하였다. 그러나 한국전쟁으로 인해 교육과정 제정 사업이 중단되는 등의 우여곡절을 거친 후 1953년 3월부터 국가 교육과정 제정 작업이 본격 추진되었다. 교과별로 가르치는 내용을 정하는 일은 '교수요목 제정심의회'가 맡고, 교과를 설정하고 시간을 배당하는 일은 '교과과정 연구위원회'가 맡았다(유봉호, 1992). 1953년 3월에 구성된 '교육과정 심의위원회'의 심의를 거쳐 우리나라 제정 교육과정인 제1차 교육과정은 1954년 4월에 '각급학교 교육과정 시간배당 기준령'으로, 그리고 1955년 8월에 '각급학교 교과과정'으로 공포되었다.

1963년 2월에는 제1차 교육과정을 개정한 제2차 교육과정이 공포되었다. 제2차 교육과정은 1952년 9월부터 1955년 6월에 걸쳐 활동한 제2차와 제3차 미국교육사절단과 1956년부터 1962년까지 활동한 미국 조지피바디 사범대학교수단의 영향으로 미국 생활중심 또는 경험중심 교육운동의 영향을 받았다(김종서, 1979). 그리고 1973년 2월에 고시된 제3차 교육과정은 교육의 방향에서는 1968년에 제정·선포된 국민교육헌장의 영향을, 그리고 교육의 방법적 원리에서는 미국의 학문중심 교육운동의 영향을 받았다(이성호, 1982).

제1차 교육과정에 대한 두 차례의 개정 작업은 당시 문교부 관료들이 주도했다는 점에서 국가 교육과정 개정의 '행정모형기'로 볼 수 있다. 물론 이 시기에도 적용 중인 교육과정에 대한 문제 분석 작업과 개정에 대한 요구조사를 실시하였고, 총론과 각론 연구위원회나 심의위원회를 구성했지만, 문교부 주도로 교육과정 개정안 개발작업을 진행했다는 점에서 문교부 관료의 정책 결정력이 매우 큰 시기였다고 볼 수 있다.

국가 교육과정 개정의 행정모형기에 해당하는 1950년대에서 1970년대 사이의 교과서정책은 교과서에 대한 국가의 개입을 강화하는 경향성을 지녔다. 1954/1955년에 이루어진 국가 교육과정 제정 이전에는 이렇다 할 만한 교과서를 찾아보기가 쉽지 않았다. 주로 일본 교과서를 번역한 것을 사용하거나 미국 교과서를 모방한 것을 사용했다(유봉호, 1992). 국가 교육과정 제정 이전 시기에 초등학교 교과서는 대부분 국정이었고, 중등학교 교과서는 국어와 사회생활이 국정이고 나머지 교과의 교과서는 검정이었다. 그리고 이 시기에 국내 사립학교 76개 재단으로 구성된 대한문교서적주식회사, 정부, 그리고 운크라의 3자 협정에 의해 최신의 교과서 인쇄공장이 준공되었다. 운크라와 유네스코가 인쇄기계 도입비로 지원한 원조자금 23만 5,000달러가 중요한 역할을 하였다(유봉호, 1992).

제1차 교육과정기에 초등학교 모든 교과서는 국정으로 발행되었고, 중등학교의 교과서는 국어와 도의 교과가 국정으로, 나머지 교과는 검정으로 발행되었다. 1955년 11월에 인정도서에 대한 세부 지침이 마련되었고, 1956년부터 보조교재로서 인정도서에 대한 평가(심의)를 시작하였다. 요컨대 제1차 교육과정기부터 우리나라 교과서 발행제도는 국정, 검정, 인정이라는 혼용제도의 기본 골격이 갖추어졌다.

제2차 교육과정기의 교과서 발행제도는 제1차 교육과정기와 비슷했다. 초등학교의 모든 교과서는 국정으로, 중등학교의 교과서는 국어, 도덕, 사회생활, 그리고 일부 실업과목은 국정으로, 나머지 교과는 검·인정으로 발행하였다. 다만 검·인정 교과의 경우 교과목별 교과서 종수를 무제한으로 허용하던 이전과는 달리 질과 가격을 관리한다는 명분으로 검·인정 교과의 교과서 종수를 7종으로 제한하였다(유봉호, 1992).

제3차 교육과정기인 1973년부터 1981년 사이에 우리나라 교과서 정책에 중요한 변화가 있었다. 남북대화 중단, 10월 유신, 월남 패망 등 국내외의 급변하는 상황으로 인하여 국적 있는 교육, 주체성 교육, 유신이념 교육 등이 강조되었다. 민족주체성 교육을 강화한다는 취지에서 1973년에 초등학교 사회 교과에서 국사를 분리·독립시켰고, 검정이었던 중·고등학교 국사 교과서를 국정으로 전환하였다. 특히 1976년에 발생한 '검인정 교과서 파동'을 계기로 교과서정책에 대한 일대 변화[6]가 있었다. 한편으로 국정과 검정제를 1종과 2종도서제로 대체했으며, 다른 한편으로 1종도서의 범위를 대폭 확대하였다. 1979년도에 중학교 모든 교과서를 1종도서로 발행하였으며, 고등학교의 국어, 국민윤리, 사회 관련 과목 대부분의 교과서도 1종도서로 발행하였다(유봉호, 1992). 다른 한편, 문교부가 직접 주관하여 교과서를 편찬하던 것을 연구기관이나 대학, 학술단체 등에 위탁하였다. 2종도서의 경우 교과별 교

6 이전의 '교과용도서 저작검인정령'을 폐기하고, 1977년 8월 22일에 '교과용도서에 관한 규정'을 제정 공포하였다.

과서 종수를 7종에서 5종으로 제한하였다. 다른 한편, 1972년에 설립된 한국교육개발원은 새교육체제에 대한 연구를 수행하면서 1976년에 새 교과서 모형을 개발하여 실험한 결과를 발표하였다. 문교부의 '검인정 교과서 파동'과 한국교육개발원의 교과서 개발 능력 입증이 맞물리면서 1977년 후반부터 문교부 관료들이 직접 담당했던 국가 교육과정 개발 업무와 1종도서 개발 업무의 대부분이 한국교육개발원에 위탁되었다.

요컨대 국가 교육과정 개정의 행정모형기의 교과서정책은 교과서 발행에 대한 국가의 개입이 강화되는 시기였다. 제1차 교육과정기는 교과서 발행의 국정, 검정, 인정 체제가 확립되면서 초등학교는 국정 교과서, 중등학교는 (국어와 도덕을 제외한 대부분의 교과에서) 검·인정 교과서가 중심이 되는 체제가 구축되었다. 그러나 제2차 교육과정기에는 검·인정 교과서에 대한 종수제한(무제한 → 7종)이 이루어졌으며, 제3차 교육과정기에는 1종(국정)도서의 확대, 2종(검정)도서의 종수 추가 제한(7종 → 5종)이 이루어진 시기였다.

2. 연구·개발 모형기의 교육과정 및 교과서 정책

국가 교육과정 개발의 주도성을 누가 갖느냐에 따라 국가 교육과정 개정의 행정모형, 연구·개발모형, 일선개발모형이 있을 수 있다(황희숙, 1986). 행정 관료가 교육과정 개정안 개발의 주도권을 갖는 방식이 행정모형이라면, 연구·개발 전문기관이 개정안 개발의 주도권을 갖는 방식은 연구·개발모형이라고 볼 수 있다. 그리고 일선 교육자들이 개정안 개발의 주도권을 지닐 때 일선개발모형이라고 볼 수 있다. 이런 구분법에 따라 제2차와 제3차 국가 교육과정 개정 방식은 행정모형이라고 보았다.

제4차 교육과정 개정은 문교부 관료들이 아니라 한국교육개발원

전문연구원들이 국가 교육과정 개정 시안 개발을 주도했다는 점에서 연구·개발모형에 해당한다고 볼 수 있다. 다만 이 시기에도 국가 교육과정 개정안의 최종 결정권은 문교부의 관료에게 있다는 점에서 제4차 교육과정 이후에도 완전한 의미의 연구·개발모형이 작동했다고 보기는 어렵다. 그러나 교육과정 개정안을 연구·개발기관의 연구원들이 참여하여 다양한 기초연구, 수많은 협의회나 공청회 등을 거쳐 개발했다는 점에서 국가 교육과정 개정의 연구·개발모형기라고 기술하는 데는 문제가 없을 것이다.

제4차 교육과정 개정을 계기로 교육과정 개정이 행정모형에서 연구·개발모형으로 바뀐 데에는 두 가지 결정적인 요인이 있었다.[7] 하나는 앞에서 언급한 1976년 발생한 검·인정 교과서 파동이고, 다른 하나는 한국교육개발원의 설립이었다. 1972년 8월에 전국 단위의 대규모 학교수업 개선 프로젝트를 수행하기 위해 교육 연구·개발기관으로 한국교육개발원이 설립되었다. 이런 상황에서 1976년 검·인정 관련 뇌물 수수사건이 발생하여 문교부 편수관의 대부분이 옷을 벗게 되었다. 이 문제를 해결하기 위해 정부는 1977년에 문교부 편수국을 장학실로 통합하고, 교육부가 직접 담당해 오던 교육과정과 교과서 개발 업무를 한국교육개발원 등에 위탁하였다.[8] 제4차 교육과정기부터 국가 교육

7 사실 1969년 2월에 발족한 장기종합교육계획심의회가 1970년 12월에 완성하여 제출한 장기종합교육계획안에는 "교육의 질적 향상을 위해 고도로 전문화된 체계적이고 계속적인 교육과정 개편이 필요하며, 이 일을 담당할 가칭 교육과정개발센터의 설립이 요구된다"(한국교육개발원, 2012: 24)는 건의 내용이 포함되어 있었다. 이 장기종합교육계획안은 1972년을 기점으로 하고 1986년을 목표 연도로 한 15년간의 장기계획안이었다. 불행하게도 이 안이 정부 계획으로 공식 채택되지는 못했지만, 장기종합교육계획심의회의 이러한 구상과 노력의 토대 위에서 1972년에 한국교육개발원이 설립되었고, 1977년에는 한국교육개발원이 교육과정과 교과서 개발 업무를 수행하는 기관으로 성장할 수 있었다.

8 1979년에 발간된 중학교 1종도서의 경우 과학과 영어는 서울대학교가, 음악·미술·서예는 서울교육대학이, 국사는 국사편찬위원회가 개발하였고, 나머지 교과의 1종도서는 한국교

과정 개발 업무가 관료에서 전문가로 옮겨 왔고, 오늘날까지 우리나라 국가 교육과정 개정은 연구·개발모형을 취하고 있다. 한국교육개발원 주도로 개발된 제4차 교육과정이 1981년 12월에 고시되었다. 그리고 제5차 교육과정의 경우 교육과정을 개정할 만한 사회적 상황의 변화나 학문적 경향의 변화가 없었다. 그러나 학교에서 사용 중인 검·인정 교과서의 사용 기간이 5년을 넘을 수 없다는 행정상의 이유 때문에 제5차 교육과정 개정 작업이 시작되었다. 부분 개정을 염두에 두고 교육과정 개정 작업을 시작하였으나 결국에는 국가 교육과정을 전면 개정하게 되었다. 이렇게 하여 개정된 제5차 교육과정은 1987년 3월에 고시되었다.

1992년 9월에 고시된 제6차 교육과정은 중앙집중적인 교육과정을 지방분권형 교육과정으로 전환하였다는 평가를 받았다. 제6차 교육과정은 국가 교육과정 편성·운영에 있어서 시·도교육청과 학교의 재량권을 확대하였다는 특징을 지닌다. 국가가 고시한 문서인 '교육과정'은 국가의 공통적·일반적 기준이기 때문에 시·도교육청에게는 각 시·도의 특성과 실정, 필요나 요구 등을 반영하여 시·도 '교육과정 편성·운영 지침'을 작성할 수 있는 권한을 부여하였고, 학교에게는 각 학교의 실정에 맞게 '학교 교육과정'을 편성·운영하도록 제도화하였다. 이런 변화는 민주주의 발전과 더불어 1991년에 제정된 '지방교육자치에 관한 법률'의 취지를 반영한 것이다. 제6차 교육과정은 또한 국가 교육과정 개정안의 개발 체제상의 특징도 지녔다. 제4차와 제5차 교육과정이 한국교육개발원에 의해 개발된 것과 달리, 제6차 교육과정(총론)은 대학 교수를 주축으로 하는 교육과정개정위원회를 구성하여 개발하였다.

육개발원이 개발하였다.

1997년 12월에 고시된 제7차 교육과정은 2000년대라는 새 천년을 준비하기 위한 교육과정으로 개발되었다. 김영삼정부의 대통령직속 교육개혁위원회는 5·31 교육개혁안에서 국가 교육과정의 기본 골격을 제시하였고, 한국교육개발원은 이를 토대로 제7차 교육과정을 개발하였다. 5·31 교육개혁안은 향후 개발될 국가 교육과정의 교과편제표의 기본 얼개뿐만 아니라 10년의 국민공통기본 교육과정과 2년의 선택중심 교육과정, 수준별 교육과정, 재량활동 등 교육과정의 주요 방향과 특징까지 제시하였다. 달리 말하면, 한국교육개발원은 대통령직속 교육개혁위원회가 제시한 교과편제표의 기본 얼개와 개정의 주요 방향과 특징을 수용하여 제7차 교육과정을 개발하였다. 제7차 교육과정은 교육부의 관료나 연구기관의 전문가집단이 아니라 대통령직속기구가 개정의 필요성을 제기하고 개정의 방향과 주요 특징을 제시한 국가 교육과정이라는 특징을 지닌다.

국가 교육과정 개정의 연구·개발모형기에 해당하는 1980년대와 1990년대의 교과서정책은 민간의 자율과 창의를 최대한 보장해 주기 위해 교과서 발행에 국가의 개입을 줄이는 경향성을 띠었다. 문교부 편수관들이 직접 담당하였던 교과서 개발 업무가 전문연구기관인 한국교육개발원 등으로 이관됨에 따라 제4차 교육과정기 교과서정책에 커다란 변화가 있었다. 1982년에 교과용도서에 관한 규정을 개선하여 1종도서의 대상을 축소하고, 자율성과 창의성을 제고하기 위해 2종도서의 대상을 확대하였다. 초등학교 교과서는 모두 1종도서로 유지하되, 중·고등학교에서는 2종도서를 점진적으로 확대하였다. 제4차 교육과정기에는 중등학교 체육, 음악, 미술, 한문 등을 2종도서로 우선 전환하였고, 제5차 교육과정기에는 추가로 영어, 수학, 과학을 2종도서로 전환하였다. 제6차 교육과정기에는 가정과 기술·산업도 2종도서로 추가 전환하였다. 그 결과 제6차 교육과정기에는 중등학교의 경우 국어,

도덕, 국사만 1종도서로 유지하고, 나머지 교과의 교과서는 모두 2종도서로 구분하였다. 그리고 제3차 교육과정기 이래로 5종으로 줄었던 교과목별 검정도서 종수를 교과목별 8종으로 다시 확대하였다.

제7차 교육과정기에 들어오면서 교과서정책에 중요한 변화가 일어났다. 2002년에 '교과용도서에 관한 규정'을 개정하여 1종도서와 2종도서라는 말을 국정도서와 검정도서라는 말로 환원하였다. 5·31 교육개혁안은 민간의 자율과 창의를 최대한 보장해 주기 위하여 국정도서를 줄이고 검·인정도서를 늘리는 기본방향을 제시하였다.

3. 수시개정기의 교육과정 및 교과서 정책

우리나라 교육과정정책에 있어서 또 하나의 커다란 변화로는 2005년 2월에 도입된 '교육과정 수시 개정 체제 운영 활성화 방안'이 있다. 교육부는 기존의 국가 교육과정 개정 체제를 주기적 개정 체제라고 규정하면서 앞으로는 수시 개정을 통해 필요한 변화를 국가 교육과정에 즉각적으로 반영하겠다는 명분으로 수시 개정 체제를 도입하였다. 국가 교육과정 수시 개정 체제는 2002년에 노무현 대통령 후보의 대선 공약으로 처음 언급되었고, 2003년 대통령직 인수위원회에서 국가 교육과정의 주기적 개정을 수시 개정 체제로 전환하겠다는 보고가 있었다.

수시 개정 체제에 따라 이루어진 첫 번째 국가 교육과정 개정의 산물이 '2007 개정 교육과정'이다. 국가 교육과정 개정이 수시로 이루어지기 때문에 제○차 교육과정이라는 표기법이 더 이상 적절하지 않다는 판단에 따라 교육부는 교육과정 개정 연도를 붙여 '○○○○ 개정 교육과정'으로 표기하기 시작하였다. 이후에 개정된 국가 교육과정이 '2009 개정 교육과정', '2011 개정 교육과정', '2015 개정 교육과정'이다.

'2007 개정 교육과정'은 제7차 교육과정 총론의 방향과 주요 골격을 그대로 유지하면서 운영상 나타난 세부적인 문제를 해결하기 위한 목적에서 국가 교육과정을 개정하였다. 특히 제7차 교육과정 고시 후 10년 가까운 시간이 흘러서 교과 교육과정의 내용을 개정해야 할 필요가 있었다. 따라서 총론은 제7차 교육과정의 주요 골격을 유지한 상태에서 교과 교육과정 중심의 개정을 시도하였다. 그러나 2007 개정 교육과정 고시 후 1년 만인 2008년에 이명박정부가 들어서면서 또다시 국가 교육과정 개정작업을 시작하였다. 2007 개정 교육과정이 초등학교 1·2학년에 처음 적용된 해인 2009년에 이명박정부는 총론을 개정한 '2009 개정 교육과정'을 고시하였다.[9] 그런 연후에 2009 개정 교육과정 총론에 맞춰 교과 교육과정을 개정한 '2011 개정 교육과정'을 고시하였다. 그리고 2013년에 등장한 박근혜정부도 국가 교육과정, 개정작업을 시작하여 총론과 교과 교육과정을 '2015 개정 교육과정'으로 고시하였다.

이상에서 알 수 있듯이, 2005년 2월에 국가 교육과정 수시 개정 체제가 발표된 후 2007, 2009, 2011, 2015년에 국가 교육과정이 수시로 전면 개정되면서 문자 그대로 우리나라 국가 교육과정의 '수시 개정' 시대가 도래하였다. 그 결과 한 학교에서 학년마다 서로 다른 (세 종의) 국가 교육과정을 동시에 적용해야 하는 사례[10]까지 등장하면서 학교의 혼란과 국가 교육과정 개정의 피로도가 극에 달하게 되었다.

국가 교육과정의 수시개정기에 해당하는 2005년 이후의 교과서정

---

9 2009 개정 교육과정의 특징으로 첫째는 각론 개발이 이루어지지 않은 상태에서 총론만 우선 고시·적용했으며, 둘째는 총론의 적용을 앞당기기 위하여 학교급별로 연차적으로 적용하던 관례를 폐지하고 초 1·2, 중 1, 고 1을 동일 연도에 함께 적용하는 방식을 도입하였다.

10 2011년의 경우, 중학교 3학년은 제7차 교육과정을, 2학년은 2007 개정 교육과정을, 1학년은 2009 개정 교육과정을 적용해야 하는 사태가 발생하였다.

〈표 2-1〉 제6차 교육과정 이후 교육과정기별 국정·검정·인정도서 종수(비율)

구분	국정도서	검정도서	인정도서	합계
제6차 교육과정	827(80%)	123(12%)	85(8%)	1,035
제7차 교육과정	721(69%)	187(18%)	134(13%)	1,042
2007 개정 교육과정	537(56%)	181(19%)	239(25%)	957
2009 개정 교육과정 (2010년 기준)	334(39%)	138(16%)	392(45%)	864
2011 개정 교육과정 (2011년 기준)	53(9%)	42(7%)	494(84%)	589
2015 개정 교육과정	138(14.8%)	107(11.5%)	685(73.7)	930

주: 여기서 도서란 교과서와 지도서를 포함한 교과용 도서를 의미하지만 편의상 도서로 표기함.

책은 국정도서의 축소와 인정도서의 확대라는 특징을 갖는다. 특히 이명박정부가 추진한 '교과서 선진화 정책'은 무엇보다도 교과서 발행의 자율성을 강조하였다. 이명박정부는 초등학교의 실과, 체육, 음악, 미술, 영어 교과의 교과서를 국정에서 검정으로 전환하였다. 그리고 중등학교의 국어, 사회(역사), 도덕을 검정으로 전환하였고, 수학, 과학, 영어를 포함한 대부분의 교과목을 인정으로 전환하였다. 요컨대 중등학교의 모든 교과의 교과서가 검·인정도서로 구분되었다.

국가 교육과정 수시개정기의 교과서정책은 인정도서 중심 체제로 전환되었다. 제7차 교육과정기에는 69%를 차지했던 국정도서가 2011 개정 교육과정기에는 9%로 축소되었고, 제7차 교육과정기에는 13%에 불과하였던 인정도서가 2011 개정 교육과정기에는 84%로 확대되었다. 다만 박근혜정부인 2015 개정 교육과정기에는 중·고등학교 한국사가 국정으로 환원되었고, 수학, 과학, 영어 등이 인정에서 검정으로 전환되면서 2011 개정 교육과정기보다 인정도서의 비율이 약간 줄어들고 국정도서의 비율이 조금 더 늘어나는 특징을 지니게 되었다. 국정도서 축소와 검·인정도서 확대라는 방향을 제시한 5·31 교육개혁안 발표 이전에 고시된 제6차 교육과정기부터 2015 개정 교육과정기까지 국정·검정·인정도서의 비율을 표로 제시하면 〈표 2-1〉과 같다(김재춘, 2016).

4. 교육과정 및 교과서 정책에 대한 논의

앞에서 우리나라 교육과정과 교과서정책의 역사를 국가 교육과정 개정의 행정모형기, 연구·개발모형기, 수시개정기로 나누어 살펴보았다. 국가 교육과정이 제정된 1954/1955년부터 가장 최근에 이루어진 2015 개정 교육과정까지 지난 60년 동안 약 아홉 번에 걸친 국가 교육과정 개정이 있었다. 이 중 비교적 안정적인 성과를 보인 국가 교육과정은 제1차 교육과정, 제4차 교육과정, 제7차 교육과정이었고, 상대적으로 혼란스러워 보인 국가 교육과정은 수시개정기의 교육과정, 그중에서도 특히 이명박정부에서 개정된 2009 개정과 2011 개정 교육과정이었다.

그렇다면 제1차, 제4차, 제7차 교육과정이 어떤 개발 과정의 특징을 지녔기에 비교적 안정적인 성과를 보였는지 살펴보자. 제1차 교육과정은 개발 경험이 없는 상태에서 처음 시도한 국가 교육과정 개발이었을 뿐만 아니라 한국전쟁의 발발로 교육과정 개정 작업의 착수와 중단을 반복하면서 개발된 국가 교육과정이라는 특징을 지닌다. 그럼에도 불구하고 제1차 교육과정은 10년 가까이 안정적으로 적용되었다. 제1차 교육과정 개발은 해방, 정부수립, 한국전쟁 등을 겪으면서 이루어졌음에도 불구하고 개발 과정에서 '교과과정 연구위원회(총론위원회)'와 '교수요목 제정심의회(교과교육과정위원회)'를 별도로 구성하여 연구·심의하였고, 학교급별 심의위원회와 오늘날의 교육과정운영위원회에 해당하는 총괄적인 '교육과정심의회' 또한 구성하여 운영하였다. 그리고 우리나라 교육자들의 생각(즉, 교과 교육과정 선호)과 미국 교육의 영향(즉, 경험 교육과정 선호)을 적절히 절충한 교육과정을 구성하려고 노력하였다. 요컨대 제1차 교육과정은 교육 외적 개입이 거의 없는 상태에서 교육관료, 전문가, 현장교사들의 의견을 최대한 반영한 산출물이었다. 제4차 교육과정은 연구·개발기관인 한국교육개발원에서 전문가들에 의해 연구·개발된 최초의 교육과정이라는 특징을 지닌다. 교육과정 연구·개발진은 이전 교육과정처럼 교과, 경험, 학문이라는 특정 관점이 부각된 국가 교육과정을 개발하려고 하기보다는 인간중심 교육과정이라는 명분으로 여러 관점을 절충하고 종합한 교육과정을 개발하고자 노력했다. 그 결과 제4차 교육과정 총론의 방향과 기본 골격은 매우 안정적인 것으로 인정받아 제5차 교육과정에까지 그대로 이어져 제4차 교육과정의 영향력이 사실상 10년 이상 유지되었다.

제7차 교육과정은 대통령 직속기구인 교육개혁위원회가 제시한 교육과정 개정 방향과 주요 골격의 토대 위에서 개발된 국가 교육과정이라는 특징을 지닌다. 제7차 교육과정은 근래에 보기 드물게 10년 가까이 적용되었을 뿐만 아니라 후속하는 '2007 개정 교육과정'조차도 제7차 교육과정 총론의 방향과 주요 골격을 그대로 유지했다는 점에서 오랫동안 안정성을 유지한 국가 교육과정이었다.

이상에서 살펴본 제1차, 제4차, 제7차 교육과정은 모두 10년 가까이 또는 10년 이상 안정적으로 적용되었다는 공통점을 지닌다. 특히 제4차와 제7차 교육과정의 경우, 후속하는 국가 교육과정이 앞선 국가 교육과정의 방향과 주요 골격을 그대로 수용하고자 했다. 그렇다면 무엇이 이런 안정성을 지닌 교육과정을 만들어 냈을까? 국가 교육과정 제정이라는 특징을 지닌 제1차 교육과정을 제외하더라도, 제4차와 제

7차 교육과정은 각각 개발상의 독특성을 지니고 있다. 제4차 교육과정은 일명 'E-M 프로젝트'로 불리는 초·중학교 교육발전사업을 수행하면서 많은 현장경험을 축적한 한국교육개발원의 전문가들이 총동원되어 국가 교육과정을 개발했다는 특징을 지니며, 제7차 교육과정은 대통령 직속기구인 교육개혁위원회가 수많은 전문가의 논의와 광범위한 의견 수렴을 거쳐 국가 교육과정 개정의 방향과 주요 얼개를 설정했다는 특징을 지닌다.

이와는 달리 수시개정기의 국가 교육과정 개정, 특히 이명박정부에서 이루어진 국가 교육과정 개정은 여러 문제점을 복합적으로 보여준다. 2007년 개정에 이어 2년 만에 다시 이루어진 2009년의 교육과정 개정, 교과 교육과정 개정 없이 총론만 개정한 '2009 개정 교육과정' 고시, 총론만의 우선 적용, 2년 뒤에 각론을 고시하면서 총론을 다시 수정한 '2011 개정 교육과정' 고시, 무리하게 앞당겨진 '2011 개정 교과 교육과정' 적용 일정 등으로 인해 한 학교에서 학년마다 다른 국가 교육과정이 적용되는 등 학교 현장의 혼란과 국가 교육과정 개정에 대한 피로감이 극단에 달했다. 진보적인 노무현정부가 도입한 교육과정 수시 개정 체제가 보수적인 이명박정부에서 가장 적극적으로 활용되는 아이러니가 발생했다.

그렇다면 수시개정기의 국가 교육과정 개정의 혼란과 개정의 피로감은 왜 발생하는 것일까? 국가 교육과정의 수시 개정은 문자 그대로 필요한 부분을 수시로 개정한다는 것을 의미했다. 그래서 수시 개정에서는 국가 교육과정을 전면 개정할 필요가 없고 필요한 부분만 수시로 개정하면 되었다. 그러나 수시개정기, 특히 이명박정부에서는 국가 교육과정을 수시로 전면 개정했다. 수시 개정은 필요한 부분만 수시로 개정하거나 전면 개정을 하려면 일정한 시간 간격을 확보한 다음에 개정해야만 했다. 그러나 이명박정부에서는 국가 교육과정 전면 개정을 수시로 하는 악수를 두었다. 그 결과 우리나라 교육계는 안정을 잃고 극심한 혼란과 잦은 교육과정 개정의 피로를 겪어야만 했다.

해방 이후 70년에 걸쳐 이루어진 국가 교육과정 개정의 역사를 통해 우리는 다음과 같은 교훈을 얻을 수 있다. 첫째, 국가 교육과정 개정은 국민의 대표성을 지닌 사람들이나 전문가들의 폭넓은 의견 수렴과 수많은 협의과정을 거쳐 이루어질 필요가 있다. 둘째, 그렇게 개정된 교육과정은 일정 기간 이상 안정적으로 적용될 필요가 있다. 앞에서 살펴본 제4차와 제7차 교육과정이 바로 이런 특징을 지녔다. 셋째, 수시 개정 체제는 전면 개정이 아니라 부분 개정 시에만 적용되어야 한다. 국가 교육과정의 수시 개정 체제는 필요한 내용이나 부분만 수시로 개정할 때 의미가 있는 체제임에도 불구하고 2009 개정 또는 2011 개정 교육과정에서처럼 교육과정 전체를 수시로 개정하게 되면 현장의 혼란과 개정의 피로도만 높아지게 된다. 요컨대 국가 교육과정을 개정할 때에는 많은 사람의 참여하에 수많은 논의와 광범위한 의견 수렴을 거칠 필요가 있으며, 이런 과정을 거쳐 개정된 교육과정은 일정 기간 이상 안정적으로 적용될 필요가 있다. 그리고 국가 교육과정 수시 개정 체제에 대한 실태와 문제점을 세밀하고 정확하게 분석하고, 문제가 있다면 그에 대한 개선 방안을 마련하려는 노력이 필요하다.

다른 한편, 지난 70년 동안 우리나라 교과서 발행정책은 초반에는 정부의 규제를 강화하는 경향성을 띠다가 후반에는 정부의 규제를 완화하는 방향으로 바뀌었다. 1960년대와 1970년대에는 교과서 발행에 대한 정부의 규제를 강화하다가 1980년대 이후에는 정부 규제를 점진적으로 완화하면서 민간의 자율과 창의를 강조하였다. 특히 이명박정부에서는 교과서에 대한 규제를 대폭 완화하여 우리나라 교과서 발행 체제를 인정도서 중심으로 바꾸어 놓았다.

우리나라 교과서정책의 변천과정을 분석해 보면, 1980년대 이후부터 국정도서를 감축하고 검·인정도서를 늘리려는 경향성이 일관되게 나타난다. 다만 국정도서를 검정도서로 전환할 것인가 아니면 인정도서로 전환할 것인가에 대해서는 일관된 흐름을 찾기가 쉽지 않다. 대체적으로 말해서 1980년대부터 2000년대 초반까지는 국정도서를 감축하고 검정도서를 늘리려는 경향이 강했으나 2000년대 후반(특히 이명박정부)부터는 국정도서를 감축하는 대신 인정도서를 늘리려는 경향이 뚜렷하게 나타났다. 다만 박근혜정부에서는 일부 인정도서를 검정으로, 그리고 검정도서를 국정도서로 환원시키는 경향이 있었다.

일반적으로 검정제는 국가가 사전에 제시한 검정 기준에 따라 민간이 교과서를 집필한다는 점에서 민간이 자유롭게 집필한 교과서의 사용을 사후에 인정해 주는 인정제보다 국가 개입이 더 많은 것으로 평가된다(김재춘, 2009). 그러나 검정제와 인정제는 운영하는 방식에 따라 '느슨한 검정제'도 가능하고 '엄격한 인정제'도 가능하기 때문에 그리고 검·인정도서 모두 국가의 승인(approval)을 받아야 한다는 점에서 검정제와 인정제 간의 차이는 생각만큼 크지 않다고 볼 수 있다. 이런 연유로 선진국들은 각자의 역사문화적 여건에 따라 검정제를 더 선호하는 나라도 있고, 인정제를 더 선호하는 나라도 있다. 예컨대, 일본과 독일은 검정제 중심의 교과서 체제를 유지하고 있으며, 프랑스나 캐나다는 인정제 중심의 교과서 체제를 지니고 있다. 그리고 미국은 주에 따라 엄격한 인정제, 느슨한 인정제 또는 자유발행제를 채택하고 있다.

2016년 현재 우리나라 교과서정책은 초등학교의 국어·사회·도덕·수학·과학 등 주요 교과는 국정제를, 나머지 교과는 검정제를 유지하고 있다. 그리고 중등학교에서는 국사는 국정제를, 국어·사회·수학·과학·영어 등 주요 교과는 검정제를, 기타 교과는 인정제를 유지하고 있다. 따라서 교과서 종수는 인정제가 많지만 주요 교과의 경우 대부분이 검정제이다. 인정제는 검정제의 심의 기준과 절차를 준용하기 때문에 우리나라 검정제와 인정제 간에는 생각보다 많은 차이가 존재하지 않는다(김재춘, 2009). 다만, 검정 주체는 국가 차원의 단일 기관인 데 반하여 인정 주체는 각 시·도 교육감이라는 점에서 차이가 있다. 그리고 검정도서의 합격률은 대체로 50~80% 정도인 데 반해, 인정도서의 합격률은 100%에 가깝다는 차이가 있다. 이러한 차이는 심의 기준이나 절차의 차이에서 기인한 것이라기보다는 검정은 다소 엄격하게 심사하는 데 반하여 인정은 다소 느슨하게 심사하는 데에 기인한 것이다.

이런 방식의 검정제와 인정제가 우리나라의 교과서 발행 정책으로 적절한지, 주요 교과는 검정제로, 기타 교과는 인정제로 구분하는 것이 적절한지, 더 나아가 우리나라 교과서 발행 정책을 검정제와 인정제의 병행 체제로 유지할 것인가 아니면 둘 중 어느 하나를 주요 정책으로 채택할 것인가 등에 대해 검토할 필요가 있다.

IV. 수업 및 평가정책

해방 이후 지난 70년 동안 우리나라 수업 및 평가정책은 많은 변천을 겪었다. 1950년대와 1960년대에는 수업을 바꾸려는 새교육운동과 표준화 검사, 조사연구 등을 적극 활용하려는 '교육의 과학화'시대가 있었으며, 1970년대에는 수업과 평가의 체제성와 합리성을 제고하려는 '체제적 접근' 운동이 있었고, 1990년대 이후로는 열린교육, 수준별수업, 교과교실제, 자유학기제 등 획일화된 수업과 평가에서 벗어나 학생 집단별 또는 개인별 특성에 부합하는 방향으로 수업과 평가방법을 개선하려는 다양한 시도가 있었다.

1. 수업 및 평가정책의 태동기: 새교육운동과 교육의 과학화시대

해방 이후 우리 교육의 과제는 일본 교육의 잔재를 불식시키고 미국의 진보주의 교육의 영향하에서 우리나라 교육을 새롭게 만들어 가는 것이었다. 이러한 과제를 수행하기 위해 등장한 최초의 교육적 노력이 바로 '새교육운동'이었다. 새교육운동은 이론 면에서는 오천석의 듀이 교육사상의 소개가, 실천 년에서는 윤재천 교장의 수업지도안 작성과 활용 노력이 촉발한 운동으로 볼 수 있다. 새교육운동은 듀이의 교육사상을 소개했던 오천석의 '민주주의 교육의 건설'이라는 글의 토대 위에서 (주로 초등학교에서) 학습지도법을 혁신하자는 운동이었다(유봉호, 1992). 새교육운동에서는 학습지도안 작성에서, 특히 구안법(project method)을 도입하려고 노력하였다. 1946년 10월에는 서울효재국민학교 윤재천 교장의 주도로 이루어진 학습지도법 교육연구발표회를 계기로 새교육운동은 전국 규모로 영향력을 미치기 시작하였다(중앙교육연구소, 1973).

그러나 1950년대에 들어서면서 많은 교사는 학습지도법에 초점을 맞춘 '새교육운동'만으로는 우리 교육을 개선하는 데 한계가 있음을 깨닫게 되었다. 새교육운동의 관심은 처음에는 교육과정 개편 운동으로, 나중에는 교육의 과학화 운동으로 전환되었다(한기언, 1969). 그리고 이런 전환에는 미국교육사절단과 조지피바디 사범대학교수단의 영향이 컸다.

미국교육사절단은 세 차례에 걸쳐 한국에 왔다. 제1차 사절단은 1948년에, 제2차 사절단은 1952년에, 그리고 제3차 사절단은 1954년에 내한하였다. 한국전쟁 중에 부산으로 내한한 제2차 미국교육사절단은 한편으로는 전국에서 선발된 교사, 장학사, 교장 등에 대한 강습을 주로 실시하였고, 다른 한편으로는 교육철학, 교육행정학, 교육방법 및 교육위생 등 교육의 모든 분야를 망라하는 보고서를 작성하였다(중앙교육연구소, 1973). 진보주의 교육철학에 굳건한 신념을 지녔던 미국교육사절단은 보좌관으로 일한 송래운, 강길수, 한기언, 이영덕 등 당시 소장 교육학자들과 패널 토론(panel discussion)을 즐겨하였다. 1953년 3월 9일에 창립된 중앙교육연구소는 제2차 미국교육사절단이 '남기고 가는 선물'이라고 말할 정도로 미국교육사절단으로부터 물심양면에 걸친 지원을 받았다.[11]

1954년 9월에 내한하여 1955년 6월까지 머물렀던 제3차 미국교육사절단의 '공식과업은 한국이 그 학교를 위하여 보다 훌륭한 커리큘럼을 설치하는 것을 도와주는 것'(중앙교육연구소·대한교육연합회, 1955: 9)이었다. 벤야민(Harold Benjamin) 단장을 포함한 13명으로 구성된 제3차 미국교육사절단은 교육의 모든 분야를 망라하여 다루었던 제2차 미국교육사절단과는 달리, 교육과정에 대한 문제만을 집중적으로 다루었다. 이 사절단이 방한 선물[12]로 남기고 간 것이 바로 『교육과정 지침』이라는 책자였다. 이 책의 제목은 *Curriculum Handbook for the Schools of Korea*였다. 이 책은 총 3부로 구성되어 있다. 제1부는 '원리'라는 제목하에 교육과정에 대한 기본 원리를 다루고 있으며, 제2부는 '실제'라는 제목하에 목적 설정, 학습활동, 교육과정 조직과 평가 등 총론에 관한 내용을 다루고 있으며, 제3부는 '필요한 교육과정의 개정'이라는 제목하에 교과 교육과정에 관한 내용을 다루고 있다. 벤야민은

11 1953년 4월에 개최된 미국교육사절단 주최 협의연구회 폐강식에서 미국교육사절단은 중앙교육연구소에 사절단 소유의 모든 도서, 종이 46톤, 표지 83연을 기증하였다. 그 외에도 여러 차례에 걸쳐 책상과 타자기를 포함한 많은 기자재와 현금 일부도 기증하였다.

12 이 책의 대표 편집자인 벤야민은 서문에서 "사절단 각 단원이 한국의 교사, 행정가, 학부모, 시민 한 사람 한 사람에게 개인적으로 드리는 이별의 선물"이라고 밝히고 있다.

이 책의 제1장 '근본 개념'에서 "경험커리큘럼이 일반적으로 보다 우수한 교육적 기구(器具)라고 믿는다"(중앙교육연구소·대한교육연합회, 1955: 17)라고 말했다. 진보주의 교육운동의 열렬한 제창자인 벤야민은 이 책의 서론에서 "핵심 논제는 경험커리큘럼이며, 이것으로 한국 학교들은 한국인들의 목적, 필요, 태도, 능력과 이상에 보다 충분하게 응할 수 있을 것"(중앙교육연구소·대한교육연합회, 1955: 9)이라고 적고 있다.[13] 이와 같은 미국교육사절단의 영향으로 우리나라 학교 현장은 진보주의 교육의 영향을 크게 받았으며, 1963년에 개성 공포된 제2차 교육과정은 경험중심 교육과정의 성격을 띠게 되었다.

다른 한편으로 해방 이후부터 1950년대에 걸쳐 학습지도법 중심의 새교육운동과 미국의 진보주의 교육이론에 터한 교육과정 개편 운동을 경험하면서 한국의 교육학계에서는 미국이나 일본의 것이 아닌 우리의 새교육을 찾자는 각성이 있었다. 특히 일제식(日帝式) 교육과 결별하고, 민주적인 개인차 존중 교육을 실천하려는 노력은 교육측정 또는 교육평가 붐을 가져왔다.[14] 이런 맥락에서 '교육의 과학화' 운동이 시작되었다. 당시 시대정신이 교육의 과학화였다는 것은 '표준화 검사를 하나 만들어야 연구원'이라는 분위기나 '심리검사는 (서울)사대에서 교육검사는 중교연(중앙교육연구소)에서'라는 묵계가 있었다는 점 등은 당시 표준화 검사가 얼마나 중요하게 간주되었는가를 보여 준다(중앙교육연구소, 1973: 64). 1950년대 중반에 시작된 교육의 과학

13 제3차 미국교육사절단의 대표가 『검치호랑이 교육과정』이라는 책을 집필한 벤야민이라는 점은 시사하는 바가 많다. 이 책은 진보주의 교육을 옹호하는 논의를 담고 있다. 구체적인 내용은 김재춘(2016)의 1장을 참조.

14 한기언 교수의 증언에 따르면 "극히 최근까지도 교육학 전공 학생 가운데는 교육학에는 교육측정과 교육평가만이 있고 여타의 것은 거의 문제가 되지 않는 양 그릇 생각한 학생들이 꽤 많았다."(한기언, 1969: 253)

화 운동의 일환으로 교육심리검사와 교육실태조사가 본격적으로 실시되었다. 1950~1960년대에 이루어진 대표적인 교육심리검사로는 지능성숙검사(1955), 산수학력검사(1955), 국어읽기학력검사(1956), 산수계산진단검사(1957), 자연과학력검사(1958), 영어학력검사(1959), 사회과학력검사(1960), 한국 웩슬러(Wechsler) 지능검사 12세 이상(1963), 진학적성검사(1964) 등이 있다. 대표적인 교육실태조사로는 전국 각급학교 교훈조사(1954), 평택지구의 사회실태조사(1956), 학교주변 환경조사(1957),[15] 서울 근교촌락의 교육실태조사(1958), 전국교육실태조사(1960), 문맹자 조사(1960), 초·중·고등학교 학생들의 흥미조사(1960), 아동의 숙제조사(1960), 중·고등학교 시간배당 실태조사(1961) 등이 있다(중앙교육연구소, 1973).

당시 교육의 과학화에 직접 기여한 것은 미국의 조지피바디 사범대학교수단과 우리나라 중앙교육연구소였다. 제4차 미국교육사절단이라고도 불리는 조지피바디 사범대학교수단은 고슬린(Willard Goslin) 박사를 단장으로 하여 1956년 10월에 내한하여 1962년 6월까지 6년간 활동하였다. 이들은 주로 교사양성과 현직교사의 교육활동을 개선하기 위해 필요한 지원활동과 상담을 수행하였다. 1950년대에 한국과 미국 간 교육계 왕래의 주된 통로는 중앙교육연구소와 조지피바디 사범대학교수단이었다. 이는 아마도 제3차 미국교육사절단으로 온 미국 조지피바디 사범대학의 믹스볼(B. Myksvol) 박사가 중앙교육연구소에 계속 머물면서 한국 교육학자들과 친분을 맺었기 때문일 것이다. 1950년대에 전용신, 김란수, 정원식, 백영기, 황응연 등이 미국 조지피바디 대학에서 교육학을 공부하였고, 미국의 믹스볼, 켈러시(R. Kelesy), 헤거

15 황응연의 '학교주변 환경조사' 연구 결과가 각의에까지 올라가 대통령령으로 학교에서부터 300미터 안에는 극장을 지을 수 없다는 규정을 만들어 내는 데 기여했다.

스톤(A. Heggerston), 헤이워드(G. Hayward) 박사 등이 중앙교육연구소에 와서 연구하였다(중앙교육연구소, 1973).

앞에서 살펴보았듯이, 1950년대와 1960년대에는 미국 진보주의 교육의 영향하에 한편으로는 학습지도법과 교육과정을 개선하려는 노력이 있었고, 다른 한편으로는 표준화 검사와 조사연구를 통하여 우리나라 교육을 과학화하려는 노력이 있었다. 그리고 이런 노력의 중심에는 미국교육사절단과 조지피바디 사범대학교수단, 그리고 우리나라 중앙교육연구소가 있었다.

2. 수업 및 평가정책의 발전기: 체제성과 합리성 제고를 위한 체제적 접근기

초등학교 교육이 보편화된 1950년대 이후 끊임없는 사회적 논란이 된 교육 문제가 바로 중학교 입시제도였다. 중학교 입시경쟁이 격화되면서 많은 사회적 문제가 발생하다가 1965학년도 중학교 입시에서 이른바 '무즙사건'이 일어났다. 1968년 4월 대한교육연합회가 연구 발표한 '중학교 무시험 전형제도'를 토대로 정부는 1968년 7월 중학교 추첨 입학을 골자로 하는 중학교 무시험 진학제도를 발표하였다. 이로 인하여 중학교 무시험 진학제도는 1969년부터 적용되기 시작하였다.

1960년대 중반부터 중학교 진학률이 상승하면서 중학교 진학생이 급증하였다.[16] 특히 1969년부터 적용된 중학교 무시험 진학제도로 인하여 학력차가 큰 학생들로 구성된 과밀학급에서 수업을 어떻게 진행

16 중학교 입시개혁 전년도인 1967학년도 초등학교 졸업자의 중학교 진학률은 전국 평균은 58%, 서울은 82%였으며, 1969학년도에는 각각 65%, 90%로 전망되었다(중앙교육연구소, 1973: 118).

할 것인가가 큰 문제로 대두되었다. 이런 수업방법 문제를 해결하기 위한 방안으로 제시된 것이 한국행동과학연구소의 완전학습이론과 한국교육개발원의 새교육체제 프로젝트였다.

완전학습(mastery learning)은 학생들이 학습할 내용을 충분히 학습하지 못하고 학습 결함을 지닌 채 다음 학년으로 진급하는 문제를 해결하기 위한 수업전략 중의 하나였다. 당시 수업상황에서 학습자 전체의 3분의 1 정도가 성공적인 학습을 하고, 나머지 3분의 2는 교육목표를 성공적으로 달성하지 못한다는 인식이 지배적이었다.

결국 학생의 3분의 2가 불충분한 학습으로 말미암아 학습결함을 지닌 채 다음 학년으로 진급하고 있다고 여겨졌다. 완전학습은 과밀학급에서 흔히 볼 수 있는 학습능력의 커다란 개인차에도 불구하고 수업받는 학생의 약 95%가 주어진 학습과제의 약 90% 이상을 완전히 습득하도록 해야 한다는 신념에 기반한 학습법이었다. 완전학습이론에 따르면, 과거에는 극히 우수한 일부 학생들만이 완전학습에 도달했기 때문에 정상분포곡선에서 시작하여 정상분포곡선에서 끝나는 교육이었다면, 완전학습은 거의 모든 학생이 완전학습에 도달하기 때문에 학습출발 시에는 정상분포곡선에서 출발하지만 학습성과 면에서는 정상분포곡선이 아닌 극히 편중된 분포, 즉 J분포를 얻게 된다고 보았다(김종서 외, 1974).

이런 완전학습이론은 블룸(B. S. Bloom)이 1968년에 캐롤(J. B. Carroll)의 학교학습모형을 근거로 하여 발전시킨 수업이론이었다. 캐롤에 의하면, 학습의 정도는 학습에 필요한 시간량(분모)에 비해 학습에 사용한 시간량(분자) 정도에 의해 결정된다. 따라서 학습에 필요한 시간량을 최소로 하고, 학습에 사용한 시간량을 적정선의 범위 안에서 최대화함으로써 대부분의 학생이 완전학습에 도달하게 할 수 있다. 블룸에 의하면 각 학생은 차시 학습으로 넘어가기 이전에 당해 수업 내용을 마스터하는 수준, 즉 90%에 통달하는 수준에 이르러야 한다. 학생이 테스트에서 마스터 수준, 즉 완전학습단계에 이르지 못하면 학습에 대해 추가적 지원을 받고 테스트를 다시 받아야 한다. 이런 순환은 학습자가 딩해 학습 내용을 통달할 때까지 이어져야 하고 통달한 후에라야 다음 단계로 나아갈 수 있다.

캐롤의 학교학습모형과 블룸의 완전학습이론을 토대로 우리나라에서 완전학습이론을 발전시킨 사람이 당시 서울대학교 김호권 교수였다. 그리고 완전학습 자료개발과 실험은 1968년 9월 사단법인으로 발족한 한국행동과학연구소[17]에서 수행하였다.

다른 한편, 우리나라 초·중등교육이 안고 있는 문제를 근본적으로 해결하기 위해서 '한국 초·중학교 교육발전사업'을 국가 정책사업으로 추진하자는 제안이 있었다. 이 제안은 플로리다주립대학의 모건(Robert Morgan) 박사 연구팀이 한국 정부에 제안한 보고서를 토대로 만들어졌다. 경제학자, 인력관계전문가, 교육행정가, 교육공학자, 교사교육전문가, 체제관리전문가, 행동과학자 7명으로 구성된 모건 박사 연구팀은 1970년 6월부터 9월까지 3개월 동안 수행한 한국의 각종 연구물과 통계자료 분석, 설문조사 실시, 교육관계자 면담 등 입체적 조사활동을 토대로 "교육 예산을 늘리지 않고도 문제점을 해소하고 양질의 교육을 제공할 수 있는 방안"(한국교육개발원, 2012: 25-26)을 보고서에 담아 제안하였다.[18] 초·중학교 교육발전사업(Elementary & Middle School Project,

17 1967년 7월에 중앙교육연구소의 적성검사연구센터로 시작되었다가 1968년 9월 사단법인으로 독립하면서 한국행동과학연구소로 개명하였다.

18 예산을 늘리지 않고도 양질의 교육을 제공하여 교육문제를 해소하기 위한 방안, 즉 콩나물 교실 문제를 해결하기 위한 방안으로 모건 박사팀이 제안한 내용은 다음과 같다. 학교에서 학생 300명의 대집단을 수업의 기본단위로 편성한다. 이 중 3분의 1인 100명을 수용하는 대교실에서는 교육방송으로 수업을 진행하고, 나머지 200명은 40명씩 5개 반으로 편성하여 소집단 토론학습 등을 수행한다. 모건의 이런 제안을 수용하기 위해서는

E-M Project)이라는 국가 프로젝트를 수행하기 위한 목적에서 1972년 8월에 한국교육개발원이 설립되었다.

한국교육개발원의 설립과 더불어 '우리나라 초·중학교 교육발전사업'은 '새교육체제를 만들기 위한 프로젝트'로 발전되었다. 1950~1960년대에 초등학교와 중학교 학교 수와 학생 수가 급증함으로써 학교교육의 타당성과 효율성 문제가 제기되었고, 그 결과 많은 학생에게서 실질적인 교육기회를 박탈하고 있다는 문제 지적이 있었다. 이런 문제를 극복하기 위해서는 새수업체제와 경영체제의 도입, 교수·학습자료의 개발 등을 포괄하는 종합적인 교육체제를 구축하여 학교현장에 투입해야 했다.

새교육체제에서 우리의 관심사는 새수업체제이다. 한국교육개발원이 구안한 새수업체제는 계획단계, 진단단계, 지도단계, 발전단계, 평가단계라는 5단계로 구성되어 있다(한국교육개발원, 1976). 1단계는 주어진 학습과제의 지도를 위해 자료개발전문가 또는 교사가 수업을 계획하는 단계, 2단계는 주어진 학습과제를 학생들이 학습할 준비가 되어 있는가를 확인하고 그에 따라 적절한 교정 조치를 취하는 진단단계, 3단계는 학생들이 수업목표에 도달할 수 있도록 집중적인 학습지도를 하는 지도단계, 4단계는 지도단계에서 이루어진 학생들의 목표성취도를 확인하고, 확인결과에 따라 필요한 학습기회를 제공해 주는 발전단계, 5단계는 주어진 학습과제에 대한 학습결과를 종합적으로 평가하는 평가단계이다. 이런 수업과정의 두드러진 특징은 "수업과정을 일련의 계속적인 의사결정과정으로 보고 그에 따른 상당한 정도의 융통성을 수업지도운영에 주고 있다"(한국교육개발원, 1976: 25)는 점이다.

첫째로 교육 방송 체제를 구축해야 하고, 둘째로 소집단 토론 학습 등 수업방법을 개선해야 한다.

새수업체제의 중요한 특징 중의 하나는 평가를 교육과정의 한 요소로 보고, 수업과 평가의 체제성과 합리성을 제고할 수 있는 '하나의 최적한 체제적 접근법'을 개발하여 전국의 학교에 보급하려는 의도를 지녔다는 점이다. 한국교육개발원의 새교육체제의 또 하나의 두드러진 특징은 텔레비전과 라디오프로그램을 교육에 활용한다는 아이디어였다. 한국교육개발원이 제작하는 교수·학습 자료에는 인쇄매체뿐만 아니라 텔레비전이나 라디오 프로그램과 같은 방송매체도 있었다. 20분 단위의 텔레비전 프로그램이 초등학교 전 교과에 걸쳐 개발되었으며, 15분 단위의 라디오 프로그램은 산수와 실과를 제외한 전 교과에 걸쳐 개발되었다.[19] 이러한 방송교육 프로그램을 운영하기 위해 한국교육개발원은 1976년 2월에 방송국 건물과 방송시설 설치를 완료하고, 1976학년도 새 학기부터 초등학교 교실에서 TV 수업을 실시할 계획이었다. 그러나 1975년 12월 TV 방송 시범수업을 진행하는 과정에서 공중에 뜬 기구를 잡아매던 쇠줄이 끊어지면서 기구가 추락하는 사고가 발생했다.[20] 이 사고로 중단된 교육방송은 1981년 2월에야 UHF(Ultra High Frequency, 극초단파) 교육방송으로 개국하였다. 이때 개국한 한국교육개발원 부설 교육방송이 오늘날 한국교육방송공사(EBS)의 전신이다.

1972년부터 시작된 한국교육개발원의 새교육체제는 1973년부터 1975년까지 4차에 걸쳐 소규모 시범운영을 했으며, 1975년부터 1981년

---

19 한국교육개발원의 본래 사업 계획에 의하면 "학생들의 1일 평균 수업시간의 3분의 1을 TV 방송 수업으로 하게 돼 있었으나 수정안에서는 6분의 1~8분의 1로 줄임으로써 TV 학습에 대한 의존도를 대폭 감소시켰다."(한국교육개발원, 2012: 50)

20 원래 교육방송은 하늘에 거대 기구를 띄운 T-COM을 이용한 독자적인 송신체계를 구축하여 활용하고자 했으나 T-COM 시스템의 실패로 결국 KBS를 활용한 방송 수업을 실시하였다.

까지 5차에 걸쳐 종합시범운영을 실시했다. 소규모 시범운영은 새교육체제의 연구개발과정에서 구안된 수업체제나 수업자료 등의 일부를 2~3개교를 대상으로 1~2개월 정도 적용하여 새교육체제의 타당성과 효율성 등을 확인하기 위한 목적에서 이루어졌다. 종합시범운영은 소규모 시범운영의 결과를 바탕으로 연구, 개발된 새교육체제를 전국적으로 여러 학교에서 6~12개월에 걸쳐 적용하여 연구하는 데 목적이 있었다. 1978년 3월부터 1979년 2월에 걸쳐 이루어진 제4차 종합시범 사업의 경우 전국에 걸쳐 18개 시범학교와 211개 협력학교에서 운영되었다(한국교육개발원, 1978). 한국행동과학연구소의 완전학습과 한국교육개발원의 새수업체제는 교육의 타당성과 효율성을 높이기 위한 목적을 분명히 하고 있었다. 1969년부터 중학교 무시험 전형제도 도입으로 한 학급 내에서 학생 간 개인차가 커서 학습지도가 어려워지자 이에 대한 해결책으로 우열반을 편성해야 한다는 주장도 있었다.[21] 그러나 당시 많은 교육학자는 우열반 편성과 같은 학급 편성 방법으로 학생 간 개인차 문제와 기초 학력 향상 문제를 해결하려고 할 것이 아니라 "교수방법 내지는 제도적인 변화를 통해서 이의 개선을 하지 않으면 안 된다"(박도순, 1971: 22)는 의견을 개진하였다. 완전학습이나 새수업체제는 1970년대부터 1980년에 걸쳐 체제적인 수업방법의 혁신을 통해서 학급 내 개인차 문제와 기초학력 향상 문제를 해결하려고 노력했던 정책이었다.

21 1969년 중학교 무시험 전형제도 도입으로 중학교에서 우열반 편성이 필요하다는 논의가 있었던 것과 마찬가지로, 1974년 고교평준화제도 도입으로 고등학교에서 우열반 편성이 필요하다는 논의가 있었다. 1982년 발표된 '고등학교 교육정상화 종합대책'에는 교과별, 능력별 반편성 방안이 포함되어 있었다. 주요 내용으로는 첫째, 시·도별로 시범학교 2개씩을 지정, 운영하고, 둘째, 학교 제반 여건을 고려하여 학교 자율로 운영하되, 학력 격차가 큰 국어, 영어, 수학, 과학 교과목부터 실시하도록 권장하고 있다(조명현, 1982).

3. 수업 및 평가정책의 선진화기: 수업 및 평가방법의 다양화 정책 시기

1990년대 이후 우리나라 학교수업 현장에서는 많은 변화가 일어났다. 1980년대에 개별적으로 실천되고 있었던 열린교육이 1993년부터 정부가 적극 관심을 갖게 되면서 초등학교를 중심으로 빠른 속도로 확산되었다. 1997년 12월에 제7차 교육과정이 고시되면서 수준별수업 정책을, 1999년 3월부터 선나형 평가가 갖는 타당성의 한계를 극복하고자 수행평가정책을 도입하였다. 그리고 2009년에는 교과의 성격에 충실한 수업이 가능하도록 중등학교에 교과교실제정책을, 2013년에는 학생의 꿈과 끼를 길러 주고자 중학교에 자유학기제정책을 도입하였다. 이처럼 1990년대에는 열린교육, 수준별수업, 그리고 수행평가가, 2000년대에는 교과교실제와 자유학기제가 정부의 정책으로 공식 채택되면서 학교 현장에 많은 변화를 초래하였다.

이 중에서 가장 먼저 등장한 것이 열린교육이다. 우리나라의 열린교육은 일반적으로 1986년에 사립학교인 서울 운현초등학교와 영훈초등학교에서 시작된 것으로 간주된다. 1989년에는 공립학교인 경기도 평택 안중초등학교가 열린교육을 시행하면서 열린교육은 공사립 초등학교를 망라하여 전국적으로 확산되었다. 특히 1993년에 교육부가 열린교육을 적극 권장하면서 전국적으로 열린교육 붐이 일어났다.

열린교육은 종래의 경직된 교육운영이나 일제식 수업의 틀을 깨고 다양한 대안을 찾자는 교육운동이었다. 한국교육개발원(1996)의 『열린교육 현장연구』 보고서에서는 열린교육의 지양점과 지향점을 다음과 같이 정리하고 있다. 열린교육은 ① 획일성, ② 기계적 학습, ③ 권위주의적 교사 주도식 교육, ④ 타율적 통제식 훈련, ⑤ 학습기회의 불평등성을 지양한다. 또한 열린교육은 ① 학습자의 인격적 존엄성에 대한 엄숙한 태도를 바탕으로 하고, ② 총체적 성장을 겨냥하며, ③ 개별성의 개념을 실질적으로 충족시키고, ④ 공동체적 삶을 경험하게 하고, ⑤ 자율성과 창조성의 성장을 적극적으로 촉구하는 것을 지향한다.

이러한 지양성과 지향성을 지닌 열린교육의 몇 가지 특징을 좀 더 구체적으로 열거하면 다음과 같다. 교육과정 영역에서 학습속도와 개인의 관심사에 대응하는 수준별 학습내용을 구성하고, 교과 간 연계이해를 돕기 위해 교과연관 교육과정을 운영한다. 단위수업시간은 40분 또는 50분으로 고정하지 않고 교육내용에 따라 2시간 연속 또는 4시간 연속 등으로 유연하게 운영한다. 학습집단구성과 수업지도는 소집단지도를 위주로 하되, 전체지도와 개별지도를 병행한다. 학습제재와 관련해서는 지적·정의적·신체동작적 경험을 총체적으로 할 수 있도록 학습지, 구체물, 활동, 실험·실습, 조사, 토론, 멀티미디어 자료 등 다양한 제재를 이용한 수업을 한다. 평가와 관련해서는 ① 개별화된 평가를 주로 하고, ② 학습결과보다는 수행과정에 대한 평가를 중시하며, ③ 지필평가보다는 수행과정에서의 관찰, 대화, 작품을 통한 평가를 주로 한다. 학교건물 및 시설은 교실 간의 교사와 학생 및 학습자료의 이동이 원활히 이루어질 수 있는 개방적인 공간을 구성한다(한국열린교육협의회, 1997).

열린교육은 특정 교육가치나 교육방법을 확산시키려는 사조나 운동이라기보다는 교육을 총체적으로 새로운 시각에서 접근하려는 실천적 노력이었다. 교육을 바라보는 새로운 패러다임이자 실천적 성격이 강한 열린교육은 우리나라 교육을 질적으로 한 단계 끌어올렸다는 평가를 받고 있다. 특히 열린교육은 정부나 교육이론가가 주도한 '위로부터 시작된(top-down) 운동'이라기보다는 학교 현장에서 교사들의 자발적인 열성과 노력에 의해 출발하고 확산된 운동이라는 특징을 지녔다.

이런 열린교육은 초등학교 교육에 많은 변화를 가져왔지만, 교과담임제가 존재하는 중등학교 교육에는 그다지 큰 변화를 가져오지 못했다. 게다가 1993년 이래로 정부가 열린교육에 개입하게 되면서 열린교육은 전국적으로 빠른 속도로 확산되기는 했지만, 확산 과정에서 형식만을 흉내 내는 현상 등 많은 부작용이 발생하면서 2000년대 초반에 열린교육은 급속히 쇠퇴하게 되었다.

다른 한편, 김영삼정부의 교육개혁위원회의 5·31 교육개혁안에 근거해 개정된 제7차 교육과정은 수준별 교육과정 편성을 주된 특징으로 제시하였다. 수준별 교육과정은 '학생의 학업 성취 수준, 관심, 흥미, 적성, 진로 등에 따라 교육 내용을 달리하는'(김재춘, 1999: 28) 교육과정을 말한다. 제7차 교육과정에서 수학과 영어는 단계형 수준별 교육과정을 국어, 사회, 과학은 심화보충형 수준별 교육과정을 편성하도록 했다. 특별히 중등학교의 수학과 영어의 경우 수준별 이동수업을 위해 학생들의 수준별 반편성을 권장하였다.

1997년 12월에 제7차 교육과정이 고시되자 정부는 중등학교에서 수준별수업을 우선적으로 실시하도록 권장하였다. 그 결과 제6차 교육과정이 적용 중인 1998년부터 많은 중등학교에서 수준별 이동수업을 실시하기 시작하였다(조난심 외, 1998). 수준별 이동수업은 학생들이 주로 수학과 영어 시간에 자기 수준에 맞는 교실로 찾아가 수업에 참여하는 방식을 일컫는다. 수준별 반은 대체로 2~3개 수준으로 편성되었다. 학생들의 수준에 따라 서로 다른 교육 내용과 방법을 활용할 것이 권장되었기 때문에 교사들은 수준별수업을 위해 많은 준비를 해야만 했다. 열린교육으로 초등학교 수업에 많은 변화가 일어났다면, 수준별 이동수업으로 중등학교 수업에 많은 변화가 일어났다.

2001년부터 제7차 교육과정이 중등학교에 적용되기 시작하면서 수학과 영어의 수준별 이동수업은 더욱 다양한 방식으로 운영되었다.

수준별 이동수업과 관련하여 제기된 문제들을 해결하는 과정에서 여러 개선 방안이 마련되었다. 그중 대표적인 것이 수준별 반편성 방식과 평가방식의 개선방안 등이다(김재춘, 2011). 먼저, 수준별 반편성과 관련된 문제부터 살펴보자. 수학 또는 영어를 상·중·하반으로 편성할 경우 하반을 가르치는 것이 어렵다는 지적이 많았다. 이 문제를 해결하기 위해 교육부는 수업 경험이 많은 중견 교사를 하반에 우선적으로 배치하도록 권장하였다. 그러나 하반을 대상으로 수업하는 어려움은 우수한 학생들로 구성된 상반을 대상으로 수업하는 것과 비교하기 어려울 정도였다. 이 문제를 해결하기 위해 하반의 학생 수를 대폭 줄여주는 'n+1 학급 편성법'을 도입했다. n+1 학급 편성법이란 n개의 학급을 n+1개의 수준별 반으로 편성하는 방안을 일컫는다. 2개 학급을 3개 수준별 반으로 편성한다거나 3개 학급을 4개 수준별 반으로 편성하는 방식이다. 예컨대, 35명으로 편성된 3개 학급을 4개 수준별 반으로 편성할 경우 상반인 1반은 35명으로, 중반인 2반과 3반은 30명으로, 그리고 하반인 4반은 10명으로 편성한다. 그러나 이런 n+1 학급 편성 방안은 원래 학급 수보다 수준별 반수가 1개 더 늘어나기 때문에 추가 교실과 추가 교사를 필요로 했다. 이런 제약 요건 때문에 n+1 학급 편성은 여유 교실이 있는 학교에 정부나 교육청이 추가 강사의 강사료를 지원하는 방식으로 이루어졌다.

다음으로 수준별수업에서 평가와 관련된 문제를 살펴보자. 수준별 이동수업과 관련하여 제기된 또 다른 문제는 가르치는 내용과 평가하는 내용의 괴리 문제였다. 학교에서 가르치는 내용을 중심으로 평가하는 것은 교육의 기본 원칙에 속한다. 그러나 수준별 이동수업에서는 가르친 내용을 중심으로 평가하기가 쉽지 않았다. 상반은 기본내용과 심화내용을, 중반은 기본내용을, 하반은 기본내용 중 최소한의 핵심내용과 보충내용을 중심으로 수업한다. 상·중·하반에 편성된 학생들의 역량 차이 때문에 서로 다른 내용의 수업을 할 수밖에 없다. 수준별 이동수업 초기에는 기본내용을 중심으로 평가하되, 상반의 심화내용에서도 10~20% 정도, 하반의 보충내용에서도 10~20% 정도 출제하는 방안을 권장했다. 그러나 여전히 가르치는 내용과 평가하는 내용의 괴리 문제는 해결될 수 없었고, 특히 내신성적이 상급학교 진학에 중요한 고등학교에서는 중·하반의 학생들은 배우지 못한 내용을 시험 보아야 한다는 불만이 많았다. 이런 문제를 해결하기 위한 방안으로 '수준별 세트 문항' 또는 '수준별 문항 꾸러미'도 등장했다. 수준별 세트 문항이란 동일한 문제 영역에서 수준과 배점이 다른 3개의 문항을 한 세트로 만들어 출제한 다음, 학생들이 자신의 수준에 맞는 문항을 선택하여 풀게 하는 방식이다. 예컨대, 2차 함수의 근을 구하는 것과 관련하여 저난도의 3점짜리 문제, 중난도의 4점짜리 문제, 고난도의 5점짜리 문제를 세트로 제시한 다음, 학생이 스스로 선택한 난도의 문제를 풀도록 하는 방식이다. 수준별 세트 문항을 활용하는 평가방식은 한 문항만 출제하는 대신 3개의 문항으로 구성된 세트 문항을 출제해야 하는 교사의 부담 증가, 각 문항의 수준별 난도와 배점의 적절성 문제, 문항 선택에서 발생할 수 있는 우연성의 문제 등으로 인하여 일부 학교에서만 부분적으로 실행되었다.

학교에서 수업을 개선하려는 노력은 열린교육과 수준별수업에 이어 2000년대에 들어와 교과교실제정책으로 이어졌다. 2007년에 서울시교육청은 일부 학교에서 자체적으로 시행하고 있었던 교과교실제 운영을 교육청 특별사업으로 발전시키기 위한 정책연구를 실시하였고, 2008년부터 교과교실제 연구학교를 시범운영하였다(김재춘 외, 2009). 2008년에 출범한 이명박정부는 교과교실제를 정부의 교육정책으로 지정하고 교과교실제 예산을 파격적으로 지원하였다.

교과교실제란 교과 전용교실을 만들고, 학생이 수업받을 각 교과

교실로 이동하여 수업을 듣도록 교실을 활용하는 정책이다. 교과교실제를 성공적으로 운영하기 위해서는 ① 교과교실의 구축이라는 하드웨어적 변화, ② 교육과정 편성과 수업 운영에 탄력성을 부여하는 소프트웨어적 변화, ③ 교과교실로 찾아오는 학생들을 맞이하여 교과의 성격에 맞게 수업하는 교사의 휴먼웨어(humanware)적 변화가 요청된다. 여기서 알 수 있듯이, 교과교실제 운영을 위한 첫 단계가 교과교실의 구축이다. 그러나 모든 교과의 교과교실을 구축하여 운영할 경우 행정학급을 운영할 경우보다 약 1.5배 정도 많은 교실이 요구된다. 이런 연유로 정부는 교과교실제를 전면적으로 도입하는 '선진형 교과교실제'와 국어·영어·수학 등 수준별 이동수업이 필요한 일부 교과에서만 교과교실제를 도입하는 '부분적 교과교실제'를 구분하여 운영하도록 하였다(김재춘 외, 2009).

교과교실제정책이 수업에 끼친 영향은 크게 두 가지로 정리할 수 있다. 첫째, 교수·학습 자료와 교수·학습 방법을 다양하게 활용하는 수업을 가능하게 하였다. 둘째, 블록타임(block time)을 편성하여 심층적인 학습과 집중이수를 가능하게 하였다. 이들 각각을 좀 더 자세히 살펴보면 다음과 같다.

교과교실은 한 교실에서 모든 교과 수업이 이루어지는 행정학급과는 달리, 특정 교과의 수업만이 이루어지는 곳이다. 따라서 교과교실은 해당 교과의 성격에 맞는 책걸상 배치, 다양한 교수·학습 자료의 구비, 다양한 교수·학습 방법의 활용, 학생의 수업 결과물의 보관 및 활용 등이 용이해진다. 예컨대, 사회과 수업에서 소집단 토론학습이 가능하도록 배치된 책걸상에서, 선배들의 수업 결과물을 참조하면서, 소집단별로 배치된 컴퓨터를 통한 검색 작업을 하는 수업이 가능하다. 실제로 교과교실에서 교사들은 다양한 교수·학습 자료와 다양한 교수·학습 방법을 활용하는 것으로 나타났다.

교과교실제의 또 다른 특징은 블록타임 편성을 통한 수업의 변화이다. 블록타임은 영어의 블록스케줄링(block scheduling)의 한국어 표현으로, 45분이나 50분 단위로 쪼개진 수업시간을 90분, 100분, 120분, 180분 등 대단위로 편성하는 것을 일컫는다.[22] 학생들이 교과교실로 이동하여 수업에 참여하는 교과교실제에서는 45분이나 50분 단위 수업을 진행할 경우 학생들이 하루에 예닐곱 차례 이동해야 하는 문제가 발생한다(김재춘, 2010). 게다가 다양한 교수·학습 자료와 방법을 활용하는 수업을 45분이나 50분 단위로 실시하기가 쉽지 않기 때문에 심층적인 학습이 가능하도록 수업 단위 시간을 늘려야 한다는 지적이 있었다. 그 결과 전면적으로 교과교실제를 운영하는 학교에서는 90분이나 100분 단위로 블록타임을 편성하여 한편으로는 학생의 잦은 이동으로 인한 피로도를 줄여 주고, 다른 한편으로는 다양한 교수·학습 자료와 방법을 활용한 심층학습이 가능하도록 하였다.

열린교육, 수준별수업, 교과교실제 등의 흐름 속에서 2013년에 등장한 박근혜정부는 미래사회에서 요구되는 창의적인 인재를 육성하기 위한 목적에서 파격적인 실험을 시작하였다. 시험 준비를 위한 교수·학습에서 벗어나(free from) 자신만의 꿈과 끼를 탐색하는(free to) '자유학기제'정책을 도입하였다. 중학교에서 한 학기 동안 진행되는 자유학기제는 ① 학생이 적극적으로 참여하는 수업 권장, ② 학생의 꿈과 끼를 탐색할 수 있는 다양한 선택활동 제공, ③ 직장에서 진로체험 기회 제공이라는 특징을 지닌다. 이를 좀 더 구체적으로 설명하면, 자유학기제정책은 ① 주요 교과 중심으로 편성된 오전 수업에서는 조사, 토

22 블록타임은 1980년대 후반 미국에서 등장한 것으로 오전 4시간을 통째로 한 블록으로 편성하여 한 교과의 수업을 하기도 했으나 점차로 70분에서 100분 단위 블록으로 수업시간을 편성하는 방식으로 발전되었다.

론, 발표, 실험실습 등이 포함되는 거꾸로 학습, 문제해결학습, 프로젝트 수업 등을 강조하고, ② 오후 수업에서는 예체능활동, 클럽활동, 각종 현안 등 사회적 관심사와 연계된 주제학습활동 등을 권장하며, ③ 직업 현장을 직접 방문하여 체험하는 진로체험활동을 포함한 진로교육 강화를 추구한다. 이런 활동들이 활발하게 이루어질 수 있도록 자유학기제를 운영하는 학기에는 중간·기말고사와 같은 지필평가를 폐지하고, 학교생활기록부에도 석차나 등급 대신 학생의 참여활동과 실적을 서술식으로 기술하도록 하였다.

2013년에 42개 연구학교에 도입된 자유학기제는 2014년에는 811개 학교, 2015년에는 2,551개 학교에 도입되었고, 2016년에는 3,204개 모든 중학교에 적용되었다. 그리고 2016년에는 자유학기제의 수업 방식 등을 중학교의 다른 학기나 학년에도 적용하는 연계형 연구학교(80개)를 운영하고 있다. 열린교육을 계기로 초등학교 수업이 획기적으로 바뀌었듯이, 자유학기제를 계기로 중학교 수업이 획기적으로 바뀌고 있다.

지금까지 1990년대 이후에 등장한 수업정책의 변화를 열린교육, 수준별수업, 교과교실제, 자유학기제 중심으로 살펴보았다. 이러한 정책들은 단순히 수업 변화만을 시도한 정책이라기보다는 평가방식의 변화도 포함하고 있는 수업정책이었다. 특별히 열린교육과 자유학기제정책은 신뢰성과 객관성을 강조하는 기존의 선다형 평가보다 학생들의 수업참여과정에서 드러나는 다양한 변화를 얼마나 타당하게 평가하느냐를 중시하였다. 요컨대 1990년대 이후 등장한 열린교육, 수준별수업, 교과교실제, 자유학기제 등의 수업정책은 수행평가정책을 적극적으로 요청했거나 수행평가정책의 토대 위에서 가능했다고 볼 수 있다.

그렇다면 수행평가정책은 우리나라에 언제 어떻게 등장했는가? 수행평가는 1996년에 국립교육평가원의 『수행평가의 이론과 실제』 책자 발간과 더불어 우리나라에 본격적으로 소개되었다. 그리고 이듬해인 1997년에 서울시 교육청에서 초등학교에 수행평가를 처음 도입하였다. 1998년 10월에 교육부가 국가의 공식적인 교육정책으로 수행평가 정책 도입을 결정했고, 1999년 3월부터 전국적으로 수행평가가 적용되기 시작했다(서지영 외, 2010). 수행평가는 객관식 위주의 평가에서 벗어나 학생의 능력이나 성취 정도를 보다 정확하고 진실하게 접근하려는 평가방식으로, 교육의 목표, 내용, 방법, 평가 등이 유기적으로 관련되어 이루어질 수 있다는 점 때문에 학교교육의 정상화를 위해서도 가장 구체적이고 효율적인 방법으로 간주되었다(허경철, 1999).

수행평가는 평가의 타당성 제고, 즉 평가하고자 하는 것을 제대로 측정할 수 있도록 유도하기 위한 평가로 간주되었다. 그러나 수행평가를 지나치게 빠르게 보급하려는 의도에서 교육부는 1999년에 개정된 '학교생활기록부 전산처리 및 관리 지침' 훈령에서 수행평가를 '선택형 지필평가 외의 다른 모든 평가방법'으로 규정하였다. 즉, 수행평가가 어떤 종류의 평가인가를 적극적으로 규정하는 대신에 이른바 객관식 평가를 제외한 기존의 모든 평가가 수행평가라는 방식으로 지나치게 소극적으로 규정하였다. 그 결과 선다형 문항만 아니면 완성형이나 단답형까지도 모두 수행평가라는 인식이 널리 퍼지게 되었다.

2000년대 들어서도 수행평가가 계속해서 정부의 주요 교육정책으로 강조되면서 학교교육에 많은 변화를 가져왔다. 선다형 문항을 주로 사용한 중간·기말고사 외에도 다양한 유형의 수행평가를 수시로 실시함으로써 우리나라 교실 수업과 평가를 개선하는 데 큰 기여를 했다. 그러나 수행평가에 대한 잘못된 인식, 정책 시행의 조급성과 부적절성, 그리고 교사의 평가 전문성과 객관성 등에 대한 신뢰 부족 등으로 수행평가정책은 실행과정에서 많은 어려움을 겪었다(서지영 외, 2010). 수행평가에 대한 잘못된 인식의 대표적인 예로 첫째는 수행평가는 선다형이 아닌 다른 모든 평가방법을 의미하기 때문에 단답형이나 완성형 문항 정도로 수행평가가 이루어진다고 생각하는 경우가 있으며, 둘째는 수행평가는 과정을 강조하는 평가라는 생각에서 형성평가나 수행 중간 과정을 점검하는 평가로 생각하는 경우가 많았다. 정책 시행의 조급성과 부적절성의 예로는 ① 모든 과목, 모든 상황에서 수행평가를 반드시 실시하도록 하는 방안이나 ② 수행평가를 일정 횟수나 일정 비율 이상 반드시 실시하는 방안 등이 있었다. 교사의 평가 전문성과 객관성 등에 대한 신뢰 부족을 촉발시킨 예로는 학생들이 집에서 (다른 사람의 도움을 받아) 해 온 과제에 대해 점수를 매기는 방식의 수행평가를 실시하거나 학생들의 수업 참여 태도나 노트 필기 점검 등을 수행평가 점수에 반영하는 사례 등이 있었다. 이처럼 수행평가의 적절성과 신뢰성 문제가 제기되자 수행평가는 교육이나 평가의 본질에 부합하는 방식보다는 평가의 객관성 시비에서 비교적 자유로우며 채점 등 성적 처리가 쉬운 평가방식 위주로 실시하게 되었다. 요컨대 타당성 제고를 위해 도입된 수행평가가 신뢰성 위기를 맞아 평가의 객관성을 강조하는 모순에 처하게 되었다. 수행평가가 우리 교육의 문제를 해결하고 혁신하는 데 기여하도록 하기 위해서는 이러한 모순을 해결하는 방안을 찾는 것이 무엇보다 중요해 보인다.

4. 수업 및 평가정책에 대한 논의

해방 이후 우리나라 수업 및 평가정책은 몇 차례의 중요한 변천과정을 겪었다. 태동기인 첫 번째 단계는 수업과 평가 활동의 초석을 놓는 과학화 단계로 1950년대와 1960년대에 해당한다. 발전기인 두 번째 단계는 수업과 평가활동의 체계성과 합리성을 제고하려는 체계적 접근

단계로 1970년대와 1980년대에 해당한다. 선진화기인 세 번째 단계는 수업과 평가활동을 획일화 또는 규격화에서 벗어나 학생 집단별 또는 개인별 특성에 부합하게 실시하려는 다양화 단계로 1990년대 이후에 해당한다.

먼저 해방 이후 70년간의 수업과 평가정책의 변천과정을 살펴보자. 1950년대와 1960년대에 해당하는 태동기에는 국가 차원에서 이렇다 할 만한 수업 또는 평가정책 자체가 없었다. 1940년대 후반에 미국의 영향하에서 진보주의 수업방법을 도입하려는 새교육운동을 시도했지만 교육과정을 비롯한 교육지원 체제가 미비하여 수업의 근본적인 변화를 촉발시키기가 쉽지 않았다. 따라서 새교육운동에 대한 관심은 국가 교육과정을 제정하는 쪽으로 옮겨 갔다. 이런 노력의 결과로 1950년대 중반에 국가 교육과정이 제정되었지만, 불행히도 제1차 교육과정은 교과중심 교육의 성격이 강했다. 달리 말하면, 당시 수업방법은 미국의 영향으로 진보주의 수업방법이 주로 소개되었지만, 제정된 국가 교육과정은 한국의 전통적인 교육관이 반영된 교과중심 교육의 성격이 강하여 수업과 교육과정이 잘 연계되지 못했다. 이런 상황에서 1950년대 중반부터 1960년대에 걸쳐 한국식 교육을 모색하면서 이른바 교육평가·교육측정과 조사연구를 중시하는 과학화시대가 도래하였다. 1960년대 초반에 국가 교육과정이 개정되어 제2차 교육과정이 등장하면서 경험중심 교육과정의 성격을 띠게 되었고, 교육과정과 수업방법이 비로소 일치하게 되었다.

1970년대와 1980년대에 해당하는 정책 발전기에는 수업과 평가에 대한 체제적인 접근을 통해 이른바 체제성과 합리성을 제고한 최적의 수업 및 평가방법을 마련하여 전국적으로 보급하려는 노력이 있었다. 이러한 국가 프로젝트를 전문적으로 수행할 기관으로 한국교육개발원을 설립하였으며, 개발된 수업 및 평가방법을 효과적으로 보급한 수단으로 교육방송을 계획하였다. 한국교육개발원이 구안하여 전국에 보급할 새수업체제는 계획단계, 진단단계, 지도단계, 발전단계, 평가단계로 구성되어 있었다. 이처럼 이른바 합리적이고 체계화된 새수업체제는 당시 학교 수와 학생 수의 급팽창에 따른 수업 표준화의 필요성, 그리고 교사의 급증에 따른 수업방법에 대한 교원연수의 효율화 등을 목적으로 등장했다고 볼 수 있다.

1990년대 이후에 해당하는 수업과 평가정책의 선진화기는 수업 및 평가의 표준화를 넘어 학생 집단별 또는 개인별 특성에 맞는 수업 및 평가방법을 마련하려는 질적 개선을 위한 노력에 해당한다. 열린교육은 정책 발전기의 최적 표준화된 수업 및 평가방법을 넘어서려는 노력으로 볼 수 있다. 수준별수업은 학생에게 제공하던 획일화된 수업내용과 방법을 학생 집단별 학습능력에 맞는 수업내용과 방법으로 대체하려는 노력으로 해석할 수 있다. 또한 교과교실제는 획일적인 교실환경에서 기계적인 시간 구획에 따라 이루어지던 수업을 각 교과의 특성에 맞게 구축된 교과교실에서 교과내용의 특성에 맞는 시간 구획을 통한 수업을 제공하려는 노력으로 해석할 수 있다. 자유학기제는 중간·기말고사로 대표되는 선다형 시험 때문에 의미 있는 수업을 수행하기가 쉽지 않고, 학생들의 다양한 꿈과 끼를 살려 줄 수 있는 교육을 수행하기가 쉽지 않은 상황을 개선하고자 교육과정, 수업, 평가를 총체적으로 변화시키려는 노력으로 해석할 수 있다.

이렇게 볼 때, 해방 이후 우리나라 수업정책은 ① 진보주의 수업방법을 확산시키려는 새교육운동과 이를 가능하게 해 줄 토대로서 국가 교육과정의 제정단계, ② 급팽창하는 학교, 교사, 학생들에게 통일성을 제공해 줄 표준화된 수업체제의 보급단계, ③ 획일성을 벗어나 학생 집단별 또는 개인별 특성을 존중해 주는 다양한 수업방법의 시도 단계로 발전해 왔다. 여기서 두 번째 단계는 양적으로 급팽창하는 학교, 교사, 학생들에게 최적의 표준화된 수업모형을 제공하여 통일된 교육목표를 달성하는 것을 우선적으로 추구하는 단계였다면, 세 번째 단계는 이미 표준화된 수업으로는 달성하기 어려운, 학생 집단별 또는 개인별 특성에 부합하는 다양한 수업방법을 도입하려는 질적 개선을 우선적으로 추구하는 단계이다. 그러나 세 번째 단계에서 추구하는 다양한 수업방법의 활용은 아직 충분히 성공적이라고 평가하기가 쉽지 않다. 그 이유는, 특히 수준별 평가에서 잘 보여 주듯이, 수준별 집단에 따른 수업 내용과 방법의 다양화에도 불구하고 평가는 동일하게 할 수밖에 없는 우리 교육체제의 한계 때문이다. 자유학기제 사례가 적극적으로 보여 주었듯이 진정으로 학생의 꿈과 끼를 살려 주는 수업을 하기 위해서는 표준화된 중간·기말고사를 폐지해야만 했다.

해방 이후 지난 70년 동안 수업영역에서는 학생 집단별 또는 개인별 특성에 부합하는 수업방법을 도입하려는 시도가 다양하게 이루어져 왔던 반면에, 평가영역에서는 이런 변화가 상대적으로 많이 이루어지지 않았다. 그리고 그런 만큼 평가방법의 개선도 많이 이루어지지 않았다.

평가정책의 태동기에 해당하는 1950년대와 1960년대는 교과별 표준화된 검사가 평가를 대신하였던 시기였다. 교과별 표준화 검사는 지역별, 학교별로 학생의 수준이 상대적으로 어느 정도인가를 객관적으로 파악하게 해 준다는 장점이 있다. 그러나 이런 표준화 검사는 설정된 교육 목적의 달성 정도를 평가하려는 타일러(R. Tyler)의 평가 관점에 따르면 진정한 의미의 교육적 평가라고 보기 어렵다.

평가정책의 발전기에 해당하는 1970년대와 1980년대에는 교육의 과정에서 수업과 평가를 연계시키는 체제적 접근을 강화하고자 노력하였다. 1970년대에 유행하였던 완전학습이 보여 주듯이, 평가는 교육과정의 한 요소로 들어왔으며, 태동기에 이루어졌던 규준에 근거한 평가, 즉 상대평가와는 달리 학생들 간의 성취도 차이는 학습에 소요되는 시간의 차이에 불과한, 그래서 학습시간만 충분히 주어진다면 대부분 학생이 학습 목표 달성이 가능한 것으로 이해되었다.

평가정책의 선진화기에 해당하는 1990년대 이후에는 교과내용, 학생집단, 학습방법 등에 따라 다른 평가방법을 활용하는 것의 필요성과 중요성이 정책에 반영되었다. 그러나 상급학교 진학에 사용할 이른바 '객관적'이고 '공정한' 내신성적 산출의 필요성 때문에 평가의 다양화는 매우 제한된 방식으로 이루어질 수밖에 없었다. 1990년대 이후에 전개된 수업방법의 개선 노력, 예컨대 열린교육, 수준별수업, 교과교실제정책 등은 수행평가를 포함한 다양한 평가방안의 활용을 전제하지만, 수행평가가 도입된 지 20여 년이 된 2016년 현시점에서도 수행평가는 여전히 신뢰성과 공정성을 충분히 인정받지 못하면서 제한적으로 실행될 수밖에 없는 상황이다. 자유학기제가 역설적으로 보여주듯이, 객관적인 내신성적을 산출하기 위한 근거로 작용하는 중간·기말고사를 폐지해야만 진정으로 의미 있는 학생들의 참여수업, 꿈과 끼를 키워 줄 수 있는 다양한 선택 프로그램 운영, 그리고 진로체험교육 등을 수행할 수 있다. 따라서 우리는 이른바 신뢰성과 객관성이 높은 점수나 등급을 제공하는 근거로 작용하는 일제식 시험, 즉 선다형 시험을 폐지하는 문제를 심각하게 검토할 필요가 있다. 왜냐하면 이런 방식의 평가를 폐지하지 않고서는 의미 있는 수업 개선은 요원하기 때문이다.

V. 유아교육정책

해방 이후 지난 70년 동안 우리나라 유아교육정책은 많은 변천을 겪었다. 1950년대에 초등학교 무상교육을 실현한 정부는 1960년대에 들어서야 '유치원시설기준령'과 '유치원교육과정령'을 제정하였다. 고등학교 교육이 보편화된 1990년대에 들어서야 정부는 유아교육의 공교육화를 추진하면서 '반일제' 운영 이외에도 '시간 연장제' 및 '종일제' 운영 등이 가능한 유아교육정책을 발표하였다. 그리고 2010년대에 이르러서는 유치원의 '유아교육과정'과 어린이집의 '표준보육과정'을 통합한 '누리과정'을 제정하고, 모든 유아에게 누리과정을 무상으로 제공하기 시작하였다.

1. 유아교육제도 정초기: '유치원시설기준령'과 '유치원교육과정령' 제정기

해방 직후 우리나라에는 1922년에 발표된 '조선교육령'의 유치원 규정에 따라 운영되는 165개의 유치원이 있었다.[23] 1949년에 제정된 '교육법'은 유치원을 '만 4세 이상~취학 전 유아의 교육을 담당하는 유아교육기관'으로 명시하였다. 교육기관으로 유치원의 법적 근거가 된 '교육법'에는 유치원의 목적, 목표와 교육내용이 포함되어 있었고, '교육법 시행령'에는 유치원의 보육과목으로 음악, 유희, 담화, 회화, 수기 5개 항목

23 우리나라에 최초로 설립된 유치원은 1888년에 세워진 '원산유치원'이지만, 한국인을 위해 설립된 유치원이 아니라 재류 일본인을 위해 설립된 유치원이었다. 한국인을 위한 최초의 유치원은 1914년에 미국인 선교사 브라운리(Charlotte Brownlee)가 설립한 '이화유치원'이다. 이런 이유로 우리나라 유치원의 시작을 이화유치원으로 보는 견해가 많다(이상금, 1987; 김희정, 2001; 이윤진, 2006).

이 제시되어 있었다. 그러나 유치원은 해방 이후 6-3-3-4제라는 우리나라 기간 학제에는 포함되지 않았다. 이런 상황에서 1950년대에 대부분의 유치원은 체계적인 교육과정도 없이 오락 및 보호기능, 초등학교 입학준비 등의 활동을 주로 실시했다.

초등학교의 '의무교육완성 6개년계획'을 통해 초등교육이 보편화된 1960년대에 들어서야 우리나라 유치원 제도의 기반이 구축되기 시작하였다. 1962년에 공포된 '유치원시설기준령'은 우리나라 유치원정책의 출발점이 되었다. 1945년에 165개였던 유치원 수는 1963년에 363개로 2배 이상 늘었다. 이처럼 유치원 수는 늘어났지만, 유치원 교육에 대한 정부의 지침이 없었기 때문에 혼란이 심했다. 이런 혼란을 바로잡고 유치원 교육을 정상화하기 위해 문교부는 1969년에 '유치원교육과정령'을 제정하여 공포하였다. 이처럼 1960년대에 '유치원시설기준령'과 '유치원교육과정령'이 제정·공포됨으로써 우리나라 유치원 제도의 기반이 구축되었다.

문교부가 1969년에 공포한 '유치원교육과정령'은 우리나라 제1차 유치원 교육과정에 해당한다. 제1차 유치원 교육과정은 교육내용을 건강, 사회, 자연, 언어, 예능의 5개 영역으로 나누어 제시하였다. 국가수준의 유치원 교육과정이 도입되면서 유치원은 빠른 속도로 발전하였다. 1972년에 유치원이 531개, 원아는 2만 2,466명, 유치원 취원율은 2.4%로 늘어났다(이윤진, 2008). 유치원 교육과정의 첫 번째 개정안(즉 제2차 유치원 교육과정)이 1979년에 공포되었고, 그 이후부터 유치원 교육과정은 초·중등학교 교육과정과 동일한 시기에 동일한 주기로 개정되기 시작하였다. 그래서 제3차 유치원 교육과정은 개정된 지 2년 후인 1981년에 고시되었다. 초·중등학교 교육과정 개정과 유치원 교육과정 개정의 사이클을 맞추기 위해서였다. 제3차 유치원 교육과정에서는 제1차 유치원 교육과정 이후 '연간 200일 이상'으로 유지해 왔던 교육 일수를 '연간 180일'로 감축하였다. 1992년에 개정된 제5차 유치원 교육과정에서는 교육 영역을 건강생활, 사회생활, 표현생활, 언어생활, 탐구생활로 새롭게 구분하였다. 이런 교육 영역의 구분 방식은 2007년에 개정된 제7차 유치원 교육과정기까지 동일하게 유지되었다.

우리나라에서 취학 전 유아를 맡길 수 있는 곳은 교육기관인 유치원과 보육기관인 탁아소가 있었다. 산업화와 도시화로 인하여 임금노동자의 아동보호를 위해 등장한 탁아소는 1962년에 제정된 '아동복리법시행령'에 의해 '보호자가 노동 또는 질병 등으로 인하여 양육하여야 할 아동을 보호할 능력이 없을 경우에 보호자의 위탁을 받아 그 아동을 입소시켜 보호함을 목적으로 하는 시설'로 법제화되었다(이윤진, 2008). 1982년에 이루어진 '유아교육진흥법' 제정으로 유치원과 탁아소를 하나의 법령으로 포괄하게 되었으며, 유아교육 진흥을 위한 국가 및 지방자치단체의 의무조항이 규정되었다. 그리고 여성 단체의 보육기관 일원화 요청에 의해 1991년에는 '영유아보육법'이 제정되었다. 이전에 여러 법령에 의해 산재되어 있었던 탁아시설(아동복지법), 사업장 육아시설과 시범 탁아소(남녀고용평등법), 새마을 유아원(유아교육진흥법) 등의 각종 시설들이 단일 법령 속에 통합되었다(이윤진, 2008). 이 법에 의해 모든 보육시설은 보건복지부의 관리를 받게 되었다. 이로 인해 보육기관은 보건복지부 관리하에, 유치원은 교육부 관리하에 있는 현재의 이원화된 관리체제가 확립되었다.

2. 유아교육제도 발전기: 유아교육의 공교육화 추진기

우리나라 유아교육은 고등학교 교육의 보편화가 완성되는 1990년대에 들어서야 발전의 계기를 맞게 되었다. 1990년대에 유아교육정책은 두 가지 측면에서 전환점을 맞이하였다. 첫째, 유아교육기관인 유치원의 서비스 기능 면에서 커다란 변화가 있었다. 교육부는 1994년 1월에 '유치원종일반 운영지침'을 통해 1969년에 제정된 '유치원교육과정령' 이래로 고수해 왔던 '반일제' 운영 이외에도 '시간 연장제' 및 '종일제' 운영이 가능하도록 하였다. 둘째, 김영삼 정부의 교육개혁위원회가 제안하였던 '유아교육진흥법'이 1998년 9월에 제정되었다. 이 법은 초등학교 취학 직전 1년 동안 유아에 대한 교육을 무상으로 실시한다는 원칙을 포함하였다. 그리고 '유아교육진흥법'의 제정으로 유치원은 초·중등교육법에 의해 설립·운영되는 학교로 규정되어 학교의 범주에 포함되었다.

2000년대 들어 유아교육의 공교육화 흐름이 강화되면서 2004년 1월에 '유아교육법'이 제정되었다. 이 법을 통해 유아교육 공교육체제 구축, 사립유치원에 대한 재정지원체제 확립, 유아 무상교육 지원 확대 등에 대한 법적 근거가 마련되었다(장명림, 2004). 정부는 공교육체제의 한 영역으로서 유아교육의 중요성을 인식하고, 유아교육에 대한 재정투자와 인프라 구축 등에 관심을 갖고 2009년에는 '유아교육 선진화 계획'을 발표하였다. 이때 발표된 유아교육 선진화 계획의 주요 내용은 ① 유아학비 부담 경감, ② 선진 유아교육 제도 구축, ③ 미래지향적 교육과정 운영, ④ 우수 교원 배치·활용, ⑤ 유아교육 지원체제 강화가 있었다.

3. 유아교육제도의 선진화기: 누리과정 도입과 무상교육화

2011년에 이명박정부에서는 유치원의 '유아교육과정'과 어린이집의 '표준보육과정'을 통합하여 유치원이나 어린이집을 다니는 모든 유아에게 동일한 교육과정을 제공하는 정책을 발표하였다. 유치원과 어린이집에 공통으로 적용되는 누리과정은 만 5세 유아에게는 2012년부터, 만 3~4세 유아에게는 2013년부터 적용되었다(문무경 외, 2015). 3~5세 유아를 대상으로 하는 누리과정의 도입은 두 가지 측면에서 중요한 의미를 지닌다. 첫째, 사실적으로는 일제강점기 이래로, 법제적으로는 1962년의 '아동복리법시행령' 제정 이래로 이원화되어 왔던 유아교육기관과 보육기관이 누리과정의 도입으로 '교육과정'을 통합했다는 점에서 두 기관의 통합의 출발점이라는 의미를 지닌다. 둘째, 3~5세 누리과정의 운영비를 국가가 부담하게 되었다는 점에서 유아교육의 무상교육화라는 의미를 지닌다.

누리과정의 운영을 계기로 유아교육기관과 보육기관의 통합 문제가 중요한 사회적 이슈로 등장하자 박근혜정부는 유·보통합 추진을 천명하고 유·보통합의 단계적 방안을 마련하였다. 유·보통합에서 제기된 중요한 쟁점은 무상교육을 위한 재정확보 방안과 관리기관 통합 방안이다. 이명박정부는 누리과정 재정확보 방안으로 어린이집의 누리과정 재정을 교육부의 지방교육재정교부금으로 감당하도록 하였다. 그러나 관련법과 시행령 간의 일치 여부, 각 법령의 의미 해석의 문제, 어린이집 관리기관(보건복지부와 지방자치단체)과 재정부담기관(교육부와 시·도교육청) 간의 불일치 문제 등으로 인하여 누리과정 재정확보는 2015년과 2016년 동안 심각한 사회적 갈등 문제로 부각되었다. 정부는 2016년도에 누리과정 관리기관을 통합하겠다는 계획을 세웠지만, 2017년 4월 현재도 누리과정 관리기관은 여전히 이원화된 체제를 유지하고 있다.

4. 유아교육정책에 대한 논의

우리나라에서 유아교육은 1949년에 제정된 '교육법'에서 6-3-3-4제로 표현되는 기간 학제에 포함되지 않았기 때문에 상당 기간 동안 정부의 관심 밖에 있었다. 해방 이후 1940년대와 1950년대에는 초등학교 의무교육화 논의와 더불어 초등교육의 급속한 팽창이 이루어졌다. 1960년대에는 한편으로 중학교 교육의 보편화가 추진되었고, 다른 한편으로는 유치원에 대한 제도적 정비(즉 '유치원시설기준령'과 '유치원교육과정령' 제정 등)가 이루어졌다. 그러나 오랜 기간 동안 유치원 교육의 혜택은 상대적으로 소수의 상류층만이 누릴 수 있었다. 중·하류층은 탁아소와 같은 보육기관을 주로 이용하였다. 그 결과 우리나라에는 유아교육기관과 보육기관의 이원화체제가 구축되었다.

유아교육은 오랫동안 기간 학제에 포함되지 않아, 달리 말하면 공교육체제에 편입되지 않아 정부 관심과 관리의 사각지대에 놓여 있었다. 정부의 정책적 배려를 별로 받지 못한 상황에서 유아교육은 오랫동안 사적 영역으로 남겨진 결과 유치원 간의 교육의 질, 교육비용, 교육환경의 차이가 크게 벌어졌다. 1990년대 이후 유아교육을 공교육화하려는 노력의 일환으로 공립유치원의 설립, 2000년대 들어 단설 유치원의 설립 등으로 인하여 유아교육기관의 생태계는 공립과 사립 간의 차이, 공립 내 단설 유치원과 병설 유치원 간의 차이, 고급 사립유치원과 일반 사립유치원 간의 차이 등으로 더욱 복잡해졌다.

2010년대 들어 유아교육기관과 보육기관의 교육·보육과정을 통합한 누리과정의 등장으로 유아교육기관과 보육기관의 관계는 더욱 혼란스러워졌다. 유치원만으로도 충분히 복잡한 유아교육기관과는 별도로 보육기관인 어린이집 역시 공사립 간, 민간과 가정형 간 차이로 매우 복잡한 상황이었다. 이처럼 유아교육기관과 보육기관 각각이 다양한 종류의 차이로 복잡한 문제를 지닌 상황에서 유아교육기관과 보육기관의 누리과정 통합과 무상교육화 정책까지 급하게 추진되면서 유아교육기관과 보육기관 간의 통합 문제는 출구를 찾기가 쉽지 않을 정도로 복잡하다. 그 결과 2015년 기준으로 연간 12조 원의 재정이 5세 이하 영유아의 교육·보육에 투자되고 있지만, 영유아 교육·보육 관련 이해관계자들은 현재의 상황에 만족하지 못하고 있을 뿐만 아니라 누리과정의 재정지원과 관련된 사회적 논란 또한 2년째 계속되고 있다. 영유아의 교육과 보육의 통합은 세계적인 추세일 뿐만 아니라 우리나라에서도 이제 피할 수 없는 상황이 되었다. 그러나 세계 경제의 추세적 불황과 우리나라 경제의 낮은 성장률 전망치에 근거해 볼 때 영유아 교육과 보육을 위한 재원을 획기적으로 확대하기도 쉽지 않은 상황이다. 따라서 우리는 최소한의 추가 재정 투자로 유아교육기관(유치원)과 보육기관(어린이집)의 집단 간 그리고 집단 내 차이를 극복할 수 있는 유·보통합 방안을 마련해야 하는 과제를 안고 있다. 통합은 일반적으로 상향평준화하는 방향으로 이루어지는 것이 자연스러우며, 상향평준화를 이루어 내기 위해서는 막대한 재정이 필요하다는 점을 고려한다면, 조만간 실행가능한 영유아 유·보통합 정책 방안을 만들어 내는 일은 결코 쉽지 않을 것으로 예상된다.

VI. 교육정보화정책[24]

해방 이후 우리나라 교육정보화정책의 역사는 세 단계로 구분 가능하다. 해방 이후 1980년대까지는 교육정보화정책의 태동기에 해당하며, 1996년에 에듀넷 개통으로 본격적 교육정보화 발전기를 거쳤고, 2011년

24 이 절의 초고는 충남대학교 교육학과의 천세영 교수가 작성한 것이다. 초고 내용을 대폭 보완하였기 때문에 이 글의 내용에 대한 문제나 결함이 있다면 이는 전적으로 필자의 책임임을 밝혀 둔다.

에 발표된 스마트교육정책을 계기로 교육정보화 선진화기에 들어선 것으로 볼 수 있다.

1. 교육정보화 태동기: 교육방송의 출현에서 EBS의 탄생까지

우리나라에서 교육정보화의 역사는 교육에서 방송을 활용한 1950년대 초반까지 거슬러 올라간다. 우리나라 교육방송의 시초는 한국전쟁 중에 교육이 중단되지 않도록 라디오를 통하여 전국의 모든 학교에 교육에 대한 정보와 지시를 전달한 '라디오 학교'였다. 1951년 6월에 부산에서 시작된 라디오 학교는 KBS가 교사를 대상으로 매일 15분씩 방송하였다. 초등학생을 위한 교육방송은 1956년 5월에 처음 시작하였다. 매주 월, 수, 금 3일간 국어, 사회, 음악 세 과목을 오전과 오후로 나누어 주 6회 실시하였다(한국학중앙연구원, 2008).

1970년대 들어서는 라디오 방송을 활용하여 수업하는 한국방송통신대학과 방송통신고등학교를 설치하여 운영하였다. 한편으로는 부족한 학교와 교실만으로는 우리나라의 팽창하는 교육열을 수용할 수 없었기 때문에, 다른 한편으로는 주간에 일하고 야간에 공부할 수 있는 기회를 제공하기 위하여 정부는 1972년에 서울대학교 부설 방송통신대학을, 1974년에 한국교육개발원에 방송통신고등학교센터를 설치하여 운영하였다.

라디오나 TV 방송을 초·중등교육에 활용하려는 정책의 결정판은 교육방송을 전담할 한국교육개발원의 설립[25]이었다. 1972년 8월에 설

25 한국교육개발원에 교육방송이 설치되기 전까지는 중앙시청각교육원이 교육방송 프로그램을 기획, 편성, 제작하였다. 1972년 한국교육개발원이 설립되면서 한국교육개발원은 중앙시청각교육원으로부터 라디오 학교방송을 인수하였다.

립된 한국교육개발원은, 앞의 수업 및 평가 정책영역에서 살펴본 것처럼, T-COM의 실패로 1977년 12월에 교육방송 통신망 체제를 기구방식에서 지상방식으로 변경하였다. 1970년대에 한국교육개발원이 개발한 라디오 학교방송 프로그램은 KBS 라디오 방송망을 통해 방송되었으며, TV 프로그램은 녹화된 비디오 테이프를 학교에 공급하여 활용하도록 하였다.

1981년에 개국한 한국교육개발원의 교육방송[26]은 교육전담인 KBS 3TV 채널을 확보하였다. KBS 3TV를 통한 교육방송용 유·초·중·고 교육 프로그램은 한국교육개발원이, 평생교육 프로그램은 KBS가 분담하여 제작하였다. 1990년 12월에 교육방송은 KBS로부터 완전 분리되어 한국교육개발원 부설 교육방송(EBS)으로 독립하였고, 2000년에 한국교육방송공사(EBS)로 전환되어 오늘에 이르고 있다.[27] 한편, 1963년에 우리나라 최초로 설치된 이화여자대학교의 시청각교육과는 1988년에 교육공학과로 전환됨으로써 1990년대의 교육정보화 발전기를 준비하였다.

---

26 1980년 6월에 국가보위비상대책위원회는 과열과외를 해소하기 위해 KBS를 통해 고등학교 3학년과 재수생을 대상으로 국어, 영어, 수학 '텔레비전 과외' 프로그램을 제작·방송하였다. 동년 9월에 한국교육개발원은 '텔레비전 과외'를 인수하여 'TV 고교교육방송'을 실시하였다. 한국교육개발원은 입시 위주의 국어, 영어, 수학 교과 방송에서 탈피하고자 방송 교과 수를 14개로 늘렸고, 프로그램 전개방식도 학교교육의 보충 형식으로 전환하였다.

27 교육방송의 역사와 관련한 내용은 한국학중앙연구원(2008)의 『한국민족문화대백과사전』, 한국교육개발원(2012)의 『한국교육의 싱크탱크, 백년대계를 디자인하다』 등을 참조하여 작성한 것이다.

2. 교육정보화 발전기: 초고속정보통신시대의 개막과 에듀넷의 시작

우리나라의 교육정보화 발전기는 윈도우 95로 상징되는 본격적인 초고속정보통신시대의 개막과 더불어 시작되었다. “산업화는 늦었지만 정보화는 앞서자”라는 국가비전하에 국가 전 영역에서 정보화가 진행되었으며, 교육정보화는 그 선두에 있었다. 교육 전반에 걸쳐 이뤄 낸 교육정보화의 성과는 국내뿐만 아니라 국외에서도 우수사례로 널리 인정받았다. 교육정보화 발전기는 다시 1단계(1996~2000), 2단계(2001~2005), 3단계(2006~2010)로 구분될 수 있다(교육부·한국교육학술정보원, 2015).

1단계 교육정보화기(1996~2000)는 교육정보화 사업 추진체제, 안정적인 인프라 및 제도적 기반이 마련되는 시기였다. 1996년에 한국교육개발원 부설 멀티미디어교육연구센터와 한국학술진흥재단 부설 첨단학술정보센터를 설립했으며, 1999년에는 두 기관을 통합해 한국교육학술정보원(KERIS)을 설립하는 등 교육·학술정보화 추진을 위한 전담 조직을 정비하고 교육정보화 추진 기반을 갖추었다. 이러한 인프라를 기반으로 핵심적 교육정보서비스시스템이 개통되고 위성 교육방송이 개국했다.

1996년에 모든 교실을 인터넷으로 연결하는 ‘1교실 1인터넷 PC’ 정책의 시행과 더불어 멀티미디어교수학습자료망인 에듀넷(Edunet)이 개통되었다. 에듀넷은 교육정보화를 통해 유·초·중등학교 교수·학습 자료와 교육환경, 교육방법 등을 획기적으로 개선시킨 것으로 평가된다. 대학과 평생교육 분야에서도 언제 어디서나 정보를 공유하고 학습할 수 있는 제도와 시스템이 구축되었다. 1998년에 학술연구정보서비스(RISS)가 개통되어 국가적 규모의 디지털도서서비스가 가능해졌으며, 같은 해 사이버대학 제도 또한 도입함으로써 기존의 한국방송통신대학교와 함께 고등교육 분야에서의 본격적인 정보화시대가 열렸다.

2단계 교육정보화기(2001~2005)는 EBS 수능강의와 사이버가정학습 등 교육정보서비스의 고도화가 이루어진 시기였다. 2004년에 시작된 EBS 위성방송 수능강의와 무료 인터넷 서비스는 이러닝(e-learning)에 대한 사회적 인식을 널리 확산시켰으며, 사교육비 경감 등 각종 교육 현안에 대한 돌파구를 마련하였다. 이 시기(2004)의 또 다른 대표적 성과로는 국가교육행정정보시스템인 NEIS(National Education Information System)의 개통이 있었다. NEIS 도입과정에서는 정보인권 문제를 둘러싼 갈등도 있었으나 이후 안정화 과정을 거치면서 교무·학사에서 일반 업무에 이르기까지 초·중등학교 교육행정을 전면 전산화함으로써 투명성과 효율성을 높였을 뿐만 아니라 교육정보화 문화 확산에도 큰 기여를 하였다.

3단계 교육정보화기(2006~2010)는 전 국민의 지식창출 및 학습역량 강화로 이러닝 기반의 교수·학습체제를 고도화하고, 교원의 전문성 신장 등을 통해 학교 현장에 내재화된 현장 중심의 교육정보화 노력이 본격 궤도에 오르는 시기였다. 유비쿼터스 컴퓨팅 기술이 진보함에 따라 이를 교실 현장에 접목하기 위해 유러닝(u-learning) 시범학교를 운영하고 디지털 교과서 상용화를 위한 제반 사업을 전개했다.

3. 교육정보화 선진화기: 스마트교육정책의 탄생

우리나라의 교육정보화 선진화기는 2011년에 발표된 '스마트교육 추진전략'을 기점으로 시작된 것으로 볼 수 있다. 스마트교육 추진 전략은 1987년부터 추진해 왔던 교육정보화정책의 연장선에서 그 성과를 바탕으로 탄생되었다. 스마트교육 추진전략의 핵심적인 내용은 인프라보다는 소프트파워 육성 중심의 정책과 디지털 학습·연구 생태계 구축이었다. '스마트교육을 통한 교실혁명'이라는 비전하에 수립된 스마트교육정책은 다음과 같은 5개 과제 영역을 설정하였다. ① 디지털 교과서 개발 적용, ② 온라인 수업 및 평가 제도 도입, ③ 교육콘텐츠의 자유로운 이용을 위한 저작권 제도 개선, ④ 교사의 스마트교육 실천역량 강화, ⑤ 모든 학교에 무선인터넷 환경 조성(클라우드 기반 교육서비스 구축)이다.

스마트교육 추진전략에 포함된 핵심 정책의 하나는 2015년부터 초·중·고 모든 학교에 디지털 교과서를 전면적으로 도입하겠다는 정책 방안이었다. 종이 교과서를 대체하는 디지털 교과서를 도입하겠다는 정부 발표는 며칠 후에 종이 교과서와 병행하는 디지털 교과서정책으로 수정 발표되었고,[28] 전면적인 디지털 교과서 도입에 대한 정치계와 교육계, 시민단체 등의 반대에 부딪혀 2013년 박근혜정부의 등장과 더불어 초등학교 3~5학년과 중학교 1학년의 사회와 과학 교과에 시범 적용하는 것으로 그 범위가 축소되었다.

박근혜정부는 2014년에 '초·중등 SW(Software)교육 활성화 방안'을 발표하고, 이를 반영한 국가 교육과정 개정안을 2015년에 고시하였다. 주요 변화 내용은 다음과 같다. 첫째, 초등학교 5~6학년 실과에서 SW교육을 연간 17시간 이상 실시한다. 둘째, 중학교에서 모든 학생들에게 정보교과를 통해 SW교육을 34시간 이상 실시한다. 셋째, 고등학교

---

28 2011년에 이명박정부가 발표한 '스마트교육 추진전략'은 일부 전문가들만이 참석하여 급조한 정책으로 정책 발표와 추진 과정에서 많은 혼란을 초래했다. 당시 교육부의 교과서정책과의 의견수렴이나 검토 없이 발표된 '종이 교과서를 대체하는 디지털 교과서 도입 정책'은 정책 발표 수일 만에 '종이 교과서와 디지털 교과서의 병행 정책'으로 수정 발표되었다. 그리고 전면적인 디지털 교과서 도입 정책에 대한 교육전문가, 현장교사, 야당, 시민단체 등의 거센 반대 등으로 인해서 박근혜정부는 디지털 교과서 도입정책을 초·중학교 일부 학년의 사회와 과학에만 시범 적용하는 방식으로 정책을 수정하였다.

에서 희망하는 모든 학생들이 SW교육을 받을 수 있도록 정보를 일반 선택과목으로 개설한다. 2015년 현재, 초등학교 45개교, 중학교 23개교 총 68개교에서 SW교육 연구학교를 운영하고 있다.

4. 교육정보화정책에 대한 논의

우리나라 교육정보화정책은 교육방송에서 시작하여 스마트교육에 이르는 과정에서 눈부신 발전을 이루었다. 초기 교육방송인 '라디오 학교'는 한국전쟁이라는 특수한 상황에서 시작했고, 한국교육개발원의 교육방송사업도 콩나물교실을 해소하기 위한 목적에서 초·중등학교의 일부 수업을 교육방송으로 진행하고자 하였다. 그리고 1981년 한국교육개발원의 교육방송 개국과 'TV 고교교육방송' 진행도 당시 고등학교 3학년과 재수생의 과열과외를 해소하기 위한 목적에서 이루어졌다. 이처럼 교육방송은 철저하게 우리나라 교육의 특수한 문제를 해결하기 위한 목적에서 발전해 왔다고 볼 수 있다.

우리나라 교육정보화 발전기와 선진화기는 우리나라 정보통신기술(Information and Communication Technology, 이하 ICT) 산업의 발전과 궤를 같이해 왔다. 좁은 국토에 많은 인구가 살고 있다는 물리적인 여건, ICT 산업과 인프라에 대한 정부의 과감한 투자와 정책 등이 오늘날 우리나라를 정보화 선진국으로 만들었다. 그 결과 우리나라는 오늘날 세계가 부러워하는 ICT 산업 경쟁력과 ICT 인프라를 갖추고 있다. 특히 학생들이 SW제작의 기본 개념과 원리를 이해하고, 이를 바탕으로 창의적이고 효율적으로 문제를 해결할 수 있는 능력을 길러 주기 위하여 2015년부터는 SW교육 연구학교도 운영하고 있다. 2016년 알파고 쇼크로 대한민국의 교육정보화 정책은 새로운 단계로 접어들 것으로 예상된다. 인공지능시대는 전통적인 교육 패러다임과는 근본적으로 다른 교육 패러다임을 필요로 한다. 세계 최첨단 ICT 강국이며 교육정보화 선진국인 우리나라는 현재 드러나는 교육정보화의 문제에만 매달리기보다는 거부할 수 없는, 인공지능으로 대표되는 미래사회의 도래에 적극적으로 대응함으로써 세계 교육정보화를 선도해야 할 책임이 있다. 유엔 보고서에 따르면 세계 70억 인구 중 60억 인구가 모바일 기기에 접근하고 있으며, 모바일 기기 접근율은 공중화장실 이용률보다 더 높은 실정이다. 요컨대 정보화를 통한 소통이 새로운 문명이며 교육정보화는 그 소통을 담당하는 중핵 요소임을 인식하고 우리는 새로운 교육 패러다임의 창조와 혁신의 중심 역할을 담당하고자 노력할 필요가 있다.

VII. 미래 리더를 위한 제언

1. 요약

1945년 해방 이후 70년 동안 우리나라 교육은 눈부신 발전을 이루었다. 교육기회 확대정책은 초·중·고 취학률을 완전 취학률 수준으로 높여 놓았으며, 교육과정과 교과서정책, 수업과 평가정책, 유아교육과 교육정보화 정책 등은 우리나라 유·초·중등교육을 태동기 또는 정초기에서 출발하여 발전기를 거쳐 선진화기에 이르도록 만들었다. 정책별 발전 또는 변천과정을 간략히 요약하여 제시하면 다음과 같다.

첫째, 우리나라 초·중등교육의 교육기회 확대정책은 이미 성공적으로 완성된 것으로 평가할 수 있다. 초등교육은 1950년대에 의무교육 완성 6개년계획을 거치면서 보편화 수준에 이르렀으며, 중학교 교육은 1960년대에 무시험 전형정책을 거치면서 빠른 속도로 팽창하였고, 고등학교 교육은 1970년대에 고교평준화정책을 거치면서 급속히 팽창하기 시작하였다. 1990년대에는 대학교육과 유아교육이 빠르게 팽창하기 시작했다.

둘째, 우리나라 교육과정정책은 1950년대부터 1970년까지 교육부 관료들이 교육과정 개정안을 개발하는 행정모형기를 시작으로, 1980년대부터 2000년대 중반까지 전문가들이 교육과정 개정안을 만드는 연구·개발 모형기를 거쳐, 2000년대 중반부터는 교육과정을 수시로 개정하는 수시개정기에 이르렀다. 그리고 교과서의 발행에 대해서는 1945년 이래로 1970년대까지는 정부의 개입을 강화하는 정책을 추진하다가 1980년대부터 민간의 자율과 창의를 강조하면서 교과서 발행에 대한 정부의 개입을 줄이는 정책을 취했다. 특히 이명박정부에서는 국정도서를 축소하고 인정도서를 대폭 확대하는 인정도서 중심의 교과서 정책을 추진했다.

셋째, 우리나라 수업과 평가정책은 1950년대부터 1960년까지 미국 진보주의 영향하에서 수업을 개선하려는 새교육운동과 표준화 검사와 조사연구를 강조하는 교육의 과학화시대를 겪었다. 그리고 1970년대와 1980년대에는 한국교육개발원과 한국행동과학연구소가 최적의 표준화된 수업과 평가모형으로 새교육체제와 완전학습이론을 개발하여 확산시켰다. 1990년대부터는 하나의 최적의 수업과 평가모형을 개발하는 대신에 학생 집단별 또는 개인별 특성에 적합한 수업과 평가모형을 개발하고 활용하려는 다양화시대에 진입하였다. 이 시기는 열린교육, 수준별수업, 교과교실제, 자유학기제, 수행평가 등 한편으로는 학생 집단별 또는 개인별 특성에 부합하는 수업과 평가모형을 다양하게 개발하려는 다양성의 시기이면서 다른 한편으로는 교사의 전문성과 자율성을 강조하는 수업과 평가의 민주화 시기라고도 볼 수 있다.

넷째, 우리나라 유아교육은 1950년대까지는 정부의 관심을 받지 못하다가 1960년대에 들어서야 '유치원시설기준령'과 '유치원교육과정령'이 제정되기에 이르렀다. 그리고 초·중등교육이 보편화 단계에 이른 1990년대에야 유아교육 공교육화 논의가 시작되었으며, 2011년에 유아교육과정과 보육과정을 통합한 누리과정이 완성되었고, 2012년부터 만 5세 유아를 대상으로 누리과정 무상교육화가 추진되었다.

다섯째, 우리나라 정보화교육은 1950년대부터 1980년대에 이르는 교육방송기를 시작으로, 1990년대 중반에 초고속정보통신과 에듀넷 시대를 거쳐, 2010년대 이후 스마트교육정책시대를 맞이하고 있다.

앞에서 살펴보았듯이, 우리나라 유·초·중등교육정책의 역사에는 서로 뚜렷하게 구별되는 세 유형이 있음을 알 수 있다. 첫째, 해방 이후 70년 역사에서 정책이 비교적 초반에 집중되어 있는 경우가 있다. 둘째, 70년 역사 동안 정책이 고르게 지속적으로 실행되어 온 경우가 있다. 셋째, 70년 역사에서 정책이 비교적 후반에 집중되어 있는 경우가 있다.

이를 좀 더 자세히 살펴보면 다음과 같다. 첫째, 교육기회 확대정책은 해방 이후 70년 역사에서 초반에 집중되어 이미 목표를 달성한 정책에 해당한다. 우리나라는 1950년대의 의무교육정책, 1960년대의 중학교 무시험 전형정책, 1970년대의 고교평준화정책 등을 통해 교육기회를 빠르게 확대시켰으며, 그 결과 1990년대 중반에 초·중·고등학교 교육이 보편화 단계에 이르렀다. 2012년 누리과정의 도입으로 보편화된 유아교육을 예외로 한다면, 초·중등교육의 교육기회 확대는 약 20년 전인 1990년대 중반에 이미 완성되었다고 볼 수 있다. 둘째, 교육과정과 교과서, 수업과 평가정책은 지난 70년 동안 비교적 고르게 계획되고 실행되어 온 정책에 해당한다. 1960년대 또는 1970년대까지 해당 정책의 정초기로 볼 수 있으며, 1970년대부터 1990년대까지를 정책의 발전기로, 2000년대 이후를 정책의 선진화기로 구분할 수 있다.

〈표 2-2〉 유·초·중등교육정책의 패러다임 또는 특징 변화

정책영역 \ 시기		정초기 또는 태동기	발전기	선진화기
교육기회 확대 의무교육완성 6개년계획		초등학교 팽창기 (1945~1950년대)	중학교 팽창기 (1960~1970년대)	고등학교 팽창기 (1970~1980년대)
		중학교 무시험 전형	고교평준화정책	
교육과정과 교과서	교육과정	행정모형기 (1945~1980) 교육부 관료 주도	연구·개발 모형기 (1981~2006) 전문가 집단 주도	수시개정기 (2007~현재) 상시 개정
	교과서	정부개입 강화기 (1945~1980)	정부개입 축소기 (1981~2008)	인정도서 중심기 (2009~2012)
수업과 평가	수업	새교육운동 (1946~1950년대 중반)	완전학습과 새수업체제 (1968~1980년대)	수업의 다양화시대 (1990년대 이후)
	평가	교육의 과학화시대 (1955~1960년대)		수행평가 (1993년 이후)
유아 교육		'시설기준령'과 '교육과정령'기 (1960~1980년대)	공교육화 추진기 (1990년대 중반 이후)	누리과정 도입과 무상교육기 (2010년대 이후)
교육 정보화		교육방송기 (1950~1980년대)	초고속정보통신과 에듀넷(1990년대 중반~2000년대)	스마트교육정책 (2010년대 이후)

교육과정, 교과서, 수업, 그리고 평가정책은 정책영역별로 약간의 시차가 있지만 정책의 정초기, 발전기, 선진화기를 비교적 유사하게 거쳐왔다. 셋째, 유아교육과 교육정보화 정책은 70년의 역사에서 정책이 비교적 후반에 집중되어 있는 경우에 해당한다. 해방 이후부터 1980년대까지 걸친 긴 기간의 태동기 또는 정초기를 가진 다음, 1990년대 중반에 들어서야 발전기를 거치고, 비교적 최근에 해당하는 2010년대에 들어서야 선진화기에 이른다.

지금까지 살펴본 우리나라 유·초·중등교육정책의 변천과정을 각 정책의 패러다임 또는 특징 변화를 중심으로 살펴보면 〈표 2-2〉와 같다.

2. 제언

여기서는 유·초·중등교육정책의 변천과정에 대한 분석이 우리에게 또는 미래 세대에게 주는 시사점이 무엇인지를 '미래 세대를 위한 제언'의 형태로 기술하고자 한다.

첫째, 미래 세대를 위한 유·초·중등교육정책을 개발할 때에는 하나의 최적의 모형을 만들어 다수의 지역이나 학생들에게 일괄적으로 적용하는 체제적 접근을 취하기보다는 학생 집단별 또는 개인별 특성에 부합하는 여러 작은 모형을 만들어 맞춤형 교육을 제공하는 다양성 모델을 채택할 필요가 있다. 우리나라 교육정책은 영역별로 내용과 시기는 다르지만 태동기 또는 정초기, 발전기, 선진화기라는 단계를 거쳐 왔다. 여기서 교육정책 발전기는 모더니즘 사회에 적합한 하나의 최적의 모델을 개발하여 전체 대상에게 적용하려는 합리적·체제적 접근을 했던 시기였다면, 현재 우리가 몸담고 있는 선진화기는 포스트모던 사회에 적합한 다양한 대안을 탐색하면서 학생 집단별 또는 개인별 특성에 부합하는 교육을 제공하기 위한 정책적 노력을 경주해야 할 시기이다. 그리고 우리 사회의 민주화가 진전함에 따라 교육 주체의 전문성과 자율성이 무엇보다도 중시되는 시대이다. 따라서 미래 세대를 위한 교육정책을 개발하고자 할 때에는 정책의 다양성, 전문가와 교사의 전문성과 자율성을 존중하는 방향에서 정책 대안을 찾고자 노력할 필요가 있다.

둘째, 교육정책은 (숨겨진) 정치적인 일정에 따라 조급하게 결정되거나 급하게 적용되기보다는 충분한 시간적 여유 속에서 전문가의 객관적인 연구, 폭넓은 의견수렴과 수많은 협의과정을 거쳐 결정되고 적용될 필요가 있다. 제4차 교육과정은 당시 설립된 한국교육개발원에서 개발한 우리나라 최초의 연구·개발형 교육과정이라는 특징을 지녔다. 제7차 교육과정 또한 상당한 기간 동안 광범위한 사회적 논의를 거쳐 마련된 5·31 교육개혁안에 근거해 개발한 국가 교육과정이었다. 제4차와 제7차 교육과정 모두 뒤따르는 교육과정이 총론의 주요 골격을 그대로 수용할 만큼 보편성을 지녔고, 그 결과 10년 이상 적용되는 안정성도 지녔다. 이와는 달리, 2009 개정 교육과정과 2011 개정 교육과정은 각각 국가 교육과정이 개정된 지 2년 만에 다시 개정됨으로써 잦은 교육과정 개정으로 인한 학교의 혼란과 교육과정 개정의 피로도만 높인 대표적인 개정 사례에 해당한다.

셋째, '위로부터의 개혁'보다는 '아래로부터 개혁'이 가능한 여건과 분위기를 마련하려는 정책적 배려가 필요하다. 1980년대 중반부터 초등학교를 중심으로 전개된 열린교육 운동은 현장교사와 학교가 자발적으로 주도하거나 참여한 문자 그대로 '아래로부터의 운동'이었다. 이런 열린교육 운동은 우리나라 초등학교 교육을 완전히 바꿔 놓았다는 평가를 받는다. 아래로부터 자발적으로 시작된 열린교육 운동을 더 빨리 확신시키고자 1990년대 중반에 정부가 개입하자 열린교육 운동은 형식적인 모방 대상으로 전락하면서 중학교에 제대로 확산도 되기 전에 사라질 수밖에 없었다. 수준별 이동수업이나 교과교실제정책도 중등학교 수업변화에 어느 정도 기여한 것은 사실이지만, 해당 정책을 지나치게 빨리 그리고 무리하게 확산시키려는 정부의 정책적 의욕으로 인하여 많은 부작용을 초래하였다. 정부는 교사나 학교, 교육청이 아래로부터 자발적으로 교육을 개혁하려는 노력을 할 수 있는 여건이나 분위기를 마련해 줄 필요가 있다.

넷째, 하나의 교육정책이 제대로 된 효과를 발휘하도록 하기 위해서는 교육정책 간의 모순이나 갈등이 없도록 '체제적 개혁(systemic change)'을 수행할 필요가 있다. 1950년대에 미국 진보주의 교육의 영향하에서 수업 변화를 추구하던 새교육운동이 보다 효율적인 수업 개선을 위한 여건을 마련하기 위해 국가 교육과정 개편의 필요성을 주장하였다. 그러나 제정된 국가 교육과정, 즉 제1차 교육과정은 경험중심 교육과정의 성격보다는 교과중심 교육과정의 성격을 띠었다. 즉, 당시 유행했던 새교육운동의 수업 철학과 국가 교육과정의 정신 간의 괴리 문제가 있었다. 체제적 개혁의 필요성과 중요성은 앞에서 살펴본 수업과 평가정책의 변천과정에서도 찾아볼 수 있다. 열린교육, 수준별수업, 교과교실제 등 여러 수업 개선정책이 평가정책과 연계되지 않은 상태에서 추진되었기 때문에 중등학교 수업 변화를 가져오는 데 한계가 있었다. 평가를 학생 집단별 또는 개인별 특성에 부합하도록 개선하려는 정책적 노력 없이는 학생 집단별 또는 개인별 특성에 부합하는 수업을 제공하려는 수업 개선 정책은 명백한 한계를 지닐 수밖에 없다.

다섯째, 지나칠 정도로 복잡하게 얽혀 있는 문제를 해결하기 위한 방안 중의 하나는 이전에 결코 시도해 보지 않은 새로운 사유 패러다임에 근거한 새로운 정책을 시도하는 것이다. 정부의 유아교육과 보육을 통합하려는 노력이 이런 사례에 해당한다. 유아교육기관과 보육기관은 오랜 기간 동안 국가의 관심과 지원을 받지 못한 상태에서 정글의 법칙에 따라 복잡하게 전개되어 왔다. 이미 정글의 생태계를 띠고 있는 유아교육계와 보육계에 1990년대 이후 부분적으로 공교육화와 동시에 무상교육화 노력이 더해지면서 유아교육기관과 보육기관이 대내외적으로 복잡하게 얽히고 설켜서 제도 자체를 이해하는 것조차 쉽지 않은 형국이 되어 버렸다. 이런 상태에서 정부는 유아교육기관과 보육기관을 통합하려는 노력을 현재 진행 중이다. 유아교육기관과 보육기관 각각에, 그리고 이들 사이에 존재하는 교육비용, 교사자격, 교육시설과 환경, 교육의 질 등의 각종 차이는 현재의 유아교육기관과 보육기관의 생태계를 유지하면서 문제를 해결할 수 있는 수준을 넘어

섰다. 이 문제를 해결하기 위해서는 유아교육기관과 보육기관의 생태계를 근본적으로 뒤흔들면서 새로운 생태계를 구축하는 정책 대안을 마련할 필요가 있다.

참고문헌

강일국(2015).「해방 직후의 교육」.『대한민국 교육 70년』. 대한민국역사박물관.

교육부·한국교육개발원(2016).『교육통계연보』.

교육부·한국교육학술정보원(2015).『교육정보화백서』.

김재춘(1999).『수준별 교육과정의 이해』. 교육과학사.

김재춘(2009).『교과서 검정 체제 개선 방안 연구』. 한국교육과정평가원 연구보고서.

김재춘(2010).「교과교실제 정책의 가능성과 한계 탐색」.『교육과정연구』 28(4).

김재춘(2011).『교과교실제 확대에 따른 선결과제와 내실화방안』. 한국교육개발원 연구보고서.

김재춘(2016).『교육과정』. 교육과학사.

김재춘·박경미·이화룡·이경애·진동섭(2009).『한국형 교과교실제의 효율적인 도입 방안 연구』. 교육과학기술부 정책연구보고서.

김종서(1979).『교육과정과 수업』. 배영사.

김종서·이영덕·김병화(1974).『교육과정과 학습지도』. 서울대학교출판부.

김희정(2001).「일제하 한국유치원의 민족교육 양상 탐구」.『유아교육학논집』 5(2).

문교부(1973).「고교 대학 입시 개혁안 및 시행 계획」.『문교월보』 40.

문무경·배윤진·송신영(2015).『'3~5세 누리과정' 개편 방안 연구』. 육아정책연구소 연구보고서.

박도순(1971).「우열반편성과 고교입시문제」.『새교육』 23(7).

서지영·김명화·김소영(2010).「수행평가 현장 적용 개선 방안」.『KICE Position Paper』 2(2).

유봉호(1992).『한국교육과정사연구』. 교학연구사.

이돈희·곽삼근·김재웅·박동준·양정호·이명희(2015).『한국의 교육 70년』. 한국학중앙연구원 출판부.

이상금(1987).『한국 근대 유치원 교육사』. 이화여자대학교출판부.

이성호(1982).『교육과정: 개발전략과 절차』. 문음사.

이윤진(2006).『일제하 유아보육사연구』. 혜안.

이윤진(2008).「유치원과 보육시설의 기능 변천 고찰」.『육아정책연구』 2(2).

장명림(2004).「차 떼고 포 뗀 유아교육법: 1·8 유아교육법, 의미와 과제는 무엇인가?」.『교육정책포럼』 64.

조난심·홍후조·박순경·김재춘·황혜정·소경희·김철연(1998).『제6차 교육과정에서의 중등학교 수준별 수업 방안 연구』. 한국교육개발원.
조명현(1982). 「고등학교 교육정상화 종합대책」. 『문교행정』 8.
중앙교육연구소(1973). 『중앙교육연구소 20년지』.
중앙교육연구소·대한교육연합회(1955). 『교육과정지침』.
천세영(1990). 「학교육성회제도의 성립」. 『교육비평』 창간호.
한국교육개발원(1976). 『새 교육체제 운영을 위한 교원 연수교재』.
한국교육개발원(1978). 『제4차 새 교육체제 종합시범 운영 지침』.
한국교육개발원(1996). 『열린교육 현장연구』.
한국교육개발원(2005). 『한국교육 60년 성장에 대한 통계적 분석』.
한국교육개발원(2012). 『한국교육의 싱크탱크, 백년대계를 디자인하다』.
한국열린교육협의회(1997). 『열린교육 입문』. 교육과학사.
한국학중앙연구원(2008). 『한국민족문화대백과사전』.
한기언(1969). 『한국교육사상사연구』. 서울대학교출판부.
허경철(1999). 「초·중등학교 교과별 수행평가의 실제(1): 총론」. 한국교육과정평가원 편. 『수행평가 정책의 과제와 전망』. 수행평가 현장 정착을 위한 세미나 자료집.
황희숙(1986). 「교육과정 개발의 접근모형 및 전략에 관한 연구」. 연세대학교 석사학위 논문.
Green, T. F.(1980). *Predicting the Behavior of the Educational System*. Syracuse University Press.
Trow, M.(1961). "The second transformation of American secondary education." *International Journal of Comparative Sociology*, 2.
Trow, M.(1972). "The expansion and transformation of higher education." *International Review of Education*, 18(1).

3장 /

고등교육정책의 역사적 변동과 전망

신정철 · 김훈호

I. 서론

1. 고등교육정책의 변동

정책은 그 속성상 정치권력과 밀접한 관계 속에서 이해할 수 있다. 고등교육정책의 변동 역시 정치적인 변동과 맥을 같이한다. 신현석(2005)은 이러한 정책의 속성을 반영하여 고등교육개혁 정책을 설명하면서 '정권'에 따른 고등교육정책의 변동에 초점을 두었다. 다른 접근으로는 '고등교육의 발전 단계'를 바탕으로 고등교육정책의 변동을 설명하는 것이다. 예를 들어, 교육부는 1998년에 발간한 『교육 50년사』를 통하여 해방 이후 고등교육정책의 변동을 근대고등교육의 태동과 재건기(1945~1960), 고등교육의 양적 팽창과 정비기(1960년대), 고등교육개혁 실험기(1970년대), 고등교육 확충·개혁기(1980년대 이후)로 구분하였다. 유사한 맥락에서 이형행(1995)은 고등교육의 발전 단계를 여섯 단계로 나누고 있다. 전자의 접근은 정치적 맥락 속에서 고등교육정책의 발전과정을 설명하는 데 유용하고, 후자는 고등교육의 맥락 속에서 고등교육정책의 변화를 이해하는 데 더욱 적합해 보인다.

이 장에서는 위의 두 접근과는 관점을 약간 달리하여, 고등교육정책의 전반적인 변화 그 자체를 논의하는 것보다는 그러한 변화의 흐름이 구체적으로 각 고등교육정책에 어떻게 반영되었는가에 초점을 두고자 한다. 물론, 고등교육정책의 변화를 일반적으로 기술하는 것은 독자들에게 고등교육정책의 변화에 대한 개괄적인 정보를 제공하는 데 크게 유용하지만, 그러한 변화를 이끌어 가는 커다란 정책기조의 줄기를 찾는 데는 한계가 있다. 그런 점에서 정부의 고등교육정책기조의 변화에 따라 대표적인 고등교육정책들이 어떻게 변화했는지를 살펴보고 정책들 간의 유기적 관계를 논의해 보는 것은, 고등교육정책 상호 간의 보완적 혹은 경쟁적 관계와 그 속에 녹아 있는 정책적 맥락을 이해하는 데 도움을 줄 것이다. 이를 위해 이 장에서는 정부와 대학 간의 관계에 초점을 두어 고등교육정책의 흐름을 크게 '자유방임기(1945~1960)', '통제기(1961~1994)', '평가와 재정에 의한 간접통제기(1995~현재)'로 설정해 보고자 한다. 통제기는 다시 고등교육 팽창의 억제에 역점을 두었던 억제적 통제기(1961~1979)와 고등교육의 급속한 팽창과 통제를 병행한 양적 팽창 속 통제기(1980~1994)로 구분할 수 있다.

이러한 거시적 접근은 우리나라의 정치적 변동기와 큰 틀에서 맥을 같이한다. 자유방임기는 미군정기, 제1공화국, 제2공화국의 시기이다. 이들 세 정부는 다소간의 차이는 있으나 해방 이후 일제의 강압통치에서 벗어나 시민들의 자유를 보장한 시기로 대학의 자율권을 존중하였으며, 정부가 대학을 직접적으로 통제하지 않았던 시기이다. 그에 비하여 5·16 군사정변으로 등장한 군사정부, 제3공화국, 제4공화국과 그 연장선상에 있는 제5공화국 및 제6공화국은 전반적으로 경제발전과 사회질서 유지를 위한 계획과 통제 중심의 정치체제를 유지하였다. 이 시기에 정부는 대학에 대해서도 통제와 간섭을 주된 정책기조로 삼았다. 그러나 1993년 문민정부의 등장과 더불어 사회 전반에 민주화와 자율이 강조되었고, 정부의 계획보다는 시장기능이 더욱 확대되었다. 이러한 정책기조하에서 고등교육정책은 자율을 강조하였다. 동시에 세계화의 추세 속에서 고등교육은 국가경쟁력의 핵심 동력으로 주목받기 시작하였으며, 그 결과 자율성 제고와 정부의 대학 통제가 상충되는 모습이 나타났다. 이러한 흐름들로 인해 대학의 자율성이 강조되었음에도 불구하고 다른 한편으로는 평가와 재정지원을 통한 정부의 간접적인 정책유도 기능이 발달하게 되었다. 이들 세 시기의 고등교육정책을 구체적으로 살펴보면 다음과 같다.

자유방임기(1945~1960)에는 고등교육을 통제의 대상으로 보지는 않았다. 대신 정부는 고등교육에 관한 포괄적인 원칙을 설정하고, 고등교육 운영에 관한 세부적인 사항들은 대학의 자율에 맡겼다. 정부는 1949년에 '교육법'을 제정하였으며, 초·중등교육과의 관계 속에서 6-3-3-4년의 교육연한을 설정하였다. 그리고 '국립서울대학교설치령(1946)'을 제정하고 서울대학교를 설립하였으며, 고등교육 확대를 위해 각 도에 거점 국립대학을 설립하였다. 경북대와 전북대, 전남대는 1952년, 부산대와 충남대, 충북대는 1953년, 제주대는 1955년에 각각 설립되었다. 그 외에도 '대학설치기준령(1955)'을 제정하는 등 고등교육과 관련된 다양한 법적 근거들이 마련되었다. 이 시기에 정부는 대학 운영에 구체적으로 간섭하기보다 고등교육기관의 설립·운영을 위한 기본적인 틀을 마련하는 데 집중하였다.

억제적 통제기(1961~1979) 및 팽창 속 통제기(1980~1994)는 정부가 규제를 통하여 대학운영에 직접적으로 관여한 시기로, 현재 우리나라 고등교육의 원형이 형성된 시기라고 볼 수 있다. 정부는 국가의 정책 목적에 따라 고등교육을 적극적으로 활용하였으며, 대학의 자율성은 크게 위축되었다. 실제로 정부는 '경제개발 5개년계획'을 수립하고, 국가의 경제발전이라는 틀에서 교육이 주어진 역할을 성실히 수행해 주기를 기대하였다. 이후 초·중등교육이 급격하게 성장하고 고등교육에 대한 사회적 수요가 늘어남에 따라, 1980년에 '7·30 교육개혁' 조치를 단행하여 대학의 입학정원을 대폭 확대함으로써 고등교육에 대한 사회적 수요에 부응하고자 하였다. 이러한 변화들을 거치면서 우리나라의 고등교육은 엘리트 교육 단계에서 대중화 단계를 넘어 후기 대중화 단계로 비약적인 발전을 거듭하였다.

간접통제기(1995년 이후)는 1995년 신자유주의에 기반한 '5·31 교육개혁'이 도입된 이후의 시기로, 정부의 직접적인 통제는 축소하되 각종 평가와 재정지원사업을 통해 대학을 간접적으로 통제하던 시기이다. 정부의 규제개혁 정책과 5·31 교육개혁에 담긴 자율성 향상 정책 등을 통해 대학의 자율성이 크게 향상되었다. 그러나 이러한 변화는 정부의 통제 지향적 정책기조 자체가 바뀌었기 때문이라기보다 통제의 형태가 직접적인 통제에서 간접적인 통제로 바뀌었다고 보는 것이 타당하다. 예를 들어, 과거에는 법령을 비롯한 정부의 각종 훈령과 지침 등을 통해 대학을 직접적으로 규제한 반면, 신자유주의 교육개혁 이후에는 정부의 규제정책이 각종 평가지표나 그 결과에 기반한 재정지원사업 등으로 대체되었다. 그 결과 규제의 수준은 과거의 직접적인 통제보다 더욱 구체적이고 세밀하게 바뀌었다. 최근에는 정부가 직접 나서서 학령인구 감소에 대비한 대학구조개혁 평가를 실시하고 있으며, 그 결과에 따라 정원감축 및 재정지원 제한 등의 조치를 취하고 있다.

이러한 시기 구분은 정책 변화의 큰 흐름을 파악하고 그러한 흐름이 정책에 어떻게 반영되었는지를 논하는 데 유용하다. 그러나 한 가지 유의할 점은 각 시기별로 해당 시기의 정책적 기조와는 다른 정책 흐름이 나타날 수 있다는 것이다. 예를 들어, 자유방임기임에도 불구하고 때로는 고등교육의 특정 영역에 대해 정부가 직접적인 규제정책을 추진하기도 하고, 통제기임에도 불구하고 일부 정책들은 대학의 자율권을 확대하는 방향으로 추진되기도 한다. 이러한 모습은 정부의 정책기조가 바뀌었기 때문이 아니라, 외부 환경의 변화나 사회적 이슈의 해결 등을 위해 일시적인 변화가 불가피했기 때문이라고 할 수 있다. 즉, 각 시기에서는 정책기조 자체에 변화가 있었다기보다, 당시의 정책 환경에 맞추어 해당 시기의 정책기조를 조금씩 강화 혹은 완화함으로써 외부의 정책 환경 변화에 탄력적으로 대처하기 위한 불가피한 선택이었다고 보는 것이 보다 타당할 것이다.

2. 정책변동과 핵심적인 고등교육정책

자유방임기의 대표적인 정부 정책은 아이러니하게도 대학 설립인가 및 대학정원정책이라고 할 수 있다. 자유방임기에도 대학교육의 질적 수준을 유지하기 위하여 일정한 요건을 갖춘 대학에 설립인가를 해 주고, 교육여건에 따라 학생정원을 달리 책정하였다. 통제기에는 이러한 기준 및 지침을 더욱 엄격하게 설정하였다. 그리고 간접통제기에는 외형적으로 이를 완화하는 것처럼 보였으나, 실질적으로는 다양한 평가와 재정지원수단 등을 활용하여 지속적으로 대학의 설립과 학생정원을 통제하였다. 즉, 대학을 통제하기 위한 대표적인 정책인 대학설립인가 및 대학정원정책은 시기에 관계없이 정부의 통제하에 있었다. 다만, 통제의 수단이 과거에는 법령과 지침 등이었으나, 현재는 평가와 재정지원이라는 간접적 정책수단이 활용된다는 점에서 차이가 있을 뿐이다.

억제적 통제기 및 양적 팽창 속 통제기의 대학정책은 규제 목적의 정책이 주를 이루고 있으나, 이 시기의 대표적인 대학정책은 역설적으로 대학의 학사운영 '자율화'를 위한 대학평가정책이었다. 정부는 1973년 실험대학 평가를 실시하고 평가기준을 통과한 대학에 '실험대학' 지위를 부여함으로써 대학운영에 상당한 자율성을 부여하였다. 즉, 대학 통제의 정책기조를 유지하면서도 다른 한편으로는 '평가'라는 정책수단을 활용하여 대학의 자율성을 높이기 위한 노력을 병행하였다. 대학의 자율성을 보장해 주기 위한 평가는 1982년에 설립된 한국대학교육협의회(이하 대교협)에 의한 대학평가로 발전하였으며, 1994년 이후에는 대학평가인정으로 진화하였다. 이후 대학평가는 1980년대의 급속한 정원증가 정책에 따른 대학교육의 질 보장 장치로 기능하면서 우리 고등교육의 양적·질적 성장을 동시에 도모하는 견인차 역할을 하였다.

한편, 간접적 대학 통제기의 대표적인 정책은 '평가에 의한 재정지원' 정책이라고 할 수 있다. 5·31 교육개혁 이후 정부는 신자유주의에 입각하여 대학에 최대한의 자율성을 부여하되, 정부가 원하는 정책방향으로 대학을 이끌어 가기 위해 재정지원을 주된 정책수단으로 활용하였다. 이를 위해 정부가 원하는 정책내용을 평가지표에 포함시켰으며, 평가결과에 따라 재정지원 대상 대학 및 규모를 결정하였다. 결국, 외적으로는 대학자율화를 표방하였으나, 내적으로는 재정지원사업 및 평가지표를 통해 정부의 정책방향을 대학에 강제하였다. 현재는 거의 대부분의 정부 재정지원사업이 평가에 기반하고 있다.

이상에서 살펴본 시기별 핵심 고등교육정책을 간단히 정리하면 〈표 3-1〉과 같다. 이러한 개별 정책은 대부분 시기별 정부의 정책기조와 유사한 흐름을 보이지만, 일부 정책의 경우 그렇지 않을 수도 있다. 이것은 정부가 자율과 통제라는 큰 틀에서 정책을 결정하고 집행하지만, 일부 정책의 경우 당시의 정책적 맥락 및 주변 상황에 따라 자율 혹은 통제가 더욱 중요하게 고려될 수 있기 때문이다.

〈표 3-1〉 시기별 고등교육정책 특징 비교

구분	자유방임기 (1945~1960)	통제기		간접통제기 (1995~현재)
		억제적 통제기 (1961~1979)	팽창 속 통제기 (1980~1994)	
정부의 역할	대학 설립·운영 관련 최소한의 규정 마련	설립된 대학에 대한 심층적 규제	양적 팽창 유도, 규제기조 유지	대학 설립·운영 기준 등 완화
정부 정책의 특징	정부 간섭 최소화	대학운영·학사 관련 세밀한 간섭	대학운영·학사 관련 세밀한 간섭	평가 및 재정지원 지표 등을 통한 세밀한 간섭
대표적인 정책	사학의 설립·정원 등에 관한 정책	실험대학, 대학평가정책	대학평가 본격적 실시	평가에 의한 재정지원정책

3. 분석의 범위

일반적으로 고등교육은 대학은 물론, 교육대학, 전문대학, 원격대학, 산업대학, 기술대학, 사내대학 등 다양한 형태의 교육기관을 모두 포함한다. 그러나 이 장에서 다루고 있는 고등교육정책은 주로 4년제 일반대학에 관한 정책을 의미하고, 교원양성을 주된 목적으로 하는 교육대학, 산업인력 양성을 주된 목적으로 하는 전문대학과 산업대학, 원격교육 매체를 주로 활용하여 교육이 이루어지는 원격대학 등은 이 장의 논의에서 제외한다. 특히 이 장에서 핵심적인 고등교육정책으로 다루는 '대학 설립 및 정원정책', '대학평가정책', '재정지원정책' 등은 고등교육기관 유형별로 각기 다르게 도입·추진되어 왔기 때문에 이 장에서 함께 다루는 것에 한계가 있다. 그리고 직업교육을 목적으로 설립된 전문대학이나 사내대학, 기술대학, 원격대학 등은 별도의 장(직업교육정책의 역사적 변동과 전망)에서 다루고 있기 때문에 이 장에서는 4년제 일반대학으로 논의를 제한하고자 한다.

제2절에서는 우리나라 고등교육정책의 특징을 이해하는 데 도움이 되고자 대학제도의 성립과 발달에 관한 역사적 배경과 보편적 특징을 간단히 정리하였다. 그리고 제3절부터 제5절까지는 한국의 고등교육정책을 조망할 수 있는 핵심적인 정책 세 가지, 즉 '대학 설립 및 정원정책', '대학평가정책', '재정지원정책'의 변화 과정 및 주요 특징을 자세히 살펴보았다. 마지막 제6절에서는 우리나라 고등교육정책의 변화를 정책 패러다임, 정책가치, 정책주체, 대학의 자율성 등의 관점에서 종합적으로 정리하였으며, 핵심 정책으로 제시된 세 가지 고등교육정책의 주요 성과 및 상호 연관성을 간단히 살펴보았다. 아울러 고등교육에 대한 미래 전망과 후속 세대를 위한 제언을 제시하였다.

II. 대학교육제도의 발달과 대학정책

대학의 역사는 11세기 중세 유럽에서 시작되었다. 이후 1810년 베를린대학이 설립되면서 현대와 같은 모습의 대학이 출현하였다. 중세와 현대 대학의 가장 큰 차이점은 연구기능이 대학의 핵심적인 기능으로 자리 잡고 있는가 여부이다. 베를린대학 이전의 대학들은 대체적으로 의사, 법률가 등 전문 직업인 양성을 주된 목적으로 하였다(Ben-David, 1977). 즉, 대학의 핵심 기능은 '교육'이었다. 그러나 베를린대학의 출현과 더불어 대학은 '연구에 바탕을 둔 교육(research driven teaching)'을 중심에 두기 시작하였다. 이러한 대학 모형은 당시 신흥국가였던 미국의 대학교육에 많은 영향을 주었고, 존스홉킨스대학이 처음으로 대학원 중심 대학을 표방하기에 이르렀다. 아시아에서는 일찍이 일본이 독일 대학의 모형을 수입하여 제국대학을 설립하였다. 또한 우리나라는 일제강점기를 거치면서 일본을 통하여 간접적으로 독일 대학의 영향을 받았으며, 그 영향은 서울대학교를 비롯한 국립대학에 많이 남아 있다.

학문탐구에 기반한 교육을 핵심 기능으로 하는 일반대학(university)과는 달리, 독일에는 공학기술의 발전을 위해 설립된 대학(technical university)과 사회 각 분야의 전문인력 및 기술인력 양성을 위한 다양한 형태의 단과대학이 있다. 이러한 독일의 고등교육시스템은 유럽 각국에 급속도로 보급되었으며 유럽 외의 국가로 번져 나갔다. 그러나 독일 및 유럽 국가들보다 늦게 현대 대학시스템을 구축한 나라에서는 공과대학과 전문인력 양성을 위한 단과대학(college)을 별도의 기관으로 설립하기보다 일반대학에 통합하여 종합대학 형태로 발족시켰다. 예를 들면, 미국과 일본은 공과대학과 예술대학을 일반대학의 단과대학 형태로 설치하였다. 이러한 역사적 배경으로 인해 유럽에서는 공과대학(technical university)과 응용기술대학(polytech)이 주로 산학협력을 담당하고 있는 반면, 미국과 일본, 한국에서는 일반대학이 그 기능을 담당하고 있다.

내학의 설립형태 역시 오랜 대학의 역사를 가진 유럽 국가들과 후발 주자라 할 수 있는 미국이나 일본 등과 같은 국가들 간에 상당한 차이가 있다. 독일을 비롯한 유럽에서는 국가 또는 지방정부가 중심이 되어 대학을 설립하고 교육에 소요되는 비용도 개인이 아닌 국가가 부담하는 것을 원칙으로 하였다. 그러나 미국과 일본을 비롯한 후발 국가들은 사립대학의 설립을 허용하였다. 미국의 경우, 하버드대학이나 예일대학, 프린스턴대학, 콜롬비아대학 등 역사와 전통이 깊은 대학들은 대부분 사립대학이며, 주립대학은 이들보다 늦게 설립되었다. 일본의 경우에도 고등교육 발전에 사립대학이 상당히 중요한 역할을 수행하였다. 그리고 사립대학의 비중이 높은 이들 국가에서는 국립대학에서도 등록금을 부과하는 것이 보편화되어 있다(Johnstone & Marcucci, 2010).

미국과 일본의 고등교육정책에 영향을 받은 우리나라의 고등교육 또한 사립대학을 중심으로 발전해 왔다. 국공립대학은 전체 대학의 20% 정도에 불과한 반면, 사립대학은 80% 정도에 이르고 있다. 이로 인해 정부의 고등교육정책은 국공립대학을 포괄하기는 하나, 보다 중요한 대상은 사립대학이었다고 할 수 있다. 사립대학은 학생과 학부모들에게 높은 등록금을 부과하지만 지출을 최소화하기 위해 교육의 질적 수준이 저하될 가능성을 안고 있기 때문이다. 이러한 이유로 정부는 사립대학의 설립 및 운영에 관한 기준을 법률로 정하고 있으며, 대학평가제도를 도입하고 그 결과에 따라 대학에 대한 재정지원을 차등화하는 등 대학을 통제하기 위한 다양한 정책을 도입·추진해 왔다. 이러한 특징들은 이 장에서 다루고 있는 대학설립 및 정원정책, 대학평가정책, 대학에 대한 재정지원정책 등에 반영되어 있다.

1990년대 이후 신자유주의 교육정책이 널리 확산되면서 독일을 비롯한 유럽 국가에서도 학생들에게 등록금을 부과하기 시작하였다. 또한 대학 간 경쟁을 유도하기 위하여 질 보장 평가를 도입하고, 평가 결과에 의한 차등 재정지원 방식을 채택하는 국가들이 늘어나고 있다. 이러한 고등교육정책 환경의 변화로 인해 현대 고등교육의 발상지라 할 수 있는 유럽 국가들과 미국이나 일본, 한국을 비롯한 후발 국가들 간의 차이가 다소 완화되고 있기는 하나, 역사와 전통에 기인하는 근본적인 체제의 차이로 인해 구체적인 정책은 여전히 상이한 모습을 보이고 있다.

III. 대학설립 및 정원정책

해방 직후 한국의 고등교육기관은 19개에 불과하였으며, 학생 수는 7,819명 수준에 그쳤다(교육부·한국교육개발원, 2015a). 그러나 해방 이후 초·중등교육뿐만 아니라 고등교육에 대한 국민들의 수요가 폭발적으로 증가하였다. 미군정 시대와 민주화 시대를 거치면서 평등주의가 정착되고 국가의 적극적인 고등교육 확대 정책이 더해짐에 따라 우리나라의 고등교육은 대중화를 넘어 보편화의 단계에 진입하였다. 그 결과 2000년대 초반 이후 고등교육기관의 수는 400개를 넘어섰으며, 학생 수는 300만 명을 넘어설 정도로 급격하게 성장하였다(교육부·한국교육개발원, 2015a). 고등교육 진학률 또한 2000년대에 접어들면서 이미 50%를 상회하기 시작하였으며, 2000년대 후반에는 70%를 넘어서면서 세계 최고 수준을 유지해 오고 있다(교육부·한국교육개발원, 2015b).

이하에서는 대학설립과 학생정원정책을 자유방임기(1945~1960), 정원억제기(1961~1980), 정원확대기(1981~1995), 정원자율화기(1996~2004), 그리고 정원 억제 및 감축기(2005~현재) 등으로 구분하여 설명하고자 한다. 이러한 시기 구분은 앞의 제1절에서 설정한 자유방임기(1941~1960), 통제기(1961~1994), 그리고 간접통제기(1995~현재)의 구분과 일맥상통한다.

1. 자유방임기(1945~1960)

일제강점기에는 한국인에게 교육기회, 특히 고등교육기관에 진학할 수 있는 기회가 극히 제한되었다. 이 때문에 우리나라의 고등교육은 해방 이후에야 비로소 본격적인 발전의 계기를 마련하게 되었다. 1945년 9월 11일부터 한반도 이남을 통치하기 시작한 미군정은 일제의 억압적이고 폐쇄적인 교육정책에서 탈피하여 민주적이고 개방적인 교육정책으로의 전환을 시도하였다(강무섭, 1985; 김영철·이정규, 2000; 이형행, 1999). 대학설립을 위한 미군정 최초의 정책은 1946년 7월에 발표된 '국립 서울대학교 설립안'으로 구체화되었으며, 1946년 8월에 '국립 서울대학교 설립에 관한 법령(군정법령 제102호, 1946. 8. 22.)'으로 공포되어 법적 효력이 발생하였다. 이 법령은 경성제국대학의 후신인 경성대학의 3개 학부와 일제강점기에 만들어진 9개 관립 전문학교를 통폐합하여 종합대학을 설립함으로써 설비와 건물, 교수, 기술자 등을 최대한 효율적으로 활용하기 위한 전략적 선택이었다.

미군정은 같은 해 8월 15일에 3개의 사립전문학교(연희전문학교, 보성전문학교, 이화여자전문학교)를 종합대학교(연희대학교, 고려대학교, 이화여자대학교)로 전환하는 것을 인가하였다(이형행, 1999). 이는 1946년 6월 8일에 발표된 미군정의 '전문학교의 대학 승격'에 대한 임시 조치안에 근거한 것으로, 3개 대학에 대한 인가 이후 대학으로의 승격과 설립 인가에 대한 보다 구체적인 기준이 발표되었다. '대학설립기준령(1946. 12. 3.)'이라고도 불리는 이 지침은 교수자격의 표준, 대학의 명칭(대학교, 대학, 대학관, 학관), 필요한 재정규모 등을 구체적으로 규정하고 있다. 하지만, 이 지침은 전문학교의 승격 및 대학설립을 인가하기 위한 임시 조치로서의 성격을 가질 뿐, 정식 법령이나 명령의 형태로 공포된 것은 아니었다(강명숙, 2003).

'교육법(법률 제86호, 1949. 12. 31.)'이 제정되면서 대학을 비롯한 '모든 교육제도와 그 운영에 관한 기본적인 사항은 법률로서 정한다'는 교육 법정주의 원칙이 확립되었다. 다만, 일제의 수탈과 초등교육 및 문해교육에 중점을 둔 문교시책으로 인해 정부의 재정만으로는 고등교육에 대한 사회적 수요를 감당하기 어려운 상황에 놓였다. 그런데 1949년에 제정된 '농지개혁법(법률 제31호, 1949. 6. 21.)'은 이러한 상황을 변화시키며 해방 이후 대학이 급속하게 팽창할 수 있는 기회로 작용하였다. 해방 이후 미군정이 '농지개혁법'을 통해 남한의 전 경작지를 매수·유상 분배하려 하자 이를 예견한 대지주들을 중심으로 헐값에 토지를 매수당하느니 사학을 설립하거나 학교 설립에 토지를 기부하겠다는 움직임들이 나타났다(강무섭 외, 1986). 실제로 각 시·도에서는 대학설립 기성회가 우후죽순처럼 조직되어 설립 인가 신청서가 문교부에 쇄도하였으며(대한사립중고등학교장회, 1974; 강무섭 외, 1986: 48 재인용), 해방 이후 군정 3년 사이에 23개 대학이 새로 설립되었다.

그러나 1950년 3월에 '농지개혁법시행령(대통령령 제294호, 1950. 3. 25.)'이 실시된 이후 대학은 새로운 문제에 봉착하게 되었다. 대부분의 사학들은 토지 재산에서 나오는 소작료로 운영 재원을 마련하였는데, 시행령 실시 이후 그것이 불가능하게 된 것이다. 결국, 대학은 학생들이 내는 수업료에 의존하여 학교를 운영할 수밖에 없게 되었다. 이처럼 농지개혁은 지주들이나 정책입안자들을 움직여 대학설립을 촉진한 것이 사실이나, 제도의 시행으로 인해 사학의 주요 수입원이었던 소작료가 사라짐에 따라 많은 대학이 운영의 어려움에 직면하게 되었다.

해방 이후 대학 및 대학생 수의 급격한 증가를 설명해 주는 또 다른 열쇠는 1950년 2월 28일에 공포된 '재학생 징집 연기 잠정령'이라 할 수 있다. 대학 재학생들의 징집을 연기하도록 하는 이 제도의 도입으로 인해 대학 진학 수요도 크게 증가하였다(강무섭 외, 1986). 한국전쟁이 장기화됨에 따라 이 영에 의한 징집 연기자의 수를 제한하는 '전시 학생 정원제'가 도입되기도 하였으나, '재학생 징집 연기 잠정령'은 1956년 11월까지 존속하면서 대학 및 대학생 수 증가에 큰 영향을 미쳤다. 특히 1951년 5월에 발표된 '대학교육에 관한 전시 조치령(문교부령 제9호, 1951. 5. 4.)'에 의해 전쟁 중에 운영되었던 '전시연합대학'이 활성화될 수 있었던 것도 재학생 징집 유예 제도와 무관하다고 보기 어렵다. 전시연합대학은 1952년 5월까지 약 1년 정도 유지되었음에도 불구하고 부산 4,268명, 대전 377명, 전북 1,283명, 광주 527명 등 총 6,455명이 대학 수업을 받은 것으로 나타난다(김종철, 1979).

전쟁 중에 운영되었던 '전시연합대학'은 이후 지방 국립대학 설립으로 이어졌다. 한국전쟁 전까지 국내 대학의 60% 정도가 서울에 집중되어 있었는데, 전시연합대학은 그러한 서울 집중 현상을 일시적으로나마 지방으로 분산시키는 효과가 있었다. 그러나 서울 수복 이후 많은 대학이 다시 본래 소재지인 서울로 복귀하려 하자, 지방에서는 새로운 대학의 신설을 요구하기 시작하였다. 결국, 정부는 1952년부터 각 도에 국립대학을 설립함으로써 지방의 고등교육 수요를 해소하고 지역 간 균형을 도모하고자 하였다(강무섭 외, 1986; 이형행, 1999). 그 결과 1952년에 경북대, 전북대, 전남대가 설치되고, 1953년에 부산대, 충남대, 충북대가, 1955년에 제주대가 설립되었다. 그리고 이러한 지방 국립대학의 신설은 전국에 '대학붐'을 불러일으키며 사립대학의 신설 및 개편을 촉진하는 결과를 낳았다(이형행, 1999).

결과적으로, '한국전쟁'이라는 비극적 전쟁을 치르면서도 대학의 수는 지속적으로 증가하였다. 그러나 새롭게 설립된 대학들은 교수 수나 시설 여건이 상당히 열악하였다. 또한 학생정원에 대한 규정이 있었음에도 불구하고 정부는 대학의 자율적 규제를 허용하는 자유방임적 입장을 취함으로써 많은 대학이 정원의 몇 배가 되는 학생들을 선발하기도 하였다(강무섭 외, 1986). 이에 정부는 1955년에 '대학설치기준령(대통령령 제1063호, 1955. 8. 4.)'을 제정하고 문교부 산하에 대학의 설립 인가를 위한 다양한 기준과 적합성 여부를 조사 및 심사하기 위한 '대학조사위원회'를 설치·운영하도록 규정하였다. 그리고 대학 신설 기준을 강화하였을 뿐만 아니라 기존 대학에 대해서도 시설의 확충을 요구할 수 있도록 하였다. 이로 인해 실제로 1950년대 후반에는 대학 신설이 현저하게 줄어들기도 하였다.

'대학설치기준령'의 제정은 정부의 고등교육정책이 양적 확대정책에서 질적 수준 제고정책으로 전환하는 계기가 되었다. 그러나 실제로는 교원배치나 시설 마련 등을 위한 외형적인 기준만 제시하는 데 그쳤다는 지적도 있다(이형행, 1999). 비록 기대했던 정책적 효과를 거두는 데 한계가 있었던 것은 사실이나, '대학설치기준령'은 후에 '대학시설 연도별 보충 기준령(문교부령 제256호, 1970. 1. 7.)'이나 '대학 실험·실습 설비 기준령(문교부령 제264호, 1970. 5. 14.)'의 제정에 영향을 미치면서 대학교육의 질적 수준 제고에 중요한 근거로 작용하였다.

2. 정원억제기(1961~1980)

5·16 군사정변 이후 제4공화국이 막을 내린 1980년까지의 기간은 '정원억제기'라 할 수 있다(강무섭 외, 1986; 이현청 외, 1999). 사실, 이 시기에

는 국민들의 고등교육 진학 요구와 재정수입 증대를 위한 사학의 정원확대 노력이 맞아떨어지면서 1960년 약 8만 명 수준이던 대학생 수가 1980년에 약 65만 명 수준으로 증가하였다(교육부·한국교육개발원, 2015a). 그럼에도 불구하고 이 시기를 '정원억제기'라 하는 것은 해방 이후 1960년까지의 시기와 달리 국가가 주도적으로 정원을 억제하고 대학에 대한 통제 및 감독을 강화하기 위한 다양한 정책을 추진하였기 때문이다.

1960년부터 집권한 군사정부는 대학의 질 관리를 위해 강력한 대학 통제와 감독 체제를 구축하였다. 1955년에 제정된 '대학설치기준령'에 의해 대학의 신설 및 확장은 이미 제동이 걸려 있는 상태였으나, 교수 확보나 시설 기준 충족 등에 대한 기준령의 규정들은 제대로 기능하지 못하고 있었다(강무섭 외, 1986). 결국, 정부의 대학정비 및 정원통제가 본격화한 것은 1961년 5·16 군사정변 이후부터라고 할 수 있다. 대학에 대한 이전까지의 정부 정책은 대체적으로 양적 성장에 초점을 맞춘 자유방임적 태도를 취하였으나, 군사정부가 들어선 이후 국가의 경제발전과 연계하여 정원을 억제하고 통제하는 방향으로 정책적 접근방식이 전환되었다(이현청 외, 1999). 사실, 이러한 정부 정책의 변화는 고등교육의 양적 팽창과 부실 대학의 확산으로 인한 국민들의 우려를 고려한 것이기는 하나, 다른 한편으로는 1960년 4·19 혁명의 주축 세력이었던 대학생 집단을 견제하고자 하는 정치적 의도가 함께 내포되어 있었음을 지적하기도 한다(강무섭, 1985; 김영화, 1993).

대학정비를 위해 5·16 군사정부가 가장 먼저 추진한 것은 1961년에 제정된 '교육에 관한 임시 특례법(법률 제708호, 1961. 9. 1.)'이었다. 과거 대학정비정책이 실효를 거두지 못한 것이 대학 설립·운영자들의 압력 때문이었다고 판단한 군사정부는 더욱 강력한 통제수단이 필요했다. 이 때문에 바로 뒤이어 9월 5일에 국공립대학 정비내용이 발표되고, 동시에 전국 사립대학에 대한 실태조사가 실시되었다(이형행, 1999). 이러한 일련의 과정을 거쳐 제정·공포된 것이 바로 '학교정비기준령(각 령 제283호, 1961. 12. 9.)'이다. 중학교부터 대학교까지 지역별·종류별로 균형을 유지할 것을 강조했으며, 대학의 경우 국공립대학과 단과대학의 정비 및 통합, 사립대학의 정비, 동일계 학과 중복 금지와 학생정원 조정 기준 등을 구체적으로 제시했다. 특히 학생정원의 조정 기준에서는 전국 대학생 정원을 국가의 인적 수요와 설립자의 경비 부담 능력, 국민의 교육비 부담 능력 등을 고려하여 문교부 장관이 정하도록 함으로써, 국가의 인력수급 계획에 기반하여 대학의 정원을 국가가 직접 통제하겠다는 의지를 표명하였다.

이에 근거하여 문교부는 1961년 말에 '대학정비안'을 마련하였다. 이 정비안에는 부정 및 분규 대학의 정비와 대학의 지역 분산, 인문계 감축 및 실업계 증강이 핵심 내용으로 담겼다(이형행, 1999). 그리고 국립대학은 동일 지역 내 독립 단과대학을 종합대학의 단과대학으로 흡수하고, 공립대학은 가급적 국립대학으로 통합하는 것을 권고하였다. 사립대학은 정원 600명(서울은 700명) 미만인 대학을 폐지하고, 동일 지역 내의 학과 수를 제한하며, 신학대학은 각종학교로 전환하고, 초급대학은 실업계에 한하여 인가하는 방안을 추진하였다. 그 결과 1961년 71개의 4년제 대학이 50개로 줄었으며, 679개 학과 9만 1,920명의 정원이 532개 학과 6만 6,410명으로 감축되었다(김영철, 2008; 강무섭 외, 1986; 이형행, 1999).

그러나 이러한 강력한 대학통제정책과 정원 감축 시도는 대학 관계자들뿐만 아니라 고등교육을 요구하는 국민들의 요구와도 부합하지 않은 것이었다. 더욱이 국가의 인력 수요 예측이 정확한 통계나 자료에 기초하지 못하고 있어 근거가 미약했으며, 비민주성과 지방대학 약화 등의 문제도 제기되었다(김종철, 1979). 결국, 대학정비사업은 수정이 불가피하게 되었으며, 1962년 12월에 개최된 국가재건최고회의 문교사회 분과위원회 회의 이후 규정이 완화되기 시작하였다. 그리고 1962년에 종전의 고등학교 수준인 10개의 사범학교를 2년제 교육대학으로 개편하고, 1963년에 산업기술인력 양성을 목적으로 5년제 고등실업전문학교를 창설하는 등 새로운 교육기관의 설립도 활발하게 이루어졌다. 그 결과 1964년에 이르러 대학정비사업은 완전히 원상태로 환원되고 말았다(강무섭 외, 1986; 이형행, 1999).

그 대신 5·16 군사정부는 1963년 6월에 '사립학교법(법률 제1362호, 1963. 6. 26.)'을 제정하였다. 사실, 1961년에 제정된 '교육에 관한 임시특례법'에 이미 사립학교 운영이나 이사 선임, 교원 인사 등 사립학교에 대한 감독 및 통제를 위한 사항들이 포함되어 있었으나, 정부는 이를 여러 차례 개정해 오다가 1963년에 비로소 별도의 법률로 제정·공포하기에 이르렀다. 사립대학의 학교법인은 문교부 장관을 감독청으로 하며, 법인의 예·결산을 감독청에 제출하고 법인의 임원과 사립학교장의 임명에는 감독청의 승인이 필요함을 명시하였다. 이에 대해 사학 관계자들의 반대가 극심했으나, 정부는 1963년 12월에 '동법 시행령'을 제정하였으며 여러 번의 개정을 거치면서 법인 임원의 인사상 제약, 사립학교 설립자와 대학의 장에 대한 제한 등의 규제를 더욱 강화하였다(강무섭 외, 1986).

이 시기 정부의 대학 통제 및 정원 억제를 대표하는 또 다른 정책으로는 '대학학생정원령(대통령령 제2331호, 1965. 12. 22.)'을 들 수 있다. 1963년 12월에 출범한 제3공화국 정부는 고등교육에 대한 통제를 더욱 강화하였다. 그 일환으로 1965년 12월 '교육법시행령(대통령령 제2332호, 1965. 12. 22.)'을 개정하고 제65조 제5항에 "대학(대학원 및 초급대학 포함)과 사범대학의 학생정원은 각각 대통령령으로 정한다"는 규정을 신설하였다. 그리고 제130조에 '학사와 석사는 문교부에 등록'하도록 하는 '학위등록제' 실시를 포함시켰다. 1965년에 제정된 '대학학생정원령'은 이에 기반하여 수립된 것으로, 대학 및 사범대학의 학과별 입학정원과 학년정원은 별표로 정하되 대학원 학생정원은 해당 대학교 또는 대학정원의 10분의 1로 정한다고 밝혔다. 그리고 학교의 장은 이 영에서 규정한 정원을 초과하여 입학을 허가할 수 없다고 명시하였다.

1966년에 개정된 '대학학생정원령(대통령령 제2826호, 1966. 12. 9.)'은 학교의 장으로 하여금 선발고사 합격자에게 입학허가를 통지하기 전에 문교부 장관의 확인을 받도록 하였으며, 문교부 장관의 확인이 없는 입학허가는 취소를 명할 수 있도록 하였다. 그리고 1967년 3월부터 시행된 '개정 법률(대통령령 제2831호, 1966. 12. 15.)'에서는 국공립대학교뿐만 아니라 주요 사립대학교의 학과별 입학정원까지도 별표에 규정하기 시작하였다. 이 때문에 종전까지 문교부 차관의 전결사항이었던 대학정원 관련 사무는 국무회의의 의결을 거치게 되었다. 이후 1969년부터 '대학입학 예비고사제'가 시행되면서 대학별 단독 시험에서 야기될 수 있었던 입학정원의 초과 모집 문제가 원천적으로 억제되기 시작하였으며, 1973년에 도입된 '실험대학'제도는 학과별 정원제를 계열별 정원제로 전환하는 계기가 되었다.

이러한 5·16 군사정부 및 제3공화국 정부의 대학정비정책들은 급격한 양적 팽창과정에서 저하된 대학교육의 질을 개선하고 국가의 인력 수요에 적합한 고등교육체제를 수립하기 위해 도입되었으나, 시행과정에서 여러 가지 문제점을 야기하게 되었다. 정부가 추진해 온 고도성장 위주의 경제정책들로 인해 한국경제는 1970년대 중반 이후 급격한 성장 추세를 보였으나, 대학에 대한 강도 높은 관리·감독과 입학정원 통제정책이 지속되면서 경제성장을 뒷받침해 줄 충분한 대졸 인력이 공급되지 못하는 문제가 나타났다. 이 때문에 일부에서는 '대학

학생정원령'을 폐지하고 대학의 입학정원을 대폭 늘리되 졸업 요건을 강화하는 방향으로 정책이 변화되어야 한다고 주장하기도 하였다(강무섭 외, 1986).

3. 정원확대기(1981~1995)

1970년대 중반 이후 베이비붐 세대가 대학에 진학하기 시작하였으며, 국민소득의 향상과 학부모의 높은 교육열 등으로 인하여 대학 진학 수요가 크게 증가하였다(김영철, 2008). 그럼에도 불구하고 1960~1970년대 군사정부하에서 대학정원의 증원은 거의 이루어지지 않았다. 그 결과 1980년 당시 대학입학정원은 전문대학을 포함해서 약 15만 명에 불과하였다(이형행, 1999). 결국, 대학 진학 수요와 공급 간에 심각한 불균형이 나타나기 시작하였으며, 지나친 학력별 임금 격차와 일류대학 진학을 위한 과열과외 성행, 재수생 누적 등이 사회문제로 대두되었다.

정부는 고등교육 및 입시를 둘러싼 이러한 문제를 해결하기 위해 1980년 7월 30일에 '교육 정상화 및 과열과외 해소 방안'을 발표하였다. 7·30 교육개혁 조치로 불리는 이 방안에는 과외금지와 대학 본고사 폐지, 고교 내신성적 반영, 대학졸업정원제 실시, 대학입학정원 확대, 전일수업제 운영, 방송통신대학교 확충, 교육방송 실시, 교육대학 수업연한 연장, 교육과정 축소 조정 등이 포함되었다. 특히 정부는 사회문제화되고 있던 과열과외의 근본 원인이 부족한 대학입학정원에 있다고 보고, 대학입학정원을 대폭 확대하는 대신 졸업을 어렵게 함으로써 대학졸업자의 질적 수준을 유지하고자 하였다.

1981년부터 시작된 '졸업정원제'하에서 각 대학은 자신들에게 정해진 졸업정원에서 일률적으로 30%(전문대는 15%)를 가산하여 입학생을 모집하되, 2학년 말까지 졸업정원 초과 인원의 60%를 중도 수료시켜야 하며, 졸업 시 인원은 각 학교의 졸업정원에 맞추어야 했다(김영철, 2008; 문교부 1983). 그런데 졸업정원제를 실시한 결과 입학정원이 확대되면서 일시적으로 고등교육 진학 수요가 해소되는 듯하였으나, 이내 대학 진학 가수요가 조장되면서 1983년부터 재수생 수가 다시 증가하였다. 그리고 대학의 교수확보율이나 시설 등 교육 여건을 고려하지 않은 채 획일적으로 졸업정원의 130%를 모집하도록 하고, 그중 초과 인원을 중도에 강제 탈락시켜야 하는 규정으로 인해 다양한 문제점이 나타났다(강무섭 외, 1986).

결국, 정부는 1983년에 제1차 보완을 통해 학년별 탈락률 및 졸업정원제 운영 단위를 자율화하고, 4학년 수료자들의 전과 및 후기 졸업을 허용함으로써 제도의 경직성을 완화하고자 하였다. 그리고 1984년에 실시된 제2차 보완에서는 신입생 모집 비율을 완전히 자율화함으로써 각 대학이 졸업정원의 130% 범위 내에서 자율적으로 신입생을 모집할 수 있도록 하였다. 그 결과 1985년부터 신입생 수가 점차 졸업정원과 비슷한 수준으로 줄어들었으며 정원 증가율도 크게 둔화되었다(김영철·이정규, 2000). 결국, 졸업정원제는 1987년에 폐지되고 1988학년도부터 '입학정원제'로 환원되었다. 대신, 정부는 1990년부터 교수, 교육시설, 수익용 기본재산 등 교육여건 개선에 관심을 기울이기 시작하였으며, 전임교원 확보율이 60% 미만인 대학은 정원 증원 대상에서 제외한다는 방침을 밝히기도 하였다(김영화, 1993).

정부는 대학 진학의 문을 넓히기 위해 졸업정원제 외에도 영세학과의 증원, 기존 대학의 학과 및 단과대학의 증설, 단과대학의 종합대학화, 신규 대학의 설립 등을 권장하였으며, 대학입학정원을 연차적으로 증원한다는 원칙 아래 1981년에만 10만 5,000명을 증원하도록 하였다(김영철, 2008). 그리고 학생 수 증가에 따른 교수 요원 확보를 촉진하고, 대단위 수업방법을 도입하며, 서울과 지방 간의 교수 교류제를 확대하고자 하였다. 특히 대학의 시설 및 인력 활용을 극대화하기 위해 강의를 아침부터 저녁까지 개설하는 전일수업제를 시행하기도 하였다. 1982년부터 학사과정을 개설하고 신입생을 모집하기 시작한 '한국방송통신대학'이나 1981년부터 수업연한이 2년에서 4년으로 연장되기 시작하여 1984년부터 모든 수업연한이 4년으로 전환된 '교육대학'도 이 시기의 대학생 수 증가에 상당히 기여하였다.

하지만 이 시기에 수도권 지역은 새로운 학교나 학과의 설립 및 증설, 정원 증원 등이 엄격하게 제한되었다. 수도권 대학에 내한 규제는 사실 1978년에 작성된 '수도권 인구 재배치 계획'에 의해 처음으로 채택되었다(조성호, 2009). 이는 새롭게 창출되는 교육기회를 지방으로 배분하고 수도권 내에서는 당시의 수준을 유지하는 것에 목적을 두고 있었다. 이후 1982년에 '수도권정비계획법(법률 제3600호, 1982. 12. 31.)'이 제정되고 이듬해 '동법 시행령(대통령령 제11251호, 1983. 10. 20.)'이 마련되면서 보다 구체화되었다. 수도권 지역의 대학 신증설 및 학생 증원에 대한 규제가 조금씩 완화되기 시작한 것은 1985년부터라고 할 수 있다. 1985년 10월 10일부터 야간계 학과가 신증설 및 증원 금지 대상에서 제외되었으며, 1989년 12월 23일에 한국방송통신대학이 규제 대상에서 제외되었다. 그리고 첨단 이공계 학과는 1992년에서 1995년까지 '수도권 정비계획 위원회'의 별도 심의를 거쳐 약 9,000명이 증원되었다.

요컨대 7·30 교육개혁 조치를 통해 1980년대 초부터 대학정원이 대폭 확대되었다. 이것은 1960년대 및 1970년대 군사정부의 학생정원 증원억제정책이 1980년대로 넘어오면서 대학정원 확대정책으로 변화했음을 의미한다. 이러한 정부 정책변화의 배경에는 재수생 증가 억제와 재정적 어려움에 처한 사학의 재정난 완화, 고등교육기회 확대를 통한 정치적·사회적 안정 도모 등의 이유가 내포되어 있었다(김영철·이정규, 2000). 그러나 대학정원의 급격한 증가는 노동시장에 대졸자 공급

과잉 현상을 초래하였으며, 대학교육의 질적 저하가 문제로 지적되었다. 또한 대학 졸업자의 공급 과잉에도 불구하고 첨단 기술인력은 여전히 부족한 수준이었다. 그 결과 1990년대 초반까지 정부는 이공계를 제외한 다른 학과의 신증설을 억제하는 정책을 추진하기도 하였다(이현청 외, 1999).

4. 정원자율화기(1996~2004)

1993년 2월에 출범한 문민정부(1993~2007)는 1994년 2월에 교육개혁위원회를 발족하고 새 정부 출범 이후 광범위하게 논의되어 오던 교육개혁에 관한 사항들을 검토하기 시작하였다. 그리고 1995년 5월 31일에 소위 5·31 교육개혁이라 불리는 '세계화·정보화 시대를 주도하는 신교육체제 수립을 위한 교육개혁방안'을 발표하였다. 전체 22개 분야 중 고등교육은 4개 영역으로 구분·제시되었는데, 이 안에 '대학설립, 정원 및 학사운영 자율화' 방안이 포함되었으며, 이는 다시 '대학설립준칙주의 도입'과 '대학정원 및 학사운영의 자율화' 과제로 구체화되었다.

대학설립준칙주의는 대학설립규칙의 변경을 통하여 대학의 다양화 및 특성화를 이루고자 도입된 제도로, 설립조건을 완화하고 대학 설립의 자율화를 확대하고자 하였다(박남기·임수진, 2015). 이를 위해 학교의 설립 목적과 특성에 따라 학교설립기준을 다양하게 규정하고, 일정 기준을 충족하면 학교를 자유롭게 설립할 수 있도록 하였다(교육개혁위원회, 1995). 이러한 교육개혁위원회의 구상은 1996년에 제정된 '대학 설립·운영규정(대통령령 제15127호, 1996. 7. 26.)'을 통해 비로소 제도화되었다. 대학 설립·운영규정이 제정되기 전까지 우리나라의 대학 설립은 가인가·본인가제(1970), 대학 설립계획 승인 심사제(1989), 대학설립예

〈표 3-2〉 대학설립예고제와 대학설립준칙주의 특성 비교

구분	대학설립예고제	대학설립준칙주의
설립 규모	• 대규모 종합대학 지향 -총정원: 5,000명 이상 -설치학과: 25개 학과 이상	• 소규모 특성화 대학 지향 -정원 및 설치학과의 하한선 없음
설립 요건	• 구체적으로 명시 • 교지, 교사, 교원, 수익용 기본재산, 도서, 기숙사, 실험실습설비 및 교재, 교구 확보 기준 명시	• 가급적 최소 기준만 명시 -교지, 교사, 교원, 수익용 기본재산 확보 기준만 명시 -교지 및 교사 기준은 가급적 완화하고 교원 및 수익용 기본재산 기준은 강화 • 기타 사항은 대학 헌장에 명시
교지	• 교사(교육기본시설 및 지원시설) 면적의 3배 이상	• 400명 이하: 교사 건축면적 이상 • 400명 초과 1,000명 미만: 교사 기준면적 이상 • 1,000명 이상: 교사 기준면적 2배 이상
교사	• 교육기본시설, 지원시설, 연구시설로 구분한 각각의 기준면적	• 학생 1인당 기준면적(m^2) -인문사회 12, 자연 17, 공학 20, 예체능 19, 의학 20

자료: 교육부(1995: 28).

고제(1993) 등으로 변화해 왔다(임연기, 2008). 그런데 이 세 제도는 대체로 유사한 특성을 갖고 있다. 우선 대학 설립계획을 심사하여 잠정 인가 여부를 결정하고, 이후 설립 요건에 맞추어 교원, 교지, 교사 및 시설·설비 등을 구비하였는지 엄격하게 확인한 후 최종 인가 여부를 결정하게 된다. 반면, 대학설립준칙주의는 '대학 설립·운영규정'에서 규정한 시설, 교원, 재정확보 등 최소 기준의 준수 여부만 판단하여 대학 설립인가를 내주는 방식을 취하였다. 결국, 대학설립준칙주의의 도입은 과거에 비해 대학 설립을 훨씬 용이하게 하였으며, 결과적으로 대학 설립이 크게 증가하게 된 중요한 원인으로 작용하였다.

한편, 문민정부는 5·31 교육개혁안 발표에 앞서 이미 1994년 12월에 대학 학생정원의 단계적 자율화 계획을 담은 '대학정원 자율화 추진계획'을 발표하였다(교육부, 1995). 이는 충분한 여건 및 자율 역량을

갖춘 대학에 한하여 단계적으로 정원 책정권을 부여하겠다는 것으로, 1995년부터 각 대학이 정원 내에서 학과 신설 등 정원을 자율적으로 조정할 수 있도록 하고, 1998년에는 수도권 대학과 의학 및 사범계열을 제외한 모든 영역에 대해 개별 대학이 자유롭게 정원을 책정할 수 있도록 하였다. 이러한 정부의 계획에 따라 교육개혁위원회도 1997학년도부터 대학평가와 연계하여 정원 자율화를 실시하되, 비수도권 지역부터 단계적으로 실시하는 방안을 5·31 교육개혁안에 담았다. 그리고 1996년 2월 9일에 발표한 '제2차 교육개혁방안'에서는 교육관계 법령 체제개편을 제안하였다.[1]

실제로 1996학년도부터 교육부가 대학의 여건을 고려하여 계열별 증원 규모를 결정하고 대학은 그 범위 내에서 학과 신증설 및 정원 배정을 자율적으로 결정하도록 하는 '포괄승인제'가 실시되었으며, 이를 통해 총 1만 5,965명의 입학정원이 증원되었다(장석환, 2007). 그리고 1997학년도에는 '교육여건 연동제'를 도입하여 일정한 교육여건을 갖춘 대학에 한하여 학생정원 증원 규모를 대학이 자율적으로 결정하도록 함으로써 포항공대를 비롯한 7개 학교가 1만 6,465명을 증원하기도 하였다. 1997년 7월에 작성된 '1998학년도 정원조정 지침'부터는 1996년에 제정된 '대학 설립·운영규정'을 정원 자율화 대상 대학 선정 기준에 활용하기 시작하였는데, 정부는 정원 자율화 정책의 조속한 확대를 위해 '대학 설립·운영규정'에서 정한 정원증원 기준을 모두 적용하지 않

1 '고등교육법(법률 제5439호, 1997. 12. 13.)' 제32조에 "대학의 학생정원에 관한 사항은 대통령령이 정하는 범위 안에서 학칙으로 정한다"는 규정이 신설되었으며, '동법 시행령(대통령령 제15665호, 1998. 2. 24.)' 제28조 제1항에는 교육부가 대학의 교육여건을 고려하여 정원책정 기준을 정하되 대학은 교육부에서 제시한 정원책정 기준의 범위 내에서 학생 정원을 학칙으로 정하도록 명시하였다. 이때 교육부의 '정원책정 기준'은 학과 등의 증설 및 학생정원 증원을 추진하는 대학이 갖추어야 할 교원, 교사, 교지, 수익용 기본재산 확보 기준 등을 규정하고 있는 '대학 설립·운영규정'의 기준을 고려하여 정해지게 된다.

고 교원확보율 및 교사확보율만 사용하였으며, 그것조차 50% 이상만 되면 대학이 증원 규모를 자율적으로 결정할 수 있게 하였다. 그 결과 1998학년도에는 76개교에서 총 2만 2,935명이 증원되는 결과가 나타났다.

그런데 정부의 정원 자율화 대상 대학 선정 기준이 이처럼 '대학 설립·운영규정'상의 학생정원 증원 기준보다 느슨하게 운영되면서 정원 자율화가 대학교육의 질을 저하시킨다는 우려가 제기되었다. 그 결과 2000년 이후부터 교육부의 '대학 학생정원 조정지침'에 제시된 교원확보율 및 교사확보율 기준이 점차 상향조정되었으며, 2003년 이후부터는 그동안 고려되지 않던 교지확보율 및 수익용 기본재산 확보 기준이 추가되었다. 이는 비록 '대학 설립·운영규정'에서 정한 정원증원 기준에 크게 못 미치는 수준이었지만 교육여건 개선 및 교육의 질 제고가 주목을 받기 시작했다는 점에서 의미 있는 변화라 할 수 있다.

5. 정원억제 및 감축기(2005~현재)

2003년에 출범한 참여정부(2003~2007)는 2004년 12월에 '대학 구조개혁방안'을 발표하고, 대학 간 통합 및 대학 신설 요건의 강화, 정원감축과 연계한 대학구조개혁 지원사업추진 등을 골자로 한 강도 높은 대학구조 개혁방안을 제시하였다. 이는 1995년 5·31 교육개혁안 도입 이후 '대학설립준칙주의'와 '대학정원 자율화'를 핵심으로 하는 양적 성장 중심의 고등교육정책이 계속되면서 대학 및 대학생 수는 크게 증가하였으나 대학의 교육여건과 교육의 질이 저하되는 문제가 수반되었다는 판단에 기반하고 있다.

대학설립준칙주의의 경우, 대학설립과정에서 정부의 개입과 간섭을 최소화하고 인가과정의 투명성과 일관성을 확보할 수 있다는 점이 긍정적으로 평가받기도 한다(임연기, 2008). 그러나 대학설립을 위한 최소한의 조건만 갖추면 대학설립을 인가받을 수 있기 때문에 제도 도입 초기부터 부실사학이 난립할 수 있다는 점이 문제로 지적되어 왔다. 이러한 문제를 완화하기 위해 참여정부는 기존 정부와 달리 규제강화 정책을 강력하게 추진하였다. 우선, 2005년 10월 '대학 설립·운영규정(대통령령 제19095호, 2005. 10. 25.)'을 개정하고, 재정이 열악한 소규모 대학이 무분별하게 설립되는 것을 방지하는 한편, 고등교육기관의 경쟁력 제고를 위하여 대학의 신설 요건을 강화하였다. 주요 내용을 살펴보면, 대학 시설 기준의 최소 규모를 대학은 400명에서 1,000명으로, 대학원대학은 100명에서 200명으로 상향 조정하였다. 그리고 교원기준 최소 규모 학생정원을 대학은 200명에서 500명으로, 대학원대학은 100명에서 200명으로 상향 조정하였다. 수익용 기본재산의 최소 금액은 대학 100억 원, 전문대학 70억 원, 대학원대학 40억 원 이상으로 강화하고, 1개 법인이 복수의 학교를 설립·운영하고자 하는 경우 설치학교별 수익용 기본재산 합산액 이상을 확보하도록 함으로써 영세 소규모 대학의 난립을 방지하고자 하였다. 한편, 동일 법인, 동일 권역의 산업대학과 전문대학을 통폐합하여 일반대학으로 개편하기 위해서는 전문대학 60%, 산업대학 25% 이상의 입학정원을 감축하고, 교지와 교사, 수익용 기본재산 확보율이 현재보다 개선되도록 하였다. 마지막으로, 대학정원 자율화 대상 대학의 선정 기준도 '대학 설립·운영규정'에서 규정하고 있는 교원확보율과 교사확보율 기준을 모두 충족시킬 것을 요구하였다.

이후 이명박정부나 박근혜정부에서도 교지나 교사, 교원, 수익용 기본재산 등에 대한 설립요건을 더욱 강화하고 심사를 보다 엄격히 하는 방향으로 제도를 개선·보완해 가고 있다. 결국, '대학 설립·운영규정'이 존재하는 한 대학설립준칙주의가 완전히 사라졌다고 말하기는 어렵지만, 그동안 대학 설립 요건이 강화되고 재정운영계획이나 학사운영계획 등을 엄격하게 심사하여 설립을 인가하게 되면서 대학설립준칙주의는 사실상 폐지된 상태라고 할 수 있다.

한편, 1995년 5·31 교육개혁안 도입 이후 지속되던 대학정원 자율화 및 학생정원 증원정책은 2005년 이후 크게 위축되었다. 오히려 정원 자율화 대상 대학 선정 기준이 더욱 엄격해졌으며, 대학의 정원감축을 유도하는 방향으로 주요 정책이 전환되었다. 우선, 2005년 이후의 '대학 학생정원 조성 지침서'를 살펴보면, 정원 자율화 대상 대학 선정을 위한 교원, 교사, 교지 및 수익용 기본재산 확보율 기준이 점차 높아졌으며, 2007년에는 '대학 설립·운영규정'에서 요구하는 정원증원 기준과 일치하는 수준까지 상향 조정되었다. 2004년에 참여정부가 '대학구조개혁 재정지원사업'을 추진하면서 사업 참여 기준에 정원감축 조건을 제시한 이후(교육인적자원부, 2004), 정부에서 추진하는 대규모 재정지원사업마다 대학의 구조개혁 성과나 정원감축 실적 및 계획 등이 중요한 평가 요소로 포함되기 시작하였다.

최근에는 '대학구조개혁'이 가장 핵심적인 고등교육정책으로 주목받고 있으며, 그 핵심에는 대학정원 감축과 부실대학 퇴출이 자리하고 있다. 특히 박근혜정부는 2014년 1월에 '대학구조개혁 추진계획'을 발표하고 새로운 대학 평가체제의 도입 및 평가결과에 따른 구조개혁 조치를 천명하였다(교육부, 2014. 1. 29.). 이에 따르면 우리나라는 학령인구의 감소로 입학자원이 급격하게 줄어 2023년에는 현재의 입학정원보다 16만 명이 줄어들게 된다. 이에 정부는 3년 주기의 대학구조개혁 평가를 실시하고 평가결과에 따라 대학에 학생정원 감축을 요구함으로써 2023년까지 16만 명을 줄일 예정이다. 이러한 계획에 기반하여 2014년 12월에 '2015년 대학 구조개혁 평가 기본계획'을 확정·발표하였으며(교육부, 2014. 12. 24.), 2015년에 전국 298개 고등교육기관을 대상으로 정량 및 정성 지표에 대한 종합적인 평가를 실시하였다. 그리고 그 결과에 따라 정부 재정지원사업 참여 제한뿐만 아니라 차등적으로 정원감축 비율이 권고되었다(교육부, 2015. 8. 31.).

이처럼 2005년 이후 대학 통폐합과 신설 억제, 학생정원 감축 중심의 대학구조개혁 정책이 지속적으로 추진되고 있다. 최근에 진행되고 있는 이러한 구조개혁 정책은 5·31 교육개혁 당시 도입된 대학설립준칙주의와 정원 자율화 정책이 초래한 과도한 대학 수 및 학생 정원의 팽창이 가져온 결과라 할 수 있다. 더욱이 2018년부터 대학 입학정원이 고등학교 졸업자 수를 초과하게 되고 이후 초과 정원이 급격하게 증가할 것으로 예상되어 정원감축을 중심으로 한 대학구조개혁 정책은 당분간 정원정책의 근간을 이룰 것으로 보인다.

IV. 대학평가정책

한국에서 실시된 최초의 대학평가는 1952년 유네스코(UNESCO)-운크라(United Nations Korean Reconstruction Agency, UNKRA) 교육계획사절단이 실시한 학교교육 조사활동이라고 할 수 있다(한국교육문제연구소, 1974). 이후 1960년대까지 실시된 대학평가는 문교부가 대학에 대한 행정적 지휘·감독권을 발휘하는 과정의 일환이었다(박종렬 외, 2009). 그러나 우리나라에서 실시된 현대적 의미의 대학평가는 1973년부터 1980년까지 지속된 '실험대학평가'라고 할 수 있다(박종렬 외, 2009). 이후 대학평가는 세 번 정도의 큰 변화를 경험하였다. 우선, 대교협은 1982년부터 전체 회원 대학을 대상으로 5년 주기의 '대학기관평가'를 실시하였다. 두 번째 변화는 1994년에 시작된 '대학종합평가인정제'의 도입이었다. 세 번째 변화는 2007년부터 법제화되기 시작한 '대학자체평가' 및 '고등교육기관에 대한 평가·인증' 제도의 도입이라고 할 수 있다.

이처럼 우리나라의 대학평가는 세계 주요국의 대학평가와 비교해도 도입 시기나 종류의 다양성 측면에서 전혀 뒤지지 않는다. 이하에서는 최초의 현대적 대학평가로 인정받고 있는 1973년 '실험대학평가' 이후 시기별 대학평가방법의 주요 특징과 정책적 의미 등을 간단히 살펴보고자 한다.

1. 현대적 의미의 대학평가 도입(1973~1980)

1960년대에 추진된 정부 주도의 대학개혁 노력이 효과를 거두지 못하자 정부는 대학의 자율적 규제, 교육과정 운영의 융통성 부여, 점진적 개혁 등의 대원칙하에 1973년부터 교육·연구 과정에서 개혁을 선도할 대학들을 '실험대학'으로 선정·지원하기 시작하였다(김종철, 1979). 즉, 실험대학 정책은 기존의 '양적 확대'와 '통제' 중심의 대학교육 개혁정책에 대한 비판에서 시작되었으며, 대학교육의 '질적 향상'과 '자율'을 강조하는 사회적 요구가 반영된 것이라 할 수 있다.

당시 문교부 장관 자문기구인 교육정책심의회 고등교육분과위원회는 대학교육 개혁방안 마련을 위해 대학관계자들이 참여하는 대규모 심포지엄과 지역세미나 등을 다수 개최하였다(김성혜, 1999). 실험대학정책은 이 과정에서 제안된 새로운 고등교육 개혁 구상이라고 할 수 있으며, 평가를 통해 선정된 선도대학을 중심으로 새로운 개혁방안을 먼저 도입·적용하고 그것을 점차 나머지 대학으로 확산시켜 나가는 방법을 취하였다. 실험대학 1차 연도인 1973년에 제안된 핵심 정책은 크게 세 가지였다. 첫째는 1952년 이후 고착화된 160학점의 졸업학점을 140학점으로 낮추어 대학교육과정의 개선을 유도하고, 둘째는 기존의 학과별 정원제를 지양하고 대학별·계열별 정원제를 도입하며, 셋째는 학생들에게 부전공을 허용하고자 하였다. 이후 1974년에는 학업성취 능력에 따른 학점취득제(조기졸업제)와 복수전공제, 계절학기제 등이 추가되었다(서울대학교 교육연구소, 2006).

실험대학 선정을 위한 평가는 크게 네 단계로 실시되었다. 이는 미국의 '대학 평가·인증 시스템'을 참고하여 마련된 것으로, '사전 기준 설정', 대학의 '실험대학 운영계획서 제출', '서면평가', '현지방문평가' 등 4단계 평가모형이 적용되었다(교육정책심의회, 1978; 김성혜, 1999). 이러한 실험대학 평가정책의 추진 주체는 문교부였으나, 평가의 실질적인 운영은 정부에 의해 구성된 '실험대학 평가위원회'에서 담당하였다. 따라서 실험대학 정책에 참여하고자 하는 대학들은 반드시 정부에서 제시한 정책들을 반영한 '실험대학 운영계획서'를 작성·제출해야 하고, 인문·사회·자연계 전공 대학교수 10여 명으로 구성된 실험대학 평가위원회에서 해당 서류를 평가하였다. 그리고 현지 방문 위원단을 구성하여 신청 대학을 방문·평가하였다.

그 후 실험대학 평가는 1980년대의 정치적 변혁에 직면하면서 많은 변화를 겪어야만 했다(이형행, 1991; 1999). 우선, 1981년에 졸업정원제가 도입됨에 따라 계열별 모집제는 다시 학과별 모집제로 환원되었다. 그리고 실험대학에만 적용되던 졸업 이수학점 감축안 또한 모든 대학으로 확대되었으며, 복수전공제와 부전공제, 계절학기제, 조기졸업제 등도 실험대학과 비실험대학 간의 구분이 거의 사라지게 되었다. 이처럼 1980년 7·30 교육개혁 조치 이후 대부분의 대학이 실험대학의 학사개혁 정책을 도입·적용함에 따라, 실험대학 평가는 1981년부터 모든 대학을 대상으로 대학의 운영실태를 평가하는 '대학운영 종합평가'로 전환되었다.

이러한 실험대학 평가정책은 비록 정부 주도로 실시된 재정지원사업 평가의 형식을 취했지만, 실험대학 선정 및 운영과정에서 실시된 대학의 자체평가와 전문가 집단에 의한 대학평가 시도는 기존의 정부 중심적·관료주의적 평가와 다른 특징이라고 할 수 있다. 그리고 1982년부터 시작된 대교협 중심의 자율적·동료적 대학평가의 도입 및 발전에 상당한 영향을 미쳤다고 할 수 있다(김종철, 1979; 서울대학교 교육연구소, 2006).

2. 대교협[2] 중심의 대학평가 실시(1982~2006)

1980년 7·30 교육개혁 조치 이후 실험대학정책이 막을 내리면서 1981년부터 전국의 모든 대학을 대상으로 대학운영실태를 평가하는 '대학운영 종합평가'가 시작되었다. 그러나 당시의 정부는 전체 대학을 일시에 평가할 수 있을 정도의 준비나 체계적인 방법을 갖추고 있지 않았다(박진형, 2014). 결국, '대학운영 종합평가'는 현지방문평가를 생략한 채 각 대학이 제출한 서면자료에 대한 평가만 실시하게 되었다. 따라서 현대적인 의미의 대학평가가 본격적으로 시행되기 시작한 것은 대교협 설립 이후부터라고 할 수 있다.

1) 대학기관평가[3] 및 학문영역평가 실시(1982~1992)

대교협이 문교부의 위탁을 받아 대학평가를 실시하기 시작한 것은 관

2 이하 2002년까지의 대교협 대학평가 관련 정보들은 한국대학교육협의회(2002)에서 발간한 『한국대학교육협의회 20년사』에 기반하고 있다.

3 1988년 및 1989년에 실시된 대학평가인정제 관련 연구들이 대학종합평가라는 명칭을 제시함에 따라 1991년부터 평가의 명칭이 '대학기관평가'에서 '대학종합평가'로 변경되었다(한국대학교육협의회, 2002).

련 법률이 제정되기 이전인 1982년부터이다.[4] 당시 대교협의 대학평가는 대학 전체를 평가대상으로 하는 종합평가 성격의 '기관평가'와 특정 학문분야의 교육내용 및 운영을 집중적으로 평가하는 '학문영역평가'로 나눌 수 있다.

이 시기 대교협은 대학의 전반적인 운영 실태를 점검하기 위해 5년 단위의 '기관평가'를 1차(1982~1986)와 2차(1988~1992)에 걸쳐 실시하였다. 평가의 계획 및 집행은 대교협 주도로 실시되었으며, 정부는 위탁사업에 대한 감독기관으로서의 역할만 수행했을 뿐 공식적으로 평가사업에 개입하지는 않았다(박진형, 2014). 그리고 평가결과는 해당 대학에만 전달되었으며, 대외적으로 공포되지 않았다.

1차 평가는 평가주기의 개념이 따로 없었기 때문에 매년 모든 4년제 대학이 평가의 대상이 되었다. 그리고 기관평가 초기인 1982년부터 1984년까지는 학부와 대학원을 분리하고 학사문제와 재정문제를 구분하여 평가하였으나, 1985년 이후 학부와 대학원 모두 학사와 재정을 통합하여 대학(원)기관평가로 전환하였다.

대학평가사업 자체가 문교부로부터 이관된 지 얼마 되지 않은 시점이었기 때문에 평가내용은 과거 정부 주도의 평가와 크게 다르지 않았다(박종렬 외, 2009). 1982년 평가의 경우, 과거 문교부의 대학평가항목에 학생정원과 졸업정원제 운영 등 실태 파악을 위한 몇 가지 항목만 추가하였다. 그러나 1983년부터 평가항목 및 내용에 대한 연구가 적극적으로 추진되었으며, 1985년에는 평가영역을 6개 영역 121개 지표로 세분화하는 등 평가내용이 상당히 체계화되었다.

---

4 1984년에 제정된 '한국대학교육협의회법(법률 제3727호, 1984. 4. 10.)'을 통해 대학평가 주관기관으로서의 역할을 법적으로 인정받게 되었다. 한국전문대학협의회도 1995년에 제정된 '한국전문대학교육협의회법(법률 제5070호, 1995. 12. 29.)'에 근거하여 1995년부터 전문대학기관평가를 시작하였다.

〈표 3-3〉 대학기관평가 평가항목 및 방법

연도	평가항목	평가방법
1982	① 대학편제, ② 교육과정 운영, ③ 교수 충원, ④ 졸업정원제 운영, ⑤ 수업방법, ⑥ 연구비, ⑦ 이데올로기 비판 교육, ⑧ 시설	• 현황보고서 및 설문지에 기초한 사전 분석 • 모든 대학 방문평가
1985	① 교수·학습활동, ② 연구활동, ③ 장학·복지활동, ④ 사회봉사활동, ⑤ 행·재정운영, ⑥ 교육여건 조성	• 자체분석 연구보고서에 기초한 서면 평가 • 40개 단과대학
1988	① 교육목표, ② 교육과정, ③ 학생, ④ 교수, ⑤ 시설·설비, ⑥ 행·재정	• 자체평가 연구보고서에 기초한 서면 평가 • 모든 대학 방문평가(1일 1교)

자료: 한국대학교육협의회(2002: 134-139)의 내용을 기반으로 재구성.

평가방식은 실험대학평가 이후 지속되어 온 기존 방식과 크게 다르지 않았다. 대학 교수들로 구성된 기관평가위원회에서 평가기준 및 지표를 확정하고, 각 대학들이 그 기준에 맞추어 평가용 보고서를 작성·제출하면 위원회는 서면평가 및 현지방문평가를 실시한 후 최종 결과를 발표하였다. 다만, 1982년까지는 각 대학에 대한 정량지표 중심의 현황보고서나 설문지에 기초하여 사전분석을 실시한 후 모든 대학을 직접 방문평가하였으나, 1983년부터는 대학으로부터 '자체분석 연구보고서'를 제출받아 분석하고 학교 방문이 필요한 일부 학교(약 30%)에 한하여 현지방문평가를 실시하였다. 그리고 1985년에는 개별 대학으로부터 수집한 지표별 정량지표를 분석하여 평균치, 최고치, 최저치, 전국대학 대비 순위 등을 산출하였으며, 각 대학별 평가결과표를 작성하여 현지방문평가에 활용하였다.

1차 평가는 1986년에 종료되었고 2차 평가는 1988년에 다시 시작되었다. 이 기간 동안 대교협은 1차 평가에서 제기된 문제점을 보완하고 새로운 평가제도 및 기준을 마련하기 위한 연구를 수행하였다. 그리고 그 결과는 『대학평가편람』의 편찬으로 이어졌다. 대학평가 주기와 절차, 대학별 보고서 작성 방법 및 서식, 현지방문평가 과정, 세부 평가기준 등이 새롭게 제시되었다.

1988년부터 새롭게 시작된 2차 평가(이하 대학종합평가)의 가장 큰 특징은 평가의 목적을 '국가의 정책결정에 필요한 정보의 제공'보다 '대학의 자체적인 발전 도모'에 둠으로써 대학 간 자율적 평가라는 제도 도입 취지에 보다 부합하게 되었다는 점이다. 그러나 대학종합평가가 거듭되면서 다양한 비판이 제기되었다. 우선, 평가계획이 체계적이지 못하고 평가기간이 짧아 의미 있는 평가결과를 얻기 어렵다는 지적이 있었다(정희천, 1987). 그리고 평가지표가 한정적이어서 대학의 교육 여건과 질을 정확하게 평가할 수 없을 뿐만 아니라 평정의 관대화 경향으로 인해 결과를 신뢰하기 어렵다는 점 또한 문제로 지적되었다(김신복, 1990).

한편, 대교협은 기관평가와 별도로 학문영역 평가를 실시하였다. 1982년부터 시작된 학문영역 평가는 계열별 평가를 중심에 두고 정부의 필요에 따라 프로그램별 평가와 학과별 평가가 추가되는 형태로 추진되었다. 계열별 평가의 경우, 기본적으로 교육부의 학생 모집단위인 6개 대분류(인문사회계, 이공학계, 사범계, 농림학계, 의약학계, 예체능계)와 29개 중분류를 기준으로 하며, 1982년에 기초과학계·공학계·특성화공학계를, 1983년에 사립 공과대학을, 1985년에 인문과학계·사회과학계·이학계·공학계를, 1988년에 사범계·농림학계를, 1989년에 어문학계·약학계를 평가하였다. 그리고 국가의 정책적 필요에 따라 간헐적으로 특정 프로그램에 대한 평가가 병행되었는데, 국민윤리, 이데올로기 비판교육, 교양교육 등에 대한 평가가 실시되었다. 학과별 평가의 경우 1984년에 법학과, 1987년에 특성학과, 1990년에 도서관학과 및 간호학과가 평가를 받았다.

이처럼 초창기 대교협에서 실시된 학문영역별 평가는 체계적인 계획에 따라 주기적으로 실시되기보다 당시의 현안이나 정부의 정책적 필요에 의해 평가 대상이나 내용이 결정되었다. 그리고 '평가'로 명명되기는 했으나 각 대학의 학과 및 프로그램을 개별적으로 평가한 것이 아니라 우리나라 대학에 설치된 관련 학과들의 전반적인 현황을 정리하고 분석하는 수준에 그쳤다.

2) 대학평가인정제 실시(1992~2006)

1987년에 대통령 자문 교육개혁심의회가 대학평가체제를 강화하여 대학평가인정제로 전환하자는 건의를 하였고, 문교부가 이를 받아들이면서 대학평가인정제 실시 방안에 대한 연구가 발주되었다. 시행방안을 담은 연구 결과는 1990년에 교육부[5]에 제출되었다. 교육부는 이를 바탕으로 학과평가부터 '학과평가인정제'로 전환하기로 하고 1992년부터 제도를 시행하였다. 또한 대학을 대상으로 한 대학종합평가인정제는 1994년부터 7년을 주기로 하는 1주기 평가가 시작되었다.

(1) 대학종합평가인정제(1994~2006)

1992년까지 실시된 대교협의 대학평가는 적절한 평정장치를 갖지 못했을 뿐만 아니라, 결과를 외부에 공개하지 않았기 때문에 대학의 실태 및 개별 대학의 노력 정도를 사회에 알릴 수 없었다. 이에 1994년에 시작된 대학종합평가인정제는 각 대학을 체계적으로 평가하고 그 결과를 사회에 공표함으로써 대학이 사회적 인정을 얻을 수 있도록 해주었다(박종렬 외, 2009; 어윤배 외, 1998; 허귀진 외, 2001).

---

5 1948년 정부수립 이후 문교부로 불려 왔으나 '정부조직법(법률 제4268호, 1990. 12.)' 개정 이후 교육부로 변경되었다.

정부와 대교협은 대학평가인정사업의 객관성 및 공정성을 제고하기 위해 대학 및 사회 각계 인사가 참여하는 '대학평가인정위원회'를 대교협 병설독립기구로 설치하고, 평가인정의 방향과 사업내용 등에 대한 심의, 의결, 조정 등의 업무를 담당하도록 하였다. 평가는 종전의 대학평가와 마찬가지로 자체평가와 서면평가, 현지방문평가의 순서로 실시되었다. 그리고 자체평가를 위해 각 대학에 대학평가위원회를 의무적으로 설치하도록 하였다. 4년제 일반대학들은 1994년부터 2000년까지 평가 희망연도에 순차적으로 평가를 받았으며, 1997년에는 교육대학, 1998년에는 신학계 대학, 1999년에는 개방형 대학, 2000년에는 그동안 평가인정을 받지 못한 대학과 2000년에 최초로 졸업생을 배출한 신설 대학 등이 함께 평가를 받았다.

1994년에 도입된 대학종합평가인정제는 최초 7년 주기로 시작되었으나 급격한 사회변화를 반영하기 어렵다는 지적이 제기되면서 2주기 평가부터 주기가 5년으로 줄어들었다. 다만, 운영과정에서 대학들의 평가 실시 희망 연도가 평가주기 후반부로 극심하게 몰리면서 2주기 평가기간이 2006년까지로 1년 늘어나게 되었다. 2주기 평가에서 나타난 또 다른 변화는 매년 10월 또는 11월에 실시되던 평가가 상시 평가체제로 전환됨으로써 평가시기를 유연하게 설정·운영하게 되었으며, 사후평가 제도의 도입을 통해 최초 평가 실시 후 2년 이내에 개선이 필요한 평가항목들을 재점검할 수 있게 되었다.

평가결과는 대학평가인정위원회의 의결을 거쳐 교육부에 보고되었으며 평가인정 여부가 언론을 통해 공개되었다. 1주기 평가의 경우 평가대학의 점수가 총점의 70%를 넘으면 인정으로 판정되었으며, 1996년부터는 총점에 대한 인정/미인정 여부와 함께 평가영역별 점수가 만점의 90% 이상인 대학을 '영역별 우수대학'으로 발표하였다. 2주기 평가에서도 이전과 동일하게 종합평가 점수에 기반하여 인정/미인정 여부를 판정하였으나, 영역별 우수대학 판정방법은 변화가 있었다. 1주기에서는 각 영역별로 만점의 90% 이상을 획득한 대학을 '영역별 우수대학'으로 분류하였으나, 2주기부터는 영역별 점수에 따라 대학을 최우수, 우수, 보통, 미흡의 4단계로 구분·발표함으로써 대학 간 특성화 경쟁을 유도하고자 하였다.

대학종합평가인정제에 대한 평가는 다소 엇갈리고 있다(어윤배 외, 1998; 최한선 외, 2000; 신재철 외, 2004; 박남기 외, 2001). 평가인정제의 실시로 인해 대학의 교육 여건이 개선되고 대학 간에 발전적인 경쟁체제가 확립되었으며, 대학에 대한 사회의 신뢰도가 제고되고, 대학이 발전계획을 수립·추진하는 등 대학교육의 양적·질적 개선을 유도하는 데 기여했다고 평가하기도 한다. 반면, 평가기준의 타당성이 부족하고 평가 절차와 과정의 신뢰성 및 객관성이 부족하며, 평가에 대비한 과도한 인적·물적 자원의 낭비나 대학 특성을 무시한 획일적인 기준이 적용되는 것은 문제로 지적되었다. 그리고 일부에서는 미국의 대학평가·인증제에 뿌리를 두고 있는 대교협의 대학평가인정제가 근본적인 한계를 안고 있었음을 지적하기도 한다(박진형, 2014). 미국의 경우 대학 설립이 자유롭기 때문에 별도의 질적 보증 절차가 필요했지만, 사실상 대학 설립 허가제에 기반하고 있던 우리나라의 경우 정부에 의해 허가된 대학을 다시 불인정하기 어렵기 때문에 평가인정제도의 정책적 효과는 시작부터 한계를 안고 있었다는 것이다.

(2) 학문분야평가인정제(1992~2008)

학문분야평가인정제는 개별 학문분야의 교육 및 연구 활동 여건과 성과를 평가하고, 그 결과를 해당 학과 및 학문분야의 발전을 위한 기초자료로 활용하는 데 목적을 두고 있었다(박종렬 외, 2009). 평가인정제 도입 초기에는 '학과평가인정제'로 불렸는데, 평가대상 학과의 선정은 대학평가인정위원회가 주도했다. 평가대상 학과는 보통 전국 대학 중 10개 대학 이상에 설치된 학과, 이공계 학과를 우선으로 하되, 정부가 중점 육성하고자 하는 학과, 자격증이 요구되는 학과, 대학원이 설치된 학과들을 우선적으로 고려했다. 그리고 제도가 정착되어 감에 따라 대학원 설치 여부는 고려되지 않았으며, 연계성이 높은 학과들을 묶어 계열 혹은 분야별로 평가하게 되었다. 1998년에는 IMF 경제위기로 인해 평가가 잠시 중단되기도 하였으나, 고등교육 경쟁력 확보를 위해 1999년부터 다시 평가가 시작되었다. 다만, 당시 학부제 실시에 따라 학과를 평가단위로 하는 것이 사실상 불가능해짐에 따라 명칭도 '학문분야평가인정제'로 변경되었다. 이후 2008년까지 47개 정도의 학문분야에 대한 평가가 실시되었다.

학문분야평가인정제의 일반적인 시행 절차는 크게 네 단계로 구분된다. 우선, 대학평가인정위원회에서 평가대상 학문분야를 확정·통보하면 대교협에서 해당 분야에 대한 평가기준을 개발하게 된다. 둘째, 각 대학은 대교협에서 제시한 평가항목 및 기준에 따라 자체평가를 실시하고 결과보고서를 대교협에 제출한다. 셋째, 대교협은 관련 분야 교수들로 학문분야평가위원회를 구성하고 대학 자체평가보고서에 대한 서면평가 및 현지방문평가를 실시한다. 넷째, 평가단은 평가결과를 산출하여 대교협에 제출하고, 대학평가인정위원회는 최우수, 우수, 보통, 개선요망 등으로 최종 결과를 확정하여 언론 등을 통해 공표한다. 다만, 대학 간 극단적인 경쟁을 방지하기 위해 서열은 발표하지 않았다.

그러나 실제로는 학문분야 평가인정 결과가 대중의 관심을 불러일으키지는 못하였다. 일부에서는 평가 무용론이 제기되기도 하였으며 평가 자체를 거부하는 대학도 나타났다(박종렬 외, 2009). 가장 큰 이유는 온정주의적 평가 관행으로 인해 평가결과에 대한 대학 및 사회의 신뢰도가 상당히 낮아졌기 때문이라고 할 수 있다. 대학 스스로도 평가과정 그 자체에만 주목했을 뿐, 그 결과를 어떻게 활용할 것인지에 대한 구체적인 고민이 부족했던 점도 문제로 지적되었다.

(3) 대학자체평가 및 평가·인증제 도입(2007년 이후)

1992년부터 2006년까지 실시되었던 대교협의 학문분야평가인정제 및 대학종합평가인정제는 평가인정 개념의 불명확성, 성과평가에 대한 낮은 신뢰성, 예산 및 인력의 부족 등이 문제로 지적되어 왔다. 그리고 평가결과가 정부의 행·재정 지원과 연계되지 않으면서 평가의 필요성에 대한 의문이 제기되었으며, 정부 재정지원사업 평가나 언론사의 대학평가, 인증기관에 의한 학문분야별 평가 등이 확대됨에 따라 평가에 대한 대학의 피로가 증가하였다. 더욱이 2004년 이후 정부가 추진해오던 고등교육평가원 설립이 급물살을 타게 되자 대교협 평가의 지속성에 대한 의문이 제기되면서 2006년을 끝으로 대학종합평가인정제는 막을 내리게 되었다. 대신, 정부와 대교협은 2007년에 도입된 대학정보공시시스템을 대학평가에 연계하고자 하였으며, 평가기관 및 방법을 보다 다양화하기 위하여 대학자체평가와 정부로부터 인정을 받은 기관에 의한 평가·인증제도 등을 도입하는 방안을 구상하였다.

이를 위해 정부는 2007년 10월에 '고등교육법(법률 제8638호, 2007. 10. 17.)'을 개정하고 대학의 자체평가 실시 의무와 인정기관에 의한 인증 및 평가, 평가결과의 활용 등에 대한 사항을 명문화하였다. 특히 그동안 대학평가는 '한국대학교육협의회법'에 근거하여 대교협이 담당해왔으나, 평가기관의 다양화와 새로운 평가체제 구축에 대한 사회적 요구가 지속됨에 따라 정부는 대교협 외에도 정부로부터 인정받은 기관이라면 대학을 인증 및 평가할 수 있도록 허용하였다. 그리고 대학자체평가 실시나 평가결과의 공시 등을 의무화함으로써 이전과는 다른 새로운 형태의 대학평가체제를 구축하고자 하였다.

이와 함께 2008년 12월에는 '고등교육기관의 평가·인증 등에 관한 규정(대통령령 제21163호, 2008. 12. 17.)'이 제정되었다. 당시 개정된 '고등교육법' 제11조의 2 제2항에서 규정하고 있던 '별도 평가기관으로부터의 기관 평가·인증'에 필요한 평가·인증기관의 지정 기준 및 절차, 결과의 공개 등에 대한 구체적인 사항을 규정하기 위한 조치였다. '고등교육기관의 자체평가에 관한 규칙' 제3조 제2항은 모든 대학이 2년마다 1회 이상의 자체평가를 실시하도록 하였으나, 동시에 정부로부터 인정받은 기관으로부터 평가·인증을 받은 경우 이를 자체평가로 갈음한다고 규정하고 있었다. 이처럼 평가·인증을 위한 법적 기반이 마련됨에 따라 대교협과 전문대교협은 각각 기관 내에 '한국대학평가원'과 '고등직업교육평가인증원'을 설립하고 기관 평가·인증제 시행기관으로 인정받기 위한 준비를 시작하였다.

이후 한국대학평가원은 2010년 11월 11일에, 고등직업교육평가인증원은 2010년 12월 20일에 각각 교육부로부터 기관 평가·인증제 시행기관으로 인정을 획득하였으며, 2011년부터 기관 평가·인증 업무를 시작하였다(김정희 외, 2015).[6] 이 외에 프로그램 평가를 담당하는 학문분야 평가·인증 기관도 7곳이 인정을 획득하여 평가를 실시하고 있다. 사실, 민간의 학문분야 평가·인증은 1999년 한국공학인증원의 설립 이후 간호학, 의학, 한의학, 건축학, 경영학, 무역학, 치의학, 수의학, 약학 등으로 확대되었다. 그런데 2010년 정부가 '고등교육기관의 평가·인증 등에 관한 규정'을 근거로 각 분야의 모든 인증기관이 정부 인정을 받도록 권고함에 따라, 2011년에 한국간호교육평가원이 처음으로 정부 인정을 획득하였다. 이후 한국건축학교육인증원이 2012년, 한국

6 두 기관은 2015년에 유효기간이 만료되어 2016년 현재 2주기 평가·인증기관 지정 절차가 진행 중이다.

공학교육인증원과 한국경영교육인증원이 2013년, 한국의학교육평가원이 2014년, 한국치의학교육평가원이 2015년, 한국한의학교육평가원이 2016년에 각각 5년 유효기간의 인정기관 지정을 받게 되었다.

정부 인성기관에 의한 평가·인증은 기존 대교협의 대학종합평가인정제나 학문분야평가인정제의 평가 절차 및 기준과 비슷한 모습을 보이고 있다(김정희 외, 2015). 예를 들어, 대교협 한국대학평가원의 기관 평가·인증 절차는 대학 자체진단평가로 시작되며, 평가원에서 위촉된 평가위원들이 대학의 자체진단평가보고서를 서면평가하고 학교 현장방문평가를 실시하게 된다. 평가영역은 대학사명 및 발전계획, 교육, 대학구성원, 교육시설, 대학재정 및 경영, 사회봉사 등 6개이며, 17개 하위 평가부문 54개 지표로 구성된다. 이 중 전임교원확보율과 정원내 신입생 및 재학생 충원율, 교사확보율, 교육비 환원율, 장학금 비율 등 6개 지표는 필수 평가지표로 지정되어 있다. 평가가 마무리되면 최종적으로 대학의 의견을 수렴하여 인증 판정을 하게 되며, 그 결과는 각 대학 홈페이지나 대학정보공시 사이트 등에 게시된다.

이상에서 살펴본 바와 같이 대학자체평가와 기관 및 프로그램 평가·인증제는 대교협 중심의 기존 대학 평가체제를 대체하는 새로운 체제의 등장을 의미한다. 또한 대학자체평가가 시작되면서 그동안 대학평가의 문제점으로 지적되어 온 평가 중복이나 대학의 부담 증가, 획일적 기준의 강요 등이 완화되었으며, 대학이 평가의 주체가 되었다는 점에서 의의를 찾을 수 있다. 마지막으로, 평가·인증제는 기존 대교협의 대학종합평가인정제나 학문분야평가인정제의 연장선에 있는 것이 사실이나, 다양한 평가·인증 기관이 등장하였으며, 평가기준이나 방법 등에 대한 평가·인증 기관의 자율적 권한이 크게 확대되었다는 점에서 긍정적인 평가를 내릴 수 있다.

V. 대학에 대한 재정지원정책

정부수립 이후 대학에 대한 정부의 재정지원정책은 '설립자 부담의 원칙'과 '수익자 부담의 원칙'에 기반하였다. 때문에 고등교육에 대한 정부의 재정지원은 활발하지 못했으며, 열악한 경제 사정으로 인해 규모 또한 미미한 수준이었다(윤정일, 2001b). 그런데 1990년대 중반 이후 국가경쟁력 강화를 위해 고등교육 발전이 필수적이라는 인식이 확산되면서 대학에 대한 정부의 재정지원도 급격하게 증가하기 시작하였다. 이처럼 해방 이후 대학에 대한 정부의 재정지원정책은 많은 변화를 겪어 왔는데, 이하에서는 그러한 변화를 시기별로 간단히 살펴보고 그 의미를 분석해 보고자 한다.

1. 교육여건 조성을 위한 일률적 균등지원(1994년 이전)

국립대학에 대한 경상비 지원을 제외할 경우, 대학에 대한 정부의 재정지원이 본격적으로 시작된 것은 1960년대부터라고 할 수 있다(윤정일, 2001a). 1963년에 대학교수 및 대학부설연구기관에 대한 연구비 지원을 목적으로 도입한 '학술연구조성비사업'을 시작으로, 정부의 교육재정 확충을 위한 세계은행의 '교육차관' 도입, 이공계 사립대학의 시설 확충을 위한 다양한 '교육차관 연계사업' 등이 추진되었다(김종철, 1979; 윤정일, 2001a에서 재인용).

1970년대에는 국가의 경제개발정책과 맞물려 대학특성화를 위한 정책들이 주로 추진되었다. 1974년부터 본격적으로 시행된 대학특성화정책은 교육재정의 효과적 활용과 대학 간 역할분담, 지방대학 육성, 산학협동 추진 등을 목표로 제시하였다. 최초 18개 대학의 51개 이공계 학과가 지원 대상 학과로 선정되었으며, 정원확대와 연구비 지원,

장학금 지급 등 다양한 행·재정적 지원이 이루어졌다. 그리고 1972년에 시작된 제3차 경제개발 5개년계획부터 정부는 본격적으로 중화학공업 육성정책을 실시하였다. 그 결과 1980년대에는 부산대와 경북대, 충남대 등을 비롯한 전국 6개 국립대학의 공과대학을 중심으로 강도 높은 특성화정책이 추진되었으며, 이들 대학은 교수와 시설, 재정 등에 있어 다양한 특별지원을 받았다.

'학술진흥법(법률 제3205호, 1979. 12. 28.)' 제정을 통해 1981년 4월에 한국학술진흥재단을 설립하고 1980년대부터 학술활동에 대한 재정지원을 본격화하였다. 과학기술교육의 진흥을 위해 1980년부터 1986년까지 약 3,600명 정도의 대학원생들에게 약 19억 원가량의 '장학금'을 지급하였으며, 9개의 국립대학과 12개의 사립대학에 '기초과학연구소'를 설치하고 1979년부터 1986년까지 약 50억 원가량의 예산을 지원하였다. 그리고 특성화 공과대학들의 실험·실습 기자재 확충에 필요한 재원을 마련하기 위하여 약 1,900억 원 규모의 차관을 도입하기도 하였다.

1990년대에 접어들면서 대학에 대한 정부의 재정지원규모뿐만 아니라 정책이 크게 변화하였다. 그동안 정부의 재정지원은 주로 국공립대학에만 집중되었으며, 사립대학에 대한 지원은 이공계대학 시설 확충이나 교육차관 주선, 장학금 지원 정도에 그치고 있었다(나민주, 2008). 그런데 1990년에 처음으로 사립대학에 대한 직접적인 재정지원사업이 도입되었다. 160억 원 규모로 시작된 '공사립대학 시설·설비확충'[7]사업은 1994년까지 완만한 증가 추세를 보이다가 1995년 이후 크

---

7 4년제 사립 일반대학 및 산업대학과 공립대학을 대상으로 하며, 이 중 공립대학은 서울시립대와 인천대 2개교로 이들에 대한 지원규모는 전체 사업비의 1%에도 미치지 못하는 수준이었다(유현숙 외, 2001).

게 증가하였는데, 1996년 1,050억 원, 1997년 1,250억 원 등 사업규모가 매년 큰 폭으로 확대되었다(유현숙 외, 2001). 그리고 정부는 1989년 12월에 설립된 한국사학진흥재단에 사학진흥기금으로 300억 원을 지원함으로써 재정여건이 열악한 사립학교에 교육환경개선을 위한 시설자금을 장기·저리로 융자해 줄 수 있도록 하였다. 이는 재정여건이 부실했던 많은 사립대학의 교육환경개선과 재정자립도 향상에 긍정적인 영향을 미친 것으로 평가받고 있다(한국사학진흥재단, 2000).

2. 평가기반 차등지원제도의 도입 및 확대(1994~2003)

1995년에 발표된 문민정부의 5·31 교육개혁안은 대학 학술연구의 일류화를 위한 방안의 하나로 '대학평가에 따른 차등 행·재정지원체제 확립'을 제안하였다(교육개혁위원회, 1995). 대학의 자율화를 추구하되 책무성을 담보하기 위해 대학평가를 보다 강화하고 그 결과에 따라 재정지원이 이루어지도록 해야 한다고 주장하였다. 정부는 이러한 교육개혁위원회의 제안에 따라 그동안 평등의 원리에 기초하여 비교적 균등하게 배분하던 정부 재정지원정책을 대학 간 자유경쟁에 기반한 선별적·차등적 지원방식으로 전환하기 시작하였다(김두식, 1996).[8]

1) 국·공·사립대학에 대한 경쟁지원의 확대

이 시기 정부 재정지원정책에 나타난 가장 큰 특징 중 하나는 국공립대학과 사립대학을 구분하지 않고 재정을 지원하는 사업들이 점차 증

---

8 사실 평가기반 재정지원사업이 처음으로 도입된 것은 1994년부터라고 할 수 있다. 정부는 1994년 대학의 교육 및 연구역량을 제고하고 국제 경쟁력을 확보하기 위하여 대학의 경영 효율화, 연구력, 재정확보 등과 같은 자구노력을 평가하고, 그 결과에 따라 교육·연구경비를 지원하는 '국·공·사립대학 자구노력 지원사업'을 실시하였다(김두식, 1996).

가하기 시작했다는 점이다. 1993년 이전까지만 하더라도 사립대학에 대한 정부의 직접적인 재정지원사업은 '공사립대학 시설·설비확충'사업이 유일했으며, 당시 이 사업은 경쟁지원이 아니라 학생 수에 기반하여 비교적 균등하게 배분되었다. 하지만 1994년에 시작된 '국·공·사립대학 자구노력 지원'사업이나 '공과대학 중점 육성지원'사업, 1995년에 시작된 '대학원 중점 육성지원'사업, 1996년에 시작된 '교육개혁 우수대학 지원'사업 등은 국·공·사립대학 모두를 지원 대상으로 하고 있으며, 평가결과에 따라 차등적 혹은 선별적으로 재정을 지원하였다. 이처럼 1994년 이후 정부는 설립유형에 차등을 두지 않고 국·공·사립대학 간의 경쟁을 통해 재정을 배분하기 시작하였으며(나민주, 2008), 이를 통해 그동안 설립자 부담의 원칙에 따라 정부 재정지원사업에서 배제되어 왔던 사립대학들이 각자의 역량에 따라 상당한 재정지원을 받을 수 있게 되었다.

2) 평가기반 재정지원방식 및 특수목적 지원사업의 확대

1994년 이후 평등의 원리에 기초하여 비교적 균등하게 배분되던 일반지원사업에도 점차 평가기반 재정지원방식이 도입되기 시작하였으며, 전체 재정지원 중 특수목적지원사업의 비중도 크게 증가하였다. 당시 국공립대학교에 대한 경상비 및 시설비를 제외한 정부의 대학 재정지원사업은 크게 대학의 교육 및 연구여건 개선을 목적으로 학생 수와 자구노력 정도, 사업목적 등에 따라 비교적 균등하게 배분되는 '일반지원'사업과, 국가 정책에 따라 특정 분야를 중점적으로 육성하기 위하여 평가를 통해 지원 대상을 선별하고 그 결과에 따라 차등적으로 재정을 지원하는 '특수목적(선별)지원'사업으로 구분할 수 있다(강경석, 2000; 김두식, 1996).

우선, 일반지원사업은 지원 대상에 따라 교수 및 학생에 대한 지원사업과 대학에 대한 직접지원사업으로 구분할 수 있다(나민주, 2008). 전체 일반지원사업의 60% 이상을 차지하고 있던 대학에 대한 직접지원은 초기에는 형평성의 원칙에 따라 학생 수나 학과 수 등을 기준으로 배분되었으나, 1994년 이후 점차 학교법인의 전입금 실적이나 교수 및 도서, 기자재 확보율 등을 평가하여 그 결과에 따라 전체 사업비의 일정 부분을 차등적으로 지원하는 방식이 도입되었다(김두식, 1996). 즉, 대학에 대한 기본지원의 비율을 점차 줄이는 대신 사업목적지원과 정책유도지원의 비율을 점차 확대하였다(송기창, 2011; 나민주, 2008에서 재인용). 그 결과 '공사립대학 시설·설비 확충'사업의 경우, 1994년에는 기본지원의 비율이 40%였으나, 1995년에는 30%로, 그리고 1996년 이후에는 20%대로 대폭 감소하였다.

특수목적(선별)지원사업은 평가에서 우수한 성적을 받은 일부 대학만을 선별하여 재정을 지원하였으며(강경석, 2000; 김두식, 1996), 일반지원사업의 경우 대부분 1년 단위 재정지원사업이었던 반면, 특수목적지원사업은 주로 다년간의 지속사업 형태로 운영되었다(오세희, 2006). 따라서 1차년도 예산을 지원한 후 일정기간 동안의 성과를 재평가하고, 그 결과에 따라서 지원예산을 증액 혹은 삭감하였다. 그리고 매년 의도적으로 지원 대상 대학을 축소함으로써 우수한 성과를 보이는 학교에 집중적으로 재정지원을 하기도 하였다(나민주, 2008). 1994년 이후 이러한 특수목적지원사업이 점차 확대되면서, 대학에 대한 전체 재정지원 중에서 일반지원사업이 차지하는 비중도 점차 감소하기 시작하였다.

3. '선택과 집중'에 의한 선별지원 전면 실시(2004~2007)

2003년 8월 참여정부의 교육혁신위원회는 '교육인적자원개발 혁신 로

〈표 3-4〉 일반지원사업과 특수목적지원사업의 재정지원 규모변화 (단위: 억 원, %)

구분	1991년	1993년	1995년	1997년	1999년	2001년	2003년
일반지원	1,509 (100.0)	2,355 (100.0)	4,778 (88.8)	7,869 (82.4)	7,508 (67.8)	6,961 (67.0)	7,514 (64.8)
특수목적 지원	–	–	600 (11.2)	1,679 (17.6)	3,564 (32.2)	3,425 (33.0)	4,077 (35.2)
합계	1,509 (100.0)	2,355 (100.0)	5,378 (100.0)	9,548 (100.0)	11,072 (100.0)	10,386 (100.0)	11,591 (100.0)

주: 교육부 지원 전체 고등교육 재정지원사업 포함.
자료: 이영·반상진(2004: 407).

드맵'을 발표하고, 대학평가와 재정지원의 전문성 및 체계성 미흡 문제를 지적하였다. 이에 따라 교육인적자원부는 2003년 11월 '소득 2만불 시대 도약을 위한 대학경쟁력 강화 방안'을 발표하였으며, 그 안에 대학 재정지원사업 개선안을 포함시켰다(교육인적자원부, 2003). 정부는 대학 간 선의의 경쟁을 유도하기 위해 2004년 이후 대학에 대한 모든 일반지원사업을 '선택과 집중'에 의한 선별지원 방식으로 전환하기로 하였다. 이에 따라 실제로 연구자들을 대상으로 한 학술연구조성사업이나 학생들에 대한 장학금 및 학자금 대출이자 지원사업 등 일부 사업을 제외한 대부분의 일반지원사업들이 평가결과에 기반한 선별적 차등지원방식으로 전환되었다.

그리고 정부 재정지원사업에서 점차 확대되어 오던 대응자금(matching fund)제도가 2008년 이후 완전히 폐지되었다. 대응자금제도가 처음 도입된 것은 1993년에 실시된 '지방중소기업 지원사업'으로, 이후부터 여러 정부 부처로 확산되었다(이종수, 2009). 교육부도 정부 재정지원에 대한 대학의 책임성을 제고하고 지자체나 산업체와의 긴밀한 협력을 유도하기 위해 1993년을 전후하여 대응자금에 의한 조건부 재정지원방식을 도입하기 시작하였다(송기창, 2011). 그러나 당시에는 정부의 재정지원규모가 미미하여 대응자금제도가 활발하게 사용되지는 않았다. 대응자금방식이 대학 재정지원사업에 활발하게 사용되기 시작한 것은 1996년 이후 정부의 재정지원규모가 급격하게 증가하면서부터라고 할 수 있다. 대표적인 사례로 1999년에 시작된 '두뇌한국 21(Brain Korea 21, 이하 BK21)'사업을 들 수 있다. 당시 정부는 산업체(6~30%)나 소속 대학(3~6%)으로부터 지원금 대비 일정 비율의 대응자금을 확보해야만 BK21사업에 참여할 수 있도록 하였다(교육인적자원부·한국학술진흥재단, 2007). 그리고 2003년에 시작된 '지방대학 혁신역량강화(New University for Regional Innovation, 이하 NURI)'사업은 지자체나 산업체로부터 전체 정부 지원금의 5~10%를 대응자금으로 확보해야 재정지원을 신청할 수 있는 자격이 주어졌다(유현숙 외, 2006a). 그러나 여건이 열악한 대학들의 경우, 지자체나 산업체들로부터 대응자금을 확보하는 것이 어려울 뿐만 아니라, 대학 스스로도 정부 지원금에 상응하는 대응자금을 마련하는 것에 상당한 어려움이 있다(유현숙 외, 2006b). 그 결과 교육인적자원부는 2007년부터 기초연구사업 대상자 선정과정에서 대응자금에 가점을 부여하던 기존 방식을 폐지하였다. 2008년부터는 국가 연구과제 응모 시 대학에 요구하던 산업체 대응자금을 완전히 폐지함으로써, 소속 대학의 재정여건 때문에 능력 있는 연구자가 연구에 참여하지 못하는 경우가 없도록 했다(국가과학기술위원회, 2008).

4. 2008년 이후의 변동

1) 포뮬러 펀딩방식의 도입 및 확대

2007년 고등교육 재정지원 확대를 위한 청와대 등의 정책적 노력의 결과 2008년 이후부터 고등교육에 대한 정부의 재정지원규모가 크게 확대되었다(임후남 외, 2012). 정부는 이를 계기로 2007년 12월 500억 원 규모의 '우수인력 양성대학 교육역량강화'사업을 신설하였다. 그동안 정부의 재정지원사업은 대학의 '연구역량'을 강화하는 데 치중해 온 것이 사실이다. 그 결과, 2008년 기준으로 학부 수준의 '교육활동'을 지원하기 위한 정부의 재정지원사업은 NURI사업과 수도권 특성화사업, 산학협력 중심대학 육성사업 등을 합해 총 4,000억 원 정도에 불과했으며, 이는 전체 고등교육 예산 4조 3,000억 원의 10%에도 미치지 못하였다(교육과학기술부, 2008). 이에 정부는 교육여건을 개선하고 학부 수준의 교육역량을 강화하고자 '우수인력 양성대학 교육역량강화사업'을 도입하였다. 2008년에 500억 원 규모로 시작된 이 사업은 2009년부터 기존 NURI사업과 수도권 특성화사업 등이 통합되면서 2,637억 원 규모의 '대학 교육역량강화사업'으로 확대·개편되었다(교육과학기술부, 2009).

교육역량강화사업은 다음과 같은 네 가지 측면에서 이전의 정부 재정지원사업과 차이가 있다(교육과학기술부, 2008). 첫째, 대학의 교육역량 및 성과를 측정할 수 있는 정량지표[9]들로 구성된 공식(formula)[10]을 사용하여 재정지원 대상을 선정하고, 별도의 재정배분 공식에 따라 대학별 재정지원규모를 결정한다. 한편, 2009년부터는 각각의 성과지표 및 여건지표를 '현황지표'와 '향상도 지표'로 구분함으로써, 교육여건

9 2008년에는 '취업률'과 '재학생 충원율'을 성과지표로, '전임교원 확보율'과 '장학금 지급률', '학생 1인당 교육비'를 여건지표로 사용하였다. 2009년도에는 성과지표에 '국제화 수준'이, 2010년에는 여건지표에 '학사관리 및 교육과정 운영'과 '등록금 인상 수준'이, 2011년에는 '대입전형 지표'가, 2012년에는 '기부금 모금 실적' 및 '국공립대학 선진화 지표' 등이 추가되었다(교육과학기술부, 2008; 2013).

10 지원 대상 선정을 위한 '교육지표 포뮬러'와 재정지원규모를 결정하는 '재원배분 포뮬러'로 구분된다. 교육지표 포뮬러는 교육여건 및 성과지표들로 구성되는 반면, 재원배분 포뮬러는 교육지표 포뮬러 획득 점수와 표준 지원 경비, 학생 수, 지역계수 등으로 구성된다(교육과학기술부, 2008; 2013).

〈표 3-5〉 기존 재정지원사업과 교육역량강화사업과의 비교

구분	기존 재정지원사업	교육역량강화사업
지원대상	• 분야별 사업단 중심 • 신청대학(집단) 전체 경쟁	• 대학을 지역별, 규모별, 대학특성별 8개 유형으로 구분하여 분리 경쟁
자율성 확대	• 공급자 중심의 재정지원 방식으로 인해 대학의 자율성 제약	• 사업구조의 단순화 및 자율적 성과 관리로 대학 부담 경감
교육역량 제고	• 대학의 교육역량 제고를 위한 장기 발전계획 마련과 그에 따른 안정적 재정투자의 제약	• 대학 총장의 리더십에 따른 포괄적 재정투자 보장
선택과 집중	• 사업구조의 복잡성과 동료평가로 인한 봐주기 • 선택과 집중의 부족	• 경쟁력 있는 우수대학 지원 • 대학 간 경쟁풍토 조성

자료: 교육과학기술부(2008).

및 성과 향상을 위해 노력하는 대학들에도 재정지원이 돌아갈 수 있도록 '지표별 향상도'를 공식에 반영하였다. 둘째, 재정을 총액으로 지원(block grant)함으로써 대학이 스스로의 발전전략에 따라 재정을 자율적·전략적으로 집행할 수 있게 하였다. 그동안 정부의 재정지원사업은 대부분 지원 예산의 사용처를 구체적으로 지정하여 재원을 배분하였는데, 이로 인해 대학의 자율성과 재정 운용의 효율성을 저해한다는 지적을 받아 왔다(김병주 외, 2009). 셋째, 이전까지는 다년도 재정지원사업이 대부분이었으나, 교육역량강화사업은 매년 새로운 재정지원 대상과 지원 금액이 결정되는 '1년 단위 계속사업'의 특성을 갖는다. 이에 김병주 등(2009)은 매년 대학을 선정·지원함으로써 대학 간 경쟁을 촉진할 수 있을 뿐만 아니라, 특정 연도의 사업에서 탈락한 대학도 개선 노력을 통해 차년도 사업에 선정될 수 있음을 장점으로 지적하였다. 하지만 이정미 등(2010)은 '1년 단위 계속사업'의 경우 대학이 장기적인 계획을 수립하는 데 어려움을 줄 수 있으며, 1년 만에 가시적인 성과를 만들어 내야 한다는 부담감이 있음을 문제점으로 지적하였다.

넷째, 교육역량강화사업은 지원 대상 대학을 지역, 규모, 대학 특성 등에 따라 8개 유형으로 구분하고, 각각의 유형에 속하는 대학들을 별도로 평가하여 지원 대상 대학과 지원 규모를 결정하였다.

그런데 교육역량강화사업에서 사용하는 이러한 포뮬러 펀딩방식은 서구 선진국과 약간의 차이를 보이고 있다(김병주 외, 2009; Salmi & Hauptman, 2006). 전통적인 포뮬러 펀딩방식은 재정배분의 형평성, 즉 수평적 공평성을 향상시키는 데 적합한 재정지원방식으로 학생 수나 교직원 수, 교육원가 등을 고려하여 대학에 표준 재원을 배분하는데 주로 사용된다. 반면, 교육역량강화사업에서 사용되는 포뮬러 펀딩방식은 여건지표뿐만 아니라 성과지표가 함께 사용되고 있다는 점에서 전통적인 포뮬러 펀딩방식과 새로운 포뮬러 펀딩방식이 혼합된 형태라 할 수 있다. 그뿐만 아니라 일반적인 포뮬러 펀딩방식은 성과지표를 반영한다고 하더라도, 기본지원금 외에 추가적으로 배분되는 성과기반 지원금에 한하여 차등적인 재정지원이 이루어지지만(Salmi & Hauptman, 2006), 교육역량강화사업은 '교육지표 포뮬러'의 점수가 높은 상위 절반 정도의 대학에만 재정지원이 이루어진다는 점에서 차이가 있다. 이러한 이유로 교육역량강화사업의 포뮬러 펀딩방식은 대학간의 수평적인 불균형을 해소하기 위한 정책이라기보다, 교육의 질을 향상시키기 위해 노력하는 대학에 보다 많은 재원이 배분될 수 있도록 함으로써 재정배분의 수직적 공평성을 향상시키기 위해 도입된 제도라고 할 수 있다(김병주 외, 2009).

2) 정부 재정지원사업과 대학구조개혁과의 연계

이명박정부(2008~2012)는 대학에 대한 정부의 재정지원이 잠재적 부실 대학의 연명 수단으로 기능하는 것을 차단하기 위해 대학에 대한 평가결과를 정부의 재정지원과 연계하고자 하였다. 이를 위해 정부는

2009년 5월에 '대학선진화위원회'를 발족시키고, 사립대학 경영부실 진단기준 마련 및 실태조사를 실시하였다(교육과학기술부, 2009. 6. 24.). 비록 법적 근거가 미비하여 경영부실 대학 명단 공개 및 재정지원 제한이 보류되었지만(교육과학기술부, 2009. 12. 31.), 정부는 대학 구조조정을 위한 평가를 실시하고 그 결과를 정부 재정지원사업 참여 제한이나 대학별 학자금 대출한도 제한 등 정부 재정지원과 연계할 것임을 강하게 천명하였다.

정부의 재정지원과 대학에 대한 평가결과가 본격적으로 연계되기 시작한 것은 2010년 9월에 발표된 '2011학년도 1학기 신입생 학자금 대출한도 제한 대학' 발표부터라고 할 수 있다(교육과학기술부, 2010. 9. 7.). 교육과학기술부와 한국장학재단은 전국 4년제 대학 및 전문대를 대상으로 취업률과 재학생 충원율, 전임교원 확보율 등 교육여건 및 성과지표를 평가하고, 상대적으로 평가결과가 낮은 30개교를 학자금 대출 제한 대학으로 선정하였다. 그리고 그중 교육여건 및 재정여건이 열악하여 개선이 필요한 대학 6개교를 특별히 '최소 대출' 대상으로 선정·발표하였다. 그 결과 2011학년도 1학기에 이들 학교에 진학하는 소득 7분위 이하 신입생들의 일반학자금 대출 한도는 각각 등록금의 70%와 30%까지로 제한되었다.

2011년 7월 정부는 국립대학 법인화나 부실 사립대학 퇴출 등 대학 구조개혁을 보다 적극적으로 추진하기 위해 교육과학기술부 장관 자문기구 형태로 2년 임기의 '대학구조개혁위원회'를 출범시켰다. 위원회는 대학에 대한 평가결과의 활용범위를 학자금 대출 제한에서 모든 '정부 재정지원사업 제한'으로 확대하였다.[11] 학자금대출 제한 대학 선

---

11 다만, 대학 자체의 여건 및 성과와 관계없이 개인단위로 지원하는 장학금이나 개인 연구비 등은 계속 지원하되, 장학금의 경우 해당 연도 신입생에 한하여 지원이 제한되도록

정 시 사용했던 지표로 전체 대학을 평가하고, 하위 15%에 해당하는 43개 대학을 정부 재정지원제한 대학으로 선정하였으며, 이 중 17개교는 학자금 대출 제한 대학으로 중복 선정하였다(교육과학기술부, 2011. 9. 5.). 그리고 이들 17개 대학 중 4개교는 별도의 실태조사를 거쳐 2011년 12월에 경영부실 대학으로 선정했다(교육과학기술부, 2011. 12. 9.). 경영부실 대학은 정부 재정지원사업 참여가 제한될 뿐만 아니라, 보건 및 의료분야 정원 증원 배제와 2013학년도 학자금 대출 제한대학 포함 등의 불이익을 받았으며, 집중적인 컨설팅을 거쳐 학과 통폐합, 교육여건 개선 등 강도 높은 구조조정을 추진해야 했다. 이처럼 2009년 이후 정부가 전체 대학의 교육여건 및 성과를 평가하고 그 결과를 정부 재정지원사업 참여 제한과 학자금 대출 한도 제한, 경영부실 대학 지정 등에 순차적으로 활용함으로써 평가와 재정지원, 대학구조개혁이 밀접하게 연계·운영되고 있다.

2013년에 출범한 박근혜정부도 대학구조개혁의 필요성을 강조하였으며, 이전 정부에서 추진해 오던 정부 재정지원 제한 정책을 더욱 확대·추진하였다.[12] 정부는 여전히 전체 대학을 평가하고 하위 15% 범위에서 정부 재정지원 제한 대학을 선정하였으며, 그중에서 학자금 대출 제한 대학으로, 그리고 다시 경영부실 대학을 선정·발표하였다(교육부, 2013. 8. 29.). 다만, 2014학년도부터는 정부 재정지원제한의 범위가 '국가 및 지방자치단체'로 구체화되었으며, 경영부실 대학에 선정될 경우 신입생들에 대한 국가장학금 I유형 지원이 제한되도록 하였다. 그리고 신규로 추진되는 다년도 사업의 경우, 사업 참여는 허용하

하였다.

12 2013년 정부 재정지원제한대학 평가부터 정원감축률에 따라 총점에 가산점을 부여하였으며, 이후 박근혜정부에서 추진된 대부분의 정부 재정지원사업에서 각 대학의 정원감축 노력이 평가지표에 포함되었다.

되 정부 재정지원 제한 대학으로 지정된 기간 동안은 국가 및 지자체의 재정지원을 제한하고 관련 사업 재원은 해당 학교에서 자체 부담하도록 하였다.

그리고 2015년에는 '대학구조개혁평가'라는 새로운 대학 평가체제를 도입하였다(교육부, 2014. 12. 24.). 교육부는 정량 및 정성 지표를 사용하여 개별 대학의 교육여건과 학사관리, 학생지원, 교육성과, 중·장기 발전계획, 교육과정, 특성화 노력 등을 종합적으로 평가하였다. 그리고 평가결과에 따라 대학을 등급화하고 각 등급에 따라 정원감축 비율과 정부 재정지원 제한 범위를 차등적으로 적용하였다(교육부, 2015. 8. 31.). 그 결과 평가에 참여한 298개 대학(일반대, 산업대, 전문대) 중 D등급에 해당하는 53개교는 신규 정부 재정지원사업 참여가 제한되었으며, 신·편입생에 대한 국가장학금 II유형 지원이 중단되었다. 그리고 D등급 내에서도 상대적으로 점수가 낮은 대학들은 8~10분위에 해당하는 신·편입생에 대한 일반학자금 대출이 등록금의 50%로 제한되었다. 이들보다 더 점수가 낮은 E등급 대학 13개교는 정부 재정지원사업 참여가 전면 제한되었으며, 신·편입생에 대한 국가장학금 I·II유형 지원 및 일반·든든학자금 대출을 모두 제한하였다.

이처럼 2009년 이후 대학에 대한 정부의 재정지원은 이전 정부와 마찬가지로 '선택과 집중'이라는 기본적인 정책기조를 유지하고 있으며, 다른 한편으로는 전체 대학을 평가하고 그 결과에 따라 정부 재정지원사업 참여나 장학금 및 학자금 대출 지원 자체를 제한하는 형태로 정부 재정지원과 대학구조개혁평가를 밀접하게 연계·운영하는 경향을 보이고 있다.

VI. 미래 리더를 위한 제언

1. 대학정책 패러다임의 변동

지금까지 고등교육 분야의 핵심 정책을 중심으로 해방 이후 우리나라 대학정책의 변동을 간단히 살펴보았다. 정책의 변화는 관련 정책의 내용뿐만 아니라 해당 정책의 결정과정이나 참여자 등에도 상당한 변화를 수반한다. 이를 정책접근의 패러다임, 정책이 추구하는 가치, 그리고 핵심적인 정책참여자 등으로 세분화하여 살펴보면 다음과 같다.

시기별로 고등교육정책에 대한 접근 패러다임에 차이가 있다. 자유방임기에는 정부가 대학행정에 직접적으로 개입하지 않았으며 대학이 스스로 사회수요를 반영하여 핵심적인 의사결정을 할 수 있었다. 그러나 5·16 군사정변 이후 대학에 대한 정부의 통제가 점차 강화되었으며, 경제개발 5개년계획이 수립·집행되는 과정에서 대학교육은 산업경제 발전을 위한 인력양성의 역할을 수행하기 시작하였다. 1995년 5·31 교육개혁 이후에는 외형적으로 정부가 대학에 대폭적인 자율권을 부여하는 것처럼 보였으나, 실질적으로는 평가와 재정지원이라는 두 가지의 정책수단을 적절히 활용함으로써 정부가 원하는 방향으로 대학을 이끌어 가고자 하였다. 정부가 추구한 정책방향은 시기별로 차이가 있으나, 대체적으로 대학교육의 질적 향상, 산학협력 강화, 연구력 향상 등을 통해 대학교육이 국가산업 발전에 기여할 수 있도록 한 것이다.

각 시기별로 대학교육이 추구했던 가치에도 상당한 차이가 있다. 자유방임기에는 대학교육을 통한 학문적 성취와 각 개인의 교육목표 달성에 역점을 둔 교육정책을 지향하였다. 반면, 통제기에는 대학교육을 국가발전의 원동력으로 인식하였으며, 정원조정이라는 통제수단을

〈표 3-6〉 시기별 고등교육정책의 변동 특성

구분	자유방임기	통제기	간접통제기
정책 패러다임	사회수요	인력수요	인력수요
추구한 정책가치	학문적 성취와 개인의 교육목표 달성	국가사회발전과의 직접적인 연계	대학 경쟁력 (선택과 집중)
핵심 정책참여자	정부(문교부)	정부(문교부)	정부(교육부, 기획재정부), 국회, 여론
대학의 자율성	높음	낮음	보통

적극적으로 활용하여 대학이 경제발전을 위한 고급인력 양성 기능을 충실히 수행하도록 하였다. 간접통제기에도 국가발전을 위한 수단적 가치가 강조되었다. 다만, 이 시기에는 국가가 강압적으로 대학을 조정 및 통제하기보다 대학 간의 경쟁을 통하여 고등교육의 국제 경쟁력을 높이고자 하였다.

각 시기별로 핵심적인 정책참여자를 살펴보면, 자유방임기와 통제기의 고등교육정책은 문교부로 대표되는 정부에 의해 결정되고 집행되었다. 그리고 1987년 '6·29 선언' 이후 대학의 자율권이 증가하기 시작하였으며, 국립대학들이 선거를 통해 총장 및 학장을 직접 선출하면서 대학정책에 대한 대학구성원들의 목소리가 높아졌다. 그럼에도 정부의 정책기조는 크게 변화하지 않았으며, 정부(문교부)는 각종 법령과 지침 등을 통하여 여전히 대학운영에 깊숙이 개입해 왔다. 실질적인 변화가 나타나기 시작한 것은 1993년 문민정부의 출범과 1995년 5·31 교육개혁 이후의 간접통제기부터이다. 정부는 대학에 대한 외형적인 규제를 대폭 완화하는 대신, 평가와 재정지원수단을 활용하여 대학을 간접 통제하기 시작하였다. 특히 대학에 대한 정부의 재정지원 규모가 급격하게 확대됨에 따라 고등교육정책에 대한 기획재정부(정부 조직법에 따라 경제기획원, 기획예산처, 재정경제부 등으로 변화)의 영향력도 크게 증가하였다. 그리고 정치적 민주화와 여소야대 등의 시기를 거치면서 국회의 대학정책 결정 및 집행과정에 미치는 영향력 또한 증대하였다.

2. 핵심 정책 간의 상호관계

대학정원정책과 대학평가정책, 재정지원정책 등은 상호보완적인 관계에 있으며, 정부는 필요에 따라 이들을 적절히 수정·보완해 가면서 정책목표를 달성하고자 하였나. 초기의 정책수단은 사립대학 설립과 정원규제라 할 수 있다. 그러나 대학교육에 관한 사회적 수요가 폭발적으로 증가한 이후에는 기존의 규제를 차츰 완화해 가면서 대학이 자발적으로 정부의 정책방향에 부응하도록 유도하였다. 특히 규제 완화의 흐름 속에서 정부가 사립대학 설립 및 정원정책을 탄력적으로 운용할 수 있었던 것은 대학평가와 그 결과에 따른 차등적인 재정지원정책 때문이라고 할 수 있다. 정부는 대학운영에 자율권을 허용하고 정원 제한을 완화한다 하더라도 평가와 재정지원이라는 정책수단을 통해 충분히 대학을 통제할 수 있다고 보았다. 실제로 1980년대 이후 대학 입학정원이 급속하게 증가했음에도 불구하고 교육여건이 크게 나빠지지 않았던 것은 대교협을 통해 실시한 대학평가가 큰 역할을 담당했기 때문이다.

신자유주의 교육개혁 이후 정부의 주요 정책수단은 직접적인 통제나 관리·감독이 아니라 평가결과에 기반한 차등적인 재정지원으로 전환되었다. 정부에서 제시한 정책목표를 대학에게 강요하기보다는 재정지원사업에 참여하고자 하는 대학들을 평가하고 그 결과에 따라 재정을 차등 지원함으로써 대학이 자연스럽게 정부 정책을 추진하도록 유도하고 있다. 앞서 살펴본 바와 같이 2004년 이후 정부의 모든 재정지원사업은 평가에 의한 선별적·차등적 지원 방식으로 전환되었으며,

그 결과 Neave(1988)가 말하는 평가공화국(evaluative states)의 문제를 지적하는 목소리도 나타나고 있다.

요컨대, 정원정책과 평가정책, 재정지원정책 등은 어느 하나가 다른 하나를 대체하였다기보다 상호보완적으로 기능한다고 보는 것이 타당할 것이다. 사립대학의 설립인가나 정원규제정책 등은 평가나 재정지원문제가 부각되면서 정부의 주요 정책수단에서 제외된 것처럼 보이지만, 사실 박근혜정부에서 실시한 대학구조개혁평가와 그 결과에 따른 정원감축 및 재정지원 제한정책은 과거의 정책수단들이 상호보완적으로 활용되었음을 보여 준다. 이처럼 정부는 정책 상황과 정치적 이념에 따라 각기 다른 정책수단을 개발·활용하고 있지만, 기존에 개발된 핵심적인 정책수단은 사라지지 않고 다음 정책에 계속적으로 영향을 미친다는 점에 주목할 필요가 있다.

3. 핵심 정책의 평가

이상에서 살펴본 세 가지 핵심적인 고등교육정책은 특정한 정책적 맥락에서 개발되었다. 대학 설립인가와 정원 통제는 정부가 충분한 재원을 가지고 있지 않았을 때 대학을 통제할 수 있었던 유용한 수단이었다. 그리고 대학평가는 대학 및 학생 수가 급격하게 증가함에 따라 정부가 개별 학교를 직접 통제하는 것이 어려워진 상황에서 평가지표나 기준을 제시함으로써 간편하게 전체 대학을 정부의 정책방향으로 이끌 수 있는 훌륭한 정책수단으로 기능하였다. 재정지원정책은 민주화·자율화 시대에 접어들면서 정부가 대학을 직접적으로 통제할 수 없게 되자 그 중요성이 더욱 증가하고 있다. 특히 대학들의 재정적 어려움이 증가하고 있는 현실을 고려할 때, 정부의 재정지원사업은 대학들이 정부의 정책방향에 자연스럽게 동참하도록 만드는 중요한 수단이 되고 있다.

고등교육정책 전반을 살펴보면 개별 정책영역별로 새로운 정책수단이 생겨났다가 없어지기를 반복하지만, 설립 및 정원정책, 평가정책, 재정지원정책 등은 다른 정책과 결합되어 정부의 정책목표 달성을 위한 핵심적인 정책수단으로 기능하고 있는 것이다. 특히 박근혜정부에서 추진된 대학구조개혁 평가정책에서 나타나듯 이 세 가지 정책수단이 점차 하나의 정책에 종합적으로 활용되는 모습을 보이고 있다.

결국, 이들 세 정책은 한국 고등교육정책의 변화 및 발전을 가장 잘 보여 주는 대표적인 정책이라고 할 수 있다. 해방 이후 지난 70여 년 동안 우리 고등교육은 눈부신 발전을 거듭해 왔으며, 그 과정에서 앞서 살펴본 다양한 정부 정책이 크고 작은 영향을 미쳐 왔다. 서구 사회의 대학 역사와 비교할 때, 한국의 고등교육은 짧은 기간 동안 세계 최고 수준의 양적·질적 성장을 이룩해 냈다. 고등교육 이수율은 세계 최고 수준에 이르고 있으며, 교수 1인당 연구생산성도 상위에 랭크되어 있다. 또한 비영어권 국가임에도 불구하고 2015년도 QS 랭킹에서 세계 600위권에 20개 대학이 이름을 올리고 있다. 하지만 우리나라의 고등교육 성장에 대해 긍정적인 평가만 있는 것은 아니다. 대학의 학술탐구 문화가 형성되기도 전에 대학교육의 수단적 기능(경제발전을 위한 인력양성)이 지나치게 강조되면서 우리 대학의 학술적 기반은 취약한 수준에 머물러 있다. 세계 최고 수준의 연구개발비를 투자하고 있음에도 기초학문분야에서의 성취는 상당히 부족한 수준이다. 또한 고등교육 부문이 급속하게 성장하면서 대학교육의 부실과 대학 졸업자들의 높은 실업률, 대학 재정 악화와 등록금 인상에 따른 가계의 교육비 부담 가중 등 다양한 문제점도 함께 나타나고 있다.

4. 전망과 과제

향후 한국의 고등교육은 후기 대중화 단계를 넘어 초·중등교육과 같이 대부분의 국민들이 대학교육을 이수하는 단계로 진입할 것이다. 이러한 변화가 가속화될 경우, 대학은 '고등' 교육이 아니라 '중등' 교육의 연장으로 인식될 가능성이 크다(Shin & Harman, 2009). 즉, 현재 대학교육은 학부교육과 대학원교육으로 구분할 수 있는데, 향후 학부교육은 초·중등교육의 계속 교육으로 기능하고, 현재의 대학원교육이 '고등'교육으로 인식될 가능성이 높아졌다고 볼 수 있다(Shin & Teichler, 2013). 만일, 이러한 변화와 인식들이 보편화된다면 정부는 지금보다 더 대학의 학부교육에 개입하려고 할 것이며, 대학운영 또한 초·중등학교와 마찬가지로 정부의 강력한 정책적 통제를 받게 될 가능성이 높다.

이러한 변화는 이미 현실로 나타나고 있다. 정부는 대학교육의 질적 수준 제고를 위해 대학의 교육과정을 표준화하고 있으며, 수업의 질을 평가하고, 대부분의 대학이 교수학습지원센터를 설치·운영하고 있다. 최근 대학들은 학부 교양교육에 관심을 높이고 있고, 학부대학제도 도입에 대한 논의도 활발하게 이루어지고 있다. 심지어 학부교육을 교양교육으로 전환하려는 움직임도 나타나고 있다. 일각에서는 학부교육을 고등교육 혹은 전문교육으로 인식하기보다 '교양교육의 완성' 정도로 보는 시각들도 늘어나고 있다.

대학교육에 대한 이러한 인식의 변화는 고등교육정책에도 많은 변화를 초래할 것이다. 지금까지는 대학의 자율성이 중요시되는 분위기였으나, 학부단계의 대학교육이 교양교육화되고 교육과정이 표준화되어 감에 따라 정부는 대학운영에 보다 깊숙이 개입할 가능성이 높다(Shin et al., 2013). 이러한 현상이 가속화될 경우 교육 및 연구의 질적 수준을 높이기 위해 대학 자율성이 필요하다는 주장은 점차 힘을 잃게 될 가능성이 높다. 결과적으로 대학교육은 정부의 정치과정에 노출되어 대학 외부의 정치적 간섭이 더욱 증가할 것이며, 평가와 정원감축, 재정지원 등이 더욱 밀접하게 연결되면서 대학에 대한 정부의 통제는 과거 통제기보다 더욱 강화될 가능성이 높다.

이러한 미래 예측이 맞는다면 대학의 자율성은 '교육'에서 찾기보다 '연구'에서 찾게 될 가능성이 높다. 그리고 그 과정에서 대학의 학부교육과 대학원교육이 분리되고, 후자는 교육 및 연구에 대한 고도의 자율성을 허용하되 전자는 초·중등교육과 유사하게 정부의 간섭과 통제가 심해질 수 있다(Shin & Teichler, 2013). 그렇다고 대학원교육이 정부의 간섭이나 통제로부터 완전히 자유롭다고 하기도 어렵다. 이미 정부는 연구비 지원사업 및 관련 정책을 통해 대학원 단계의 교육 및 연구 활동에 개입하고 있으며, 재정지원사업에 대한 가이드라인을 통해 세부적인 연구주제 선정에도 많은 영향을 미치고 있다.

그러나 대학의 학부교육 및 대학원교육에 대한 정부의 지나친 간섭은 대학의 교육 기능 및 장기적 관점의 기초연구 기능을 위축시켜 오히려 고등교육의 국제 경쟁력을 약화시킬 수 있음에 주목할 필요가 있다. 또한 평가와 재정지원이라는 수단의 지나친 남용은 장기적으로 대학과 국가발전 모두에 도움이 되지 않는다. 따라서 정부는 고등교육 정책을 계획하고 수행함에 있어 대학 및 대학원의 역량을 극대화할 수 있는 자율과 통제의 적정수준을 진지하게 고민해 보아야 할 것이다.

참고문헌

강경석(2000).「정부의 대학재정 지원사업 현황 분석」.『대학교육』 106.

강명숙(2003).「미군정기 사립대학 설립과 고등교육기회의 확대」.『아시아교육연구』 4(1).

강무섭(1985).「고등교육 정원정책의 과제와 방향」.『한국교육』 12(1).

강무섭·김재웅·민무숙(1986).『고등교육 정원정책 연구』. 한국교육개발원.

교육개혁위원회(1995).『세계화·정보화 시대를 주도하는 신교육체제 수립을 위한 교육개혁 방안』. 제2차 대통령보고서.

교육과학기술부(2008).「우수 인력양성 대학 교육역량강화사업 기본계획」.

교육과학기술부(2009).「2009년도 대학 교육역량강화사업 기본계획」.

교육과학기술부(2009. 6. 24.).「사립대학 경영부실 진단기준 및 실태조사 계획 발표」(보도자료).

교육과학기술부(2009. 12. 31.).「경영부실 대학 8교, 2011년까지 구조조정 완료」(보도자료).

교육과학기술부(2010. 9. 7.).「학자금 대출한도 제한 대학 발표」(보도자료).

교육과학기술부(2011. 9. 5.).「2012학년도 정부재정지원 제한대학 평가결과 및 학자금 대출제한대학 명단 발표」(보도자료).

교육과학기술부(2011. 12. 9.).「교과부, 경영부실대학 4교 추가 결정, 총 18교」(보도자료).

교육과학기술부(2013).「2013년도 대학 교육역량강화 사업 기본계획」.

교육부(1995).「21세기를 향한 대학 정원조정 안내」.

교육부(1998).『교육50년사: 1948~1998』.

교육부(2013. 8. 29.).「2014학년도 정부재정지원제한대학, 학자금대출제한대학 지정」(보도자료).

교육부(2014. 1. 29.).「대학 구조개혁 추진계획 발표」(보도자료).

교육부(2014. 12. 24.).「2015년 대학 구조개혁 평가 기본계획 확정」(보도자료).

교육부(2015. 8. 31.).「대학 구조개혁 평가결과 발표」(보도자료).

교육부·한국교육개발원(2015a).『교육통계연보』. 한국교육개발원.

교육부·한국교육개발원(2015b).『2015 교육통계 분석자료집』. 한국교육개발원.

교육인적자원부(2003).「소득 2만불 시대 도약을 위한 대학경쟁력 강화 방안」.

교육인적자원부(2004).「경쟁력 강화를 위한 대학 구조개혁 방안」.

교육인적자원부·한국학술진흥재단(2007).『1단계 두뇌한국(BK)21 사업 백서』.

교육정책심의회(1978).『실험대학운영 5개년 종합평가보고서』.

국가과학기술위원회(2008). 「국가연구개발사업 관리제도 개선방안」
김두식(1996). 「정부의 대학 재정지원 기본방향과 내용」. 『대학교육』 84.
김병주·박정수·이영·나민주(2009). 『대학재정 지원을 위한 포뮬러 지표개발 및 재정 운용의 자율성 확대방안 연구』. 한국학술진흥재단.
심성혜(1999). 「한국의 실험대학의 도입과 전개과정 소고」. 『한국교육사학』 21.
김신복(1990). 「대학평가인정의 효용과 한계성」. 『대학교육』 46.
김영철(2008). 『고등교육의 보편화』. 한국교육개발원.
김영철·이정규(2000). 『고등교육 학생 수요 분석 연구』. 한국교육개발원.
김영화(1993). 『한국의 교육 불평등: 고등교육 팽창의 과정과 결과』. 교육과학사.
김정희·나민주·백정하·신정철·신태진·양성관·이영호·정일환(2015). 『제2주기 기관평가인증 전문평가기구 선정에 관한 연구』. 한국사학진흥재단.
김종철(1979). 『한국고등교육연구』. 배영사.
나민주(2008). 『시장·정부·대학: 대학 재정지원 정책의 이해』. 한국학술정보.
대한사립중고등학교장회(1974). 『한국의 사학』. 민중서관.
문교부(1983). 『80년대의 한국 교육개혁: 교육행정백서』.
박남기·임수진(2015). 「5·31 대학교육 개혁의 영향과 과제: 대학설립 준칙주의와 정원 자율화 정책을 중심으로」. 『교육정치학연구』 22(4).
박남기·김철성·송광용·이대희·유길한(2001). 『대학경쟁력 강화를 위한 대학평가제도 종합 개선 방안 연구』. 교육인적자원부.
박종렬·배호순·이영호(2009). 『대학평가: 이론과 실제』. 학지사.
박진형(2014). 「대학평가 정책의 변화와 지속에 대한 제도적 분석」. 서울대학교 박사학위논문.
서울대학교 교육연구소(2006). 『교육학 용어사전』. 하우동설.
송기창(2011). 『대학등록금 인상요인 분석』. 한국교육행정학회·감사연구원 공동 세미나, 대학재정 건전화 방안 탐색.
신재철·배호순·정영수·정일환·허숙·강병운·백정하(2004). 『제3주기 대학종합평가인정제의 패러다임 탐색: 목적과 방향』. 한국대학교육협의회.
신현석(2005). 『한국의 고등교육개혁정책』. 학지사.
어윤배·이현청·장회익·김영채·박명수·이종승·허귀진·권기욱·최두현(1998). 『1주기 평가실적 분석에 관한 연구』. 한국대학교육협의회.
오세희(2006). 「사립대학 재정지원제도 개선 방안: 2002년 이후의 재정지원 사업을 중심으로」. 『교육재정경제연구』 15(1).

유현숙·김안나·송완흡·우천식·이영·주남창·최준렬(2001).『정부 부처의 고등교육기관에 대한 재정지원 분석 및 효율화 방안』. 한국교육개발원.
유현숙·류장수·조영하·최강식·송선영(2006a).『누리사업 성과분석 연구』. 한국교육개발원.
유현숙·최정윤·조영하·김민희·신재철·송선영(2006b).『고등교육 개혁을 위한 정부의 재정지원 사업 평가 연구』. 한국교육개발원.
윤정일(2001a).「고등교육재정」. 한국교육재정경제학회 편.『교육재정경제학 백과사전』. 하우동설.
윤정일(2001b).「대학재정 지원방식 개선: 포뮬러 펀딩에 의한 사립대 운영비 지원을 중심으로」.『교육재정경제연구』10(2).
이영·반상진(2004).「정부의 대학재정 지원제도」. 박세일 외 편.『자율과 책무의 대학개혁: 제2단계 개혁』. 한국개발연구원·한국직업능력개발원.
이정미·이필남·서영인·나민주·박소영·이희숙(2010).『고등교육 재정지원사업 발전방안 연구』. 한국교육개발원.
이종수(2009).『행정학사전』. 대영문화사.
이현청·윤정일·박진규·김형근·김성기·박지웅·이만희(1999).『대학정원자율화에 따른 고등교육분야별 교육수급 추정』. 한국대학교육협의회.
이형행(1991).「실험대학 운영과 고등교육의 질적 관리(1972~79): 한국 현대 고등교육체제의 발전과정(4)」.『대학교육』52.
이형행(1995).「한국 현대 고등교육 발전 반세기의 평가와 반성」.『교육학연구』33(2).
이형행(1999).「해방후 고등교육정책의 흐름」.『대학교육』100.
임연기(2008).「대학설립 준칙주의 공과분석」.『교육행정학연구』26(4).
임후남·권기석·엄준용·이정미(2012).『고등교육 재정지원 현황분석 연구』. 한국교육개발원.
장석환(2007).「문민정부 이후 대학 정원정책 분석」.『교육행정학연구』25(4).
정희천(1987).「한국대학평가의 변천과정과 발전방향」.『서울대학교 행정대학원 정책논총』2.
조성호(2009).「수도권 대학규제정책의 영향평가에 관한 연구」.『한국정책연구』9(3).
최한선·서정화·이종승·윤문영·백정하·이동규(2000).『대학평가에 대한 평가대상 기관 및 교육수요자의 의견조사 연구』. 한국대학교육협의회.
한국교육문제연구소(1974).『문교사』. 중앙대학교부설 한국교육문제연구소.
한국대학교육협의회(2002).『한국대학교육협의회 20년사』.

한국사학진흥재단(2000). 『한국사학진흥재단 설립 10년, 그 위상과 전망』. 한국사학진흥재단.

허귀진·백정하·이영학·박진형(2001). 『한국대학교육협의회 주관 대학평가인정제의 성과와 과제』. 한국대학교육협의회.

Ben-David, J.(1977). *Centers of Learning: Britain, France, Germany and the United States*. McGraw-Hill.

Johnstone, D. B. & Marcucci, P. N.(2010). *Financing Higher Education Worldwide: Who Pays? Who Should Pay?* Johns Hopkins University Press.

Neave, G.(1988). "On the cultivation of quality, efficiency and enterprise: An overview of recent trends in higher education in Western Europe 1986~1988." *European Journal of Education*, 23.

Salmi, J. & Hauptman, A. M.(2006). "Innovations in tertiary education financing: A comparative evaluation of allocation mechanisms." *Education Working Paper Series*, 4. The World Bank.

Shin, J. & Harman, G.(2009). "New challenges for higher education: Asia-Pacific and global perspectives." *Asia Pacific Education Review,* 10(1).

Shin, J. & Teichler, U. (eds.)(2013). *The Future of the Post-Massified University at the Crossroads: Restructuring Systems and Functions*. Springer.

Shin, J., Arimoto, A., Cummings, W. K., & Teichler, U. (eds.)(2013). *Teaching and Research in Contemporary Higher Education: Systems, Activities, Nexus, and Rewards.* Springer.

4장 /

사교육 대책과 대학입학제도의 역사적 검토*

이종재

I. 서론: 이론적 관점

1. 정책학습과정으로서 사교육 대책

한국에서 사교육의 수요는 1960년대부터 학교급별로 등장하여 거의 폭발적인 팽창의 양상을 나타내기 시작해 2009년에는 전국 초·중등학생의 사교육 참여율이 75.1%에 달하였다. 특히 초등학생의 경우에는 거의 90%에 육박하였다(통계청, 2009: 4). 사교육 참여유형도 개인과외로부터 시작하여 '학원과외', '학습지과외', '통신과외' 등을 포함하여 다양화, 전문화되는 양상을 보여 왔다. 사교육비의 규모는 공교육 예산의 3분의 1 수준으로 성장하였다.

이러한 사교육 수요의 팽창에 맞대응하여 정부의 사교육 대책은 1960년대 이후 지난 50여 년간 다양한 유형의 전략을 동원해 왔다. '중학교 무시험 진학제도', '고등학교 평준화정책' 등과 같은 입시경쟁 제거형의 대책, '과외 금지 조치', '대학입학제도 개선과 공교육 내실화를 통한 사교육비 경감대책', '사교육 대체 방과후 교육서비스 제공' 등과 같은 다양한 유형의 사교육 대책을 시행해 왔다.

역사적 관점에서 볼 때, 정부가 시행한 각각의 사교육 대책은 일종의 '정책진화(policy evolution)'의 관점에서 검토하고 분석할 수 있다. 한국 사교육 대책의 역사에는 일정한 흐름이 있고, 이 흐름에는 정부의 정책학습경험이 자리 잡고 있다. 이 문제의 해답을 찾기 위하여 우선 주목해야 할 것은 바로 사교육 대책의 역사이다.

사교육 현상은 비단 한국, 일본, 대만과 같이 동아시아의 유교문화

---

* 이 장은 이종재 편(2010), 『사교육: 현상과 대응』의 이종재·박현정·이희숙, 「사교육수요의 유발요인」, 이종재·장효민, 「사교육의 도전과 정책적 대응」을 재편집하여 구성하였음.

권뿐만 아니라 아시아 전체 그리고 아프리카, 유럽, 북미 지역에 이르기까지 확대되었고, 이에 따라 이제는 거의 세계적 현상이 되었다고 해도 과언이 아니다(Baker et al., 2001; Baker & LeTendre, 2005; Bray, 1999; Bray & Kwok, 2003; Kwok, 2004; Silova & Bray, 2006; Lee et al., 2009). 최근에는 세계적 현상으로서 사교육에 대한 이론적 연구와 실증적 분석이 활발하게 진행되고 있다. 특히 PISA, TIMSS와 같은 국제적 자료를 활용하여 사교육의 현황을 조사하고 사교육의 수요유발요인을 규명하려는 국제비교연구가 이루어지고 있다(Baker et al., 2001). 그러나 사교육 현상에 대응하기 위한 정부 대책의 유형과 전략에 관한 국제비교연구는 이제 막 시작하는 단계여서 아직 그 연구의 양과 질에 관한 한 초보적인 수준에 머물러 있다. 이와 관련하여, 그 유형과 전략에서 다사다난한 양상을 나타내는 한국 사교육 대책의 역사는 이제 막 사교육 수요의 팽창기에 접어든 다른 나라에서 사교육 대책을 수립하는 데에 타산지석이 될 것이다.

이 장에서는 1960년대 이후 지난 50여 년간 한국 사교육 대책의 역사와 대학입학제도의 변천과정을 검토함으로써 지난 50년 동안 한국교육의 역사 속에서 사교육 대책의 역사가 나타내는 흐름을 그 구조와 내용에 주목하여 유형화하고, 그렇게 유형화된 사교육 대책의 전개과정을 단서로 삼아 향후 교육정책의 지도자가 참고할 만한 역사적 교훈을 탐색하고자 한다. 이 맥락에서 정부가 중·장기적 안목에서 수립하고 시행해야 할 사교육 대책의 유형과 전략도 탐색한다.

2. 대학입학제도: 선발공정성에서 인재개발과 초빙으로

대학입학을 위한 사교육 경쟁은 교육경쟁의 정점이자 교육경쟁의 종점에 해당한다. 우리나라 대학입학제도는 사교육 대책의 큰 틀 안에서 형성되어 왔다. 정책 목표는 상황의 논리를 반영하여 설정되었고 제도 운영의 틀이 마련되었다. 우리나라 대학입학선발제도 변천은 두 가지 관점으로 조명해 볼 수 있다. 그 첫 번째는 대학입학선발제도의 운영 수체를 중심으로 보는 관점이다. 우리나라의 대학입학선발제도의 가장 큰 특징 중 하나는 정부와 대학의 학생 선발에 관한 주도권 다툼이었다(정범모 외, 1993). 두 번째는 전형방법이다. 즉, 시험에 의한 총점 순으로 선발했는가 아니면 그 외 다양한 기준으로 선발했는가로 평가해 볼 수 있다. 요컨대, 우리의 대학입학선발제도는 대학의 자율과 정부 통제 사이에서, 그리고 시험점수에 의한 선발과 다양한 전형기준 활용 측면에서 대칭되는 양극의 지향(指向) 사이에서 제도 개선의 논리를 개발해 온 것으로 평가할 수 있다(이종재, 1999).

이 장에서는 대학입학선발제도 변천과정을 먼저 전형자료를 바탕으로 개관하고, 이어서 ① 선발제도의 운영주체, ② 전형방법을 두 축으로 하여 네 가지의 유형으로 분류하고, 그 유형에 따른 문제점의 변화를 분석하고자 한다. 이러한 문제점의 변화를 대학입학제도가 추구해야 할 교육기회균등, 중등교육 정상화 등의 사회적 책무성에 비추어 논하고 그 변화 속에서 사교육이 어떤 형태로 변해 왔는지를 밝힘으로써, 대학입학선발제도의 개선이 앞으로 사교육에 어떤 영향을 미칠 수 있을지 살펴볼 것이다. 또한 대학의 자율성이 사교육을 조장하지 않고, 공교육을 강화하는 방향으로 가려면 대입제도가 어떻게 운영되어야 하는지를 논의한다.

II. 사교육 대책의 역사적 검토

1. 사교육의 개념과 수요유발기제

1) 사교육의 개념: 공교육의 그림자에 있는 사교육

'사교육(private education)'은 원래 '공교육(public education)'과 대비하여 '사적으로 이루어지는 교육'을 의미하였다. 사교육은 '공교육제도 밖에서 이루어지는 각종의 교육활동'으로서의 사적으로 운영되는 교육활동을 포함한다. '과외교습(private education)'이 이에 해당한다. 사교육은 그 참여대상과 참여내용에 따라 몇 가지 유형이 있을 수 있다. 여기서 논의하는 사교육은 '공교육 안에서의 학업성취를 보완하거나 공교육 안에서의 학업경쟁을 촉진하는 것을 목적으로 하여 공교육 밖에서 이루어지는 각종의 교육활동'으로서의 '보충적 과외교습(supplementary private tutoring)'을 가리킨다(Bray, 1999; Bray & Kwok, 2003; Kwok, 2004; Silova & Bray, 2006).

이 의미의 사교육은 공교육과 연계되어 공교육의 그늘에서 이루어지는 교육활동이라는 점에서 공교육의 '그림자에서 이루어지는 교육'이라는 의미로 '그림자교육(shadow education)'이라고 불리기도 한다(Bray & Kwok, 2003; Baker & LeTendre, 2005). '그림자교육'으로서의 사교육은 정부의 정책적 대응을 필요로 하는 사교육 유형이다. 이 장에서 논의의 대상으로 삼게 될 사교육도 바로 여기에 속한다.

2) 사교육의 수요유발기제와 정책적 대응의 범위

사교육에 대한 정책적 대응을 위해서는 사교육 수요를 유발하는 기제에 관한 이해가 필요하다. 이와 관련하여, 베이커 등(Baker et al., 2001)은 사교육 현상을 설명하는 관점으로서 '제도주의적 관점'을 제

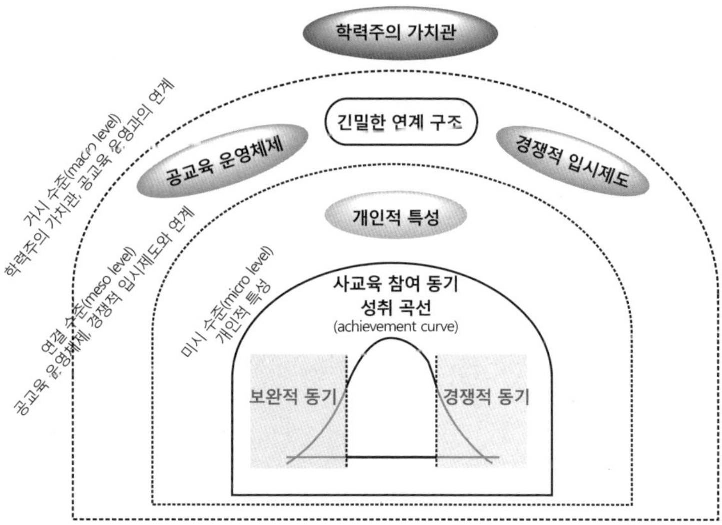

〈그림 4-1〉 사교육 수요유발기제 분석 모형

자료: 이종재·이희숙(2008).

시한 바 있다. 이 제도주의적 관점은 사교육의 수요유발요인을 개인적 수준에 국한하지 않고 제도적 수준과 사회적 수준까지 확대하여 설명하려는 것이다. 이 관점에 따르면, 사교육의 수요유발요인에는 ① 거시 수준(macro level)에서 사회적 요인으로서의 '학력주의(credentialism)', ② 거시 수준과 미시 수준을 매개하는 연결 수준(meso level)에서 개인들의 학력 경쟁과 관련된 제도적 인증체제(gate-keeper)로서의 '공교육 운영체제'와 '고부담의 경쟁적 선발시험(high-stake tests)', ③ 미시 수준(micro level)에서 사교육 참여에 영향을 미치는 개인적 특성으로서 '개인의 참여동기'와 '개인의 경제적 수준' 등이 있을 수 있다. 그리하여 〈그림 4-1〉에서 보듯이, 사교육 현상은 이 세 가지 수준의 수요유발요인이 상호작용한 결과로 볼 수 있다(이종재·이희숙, 2008).

사교육 수요를 유발하는 거시 수준의 사회적·집단적 요인으로서 '학력주의'를 들 수 있다. '능력 본위 사회(meritocratic society)'에서는 선발의 기준으로서 혈연, 가문, 출신지역 등의 귀속적 요인보다는 개인의 능력을 기르는 '학교교육'이 사회적 선별의 공적 장치로서 인정을 받게 된다. 이 과정에서 '일류대학교 졸업장'과 같은 이른바 '학력(學歷, credentials)'을 중시하는 학력주의가 등장한다. '학력'은 단순히 학교교육을 이수한 증표가 아니라 개인의 학업성취 수준 및 그 속성을 나타내는 지표가 된다. 학력주의 가치관이 팽배한 사회에서는 우수한 학력을 획득하기 위한 경쟁이 촉발되고, 이 과정에서 우수 학력을 획득하기 위한 사교육 수요가 유발된다. '학력'을 중심으로 하여 학벌이 형성되고 이 학벌이 사회에서의 경쟁과 성취에 중요한 요인으로 작용할 때 '학벌(學閥, academic clique)'이 등장한다.

다음으로, 사교육 수요를 유발하는 거시적 기제와 개인 차원의 기제를 연결하는 연결적 수준의 제도적 요인으로서 '서열화된 공교육체제'와 '경쟁적 입시제도'를 들 수 있다. 학력과 사회적 가치 사이에 '긴밀한 연계(tight linkage)'가 형성됨에 따라, 학교교육 자체의 가치보다는 학교교육이 이룩하는 성취의 증표로서의 '학력(學力)'을 더욱 중시하고 나아가서 학력을 기준으로 삼아 학교교육 자체를 서열화하는 주객전도의 현상이 나타난다. 또한 학력의 중요성에 대한 사회적 인식이 확대되는 만큼, 그에 대한 사회적 수요도 함께 확대되어서 우수 학력을 얻기 위한 경쟁이 촉발되고 학생선발시험은 '고부담의 경쟁적 선발시험'이 된다. 학력주의 가치관이 극도로 팽배해진 사회에서 공교육은 본래의 교육적 기능보다는 우수 학력 획득을 위한 경쟁과 고부담의 경쟁적 시험을 대비하는 장으로 전락하고, 시험은 학업성취의 수준과 정도를 참고적으로 진단하는 제도가 아니라 그 수준과 정도를 적극적으로 결정하는 제도로 변질된다. 그리하여 이런 상황에 처한(혹은 처했다고 생각하는) 개인은 바로 그 서열화된 공교육체제에 적응하고 고부담의 경쟁적 선발시험에 대비하기 위해서라도 사교육에 기댈 수밖에 없다.

마지막으로, 사교육 수요를 유발하는 미시 수준의 개인적 요인으로서 '개인이 갖는 학력주의 가치관', '개인의 참여동기'와 '개인의 경제적 수준' 등을 들 수 있다. 즉, '학력주의 가치관'을 가질 경우에 서열화된 공교육체제와 경쟁적 입시제도가 시행되는 여건에서 개인은 장차 성취될 것으로 기대되는 '생애기대수익(life-time expected welfare)'을 최대화하기 위한 사적인 교육투자전략으로 사교육 참여를 결정하게 된다. 이 과정에서 본인의 능력 수준과 경제적 부담능력이 중요한 변인으로 작용한다.

학력주의 사회, 경쟁적 입시제도 속의 개인은 현재의 학업성취를 향상하기 위한 '보충적 동기'에서건 남들과의 경쟁에서 유리한 고지를 차지하기 위한 '경쟁적 동기'에서건 간에, 장차 그것이 가져다줄 기대이익을 최대화하기 위하여 사교육에 참여하게 된다. 개인이 사교육에 참여하는 상황은 게임이론에서 말하는 이른바 '죄수들의 딜레마 상황'과 유사하다(김지하·백일우, 2006; 노은환 외, 2013). 말하자면, 남들이 참여하는 한 자신도 참여해야 손해를 덜 본다는 점에서, 개인의 사교육 참여는 설령 나중에 그것이 자신에게 아무런 이익이 없었음이 판명될지라도 현재로서는 참여 자체를 합리적 선택으로 받아들일 수밖에 없는 불가피한 게임과도 같다는 것이다.

사교육 현상을 각각 거시 수준, 연결 수준, 미시 수준의 요인으로 분류하여 그 각각의 요인들이 복합적으로 작용한 결과로 설명하는 구조적 모형은 한국의 사교육 현상을 좀 더 심층적으로 이해하는 데 도움을 줄 뿐만 아니라, 사교육 대책의 유형과 전략을 탐색하는 데도 도움을 준다. 사교육 수요유발의 구조적 모형은 사교육 수요에 대응하기 위한 정책의 대상을 분명하게 시사한다. 향후 사교육 대책의 초점은,

학력주의 가치관과 공교육체제와 대학입시제도의 체질 개선이 중요한 대상임을 시사한다.

세계화(globalization)의 영향으로 인재에 대한 개념의 변화가 이루어지고, 국가 간의 경계가 약해지는 추세에서 '골목대장'처럼 행사하는 학력의 영향력은 상대적으로 줄어들 것으로 전망된다. 이에 따라 학력에 대한 학부모의 인식도 변화함에 따라 좋은 학력 취득을 위한 사교육 수요도 감소할 것으로 전망된다. 학교의 변화와 혁신으로 학교 간의 차이가 수직적으로 서열화되기보다는 수평적으로 다양화되고 특성화되는 학교 교육 패러다임(paradigm)의 변화 가능성이 전망된다. 학교의 변화와 혁신으로 우리 학교교육에서 다양화와 특성화가 이루어질 가능성이 있다. 이런 가능성을 살려간다면 공교육과 사교육이 상호보완적 관계에서 그 역할을 할 수 있을 것으로 전망된다. 학령인구의 감소과정은 변화와 혁신을 위한 새로운 기회로 작용할 것으로 기대된다. 문제는 이를 위한 정책의 틀(framework)은 무엇이 되어야 할 것인지를 탐구하고 준비하는 일이 될 것이다. 이렇게 될 때 한국에서 사교육 수요는 그 절대 규모에서 감소할 것이고 사교육 문제의 심각성은 상대적으로 감소할 것으로 전망된다.

2. 사교육 대책의 전개과정

한국의 사교육 대책의 전개과정은 ① '입시경쟁'과 같은 사교육의 수요유발요인의 영향을 직접적으로 차단하려고 하는 정책, ② 사교육 수요를 직접적으로 규제하려고 하는 정책, ③ 공교육을 내실화함으로써 간접적으로 사교육 수요를 경감하려고 하는 정책, ④ 사교육비 경감을 위하여 저비용의 사교육 대체프로그램을 제공하는 정책 등과 같이 사교육에 대한 관점과 접근방법을 달리하면서 일정한 흐름을 나타냈다. 이 일정한 흐름에서 중요하게 부각되는 사교육 대책은 다음과 같다.

- ·1968 중학교 입학시험 폐지와 중학교 무시험 진학제도 도입
- ·1973 고등학교 입학시험 폐지와 고등학교 평준화정책 도입
- ·1980 7·30 교육개혁 조치: 개인과외 금지를 포함한 사교육 종합대책 모형 등장
- ·1980~1990년대 대학입학선발제도의 보완과 학교교육 내실화를 통한 사교육비 경감대책 등장
- ·2000 공교육 내실화 정책 중시와 사교육 제공 정책 등장
- ·2004 사교육 제공을 통한 사교육비 경감대책 확대
- ·2008 교육의 자율화를 중심으로 한 사교육비 경감대책 마련: '학교만족 두 배, 사교육비 절반'의 방안
- ·2014 '사교육 경감 및 공교육 정상화대책'(2014. 12. 14.): 부분적 현상 대응형 사교육 대책 제시

1) 중학교 무시험 진학제도(1968)와 고등학교 평준화정책(1973) 도입

초등교육의 의무화와 1950년대 베이비붐에 의하여 학령인구가 급증함에 따라 중학교 진학 수요가 팽창하자 중학교 진학자 선발을 위한 입학시험을 실시하게 되었다. 중학교 입시 준비를 위한 사교육이 등장하여 1960년대 후반에는 '국 6병'과 '입시지옥'이라는 신조어가 생길 만큼 중학교 입시경쟁이 치열해졌다. 정부가 1960년대와 1970년대에 수립하여 시행한 사교육 대책의 기본방향은 '사교육 수요유발요인의 직접적인 제거를 통한 사교육 수요의 감소'에 있었다.

이러한 상황에서 입시경쟁에서 오는 부작용을 해소하고 중학교 교

육의 기회를 확대하기 위하여 도입된 것이 '중학교 무시험 진학제도'이다. 당시 이 제도의 주된 목표는 ① 아동의 정상적인 발달 촉진, ② 초등학교 교육의 정상화, ③ 과열된 과외 공부의 해소, ④ 극단적인 학교차 해소, ⑤ 가정의 교육비 부담 감소와 일류 중학교 관념 불식 등이었다(문교부, 1988: 391). '무시험 진학을 통한 입시지옥의 해소'라는 목표가 제도개선의 가장 중요한 동인이 되었다(김동석, 2000; 안기성 외, 1998).

그러나 중학교 무시험 진학제도에 따른 중학교 교육기회의 확대는 사교육 수요를 상급학교인 고등학교에 전가하는 결과를 초래하여 고등학교 입학경쟁과 이를 위한 사교육 과열이 새로운 사회적 문제로 제기되었다. 중학교 무시험 진학제도로 진학기회가 확대된 이후, 지원자의 약 40%만 인문계 고등학교에 진학할 수 있어 그 당시에는 명문고교 진학을 위한 경쟁뿐만 아니라 인문계 고등학교 진학 자체를 위한 경쟁이 치열하게 전개되었다. 서울지역 중학생의 70%가 교내 또는 교외에서 과외교습을 받았으며, 전체 중학생의 27%가 입시경쟁으로 인한 정서 불안에 시달리는 등 이른바 '중3병'이 심각한 사회문제로 떠올랐다.

이에 당시의 문교부는 중학교 무시험 진학제도에 이어 고등학교 입학시험을 폐지하는 대신 인문계 고등학교의 학군별 추첨배정제도와 고등학교 교육 여건의 균등한 확충을 골자로 하는 '고등학교 평준화 정책'을 도입함으로써 중학교 교육을 정상화하고 사교육 과열의 문제를 해소하려고 시도하였다. 그러나 고등학교 평준화정책은 사교육 수요의 근본적인 팽창을 막지는 못해 1970년대 중반부터 고등학교 단계에서 대학 진학을 위한 사교육 수요가 새로이 등장하게 되었다. 예전과는 달리 대학 진학을 위한 경쟁이 치열하게 전개되고 사교육을 받지 않으면 대학 진학이 어렵다는 강박관념이 학부모들의 의식을 지배하게 되고 다시 사교육 과열 문제가 심각한 사회적 문제로 떠오르게 된 것이다. 결국, 사교육 과열 문제에 관한 한, 고등학교 평준화정책은 표면상 소기의 성과를 거둔 것처럼 보였지만 실지로는 중학교 단계의 사교육 문제를 고등학교 단계로 전가하는 미봉책에 그쳤다. 더욱이 고등학교 평준화정책이 중등교육정책으로서 가지고 있는 한계에 대한 논란은 지금까지 다방면에서 계속되고 있다(강영혜 외, 2005; 김영철·강태중, 1985). 고등학교 평준화정책은 중간 단계의 정책적 성격을 갖는다. 평준화정책의 종점이 되는 정책의 지향점을 갖지 못한 채 고등학교 평준화정책은 지금도 어정쩡한 상태에 있다.

2) 7·30 교육개혁 조치(1980): 개인과외 금지를 포함하는 사교육 종합대책 모형 등장

1970년대 후반에는, 중학교 무시험 진학제도와 고등학교 평준화정책의 시행에 따라 초등학교와 중학교 단계의 사교육 문제는 어느 정도 잠잠해졌지만, 고등학교 단계에서 대학 진학을 위한 사교육 문제가 지속적으로 악화되어 '과외를 받지 않으면 대학에 갈 수 없다'는 인식이 팽배해지고 소위 '과외망국론'이 대두되기에 이른다. 이에 1980년 당시의 군사정부인 '국가보위비상대책회의'의 주도하에 '7·30 교육개혁 조치'를 발표하였다.

이 7·30 교육개혁 조치는 ① 문제가 되는 사교육을 직접 규제하고, ② 사교육 수요유발의 원인을 억제하고, ③ 사교육비 부담을 경감하는 등의 세 가지 정책목표를 포함하고 있었다. 그리하여 이 조치는 문제가 되는 사교육을 직접 규제하기 위하여 고액 과외를 유발하는, 재학생을 대상으로 하는 개인교습과 학원수강을 전면적으로 금지하였으며, 현직교사의 과외교습도 금지하였다. 또한 사교육 수요유발의 원인을 억제하기 위하여 '대학별 본고사'를 폐지하고 '고등학교 내신제'와 '대학입학 예비고사제'를 도입하고 출제 수준을 하향 조정하였다. 그리고 대학입학 경쟁의 완화와 이에 따른 사교육비 경감의 차원에서 그동안 억제해 왔던 대학입학정원을 확대하고, 교육 TV를 과외 전용 방송으로 활용하여 '저비용의 사교육 서비스'를 제공하기 시작하였다.

7·30 교육개혁 조치는 단순히 사교육을 직접적으로 규제하는 '사교육 금지 대책'의 특성을 가지고 있는 것 이상으로 다방면에서 사교육에 대응하는 '사교육 종합대책'의 특성도 가지고 있다. 말하자면, 그 목표와 내용에 있어서 이후에 제시될 사교육 종합대책의 한 틀을 제시하였다. 7·30 교육개혁 조치는, 비록 소기의 성과를 거두지는 못하였으나, 대학별 본고사의 폐지, 대학입학 정원 확대, '저비용의 사교육 서비스'의 공적 제공, 현직교사의 사교육 참여 금지 등과 같이 사교육 문제해결을 위한 교육정책의 새로운 틀을 세웠다.

그러나 2000년 헌법재판소가 재학생의 과외교습과 학원수강을 금지하는 '학원설립과 운영에 관한 법률'에 대하여 위헌판결을 내림에 따라, 전면적인 과외 금지는 법적 근거를 상실하게 되고, 재학생의 과외교습과 학원수강은 허용될 수밖에 없었다. 더욱이 이미 그 이전부터 재학생의 과외교습과 학원수강을 단속하는 행정조치로서의 사교육 대책은 명백한 한계가 있었다.

3) 대학입학선발제도의 보완과 학교교육 내실화를 통한 사교육비 경감대책의 등장(1980~1990년대)

7·30 교육개혁 조치가 시행된 이후, 정부는 1985년 3월 대통령자문기구로서 '교육개혁심의회'를 설치하여 본격적으로 체계적이고 종합적인 교육개혁을 추진하였다. 이 교육개혁심의회는 1990년대에 '교육개혁위원회'로 계승되어 1995년의 '5·31 교육개혁안'이 마련되었다. 5·31 교육개혁안에서 교육개혁위원회는 '수요자 중심의 학교교육 내실화'를 사교육 문제에 대응하는 기본적인 방향으로 설정하였다. 또한 이 방향

에서 대학입학 전형자료로 '종합생활기록부'를 제안하고, 사교육의 대안적 서비스로 '방과후 교육활동'을 제안하였다. 교육개혁위원회의 이와 같은 제안은 이후 사교육 대책의 기본적인 방향과 내용으로 자리를 잡게 되었다.

1997년에는 '과열과외 완화 및 과외비 경감대책'이 발표되었다. 이 대책은, 1990년대에 들어 초등학교와 중학교 단계의 사교육 수요가 급격히 증가함에 따라 심각한 사회적 문제로 등장한 '가계의 사교육비 부담'을 완화하려는 데 그 목적이 있다. 또한 이 대책은 사교육 수요의 원인과 특징에 대하여 학교급별로 분석적인 접근을 시도하고 있으며, 학교교육의 내실화를 통하여 사교육 수요를 간접적으로 억제하는 한편 '저비용의 사교육 서비스'를 공적으로 제공함으로써 사교육비 경감을 시도였다.

그러나 1990년대 이후에는 정부의 사교육 대책에도 불구하고 사교육비 부담이 과중하다는 학부모의 불만이 지속적으로 확산되어, 사교육 과열 문제는 정치적 쟁점으로까지 비화되고(서남수, 1997), 사교육 대책의 방향은 '사교육의 억제'에서 '과중한 사교육비 경감'으로 전환되기 시작하였다. 또한 이때부터 사교육에 대한 교육정책의 대응은 '공교육 내실화' 또는 '학교교육 내실화'를 통해서만 가능하다는 공감대가 형성되기 시작하였다. 이러한 인식의 전환은, 사교육 문제를 단순히 사교육을 직접 억제함으로써 해소하려는 종래의 방식에서 벗어나, '학교교육 내실화'를 중심으로 하는 '복합적인' 사교육 대책을 모색하게 하는 계기가 되었다(서남수, 1997).

그 당시의 사교육 대책이 제시한 '학교교육 내실화'의 정책내용을 살펴보면, ① 학급당 학생 수 감축 등의 교육 여건 개선과 수준별 교육과정 운영, 평가기준과 평가방법의 다양화, ② 학교 서열화를 방지하기 위하여 평준화 기조의 지속적인 유지와 특목고, 자립형 사립고 설립 억제, ③ 대학 서열의 격차를 줄이기 위하여 '대학별 고사'의 계속적인 불허, 선발방법의 다양화, 대학수학능력시험의 난이도 하향 조정, 과도한 점수경쟁을 완화하기 위한 수능점수의 등급제 전환 등을 골자로 한 대학입학제도 개선이 주를 이루고 있다. 이 시기에는 사교육 대책의 중점이 대학입학시험의 운영개선에 주어졌다. 그리고 이와 병행하여, 사교육비 부담을 경감하기 위하여 교육방송을 통한 과외, 방과후 교육활동 등과 같은 저비용 사교육 서비스의 공적 제공이 이루어졌다.

사교육에 대한 교육정책의 대응이 '공교육 내실화' 또는 '학교교육 내실화'를 통해서만 가능하다는 공감대가 형성되었다 하더라도 공교육체제의 어떤 면이 부실한지, 무엇이 문제인지 의미 있게 생각을 정리하지 못했다. 이 당시 공교육 내실화 정책의 틀은 학교교육에 대한 관리적 차원의 평준화를 지향하는 사고가 지배하였다. 사교육의 수요를 억제하는 공교육 내실화의 비전과 방향과 내용이 무엇이 되어야 하는지에 대하여 깊이 생각을 정리하지 못하였다.

4) 국민의 정부 사교육 대책(2000~2004): 공교육 내실화정책 중시

2000년 6월 발표된 '과열과외 예방 및 공교육 내실화 방안'에서 확인되듯이, '국민의 정부'는 2000년대에 들어 본격적으로 사교육 제공형 정책을 수립하기 시작하였다. 이 대책은, 7·30 교육개혁 조치에서 전면적인 과외 금지의 근거가 되었던 '학원의 설립·운영에 관한 법률'제3조(과외교습 금지와 예외적 허용) 및 제22조(벌칙) 제1항 1호가 헌법재판소의 위헌결정을 받게 되자 이에 대한 후속조치로 추진된 것이다.

즉, 그 당시 위헌결정의 요지는 다음과 같다.

① 7·30 교육개혁 조치에서처럼 재학생의 과외교습을 원천적으로 금지하고 단지 예외적으로만 허용하는 것은 사적 영역의 부모의 교육

권과 학생의 학습권에 대한 규제에 해당한다는 것, ② 과외 금지 조치의 시발점이 되었던 '고액과외'에 대한 규제의 정당성은 인정되나 기본권의 제한은 최소한에 그쳐야 한다는 것, ③ 그와 같은 규제는 과도한 기본권의 제한에 해당한다는 것이다.

이러한 위헌결정으로 말미암아 재학생의 개인교습과 학원수강은 원천적으로 허용될 수밖에 없었고, 이제 정부는 문제가 되는 사교육에 대해서만 예외적으로 새로운 입법조치를 거쳐 규제할 수 있게 되었다. 2000년의 '과열과외 예방 및 공교육 내실화 방안'은 과외교습대책위원회가 교육부에 건의한 사교육 대책이다.

이 방안에서는 사교육의 수요유발요인을 분석하고 사교육 해소의 메커니즘을 검토함으로써 사교육 대책의 추진방향을 설정하고 있다. 즉, 이 방안에서는 사교육 수요유발요인으로서 ① 학벌경쟁과 서열화된 대학구조, ② 공교육의 부실, ③ 사교육의 효과와 영향에 대한 학부모의 주관적 인식과 불안심리 등을 제시하고 있고, 또한 사교육의 유형에는 탁아형, 학력보충형, 학력경쟁형 등의 다양한 유형이 있을 수 있다는 점에 주목하고 있다.

그리고 이 방안에서 사교육 수요를 근원적으로 해소하고 그에 따라 사교육비 부담을 경감하기 위하여 제시한 종합대책의 내용은 다음과 같다.

첫째, '공교육 내실화'를 위한 정책과제로서, ① 교육 여건의 지속적인 개선, ② 제7차 교육과정의 내실 있는 시행, 수준별 교육과정 도입, 총점에 의한 상대평가의 지양과 다양한 평가방법의 도입, ③ 대학입학전형방법의 다양화, 대학별 특성을 살릴 수 있도록 지원하되 국어, 영어, 수학 위주의 대학별 본고사 금지, 과도한 점수 경쟁을 완화하기 위한 수능점수의 등급제 전환, ④ 기초학력에 대한 국가책임제 시행, ⑤ 학교에서 양질의 특기·적성 교육을 제공한다. 둘째, 사교육 허용에 따른 계층 간 위화감을 완화하기 위하여 ① 농·어촌, 도시 저소득층 등의 소외계층에 대한 사교육 재정지원을 확대하고, ② 교육방송을 활용한 사교육 서비스를 제공하고, ③ 대학생의 자원봉사활동을 지원하는 것이다. 셋째, 자율적 규제를 통하여 학교교육과정의 학원 '선행학습'을 지양하고 야간학습시간을 제한한다. 넷째, 사회적 폐해를 야기하는 고액과외에 대해서는 합당한 규제 근거를 마련한다.

이전과 달리, 교육부의 이러한 사교육 대책은 사교육 수요에 대하여 7·30 교육개혁 조치 이후에 점차 가시화되었던 '구조적인 접근모형'의 면모를 여실히 드러내는 것이다. 즉, 그것은 정부의 사교육 대책이 7·30 교육개혁 조치 이후에 사교육을 직접적으로 규제하는 방향에서 벗어나 점차 '공교육 내실화'를 통하여 간접적으로 사교육 수요의 경감을 모색하고 공교육체제 안에서 사교육 대체 교육서비스를 제공하는 방향으로 전환되고 있음을 보여 주는 것이다.

5) 참여정부의 사교육 대책(2004~2007): 공교육 정상화를 통한 사교육비 경감대책

참여정부는 2004년 2월 17일 '공교육 정상화를 통한 사교육비 경감대책'을 발표하였다(교육인적자원부, 2004). 이 사교육 대책의 문제의식과 사교육 수요유발요인에 대한 진단은 공교육의 내실화와 사교육을 대체하는 저비용의 교육서비스를 통하여 사교육 수요를 경감하려고 했던 종래의 사교육 대책과 비슷하다. 다만, 이 대책은 좀 더 사교육비 경감에 초점이 맞추어져 있다.

'공교육 정상화를 통한 사교육비 경감대책'에서 공교육 정상화를 위한 주요 정책내용을 살펴보면 다음과 같다. 첫째, 기초학력을 보장하며 취약계층의 교육과 과외를 지원한다. 둘째, 교원평가제를 실시한다. 셋째, 고등학교 평준화정책을 보완하는 차원에서 선지원 후추첨의 배정제도를 확대 시행함으로써 학생의 학교선택권을 좀 더 보장하고, 고등학교의 다양화 및 특성화와 운영 자율화를 지원한다. 넷째, 학교 교육의 정상화를 지원하는 대학입학전형제도를 운영하기 위하여 고등학교 학교생활기록부의 반영비율을 강화하고, 수능의 난이도가 높아지지 않도록 조정하고, 과도한 점수 경쟁을 완화하기 위하여 대학입학전형에 등급점수제를 활용하고, 대학이 다양한 학생 선발 방식을 마련할 수 있도록 권장, 지원한다.

또한 참여정부의 이러한 사교육 대책에는 사교육비 경감을 위하여 사교육 수요를 공교육체제 안으로 흡수하는 방안이 강조되어 있다. 이와 관련된 주요 정책내용으로서 ① EBS를 통한 수능과외를 활성화하고 이러닝 체제를 구축함으로써 방과후 교육과 가정자율학습을 적극 지원할 수 있는 교육 여건을 조성하고, ② 중·고등학교에서 수준별 보충학습을 실시하고, ③ 교육소외계층과 농어촌 지역의 학생에 대한 정부의 교육지원을 확대하고, ④ 초등학교에서의 재능 및 영어 사교육 수요를 충족하기 위하여 방과후 특기·적성교육을 확대하도록 지원하고, 초등학교 저학년의 탁아 수요를 흡수하기 위하여 '초등 저학년 방과후 교실'을 설치하여 운영한다.

그런가 하면, 참여정부는 2007년에 이러한 2004년 사교육 대책의 보완대책을 마련한다. 이 2007년의 사교육 대책에서는 ① 사교육 수강료를 규제하고, ② 사교육 관련 정책개발에 필요한 인프라를 구축하기 위한 예비조치로서 전국 규모의 사교육 관련 통계조사를 실시하고, ③ 사교육 산업에 대한 감독체제를 갖추고, ④ 사교육 정책연구센터를 지정하여 운영하는 등의 방안이 제시된다. 또한 이 대책에서는 사교육 수요를 공교육체제 안으로 흡수함으로써 사교육비 경감의 효과가 단기간에 가시화될 수 있는 다양한 방안이 시도되어, 공교육체제 안에서 사교육을 대체하는 교육서비스가 본격적으로 제공되기에 이른다. 또한 가지 주목할 것은 공교육 내실화를 위하여 과밀학급 해소, 학교시설 현대화와 같은 '양적·투자적 측면'의 확대에 관심을 기울였던 종래의 대책과는 달리, 이 사교육 대책에서는 수준별 교육 실시, 기초학력 책임지도제 강화 등과 같은 '질적·구조적 측면'의 개선으로 강조점이 이동한다는 점이다.

6) 이명박정부의 사교육 대책(2008~2009): 교육의 자율화를 중심으로 한 사교육비 경감대책

이명박정부의 사교육 대책은 '학교만족 두 배, 사교육비 절반'이라는 정책구호를 내건 대통령의 선거 교육공약으로부터 출발한다. 이 선거 교육공약은 ① 고등학교 유형의 다양화를 통하여 학교교육의 다양성을 살리는 것, ② '3단계 대학입학 자율화 정책'과 '맞춤형 학교지원시스템'을 통하여 학습량을 줄이는 것, ③ 원어민 보조교사 지원 및 영어교육 자원봉사 제도 도입 등 학교에서 영어교육을 강화하고 교육과정의 운영을 다양화하는 것을 주된 사교육비 경감대책으로 제안하고 있다. 그리고 이처럼 사교육 문제를 '사교육비 경감 차원'에서 접근하여 관련 대책을 수립하려고 하는 정책기조는 이후에 이명박정부에서 발표된 사교육 대책에도 고스란히 반영되었다. 그러한 정책기조는 2009년 6월에 발표된 '공교육 경쟁력 향상을 통한 사교육비 경감대책'에서 확인된다.

이 사교육비 경감대책에서는 사교육비 경감을 위하여 크게 다섯 가지 방향의 접근을 시도하고 있다. 즉, ① 학교의 자율화와 다양화를 중심으로 한 공교육 내실화와 이를 통한 학교의 교육력 강화, ② 다양하고 선진화된 입학전형 정착, ③ 사교육을 대체하는 교육서비스 강화, ④ 학원 운영의 효율적 관리, ⑤ 제도·문화적 인프라 구축 등이 그것이다.

좀 더 자세히 살펴보면 첫째, 이 대책은 공교육 내실화 차원에서 ① 학교운영에서 교원인사와 교육과정 운영의 자율화, '고교다양화 300 프로젝트'를 통한 '자율학교' 확대, 학교정보공시제의 신뢰도 제고, ② 교과교실세를 통한 수준별·맞춤형 수업 제공으로 학생의 수업 만족도와 교사의 수업 전문성 제고, ③ 교원능력개발평가제를 통한 교원의 전문성 신장, ④ 국가 수준의 학업성취도평가, 기초학력 향상을 위한 '학력향상 중점학교' 지원, ⑤ 영어 전담 교원 확충, EBS를 활용한 무료 영어학습 서비스 강화, 영어 친화적 교육환경 구축, 영어교육 중점 학교, 방과후 영어교실 운영 등을 통한 영어교육의 질 제고 및 격차 해소 등을 제안하였다.

둘째, 그와 같은 학교교육의 자율화, 다양화 과정에서 입학전형이 새로운 사교육 수요유발요인으로 등장하지 않도록 하기 위한 선진형 입학전형 정착의 차원에서 ① 성적 위주 선발체제에서 학생의 잠재력, 소질 등 다양한 요소를 고려한 선발체제로의 개편 및 입학사정관제 확대 및 내실화, ② 외국어고, 과학고 등의 특목고에서 사교육 수요를 조장하는 각종 경시·경연대회 수상성적의 반영을 금지하고, 영어내신성적과 출결성적으로 1단계 전형을 하고, 2단계에서는 '자기주도학습전형'으로 면접을 통하여 전형하는 등 외고와 국제고 전형에서 사교육의 영향을 줄이려는 제도개선을 시도하였다.

셋째, 사교육 대체 교육서비스 제공의 차원에서는 ① '사교육 없는 학교' 1,000개교 육성, ② 방과후학교 교육서비스 강화, ③ EBS 수능강의 서비스 품질 제고 등을 제안하였다.

넷째, 학원 운영의 효율적 관리의 차원에서는 ① 학원 교습시간의 단축 운영 유도, ② 온라인 교육기관의 수강료 제한, ③ 학원비 징수 등 학원 운영의 투명성 강화, ④ 불법·편법 학원 운영에 대한 신고포상금제 도입, ⑤ 학부모·학교운영위원·소비자단체 등이 참여하는 '체감

학원비 모니터링팀' 운영 등을 제안하였다.

다섯째, 사교육비 경감을 위한 제도·문화적 인프라 구축의 차원에서는 ① 시·도교육청별 사교육비 절감 성과평가 강화 및 사교육 유발 영향평가 실시, ② '사교육 줄이기 캠페인', 사교육 투자의 비효율성 관련 객관적 연구결과 홍보, ③ 대입상담 콜센터 설치 등을 계획하고 있다.

3. 사교육 대책의 구조와 유형 분석

1) 사교육 대책의 구조

사교육 문제를 해결하기 위하여 마련되는 정부의 대책은 적어도 그것이 사교육 문제와 관련하여 어떤 정책목표를 달성하기 위한 것이고 어떤 정책수단을 사용할 것인지, 그리고 이 둘은 어떤 상관관계에 있는지를 명확히 구조화할 필요가 있다. 그리고 이 구조화의 과정에서 ① 사교육의 개념을 명확히 규정하는 일, ② 사교육이 초래한 문제를 정확히 진단하는 일, ③ 사교육의 수요유발원인을 명확히 규명하는 일, ④ 사교육 문제를 해결하기 위한 정책수단의 정당성과 실효성을 과장 없이 평가하는 일 등이 선행되어야 한다.

이와 관련하여 한국의 사교육 대책의 역사는 사교육 개념의 이해, 사교육 문제의 진단에서는 비교적 공통된 인식을 보여 준 반면, 사교육 수요유발원인의 규명과 사교육 문제의 해결을 위한 정책방향의 설정과 정책수단의 정당성과 실효성 평가에서는 접근방법과 관점상의 변화를 나타냈다.

먼저, 이때까지의 사교육 대책들은 대체로 사교육의 개념을 사적 과외교습 중에서 '공교육체제에서의 학력보충과 학력경쟁을 위하여 참여하는 과외교습'으로 규정하고 있다. 이 과정에서 ① 교육기회 배분의 불평등 초래, ② 과중한 사교육비 부담, ③ 개인의 전인적 성장 저해, ④ 학교교육의 파행적 운영 등을 사교육이 초래한 주된 문제로 파악해 왔다.

그러나 이와 같은 문제를 해결하기 위하여, 사교육 대책이 그 문제의 원인을 진단하고 그 원인에 대응하는 정책수단을 강구하는 데에는 의미 있는 변화가 나타났다.

① 한국의 사교육 대책의 역사에서 사교육의 수요유발요인에 대하여 세 가지 차원에서 관련요인들이 복합적으로 연계하여 작용한 결과라는 인식을 하게 되었다. 몇몇의 가시적인 수요유발요인에 국한된 임시변통의 접근방법이 아니라 그 '복합적인 수요유발기제' 전체를 조망하는 근원적이고 종합적인 접근방법을 보여 준 것은 비교적 근래의 일이라고 볼 수 있다.

② 사교육 문제해결을 위한 정책수단의 정당성 및 실효성과 관련하여, 단순히 몇몇의 사교육 수요유발요인의 영향을 직접 차단하거나 사교육 수요를 직접 규제하는 정책수단만으로는 정당성과 실효성을 확보하기 어렵다는 점을 인식하게 되었다. 이러한 나열적 정책수단은 정책의 혼선을 빚고 그로 인해 정책의 효과성을 떨어뜨렸다.

③ '공교육 내실화'와 '사교육 수요의 공교육체제 안으로의 흡수'를 핵심적인 정책수단으로 삼아야 한다는 점을 깨닫게 된 것도 비교적 근래의 일이라고 볼 수 있다. 그러나 사교육 수요를 통제할 수 있는 공교육 내실화의 방향과 내용에 대한 정책의 설계는 아직도 미완의 과제로 남아 있다.

④ 한국 사교육의 특성이 명문 학력 취득을 위한 경쟁이라는 점을 인식할 필요가 있다. 한국의 사교육은 대학입학 경쟁을 위한 제도화된 사교육이고 이 목적을 위하여 하향식으로 유치원교육까지 연계되어 있다. 한국의 사교육은 성적 우수자가 주도하는 사교육이다.

2) 사교육 대책의 유형 분석

사교육 대책의 구조에서 그 대책이 나타내는 '사교육을 대하는 관점'과 '사교육 문제에 대처하는 접근방법'의 변화를 감안하면, 우리는 이 두 가지 변화를 거점으로 삼아 한국의 사교육 대책을 유형화하는 분석의 틀을 마련할 수 있다(이종재·장효민, 2008). 사교육의 규제 가능성에 대한 관점과 사교육 수요에 대한 원인적 접근, 그리고 사교육 문제에 대한 대증적 접근에 따라 몇 가지 사교육 대책의 유형 설정이 가능하다.

'사교육 문제에 대한 대증요법적 접근'이라는 것은 시급히 해결해야 할 현안으로 떠오른 사교육 문제에 대하여 단기적인 효과를 기대하여 조취를 취하는 접근방법을 가리키며, 사교육 수요를 직접 규제하려고 했던 '과외 금지 조치', 사교육 수요를 공교육체제 안으로 흡수하려고 했던 '사교육 대체 교육서비스'가 그 사례라고 볼 수 있다. 그리고 '사교육 문제에 대한 원인요법적 접근'이라는 것은 그 문제를 초래한 사교육의 수요유발원인에 대처하는 접근방법을 가리킨다. 그 사례로는 입시경쟁 자체를 제거하려고 했던 '고등학교 평준화정책', 공교육의 부실이 사교육 문제의 주된 요인이라는 판단하에 시도된 '공교육 내실화 방안'을 들 수 있다.

'사교육을 대하는 두 가지 관점'과 '사교육에 대처하는 두 가지 접근방법'에 따라 사교육 대책의 유형은 〈그림 4-2〉에 제시된 바와 같이 설정할 수 있다. '학교 평준화형', '사교육 규제형', '공교육 내실화형', '사교육 제공형'이 그 네 가지 유형이다. 사교육 대책의 전개과정에 따라 그 유형을 살펴보면 다음과 같다.

(1) 학교 평준화형

'학교 평준화형'은 사교육을 규제 가능한 대상으로 파악하는 사교육

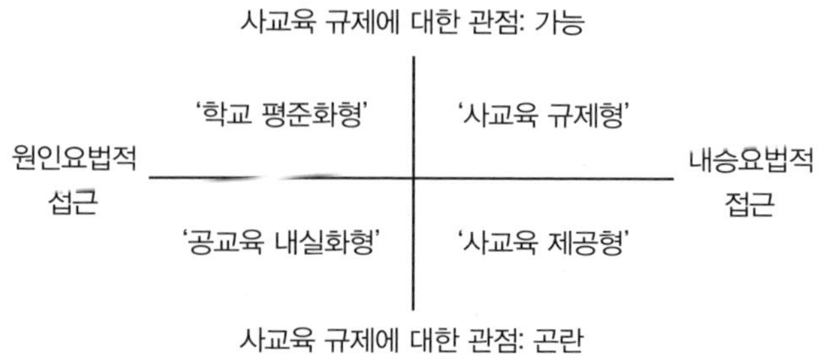

〈그림 4-2〉 사교육 대책의 유형

대책 유형이면서, 사교육 문제를 해결하기 위하여 사교육 수요를 유발한 입시경쟁요인을 제거하려는 유형이다. 즉, 이 유형은 사교육 수요유발요인으로서 '시험성적에 따라 수직적으로 서열화된 학교체제'와 '우수학교 입학을 위한 고부담 입학시험'에 주목한다. 그리고 이러한 수요유발요인이 되는 수직적으로 서열화된 학교체제를 평준화하고, 고부담 입학시험을 폐지하는 것을 주된 정책내용으로 한다. 입학시험을 폐지하고 학생들을 추첨을 통하여 일괄적으로 인근 학교에 배정하는 입학제도를 도입하고, 추첨배정의 대상이 되는 모든 학교의 교육 여건을 평준화하는 것이 학교 평준화형 사교육 대책의 주된 정책내용을 이룬다. 1968년의 '중학교 무시험 진학제도'와 1973년의 '고등학교 평준화정책'이 바로 이와 같은 학교 평준화형 사교육 대책이다.

그러나 학교 평준화형 사교육 대책은, 학교체제의 서열화와 입시경쟁으로 인한 사교육 수요를 상급학교로 전가하는 결과를 초래하였다. 중학교 무시험 진학제도의 시행 이후에 불거진 고등학교 입학 경쟁을 위한 사교육 과열 현상이나 고등학교 평준화정책 시행 이후에 불거진 대학입학경쟁을 위한 사교육 과열 현상이 그 사례이다. 더욱이 학교 평준화형 사교육 대책은 장기적으로는 상급학교 입학 경쟁을 대비한 사교육 수요가 점차 하급학교 단계에서 진행되는 것을 막지 못하기 때문에 종국에는 사교육 수요에 대한 애초의 일시적인 진정효과마저도 잃게 된다. 이 점은 학교 평준화형 사교육 대책이 사교육 문제에 대한 미봉책이지 근원적인 대책이 아니라는 것을 시사한다.

(2) 사교육 규제형

'사교육 규제형'은 학교 평준화형처럼 사교육을 규제 가능한 대상으로 파악하는 사교육 대책 유형이면서, 사교육의 수요 자체를 직접 규제하려는 사교육 대책 유형이다. 즉, 이 유형은 재학생을 대상으로 하여 학교 교육과정을 가르치는 개인 및 학원의 과외교습을 불법 또는 위법으로 규정하고 행정력을 동원하여 규제하려고 한다. 1980년 '7·30 교육개혁 조치' 중에서 재학생에 대한 고액형 개인교습과 현직교사의 과외교습을 금지한 조치가 이 유형의 대표적인 예라고 볼 수 있다. 또한 학원의 심야과외 규제, 고액학원비 규제 등도 이 유형에 속한다.

이러한 사교육 규제형은 표면상 사교육 수요를 진정시키는 것처럼 보일지 모르나, 실지로는 사교육 수요가 다른 형태로 불거지는 '풍선효과'를 초래한다. '7·30 교육개혁 조치'에서 '과외 금지'라는 강제적 조치는 '사교육 수요'라는 현실적 욕구와의 갈등 속에서 결과적으로 사교육의 양상을 불법과외, 비밀과외로 바꾸어 놓고 종래의 사교육비에 위험수당을 추가하게 함으로써 사교육비의 인상만 부추기는 꼴이 되었다. 그리하여 이러한 현상은 대학입학시험에서의 과열경쟁이 완전히 해소될 때까지는 사교육 과열의 문제도 근절할 수 없다는 교훈을 주었다(정태수, 1991). 더욱이 과외 금지 조치와 같은 사교육 대책은, 그 조치의 법률적 근거였던 '학원의 설립·운영에 관한 법률'의 제3조 등이 2000년에 헌법재판소의 위헌 판결을 받음에 따라 새로운 유형의 사교육 대책으로 전환될 수밖에 없었다.

(3) 공교육 내실화형

'공교육 내실화형'은 학교 평준화형이나 사교육 규제형과는 달리 사교육에 대한 규제의 효과가 임시변통에 불과하다고 보고, 사교육 규제형처럼 사교육의 수요 자체를 직접적으로 규제하기보다는 사교육 수요 유발요인을 찾아 근절함으로써 사교육 수요를 감소시키려는 유형이다. 즉, 이 유형에서는 사교육에 참여하는 개인의 자유와 행복추구권을 인정하며, 사교육에 대한 직접적인 규제는 그 정당성과 실효성에서 한계가 있다고 본다. 그리고 이 유형에서는 사교육 수요유발의 일차적인 원인이 '공교육 부실'에 있다고 보며, 그 원인에 대한 효과적인 정책수단에는 '공교육 내실화'가 그 핵심이라고 본다. 이 유형에서는 공교육의 교육력을 강화하고 신뢰도를 제고함으로써 사교육에 대한 의존도를 줄이고 우회적으로 사교육 문제를 해결하려고 한다. 1997년의 '과열과외 완화 및 과외비 경감대책'에 제시된 '학교교육 내실화 방안'과 이후의 사교육 대책에서 지속적으로 제시된 '공교육 내실화 방안'이 이 유형에 속한다.

그러나 이 공교육 내실화형은 그것이 어떤 사교육 수요유발요인에 초점을 맞추는가에 따라 상충되는 정책수단까지 포함하여 다양한 정책수단을 포함하게 될 소지가 있으며, 그런 만큼 특정한 수요유발요인에 대한 정책수단이 오히려 다른 정책수단의 효과를 잠식하거나 새로운 사교육 수요유발요인의 활성화를 부추기는 등의 혼선이 생길 소지가 있다. 공교육 내실화를 위하여 추진된 '특목고', '자립형 사립고', '대학수학능력시험' 등이 새로운 사교육 수요를 불러일으켰던 것이 그 사례이다. 공교육 내실화형 사교육 대책은, 비록 그 효과가 단기간에 나타나는 것이 아니라 서서히 은연중에 나타나겠지만, 사교육 문제를 해결하는 근원적인 대책에 해당한다. 학교와 학급 규모의 축소, 교육 정보화 지원 등과 같은 교육 여건의 개선방안과 교육과정 개선, 우수 교원양성과 수준 높은 교원연수, 교원평가 등과 같은 학교교육의 질 제고방안이 그 사례이다. 다만, 이러한 공교육 내실화형 사교육 대책이 실효를 거두기 위해서는 문제를 불러일으키는 몇몇의 사교육 수요유발요인에 그때그때 임시로 대응하려고 할 것이 아니라, 복합적인 사교육 수요유발기제 전체에 대응하여 근원적이고 종합적인 사교육 대책으로서의 성격을 가질 필요가 있다. 공교육 내실화의 방향과 그 내용이 타당성과 적합성을 갖지 못하면 대책으로서 실효를 거둘 수 없기 때문이다.

(4) 사교육 제공형

'사교육 제공형'은 공교육 내실화형에서처럼 사교육을 규제하기 곤란한 대상으로 파악한다. 사교육 수요를 공교육체제 안으로 끌어들여서 사교육 수요 자체를 직접적으로 줄이려고 하는 사교육 대책 유형이다. 즉, 이 유형에서는 사교육의 상대적 효과를 인정하는 대신, 과중한 사교육비 부담을 줄이고 계층 간 사교육비 격차를 줄이기 위하여 공교육체제 안에서 사교육을 대체하는 교육서비스를 제공하려고 한다. 2000년의 '과열과외 예방 및 공교육 내실화 방안'에 제시된 '교육방송 활용한 사교육서비스', '대학생의 자원봉사활동 지원'이나 이후의 2004년 참여정부의 사교육 대책과 이명박정부의 사교육 대책에서 지속적으로 제안되고 추진되는 '방과후 교육활동', 'EBS 교육방송을 활용한 수능강의', '수능강의 연계출제' 등이 이 유형에 속한다.

그러나 사교육 제공형은 엄밀히 말하여 공교육의 취지를 훼손하는 것이다. 그것은 국가기관에 의한 사교육의 공적 제공이라는 점에서 '국가 과외'로 지칭되기도 한다(한준상, 2005). 더욱이 이러한 사교육 제공형 사교육 대책은 다시 이에 경합하는 새로운 사교육 수요, 좀 더 전문적이고 집중적인 사교육 수요를 불러일으킬 것이기 때문에 사교육 수

〈표 4-1〉 사교육 대책 유형별 특징 비교

구분	학교 평준화형	사교육 규제형	공교육 내실화형	사교육 제공형
시기	1960~1970년대	1980년대	1980~1990년대	2000년대
사교육 규제에 대한 관점	규제 가능	규제 가능	규제 곤란	규제 곤란
문제진단	입시경쟁으로 인한 사교육 과열	사교육 과열에 따른 교육기회 불평등, 사교육비 과중 등	공교육 부실로 인한 사교육 과열	사교육비 과중과 사교육비 격차
접근방법	원인요법적 접근	대증요법적 접근	원인요법적 접근	대증요법적 접근
정책목표	과열경쟁 완화	사교육 수요 규제	사교육 수요 완화	사교육 격차 완화
정책수단	입학시험 폐지, 학교의 교육 여건 평준화	과외 금지 조치, 고액과외 및 심야과외 제한 등	교육과정 개선, 대입제도 개선, 학교 다양화 등	방과후 교육활동, EBS 교육방송, e-learning
역효과	공교육 부실과 사교육 의존 심화	불법비밀과외로 인한 사교육비 인상	정책수단의 가시적 효과 미흡	공교육의 취지 훼손

요의 근원적인 해결책이라고 보기 어렵다.

이상에서 살펴본 사교육 대책의 네 가지 유형은 〈표 4-1〉과 같이 그 특징을 요약할 수 있다.

4. 차세대의 사교육 대책 개발에 주는 시사점

한국의 사교육은 '개인 차원의 과외공부' 형태로 시작하였다. 과외공부의 내용이 학교의 교육내용과 평가 그리고 입학시험과 연계되어 구성되어 왔기 때문에 한국에서의 사교육은 공교육과 연계된 '그림자 교육(shadow education)'의 성격을 갖는다. 개인 차원의 과외공부는 기관 차원의 학원공부의 형태로 발전하였다. 학원은 마치 학교처럼 학생의 선발과 지도, 평가, 진학지도, 생활지도까지 담당하고 학생의 생활에서 학교의 영향력을 능가하는 정도로 제도화되었다. 한국의 사교육은 명문대학 입학을 위한 경쟁교육의 결과이다. 한국의 사교육은 성적우수자, 소득 수준이 높은 계층이 주도하고 여기에 다른 학부모가 따라가는 '죄수의 딜레마' 성격의 교육현상을 보이고 있다.

1) 사교육 대책의 네 가지 유형에 비추어 본 사교육 대책의 전개 과정

사교육 대책의 네 가지 유형에 비추어 볼 때, 대책의 초점이 입시경쟁 제거형(학교 평준화형)에서 사교육 규제형으로, 그다음에 공교육 내실화형에서 점차 사교육 제공형으로 이동해 왔다고 볼 수 있다. 사교육의 원인에 대한 대책을 추진하다가 사교육 문제가 심각한 사회적 문제로 대두되자 사교육 수요의 직접적인 규제라는 대증요법적 접근이 동원되고, 이 접근이 오히려 또 다른 문제를 불러일으키자 다시 사교육의 원인에 대한 대책이 추진되고, 또다시 사교육 문제가 사회적 현안으로 대두되자 대증요법적 접근이 동원된 셈이다.

한국의 사교육 대책에도 불구하고 사교육의 규모와 역할의 비중은 줄지 않고 있다. 오히려 사교육은 공교육에 대응하고 경쟁하는 수준으로 성장해 왔다. 이것은 사교육 대책의 실패를 의미하는가? 공교육에 엮여 있는 사교육의 '원천적 수요'가 존재하는 상황에서 사교육을 규제하고자 했던 정책은 소기의 성과를 거두지 못하였다. 마치 '사교육 수요 정량 불변의 법칙'이 적용되는 것과 비슷한 상황이었다. 지금까지의 논의는 향후의 사교육 대책에 어떤 시사를 줄 수 있는가?

2) 사교육의 원천적 수요전환을 위한 교육 패러다임의 추구

사교육에 참여하는 행위는 추구하는 교육의 가치와 교육행위 간의 관계에 대한 행위자의 주관적 판단에 따른 합리적 의사결정의 결과라고 보아야 할 것이다. 사교육 대책의 초점은 결국에는 사교육 참여에 대한 학생과 학부모의 판단과 행위가 손쉽게 변화할 수 있는 환경을 조성하는 데 맞추어져야 할 것이다. 사교육 대책의 문제는 '사교육과 관련하여 우리가 기대하는 바람직한 행위는 무엇이며 이 행위를 어떻게 조성할 수 있겠는가?'라는 질문으로 귀착된다. 행위자의 가치관과 행위선택에서의 자율적 변화가 이루어져야 한다.

이 점에서 '바람직한 인재육성에 대한 관점'에 대한 논의와 안내 그리고 교육관련자들의 교육행위의 변화를 기할 수 있는 제도의 설계가 중요한 과제가 될 수 있다. 사교육의 길은 사회적 가치를 획득하는 데 작용할 것으로 기대되는 학력(學歷)의 취득과 이를 위한 '한 줄 세우기 경쟁교육의 길'에 대한 믿음과 전략이 그 배경을 이루고 있다. 이에 대한 대안적 길로서 '글로벌 인재 육성의 길'로 가는 길을 생각할 수 있다. 대안적 길에 대한 학부모의 교육철학과 교육가치관에 대한 논의와 안내가 필요하다.

3) 공교육 내실화의 방향과 전략적 과제 구조화

다음 세대의 사교육 대책의 중심은 공교육 내실화에 두어야 할 것이다. 공교육 내실화의 내용개발에 창의적 접근이 필요하다. 우리는 공교육 내실화를 위한 정책과제의 전략적 구조화가 필요하다. 그리고 공교육 내실화의 전략적 과제로서 다음과 같은 과제에 주목할 필요가 있다(Lee, 2008).

- 지식기반사회형 학업성취기준 설정(21세기 인재 육성 모형)
- 대학교육의 특성화와 다양화
- 학교별 교육프로그램 다양화와 학생의 학교 선택
- 대학입학전형 자율화와 '자기주도적 학습탐구전형' 경로 설정
- 고교교육에서 수직적 서열화 구조를 수평적 다양화 구조로 전환

- 학교교육의 자율화와 책무성 제고
- 교육에 대한 정부의 규제적 역할 축소와 협력적 통치체제 구축
- 학교 간 경쟁 구조로의 전환 가능성 검토 등

참다운 학업성취기준을 정하는 것을 공교육 내실화의 출발점으로 삼아야 할 것이다. 학력(學歷)을 대치하거나 보완할 수 있는 학업성취이력서(learning portfolio)를 만들고 이것이 대학졸업증과 각종 이수증(specs)을 대치할 수 있도록 작성되고 평가되고 활용될 수 있어야 할 것이다. 학업성취이력서의 작성은 대학교 단계에서 보편화되고 고등학교 단계에서도 만들 수 있어야 할 것이다.

글로벌 인재육성모형에서 학업성취의 기준을 정하고, 이에 따라 교육기관은 핵심 역량을 계발할 수 있도록 학교교육을 개선하는 것을 학교교육 내실화의 과제로 삼아야 할 것이다. 학교별로 다양한 성취기준에 따라 다양한 성취 수준과 내용을 교육목표로 설정하여 학생의 교육적 필요에 부응하는 교육프로그램을 개발하고, 학생은 그렇게 다양화된 학교를 자유롭게 선택할 수 있어야 한다. 이 과정에서 학교교육의 수직적 서열구조를 수평적 다양화 구조로 전환하는 것이 학교교육 내실화의 가장 중요한 과제가 된다. 학교교육의 다양화를 조성하기 위하여 학교운영의 자율화와 대학입학전형의 자율화도 확대되어야 한다. 공교육 내실화는 학교교육의 여건개선을 넘어서 학교운영의 틀을 바꾸는 일을 포함해야 한다.

4) 학교교육의 다양화와 학교평준화형 사교육 대책의 한계

학교교육의 수직적 서열구조는 사교육 수요를 유발하는 요인이 되어왔다. 평준화모형은 수직적 서열격차를 평준화하는 성과를 거둘 수 있으나 교육을 획일화하고 학교운영의 책무성을 저해하는 문제점을 야

기하였다. 또한 대학을 평준화할 수 없는 한계에서 학교평준화형 사교육 대책은 그 수요를 억제하는 데 한계가 있다. 그리하여 학교평준화형 사교육 대책의 대안으로 제시되는 것이 '학교교육의 수평적 다양화 논리'다. 어떻게 수평적 다양화를 이루어 갈 것인가? 이것이 관건이다.

수평적 다양화를 이루기 위해서는 교육체제 내에서 '여러 줄 세우기'가 가능해야 할 것이다. 이를 위해서는 몇 가지 중요한 과제가 연결되어야 할 것이다. ① 고등학교 교육의 다양화와 함께 ② 대학의 프로그램도 특성화되고 다양화되어야 한다. 사교육 대책으로서 대학교육이 포함되어야 하는 중요한 이유가 된다. ③ 고등학교 교육의 다양화는 학교를 서열화할 가능성이 높다. 평준화가 인위적 획일화로 그 격차를 줄이려 했다면 다양화는 수직적 서열을 넘어서 수평적으로 의미 있는 구별을 이루어야 할 것이다. 이를 위하여 학교운영의 자율화와 교육프로그램 개발에 대한 지원에서 '최약보완의 원리'[1]에 따라 불리한 여건에 있는 학교에 대한 차등적 보상 지원을 해야 할 것이다.

5) 특별전형 유형으로 '자기주도적 학습전형' 경로 설정

소질과 적성에 따라 역량과 실력을 확실하게 길러 주는 특성화된 다양한 프로그램의 개발이 매우 중요한 과제가 된다. 대학의 입학전형에서도 여러 줄의 '경로(tracks)별 입학'이 중요한 의미를 갖는다. 단일기준으로 환원되는 '총점' 기준에 따라 지원자를 수직적 차원에서 서열화하기보다는 수평적으로 다원화하는 다양한 경로별로 적합한 지원자를 선발하는 제도의 운영이 필요하다. 이에 부응하는 대학입학전형제도로서, 대학의 입학전형 경로에 '자기주도적 자율탐구과정'을 설정하여

1 이는 새마을운동의 원칙으로서 사회의 가장 약한 부분을 지원해 줌으로써 사회 전체의 역량을 확충하려는 전략적 운영방식을 말한다.

학교에서 학교교육과 자기주도적 탐구에 전념한 학생을 선발하는 경로를 설치하는 것이다.

이 경로에 의하여 입학정원의 일정 비율(예: 50% 이상)을 선발하는 대학과 사교육 없이 자기주도적 탐구과정을 운영하는 고등학교에 프로그램 운영을 지원하는 것은 제도 발전을 위한 적절한 유인체제가 될 수 있다. 인센티브 제공 또한 학교교육의 변화를 유도하는 방법이 될 수 있다. 이명박정부의 '사교육 없는 학교 지원'은 학교프로그램에 대한 지원과 인증 그리고 대학입학전형에서 '자기주도적 자율탐구과정'을 설정하는 것과 연결될 때 의미 있는 결과를 가져올 수 있을 것이다. 입학사정관제는 여기에 집중하여 활동했어야 했다. 한국교육개발원이 장기연구과제로 수행한 '고교-대학 연계체제 프로그램의 운영' 과제는 이 필요성과 가능성을 검증하고 제도의 개발을 위한 실험적 접근이었다. KEDI 판 '8년 연구'의 기회를 살리지 못한 아쉬움이 있다.

6) 사교육 대책의 개발을 위한 정책개발체제 구축

사교육 문제가 쉽게 해결될 것으로 기대되지 않는다. 사교육 대책은 사교육 현상에 대한 연구에 근거를 두고 수립되어야 할 것이다. 장기간에 걸친 지속적인 연구와 정책 개발이 이루어지기 위해서는 이 일을 전담하는 국가연구센터를 두어야 할 것이다. 이 센터를 통하여 국제적 연계와 협조의 네트워크를 구성하여 운영할 필요가 있다. 과거의 사교육 대책은 사교육 현상에 대하여 창의적으로 접근하기보다는 종래의 대책을 반복하는 경향을 보여 왔다. 사교육 효과에 대한 체계적인 검증을 위해서 패널(panel)의 운영과 분석이 필요하다.

III. 대학입학선발제도의 변천[2]

1. 대학입학선발제도의 유형별 변천과정

1945년 이후 현재까지 대학입학선발제도의 변천과정은 사교육 대책의 맥락에서 이루어졌다. 이 논의에서는 대학입학선발제도 변천과정을 ① 선발제도의 운영주체와 ② 전형방법을 두 축으로 하여, 네 가지 유형으로 분류하고, 그 유형에 따른 문제점 변화를 분석한다. 대학입학제도의 변화를 교육기회균등, 중등교육정상화 등의 사회적 책무성에 비추어 논하고 그 변화 속에서 사교육이 어떤 형태로 변해 왔는지를 밝힘으로써 대학입학선발제도의 변천과정에서 얻은 역사적 학습효과를 탐색하고자 한다. 또한 대학의 자율성이 사교육을 조장하지 않고, 공교육을 강화하는 방향으로 가려면 대입제도가 어떻게 운영되어야 하는지 논의한다. 대학입학선발제도의 변천과정과 각 요소에 따른 유형을 〈그림 4-3〉과 같이 나타낼 수 있다. 〈그림 4-3〉은 선발에서의 운영주체와 전형방법을 두 축으로 하여 유형을 구분하였다.

1) 유형 1: 대학별 시험중심 선발(1945~1968)

유형 1은 해방 이후, 대학이 자율적으로 학생선발권을 가지고 대학별 필답형 시험을 통해 학생을 선발하는 형태이다. 1960년대 후반까지 대학이 주도권을 가지고 학생을 선발하던 시기, 즉 대학별 단독시험(1945~1953), 대학별 단독시험 및 무시험(1955~1961), 대학별 단독시험(1964~1968) 시기가 이에 해당된다.

2 이 글은 이종재(2009. 12. 22.), KEDI 대입전형세미나 논의자료를 활용하였음.

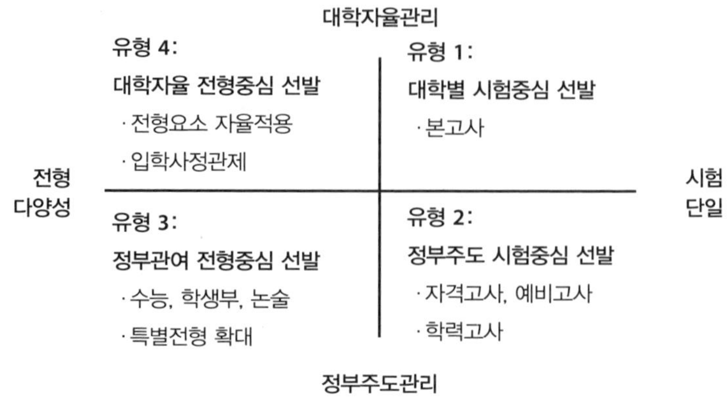

〈그림 4-3〉 대학입학선발제도의 유형

이에 따른 결과로 1945~1953년에는 정원을 초과하여 모집하고 무자격자에게 입학허가를 하여 문제가 되었다. 또한 한국전쟁 중에는 대학생의 병역 특전에 따른 부정입학이 성행하였다. 1955~1961년에는 무시험전형에 따라 대학입학에서 부정과 비리가 속출했다. 또한 학생 초과모집으로 대학의 질이 떨어지는 현상이 발생했다. 1964~1968년에도 일부 사립대학에서 정원을 초과 모집해 대학의 질 저하가 나타났다. 이러한 입시 부정 문제로 인해 학생선발에 정부가 개입하게 되었다. 또한 대학별 고사가 국, 영, 수, 사회, 과학 등 주요 과목 위주로 실시됨으로써 특정 교과에 편중된 입시교육을 조장하였다.

2) 유형 2: 정부주도 시험중심 선발(1969~1993)

이 유형은 대학이 선발을 주도함으로써 불거진 입시부정 문제를 해소하기 위하여 정부가 국가주도시험을 만들고, 이를 대학입학자격요건으로 규정하거나, 일정비율을 전형자료로 사용하도록 한 형태이다. 즉, 대학입학국가연합고사(1954), 대학입학자격 국가고사(1962~1963)를 실시하던 시기 및 대학입학예비고사기(1969~1981), 학력고사기(1982~1993)가 이에 해당된다. 대학입학시험제도의 부분적인 변경이 입시제도의 변경으로 보여 조령모개식의 교육정책이라는 이름을 얻기도 하였다.

먼저 정부가 주도하는 시험은 각 대학의 입시부정에 반하여 공공성과 객관성을 강조하는 취지로 탄생하였기 때문에 객관식 위주로 출제되었다. 이에 따라 고교에서는 암기 위주의 입시준비교육을 하게 되어 문제가 되었다. 또한 그에 따른 암기 위주의 과외가 성행하였다. 그리고 정부가 주도하는 시험과 대학별 필답형 본고사를 동시에 치르는 시기에는 수험생들의 입시부담이 높아졌다.

3) 유형 3: 정부관여 전형중심 선발(1997~2008)

이 유형은 정부가 대학의 선발에 관여하되 획일화되어 있던 내신제도를 생활기록부로 바꿔 대학의 전형 요소로 그 선택의 범위를 넓힌 형태이다. 즉, 1995년 5·31 교육개혁의 영향을 받은 1997년에서 2008년까지의 시기[3]가 이에 해당된다.

이 유형에서는 학생부의 내신성적이 대학입학에 중요한 변수로 대두되고 대학에서 학생부의 내용을 자율적으로 반영하기 시작한 이후, 고교에서 소위 '내신성적 부풀리기'가 일어났다. 이는 내신성적의 '평어(수, 우, 미, 양, 가로 기록되는 절대성취 수준)'를 반영하는 대학으로 인한 것이었다. 또한 고교 간 학력 격차로 인하여 내신성적의 신뢰도와 타당도에 대한 불신이 야기되었다. 따라서 다양한 대학입학전형자료의 도입에도 불구하고, 내신성적의 신뢰도와 타당도에 대한 불신으로 대

3 이 시기는 대학수학능력시험, 고교내신, 대학별고사(국·영·수 제외)의 큰 틀은 동일하되, 대학수학능력시험에서 등급 제시 여부와 과목선택 여부에 따라 1997~2001년, 2002~2004년, 2005~2007년, 2008년으로 분류할 수 있다.

학은 학생선발에 있어서 대학수학능력시험에만 의존하는 경향이 컸다. 또한 이 시기에는 대학수학능력시험 점수를 포함하여 각종 전형자료를 다양하게 이용할 수 있도록 대학의 선발 자율권을 대폭 보장하였으나, 소위 3불정책(三不政策, 대학별 국·영·수 위주의 필답형 고사 금지, 고교 등급제 금지, 기여입학제 금지)으로 정부의 통제를 받았다. 또한 면접의 타당성과 객관성 확보의 미흡과 추천서의 공정성 시비 등이 일어났다. 내신에 대한 불신과 대학별 고사 자료의 비객관성으로 인하여 대학에서는 대학수학능력시험에 거의 의존하였다.

2008학년도의 대학입시에서 수능성적은 이전에 영역/과목별로 표준점수, 백분위, 9개 등급을 제공하던 것을 영역/과목별로 9개 등급만 제공하며, 학생부는 기존의 과목별 '평어'를 없애고 과목별 원점수, 평균, 표준편차를 기록하고, 기존의 석차 대신 과목별 9개의 '석차등급'을 기재하였다. 이는 수능의 영향력을 최소화하고 학생부의 영향력을 증대시켜 다양한 전형제도를 활용할 수 있도록 하려는 조치였다. 또한 그동안 문제시되어 왔던 학교 현장의 '내신성적 부풀리기' 현상을 경계하려는 것이다.

그러나 그 의도와는 달리 일선 현장에서는 '죽음의 트라이앵글(수능-내신-논술)'이라는 말이 유행할 정도로 학생들은 입시과중에 시달렸고, 수능에서 등급만 제시하도록 한 것 때문에 등급의 커트라인에 걸려 아깝게 하위등급을 받은 학생들과 간신히 커트라인을 넘겨 상위등급을 받은 학생들 간의 형평성 논란이 제기되었다.

이렇듯 정부의 관여는 대학에 여러 가지 규제를 통하여 공교육 정상화를 꾀하려고 하였으나, 번번이 실패하였고 그 의도는 갖은 편법으로 인해 비껴 나가고 말았다. 이는 더 이상 국가가 일일이 간섭하고 통제하는 것은 문제상황을 개선하는 데 큰 도움이 되지 않고, 오히려 혼란만 가중시킨다는 것을 보여 준다.

4) 유형 4: 대학자율 전형중심 선발(2009~현재)

유형 4는 대학에서 학생선발에 관해 자율적으로 다양한 전형자료를 조합하여 각 대학에 적합한 학생을 선발하는 형태이다. 그동안 정부가 주도하는 규제가 별 효과를 보지 못했고, 이에 대학에 선발 자율권을 주는 방향으로 대입정책이 바뀐 것이다. 여기서 우려되는 점은 과연 유형 3에서 정부의 관여가 실패했기 때문에 대학에 자율을 주는 것이 정당화될 수는 있는가 하는 것이다. 정부의 관여가 왜 실패했는지를 면면히 분석해 보아야 하고, 정부의 관여가 없을 때 그로 인해 발생되는 문제를 대학이 자율적으로 해결할 수 있는지는 심사숙고해야 한다. '자율'이라는 말에 초점을 맞추어 볼 필요가 있다. 그것은 사회적 책무성을 다하는 범위 내에서의 자율인 것이다.

5) 유형별 문제점의 변동

대학입학선발제도의 변천과정을 보면, 전체적으로 유형 1에서 유형 4를 향해 가고 있으나, 세부적으로는 유형 간에 변화가 있었다. 유형 1이었을 경우, 대학이 선발의 주도권을 가지고 있었을 때는 입시부정과 본고사로 인한 과외, 본고사에서 시행하는 특정 교과에 편중된 고교교육의 파행 현상이 일어났다. 그것의 문제점을 극복하려고 유형 2로 가면, 국가시험의 난이도 유지 및 변별력이 논란의 대상이 되었다. 학생들의 입시부담이 가중되고, 고교교육이 국가시험에 대비한 암기 위주로 흘러갔다.

유형 3에서는 학생생활기록부의 도입으로 전형방법이 다양화되어, 시험 총점으로 선발하던 것에서 다양한 전형자료를 참고로 학생을 선발할 수 있게 되었다. 그러나 내신의 비중이 높아지면서 고교 내에서의 경쟁이 더욱 심화되었다. 또한 정시 전형에서 여전히 수능이 많은 영향력을 행사하고 있다. 또한 특별전형이 확대되고 전형방식이 더욱

〈표 4-2〉 대학입학선발제도의 변천과정과 유형의 변화

연도	선발에서의 운영주체	시험 대 전형	유형
① 1945～1953	대학	시험	유형 1. 대학별 시험중심 선발
② 1954	정부	시험	유형 2. 정부주도 시험중심 선발
③ 1955～1961	대학	시험	유형 1. 대학별 시험중심 선발
④ 1962～1963	정부	시험	유형 2. 정부주도 시험중심 선발
⑤ 1964～1968	대학	시험	유형 1. 대학별 시험중심 선발
⑥ 1969～1980 ⑦ 1981 ⑧ 1982～1985 ⑨ 1986～1987 ⑩ 1988～1993 ⑪ 1994～1996	정부	시험	유형 2. 정부주도 시험중심 선발
⑫ 1997～2001 ⑬ 2002～2004 ⑭ 2005～2007 ⑮ 2008	정부	전형	유형 3. 정부관여 전형중심 선발
⑯ 2009～	대학	전형	유형 4. 대학자율 전형중심 선발

주: 왼쪽 첫 번째 열은 대학입학선발제도를 전형방법, 전형비율, 지원방식 등에 따라 세분화한 것임(자세한 내용은 이종재 편(2010) 10장 참조, 1945년부터 2008년까지 열다섯 번 변화되는 동안 세 가지 유형이 있었음).

확대되어 학생들이 대학에 들어갈 수 있는 길이 더욱 많이 열리게 되었다. 한편, 다양한 전형방식으로 인해 과외의 형태도 다양하게 나타났다.

2008학년도 대학입시에는 수능의 영향을 최소화하려고 수능등급제를 실시했으나, 우수학생들의 형평성과 변별력이 문제시되어 1년 만에 없어질 위기에 처했다. 2009년 이명박정부가 들어서고 대입자율화 3단계 정책을 추진하면서, 유형 4로 이행하고 있다. 이러한 흐름은 구체적으로 〈표 4-2〉와 같이 나타낼 수 있다.

이러한 흐름과 더불어 문제점의 변화 양상은 〈그림 4-4〉로 구체화할 수 있다. 대학입학선발제도와 관련한 문제점은 입시 부정, 입시 위

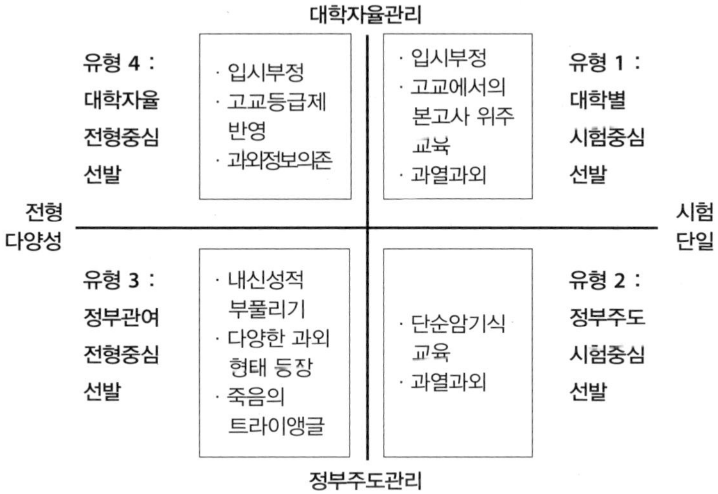

〈그림 4-4〉 대학입학선발제도의 유형과 문제점의 변화

주 고교교육, 대학서열화, 정원미달사태, 과열과외 및 입시부담 가중, 눈치작전 및 배짱지원, 재수생 누적, 내신 부풀리기 및 학교 내 경쟁 심화의 형태가 반복되거나 해소되는 형태로 나타났다.

일단 해소된 문제들을 보자면, 입시부정 문제는 국가가 선발 주도권을 가지고 시험 위주로 학생을 선발함으로써 상당 부분 해결되었다. 내신 부풀리기도 내신 상대 등급제가 도입됨으로써 해결되었다. 그러나 입시 위주 고교교육, 대학서열화, 과열과외 및 입시부담 가중, 학교 내 경쟁 심화 등은 입시제도의 변화와 관계없이 지속되어 왔다. 이러한 문제들은 대학입시제도와 관계없이 다른 사회·문화적 요인이 작용한 것으로 보인다.

2. 사회적 책무성에 비추어 본 대학입학선발제도의 유형변동

대학입학선발제도는 사회적 책무성을 지녀야 한다. 이 점을 감안하여 이하에서는 대학입학선발제도가 지녀야 할 특성을 논의한다. 대학입학선발제도에서 사회적 책무를 제시하면 다음과 같다. 첫째, 교육기회 균등을 보장하고 입시경쟁에서의 공정성을 기하는 일이다. 둘째, 중등교육을 정상화하고 학생들의 참된 학업성취를 도모하는 일이다. 셋째, 사교육 수요를 줄이거나 좋은 사교육으로 유도하는 것이다(이종재, 1994).

1) 교육기회균등

대학교육의 기회에 접근하는 과정에서 응시자격에 대한 인위적인 제약이 가해지지 않는다면, 교육기회균등의 문제는 입시경쟁 운영의 공정성 여부가 기회균등 문제의 핵심을 이룬다고 볼 수 있다(이종재, 1994).

대학입학선발에 정부가 개입한 큰 원인 중 하나로 대학의 입시부정 문제를 들 수 있다. 대학이 선발 주도권을 가지고 있던 유형 1(대학별 시험중심 선발)의 경우 입시부정 문제가 자주 불거져, 정부에서 국가시험을 도입함으로써 유형 2(정부주도)로 변화했다. 이러한 흐름은 유형 3(정부관여)까지 이어졌다. 이는 선발의 공정성에 기초한 교육기회균등이란 측면으로 보았을 때, 바람직한 변화라고 할 수 있겠다. 그러나 유형 4(대학 자율 전형)에 이르러서는 다시 대학이 선발주도권을 갖게 되었는데, 대학입시운영의 공정성 여부에 유형 4의 성패가 달려 있다고 볼 수 있다.

다른 한편으로 교육기회균등에서의 공정성 문제는 주로 전형의 준거가 되는 '학업성취도'가 어떻게 판정되며, 이것이 입학전형에서 어떻게 작용하는가에 따른다고 볼 수 있다. 여기서의 문제는 선발전형의 준거가 되는 학업성취 수준을 결정하는 데는 본인의 능력과 노력 이외에 가정의 사회경제적 배경요인이 작용하고 있을 것으로 예상되기 때문에 학업성취 수준만으로 선발하게 될 경우에는 경쟁의 공정성에 문제가 생길 수 있다는 점이다(이종재, 1994). 이것 또한 시험중심(유형 1, 2)에서 전형중심(유형 3)으로 변화하면서 시험 이외에 보다 다양한 전형 요소를 고려하여 선발하게 하는 과정에서 공정성 문제가 제기될 수 있다. 가정환경의 영향과 사교육의 영향을 줄이기 위해서는 지역균형 선발제와 같은 경로별 전형제도를 확대하여 정원을 배분하는 방법이 보다 효과적인 대응이 될 것이다.

2) 중등교육 정상화와 참된 학업 성취

중등교육에서 입시준비교육은 관행이 되어 왔다. 입시경쟁 속에서 대학입학선발제도는 각기 다른 양상으로 입시교육을 조장해 왔다. 유형 1에서처럼 대학별 고사 위주로 시험을 치르던 시기에는 본고사가 주요 과목 위주로 축소되어 실시됨으로써 다른 과목은 소홀히 하게 되는 문제가 생겼다. 이러한 문제를 극복하기 위하여 유형 2와 같이 국가시험을 보게 되었을 때는 너무 많은 과목으로 인한 입시부담이 증가하였고, 객관식 위주의 문제 출제로 인해 암기 위주의 교육형태가 나타났다. 또한 내신에서 각 과목을 점수화하여 총점으로 반영함으로써 입시 위주 교육이 심화되었다. 시험과 내신을 계량화하여 총점 순으로 선발하는 제도는 구조적으로 입시 위주 교육의 문제들을 심화시켰다. 또한 과열과외를 유발하기도 하였다.

이러한 구조적인 문제를 해결하려는 움직임은 시험 이외의 다양한 전형요소들을 고려하는 방향으로 대학입학선발제도를 변화시키는 계기가 되었다. 1995년 5·31 교육개혁 이후, 다양한 자료를 활용할 수 있는 학생생활기록부가 도입되고, 2002학년도부터 특기자 전형, 수상경력 선발 등 다양한 전형을 통한 선발제도가 생겨났다(유형 3). 또한 2008학년도 대학입시에서는 수능을 등급화하여 수능의 영향력을 최소화하고, 내신의 비중을 높여 고교교육정상화를 꾀하고, 과외 수요를 줄이려는 시도를 하였다. 그러나 이러한 노력들은 '죽음의 트라이앵글(수능-내신-논술)'이라는 신조어를 만들어 내며, 학생들의 입시부담을 가중시켰다. 또한 과외비의 규모는 줄지 않고, 그 종류도 다양해지는 현상이 일어났다.

시험 위주의 제도에서 전형 위주로 구조적인 변화를 꾀했지만 중등교육은 여전히 과열경쟁 및 과열과외의 폐해에서 벗어나지 못하였다. 이는 대학이 서열화되어 있고(김진영, 2004), 학생들의 대학진학 희망이 소수의 명문대학에 집중되어 있기 때문에, 남들보다 비교우위에 있으려면 무한 경쟁을 할 수밖에 없는 사회문화적 구조 때문이다. 따라서 대학입학선발제도의 개선만으로 이러한 문제들을 해결하기는 어려운 것이 사실이다.

이런 측면에서 보면 단순총점합산 식의 내신제에서 학생생활기록부의 도입, '한 줄 세우기'가 아닌 한 가지 특기를 가지고도 대학에 갈 수 있는 '여러 줄 세우기'를 강조한 입학제도로의 전환, 그리고 최근에 도입된 입학사정관제는 학생들의 입시준비에 있어서의 교육적 효과를 확대시킨 것으로 평가할 수 있다.

3) 사교육

사교육의 경우, 그 총량은 대학입학전형제도 변천과 상관없이 계속해서 증가했다(최상근 외, 2003). 그러나 그 형태가 대학입학전형제도에 따라 변화해 온 것으로 보인다. 즉, 1970년대 고등학교 평준화 이후, 예비고사와 대학별본고사를 실시하던 때에는 객관식 출제로 인한 암기 위주의 과외와 대학별 본고사 대비를 위한 국·영·수 위주의 과외가 성행하였다. 1980년에서 1990년대 초반까지의 학력고사 시대에는 본고사가 폐지되고, 내신이 강화되면서 학력고사와 내신 대비를 위한 암기 위주 과외가 이루어져 왔다. 1994년부터 1996년까지 수능 대비

과외가 새로 등장하고 본고사 과외도 부활했다. 2002학년도 이후에는 다양한 전형에 따른 다양한 과외형태가 생겨났다. 수능, 내신 과외뿐만 아니라 논술, 면접 등의 과외도 등장하였다. 다시 말해, 문제풀이를 위한 암기 위주의 소모적인 형태에서 다양한 전형을 대비하고 논술과 같은 고차원적 사고능력 시험 대비를 위한 형태로 바뀌는 양상을 보인다.

3. 대학자율화에 대한 우려와 방향

앞에서 현재까지(유형 1~3)의 대학입학선발제도에 대해서는 시행결과에 대한 평가가 존재하나, 유형 4(대학자율 전형중심 선발)는 그 결과를 예상하는 단계에 있다. 위의 대학입학선발제도의 유형변화에서 보듯이, 대입자율화는 시대적 흐름에 따른 것이라 할 수 있다. 우리의 대입정책은 그동안의 시행착오를 통해 지금에 이르렀다고 볼 수 있기 때문이다. 즉, 정부가 더 이상 대학의 학생선발에 관여하는 것은 한계에 봉착하였다. 정부가 대학입시에 관여함으로써, 대학은 정부가 정한 규정에 맞추면 된다는 식으로 타성에 젖어 어떤 학생을 선발할지를 고민하기보다는, 수능과 내신에 의해 줄 세워진 학생을 대학 서열에 따라 선발할 뿐이었다. 이제는 대학별로 자율적으로 다양한 전형을 개발하고, 대학의 철학과 이념에 맞는 학생을 뽑아 육성할 수 있는 장을 마련해주어야 한다.

그러나 대입자율화정책은 많은 우려를 낳고 있는데 첫째, 대학입학자율에 따른 입시부정 문제(유형 1)가 다시 일어날 가능성이 있다. 약 40여 년간 정부에서 학생선발을 주도한 것은 입시부정 문제를 해결하려는 데 그 근본 원인이 있었다. 이제 다시금 대학에서 자율적으로 학생을 선발하게 되었는데, 학생선발 운영에 있어서 공정성을 확보하는 일이 그 무엇보다 중요하다. 특히 입학사정관제의 시행에 따라, 계량화되지 않은 전형자료로 입학사정관의 판단에 의해 당락이 결정되는 구조로 점점 바뀌어 가고 있다. 학생선발의 공정성 확보를 위해 대학 측에서는 입학사정관제도를 투명하게 운영해야 하며, 입학사정관의 결정과 판단을 인정하는 사회적 분위기도 조성되어야 할 것이다.

둘째, 대학이 대학입학전형을 자율화하면서 수시전형이 확대되고 있는데 이는 특목고, 자사고 출신의 학생을 우선적으로 선발할 가능성이 높다는 우려를 낳고 있다. 위와 같은 문제들을 미연에 방지하기 위해서는 대학의 선발 자율권을 보장하더라도, 사회적 책무를 다하는 방향이어야 한다. 이러한 사회적 책무성 제고를 위해서는 대학이 가장 큰 역할을 해야 한다. 대입제도 유형변화에서도 알 수 있듯이, 정부가 대입 선발과 관련하여 통제하거나 관여하는 것은 2009년 이후 옛날이야기가 되었다. 정부는 대입 선발권을 대학에 넘겨준 것이다. 따라서 대학들은 교육기회균등, 중등교육 정상화와 참된 학업 성취, 사교육 완화 등에 대한 것들을 고려하여 대입선발제도를 운영해야 한다. 특히 교육기회균등을 위해 부모의 사회경제적 수준이 높지 않은 소외계층을 고려하는 방향으로 학생을 선발해야 한다. 서울대학교의 지역균형선발제도는 그 좋은 예라고 할 수 있겠다.

사교육 대책의 보완방향에서 제시한 바와 같이 정부는 대학에 '통제'나 '관여'가 아닌 '지원'을 해야 할 것이다. 사교육을 완화하고 중등교육을 정상화시킬 수 있는 대입전형을 개발하는 대학교에 대한 재정적 지원을 하는 일이 그것이다. 예를 들어 과외보다는 학교에서 '자율탐구학습'을 주로 받은 학생을 대상으로 하는 전형을 개발하고, 정원의 일정 비율(예: 30% 이상)을 선발하는 대학에게 인센티브를 제공하는 것이다. 이러한 전형을 운영하는 데 있어 입학사정관을 적극적으로 활용할 수 있을 것이다. 또한 '자율탐구학습'을 운영하는 고등학교에 대하여 프로그램 인증제 시행과 재정지원을 해야 한다. 이러한 프로그램에 의한 평가는 사교육이 따라붙기 힘들 것이기에 사교육 수요 완화에도 도움이 될 것이다(송인수, 2007). 정부의 '고교교육 정상화 기여대학 지원사업'은 대학의 학생선발을 고교교육을 지원하는 방향으로 유도할 수 있는 중요한 유인체제가 된다. 그 평가기준과 운영계획을 조정하여 실질적으로 대학에 영향을 줄 수 있는 제도로 발전시킬 필요가 있다.

4. 결어

우리나라 대학입학선발제도의 변천과정을 선발에서의 운영주체, 전형방법의 두 가지 측면을 중심으로 분석하고, 네 가지 유형으로 나누어 보았다. 또한 이러한 유형변화 속에서 문제점의 변화가 어떠한지를 살펴보고, 사교육은 어떤 형태로 변화해 왔는지를 살펴보았다. 특히 대입 선발 자율에 따른 문제점과 바람직한 방향을 제시하고 사교육과의 관련성을 짚어 보았다.

이렇게 유형별로 분석하고 해당 유형의 문제점이 해결되는 과정을 살펴봄으로써 확인할 수 있었던 점은 대학입학선발제도는 시험 위주의 총점에 의한 평가에서 다양한 전형요소를 고려하는 방향으로 변화해 왔다는 것이다. 한편, 정부와 대학 간의 선발주도권 다툼은 크게 '대학→정부→대학'으로 큰 흐름이 변해 왔다. 특히 거의 40여 년간 '정부'에서 가지고 있던 학생선발에 관한 주도권이 '대학'으로 넘어가게 되었다.

한편, 대학입학전형제도의 변화와 관계없이 사교육은 계속해서 문제제기가 되어 왔다. 이는 대학 졸업장으로 사회적 지위가 결정되는 구조가 해결되지 않는 한, 명문대 진학을 위한 경쟁적 사교육 수요가 존재하기 때문일 것이다. 그러나 과외의 형태가 대학입학전형제도의 변화에 따라 단순 암기 위주에서 고차적 사고능력 측정을 위한 과외로 변화된 것은 주목할 만하다. 이는 대학입학전형제도 변화를 통하여 어느 정도 문제의 양상을 변화시킬 수 있음을 의미한다. 특히 대학 자율화 시대에서 다양한 기준으로 선발을 하고, 고교에서 참된 학업 성취를 유도하는 방향으로 대학, 정부, 고등학교가 함께 노력한다면 점수 따기 경쟁을 위한 소모적인 사교육 수요는 완화되리라 기대한다.

IV. 미래 리더를 위한 제언

1. 사교육 대책과 입학제도 패러다임의 변화

교육정책의 이념과 패러다임의 변화를 보인 시기와 관련하여 사교육 대책과 입학제도의 패러다임의 변화를 살펴볼 수 있다. 그 흐름의 변화를 〈표 4-3〉과 같이 요약할 수 있다. 이 표는 몇 가지 중요한 흐름을 시사한다.

여기서 시기 구분은 교육정책의 이념의 변화에 따랐다. 여기서 선진화기는 미완의 과제를 안고 있는 현재 진행형의 시기로 구분한다. 도전의 과제를 안고 있다. 이 시기에 속한 사항은 이룩한 성취의 과제가 아니라 추구해야 할 도전의 과제로 제시되었다. 지금의 이 시기는 평생학습사회를 구현하고 유아교육을 진흥해야 할 과제를 안고 있다. 교육정책은 자율화와 복지의 구현과제를 안고 있다.

교육의 사회적 목표로 이제는 교육의 가치에서 사적 교육경쟁을 넘어 모두의 역량을 계발하는 개성 교육으로 가야 할 것이다. 교육약자를 배려하는 교육공동체와 학교 교육의 수평적 다양화가 중요한 과제로 등장한다.

〈표 4-3〉 사교육 대책과 입학제도 패러다임의 변화

시기 주요 측면	정초기 (1945~1960)	산업화기 (1961~1979)	민주화기 (1980~1997)	선진화기 (1998~)
시대과제	• 초등교육 확대	• 중등교육 확대	• 고등교육 확대	• 평생학습사회 구현/유아교육진흥
교육정책의 핵심적 이념	• 신교육제도의 정착 • 자유민주시민 육성	• 교육기회 확대 • 산업인력양성	• 교육기회의 확대 및 균등화 • 교육의 질 향상	• 인적자원개발 • 교육운영의 자율화 • 교육복지의 증진
사회적 교육 목표	• 문해역량	• 인력개발	• 인적자원	• 역량개발 • 인성·전인(全人)
기회균등	• 차별철폐	• 실력경쟁	• 공정경쟁	• 공동체/배려
학생선발	• 배경요인	• 시험선발	• 전형선발	• 인재선발
평준화	• 서열화	• 획일 평준화	• 다양화/서열화	• 수평적 다양화
사교육 현상	• 보충학습형 • 개인과외	• 중등학교 입시준비형 • 개인과외·학원	• 대학입시 • 학원사교육	• 선행학습형 사교육
사교육 대책 유형	• 자유방임	• 입시제거형	• 사교육규제형 • 공교육내실화형	• 사교육제공형 • 공교육내실화형
주요 사교육 대책	• 없음	• 중학교무시험 진학 • 고교평준화정책	• 7·30 교육대책공교육 내실화 • 사교육비 경감 • 대학입시제도 개혁	• 헌재, 과외금 위헌 조치 • 공교육 내실화 • 사교육 제공 • 대학입학전형 제도화
대학입학 선발제도	• 부정입학	• 대학별 시험중심 선발	• 정부주도 시험중심 선발	• 대학자율 전형중심 선발

둘째는 이 맥락에서 사교육 대책은 공교육의 발전과 필요한 사교육을 제공하는 대책을 통하여 사교육 수용에 대응할 것으로 기대된다. 사교육의 수요는 어떻게 변화할 것인지 그 전망이 쉽지는 않다. 그러나 몇 가지 이유로 사교육은 그 규모 면에서 그리고 그 집중도면에서 약화될 것으로 전망된다. 이러한 전망은 관련된 조건이 변화한다는 전제에서의 추정이다. 관련된 가장 중요한 요인은 다음과 같다.

① 인재육성에 대한 가치와 목적의식에 있어서의 변화가능성이다. 한 줄 세우기식의 경쟁형 인재육성 방향과 이 시대를 살아가는 개성 있는 글로벌 인재육성 방향 중에서 학부모가 글로벌 인재육성을 지향하는 교육가치관을 가질수록 사교육의 수요는 감소할 것으로 전망된다. 세계화는 한 줄 세우기 식의 경쟁형 인재육성의 적합성을 낮출 것으로 전망된다.

② 공교육제도 운영에서 기회균등이 실력경쟁형을 넘어서 기회균등과 공정성을 중시하고 실력주의만을 넘어서 공동체 관점에서 교육약자에 대한 배려를 고려할수록 경쟁형 사교육 수요는 감소할 것으로 전망된다. 중·고등학교와 대학교의 프로그램이 수직적으로 서열화되기보다는 수평적으로 다양화되는 방향으로 갈수록 사교육 수요는 약화될 것으로 전망된다.

셋째는 사교육은 그 성격의 변화가 필요하다. 사교육이 공교육의 보완형태로 공교육과 협업의 형태로 전환될수록 한국교육은 한 단계 상향될 것이다. 이 맥락에서의 사교육 대책은 학생의 다양한 학습 필요에 부응하는 맞춤형 학습을 지원하는 데 중점을 둘 것으로 전망된다.

2. 세 가지 제언

첫째는 학부모의 교육열은 한국교육을 이끌어 온 2개의 축 중에 하나이다. 한국교육을 이끌어 온 힘의 한 축은 개인 차원의 축이고 그 축은 학부모가 구성해 왔다. 학부모의 교육열은 한국교육을 형성해 온 에너지이다. 학부모의 교육열은 사적인 힘이었고, 그 지향은 세속적 성공을 위한 학벌취득을 위한 교육경쟁이었다. 이 교육열은 그 방향을 정하고 목적과 내용을 새롭게 해야 한다.

사적인 학부모와 달리 공적인 학부모의 역할을 세우고 이들이 교육의 거버넌스에 참여하는 길을 만들어야 할 것이다. 공적인 학부모를 '교육시민'이라고 할 때, 교육거버넌스에 참여하는 제도적 장치를 만들 필요가 있다. 이들이 사적인 교육경쟁에서 벗어나 모든 학생을 위하는 글로벌 인재 육성의 길로 가는 길을 제도적으로 만드는 일에 동참할 수 있도록 교육정책과 제도에 대한 개념설계를 해야 한다.

둘째는 사교육에 대한 대책은 공교육 내실화의 방향으로 가야 할 것이다. 문제는 공교육 내실화의 방향과 내용을 정하는 문제가 된다. 지금까지 교육경쟁을 유발하는 제도화된 힘은 그 힘을 분산시키지 않는 한 '사교육 대책의 풍선효과'를 만들어 냄을 경험하였다. 정부가 정책을 개발하면 학부모는 사교육 대책을 마련하여 대응해 왔다.

교육경쟁이 획일화된 가치 위에서 서열상의 '상대경쟁'이 되기보다는 다양한 영역에서 질적 수준에 대한 '절대경쟁'으로 변혁되어야 할 것이다. 공교육의 내실화는 이 맥락에서 다양한 영역에서 이 시대에 적합한 인재육성의 길을 만드는 방향으로 가야 할 것이다. 이 길을 '글로벌 인재육성'이라고 할 때, 공교육은 중등교육은 학교별로 그 교육의 중점을 다양화하여 여러 길을 준비하는 도움을 줄 수 있어야 한다. 고등교육은 특성화하여 중등교육과 고등교육이 수평적 차원에서 다양화, 특성화 그리고 명품화하는 교육의 질적 혁신을 이루어야 할 것이다.

셋째는 대학입학전형은 그동안 수많은 실험을 해 왔다. 그리고 많은 경험을 축적해 왔다. 지금의 한국의 발전상황을 고려할 때, 우리는 선진형 대학입학전형을 시도할 수 있는 단계에 와 있다. 이를 위해서는 몇 가지 적용할 원칙을 다음과 같이 설정할 수 있다.

우선, 시험성적보다는 다양한 기준을 반영하는 전형으로 학생을 선발한다. 그리고 중등교육의 다양화, 특성화와 명품화를 지원하는 맥락에서 학생을 선발할 수 있고, 이 방향에서 학생을 선발하는 체제를 설계할 수 있다. 이 문제는 학생선발에서 고교-대학협력체제, 입학사정관제, 고교교육 프로그램 인증제, 고교교육정상화 기여대학에 대한 재정 지원계획 등을 연결하여 선진형 대학입학전형을 제도화할 수 있는 길을 설계할 수 있다. 이 점에서 교육부의 '고교교육정상화 기여대학 지원사업'은 소기의 목적을 다할 수 있도록 조정되어야 한다.

참고문헌

강영혜 외(2005). 『고교 평준화 정책의 적합성 연구(III)』. 한국교육개발원.

교육부(2016. 2.). 『2016년 고교교육 정상화 시원사업 기본계획』.

교육인적자원부(2004. 2. 17.). 『공교육 정상화를 통한 사교육비 경감대책』.

김동석(2000). 「과열과외에 대한 정치정책, 헌법재판소 해석법리 및 교육적 대책의 이론」. 『교육행정학연구』 18(2).

김영철·강태중(1985). 『고등학교 평준화 정책의 개선방안』. 한국교육개발원.

김지하·백일우(2006). 「게임이론에 기초한 입시과외 수요분석」. 『교육재정경제연구』 15(1).

김진영(2004). 『대학의 서열구조 변화와 과외, 사교육의 효과·수요 및 그 영향요인에 관한 연구』. 한국개발연구원.

노은환·강정기·노문기(2013). 「게임이론을 이용한 사교육 현상에 대한 이론적 접근」. 『한국학교수학회논문집』 16(4).

문교부(1988). 『문교40년사』. 대한교과서.

박부권 외(2002). 『고등학교 평준화 정책의 진단과 보완 방안에 관한 연구』. 교육정책연구 2002-특-15. 교육인적자원부.

서남수(1997). 「과열과외 완화 및 과외비 경감 대책」. 『교육재정경제연구』 특집호.

송인수(2007). 「새 대학입학제도 설계: '객관성, 공정성'에서 '교육적 타당성'으로 대입제도 패러다임 이동을 제안하며」. 『교육대통령을 위한 국민의 선택 제1차 토론회 자료집』.

안기성 외(1998). 『한국 교육개혁의 정치학』. 학지사.

우천식 편(2004). 『사교육의 효과, 수요 및 그 영향요인에 관한 연구』. 한국개발연구원 연구보고서 2004-17. 한국개발연구원.

이종재(1994). 「교육의 본연과 대학입학전형의 원리」. 『한국교육학의 맥』. 나남출판.

이종재(1999). 「대학입학 전형제도의 개혁방안」. 『교육행정학연구』 17(1).

이종재 편(2010). 『사교육: 현상과 대응』. 교육과학사.

이종재·이희숙(2008). 「사교육 현상에 대한 세계적 동향 분석: 사교육을 유발하는 수요기제를 중심으로」. 『아시아교육연구』 9(2).

이종재·장효민(2008). 「사교육 대책의 유형에 관한 분석적 연구」. 『아시아교육연구』 9(4).

정범모 외(1993). 『교육의 본연을 찾아서』. 나남.

정태수(1991). 『7·30 교육개혁』. 예지각.

최상근 외(2003). 『사교육 실태 및 사교육비 규모 분석 연구』. 한국교육개발원.

통계청(2009). 『2008년 사교육비조사 결과』.

한준상(2005). 『국가과외』. 학지사.

Baker, D. P. & LeTendre, G. K.(2005). *National Differences, Global Similarities: World Culture and the Future of Schooling*. Stanford University Press.

Baker, D. P., Akiba, M., LeTendre, G. K., & Wiseman, A. W.(2001). "Worldwide shadow education: Outside-school learning, institutional quality of schooling, and cross-national mathematics achievement." *Educational Evaluation and Policy Analysis*, 23(1).

Bray, M.(1999). "The shadow education system: Private tutoring and its implications for planners." *Fundamentals of Educational Planning*, 61. IIEP, UNESCO.

Bray, M. & Kwok, P.(2003). "Demand for private supplementary tutoring: Conceptual considerations and socio-economic patterns in Hong Kong." *Economics of Education Review*, 22(6).

Kwok, L. P.(2004). "Emergence of demand for private supplementary tutoring in Hong Kong: Argument, indicators and implications." *Hong Kong Teachers' Centre Journal*, 3.

Lee, C. J.(2008). "Education in the Republic of Korea: Approaches, Achievement and Current Challenges." In Fredriksen, Birger & Tan Jee Peng (eds.), *An African Exploration of the East Asian Education Experience*. World Bank.

Lee, C. J., Park, H. J., & Lee, H. S.(2009). "Shadow Education Systems." In Sykes, G. Schneider, B. & Plank, D. N. (eds.), *Handbook of Education Policy Research*. Routledge.

Silova, I. & Bray, M.(2006). "The hidden market place: Private tutoring in former socialist countries." In Silova, I., Būdienė, V., Bray, M. & Zabulionis, A. (eds.), *Education in a Hidden Market Place: Monitoring of Private Tutoring*. Education Support Program of the Open Society Institute.

3부

직업 및 평생 교육정책

5장 /

직업교육정책의 역사적 변동과 전망

이무근

I. 서론: 직업교육의 개념과 정책 변동 고찰의 관점

1. 직업교육의 개념

1) 직업교육의 의의

인간의 삶의 목적은 행복의 추구에 있고 행복은 일(직업)을 통하여 성취되며, 일할 수 있는 능력은 교육 특히 직업교육을 통하여 개발된다.

직업교육은 개인, 사회, 국가적인 관점에서 큰 의미를 지닌다. 개인적인 면에서 직업교육은 일상생활, 특히 의식주 생활과 정보사회에 기초가 되는 기본적인 지식, 기술, 태도를 기르고, 소질과 적성에 맞는 진로를 선택하게 하며, 일할 수 있는 능력을 개발하여 직업에 종사할 수 있게 한다. 직업은 경제적 보수가 수반되어 생계유지의 수단이 되고, 인간의 최대 요구인 자아실현도 성취하게 한다.

사회적인 면에서 직업교육은 우수한 역량을 지닌 직업인을 양성하여 능력중심 사회를 구현하게 한다.

국가적인 면에서 직업교육은 산업사회가 요구하는 인적자원을 개발함으로써 국가경쟁력을 높인다. 우리나라가 지난 반세기 동안에 경이적인 경제발전을 할 수 있었던 것도 교육을 통한 인적자원개발이라고 할 수 있다.

그래서 '교육기본법' 제21조(직업교육)에서 "국가와 지방자치단체는 모든 국민이 학교교육과 사회교육을 통하여 직업에 관한 소양과 능력을 개발하기 위한 교육을 받을 수 있도록 필요한 시책을 수립 실행하여야 한다"고 규정하고 있다.

2) 직업교육의 정의와 범위

직업교육의 정의는 국가, 정부 부처별 직업교육관련법, 국제기구, 학문영역, 학자, 그리고 시대 변천에 따라 다양하고 관련 용어도 많다. 그동안 우리나라에서 직업교육과 관련하여 사용되고 있는 용어가 시대 흐름에 따라 변화된 것을 정리해 보면 실과교육 → 실업교육 → 산업교육 → 직업기술교육 → 직업교육 → 직업교육훈련 → 인적자원개발 → 진로·직업교육 → 산업인력개발 등이 있다(이무근, 2006: 33-54).

이 절에서 직업교육의 정의는 '교육기본법' 제21조(직업교육)에서 찾아 사용하려고 한다. '교육기본법' 제21조에 의하면 '직업교육'이란 '모든 국민이 학교교육과 사회교육을 통하여 직업에 필요한 소양과 능력을 개발하기 위한 교육'이라고 정의할 수 있다. 이를 조작적으로 정의하면 '교육 대상'은 '모든 국민'이다. 따라서 요람에서 무덤에 이르기 전까지의 남녀노소 모두가 직업교육의 대상이다. '교육기관'은 '학교와 사회교육 기관'이다. 그러므로 직업교육은 교육과 훈련을 통한 평생학습 차원에서 다루어져야 한다. '직업교육의 목적'이면서 '학습내용'은 '직업에 필요한 소양과 능력을 개발'하는 것이다. '직업에 필요한 소양'을 키우기 위해서는 '초·중등학교를 통하여 개인이 일상생활에서 만족을 찾을 수 있고 시민으로서의 책임을 수행하는 데 필요한 지식·기술·태도 등을 개발하는 실과·기술·가정교육'과, '진로를 인식하고 탐색하여 선택할 수 있도록 하는 진로교육', 그리고 '모든 직업인에게 공통적으로 필요한 직업기초능력을 키울 수 있는 교양교육으로서의 직업교육'이 필요하다. '직업에 필요한 능력', 즉 '각 직업별로 필요한 전문 직업능력을 계발하기 위해서는 특성화고와 마이스터고(산업체 및 맞춤형고등학교), 전문대학, 대학에서 전문적인 지식과 기술을 배워야 한다.' '직업에 종사하고 있더라도 직무 능력을 향상시키거나 전직 준비, 정년퇴임 후의 노후생활 준비를 위한 경력 개발 등을 위해서는 일생 동안 배우면서 일하고 일하면서 배우는 평생학습을 할 수 있는 직업교육'이 되어야 한다. '국가와 지방자치단체는 이러한 교육을 받을 수 있도록 필요한 시책을 수립 실행

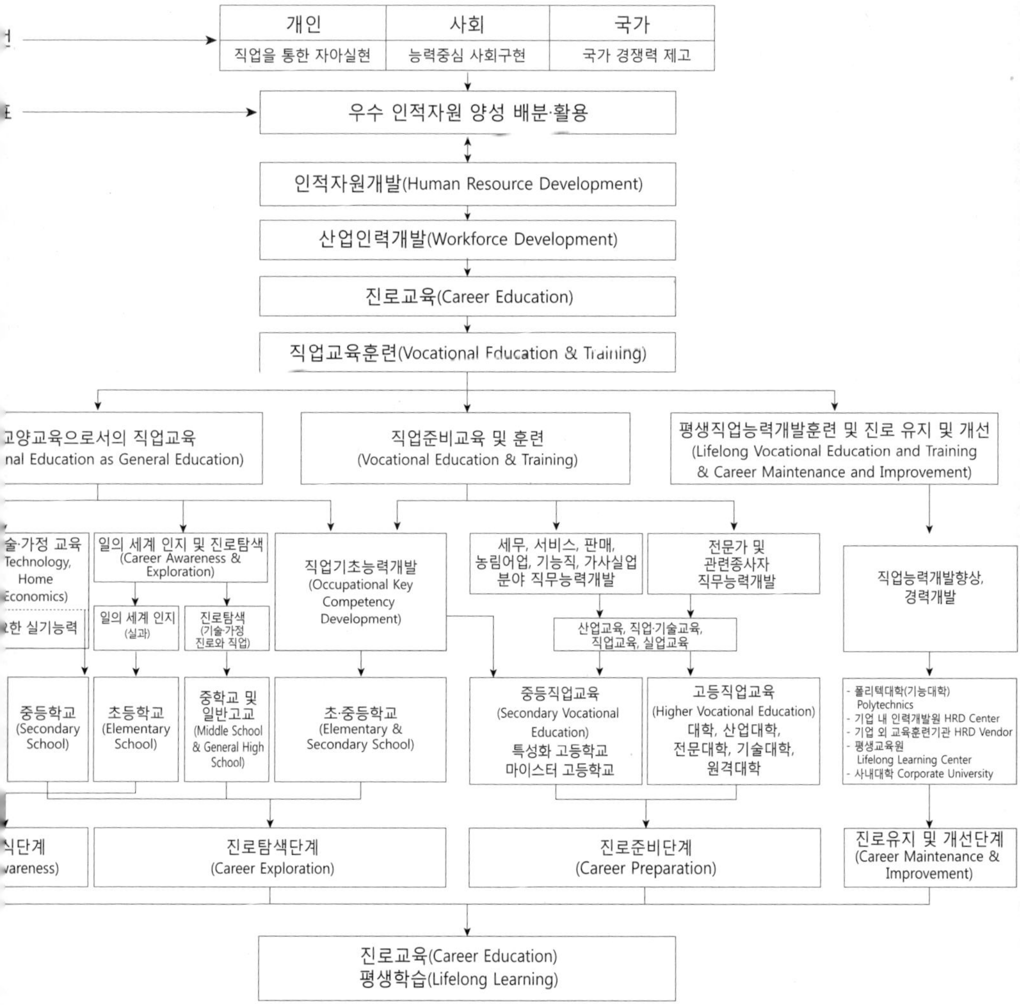

〈그림 5-1〉 직업교육 개념 체계도

하여야 한다'가 '직업교육정책'을 의미한다.

직업교육의 개념을 도식화하면 〈그림 5-1〉과 같다.

2. 직업교육정책 고찰의 관점

직업교육정책이란 중앙정부와 지방자치 단체가 직업교육 목표를 달성하기 위하여 선택한 미래 지향적 행동지침이라고 정의한다(장기원, 2001: 8).

1) 직업교육정책의 영역 구분

직업교육이 이루어지는 단계에 따라 ① 교양교육으로서 초·중·고에서의 실과·기술·가정교육, 진로교육, 그리고 직업기초능력 개발에 관한 직업교육정책, ② 직업인 양성을 목적으로 하는 중등직업교육정책과 ③ 고등직업교육정책, 그리고 ④ 근로자의 직업능력 개발과 직업전환을 위한 평생직업교육정책으로 구분한다.

직업교육정책을 고찰할 때는 직업교육정책 수립 배경과 주요 정책을 개괄한 후 가급적 ① 학생, ② 교원, ③ 교육과정 개발 및 운영, ④ 시설 및 환경, ⑤ 재정, ⑥ 직업교육관련 법률 및 지원조직 등의 지원활동으로 구분하고 특별한 정책이 있었을 경우 고찰한다.

2) 직업교육정책의 시기 구분

직업교육정책의 시기 구분은 ① 해방 이후부터 이승만정부(직업교육 도입기), ② 산업화 시기(직업교육 성장기), ③ 민주화 시기(직업교육 전환기), ④ 정보화·세계화 시기(직업교육 재구조화) 등 4단계로 나눈다.

해방 이후 이승만정부 시기는 미군정 시기와 대한민국 정부수립 이후로 구분한다. 산업화 시기는 노동집약적 수출주도형 산업발전 시기(박정희정부의 1961~1979)와 기술집약적 산업발전 시기(전두환정부의 1980~1987)로 구분한다. 민주화 시기는 노태우정부(1988~1993)와 김영삼정부(1993~1998)의 시기로 구분한다. 정보화·세계화 시기는 김대중정부(1998~2003), 노무현정부(2003~2008), 이명박정부(2008~2013), 그리고 박근혜정부(2013~2017)로 구분한다. 2016년부터는 제4차 산업혁명의 도래로 보려는 경향도 있다.

3) 직업교육정책에 영향을 미친 요인과 시사점

직업교육정책 변동에 영향을 미친 요인, 당면했던 문제나 애로사항, 대책과 시사점 등을 고찰한다. 이상의 내용을 서술함에 있어 용어는 가급적 직업교육으로 표기하지만 각 시대에서 사용했던 용어 사용이 필요할 경우에는 딩시 용어를 그대로 사용한다.

II. 교양교육으로서의 직업교육정책

1. 초등학교 실과와 중등학교 기술·가정교육

1) 초등학교 실과교육

교육과정 제1~3차까지(1954~1981)의 초등학교 실과교육 목표는 경제개발 5개년계획과 1968년에 제정된 국민교육헌장의 이념 구현, 그리고 새마을운동 정신 실현을 바탕으로 한 의식주와 직업에 대한 이해, 기능, 태도 함양을 강조하였다. 제4~6차(1982~1997)까지는 실생활과 관련된 일의 경험과 소질 계발에 주안점을 두었다. 제7차(2000~2007) 이후부터는 현재와 미래 생활을 주도할 수 있는 역량과 태도를 기르고자 하였다(한국직업능력개발원, 1998: 1017-1075; 전국교대 실과교육연구회, 2015: 44-87; 박형서 외, 2014: 53-57).

2) 중·고등학교 기술·가정교육

중·고등학교에서의 기술·가정교육은 교육과정이 개정될 때마다 과목 편성이 바뀌었다. 제1차 교육과정기(1954~1963)의 중학교 교육과정에서는 실업·가정 교과를 필수교과와 선택교과에 모두 편성·운영하였다. 제2차 교육과정기(1963~1973)의 중·고등학교 교육과정에서도 실업·가정 교과를 필수교과로 편성·운영하였다. 제3차 교육과정기(1973~1981)의 중·고등학교 교육과정에서는 기술(남), 가정(여)을 3년간 필수과목으로 이수하게 하고 3학년 때 농업, 공업, 상업, 수산업, 가사 중 택일 이수하도록 하였다. 제4차 교육과정기(1982~1987)의 중등학교 교육과정에서는 생활기술(남), 가정(여)을 1·2학년에서 필수교과로 이수하도록 하고 3학년 때 농업, 공업, 상업, 수산업, 가사 중 1~2과목을 택하여 이수하도록 하였다. 제5차 교육과정기(1987~1992)의 중등학교 교육과정에서는 기술(남), 가정(여), 기술·가정 등 3개 과목을 필수로 하고 그중 택일하여 1·2학년 때 이수하도록 하며 3학년 때에는 농업, 공업, 상업, 수산업, 가사 등의 교과에서 택일하도록 하였다. 제6차 교육과정기(1992. 6. 30.) 중등교육과정에서는 실업·가정교과를 통합 개편하여 중학교 교육과정에서는 '기술·산업'과 '가정' 2개 교과로 구분하였다. 그리고 고등학교에서는 '실업·가정'과 '기술' 2개 교과로 구분하였다(한국직업능력개발원, 1998: 1015-1264). 제7차 교육과정기(1997~2007)의 7~10학년의 기술·가정은 6차 교육과정의 기술·산업 교과와 가정 교과를 통합한 것으로, 초등학교의 실과를 바탕으로 중학교 1학년부터 고등학교 1학년까지의 남녀 학생 모두에게 이수시키는 과목이다. 그 후 2007 개정 교육과정, 2011 개정 교육과정, 그리고 2015 개정 교육과정을 거치면서 중·고등학교 기술·가정교과는 학습자들이 현재와 미래의 삶에 경험하게 될 가정생활과 기술의 세계에 대해 다양한 정보를 통해 실생활의 문제해결에 활용할 수 있는 역량 개발에 강조를 두고 있다(한국교육과정평가원 국가교육과정정보센터, 2015: 31-34).

2. 진로교육

그동안 진로교육은 초등학교의 경우는 실과교육을 통해서, 중등학교의 경우는 기술·가정교과를 통해서 이루어져 왔다. 교육과정이 개정될 때마다 이들 교과의 목표, 내용, 교수학습 방법 등에 관한 강조점이 다르고 가감되는 경우가 대부분이었다. 예를 들면 초·중·고등학교 실과, 기술·가정 등의 교과에서 1~3차 교육과정 개정기에 없었던 '일과 직업 세계의 이해' 단원을 제4차 교육과정기(1982~1987)에 신설하여 진로교육을 강화하였다. 노태우정부 때인 1990년부터는 각 시·도(과학) 연구원에 진로교육연구부를 설치하여 각급 학교의 진로교육을 활성화하였다. 각급 학교에 '진로정보실'을 설치하고 중등학교의 상담실을 '진로상담실'로, 교도교사 주임은 '진로상담 주임'으로 개칭하여 진로교육을 내실화하였다(교육부, 1998: 566-567). 제7차 교육과정 개정기(2000~2007)에는 '진로·직업'을 하나의 교과로 편성하여 중·고등학교에서 이수할 수 있도록 하였다. 또한 제7차 교육과정기에는 정보화시대를 대비하여 '기술교과'에도 포함하고 있지만 '컴퓨터'를 선택교과로 개설하였다. 컴퓨터가 교육과정에 반영된 것은 당시 교육개혁심의회 위원이었고 삼보컴퓨터회사 대표였던 이용태 회장의 영향도 있었다. 교육부는 평생직업교육정책국 내에 진로교육정책과를 설치하고 각 시·도교육청에는 진로교육진흥센터를 설치하여 진로교육 지원체제를 강화하고 있다.

특히 박근혜정부는 진로교육법을 제정(2015. 6. 22.)하여 초·중등학교에서 진로교육을 체계적으로 시행할 수 있는 법적 근거를 마련하였다. 또한 각급 학교마다 진로상담교사를 배치하고 있다. 2016학년도부터는 중학교에 자유학기제를 도입하여 다양한 체험학습 기회를 제공함으로써 진로 탐색기회를 확대하고 있다.

정부 차원의 지원 부서로는 한국직업능력개발원에 진로정보센터가 설치되어 있다. 고용노동부 산하 고용정보원과 산업인력공단에서는 진로상담과 다양한 진로교육정보를 개발하여 제공하고 있다(이무근, 2015c).

3. 직업기초능력

직업기초능력이란 모든 산업 혹은 직업에서 기업체의 특성, 성별, 직급 등에 관계없이 직무를 성공적으로 수행하기 위하여 필요한 능력을 뜻한다(교육부·한국연구재단, 2015: 23). 직업능력 = 직업기초능력 + 직무수행능력(산업공통 직업능력 + 필수 직업능력 + 선택 직업능력)의 등식에서 직업기초 능력은 〈표 5-1〉에서 제시하는 것과 같은 능력을 의미한다.

직업기초능력은 특성화 고교 및 마이스터 고교, 전문대학, 대학 등의 전문교과과정을 통해서 학습해야 할 영역도 있다. 그러나 대부분은 초·중·고등학교의 보통교과와 전문대학과 대학의 교양교과에서 이수해야 할 내용이다. 그동안 우리나라 교육과정 편성과 운영은 초·

〈표 5-1〉 직업기초능력 영역 및 하위 능력

영역	하위 능력
의사소통능력	문서이해능력, 문서작성능력, 경청능력, 언어구사능력, 기초외국어능력
자원관리능력	시간자원관리능력, 예산관리능력, 물적자원관리능력, 인적자원관리능력
문제해결능력	사고력, 문제처리능력
정보능력	컴퓨터활용능력, 정보처리능력
조직이해능력	국제감각능력, 조직체제이해능력, 경영이해능력, 업무이해능력
수리능력	기초연산능력, 기초통계능력, 도표분석능력, 도표작성능력
자기개발능력	자아인식능력, 자기관리능력, 경력개발능력
대인관계능력	팀워크능력, 리더십능력, 갈등관리능력, 협상능력, 고객서비스능력
기술능력	기술이해능력, 기술선택능력, 기술적용능력
직업윤리	근로윤리, 공동체윤리

자료: 교육부·한국연구재단(2015: 23).

중·고등학교의 보통교과와 직업기초능력과는 무관한 상태에서 독립적으로 개발·편성·운영되었다. 이로 인해 교양교육으로서의 직업교육에서 학습해야 할 직업기초능력과 초·중·고의 교육과정의 편성과 운영은 연계가 약하다.

4. 논의 및 시사점

교양교육으로서의 직업교육 목적의 하나는 실생활에 필요한 의식주와 일에 대한 기초적인 경험을 통하여 일과 직업에 대한 건전한 가치관을 형성하게 하고, 가정생활과 일을 조화롭게 영위할 수 있는 능력을 개발함에 있다. 이를 위해 초등학교에서는 '실과', 중등학교에서는 '기술'과 '가정' 교과를 이수한다. 그동안 중등학교에서는 '기술·가정'이란 하나의 교과로 남녀 학생 공통으로 이수하게 하기도 하고, 때로는 남학생에게는 '기술', 여학생에게는 '가정' 교과를 분리 이수하게 하기도 하였다. 가정생활이나 사회생활에서 성 역할에 차이가 좁혀지는 상황에서 '기술'과 '가정' 교과를 의무교육 단계에 분리 편성·운영하는 것이 바람직한지 통합 운영하는 것이 바람직한지에 대한 계속적인 논의가 요구된다.

진로를 인지·탐색하여 현명한 진로선택을 할 수 있도록 중·고등학교에서는 '진로·직업'교과를 제7차 교육과정 개정기(2000~2007)부터 선택교과로 편성하고 있다. 진로교육 프로그램의 다양화도 중요하지만 '진로와 직업'교과를 통한 체계적이고 내실화된 교육이 이루어지도록 하는 진로교육정책이 우선되어야 할 것이다.

직업기초능력은 1990년대 말부터 초·중등학교의 교과활동과 특성화고교의 보통교과, 전문대학 및 대학의 교양교과를 통해서 계발되고 있다. 그런데 직업기초능력 개발과 초·중·고 교육과정과는 연계가 미흡하다. 직업기초능력 개발을 위한 이들의 연계가 강화된 교육과정 편성·운영 정책이 요구되고 있다.

III. 중등직업교육정책

1. 해방 이후 이승만정부(1945~1960)의 중등직업교육정책: 직업교육 도입기

해방 이후 미군정하에서의 직업교육정책은 교육발전의 장기 구상과 계획을 다루었던 조선교육심의회 제6과분과위원회인 직업교육분과에서 다루었다. 중등직업교육정책으로는 1인 1기 교육 강화, 실업계 고교 확충, 실업교육지원 행정기구의 확충, 실업교사 재교육 강화, 교육과정 시간배당 기준령 제정·공포, 실업기술 5개년계획 수립, 실업교육진흥법안 의결, 주산능력 검정고시 규정 제정·공포 등이 있다.

2. 산업화시기(1961~1988)의 중등직업교육정책: 직업교육 성장기

1) 박정희정부의 중등직업교육정책(1961~1979): 직업교육 기반구축 및 양적 성장기

박정희정부는 1962년부터 수차례에 걸쳐 경제개발 5개년계획을 추진하였다. 특히 새마을운동을 비롯한 잘 살아보려는 국민의 강한 의지를 실현하기 위해 정부가 강력한 리더십을 발휘하여 계획경제를 통한 경제성장을 추진하였다. 이 과정에 산업분야별로 기술 인력의 수요가 급증하여 직업기술교육의 중요성이 부각되었다.

(1) 실업계 고교 및 입학정원 확대정책

1960~1970년대에는 기능 인력의 수요가 급증함에 따라 일반계 고교와 실업계 고교 학교 수를 3:7로 증설하는 실업교육 강화정책이 오랫동안 지속되었다. 1968년에는 실업계 학교 수가 인문계를 능가하였으나 1974년 고교평준화 시책으로 일반계 고교가 많이 신설되어 일반계 고교 수가 더 많아지게 되었다. 일반고 대 실업계 고교 수의 비율은 1963년 55.2:44.8, 1969년 48.4:51.6, 1979년 55.8:44.2, 1989년 64.8:35.2로 바뀌었다. 일반고 대 실업계 고교 학생 수 구성비는 1963년 58.7:41.3, 1969년 55.5:44.5, 1979년 56.7:43.3로 실고 학생 수가 변하였다(조성희, 1991: 4-6).

실업계 고교에 우수 학생을 유치하기 위하여 실업계 학교 학생의 수업료를 인문계 학생들보다 10~20% 감액하고, 실고생 대여장학금을 신설하여 수혜 범위와 지급액을 점차 넓히기도 하였다(조성희, 1991: 67, 155-156).

(2) 실업고등학교 교육과정 제정 공포

문교부는 1963년 인문계 고교와 별도로 실업계 고교의 교육과정을 제정·공포(문교부령 제112호, 1963. 2. 15.)하여 직업기술 교육과정의 체계화를 이루었다. 그리고 실업계 고교의 고유한 교육 목표와 방침을 뚜렷하게 제시하였다. 교과시간 배정도 과거 전문교과 배당을 30%에서 50%로 늘리고 전문교과 과목 내에서도 교과학습에 40%, 실습에 60%를 배정하는 등 실업교육과정 운영의 기본 틀을 마련하였다. 그 후에도 교육과정을 계속 개편(1966, 1969, 1971, 1976, 1977)하여 산업구조 근대화와 수출 지향적 경제개발에 필요한 기술 인력을 양성하도록 하였다.

(3) 사범계열 실업교사 양성과 설치 및 실업 교사 우대책 강구

1960년대 초까지만 하여도 실업계 고교에서 전문교과를 담당할 교사양성기관이 없었다. 실업계열 대학 전공학과를 졸업하고 학사학위만 취득하여도 무시험검정으로 중등 교사자격증을 취득할 수 있었다. 그런데도 늘어나는 실업계 고교의 전문교과를 담당할 교원확보가 어려웠다. 이런 문제를 해결하면서 우수 실업교사를 양성하기 위하여 1962년 서울대학교 공과대학에 공업교육과와 농과대학에 농업교육과를 신설하였다. 사범계열 실업교사 양성과가 설치되기까지는 당시 미국 유솜(USOM)에 근무한 신극범·백대현 박사의 기여가 있었다(신극범, 2012: 97-102). 그 후 전국 대학에 농업교육과, 공업교육과, 상업교육과, 수산교육과 등이 설치되었다.

당시 서울대학교 공업교육과 졸업생들은 전공 관련 기업으로의 진출이 많아 공업교사로의 진출률은 낮았다. 이런 상황에서 공업교사의 수요는 급증하였다. 문교부는 1977년 충남대학교 공과대학을 공업교육대학으로 개편하고 특성화하여 공업 및 기술 교사를 양성하는 새로운 전기를 마련하였다. 1개 단과대학에서 전국 공업 및 기술 교사 수급을 주로 담당하다 보니 때로는 차질이 생겨 문제가 발생한 적도 있다.

기술교과담당 교원양성에도 어려움이 있었다. 중·고등학교 교육과정에 '기술교과'가 신설되어 필수로 이수하게 한 새 교육과정이 공고된 날(1969. 9. 4.)로부터 실제 교실 수업이 시작되기(1970. 3.)까지는 6개월 정도의 여유밖에 없었다. 이 짧은 기간에 새 교과서가 편찬·배부되어야 했고, 이 교과를 담당할 교사도 양성·배치되어야 했다. 기술교과를 담당할 교원확보를 위해 문교부는 그해 6월에 경기공전, 대전공전, 부산공전, 전북대 공대 등에 임시 중등교원양성소를 설치하여 농업, 상업, 그 외 교원자격증을 취득하고 있는 교사들에게 여름방학 8주, 겨울방학 8주 총 16주간의 연수를 실시하여 기술교원 자격증을 수여하였다. 그 후 1981년 충남대학교 공업교육대학에 공업기술교육과(1982년 기술교육과로 명칭 변경)가 신설되면서 교원양성이 내실화되었다(한국직업능력개발원, 1998: 1115-1124).

이상과 같이 우수 실업교사 양성을 위해 나름대로 노력은 하였으나 교육계로의 유인체제가 미흡하여 이직률이 높았다. 이를 해결하기 위한 방안으로 실과교사 특별수당 지급 규정을 제정하여(1968. 7. 9.) 1968년부터 실과수당을 지급하기도 하였다.

(4) 실업계 고등학교 유형 다양화

1960~1970년대 산업사회가 요구하는 기능 인력을 양성하기 위하여 중등 직업교육 체제는 매우 다양하였다. 실업계 고교(농고, 공고, 상고, 종합고, 실업고, 수·해양고, 예술고), 인문고에서의 직업과정, 각종학교, 중학교와 고등학교 미진학자를 위해 직업교육을 실시하는 기술학교 및 고등기술학교, 중·고등학교 미진학자 및 중퇴자의 직업교육을 위해 실업계 고교에 부설되어 있는 청소년 직업학교, 고등학교 졸업자 중 미취업자를 대상으로 1년간 직업교육을 실시하는 실업계 고교에 부설된 실업기술원 양성소, 근로청소년의 학력 향상을 위해 설립한 특별학교 및 산업체 부설 중·고등학교 등이 있었다.

특히 1970년대에는 발전된 중화학공업의 현장과 중동 건설 현장에서 일할 기술 및 기능 인력이 절대적으로 부족하였다. 이뿐만 아니라 고등학교 졸업과 동시에 산업현장에서 즉시 일할 수 있는 인력 양성을 요구하였다. 그리하여 정부는 공업고등학교를 기계공고, 시범공고, 특성화공고, 일반공고로 구분하여 기능인을 집중 육성하였다. 기계공고는 방위산업 및 기계공업 육성에 필요한 정밀가공사를 양성하였다. 시범공고는 해외진출 기능사처럼 부정기적 특수 인력 수요를 충족시켰다. 특성화 공고는 전기, 화공, 건설, 제철, 철도 등 특정 산업분야에 종사할 숙련 기능사를 양성하였다. 일반공고는 일반 산업분야에 종사할 기능사 양성을 담당하였다. 이 당시 특성화공고는 산업현장에서 필요한 전문지식과 기술을 학생들에게 습득시키기 위해 보통교과와 전문교과의 비를 30:70으로 편성 운영할 수 있게 하였다. 전문교과에서 이론과 실습의 비율도 30:70으로 실습을 중요시하였다. 그러나 일반공고는 40:60으로 편성 운영하는 등 교육과정 운영에 유연성을 두면서 산업사회가 요구하는 다양한 기능 인력을 양성하였다. 학교와 산업체 간에 자매결연 등을 통한 산업협력도 활성화되어 교육내실화에도 크게 도움이 되었다(한국직업능력개발원, 1998: 391-398).

(5) 산업교육 시설·설비 확보를 위한 차관사업 추진

1950년대 실업계 학교의 실험·실습 시설과 설비는 해외원조를 받아 확충하였다. 1960년대에는 무상원조가 단절되면서 문교부는 실업계 고교나 전문대학, 그리고 과학기술분야의 대학에 필요한 실험·실습 시설 및 기자재를 확보할 수 있는 재정지원을 거의 할 수 없는 실정이었다. 정부는 산업교육을 실시하고 있는 실업계 고교와 전문대학, 이공계 및 의치학계 대학의 시설 설비 및 기자재를 일부는 대일청구권자금으로, 그리고 대부분은 교육차관사업 등을 통해 확보하는 정책을 추진하였다. 1969년 6월 제1차 교육차관이 협정된 이래 1995년까지 9차에 걸쳐 교육차관사업을 추진하여 총 8억 6,407만 달러가 도입됨에 따라 산업교육의 내실화를 기할 수 있었다. 특히 〈표 5-2〉와 〈표 5-3〉에서 보는 바와 같이 교육차관에 의한 시설 설비와 기자재 확보는 실업계 고교, 전문대학, 이공학계 및 의치학계의 대학, 교대 및 사범대학, 방송대학, 그리고 특수학교 등의 교육 개선에 절대적으로 기여하였다.

〈표 5-2〉 차관별 차관액, 사업기간 및 투자대상기관 (단위: 1,000달러)

차관	차관액	사업기간	투자대상기관
1차 IDA(1969. 6. 4.)	14,800	1969~1976	실업계 고교(27), 실업 전문교(5), 농대 농업교육(1), 사대 과학교육(3)
2차 IDA/IBRD (1973. 6. 13.)	20,000/ 23,000	1973~1979	실업계 고교(33), 전문학교(6)/간호전(4), 사대(1), 교대(10), 수해양대(1), 공대(9), 자연대(9)
3차 IBRD(1980. 2. 21.)	11,400	1975~1980	실업계 고교(4), 전문대(4), 수산(1)
5차 IBRD(1980. 2. 21.)	99,855	1980~1985	공업전문대(23), 공대(37)
6차 IBRD(1984. 6. 15.)	78,000	1984~1988	수고(5), 수전(3)
1차 OECF(1980. 1. 18.)	100억 엔	1980~1984	공대(1), 사립의대 및 부속병원(24)
2차 OECF(1981. 2. 27.)	60억 엔	1981~1985	사립 자연계 대(25)
3차 OECF(1985. 12. 20.)	152억 엔	1986~1989	의·치대(25) 및 대학원(23), 의·치대 병원(6), 지방거점대학(4), 연구소(1)
EXIM(1979. 11. 19.)	98,684	1979~1983	공고(95), 공업전문대(1), 국립의대 및 부속 병원(20), 기타(1)
1차 ADB(1978. 12. 22.)	4,542	1979~1984	수고(5), 수전(3)
ECGD(1982. 7. 16.)	1,635만 파운드	1982~1985	국립약대(6), 국립농대(10), 국립수해양대(3)
4차 OECF(1987. 8. 18.)	120.9억 엔	1988~1991	공학계(29), 약학계(12), 농학계(16), 특수학교(100), 대학부속병원(14)
2차 ADB(1987. 10. 2.)	53,000	1987~1990	대학(4), 전문대(2), 수산고(1), 실습선 7교 8척
5차 OECF(1988. 6. 22.)	59.2억 엔	1988~1992	대학(12), 방송통신대, KEDI, 전문대(19), 개방대(3)
7차 OECF(1990. 10. 31.)	21.6억 엔	1990~1992	대학원(36), 연구소(19), 사범대학(11)
7차 IBRD(1990. 8. 10.)	45,000	1991~1995	대학(4), 전문대(2), 수산고(1)

자료: 정봉근(1991: 163-171).

(6) 재정지원의 확대정책

실업계 고교는 인문고와 달리 막대한 재정이 소요된다. 내부와 외곽의 시설 설비 확보 및 관리 유지비용, 실험 실습비, 인건비, 관리비 등이

〈표 5-3〉 실업계 고교 계열별 차관 지원내용(1990) (단위: 1,000달러)

설립유형 / 계열	국공립	사립
자연	6,333	1,781
공업	42,541	16,389
농업	3,259	
상업	454	
수해양	6,896	
특수교육	1,298	3,252
합계	60,781	21,422

자료: 정봉근(1991: 170-171).

많이 들어 학교 자체적으로 해결하기가 어렵다. 특히 공업계 고등학교는 막대한 투자가 있어야 설립이 가능하며, 운영비도 1급 지역인 경우 같은 규모의 인문고의 약 5배(일반 공고) 내지 8배(기계공고)에 이르며 시설관련 경비나 인건비는 더 큰 차이가 있다.

문교부는 이런 점을 감안하여 해마다 실업교육 예산을 증액하려고 노력하였다. 문교예산 중 실업교육비가 차지하는 비율은 1965년 0.8%, 1970년 2.9%, 1975년 3.8%, 1979년 4.1%로 계속 증가하였다(조성희, 1991: 36, 76-77, 102).

(7) 국가기술자격제도의 창설

1973년에 제정된 국가기술자격법(법률 제2672호, 1973. 12. 31.)은 산업계에 종사할 각종 기술자 및 기능자 중 그 기술과 기능이 일정한 수준에 도달한 자에게 국가가 통일적으로 그 자격을 인정해 주는 제도였다. 이 제도는 ① 기술 및 기능 수준의 평가제도 확립으로 기술인의 자격을 함양시켜 사회적 공신력을 높이고, ② 기술 자격 취득자에 대한 우대조치의 확대로 기술인의 지위 향상과 그 활용의 극대화를 도모하며,

③ 기술자격제도를 매개로 하여 기술교육을 산업계의 요구에 부응하도록 개선·발전시키고, ④ 산발적이고 기준이 다양한 기존의 여러 가지 자격제도를 합리적인 기준에 따라 정리·체계화하여 그 관리와 운영을 효율화함에 있다(김종철, 1989: 247-265).

(8) 산학협동교육 강화

1963년 9월 19일 '산업교육진흥법(법률 제1403호)'을 제정·공포하고, 1965년 6월 8일 시행령을 공포하였나. 이로써 실업교육진흥을 위한 법적 기초를 공고히 하게 되어 실업교육진흥정책의 기반을 조성하는 데 큰 영향을 주었다.

문교부는 1973년 2월 22일 '산업교육진흥법'을 개정하여 산업교육을 실시하는 학교의 학생은 재학 중 일정 기간 의무적으로 현장실습을 이수하게 하였다. 이를 위해 문교부는 1973년 12월 8일 '산학협동과'를 설치(1975년 폐지)하였다. 그럼에도 불구하고 실업계 고교, 전문대학, 대학의 현장실습 의무화제도는 여러 가지 여건 미비로 1975년 중단되었다(이무근, 1982: 224-225).

2) 전두환정부의 중등직업교육정책(1980~1987): 직업교육 질적 성장기

(1) 고교 직업교육에서의 기초 역량강화

1980년대에는 산업이 고도화되면서 실업계 전문대학과 이공계 대학을 중심으로 한 고급기술인력 양성이 강화되었다. 반면에 실업계 고교교육은 산업기술의 발달 속도가 빨라지고 산업체의 기술이 고도화됨에 따라 산업현장에 필요한 특정한 기능은 취업 후에 산업체의 자체 교육훈련을 통해서 숙달시킨다는 인력 양성 분담의 전제하에 일정한 직업군에 쉽게 적응할 수 있는 기초학습과 기본 기능 지도에 중점을 두었다. 그리하여 외형적으로는 중등직업교육체제가 산업사회의 변화하는 요구를 반영하여 개편하는 시기가 되었으나 내면적으로는 인력양성이 고등학교 단계에서 고등교육단계로 전환하는 계기가 되었다. 이로 인해 실업계 고교의 교육정책은 사실상 방임상태에 놓여 교육재정도 급격하게 축소되는 문제가 제기되었다.

1980년대에는 자영농과와 자립체제농고 육성, 공고 교육의 정상화, 그리고 상고의 컴퓨터 교육 강화 등이 대표적인 중등직업교육정책이라 할 수 있다.

(2) 무시험 추천 입학정책

그동안 실업계 고교 입학 전형은 학력제한 선발이었으나 교육법을 개정하여(1982. 2. 13.) 1982년도부터 학교장 책임하의 전기 무시험 추천제도로 전환하였다.

(3) 시·도교육위원회의 추천에 의한 농업교육과 입학생 선발

서울대학교 공업교육과에 이어 농업교육과 졸업생도 교직보다 타 직장으로의 진출률이 높아 농업교사 수급에 차질이 생겼다. 이런 문제를 해결하기 위하여 1980~1981학년도에는 정원의 100%를 각 시·도교육위원회의 추천을 받은 농고생 중에서 선발하여 졸업 후 출신도에서 농업교사로 근무하게 하였다. 그러나 졸업정원제의 부작용으로 이 제도는 1984년도에 폐지되었다.

(4) 전인교육을 위한 교육과정 개편

1980년 '교육의 정상화 방침'에 따라 교육과정을 전면 개정하여(문교부 고시 442호, 1981. 12. 31.) 1984학년도부터 시행하였다. 교육과정의 특징은 고등학교 교육과정으로 통합하여 단일화, 기초교육 강화, 일반 교육 강화, 총 이수단위 수 감축, 그리고 특별활동을 강화하여 전인교육을 지향하는 것이었다. 이에 따라 실업계 고교의 교육목표는 전인교육에 두되 계열별 목표를 제시하여 일반 교육과 산업 예비 인력으로서의 전문교육을 함께 추구하게 되었다.

(5) 재정지원의 감소

1980년대에는 직업교육의 중심이 실업계 고교에서 전문대학과 이공대학으로 옮겨져 재정지원도 감소되었다. 그리하여 1970년대에는 교육부 지출의 4.1%를 유지하던 실업계 고교 재정지원이 1980년대에는 3.6%로 감소하였다(조성희, 1991: 117-118).

(6) 자립 영농인 육성을 위한 지원체제 강화

자립 영농인 육성을 위해 농장 농산물 환원제도의 집중적인 재정 투입으로 자립체제 농고 육성책을 시행하였다. 또한 핵심적인 영농후계자를 양성하기 위해 자영농과를 설치하고 다양한 학생 유인 정책을 시행하여 집중적인 투자를 하였다. 농림수산부의 영농후계자 육성방안에 따라 농어민후계자 육성기금 설치(1980), 농어촌 종합대책(1986) 및 농어가 부채 경감대책(1987) 등의 정책과 보조를 맞추었다(조성희, 1991: 117-118).

3. 민주화 시기(1988~1998)의 중등직업교육정책: 직업교육 전환기

1) 노태우정부의 중등직업교육정책(1988~1993)

(1) 실업계 고등학교 및 학생정원 증원정책

노태우 대통령은 연두기자회견(1990. 1. 10.)에서 당시 일반계 고교와 실업계 고교의 학생비율이 68:32인 것을 1995년까지 50:50으로 조정하는 고등학교 교육체제 개혁을 위한 직업교육 확충사업을 추진한다고 발표하였다(한국직업능력개발원, 1998: 257).

이 정책으로 실업계 고교와 학생 수는 증가하게 되었으나, 실업계 고교를 위한 재정 지원은 제한된 상태에서 고교 신설과 확충, 학생정원 증원이 이루어짐에 따라 교원 수급 문제가 발생하였으며, 공고 개편 희망 고교의 부족, 공고 대상이었던 일반고 학부모, 동창회, 지역 주민의 반발 등의 문제도 발생하였다. 결과적으로 일반 고교와 실업계 고교 학생비는 56:44까지 조정되었으나 이러한 실업계 고교 및 학생 수 증가는 오늘의 중등직업교육 발전에도 부정적인 영향을 미치고 있다(교육부, 1998b: 566-572).

(2) 중등직업교육정책 행정권을 지방자치단체로 이양

노태우정부는 중등직업교육정책 행정권을 지방자치단체로 이양함으로써 직업교육 지원체제도 교육부에서 지방자치단체로 이관하게 되었다.

2) 김영삼정부(문민의 정부)의 중등직업교육정책(1993~1998)

(1) 김영삼정부의 직업교육정책 기획 배경과 직업교육 3법 제정

김영삼정부는 직업교육훈련제도가 산업구조의 발전과 변화, 노동시장의 구조 변화 및 개인의 직업능력개발 욕구를 적절히 수용하지 못하여 산업현장과 유리된 상태에 있다는 데 문제의식을 갖고 있었다. 이 문제를 해결하기 위해서는 평생직업교육체제가 구축되어야 함을 목표로 하였다. 그리하여 직업교육을 국민이면 누구나 받을 수 있는 교육, 평생에 걸친 교육으로 정착시키며, 개인이 타고난 소질과 적성, 그리고 잠재력을 최대한 발현케 하는 한편, 산업사회가 요구하는 현장성 높은 양질의 인력을 양성, 공급할 수 있도록 하려고 하였다.

또한 모든 대학 비진학 청소년들에게 고등학교 수준의 직업교육 기회를 보장하고, 희망하는 모든 고등학교 졸업자에게 전문대학 수준의 직업교육 기회를 보장하며, 희망하는 성인 취업자들에게 자신의 직업능력을 향상시킬 수 있는 직업교육훈련 기회를 보장하는 것을 2000년까지 달성해야 할 실천적 목표로 설정하였다.

이를 구현하기 위하여 1996년 2월 9일 '고등학교 단계 직업교육의 다양화(특성화고, 통합고, 공고 2·1 체제, 진로지도 강화)', '자격제도의 개편', '직업교육훈련 관련 행·재정 지원체제(직업교육 3법 제정 및 조직 강화) 구축' 등을 포함한 7개 직업교육 과제와 43개 목표를 설정하여 추진하겠다고 발표하였다.

특히 직업교육 3법(직업교육훈련촉진법, 자격기본법, 한국직업능력개발원법) 제정을 비롯하여 '교육기본법' 제21조(직업교육)에서 직업교육의 목적과 대상, 직업교육 기관, 직업교육을 통해서 개발해야 할 역량, 직업교육정책을 수립하고 실행해야 할 주체를 명료하게 규정하였다는 점에서 큰 의미를 갖는다.

(2) 특성화 고등학교 확대, 공고 2·1체제 등을 통한 고교 직업교육의 다양화

그동안 대부분의 실업계 고교가 별다른 특징 없이 전공분야를 백화점식으로 개설하여 운영함으로써 직업교육의 부실화를 초래하였다. 이뿐만 아니라 산업구조의 변화 및 기술발전에 탄력적으로 대응할 수 있는 직업교육 공급체제 구축이 필요하였다. 이를 위해 학생이 자신의 적성과 능력에 따라 조기에 진로를 결정하여 전문가로 성장할 수 있도록 다양한 전문분야의 특성화 고교 체제를 구축하였다.

'신경제 5개년계획(1993~1997)'을 수립, 추진하면서 필요한 우수기능 인력을 양성하기 위하여 공고 '2·1체제'를 도입하여 시범운영(1994~1998)하였다. 공고 재학생에게 2년간은 학교교육을, 그리고 1년간은 산업체 현장에서 훈련을 받도록 함으로써 현장 적응력 제고를 주목적으로 하였다. 그러나 이 제도는 실효를 거두지 못하고 2000년대 중반에 사실상 중단되었다. 그 이유는 공고 '2·1체제'가 우리나라 교육환경과 산업체의 교육여건에 맞는지 여부에 대한 검토와 준비 부족, 이미 노동부가 1983년부터 도입하여 적용하다가 실패하여 1993년에 중단한 독일의 듀얼 시스템(dual system)의 실패 원인 분석과 대책 수립 부재, 이런 상태에서 정부가 다시 정책을 일방적으로 수립하고 추진함에 따라 야기되는 문제가 사회적 이슈로 대두, 그리고 교사들의 부정적인 태도 등이다(이용순, 2001; 정택수, 2008: 97-98).

(3) 고등학교 교육과정의 통합 운영

일반계 고교생과 실업계 고교생은 계열이 다른 학교의 교육과정을 이수할 수 있는 기회가 부족하고 일반계 고등학생 중 비진학 무기능 졸업생이 연 15만 명 배출되고 있었다. 이런 문제를 해결하기 위하여 일반계·실업계의 교육과정을 통합·운영함으로써, 공통필수과정을 최소화하고, 2~3학년에서는 계열 구분 없이 다양한 교과목을 선택 수강할 수 있게 하며, 지역실정과 학교 형편에 따라 다양한 선택과정을 개설·운영하게 하였다.

(4) 실업계 고교교육의 현장 적응성 제고

실업교육의 현장성을 높이기 위하여 우수 산업계 인사가 실업계 전문교과를 담당할 수 있도록 산학겸임교사·명예교사 및 강사 등을 둘 수 있게 하였다.

공고 2·1체제 운영 내실화를 위해 직무분석을 기초로 산업체 인사가 참여하여 이론과 실기를 통합한 모듈식 교재개발, 현장실습 안전교육 실시, 그리고 공고 2·1체제 종합평가 등을 실시하였다.

현장실습 여건 개선을 위해서는 현장실습생에게 산재보험 적용이 가능하도록 1997년 8월 산업재해보상보험법을 개정하여 1998년 1월 1일부터 적용 가능하도록 하였다. 또한 현장실습의 법적 지위를 보장하기 위해서 현장실습계약체결의 준거가 되는 표준협약서를 개발·고시하였다(1998. 1.).

(5) 실업계 고교 시설·설비의 현대화

실업계 고교에 대한 지원이 미약하여 실험·실습시설 및 기자재가 부족하고 노후화하여 현장 적응성 높은 직업교육이 이루어지지 못하고 있었다. 이들 문제를 해결하기 위하여 학교 및 지역특성을 살리는 시설·설비 기준을 정비하였다. 또한 실업계 고교 시설·설비 현대화를 위하여 1997년부터 2002년까지 실험실습 기자재를 확충하고, 고가의 첨단기자재를 지역별로 공고에 설치하여 공동 활용함으로써 투자의 효율성을 높이며, 최신의 국내외 학습자료를 이용할 수 있도록 1999년까지 790개(과학고 포함) 실업계 고교에 멀티미디어실 1실을 설치하도록 지원하였다. 또한 1997년부터 2001년까지 1만 7,570학급에 첨단교육 학습기기를 설치토록 하였다.

(6) 재정지원 강화

직업기술분야에 적성이 있는 우수 학생의 공고 진학을 유도하기 위하여 1996년부터 2000년까지 장학금의 지급을 단계적으로 확대하여 2000년에는 전체 공고생의 50%인 104만 5,000명이 장학금을 받을 수 있도록 하였다.

4. 정보화·세계화 시기(1998~2013)의 중등직업교육정책: 직업교육의 재구조화

1) 김대중정부의 중등직업교육정책(1998~2003)

(1) 국가인적자원개발기본계획

우리나라는 1995년에 국민소득 1만 달러 달성, 경제협력개발기구(Organization for Economic Cooperation and Development, OECD) 가입 등으로 선진국 진입을 시도했었다. 그러나 IMF라는 국가위기 사태에 직면함으로써 노동·자본투입의 증가를 통한 경제성장이라는 전통적 성장 전략에는 한계가 있다는 것을 인식하게 되었다. 이에 정부는 선진국으로의 진입과 지식정보화로의 이행을 위해서는 우수 인적자원개발이 절대적으로 필요하다는 것을 인식하였다.

김대중 대통령은 신년사(2000. 1. 3.)에서 "교육부 장관을 부총리로 승격시켜 교육·훈련·문화·관광·과학·정보 등 인력개발 정책을 종합적으로 관장하겠다"고 발표하였다. 그 후 2000년 11월 29일 정부조직법이 개정되어 교육부가 교육인적자원부로 개편되었다. 교육인적자원부가 되면

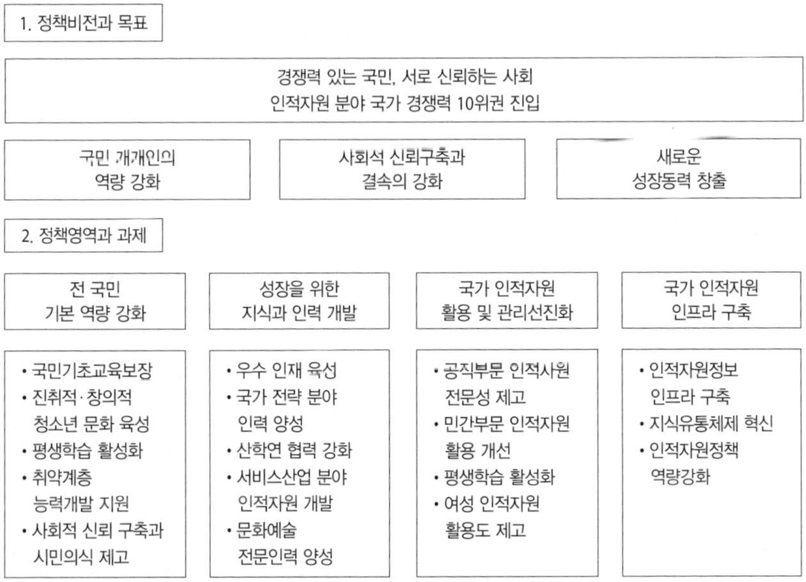

〈그림 5-2〉 국가인적자원개발정책(2002~2005)의 기본구조

자료: 대한민국정부(2001: 27).

서 그동안 주요 관심사였던 인적자원의 양성과 공급에 주된 관심을 가졌던 것을 인적자원의 활용과 관리에도 정책적 관심을 가져야만 하였다.

교육인적자원부는 2001년 대통령 업무보고에서 국가인적자원의 개발과 활용을 선진국 수준으로 높여 세계적 인적자원 강국으로 도약하기 위해서 여러 부처에서 개별적으로 추진 중인 인적자원개발정책을 국가 차원에서 체계적으로 기획·조정하고 평가하는 시스템을 도입하고, 기존의 교육·훈련, 연구·개발(R&D) 등 관련 정책을 전반적으로 인적자원개발의 목표와 비전을 제시하기 위해 중·장기 인적자원개발 기본계획을 수립할 계획이라고 발표하였다. 대통령에게 보고(2001. 12. 17.)하여 확정된 국가인적자원개발 기본계획에 제시된 인적자원개발 정책의 비전과 목표, 4개 영역과 16개 추진과제는 〈그림 5-2〉와 같다.

〈그림 5-2〉에 제시된 것과 같은 국가인적자원개발 기본계획의 과

제들은 2005년까지 지속적으로 추진할 중·장기 과제로, 이의 효과적인 추진을 위해서 과제별로 주관부처와 관련부처를 지정하여 주관부처별로 추진일정 및 소요재원을 포함한 시행계획을 마련하도록 하였다. 국가인적자원개발 기본계획은 인적자원정책의 목표, 정책과제 및 추진전략 제시에 중점을 둔 종합적·전략적 계획이며, 5년 단위로 수립되는 중·장기 계획이다. 따라서 국가인적자원개발 기본계획의 실효성 담보를 위해서는 정책추진 주체, 내용, 방법, 일정 등을 포함하는 구체적인 실행계획의 수립이 필요하다. 그런데 이를 수립·실행하기 위한 법적인 근거가 마련되어 있지 않았다. 이런 문제를 해결하기 위해 교육인적자원부는 '인적자원개발기본법(2002. 8.)'을 제정하고, 이어서 '동법 시행령(2003. 2.)'이 제정되어 2003년 2월 27일부터 효력이 발효되었다.

인적자원개발기본법이 제정되고 시행령이 발효되면서 김대중정부는 고교 직업교육체제를 특성화 고등학교 체제로 전환하였다. 또한 특성화 고등학교와 전문대학 간에 2+2 연계체제 교육과정운영을 강화하여 우수 중견기술인을 양성하고 전문계 고교 졸업생들의 대학 진학 기회를 확대하도록 하였다. 아울러 평생고등직업교육 확대를 위해 사내에 사내대학을 설립할 수 있는 법적 근거를 마련하였다.

2) 노무현정부의 중등직업교육정책(2003~2008)

(1) 특성화 고등학교 설치 및 내실화 강화

중등직업교육정책과 관련하여 노무현정부가 특별히 관심을 가졌던 것은 특성화 고등학교 설치 확대 및 내실화 강화라고 할 수 있다. 그리고 국가균형발전과 연계하여 특성화 고등학교를 비롯한 대학에서의 산학협력강화정책이었다. 이를 위해 '산업교육진흥법'을 '산업교육진흥 및 산학협력촉진에 관한 법률'로 개정하였다.

3) 이명박정부의 중등직업교육정책(2008~2013)

(1) 이명박정부의 중등직업교육정책 기획 배경

이명박성부의 고교직업교육정책은 학생의 진로 경로에 따른 노동시장 진입규모의 심각성에서 문제를 인식하고 해결을 위한 정책방향을 찾았다. 2009년의 학교 단계별 진로 현황이 유지된다고 가정했을 때, 중학교 졸업생 100명 중 77명은 일반고로 진학한다. 22명은 전문계 고교로 진학하는데 11명은 졸업 후 전문대학에 진학하며 7명은 4년제 대학에 진학하여 전문계 고교 졸업 후 취업자는 4명에 불과하다. 중학교 졸업생 100명 중 20%는 고등교육을 마쳤어도 미취업상태가 된다.

(2) 전문계 고교의 마이스터고, 특성화고로의 개편 및 정예화

이명박 대통령은 대통령 당선과 동시에 마이스터고 육성을 본격적으로 추진하였다. 마이스터 고등학교(산업수요 맞춤형 고등학교)란 유망 분야에 특화된 산업수요와 연계하여 안정적 취업을 통해 경력개발이 가능한 영마이스터(young meister)를 양성하는 전문학교를 의미한다.

교육과학기술부는 2008년 도입된 마이스터고가 성공적으로 운영되고 있음에 착안하여 2010년 5월 마이스터고의 내실화와 특성화고의 정예화·전문화를 주요 내용으로 한 '고등학교 직업교육 선진화 방안'을 발표하였다. 2010년 현재 마이스터고(21개교), 특수목적고(40개교), 특성화고(168개교), 일반전문계고(275개교). 종합고(187개교), 총 691개 전문계 고교를 2015년까지 취업선도 모델 마이스터고(50개교)와 산학협력형 특성화고(350개교) 총 400개 고교로 정예화·전문화·내실화하며, 나머지 291개교는 일반계 고교로 전환하는 계획이다.

이런 체제를 구축하기 위하여 산업계 수요가 반영된 교육과정 운영을 강화하고 선취업 후진학 체제가 구축될 수 있도록 재직자 전형,

장학사업, 학자금 지원 등을 추진하여 취업 후 학위취득 기회를 제공하며, 체제개편에 따라 요구되는 재정과 평가관리체제를 마련(특성화고 개편·육성 490억 원, 특성화고 취업기능강화 연간 200억 원, 교사 부전공·복수전공 연간 40억 원)하였다.

마이스터 고등학교와 특성화 고등학교들은 해가 거듭될수록 좋은 성과를 거두었다. 특성화고에서 취업을 희망하는 학생 중 취업비율은 2011년 63.6%에서 2012년 4월 89.7%로 증가하였고, 2012년 특성화고를 졸업한 취업자 중 75.7%가 정규직으로 채용되는 등 '취업의 질' 역시 높아지고 있다(이주호 외, 2012: 124-130).

이명박정부에서 계획했던 마이스터고 50개교, 특성화고 350개교가 박근혜정부에서의 추진 상황을 보면 마이스터 고등학교는 2011년 21개교에서 2015년 40개교로 증가하였다. 특성화 고등학교는 초·중등교육법 개정에 따라 186개의 종합고등학교가 일반고로 분류됨에 따라 나머지 473개의 전문계 고교가 원래 계획하였던 350개의 특성화 고등학교와 관계없이 2015년 모두 특성화 고등학교로 편성되어 있다.

(3) 진로교육체제 강화

이명박정부는 진로교육의 중요성을 인식하고 2009 개정 교육과정의 목표에서 인간상을 '전인적인 성장의 기반 위에 개성의 발달과 진로를 개척하는 사람'으로 명문화하였다. 교육내용은 초등학교에서는 '다양한 일의 세계 이해', 중학교에서는 '적극적인 진로탐색', 고등학교에서는 '진로계획'을 명시함으로써 진로교육의 중요성을 부각하였다. 특히 2009 개정 교육과정은 '창의적 체험활동'에 진로활동을 신설하고, '진로와 직업'과목을 선택교과로 채택하는 등의 진로교육을 강화하는 내용이 포함되었다. 또한 2014년까지 모든 중·고등학교에 진로진학상담교사를 배치한다는 진로교육 프로젝트를 2010년에 발표해 추진하였다.

4) 박근혜정부의 직업교육정책(2013~)

(1) 능력중심 사회구현을 위한 NCS 기반 교육과정 개발 운영

박근혜정부는 능력중심 사회를 위한 여건조성을 국정과제로 설정하였다. 이를 구현하기 위해 국가직무능력표준(National Competency Standards, 이하 NCS) 기반 교육과정을 개발하여 마이스터고와 특성화고를 비롯한 대부분의 전문대학교육에 적용하고 있다.

(2) 일 학습 병행제를 통한 평생학습 체제 구현

일 학습 병행제란 지역사회별로 특정 기업이나 산업체들이 필요 인력과 현장실습을 포함한 직업교육에 함께 참여할 의사를 제시하는 것이다. 그러면 특성화 고등학교와 전문대학은 이들 인력을 양성하기 위한 5개년 프로그램을 NCS 기반 교육과정에 근거하여 개발하고 운영할 것을 잠정합의한다. 그 후 이 내용들을 기업체와 특성화 고등학교, 전문대학이 컨소시엄을 구성하여 전문대학이 주도하면서 프로그램을 운영하는 체제이다. 이 사업은 2015년 16개 사업단을 선정하여 320억 원의 재원으로 사업단별로 최대 시설비 10억, 운영비 10억 총 20억 원을 지원하고 2019년까지 추진할 예정이다(고용노동부·교육부·한국연구재단·한국산업인력공단, 2015: 17-24).

(3) 진로교육체제 강화

진로교육을 강화하기 위하여 진로교육법을 제정(2015. 6. 22.)하여 초·중등학교에서 진로교육을 체계적으로 시행할 수 있는 법적 근거를 마련하였다. 또한 각급 학교마다 진로상담교사를 배치하고 있다. 2016학년도부터는 중학교에 자유학기제를 도입하여 다양한 체험학습 기회를 제공함으로써 진로 탐색기회를 확대하고 있다.

5. 논의 및 시사점

역대 정권의 중등직업교육정책 기획 및 결정 과정을 보면 산업인력 양성이 중심이었던 1단계에 해당되는 산업화시대는 직업교육정책 목표 설정이 교육 수요자인 학생의 요구와 교육적인 요인에 의해 결정되기보다는 단기적인 인력수급에 의해 갑자기 정해지거나 변화하는 경우가 많았고, 정치·경제·사회 등 교육 외적 필요에 의해 결정되는 경우가 대부분이었다. 당시 공고 교육은 산업체가 요구하는 기능인력 개발에 너무 초점을 맞추다 보니 소양과 전공 기초능력이 갖추어진 직업교육보다 특정 기능 습득에 치우친 직업훈련에 가깝다는 비판을 받기도 하였다.

그러나 2단계 직업교육이 실시된 정보화·세계화 시대에서는 직업교육정책이 대통령자문 교육정책위원회, 각종 직업교육관련학회 및 협회, 교육부 및 시·도교육청의 직업교육정책 자문회의, 직업교육전문가, 학자, 산업계 대표 등의 영향도 있었다.

역대 정권 중 중등직업교육을 비교적 적극적으로 추진한 정부는 박정희·김영삼·이명박 정부이다. 세 정권 모두 대통령과 교육부 장관이 중등직업교육에 대한 관심이 많았고 청와대 담당 비서관과 교육부 장관의 추진력이 강하였다. 박정희정부에서는 대통령의 실업교육에 대한 관심과 오원철 청와대 비서관의 리더십이 크게 영향을 미친 것으로 평가되고 있다. 김영삼정부가 직업교육 3법의 제정을 비롯한 직업교육 개혁을 어느 정도 일관성 있게 실현할 수 있었던 것은 대통령의 절대적인 신임하에 안병영 교육부 장관의 직업교육정책에 대한 뚜렷한 소신과 리더십, 청와대 박세일 수석, 그리고 교육개혁위원회 이명현 상임위원 간의 유기적인 협력 체제가 잘 이루어진 결과라고 평가하기도 한다(장기원, 2001: 14-19, 96, 201-205). 이명박정부에서는 이명박 대통령의 마이스터 고등학교 설립 운영에 대한 집념과 이주호 장관의 강한 추진력에 힘을 얻었다.

역대 정권의 중등직업교육정책 기획 및 추진과정에서 문제점으로 제기되는 것은 정권이 바뀔 때마다 직업교육정책이 단절되어 5년 주기 1회성으로 끝나곤 하였기 때문에 지속성이 없다는 점이다. 또한 역대 정권의 직업교육정책에 대한 체계적인 평가가 없어 과거 직업교육정책의 성과나 문제점에 관한 검토 없이 새 정권이 들어설 때마다 새로운 직업교육정책을 수립하여 추진하였는데 그중에는 이미 과거에 추진되어 실패했던 정책도 있어 시행착오가 발생하는 경우도 있다. 외국의 사례연구와 외국 직업교육 제도를 도입함에 있어서도 한국의 교육여건과 문화풍토에 맞는지 여부에 대한 검토가 미흡한 상태에서 추진되어 결국은 용두사미로 끝나는 경우도 있다. 대표적인 예가 독일의 듀얼시스템 도입 운영의 실패 사례다.

직업교육정책연구는 정책 결정자가 현명한 판단을 할 수 있도록 객관적이고 정확하게 보고되어야 할 것이다. 국가에 따라 일반고와 실업계 고교 학생 구성비는 30:70인 나라가 있는가 하면 반대로 70:30인 나라가 있을 정도로 다양하다. 정책 연구보고서에 한쪽의 사례만 제시하고 그 반대 경향의 사례는 보고하지 않는다면 정책 결정자는 잘못된 결정을 할 수 있을 것이다.

특정 시대인 김영삼정부를 사례로 중등직업교육정책의 문제와 개선책을 보면 다음과 같다. 중등직업교육정책이 의도한 대로 달성하지 못한 원인은 첫째, 직업교육의 개혁과정에서 부처(교육부와 노동부) 이기주의를 극복하지 못한 것이다. 둘째, 교육개혁을 추진한 시점이 너무 늦었고 개혁의 추진기간이 짧았다. 셋째, 교육개혁의 추진범위가 너무 넓었다. 넷째, 직업교육이 처한 현실적인 여건에 대한 검토가 미흡하였다. 다섯째, 정책대상 집단의 적극적인 참여가 미흡했다.

이런 문제점을 개선하기 위해 다음과 같이 제안한다. 첫째, 교육개혁 차원에서 이루어지는 거시적인 직업교육정책을 준비하는 과정에서 어떠한 접근방법을 취해야 개혁을 효과를 극대화시킬 수 있는지에 대한 면밀한 검토가 필요하다. 둘째, 국가인적자원개발정책과 직업교육정책 간의 관계가 시급히 정립되어야 한다. 셋째, 문민정부의 교육개혁에 의해 준비된 직업교육훈련 관련법령에 대한 정비가 필요하다. 넷째, 직업교육훈련 네트워크를 새롭게 정비할 필요가 있다. 즉, 직업교육훈련정책심의회, 직업교육훈련기관의 운영위원회, 한국직업능력개발원 간의 네트워크가 강화되어야 하고 특히 지역사회 수준과 직업교육훈련기관 수준에서의 네트워크가 강화되어야 한다. 다섯째, 교육인적자원부와 노동부 간에 직업교육과 직업훈련에 관한 역할 분담과 협조가 강화되어야 한다. 여섯째, 직업교육체제에 대한 재검토가 이루어져야 한다. 일곱째, 자격제도의 정비가 이루어져야 한다. 여덟째, 직업교육 분야에서 평가기능을 강화해야 한다(장기원, 2001: 206-211).

이상과 같은 역대 정권의 중등직업교육정책에 제기된 문제와 개선책을 고려하여 미래의 직업교육정책개발을 위한 시사점을 모색해야 할 것이다.

IV. 고등직업교육정책

'교육기본법' 제21조(직업교육)의 규정에 따라 대학도 학생들이 직업에 관한 소양과 능력을 개발하기 위한 교육을 받을 수 있도록 해야 한다. '고등교육법' 제2조(학교의 종류)에 규정된 대학의 종류에는 대학, 산업대학, 교육대학, 전문대학, 기술대학, 원격대학, 각종학교 등이 있다. 이 절에서는 대학의 여러 종류 중 대표적인 고등직업교육기관인 전문대학과 평생고등직업교육기관인 원격대학, 개방(산업)대학, 기술대학, 사내대학 등을 중심으로 논하고자 한다.

1. 해방 이후 이승만정부(1945~1960)의 고등직업교육정책

1) 초급대학 태동

1948년 대한민국 정부가 수립되고, 1951년에 개정된 새 교육법에 의해 6-3-3-4 기간 학제에서 대학을 대학교, 대학, 초급대학의 세 가지로 구분하고 단과대학에는 초급대학을 병설할 수 있도록 규정하였다. 그런데 교육법에 초급대학의 교육목표가 별도로 명시되어 있지 않았다. 교육과정 운영에서도 대학만 학점제를 운영하고 초급대학에는 학점제의 운영을 배제하는 등 초급대학의 성격과 위치가 모호하였다(한국전문대학교육협의회, 1994: 17-22; 김종철, 1989: 312-313).

1962년 박정희정부의 경제개발 5개년계획이 추진되면서 중견기술인력의 수요가 증가될 전망이었다. 그래서 1963년 2월 초급대학학장들이 '초급대학은 일종의 완성교육으로서 산업발전에 필요한 중견기술인 양성을 교육목적으로 하는 것'을 결의하였다. 그때 26개 초급대학 중 15개 대학은 1960년대 중반 이후부터 단기고등직업교육 기관으로서의 역할을 수행하였다(한국전문대학교육협의회, 1994: 21-22).

2. 박정희정부의 고등직업교육정책(1961~1979)

1) 실업고등전문학교 설립

박정희정부는 경제개발 5개년계획을 성공적으로 추진하기 위하여 산업사회가 필요로 하는 중견산업기술인을 양성해야만 하였다. 정부는 이를 위하여 우수한 실업계고등학교를 개편하여 중학교 졸업생을 입학자격으로 하는 5년제 실업고등전문학교 제도를 1963년 설립하였다.

2) 전문학교 설립

5년제 고등전문학교는 수업 연한이 길어 중도 탈락생의 증가, 동일 캠퍼스 내에서 고등학생과 대학생을 생활지도하는 데서 나타나는 어려움, 시설 활용의 문제, 취업과 진학의 난관 등의 문제점이 제기되었다. 특히 1969년 IDA 차관 사업단은 고등전문학교의 교육차관사업 지원 협상 조건으로 5년제 고등전문학교를 3년제 실업고등학교와 2년제 전문학교로 분리 운영하는 안을 제시하였다. 그래서 IDA 차관사업을 신청한 고등전문학교는 2~3년제 전문학교체제로 개편하였다. 이런 과정을 통하여 중견산업기술인 양성을 목적으로 하는 전문학교 체제가 설립(1970. 1. 1.)되었다.

그 무렵 간호학교는 고등학교 졸업자를 입학자격으로 하는 3년제 간호학교와 중학교 졸업자를 입학자격으로 하는 2년제 간호학교가 있었으나 1971년 이후 3년제 간호전문학교로 개편 또는 승격하여 1976년에는 35개에 달하였다.

1969년도부터 대학입학 예비고사제가 실시됨에 따라 대학 지원자는 대학예비고사에 합격해야만 하였다. 그런데 전문학교는 고등학교 졸업장 또는 이에 상응하는 자격만 있으면 지원이 가능하였다. 이로 인해 전문학교는 대학입학 예비고사에 불합격한 학생들의 대학 진학의 문호가 되었다. 그리하여 1976년에 전문학교 수가 61개에 달할 정도로 증가하면서 여러 가지 문제가 제기되었다(주수웅, 1977).

3) 초급대학, 고등전문학교, 전문학교를 전문대학으로 단일화

1976년 당시 단기고등교육기관은 초급대학 10개교(교육대학 제외), 전문학교 61개교, 간호전문학교 36개교로서 총 107개교였다. 그런데 이들 교육기관들 간에 교육의 동질성과 이질성의 혼돈으로 성격 모호, 단기고등교육기관의 설치 현황 편중, 졸업자에 대한 진로정책의 미 수립, 교수의 부족과 자질 미흡, 교수들의 수업부담 과중, 이수단위 문제, 단위제와 학점제의 혼용, 일반교과와 전문교과의 구성비 문제, 산업사회의 요구에 부응하지 못하는 교육과정 편성 운영, 형식적인 산학협동교육, 단기고등교육기관 인가체제의 미확립 등의 문제가 제기되었다.

문교부는 이들 문제해결을 위해 단기고등교육기관 개선방안에 관한 정책을 수립하여 추진하였는데 결과는 다음과 같다. ① 1977년 법을 개정하여 1979년부터 초급대학, 실업고등전문학교, 전문학교를 전문대학으로 단일화(대학 수 127개교, 학생 수 12만 2,624명)하였다. ② 전문대학의 교육목표는 "사회 각 분야에 관한 전문적인 지식과 이론을 교수 연구하여 국가사회의 발전에 필요한 중견직업인의 양성을 목적으로 한다"고 교육법에 규정하였다. ③ 단기고등교육의 비율을 높이기 위하여 학생 수를 1979년 7만 5,205명에서 1984년 24만 2,114명으로 5년 동안에 3.2배 늘렸다. ④ 전문대학 명칭은 ○○전문대학으로 하고 경우에 따라 앞에 전공분야 명칭을 사용하였다. ⑤ 전문대학의 수업연한은 2~3년으로 유연성 있게 운영하였다. ⑥ 전문대학 입학 및 편입학 자격의 원칙은 대학입학 예비고사 합격자로 하였다. ⑦ 교육과정은 단위제에서 학점제로 전환하고 졸업학점은 80학점 이상(3년제 120학점 이상)으로 하며 직무분석에 의한 교육과정 개발로 산업사회 요구를 충족하려고 하였다. ⑧ 교수는 연구보다 교수(teaching)에 역점을 두고 직무분석에 의한 교육과정 개발, 전문대학 학생에 적합한 교수-학습 개발 및 교재 개발에 관한 연수와 산업현장 방문연수 등을 매년 실시하였다. ⑨ 전문대학 설립인가 체제는 현 체제를 강화하여 외부인사로 구성된 '전문대학 설립 타당성 심사위원회'를 구성하여 운영함으로써 설립인가의 공정성을 높였다. ⑩ 졸업생 취업 강화를 위해 진로지도, 산학협력, 현장실습을 강화하였다. ⑪ 산학협동 체제 강화를 위해 '전문대학교육과 산업현장과의 연계성 강화 발전에 관한 연구'를 수행하였다. 연구 결과를 토대로 1981년 전문대학 통신과를 모델로 산학협동자문위원의 조직과 운영, 산학협동을 통한 교육과정 개발, 교수 연수 프로그램 등을 성공적으로 시범운영하였다. 이를 계기로 전국 전문대학의 모든 학과가 산학협동자문위원회를 조직·운영하여 산학협동이 활성화되도록 하였다(박병용·정우현, 1991: 681-764; 유인종 외, 1976: 314-342; 김상호 외, 1986).

3. 전두환정부의 고등직업교육정책(1980~1987)

1) 전문대학 체제 개선

제4차 경제개발 5개년계획(1977~1981)과 한국단기고등교육개선의 연구에 의하면 1980년대에 중견기술인력의 수요가 증가되는 것으로 전망되었다. 그래서 단기대학 학생 수를 1975년 기준 고등교육 인구 13.4%에서 1981년까지 40%로 늘린다는 정책에 따라 전문대학 학생 수가 1970년대 중반부터 1980년 초까지 급증하였다.

특히 전두환 정권의 졸업정원제로 인하여 전문대학은 정원의 115%(대학은 130%)를 선발하였기 때문에 입학생 수도 더 늘었다. 그리하여 전문대학 학생 수가 1979년 7만 5,205명에서 1985년 24만 2,114명으로 6년 동안에 3.2배나 증가하였다(한국전문대학교육협의회, 2010: 81-86).

1970년대 말 세계적으로 불어닥친 오일 쇼크로 경제가 급격히 침체되면서 경제성장이 둔화되었다. 이로 인해 국내 기능·기술 인력의 수요와 해외 진출이 급감하였다. 설상가상으로 박정희 대통령의 서거로 정치·사회적으로도 불안한 상태였다. 전문대학은 입학정원 급증으로 특히 지방 전문대학에서의 학생 모집 어려움(1981년 충원율 81.0%, 1982년 충원율 84.2%), 이로 인한 불미스러운 언론 보도와 방송, 중견직업인이 되기보다는 대학으로 편입(1975년 8.0%, 1980년 12.7%)을 선호하는 상당수의 전문대학생, 당시 전문대학의 입장에서는 불리한 대학입시제도, 전문대학 졸업생 취업률 하락(1975년 45.2%, 1980년 24.6%) 등의 문제가 제기되었다. 이로 인해 전문대학들은 심각한 문제에 봉착하였다(한국전문대학교육협의회, 2010: 87-92).

전두환정부가 출범한 시 얼마 되지도 않은 상황에서 전문대학 문제가 사회적 이슈로 부각되었다. 문교부는 '전문대학 체질 개선과 활성화 및 정비 방안을 수립하였다. 전문대학 체질 개선의 기본방향은 전문대학을 직업교육기관으로서의 기능을 정착시키고, 산업체가 필요로 하는 중견직업인을 양성할 수 있도록 하며, 청소년 및 성인 근로자들의 계속교육기회가 제공되도록 함에 있었다(이무근 외, 1983).

전문대학의 체질개선과 활성화 및 정비 방안을 집행한 결과는 다음과 같았다. ① 산업사회가 요구하는 중견 직업인 양성을 위해 이와 관련된 산업분야의 전공과를 적극적으로 개발·신설·확대하였다. 1979년 625개 학과 91종에서 1984년 942학과 131종으로 학과 수는 51%, 학과의 종류는 44% 증가하였다(이무근, 1985: 19-20; 전문대학교육협의회, 2010: 84-89). ② 직무분석에 의해 교육과정을 개발·편성·운영함으로써 산업체가 요구하는 우수 중견직업인으로서의 역량 개발에 역점을 두었다. ③ 교수 역량 개발을 위해 전공별, 지역별로 교수연수를 매년 실시하여 좋은 성과를 거두었다. ④ 교육차관사업에 의한 시설·설비의 확충과 교수 역량 향상을 위한 해외 연수를 활성화하고, 모듈식 교재 개발을 시도하였다. ⑤ 지역별, 대학별로 학과 통폐합과 학생정원 조정이 과감하게 이루어졌다(홍기훈, 1995: 28-34).

이렇게 전문대학이 활발하게 발전하고 있을 때 또 다른 촉진제의 역할은 한 것은 1987년 전두환 대통령 자문 교육개혁심의회에서 제안한 전문대학 육성방안의 실현이었다(교육개혁심의회, 1987).

2) 전문대학 입학정원 증원

전문대학 재학생 수가 1979년 이후 20년 가까이 다음과 같은 이유로 빠르게 증가하였다. 첫째, 산업이 발달되면서 중견기술인력의 수요가 증가하고 확대되었다. 한국개발원의 장기경제사회발전(1977~1991) 답신 보고서에 의하면 1977~1981년 사이에 7만 5,000명, 1982~1986년 사이에 11만 3,000명, 1987~1991년 사이에 19만 9,000명, 그리하여 1977~1991년 사이에 총 38만 7,000명의 중견기술인이 부족한 것으로 전망하였다(김근학, 1988: 40). 둘째, 그동안 사립대학에 대한 국고지원은 미미하였다. 1990년의 경우 총 세입 중 국립전문대학은 납입금이 21.0%, 국고지원이 76.7%, 사립은 납입금이 83.3%, 국고지원은 0.6%에 불과하였다(고석달, 1992: 63). 사립전문대학들은 재원확보를 위해 학생 수를 증원하려고 노력하였다. 셋째, 대학정원 자율화정책이 추진되어 일정 조건을 갖춘 대학은 대학정원 증원이 가능하게 되었다. 이어서 대학설립준칙제정주의가 제정되어 과거에 비해 소규모 특성화 전문대학의 설립이 가능하게 되어 소규모 전문대학이 증가하면서 학생 수도 증가하였다. 넷째, 1990년대 후반에도 국민의 고등교육 수요가 계속 증가되었고 특히 실업계 고교 학생들의 대학 진학 문호가 확대됨에 따라 전문대학에 진학하는 학생 수도 늘어나게 되었다.

위와 같은 연유로 전문대학으로 단일화(1979)된 당시의 입학생 수는 7만 8,455명이었는데 1991년에는 14만 1,090명으로 지난 10여 년 동안에 1.8배 증가하였다. 같은 기간 동안에 전체 학생 수는 1979년에 14만 2,624명에서 1991년에는 35만 9,049명으로 4.8배 증가하였다. 한편, 계열별 학과 수는 1979년 91개에서 1991년 208개의 분야로 늘어나 전문대학이 국민과 산업사회의 다양한 요구를 충족시키는 데 크게 기여하였다고 할 수 있다(고석달, 1992: 57-64).

그런데 전문대학의 학생 수는 대학 인구의 36.7%를 차지하고 있는데 인력수급의 면에서 대학과 전문대학의 이상적인 학생 구성비는 어느 정도인가에 대한 정책안이 제시된 것이 없다.

4. 노태우정부의 전문대학정책

1988년 노태우정부가 들어서면서 교육개혁심의회가 제안한 전문대학 육성 기본방향과 방안을 기초로 지속적인 전문대학 발전을 위해 노력하였다. 특히 노태우정부는 교육 내실화를 위해 전문대학 기관 평가 강화, 우수 학교에 대한 재정지원 강화, 우수 교원확보 및 현직 교수의 자질 향상, 교육과정 운영 개선, 학생의 취업 및 추수 지도 강화, 산학협동위원회 활성화, 학생 작품 전시회 개최, 시설·설비 확충, 산업체 근로자에 대한 입학기회 확대정책 등을 추진하였다(신현석, 2000: 7-31; 한국전문대학교육협의회, 2010: 103).

5. 김영삼정부의 전문대학정책

1) 전문대학 교육목적 변경

교육법에 규정된 전문대학의 교육목적은 중견직업(기술)인(middle level worker, semi-professionals 또는 technician) 양성이었다. 그런데 1997년 전문대학의 교육목적이 '전문직업인(professionals)' 양성으로 변경되었다. 이는 전문대학이 양성해야 할 학생들의 역량개발의 수준과 나아갈 방향에 큰 변화가 있어야 함을 시사하고 있다. 전문직업인의 정의와 요구되는 역량의 관점에서 볼 때 전문대학이 '전문직업인'을 양성할 수 있고 현재 양성하고 있는지 의문이다(이무근, 2015a: 39-42).

2) 전문대학의 교명 변경 자율화

대학이 정체성을 확립하기 위해서는 실현 가능하고 명확한 교육목적의 설정, 분명한 역할 정립, 이에 부합하는 교육과정 편성과 운영, 그리고 이런 이미지를 부각시킬 수 있는 대학명이 명명되어야 한다.

그런데 1998년 3월 전문대학 명칭에 '전문' 사용의 자율화, 2011년 '전문대학'에 '전문대학(교)' 명칭 사용이 가능하게 되었다. 이에 따라 전문대학의 명칭이 대학별로 다양하게 변경되면서 전문대학의 정체성 확립에 혼돈이 오고 있다. 대부분의 전문대학은 대학명에서 '전문'이란 단어를 삭제하고 '○○ 대학'이라고 개칭하였다. 최근에는 '○○ 대학교(university)'라고 교명을 바꾼 전문대학이 상당수 있다. 전문대학이 교육목적은 '중견직업인'에서 '전문직업인'으로 개정하고 학위도 '전문학사'를 수여하여 '전문'을 강조하면서 학교명에서는 '전문'을 삭제하고 ○○ 대학(college) 대신에 대학교(university)를 사용하는 것은 일관성도 부족하고 논리적으로도 맞지 않아 전문대학 정체성 확립을 약화시키고 있다(이무근, 2015b: 11-27).

6. 김대중정부의 전문대학정책

김대중정부는 미래의 지식기반사회와 직업세계의 변화를 전망하면서 앞으로 전문대학이 나아가야 할 교육 발전의 기본방향과 발전 방안을 2001년 1월 1일 다음과 같이 발표하였다.

전문대학 교육발전의 기본방향으로는 전문대학교육의 위상 정립, 실용적인 전문 직업기술 인력 양성, 전문대학교육의 협력적 특성화 전략 추진, 사회보장형 평생직업교육기관으로서의 역할 수행 등을 설정하였다.

전문대학 발전 방안으로는 전문직업기술교육의 질 제고, 계속교육체제 구축, 지역별·설립별·대학별 특성에 따른 균형적 육성, 정부 재정지원의 효율성 제고 등을 제시하였다. 이들 전문대학교육 발전방안을 좀 더 구체적으로 제시하면 다음과 같다(교육부 전문대학지원과, 2001: 1-37).

1) 전문직업기술교육의 질 제고

전문직업기술 교육의 질 제고를 위해 수업 연한을 3년 이내에서 탄력적으로 운영할 수 있도록 하고, 전문대학 교수 사기진작 및 연구 역량 강화를 위해 전문대학과 일반대학의 교수자격 기준 및 호봉제를 단일화하며, 전문대학 교수에 대한 연구 사업비 지원을 확대하고, 산업체 현장 및 국내외 연수 기회를 확대하며, 정부의 산학협동 관련 위원회 참여를 확대한다. 또한 현장적응력 있는 기술인력 양성을 위해 경쟁을 통한 주문식 교육을 내실화하고 확대운영하며, 대학의 학생선발 자율권을 보장할 수 있도록 입시제도를 개선하는 것 등이다.

2) 계속교육체제 구축

계속교육체제 구축을 위해 전공심화과정 운영을 활성화하고, 타 교육기관과의 연계 교육을 강화하며, 취약계층을 위한 평생직업교육 프로그램을 확대한다.

3) 지역별·설립별·대학별 특성에 따른 균형적 육성

전문대학 설립 및 정원정책의 합리적 추진을 위해 부실대학 증설 방지를 위하여 대학설립준칙주의를 강화할 수 있도록 검토하고, 정원 자율책정 기준을 강화한다. 수도권 및 대규모 전문대학의 정원 감축을 유도하며 전문대학 학사 자율화 정책과 연계하여 정원 감축을 유도한다.

지방전문대학 육성을 위하여 고등교육기관 신·증설의 억제 및 정원 감축을 유도하고, 지방전문대학의 구조조정 및 지역협력을 강화하며, 재정지원 방식의 조정을 통하여 지원을 확대한다.

국립전문대학별 종합발전계획을 수립토록 한 후 행·재정 면에서 적극 지원하여 선도 전문대학으로 육성하도록 한다.

사립전문대학의 재정 수익을 증대하고 대학의 자구적인 구조조정으로 경영혁신을 이루며 재무·회계 운영의 투명성·신뢰성 확보로 사립전문대학의 재정 건실화를 추진한다. 또한 임시이사가 선임된 법인과 이사 부재로 학교법인의 설립목적을 달성할 수 없는 법인의 관리 방안을 강구한다.

4) 정부 재정지원의 효율성 제고

재정지원 목적에 부합되도록 예산사업을 조정하여 사업별 지원방식을 조정한다. 또한 재정지원 업무를 단계별로 체계화하고 전문대학 재정지원 평가 전담기구의 설치·운영을 검토한다. 평가지표도 더 내실화하고 체계화하며 재정지원 관리·운영의 효율화를 증대시킨다.

7. 역대 정권의 전문대학 산학협력정책

전문대학의 현장실습은 박정희정부 때인 1963년에 제정된 '산업교육진흥법'과 1973년에 개정된 법에 근거하여 실시하였다. 전두환정부의 1980년대에는 산학협력에 의한 전공별 교육과정 개발 운영이 활성화되었다. 노태우정부의 1980년대 말에는 현장실습을 내실화하기 위해 현장실습 매뉴얼을 개발·운영하였다. 김영삼정부의 1990년대에는 중소기업청이 주관한 산학협력사업인 산학연 컨소시엄에 많은 전문대학이 참여하여 기술개발 이전, 애로기술 지원, 현장실습 및 취업 활성화에 적극 활용 등 산학협력이 더 활발하게 전개되었다.

김대중정부의 2000년대 초에는 산학협력을 전문계 고등학교와 전문대학뿐만 아니라 4년제 대학을 포함한 고등교육기관 전체로 확장하여 추진하였다.

이들을 제도적으로 뒷받침하기 위하여 노무현정부는 2003년 '산업교육진흥 및 산학협력촉진에 관한 법률'을 개정하여 대학에 산학협력단, 산학협력전담교수, 학교기업, 협농연구소 설치, 계약에 의한 학과·직업훈련과정 도입, 학교의 장에게 산학협력체결권 부여, 권역별·영역별 산학협력위원회 구성 및 재정지원 등 산학협력과 관련된 제도의 법적 근거를 마련하였다(임창빈, 2009: 1-3).

이런 법적인 근거를 바탕으로 전문대학은 산학협력을 다양하게 전개해 왔다. 즉, 교육부의 재정지원사업으로 특성화 프로그램 사업, 우수 연구소 지원, 산학협력 육성지원, 전문대학 해외 인턴십, 전문대학 워크스터디(work-study) 프로그램, 주문식 교육사업, 창업보육센터 설립 및 운영 지원사업, 향토기반 거점 전문대학 육성사업 등이 있었다. 김대중정부 당시 교육부는 이들 사업에 1999~2003년까지 영역별로 재정지원을 하였고, 이를 통해 대학은 산학협력 활동에 박차를 가하는 한편, 실무형 인재 양성을 통한 직업교육의 내실화를 촉진시키기도 하였다.

산학협력 중심대학 육성사업은 노무현정부의 2004년부터 시행되었다. 제1단계(2004~2008) 사업이 마무리되고 이명박정부의 2013년까지 2단계 사업이 추진되었다. 1단계 사업에서는 주문식교육 설치·운영, 계약형 전공, 산업체 위탁과정, 교수 임용 및 평가제도 개선, 산학협력 전담교수, 산학 인력 교류, 캡스톤 디자인(capstone design), 공학교육인증제, 산업계 출신 교수 임용 등의 사업이 포함되었다. 2단계 사업은 산학협력 중심대학 및 전문대학 육성사업, 산학협력 연계망 구축사업 등을 통하여 교육과정 개편과 취업연계 전략에 집중하였다(한국전문대학교육협의회, 2010: 175-180). 교육부는 이런 정책을 제도적으로 뒷받침하기 위하여 대학지원관 산하에 산학협력과를 설치하여 운영하고 있다.

8. 역대 정권의 재정지원정책

1) 정부 재정지원사업의 재정적 중요성

정부의 전문대학 재정지원은 1990년대 이전에는 공업계열 육성을 위해 공업계열 학생 수에 비례하여 실습기자재비 등을 일률적 균등 배분 지원하는 정책이었다. 전문대학에 대한 재정지원정책이 본격적으로 시작된 것은 1990년대 중반 이후부터라고 볼 수 있다. 1990년대 중반 이후 대학 간 경쟁을 기반으로 대학교육의 질을 개선하기 위하여 평가와 재정지원을 연계하기 시작하면서 1997년 전문대학 특성화사업이 시작되었다. 이후 2009년부터 교육역량강화사업, 2014년부터 특성화 전문대학 육성사업이 시행되었다.

전문대학에 대한 재정지원규모는 특성화사업이 시작되던 김영삼 정부의 1997년에 988억, 김대중정부의 2,000년에 1,700억, 노무현정부의 2008년 2,120억, 이명박정부의 2011년부터 2,700억, 박근혜정부의 2014년부터 2,900억 규모로 확대되었다. 타 부처에서 지원하는 사업이 거의 없고, 일반대학과 비교할 때 대학당 지원규모나 학생 1인당 재정지원액이 매우 작지만, 등록금 수준이 낮고 외부 지원이 없어 등록금 의존도가 높은 전문대학 재정으로는 이러한 정부의 재정지원이 대학교육의 질을 제고하는 데 매우 중요한 역할을 하고 있다.

2) 정부 재정지원사업의 정책적 중요성

김대중정부 때인 2000년 이후, 점차 일반지원사업은 축소되고 여러 가지 사업을 통합하여 목적형 사업인 특성화사업에 집중하게 되었다. 1997년부터 2008년까지 12년 동안 특성화사업이 추진되면서 평가에 기반한 시장형 재정지원 방식은 대학 간 경쟁을 촉진하여 한정된 재원을 합리적으로 배분함으로써 재정운영의 효율성 증대와 대학교육의 질을 제고하는 성과를 거두었다.

대학 졸업 후 산업체로의 취업을 목적으로 하는 고등직업교육의 특성상 산학협력 기반 교육의 필요성에 근거하여 '산학협력중심대학 육성사업'이 노무현정부와 이명박정부에 걸쳐 2005년 9월부터 2009년 6월까지 총 4년간 지원사업으로 추진되었다. 1주기 사업이 끝난 후 제2기 사업은 2009년 7월부터 2011년 12월까지 3년간 진행되었다. 이 사업은 '산학협력 선도 전문대학 육성사업(LINC)'으로 명칭을 바꾸어 2012년부터 2016년까지 총 5년간 지원하며 매년 120억 원씩 지원하는 사업으로 추진되었다. 이러한 사업을 통하여 전문대학은 산학협력 제도 개선 및 체제 구축을 통한 산학협력형 대학체제를 구축하고 산학 연계 맞춤형 인력을 양성하는 데 성과를 거두었다.

그동안 강조되던 특성화사업 중심의 정책이 이명박정부인 2008년부터 '전문대학 교육역량강화사업'으로 정책의 중심점이 옮겨 갔다. 또한 그동안 정부 주도적인 정책에서 대학 스스로 발전 방향을 정하고, 이에 자원을 투자할 수 있는 재량권을 인정하여 대학의 자율성을 제고하는 총괄 재원배분 방향으로 정책이 전환되었다. 이를 통해 대학의 본질적 기능인 교육역량을 향상시키는 데 기여했으나 대학의 특성이 다양함에도 불구하고 동일한 정량지표로 평가를 하므로 대학의 동질화를 유도하며, 대학의 특성화가 미흡해졌다는 문제가 제기되기도 하였다.

이러한 문제를 해결하고 대학 입학생의 급격한 감소라는 위기 요인에 대처하기 위하여 박근혜정부는 국정과제 '전문대학을 고등직업교육 중심기관으로 집중 육성'정책을 확정하였다. 2013년 7월 18일 국가 고용률 70% 달성과 능력중심 사회구현을 위한 전문대학 육성방안으로 '특성화전문대 100개교 육성' 과제와 '평생직업교육대학 육성'과제를 선정하여 추진 중인데 2014년부터 2018년까지 5개년계획으로 매년 2,900억 내외의 재정을 지원 중에 있다(교육부, 2013: 36).

이와 같이 전문대학 재정지원정책은 재정지원이라는 유도장치를 통해 국내외적 교육환경의 변화와 미래 전망에 맞추어 전문대학의 변화를 이끌어 오고 있다.

9. 노무현정부의 전문대학정책

1) 전문대학교원과 4년제 대학교원 간의 호봉 단일화와 여비 규정 개정

노무현정부의 전문대학정책은 전문대학교원과 4년제 대학교원 간의 호봉 단일화와 여비 규정 개정을 통하여 전문대학 교원복지책을 강구했다는 점이다.

10. 전문대학으로 단일화한 이후의 교육과정정책(1979~)

1979년 전문대학으로 단일화된 후 '교육과정 및 실험실습시설 기준령'을 제정하고 이수 단위는 단위제에서 학점제로 바뀌었다. 졸업 이수 학점은 80학점 이상(3년제 120학점 이상)이어야 하고 1과목당 1학기 3학점 배정을 하도록 하였다. 모형 교육과정을 개발·운영하고, 교양교과 대 전문 교과의 비는 20:80으로 편성·운영하다가 1982년에 20~40:60~80으로 개정하였고, 1989년에 20~30:70~80으로 개정하여 교육과정 운영에 유연성을 부여하였다. 국민윤리, 국사, 교련, 체육 등을 필수교과목에서 삭제하고 전문과목은 이론과 실습을 각각 50%로 편성·운영하도록 하였다.

그 후 1993년 2월 24일과 1995년 2월 28일 두 차례에 걸친 교육법 개정으로 전문대학의 과정별 이수 단위와 졸업에 필요한 최소 학점 등은 각 전문대학의 학칙으로 정하는 것으로 개정하여 운영하고 있다(이무근·원상봉, 2000: 48-57). 1997년 교육목적이 중견직업인 양성에서 전문직업인 양성으로 개정된 이후 전문학사 학위과정 외에 전공심화과정(학사학위과정, 비학위과정)과 의료인 양성을 위한 수업연한 4년 과정 신설로 2008학년도부터 학사학위 수여가 가능하게 되었다.

1994년부터 산업체 위탁교육 및 군 위탁생 교육 프로그램 운영, 실업계 고교+전문대학(2+2) 프로그램 운영, 다학기제와 실습학기제 운영, 협약학과 및 특약학과 설치로 다쿰(Dacum)법에 의해 개발된 주문식 교육과정의 학부제(계열화) 또는 전공 코스제 운영, 특별과정 프로그램 운영, 국제화 프로그램 운영 등 매우 다양한 프로그램을 개발·운영하고 있다.

2014학년도부터 특성화 전문대학 육성사업 선정대상 대학은 의무적(일부 전공 제외)으로, 그리고 그 외 전문대학도 NCS 기반 교육과정 개발·운영을 권장하고 있다(교육부·한국연구재단, 2015).

전문대학은 평생교육원을 설치하여 다양한 프로그램을 개설·운영하면서 지역사회 주민들에게 교육기회를 제공하고 있다.

11. 박근혜정부의 전문대학정책

1) 특성화 전문대학 100개 집중 육성

박근혜정부는 국정과제(71) '전문대학을 고등직업교육 중심기관으로 집중 육성'하기 위하여 특성화 전문대학 100개를 선정하고 4개 유형으로 분류하여 매년 2,900억 원 내외의 재정을 5년간(2014~2018) 지원할 계획이다. 2017년 현재 83개 대학을 선정하여 지원하고 있다.

2) 능력중심 사회구현을 위한 NCS 기반 교육과정 개발·운영

NCS 기반 교육과정이란 산업현장에서 필요로 하는 맞춤형 인재를 양성하기 위하여 산업현장에서 직무를 수행하기 위하여 요구되는 지식·기술·소양 등의 내용을 국가가 산업부문별·수준별로 체계화한 내용과 역량을 교육과정에 편성하여 운영하는 것이다. 이 NCS 기반 교육과정이 편성·운영될 수 있도록 특성화 전문대학 육성 선정 기준에 큰 비중을 두고 있다.

3) 세계로 프로젝트 추진

전문대학생의 글로벌 취업 역량을 강화하고 해외에 진출한 국내산업체에 우수 인력을 양성·공급하기 위하여 연간 20개 사업단에 600명 이상을 양성하여 공급할 계획이다. 이를 위해 전문대학생 맞춤형 해외취업프로그램, 외국인 유학생(교포 포함) 맞춤형 프로그램, 해외 한국 산업체 근로자 맞춤형 교육 프로그램을 개설할 계획이다(교육부, 2013: 36-44).

4) 취업보장형 고교, 전문대학 통합교육 육성사업(Uni-Tech) 추진

이 제도는 특성화 고등학교와 전문대학 그리고 기업이 컨소시엄을 형성하여 특성화 고등학교에서 3년, 전문대학에서 2년 총 5년간 교육을 이수하고 방학과 학기 중 필요에 따라 기업 현장에서 현장실습과 교육과정을 이수한다. 졸업과 동시에 컨소시엄에 협약된 기업에 취업하는 취업보장형 고교·전문대 통합교육 체제이다. 2016년 현재 16개 사업단(16개 전문대학, 16개 고교)에 91개 기업이 참여하고 있다(고용노동부·교육부·한국연구재단·한국산업인력공단, 2015: 9).

12. 논의 및 시사점

역대 정권은 전문대학이 시대 변화에 맞춰 산업사회가 필요로 하는 다양한 분야의 중견 직업인을 양성하도록 정책을 수립하여 추진해 왔다. 그러나 전문대학 체제가 너무 빈번하게 개편되면서 단기직업교육기관으로서의 기반을 구축하는 데 어려움이 있었다. 일본은 1962년에 설립한 60개에 가까운 5년제 고등전문학교가 현재도 국제적으로 우수 중견기술인 양성기관으로 인정받고 있다. 우리나라는 1963년에 설립한 5년제 고등전문학교가 10년도 지속하지 못하고 1970년에 사실상 폐지되었다.

1970년대 말까지만 하여도 우수 국립전문대학이 시·도마다 1~3개교씩 설립 운영되었다. 그러나 1980년대 초에 국립전문대학을 개방(산업)대학으로 개편하기 시작한 후 현재는 모두 일반대학으로 개편하였거나 통합하였다. 그 후 1990년대 중반부터 각 도마다 1~2개의 도립전문대학을 설립·운영하고 있지만 공립전문대학으로서의 특성과 역할도 미미한 실정이다. 그리하여 우리나라 단기 고등직업교육은 거의 사학에 의존(95%)하고 있다. 국공립과 사립전문대학이 균형 있게 발전할 수 있는 장기적이고 일관성 있는 고등직업교육정책 수립이 필요하다고 판단된다.

전문대학에 대한 재정지원은 학교 수와 학생정원의 관점에서 볼 때 대학에 비해 너무 적다. 대학 대비 전문대학의 학교 수는 42.4%, 입학정원은 36.7%인데 전체 대학 대비 전문대학의 재정지원 비율은 7.32%에 불과하다. 사립대학 대비 사립전문대학 재정지원 비율은

19.6%에 불과하다(교육부, 2013: 45-46). 그렇기 때문에 전문대학에 대한 정부 재정지원의 획기적인 증액과 다각적인 재정지원 확보책 강구가 절실하다.

이렇게 재원 확보가 어렵게 되다 보니 사립전문대학들은 재원 확보 방안의 하나로 한동안 학생정원을 무리하게 증원함으로써 지역별 학생 자원 부족으로 전문대학 간에 여러 가지 문제가 제기되기도 한다. 학생정원 감축을 비롯한 다각적인 구조조정 방안이 요구되고 있는 실정이다. 장기적으로 고등교육에서 대학과 전문대학의 이상적인 학생 구성비 책정도 강구되어야 할 것이다.

전문대학의 교육 목적이 '중견직업인 양성'(1979)에서 '전문직업인 양성'(1997)으로 변경되고, 교명이 '대학(college)'에서 '대학교(university)'로 사용 자율화(2011)되면서 고등교육에서 전문대학의 정체성이 모호해지고 있다. 이에 따라 국제 경쟁력도 약화되고 있다. 따라서 교육목적과 역할이 대학과는 차별화되고 특성화된 정체성이 분명한 전문대학으로 발전할 수 있는 정책수립이 요구된다.

이런 관점에서 볼 때 전문대학이 NCS 기반 교육과정 개발과 운영을 통해 산업사회의 요구에 부응하는 우수한 역량을 지닌 직업인을 양성하여 능력중심 사회를 구현하려는 것은 바람직하다고 판단된다.

앞으로 전문대학은 학령인구 감소, 고등교육 내에서 다른 대학의 유형과 차별화되고 특성화된 전문대학의 정체성 확립, 미래 변화에 대비한 대책 수립, 재원 확보, 학력에 따른 임금격차 해소 등의 문제를 어떻게 해결할 것인가가 시급한 정책과제라고 할 수 있다.

V. 평생직업교육정책

역대 정부는 시대변화와 사회적 요구에 부응하여 모든 사람이 언제 어디서나 일하면서 배우고 배우면서 일할 수 있는 평생학습 기회를 학교 내외 교육을 통해 다양하게 제공해 오고 있다.

1. 박정희정부의 평생직업교육정책

1) 산업체 부설 중·고등학교 및 특별학급

박정희정부는 경제개발 5개년계획을 추진하면서 근로청소년의 교육기회를 확충하고 사기 진작과 유인의 강화를 위해 1977년 3월부터 특별학급 및 산업체부설학교를 설치·운영하였다. 1,000명 이상의 근로자를 고용하는 산업체에는 '근로청소년들을 위한 부설 중·고교'를, 그리고 100명 이상의 근로자를 고용하는 기업체에서는 '특별학급'을 설치 운영할 수 있었다(차갑부, 2014: 190-192).

2) 기술학교 및 고등기술학교

정규학교에 진학하지 못한 학생들에게 국민생활에 필요한 직업기술을 교육하기 위하여 설립된 기술학교 및 고등기술학교는 수업연한이 1~3년이다. 기술학교는 중학교, 고등기술학교는 고등학교 교육과정을 개설하였다. 1970년대 초반에는 당시 문교부의 학력인가를 받아 중학교나 고등학교 졸업자격을 인정받는 경우도 있었다.

중학교 교육이 의무화되고 기술인력의 수준이 높아짐에 따라 기술학교는 1975년 이후부터 급격히 감소하기 시작하여 1975년에 60개교였던 것이 1992년까지 모두 폐교되었다. 고등기술학교도 1980년대 후반에 차츰 감소하기 시작하여 1989년 28개교에서 1995년 20개교,

2009년 10개교로 감소하였다(차갑부, 2014: 199-200).

3) 한국방송통신대학교와 김대중정부의 사이버대학

박정희정부는 1972년 경제적, 지리적, 연령의 이유로 대학교육을 받지 못하는 사람들에게 고등교육기회를 제공하기 위하여 한국방송통신대학교를 설립하였다. 한국방송통신대학교는 서울대학교 부설교육기관으로 초급 2년제 학위를 부여하는 기관으로 설립된 이후, 1981년 5년제 학사학위 과정으로 개편되었고, 1991년 다시 4년제 학사과정으로 개편되었다. 2011년 기준, 재학생 수 21만 명으로 4년제 대학 중 가장 많은 학생이 재학하고 있다. 설립 이래로 총 50만 명의 졸업생을 배출하여 고등교육의 확산에 큰 역할을 하고 있다. 2015년 기준 4개 학부 22개 학과와 평생대학원으로 구성되어 있다. 학비는 학기당 35만 원 정도로 저렴하다.

수업은 원격교육방법을 중심으로 하면서 전국의 지역대학 및 학습관을 통한 출석수업도 실시하고 있다. 2005년부터는 인터넷과 멀티미디어를 이용한 강의 개발을 확대해 오고 있다. 언제 어디서나 교과목 콘텐츠에 접속할 수 있도록 휴대전화를 통한 강의 서비스인 유노우(U-KNOU)도 운영하고 있다. 수업평가가 엄해서 신입생의 47.9%, 편입생의 45.9%가 첫 학기에 중도 탈락한다(임청일, 2011: 64-66).

김대중정부는 2001년 정보통신기술의 급속한 발전, 국가 주도의 정보통신 활용 촉진 전략, 그리고 평생교육의 확대 요구 등에 맞물려서 4년제 및 2년제 사이버대학을 설립하였다. 2010년 기준 19개(17개교 4년제, 2개교 2년제) 대학에 240개 전공학과가 설치되어 있다. 사이버대학 총 입학정원은 2002년 1만 7,000여 명에서 2010년 3만 명 정도로 증가하였다. 등록률은 80% 정도이며 등록생의 고졸자 수는 감소하고 전문대 졸업생의 편입이 지속적으로 증가하고 있다(임청일, 2011: 66-68).

2. 전두환정부의 개방(산업)대학정책

전두환정부 때 졸업정원제가 도입되면서 전문대학은 115%(대학은 130%)를 선발하여 졸업 전까지 15%(대학은 30%)를 탈락시켜야만 하였다. 여기서 탈락한 학생과 산업체 근로자들은 계속 고등교육을 받을 기회가 없게 되었다. 전문대학 졸업생은 대학에 편입할 기회가 원천적으로 봉쇄되었다.

이런 문제를 해결하기 위해 설립된 것이 개방(산업)대학제도이다. 개방(산업)대학은 대부분 우수 국립전문대학이 개편·승격되었다. 개방(산업)대학의 체제는 특별과정, 전문대학과정, 학사과정, 3·4학년 편입 학사과정으로 시작하였는데 현재는 학사과정과 편입학 과정만 운영되고 있다. 입학 자격은 처음에는 실업계 고교와 산업체 근로자였는데 후에 일반계 고등학교 졸업자까지 허용되었다. 1988년에는 교명에서 '개방'을 삭제하고 '산업', '공업', '경상' 대학으로 개칭하였다. 1989학년도부터는 대학원 과정이 설치되는 등 개방대학 설립 당시의 취지와 체제와는 달리 일반대학과 비슷하게 운영되고 있다. 또한 개방(산업)대학은 개방 학습 체제를 원칙으로 하고 있어 산업체 근로자들의 고등교육기회 제공에 주된 목적이 있었기 때문에 전일제(full time)보다는 정시제(part time)에 역점을 두었으나, 이 특성이 고려되지 못하고 주간과 야간으로 구분되어 운영되고 있다. 체제상으로는 학점제 등록에 의하여 정시제 학생으로도 공부할 수 있으나 95%의 학생이 매 학기 17~20학점을 수강하고 있어 주·야간 모두 전일제 학생으로 구성·운영됨으로써 산업대학의 특성에 맞는 체제라고 할 수 없는 실정이다(백형찬, 1996).

그 후에도 여러 가지 문제가 제기되어 산업대학들이 그 역할을 제대로 수행하지 못하고 어려움을 겪다가 결국은 대부분 일반대학인 ○○과학기술대학교로 개편하였거나 다른 대학과 통·폐합하였고 현재는 2개

대학만 남아 명맥을 유지하고 있다.

3. 김영삼정부 후의 기술대학과 사내대학

1) 기술대학

기술대학과 사내대학은 1997년 김영삼정부의 교육개혁위원회의 제2차 교육개혁방안에서 제안되었다. 근로자의 계속교육과 평생교육 노력을 제도적으로 지원하여 기업체 현장에서의 교육훈련 성과를 학력과 학위로 인정해 주기 위한 취지였다.

기술대학은 산업체 내에 설립하여 운영하는 교육기관으로 '산업체 근로자가 산업현장에서 전문적인 지식·기술의 연구·연마를 위한 교육을 계속하여 받을 수 있도록 함으로써 이론과 실무능력을 고루 갖춘 전문 인력을 양성하는 것을 목적(고등교육법 제5조)'으로 하고 있다. 기술대학은 기업체 내부에서 직업교육을 위한 노력을 자극·조장한다는 점에서 중요한 의미를 지닌다(한국전문대학교육협의, 2010: 106-109).

2) 사내대학

사내대학의 아이디어는 김영삼정부 때 평생직업교육정책의 하나로 제안되었다. 김대중정부는 기본 취지를 살리면서 당시 시간적·경제적 여유가 없어 대학에 가지 못한 근로자들의 고등교육 욕구에 대처함과 아울러 기업주에게는 학교법인 설립 없이 소속 근로자들에게 전문 직무교육과 특화교육을 시킬 수 있도록 평생교육법에 의해 사내대학 설립을 위한 법을 제정하였다. 이어서 노무현정부 때인 2005년 사내대학이 처음 설립·운영되기 시작하였다.

사내대학은 일정 요건을 갖추어 교육부 장관의 인가를 받은 경우 전문대학 또는 대학 졸업자와 동등한 학력·학위가 인정되는 새로운 형태의 고등교육기관이다. 아울러 사내대학에서 일정 기준 이상의 학점을 취득하거나 학력·학위를 인정받은 경우에는 정규대학으로의 편입 및 대학원 진학이 가능하다. 특히 사내대학은 학습비용과 학교운영비 전액을 고용주가 부담토록 하고 있으므로 '평생교육법'에 의해 새로 도입된 학습 휴가제를 가장 손쉽게 운영할 수 있는 기관으로 대두되고 있다. 사내대학은 2014년 기준 8개교(학사과정 4개교, 전문학사과정 4개교)가 운영되고 있다.

4. 전두환·김영삼·노무현 정부의 기능(폴리텍)대학

기능대학은 전두환정부에서 1980년 생산현장의 중간관리자인 기능장 양성을 목적으로 설립된 직업훈련기관이었다. 그 후 김영삼정부 때인 1994년에 직업훈련체계의 대대적인 개편으로 한국산업인력공단 산하 훈련기관 중 지역여건과 설비가 우수한 곳부터 기능대학으로 개편하고 다기능 기술자를 양성하기 시작했다. 1997년에는 기능대학법이 개정되면서 다기능기술자과정 졸업생에 한하여 산업학사 학위를 수여하기 시작하였다. 노무현정부 때인 2006년 3월에는 24개 기능대학과 19개 직업전문학교를 통합하여 11개의 한국폴리텍대학으로 통합되었다(서상선, 2002: 254-268; 정택수, 2008: 93, 108, 182). 심화과정도 개설하여 2015학년도부터는 학사학위도 수여하고 있다.

5. 박근혜정부의 전공대학과 평생교육대학

박근혜정부는 고등기술학교가 교육부 장관의 인가를 받을 경우 전문대학 졸업자와 동등한 학력과 학위를 인정하는 평생교육법 시행령 개정안을 국무회의 의결(2015. 11. 17.)을 거쳐 즉시 시행함으로써 백석예술대학, 정화예술대학, 국제예술대학 등이 전문대학과 동등한 학력과 학위를 인증받게 되었다(이무근, 2015a: 39-42).

박근혜정부는 고졸 취업자 등 취업 후 진학자와 평생학습자들이 언제 어디서나 대학에서 공부할 수 있도록 지원하는 '성인 전담 평생교육 단과대학 지원사업' 기본계획을 2015년 12월 30일 발표하고 2016년 6개 대학을 선정하였다.

6. 논의 및 시사점

역대 정부는 시대변화와 국민의 요구 수준에 맞게 다양한 평생직업교육 체제를 구축하여 모든 사람이 언제 어디서나 일하면서 배우고 배우면서 일할 수 있는 학습 기회를 학교 내외를 통해 제공해 오고 있다.

평생직업교육 대학의 대표적인 성공 사례는 한국방송통신대학이고 성공적으로 운영되지 못한 사례는 개방(산업)대학의 설립 운영이다. 개방(산업)대학이 성공적으로 운영되지 못한 데에는 몇 가지 이유가 있다. 전두환정부의 졸업정원제가 폐지되면서 산업대학의 특성과 정체성이 약화되었다. 원래 산업대학은 일본의 기술과학대학(technological university), 대만의 기술대학(institute of technology), 영국의 산업대학(polytechnics) 체제에서 기본 아이디어를 얻었다. 그런데 후에 정책연구를 한 다른 팀의 연구원이 영국의 산업대학을 연구 조사하는 대신에 우리나라 방송통신대학에 해당되는 영국의 개방대학(Open University)을 조사하여 건의함으로써 정책 결정자에게 개방대학과 산업대학 간에 혼선을 가져오게 하였다(백형찬, 1996: 48-49).

산업대학은 설립 취지와 특성에 부합되고 이에 적합한 입학자원이 풍부한 대단위 산업단지와 대도시 중심으로 설립하도록 계획했었다. 그런데 국회의원과 대통령 선거가 있을 때마다 산업대학으로서의 설립조건이 부적합한 지역임에도 불구하고 산업대학 설립을 선거 공약으로 제시하고 설립되는 경우도 있었다.

그뿐만 아니라 산업대학 구성원들은 산업대학의 특성이 고려된 대학으로의 발전 노력보다는 일반대학으로 전환하려는 의지가 강했다. 교육부의 산업대학에 대한 정책과 지원이 일반 대학에 비해 직·간접으로 차별화됨으로써 산업대학들이 많은 불이익을 받기도 하였다.

이런 이유로 산업대학들이 제대로 역할을 수행하지 못하고 어려움을 겪다가 결국은 대부분 일반대학인 ○○과학기술대학교로 개편하였거나 다른 대학과 통폐합하였고, 현재는 2개 대학만 남아 명맥을 유지하고 있다(이무근 외, 1988: 5-92; 이무근 외, 1994: 11-28; 백형찬, 1996).평생직업교육이 최근에 들어 형식교육과 비형식교육 기관의 구별 없이 강조되어 이루어지고 있어 매우 고무적인 현상이다. 특히 인구 감소와 고령 인구 증가에 따른 고등교육 기관의 역할과 기능이 재정립되어야 할 시점에 있어 더욱 그렇다.

VI. 직업교육을 위한 지원체제

1. 직업교육관련 법령과 상호관계

직업교육관련법은 시대변화와 정권이 바뀔 때마다 새로운 법을 제정하거나 현행 법을 부분 개정하면서 직업교육정책을 지원하였다. 시대별·정권별 직업교육 관련법을 보면 해방 이후 이승만 정권에서는 '교육법', 박정희정부에서는 '산업교육진흥법', 전두환정부에서는 '평생교육법', 김영삼정부에서는 '교육기본법', '초·중등교육법', '고등교육법', '직업교육 3법(직업교육훈련촉진법, 자격기본법, 한국직업능력개발원법)', 김대중

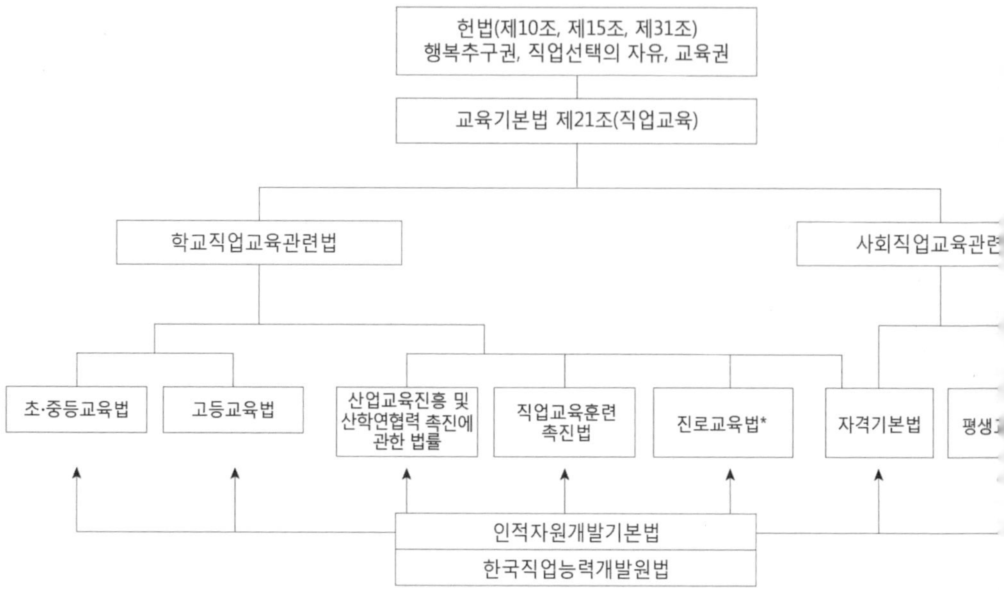

〈그림 5-3〉 직업교육법령 간의 상호관계

* 진로교육은 보통 넓은 개념으로 정의되는데 우리나라 진로교육법에서는 매우 협소하게 정의되고 있음.

자료: 나승일 외(2002: 169) 재구성.

정부에서는 '인적자원개발기본법', 노무현정부에서는 '(개정)산업교육진흥 및 산학연협력 촉진에 관한 법률', 박근혜정부에서는 '진로교육법'이 제정되었다. 이상과 같은 직업교육관련법을 고찰해 볼 때 직업교육정책을 지원하기 위한 관련법은 김영삼정부 때 '교육기본법 제21조(직업교육)'와 '직업교육 3법'에 의해 확고하게 구축되었다고 할 수 있다. 그 후 '인적자원개발기본법'과 '산업교육진흥 및 산학연협력 촉진에 관한 법률', '진로교육법' 등이 직업교육을 지원하고 있다. 이들 직업교육관련법 간의 관계를 도식화하면 〈그림 5-3〉과 같다.

2. 직업교육 지원 조직

직업교육정책을 지원하기 위해 그동안 교육부의 직업교육관련 부서의 조직개편의 큰 흐름을 개략적으로 살펴보면 다음과 같다.

해방 이후부터 이승만정부에서는 과학교육국 산하에 과학진흥과, 농업교육과, 상공교육과, 수산교육과를 설치하였다.

1950년대에는 기술교육국 산하에 과학기술과, 실업교육과, 기술교육과가 있있다.

1960년대 박정희정부에서는 과학교육국 산하에 과학교육과, 실업교육과 또는 농수산교육과와 상공교육과가 있었다.

1970년대에는 과학교육국 산하에 과학교육과, 실업교육과, 공업교육과, 산학교육(협동)과 등이 있었다.

1980년대 전두환정부와 노태우정부에서는 산업교육국(사회직업교육국, 과학교육국) 산하에 전문대학행정과, 전문대학학무과, 실업(산업)교육과 등이 있었다.

1990년대의 김영삼정부에서는 대학정책실 산하의 산업교육심의관 아래 산업교육총괄과, 전문대학행정과, 전문대학학무과, 개방대학교육과가 있었다.

2000년대에 들어 김대중정부에서는 평생교육국 산하에 평생학습정책과, 산업교육정책과, 전문대학 지원과가 있었다.

노무현정부에서는 평생직업교육국 산하에 평생학습정책과, 직업교육정책과, 전문대학 지원과가 있었다.

이명박정부 때에는 평생직업교육국 산하에 평생학습정책과, 직업교육정책과, 전문대학지원과, 잠재인력정책과, 이러닝지원과, 지식정보기반과가 있었다. 인재정책실에는 인재정책총괄과, 과학기술인력과, 산업인력양성과, 지식서비스인력과, 진로취업과 등이 있었다.

박근혜정부에서는 평생직업교육국 산하에 직업교육정책과, 인재직무능력정책과, 진로교육정책과, 대학지원관 산하에 전문대학정책과와 산학협력과, 학교정책관 산하에 교원정책과, 교육과정정책과, 교과서정책과, 교육과정운영과 등이 설치·운영되었다.

직업교육정책이 산업사회가 필요로 하는 산업인력 양성이라는 국가발전적 관점이 강조되던 1960~1980년대까지는 과학교육국(산업교육국, 사회직업교육국) 산하에 농수산교육과, 상공업교육과, 전문대학 행정과, 전문대학 학무과, 개방대학교육과 등이 설치·운영되었다. 1990년대 중반부터 지식기반사회를 맞아 직업기초능력이 강조되고 일하면서 배우고 배우면서 일하는 평생직업적 관점에서의 교육이 강조되면서 평생직업교육 지원체제가 평생직업교육국 산하에 직업교육정책과, 인재직무능력정책과, 진로교육정책과, 대학지원관 산하에 전문대학정책과와 산학협력과, 학교정책관 산하에 교원정책과, 교육과정정책과, 교과서정책과, 교육과정운영과 등으로 매우 다양화되면서 강화되었다.

VII. 미래 리더를 위한 제언

1. 직업교육정책의 패러다임 변동과 특징

직업교육정책의 패러다임 변동과 특징을 요약하면 〈표 5-4〉와 같다.

〈표 5-4〉 직업교육정책 패러다임 변동과 특징

시대		해방 이후~1960	산업화시기(1961~1987)		민주화시기(1988~1998)
정권		미군정~이승만	박정희 (1961~1979)	전두환 (1980~1987)	노태우 (1988~1993)
발전단계	사회경제 상황		• 1인당 GDP 100달러 • 경제개발 5개년계획 수립 및 추진 • 기능, 기술, 인력 수요 급증	• 산업의 고도화 • 정권변화에 따른 정치적 안정 필요 • 3D 기피현상과 기능인력 부족심화	• 경제성장 둔화
	정책 관점	• 직업교육 도입기	• 직업교육 기반 확충 • 직업교육 양적 성장기	• 직업교육 질적 성장기	• 직업교육전환기
	직업교육정책 영역		• 산업인력 양성을 통한 국가 경세 발선		
교양교육으로서의 직업교육정책		• 의식주, 가정생활, 실생활 직업에 필요한 기초 능력 개발 • 초등학교 실과와 중등학교 실업, 가정(1954~1973) 교과 이수		• 실과교과에 '일과 직업세계' 단원 추가(4차) • 일과 경험과 소질개발 강조(4~6차, 1981~1992) • 중학교기술(남) 가정(여) 이수(1973~1981) • 생활기술(남), 가정(여), (4차 1981~1987)	• 기술(남), 가정(여), 기술, 가정 중 택(5차 1987~1992) • 각 시·도교육원에 진로 연구부 설치
중등직업교육정책		• 1인 1기 교육 강조 • 실업계 고교 확충 • 실업교육지원행정 기구 확충 • 실업교사 재교육 강화 • 교육과정시간 배당 기준령 제정 • 실업기술 5개년계획 수립 • 실업교육진흥법안 의결 • 주산능력검정고시규정 제정	• 실업계 고교 및 학생정원 확대 • 실업계 고교교육과정 제정 • 사범계열 실업교사 양성과 설치 • 실업계 고교 유형 다양화 • 시설, 설비확보를 위한 차관사업 추진 • 재정지원 확대 • 국가기술자격제도 창설 • 산학협동 강화 • '산업교육진흥법' 제정	• 직업교육이 고교단계에서 고등교육단계로 전환 • 기초역량 강화 • 전인교육을 위한 교육과정 개편 • 무시험 전형입학 • 자립영농인 육성체제 강화 • 상업고 컴퓨터교육 강화 • 재정지원 감소	• 실업계 고교 및 학생정원 확대 • 중등직업교육정책 행정권 지방자치단체로 이양
고등직업교육정책		• 초급대학 태동	• 실업고등전문학교 설립 • 전문학교 설립 • 초급대학, 고등전문학교, 전문학교를 전문대학으로 단일화 • 전문대학발전계획 수립추진 • '교육과정 및 실험실습기준령' 제정	• 전문대학체제개선 및 구조조정 • 전문대학 입학정원 확대 • 졸업정원제로 115% 모집	• 전문학사학위수여 • 산업체 근로자 전문대학 입학 기회 확대
평생직업교육정책			• 산업체부설 중·고등학교 및 특별학급 설치운영 • 기술학교 및 고등기술학교 설립운영 • 한국방송통신대학 설립운영	• 개방(산업)대학 설립운영 • 기능대학 설립운영	• 개방대학 확충 및 운영 내실화 • 독학에 의한 학위취득에 관한 법률 제정

〈표 5-4〉 계속

민주화시기(1988~1998)	세계화·정보화시기(1998~2015) 4차 산업혁명 도래			
김영삼 (1993~1998)	김대중 (1998~2003)	노무현 (2003~2008)	이명박 (2008~2013)	박근혜 (2013~2017)
• IMF 위기와 구조조정	• 지식기반 경제	• 창조 경제 • 과학기술변화 • 저출산 고령화 • 일자리 변화		
• 평생직업교육 체제 구축기	• 직업교육 재구조화			
• 개인요구와 진로를 반영한 평생 직업교육	• 인적자원개발	• 국가균형 발전을 위한 산학협력	• 선 취업·후 진학 진로·직업교육	• 능력중심 사회구현
• 6차(1992) 기술, 산업과 가정교과 이수 • 직업기초능력 중요성 인식 및 강화	• 7차 교육과정(2000~2007) 이후 현재와 미래를 주도할 수 있는 역량개발 강조 • 진로·직업 교과로 편성 운영(7차, 2000~)		• 진로교육체제 강화 (2009 개정 교육과정) • '진로와 직업' 선택교과로 편성운영 • 교육인적자원부 진로취업과(2008), 진로교육과(2012) 설치 • 모든 중·고교에 진로, 진학 상담교사 배치(2014)	• 진로교육법 제정 • 자유학기제 도입 • 직업기초능력 개발강화
• 고교직업교육 다양화 • 특성화고 확대 • 공고 2+1 체제운영 • 고교교육과정 통합운영 • 재정지원 확대 • '교육기본법' 21조 (직업교육)규정 • '직업교육 3법(직업교육훈련촉진법, 자격기본법, 한국직업능력개발원법)' 제정 • 직업기초능력 강화	• 인적자원개발법에 의한 특성화 고교체제 강화 • 고교와 전문대학의 2+2연계체제 • '인적자원개발기본법' 제정	• 특성화고 설치 확대 • 산학협력 강화 • '산업교육진흥 및 산학협력촉진에 관한 법률' 제정	• 전문계 고교를 마이스터고와 특성화고로 정예화, 전문화	• NCS 기반교육과정개발 • 일 학습 병행제를 통한 평생학습 체제 구현
• 전문대학 교육목적을 '중견직업인' 양성에서 '전문직업인' 양성으로 개정 • 전문대학교명 변경 자율화 • 산학협력 강화 • 특성화사업추진을 통한 재정지원 • 산업체위탁교육 군위탁생프로그램 운영 • 주문식교육과정 및 전공코스제 운영 • 전문대학 졸업생에게 '전문학사' 학위 수여	• 산학협력사업 대학까지 확대 • 특성화사업을 통한 재정지원 • 전문 직업기술교육의 질 제고 • 계속 교육체제 구축 • 지역별·설립별·대학별 특성에 따른 균형적 육성	• 전문대학교원과 4년제 대학교원 간의 호봉 단일화 • 산학협력중심대학 육성사업 추진	• 교명에 대학(교) 사용 자율화 • 전문대학 교육역량강화사업을 통한 재정지원 • 심화과정을 통한 학사학위 수여	• 특성화전문대학 육성사업을 통한 재정지원 • NCS 기반교육과정 개발운영 • 취업보장형 고교, 전문대학 통합교육 육성사업
• 기술대학 설립운영 • 사내대학 설립준비 추진 • 기능대학 졸업생에게 산업학사 학위 수여	• 사이버대학 설립운영 • '평생교육법' 개정 (1999) • 사내대학 설립을 위한 법적 근거 준비	• 기능대학을 폴리텍대학으로 통합 • 사내대학 설립운영		• 폴리텍대학 졸업생에게 학사학위 수여(2015) • 전공대학과 평생교육 대학체제 신설

2. 직업교육정책 변동과정의 긍정적인 면과 부정적인 문제

1) 직업교육정책 변동과정의 긍정적인 면

역대 정권이 직업교육정책을 수립할 때 국내외 정세 파악과 미래 변화 전망 등을 종합적으로 고려하려고 노력한 점, 전두환정부 이후 역대 대통령들이 대통령 자문 교육정책자문위원회를 조직 운영한 점, 해가 거듭될수록 직업교육관련위원회, 학회, 협회, 전문집단, 산업계 대표 등을 직업교육정책 수립에 참여하게 한 점 등은 높이 평가할 만하다. 역대 정권 중 직업교육정책을 수립하고 집행하여 기대하는 성과를 거둔 그 배경에 대통령의 강한 의지와 장관의 적극적인 추진력이 있었다.

2) 직업교육정책 변동과정에 나타난 문제

직업교육정책을 기획하고 집행하는 과정에서 제기된 문제점은 다음과 같다. 정권이 바뀌거나 장관이 경질될 때마다 나타나는 직업교육정책의 단절과 일관성 결여, 역대 정권별 직업교육정책에 관한 체계적인 평가 부재, '고등교육법'에 명시된 학교의 종류별 고등직업교육정책의 차별화 및 특성 모호, 산업인력 수요 전망에 맞지 않는 실업계 고교 및 전문대학정원 증원정책과 학교설립정책, 평생학습체제하의 진로교육 체제 및 프로그램 개발 미흡, 재정지원 미흡, 학력, 정규직과 비정규직, 성별 등에 따른 임금격차 해소 한계 등이다.

3. 미래 직업교육 리더를 위한 제언

1) (가칭) 국가교육위원회 구성을 통한 직업교육정책 수립·추진

(가칭) 국가교육위원회를 조직하여 직업교육을 포함한 교육 전반에 관한 정책을 정권교체에 관계없이 일관성을 가지고 지속적으로 기획하

고 결정한다. 그리하여 정부에서 추진하던 직업교육정책이 정권이 바뀔 때마다 중단되거나 폐기되고 또 새로운 직업교육정책이 수립되어 추진되는 것이 지양되어야 할 것이다.

2) 역대 정권별 직업교육정책의 평가와 고려

과거 직업교육정책을 정권별로 평가하여 성과와 개선할 점을 면밀히 검토하여 직업교육정책에 일관성을 유지하고 시행착오가 반복되지 않도록 해야 할 것이다.

3) 미래 변화를 전망한 직업교육정책 수립과 추진과정에 유연성 부여

과학과 기술이 급변하고 있어 직업 생성 소멸주기도 빠른 속도로 단축되고 있다. 특히 ICT 기반 사물인터넷(IoT)의 진화로 모든 디바이스의 디지털화, 인공지능(AI)과 빅데이터의 결합·연계를 통한 기술 및 산업구조의 초지능화, 산업 영역과 경계의 대융합과 같은 것을 특징으로 하는 4차 산업혁명이 도래하면서 일자리에도 큰 변화가 나타날 전망이다. 2017년 초등학교에 입학한 아이들의 65%는 지금 존재하지 않는 직업에 종사하게 될 전망이다. 미국 내 800개의 직업 중 로봇, 3D 프린팅 등으로 인해 완벽하게 사람을 대체할 수 있는 직업은 5%이고, 2,000가지 업무활동 중 45%가 자동화가 가능하다는 보고도 있다(박영아, 2016: 52-54). 2016년 세계경제포럼(일명 다보스포럼)의 보고서에 의하면 과학기술, 특히 로봇과 인공지능의 발달로 2020년까지 710만 개의 일자리가 사라지고 이전에 없던 210만 개의 일자리가 생겨날 것으로 내다봤다. 또한 앞으로 10년에서 20년 사이에 2010년 미국에 존재한 직업군 가운데 많게는 47%까지 자동화될 것이라고 예상했다(클라우스 슈밥, 2016: 69-70, 220-221). 『유엔미래보고서 2040년』에 의하면

2030년이 되면 현재 직업의 80%는 없어지거나 새로운 직업으로 바뀔 전망이다. 세계에는 32억 개의 일자리가 있는데 2030년이 되면 20억 개의 일자리가 없어지거나 새로운 일자리로 바뀌다고 한다(박영숙 외, 2013: 71-73). 우리나라의 경우도 1960년대 초에 처음으로 한국표준직업분류를 할 때만 해도 직업의 종류는 1,500여 개에 불과했지만 『2012 한국직업사전』에 의하면 1만 1,655개로 약 8배가 늘었다(고용노동부·한국고용정보원, 2012). 앞으로도 직업은 끊임없이 변화될 전망이다.

따라서 앞으로의 직업교육정책은 인구변화, 과학기술변화, 기후, 환경, 에너지, 자원 변화, 세계화, 사회문화 변화, 노동시장 변화 등을 다각적으로 고려한 장단기 계획이 수립되도록 해야 할 것이다.

이런 관점에서 볼 때 NCS 기반 교육과정의 개발과 운영은 기본 취지는 충분히 살리되 미래 변화 전망을 고려한 학교급별 또는 전공 분야에 따라 유연성 있게 운영될 수 있는 배려가 필요하다.

능력중심 사회구현을 위해서는 국제적으로 인증받을 수 있는 공신력 있는 자격제도, 공학교육인증제, 경영교육인증제 등의 운영도 중요하다. 따라서 NCS 기반 교육과정과 이들 체제 간에도 유기적인 관계 구축이 이루어져야 할 것이다.

4) 개인과 지역 발전을 위한 인적자원개발 강화

그동안 직업교육정책이 개인이나 지역사회 발전보다 국가발전을 위해 추진되어 왔다. 앞으로의 인적자원개발정책은 국가발전뿐만 아니라 개인이 직업능력개발을 통해 자아실현을 할 수 있고 지역사회가 능력중심사회 구현을 통해 균형발전할 수 있도록 기획되고 추진되어야 할 것이다.

5) 고등교육에서의 직업교육체제의 개선과 정체성 확립

고등교육이 보편화 단계에 있는 우리나라는 연구중심 대학과 교육중심 대학의 기준과 역할을 좀 더 명확히 구분해야 한다. 그리하여 교육중심 대학은 직업교육과 평생직업교육의 관점에서 대학의 교육목적과 역할을 강화하고 특성화해야 할 것이다. 대학과 전문대학 간의 교육목적과 역할도 차별화하고 특성화하여 국내뿐만 아니라 국제 경쟁력 있는 대학으로 발전할 수 있어야 할 것이다.

6) 재정지원 확대

중등직업교육 재원확보를 위해서는 '지방자치법'을 통한 재원확보 방안을 적극 마련해야 할 것이다. 전문대학의 95%가 사립이고 중견기술인 양성의 97%를 사학에 의존하고 있다. 즉, 정부는 국가가 필요로 하는 대부분 기술인력을 사학에 의존하고 있다. 사립전문대학에 대한 적극적인 재정지원책이 강구되어야 할 것이다. 전문대학의 재정지원은 교육부뿐만 아니라 고용보험금 내의 직업능력부담금을 활용하는 방안을 비롯한 다각적인 방안이 더 적극적으로 강구되어야 할 것이다.

7) 수요자 중심의 교육과정 개발과 진로발달 단계에 따른 진로교육체제 구축

교육과정 개발이나 개정 시 교과 전문가나 교육학자, 현직 교원뿐만 아니라 학부모 대표, 지역사회 대표, 산업계 대표의 요구도 반영된 공급자와 수요자의 요구가 균형을 이룬 교육과정이 개발되어야 할 것이다. 특히 직업기초능력 개발을 위한 교육과정 편성과 운영은 그렇다.

그동안 진로교육을 강화하고 다양한 정책도 수립, 추진하여 오고 있지만 진로발달 단계에 따른 진로교육이 평생학습 체제 속에서 더 체계화되어야 할 것이다.

8) 평생직업교육체제 운영 개선

새로운 평생직업교육체제를 도입하고 운영할 경우 기존 교육체제와의 중복 또는 마찰을 최소화해야 할 것이다. 평생직업교육정책에 관한 외국의 사례연구를 할 경우 연구자는 편견 없이 정확하고 객관적으로 연구 결과를 보고해야 할 것이다. 평생직업교육 기관 설립과 운영에 정치권의 영향을 최소화해야 할 것이다.

9) 직업교육관련법 및 지원 조직의 개선

직업교육관련법을 새로 제정하거나 기존법을 폐기하려고 할 경우 법 제정 준비 기간 또는 경과 조치 기간이 1년 내지 3년이 걸려 그동안은 새로운 직업교육정책을 추진할 수 없어 현상 유지를 하는 경우가 있다. 따라서 법 제정 또는 개정 시 가급적 경과조치 기간을 단축해야 할 것이다. 현재 직업교육훈련은 13개 부에서 관여하고 있고 부마다 관련 법령이 있으며, 법령 간에 서로 중복되거나 상치되는 경우도 있어 종합적인 재정비가 필요하다.

10) 학력, 대기업과 중소기업, 정규직과 비정규직, 성별에 따른 임금격차 해소

직업교육훈련이 성공적으로 이루어지기 위해서는 학력, 대기업과 중소기업, 정규직과 비정규직, 성별에 따른 임금격차가 해소되어야만 한다. 현재 학력별에 따른 임금격차는 고졸자의 임금을 100으로 하였을 때 전문대학 졸업생은 116%, 대학 졸업생은 161%이다(연합뉴스, 2014. 9. 9.).

참고문헌

고석달(1992). 「한국 전문대학 교육정책의 평가연구」. 홍익대학교 박사학위논문.

고용노동부·교육부·한국연구재단·한국산업인력공단(2015). 「취업보장형고교·전문대 통합교육 육성 사업(Uni-Tech)」(내부자료).

고용노동부·한국고용정보원(2012). 『2012 한국직업사전』.

교육개혁심의회(1987). 「전문대학 육성 방안」. 정책연구 III-4.

교육개혁위원회(1996). 「세계화·정보화 시대를 주도하는 신교육체제 수립을 위한 교육개혁 방안(II)」(참고 설명자료). 1996년 2월 9일 제3차 대통령 보고서.

교육과학기술부(2003). 『직업교육선진화 방안: 전문계 고교를 명문 직업교육기관으로』.

교육부(1998a). 『교육개혁 요람』.

교육부(1998b). 『교육 50년사: 1948~1998』.

교육부(2013). 「전문대학 육성 방안」(내부자료).

교육부·한국연구재단(2015). 「NCS(국가직무능력표준) 기반 교육과정 가이드라인」.

교육부 전문대학지원과(2001). 「전문대학 발전 방안」(내부자료).

김근학(1988). 「한국의 단기고등교육기관의 발전과정에 대한 고찰」. 고려대학교 석사학위논문.

김상호 외(1986). 『공업전문대학 사무자동화(O/A)분야 교육과정 개발 연구보고서』. 동양공업전문대학.

김용현·김종표(2015). 『평생학습과 열린사회』. 양서원.

김장호 외(2005). 『21세기 동반 성장의 길: 인적자원입국 비전과 전략』. 한국직업능력개발원.

김종철(1979). 『한국고등교육연구』. 배영사.

김종철(1989). 『한국교육정책연구』. 교육과학사.

김종철 외(1989). 『한국고등교육의 역사적 변천에 관한 연구』. 한국대학교육협의회.

김진모 외(2015). 「고졸 취업 활성화를 위한 중등직업 교육정책 추진 체제 개편 방안」. 서울대학교 진로직업교육연구센터. 수시과제 2-2차 2014-02.

나승일·강인수·정철영·허종렬(2002). 「교육·인적자원 관련 직업교육 법제 정비방안 연구」. 교육인적자원부.

대한민국정부(2001). 「국가인적자원개발기본계획」.

문승태(2015. 7.). 「진로교육법, 제정과 시행」. 『The HRD Review』. 한국직업능력개발원.

박동열(1999). 「전문대학의 교육효과성 평가 지표 개발 동향과 발전 방향」. 『직업능력개발 연구』 제2권.
박병용·정우현(1991).「전문대학의 발족을 위한 기초 연구」. 정태수·조규향 편저.『한국교육정책개발사(1975~1984)』. 일봉 정태수 박사 회갑기념논총간행위원회.
박영숙·제롬 글렌·테드 고든·엘리자베스 플로레스큐(2013).『유엔미래보고서 2040』. 교보문고.
박영아(2016. 7. 13.).「혁신의 파도를 넘어 미래로」.『과학기술정책 50년의 진단과 미래 도전』. 과총창립 50주년 기념 세계과학기술인대회. 정책 심포지엄 I.
박형서 외(2014).『초등실과교육학』. 부산대학교출판부.
백성준·채창균·유한구·주희정(2011).『미래 지향적 고등교육체제 개편 구상: 직업교육강화를 중심으로』. 한국직업능력개발원 기본연구 2011-04.
백형찬(1991).「직업교육의 관점에서 본 산업대학의 발전 방향에 관한 연구」. 세종대학교 석사학위논문.
백형찬(1996).「한국 개방대학 교육정책 평가를 위한 기초연구」. 세종대학교 박사학위논문.
서상선(2002).『한국직업훈련제도의 발자취: 제도화 과정에 얽힌 뒷 이야기를 중심으로』. 대한상공회의소.
서우석(2015. 7.).「진로교육법, 진로교육의 새 지평을 연다」.『The HRD Review』. 한국직업능력개발원.
송달용(2007. 12. 21.).「정부 특성화고 육성 정책 및 사업의 과거, 현재, 미래」. 2010 특성화고등학교의 비전과 방향 학술대회. 한국농업교육학회.
신극범(2012).「유솜(USOM) 근무를 마치고」.『극기의 삶: 신극범 교육인생』. 이룸에디션.
신현석(2000).「전문대학 개혁정책의 공과 분석 연구」.『한국전문대학연구학회 2000년도 동계 학술대회 논문집』.
안병영·하연섭(2015).『5·31 교육개혁 그리고 20년』. 다산 출판사.
엄준하(2012).「한국기업 HRD 형성과정의 탐구」. 한국기술교육대학교 박사학위논문.
연합뉴스(2014. 9. 9.).「OECD 교육지표 조사 결과」.
유인종 외(1976).「한국단기고등교육제도개선에 관한 연구」(고등교육연구 VIII). 문교부 교육정책심의회.
유창열(2014).『공업교육원론』. 교육과학사.
이무근(1982).『실업-기술교육론』. 배영사.
이무근(1985).『전문대학교육론』. 배영사.

이무근(2006). 『직업교육학 원론』(제3판). 교육과학사.

이무근(2015a). 「전문대학 교육과정의 역사와 미래 그리고 NCS 교육과정」. 2015 한국 전문대학 교무·입학처장협의회 상반기 연찬회. 대전 호텔인터시티.

이무근(2015b). 「내일의 전문대학이 나아갈 길」. 능력중심사회 위한 전문대학의 역할. 한국전문대학기획실저장협의회 동계연찬회. 예종글래드제주호텔.

이무근(2015c). 「평생학습사회에서의 진로교육, 어떻게 구현할 것인가」. 제41차 한국 진로교육학회 추계학술대회. 2015. 11. 18.

이무근 외(1983). 「전문대학 체질개선 방안 연구」. 문교부 학술조성연구.

이무근 외(1994). 「개방대학 개혁 방안에 대한 연구」. 교육부 정책연구보고서.

이무근·원상봉(2000). 『직업교육과정과 평가』. 교육과학사.

이무근·강무섭·김수일·김신복(1988). 「개방대학 제도 평가 및 향후 발전 방향」. 문교부 학술조성연구.

이용순(2001). 「2·1 체제를 적용한 공고 졸업생의 산업체 현장 적응력 효과 분석」. 충남대학교 박사학위논문.

이주호 외(2012). 「인재대국 2012: 대한민국의 교육과학기술정책」. 한국경제신문.

임창빈(2009). 「산학협력정책의 성과평가」. 서울대학교 박사학위논문.

임청일(2011). 『원격교육과 사이버교육 활용의 이해』. 교육과학사.

장기원(2001). 「직업교육정책의 평가 연구」. 서울대학교 박사학위논문.

장명희(2013). 「마이스터고 육성 정책의 추진 성과와 과제」. 한국직업능력개발원.

장창선(2013). 「우리나라 중등단계 직업교육의 역사적 발전과 제도적 특성」. 성균관대학교 석사학위논문.

장창원 외(2006). 『인력수급전망(2006-15)과 국가인적자원정책』. 한국직업능력개발원.

전국교대 실과교육연구회(2015). 『실과교육』. 양서원.

정봉근(1991). 「교육차관사업의 추진」. 정태수·조규향 편저. 『한국교육정책개발사(1975~1984)』. 일봉 정태수박사 회갑기념논총간행위원회.

정지선 외(2013). 『한국의 직업교육훈련』. 한국직업능력개발원.

정태수(1991). 『7·30 교육개혁』. 예지각.

정태수·신세호 편저(1991). 『전환기의 한국교육(1975~1984)』. 일봉 정태수 박사 회갑기념논총간행위원회.

정택수(2008). 『직업능력개발제도 변천사』. 한국직업능력개발원.

조성희(1991). 「한국실업교육정책의 평가 연구」. 홍익대학교 박사학위논문.

주수웅(1977). 「전문학교 운영실태와 그 개선 방안에 관한 연구」. 연세대학교 교육대학원 석사학위논문.
진미석(2015. 7.). 「진로교육법 제정의 의미와 과제」. 『The HRD Review』. 한국직업능력개발원.
차갑부(2014). 『평생교육론: 모든 이를 위한 평생학습』(2판). 교육과학사.
클라우스 슈밥 지음. 송경진 옮김(2016). 『클라우스 슈밥의 제4차 산업혁명』. 새로운현재.
한국교육과정평가원 국가교육과정정보센터(2015). 「2015 개정시기 고등학교(2015. 9.)기술·가정/정보과 교육과정」.
한국전문대학교육협의회(1994). 『전문대학교육 10년사』.
한국전문대학교육협의회(2010). 『전문대학교육 30년사(1979~2008)』.
한국직업능력개발원(1998). 『한국직업교육훈련 100년사』.
홍기훈(1995). 『산업발전과 전문대학: 전문대학 교육실태 보고서』. 상민사.

6장 /

평생학습정책의 변동

최운실

I. 서론

1. 평생학습정책 유관 개념의 검토

평생학습정책을 논하기 위해서는 평생학습 유관 개념과 그 범주를 먼저 검토할 필요가 있다. 이 장에서 다루고자 하는 한국의 평생학습정책은 해방 이후 미군정기와 제1공화국을 거치면서 1950년대에 이르기까지의 문맹퇴치형 성인기초교육에서 출발한다. 이후 1960년대와 1970년대 개발 연대를 거치며 지역사회개발을 위한 재건국민운동과 새마을운동 등과 같은 관제형 국민운동으로서의 사회교육이 확산되기에 이른다. 1980년대 들어서는 유네스코(United Nations Educational, Scientific and Cultural Organization, UNESCO)와 경제협력개발기구(Organization for Economic Cooperation and Development, OECD) 등의 국제기구를 중심으로 확산된 평생교육개념을 중심으로 평생교육 기반조성정책들이 구동되기 시작하였다. 이 시기에 이르러 제5공화국 헌법에 '국가의 평생교육진흥 의무조항'[1]이 명시되면서, 평생교육의 법제기반이 마련된다. 이후 2000년대 들어서는 국가인적자원개발 관점에서 학습과 고용, 복지, 문화를 연계하는 네트워크형 평생학습정책이 구동된다. '교육주의'를 지향하는 평생교육 개념에서 '학습주의'를 지향하는 평생학습개념으로 확대·전환되기 시작한다. 이처럼 한국의 평생학습정책은 초기 문맹퇴치형 성인기초교육정책에서 출발하여 이후 사회교육과 평생교육으로, 그리고 다시 인적자원 관점에서의 평생교육으로 확산되는 변화적 특징을 보이다가, 평생학습정책으로 확대, 전환되

---

1 제5공화국 당시 '헌법' 31조에 "국가는 평생교육을 진흥하여야 한다"는 조항이 명시됨으로써 국가의 평생교육진흥 의무조항을 확고히 하였다.

는 시대적 부침의 양상을 보인다.

평생학습정책 변천사를 중심으로 유관 개념의 변화 양상을 살펴보면 먼저 미군정기와 정부수립 초기 우리나라의 평생교육은 성인기초교육이었다. 통상적으로 '성인교육'이란 '교육대상'으로서의 성인을 칭하는 개념으로 '성인'을 대상으로 실시되는 모든 종류의 교육을 의미한다. '성인'의 개념 규정은 시대와 사회에 따라 다르게 정의되지만 통상적으로는 1차 학교교육 주기를 마친 '25세 이상'의 성인 또는 결혼을 하여 직업과 사회생활을 영위하는 자를 대상으로 하는 모든 교육을 의미한다. 그러나 이와 같은 통상적 의미에서의 성인교육과 달리 우리나라의 초기 성인교육은 정부수립 직후부터 현재까지도 그 중요성이 강조되는 성인기초교육으로서의 문해교육(문맹퇴치형 성인교육)의 성격을 지녀 왔다.

성인교육과 함께 가장 오랫동안 평생교육의 유관 용어로 통용되어 온 개념은 사회교육이다. 사회교육이란 학교 밖의 사회에서 이루어지는 비제도권, 비형식적 교육으로 지역사회교육을 중심으로 이루어지는 평생교육을 의미한다. 사회교육은 학교교육이나 가정교육과 구분되는 '사회'라는 특정한 영역에서의 교육을 강조하는 개념이다. 평생교육이나 평생학습이라는 이념적 성격의 개념과 달리 사회에서 이루어지는, 사회를 통한 교육이라는 실체적 교육 영역을 지칭한다.

이후 사회교육 개념은 평생교육이라는 개념으로 확산, 변화된다. 이때 평생교육이란 성인교육, 사회교육, 비형식교육, 계속교육, 평생교육 등의 '유사개념 및 용어군(群)'을 아우르는 '메타적 개념'이다. '요람에서 무덤까지' 전 생애에 걸친 교육의 수직적 통합과 가정교육, 학교교육, 사회교육이라는 수평적 통합을 전제로 하는 통합적 교육개념을 의미한다. 평생교육은 제도권 교육의 한계를 벗어나기 위한 대안적 교육을 지향하며 광의와 협의의 개념이 존재한다. 광의의 평생교육은 요람에서 무덤까지 전 생애에 걸친 교육을 의미한다. 협의의 평생교육은 학교의 정규 교육과정을 제외한 조직적 교육개념으로 사회교육 개념과 유사한 '좁은 의미의 평생교육'을 칭한다.

그러나 여전히 실천 현장에서 평생교육은 사회교육과 거의 유사한 개념으로 통용된다. 이는 일차적으로 법제상 평생교육과 사회교육이 거의 동의어로 규정되어 있음에 기인한다.[2] 2007년 개정된 '평생교육법'에서는 '평생교육'을 정규 학교 교육과정을 제외한 학력보완교육, 성인 문자해득교육, 직업능력 향상교육, 인문교양교육, 문화예술교육, 시민참여교육을 포함하는 모든 형태의 조직적 교육활동으로 규정함으로써 사회교육과의 차별성을 명확히 하였다. 그러나 현실에서는 여전히 이념으로서의 평생교육과 사회교육이 거의 유사한 개념으로 동의어처럼 사용되고 있어 지금까지도 혼란을 야기하는 개념적 쟁송지대로 남아 있다(한준상, 2013; 오혁진, 2009, 2011).

이와 달리 평생교육과 평생학습은 '교육과 학습'이라는 관점에서 비교적 명료하게 구분된다. 평생교육이 교육 사태를 '평생의 관점'에서 통합적으로 이해하려는 교육학적 이론 체계로서의 개념이라면 평생학습은 학습자를 중심으로, 학습주의를 기반으로 하는 개념이다(김신일·박부권, 2005). 평생학습은 최근 전 세계적으로 평생교육을 대체하여 사

---

2 유관 법규 정의에서 사회교육과 평생교육의 개념이 거의 동의어로 정의되면서 개념 적용상의 혼란을 가중시키고 있다. 1982년에 제정된 '사회교육법'에서는 '사회교육'이라 함은 다른 법률에 의한 학교교육을 제외하고 국민의 평생교육을 위한 모든 형태의 조직적인 교육활동을 말한다고 정의되어 있다. 이후 1999년에 '사회교육법'이 '평생교육법'으로 전면 개정된 후에도 평생교육 개념은 여전히 다른 법률에 의한 학교교육을 제외한 모든 형태의 조직적인 교육활동을 말한다고 정의되어 있어 법규상으로는 평생교육과 사회교육이 동의어로 통용되고 있다. 법을 개정할 당시 법의 내용이 아닌 '명칭'만 개정됨으로써 법제상 '사회교육'을 단순히 평생교육으로 대체시켜 개정함으로써 비롯된 결과이다. 이러한 '개념적 오류'로 인해 평생교육과 사회교육이라는 두 개념은 현실적으로 거의 동의어로 사용되고 있어 혼란을 야기하고 있다.

용되는 총론적이고 메타적인 개념으로 통용되고 있다. 그러나 우리나라의 현행 '평생교육법'에는 평생교육의 개념만 제시되어 있을 뿐, 평생학습의 개념은 명시되어 있지 않다. 1997년 교육개혁위원회가 성안했던 '평생학습법' 시안에는 '평생학습'의 개념을 '국민의 자질 함양과 삶의 질 향상을 위한 모든 형태의 학습'으로 정의하고 있다(교육부, 1997). 평생교육개념이 '교육과 교육자'를 중심으로 하는 조직적·구조적 교육에 주목하는 반면, 평생학습은 '학습과 학습자'에 주목하는 광의의 학습에 주목한다. 오늘날 평생학습은 형식교육으로서의 학교교육을 제외한 비형식 학습과 무형식 학습, 암묵적 학습, 일상학습, 학습자의 자발적·자기주도적 학습을 강조하는 포괄적 메타 개념으로 사용된다(김한별, 2014). 이처럼 한국의 평생학습정책은 시대와 배경에 따라 성인기초교육에서부터 사회교육, 평생교육, 평생학습이라는 유관 개념들의 부침을 겪으며 성장·발전해 왔다.

2. 한국의 평생학습정책 70년사 개관

이 절에서는 한국의 평생학습정책 70년을 개관함에 있어 먼저 분석 시기를 국가 재건기(1945~1959), 개발연대 산업화기(1960~1979), 국가 주도의 제도화 기반 조성기(1980~1987), 민주화 출범기(1988~1997), 민주화 확산기(1998~2002), 민주화 정착기(2003~2007), 민주화 선진화기(2008~2016)라는 7단계로 구분하여 살펴보고자 한다. 이때 국가 재건기는 미군정기와 이승만정부의 제1, 제2공화국, 개발연대 산업화기는 박정희정부의 제3, 제4공화국, 국가주도의 제도화 기반 조성기는 전두환정부의 제5공화국, 민주화 출범기는 노태우정부의 제6공화국과 김영삼 문민정부, 민주화 확산기는 김대중 국민의 정부, 민주화 성숙기는 노무현 참여정부, 민주화 선진화기는 이명박, 박근혜정부로 구분하였다.

국가 재건기 평생학습정책의 핵심은 성인기초교육이었다. 이 시기 평생학습정책의 골간은 근대적 의미의 주권국가 형성을 위한 공민교육과 문해교육을 중심으로 하는 성인기초교육 강화였다. 당시 일제강점기를 거쳤던 우리 국민은 해방 직후 78.6%가 절대 문맹상태였다(황종건 외, 1962). 미군정과 초대 정부는 '작대기식 투표 일체'라는 슬로건을 내걸고 본격적인 문맹퇴치를 위한 국문보급사업과 문맹퇴치 5개년 계획을 수립, 추진하였다. 이러한 정책 구동의 저변에는 한국인 특유의 강한 교육열과 강력한 관주도 정책 추진 및 민간단체 및 교사와 대학생, 군부대들의 전방위적 동참이 작용했던 것으로 평가받고 있다(최운실·이희수, 2003).

제2기는 1960년대와 1970년대 이른바 '개발연대'로 불리는 산업화 시기로 '한국형 지역사회개발 사회교육정책'이 구동되던 시기였다. 이 시기의 사회교육은 관제적 동원의 성격이 강했지만 범국민운동으로서의 '개발 연대 근대화 교육론'을 기점으로 한 사회교육정책이 강력하게 추진되었던 것으로 평가되기도 한다. 농촌사회 변화와 근대화 동력을 발화하기 위한 '근면, 자조, 협동'의 새마을교육운동으로 대변되는 사회교육정책이 발현되던 시기에 해당된다. 최근 이러한 새마을교육운동은 마을공동체교육과 주민들의 자생적 정신교육모델로 아시아와 아프리카 등 개발도상국에 널리 확산되고 있다.

제3기는 1980년대의 '국가 주도 평생교육 추진체제 구축 시기'이다. '평생교육정책의 산파기'로 불릴 만큼, 사회교육정책이 평생교육정책으로 확산, 전환되는 시기였다. 세계 초유로 1980년 헌법에 국가의 평생교육진흥 의무조항을 담아 낸 제5공화국 전두환정부는 1982년 '사회교육법'을 제정함으로써 평생교육의 법제 기반을 조성하였다. 동법을 근간으로 한국의 사회교육은 제도적 확충을 이루게 되며, 이후 '평생교육법'으로 확대·전환되어 오늘에 이르게 된다.

제4기는 노태우, 김영삼 문민정부를 아우르는 민주화 출범기이다. 이 시기에 평생교육은 1999년 '사회교육법'에서 전면 개편되어 '평생교육법'으로서의 위용을 갖추게 된다. 동법은 현재의 평생학습정책을 아우르는 모법으로 평생교육체제의 근간을 이루고 있다. 법제 기반을 담보로 대학평생교육의 발효와 1990년 독학학위제 운영, 1998년 학점은행제 도입 등 본격적인 평생교육 평가인정체제를 중심으로 한 체제 구축과 기반 조성의 초석을 마련하게 된다. 문민정부 시기인 1995년 5·31 교육개혁으로 열린 학습사회 구현을 위한 평생교육 개혁안이 성안되면서 평생교육 참여 확대와 민(民) 주도의 평생교육이 진작되기 시작한다. 사회교육전문요원으로 시작하여 국가자격제도인 '평생교육사' 제도의 확대 발전이 이루어졌으며 평생교육정책의 백미로 불리는 지자체 중심의 '평생학습도시 조성정책'이 활성화되었다. 그러한 점에서 이 시기는 평생교육정책의 공고한 기반 조성기로 평가받기도 한다.

제5기는 2000년대 이후 국민의 정부를 중심으로 한 민주화 확산기이다. 이 시기에는 교육인적자원부로의 승격과 전환이 이루어지면서 인적자원개발 관점에서의 평생교육정책이 추진되던 시기이다. 이 시기에 이르러 특히 평생교육 평가인정체제의 공고화가 독학제도와 사회교육 평가인정체제, 평생교육사 제도 등 기반 조성을 통해 이루어지게 된다. 교육인적자원부로의 승격과 이를 근간으로 국가 차원에서의 인적자원개발 기본계획 성안 및 인적자원위원회 구성 등이 이루어진 시기이기도 하다. 인적자원정책이 주류화 정책으로 부각되면서 지금까지 추진되어 온 평생학습정책이 다소 아류화된 경향도 나타났지만, 평생학습종합진흥계획 등의 수립을 통해 국가정책 시스템으로서의 평생학습정책 공고화가 이루어지는 전환적 발전 계기를 맞기도 했다.

제6기는 노무현 참여정부 시기로서 민주화 성숙기로 구분된다. 동 시기에 평생학습은 교육인적자원부를 중심으로 국가 차원에서 학습,

고용, 문화, 복지를 연계한 거시적 평생학습정책의 특성을 보이며 구동되기 시작한다. 당시 교육인적자원부의 평생교육 행정조직은 인적자원개발국과 평생직업교육국, 평생교육국 등 다양한 명칭으로 변화되며 인적자원정책 차원에서 평생교육과 직업교육을 연계한 정책을 추진하기에 이른다. 이 시기에는 특히 2007년 '평생교육법'의 전면 개정을 통해 현행 '평생교육법'의 토대가 마련되는 법제 기반 조성이 이루어졌다.

마지막으로 제7기는 세계화·정보화를 추구하는 글로벌 미래형 평생학습정책 구현기로 이명박, 박근혜정부가 이 시기에 해당된다. 이 시기의 평생학습은 다원화 정책을 기반으로 한다. 이명박 정부에서는 교육인적자원부가 교육과학기술부로 전환되고 박근혜정부에 이르러 다시 교육부로 환원되는 변화를 보인다. 이 시기에는 제4차 산업혁명 시대를 화두로 하는 창의 인재 육성 미래 역량강화 평생학습과 100세 시대 인생이모작을 위한 전환적 평생학습정책과 시민의 행복 향유권을 중심으로 하는 인문학 평생학습 등의 다원화 평생학습정책 등이 구동된다. 이와 함께 유네스코 등을 중심으로 하는 국제학습도시 네트워크 정책 등 본격적인 글로벌 학습도시정책들이 발현되는 특징을 보이기도 한다. '모법으로서의 평생교육법'이 정하고 있는 6대 영역인 ① 기초문해교육, ② 인문교양교육, ③ 학력보완교육, ④ 직업능력교육, ⑤ 문화예술교육, ⑥ 시민참여교육을 아우르는 평생학습지원 및 활성화 정책이 확산되는 시기이기도 하다. 학습복지를 근간으로 하는 시민주도형 자생적 평생학습공동체 조성이 공존하는 시기로 평생교육을 넘어 '평생학습정책'이 구현되는 변화를 보이는 시기이기도 하다. 이 시기 평생학습정책의 특징으로는 교육부 산하의 국가평생교육진흥원과 광역지자체 단위의 시·도평생교육진흥원, 기초지자체 단위의 평생학습관, 읍·면·동 단위의 행복학습지원센터 등을 축으로 하는 국가평생학습정책 추진체제의 조성을 들 수 있다. 아울러 전국의 평생학습도시를 중심으로 학습마을공동체 조성사업과 지역민 행복학습지원사업 등 '평생학습정책의 지역화'가 본격적으로 구동된 시기이기도 하다.

이처럼 한국의 평생학습정책은 해방 이후 1950년대 국가 형성 초기에 문맹퇴치형 성인기초교육에서 출범하여 이후 1960년대와 1970년대 개발연대를 맞으며 농촌사회 근대화를 위한 새마을교육 등 지역사회개발형 사회교육정책으로 발전되었고, 이후 1980년대와 1990년대에 헌법의 국가 평생교육진흥 의무조항을 근거로 모든 이를 위한 열린 학습사회 이념이 확산되면서 평생학습의 다원화 시기를 맞게 된다. 이처럼 한국의 평생학습정책은 2000년대 이후에는 최근에 이르기까지 인적자원과의 기초교육에서 시민참여교육과 직업능력개발교육에 이르기까지 6대 영역을 근간으로 다원화된 평생학습정책을 추진하는 발흥기를 맞고 있다.

II. 평생학습 법제 및 조직의 변천

1. 평생학습 법제 변천사

1) 1949년 발의된 최초의 '사회교육법' 시안

해방 이후 국가 재건기 정부는 미군정 시절부터 추진되어 온 관련 정책들을 법제화하기 위한 노력을 기울였다. 그 일환으로 최초의 사회교육법안이 1949년 3월 문교부에 의해 기초되어 상정되게 된다. 당시 사회교육법안은 시급한 과제였던 높은 문맹률 해소를 위한 문맹퇴치 정책의 안정성을 확보하려는 목적과 부족했던 문화시설 설치를 위한 법적 근거를 마련하기 위한 목적으로 추진되었다. 문교부는 당초 '성인교육법안'과 '사회교육법안'을 기초하였고, 이를 '사회교육법안'이란 명칭으로 국무회의에 상정해 통과된 후 제헌국회에 상정하였다. 그러나 문교부가 제출한 교육기본법안, 학교교육법안, 사회교육법안의 교육 3법이 수많은 논란과 우여곡절 끝에 '교육법'으로 단일화되어 제정, 공포되면서 '사회교육법' 시안은 폐기된다.

이후 교육법에 의한 학교교육만으로는 사회가 요구하는 교육의 완전을 기할 수 없다는 인식하에 여러 차례에 걸쳐 정부가 법안을 구상하면서 '사회교육법' 제정을 재촉구하는 법제화 움직임이 일어나게 되었다. 당시 정부가 구상한 사회교육법안은 총칙, 위원회, 사회교육기관, 사회교육시설, 사회교육활동 등으로 구성되어 있었다(권두승, 1998).

당초 성안된 1949년 '사회교육법' 제1조에는 대한민국 국민에게 사회적 교양을 함양시키기 위하여 학교 교육을 받지 못한 자에게 성인교육을 실시한다는 것을 명시하고 있었고, 제6조에는 성인교육을 위한 학교의 종류는 공민학교와 고등공민학교의 2종류를 둔다고 하였다. 제21조에는 "국가 및 공공단체는 사회교육을 위하여 박물관·도서관·미술관·동물원·식물원·체육관·공설운동장·공회당·극장 기타 문화시설의 설치를 위하여 노력하여야 한다"는 규정이 담겨 있었다(강인수, 1980).

이처럼 최초의 사회교육법안은 문자 미해득 학령 초과자를 위한 성인교육뿐만 아니라, 포괄적인 의미의 다양한 교육 문화 기구들의 학교 외 사회교육활동을 포괄하는 의미를 담고 있었다는 점에서 사회교육 역사에 있어 적지 않은 의미를 지닌다.

2) 1982년: '30년간' 표류하던 '사회교육법'의 제정

1980년 10월 공포된 제5공화국 헌법 제29조(현행 제31조) 제5항에는 "국가는 평생교육을 진흥하여야 한다"는 국가의 평생교육진흥 의무조항이 포함되어 있다. 이를 근간으로 30여 년간 표류해 오던 사회교육법안이 상정되어 1982년 12월 31일 '사회교육법(법률 제3648호)'으로 제정, 공포되기에 이른다(권두승, 1998).

1982년 제정된 '사회교육법'은 제6장 제30조로 되어 있다. 제1장 총칙은 목적, 정의, 적용범위, 기회균등 및 자율성, 사회교육의 중립성, 사회교육의 실시, 교육과정, 공공시설의 이용, 영리의 제한, 이수자의 학력인정, 제2장 국가 및 지방자치단체의 임무는 국가 및 지방자치단체의 임무, 사회교육정책조정위원회의 설치, 사회교육협의회, 지도 및 지원, 경비보조, 자료 제출의 요청, 제3장 전문요원은 자격, 결격사유, 신분보장, 양성·연수기관의 설립인가, 제4장 사회교육시설은 사회교육시설의 설치, 사설강습소, 도서관 및 박물관, 제5장 학교 및 대중매체와 사회교육은 학교와 사회교육, 학교시설의 이용, 사회교육시설의 부설, 대중매체와 사회교육, 제6장은 보칙으로 구성되어 있다(교육부, 2000).

'사회교육법' 내용 중 주목할 부분은 제2조 사회교육에 대한 정의이다. 동법에서는 '사회교육'은 다른 법률에 의한 학교교육을 제외하고 국민의 평생교육을 위한 조직적인 교육활동을 의미한다고 규정하고 있다. 동법이 규정하고 있는 사회교육의 정의는 첫째로 다른 법률에 의한 법률에 따른 학교교육을 제외한 교육활동, 둘째로 국민의 평생교육을 위한 교육, 셋째로 조직적인 교육활동이라는 세 가지 의미를 내포하고 있다(최운실·이희수, 2005a). 동법은 '사회교육법'이 교육법의 하위법처럼 존재함으로써 관련 법규들의 모법으로 기능하지 못하고 있다는 점과 제 법규들이 위계성이나 연계성을 가지지 못한 채 각 부처로 분산되어 있다는 점, 각종 평생교육기관의 학습 이수 결과에 대한 평가 인증제도가 마련되지 못하여 개방적 교육체제로 나아가는 데 한계가 있다는 점 등 법 체계상 문제점을 지니고 있는 것으로 지적되어 왔다(황종건, 1978; 최운실·이희수, 2005a; 전광수, 2013). 이러한 문제 지적으로 인해 이후 동법은 수차례에 걸친 법 개정 작업에 착수하게 되지만 사회교육에 관한 우리나라 최초의 법으로 전 국가적 차원에서 사회교육의 기본방향을 제시하고 사회교육의 내용, 방법, 협조체제와 현행 각종 사회교육에 관한 법적·제도적 근거를 마련했다는 점에서 큰 의의를 지니는 것으로 평가될 수 있다.

3) 1997년: 문민정부 교육개혁위원회의 '평생학습시안'

1997년 문민정부 교육개혁위원회는 1982년에 제정된 '사회교육법'이 사회교육 발전의 획기적 계기를 마련했다는 의의가 있음에도 불구하고 상기와 같은 문제점과 한계를 노정하고 있다는 판단하에 '사회교육법'을 '평생학습법'으로 전면 개편하려는 '평생학습시안'을 제시하게 된다. 동 시안의 상정 배경으로 교육관계법의 기본체제를 확립하기 위해 현행 헌법의 평생교육진흥 의무조항을 근본이념으로 교육 3법(교육기본법, 초·중등교육법, 고등교육법)과 체계적으로 연계해야 하며, 이를 위해 '사회교육법'을 전면 개편할 필요가 있다는 점이 제시되었다. 이러한 배경하에 문민정부 교육개혁위원회는 새로운 법이 가져야 할 이념과 철학을 다음과 같이 제시하였다(권두승, 1998; 최운실 외, 1999).

① 헌법 제31조 제5항의 평생교육진흥 조항 이념을 구현해야 한다.
② 학교교육과 사회교육의 균형적 발전을 이루어야 한다.
③ 규제와 관리의 차원에서 벗어나 국민의 학습권 보장의 이념을 구현해야 한다.
④ 사회교육의 기본법으로서 사회교육과 관련된 모든 학습활동을 포괄하

는 법으로서 존재하도록 한다.

⑤ 정부 내의 타 부처에서 수행하는 사회교육도 이 법에 의하여 직접 또는 간접으로 관련을 맺어 이들을 조정하고 총괄하는 기능을 갖도록 조직한다.

⑥ 학습자의 선택권이 최대한으로 보장되어야 한다.

⑦ 사회교육의 개념과 범위를 명확히 규정한다.

⑧ 중앙/지방평생교육원, 학점은행제, 학습유급휴가제도 등 사회교육제도 개혁의 법적 근거를 제시해야 한다.

⑨ 현행 '사회교육법'은 국민의 평생학습을 보장하는 법으로 전면 개정되어야 하며, 이 법의 개정 후 명칭은 '평생학습법'으로 한다.

동 위원회는 '평생학습법'의 제정 의의를 종전의 공급자(교육자) 중심 사회교육보다 넓은 개념으로 수요자(학습자) 중심 평생학습으로 범위를 확대하기 위해 누구나, 언제, 어디서나, 원하는 교육을 받을 수 있도록, 학습을 계속할 수 있도록 기회를 조성, 지원하기 위한 평생학습체제를 구축할 수 있다는 점에서 찾고 있다. 동법 시안은 '사회교육법'을 전면 개정하면서도 명칭을 종전의 '사회교육법'으로 할 경우, 현재의 법 체제를 전면적으로 바꾸었다는 의미 전달이 어렵고, 사회교육이 국민의 평생학습을 위한 헌법이라는 개념이 담기지 못하는 등 '제한된 의미'로 희석될 우려가 있음에 주목하였다. '사회교육법'이 일본 '사회교육법'의 모방이라는 오해를 받을 수 있기에 '사회교육법'의 명칭을 '평생학습법'으로 전환하여 사회교육 개념을 확대·발전시킨다는 취지도 밝히고 있다(권두승, 1998; 최운실·이희수, 2005a). 그러나 이러한 취지에도 동법 시안은 공청회와 입법 예고를 거치면서 법 체제 심의과정에서 '평생학습법'이 아닌 '평생교육법'으로 명칭이 변경된다. 입법 형식도 '사회교육법'을 폐지하고 '평생학습법'을 제정하는 형식이 아닌

'사회교육법' 전문 개정을 통한 '평생교육법' 개정으로 변경되게 된다. 그 결과 동법 시안은 제정되지 못한 채 비록 시안(案)으로 그쳤으나, 이후 1999년 전문 개정된 '평생교육법'의 성안 근거를 제공함으로써 '평생교육법'의 모체가 된다는 점에서 평생학습정책사에 있어 커다란 법제적 의미를 지닌다.

4) 1999년: '사회교육법'에서 '평생교육법'으로의 전문 개정

상기의 평생학습시안이 여러 차례 수정을 거쳐 마련된 '평생교육법'이 1999년 제정 공포됨으로써 최초의 '평생교육법'이 탄생하게 된다(교육인적자원부, 2007). '평생교육법'의 주요 내용은 ① 제1장 총칙으로서 법의 목적과 정의, 평생교육의 이념, 교육과정 및 공공시설의 이용, 학습휴가 및 학습비 지원, 평생교육시설 설치자, ② 제2장 국가 및 지방자치단체의 임무, 평생교육협의회, 경비보조, 지도 및 지원, 평생교육 센터의 운영, 지역정보센터의 운영, 정보화 관련 평생교육의 진흥, 인적자원 활용, ③ 제3장 평생교육사 정의, 양성기관, 평생교육사의 배치, ④ 제4장 평생교육시설에 관한 규정으로 학교형태, 사내대학형태, 원격대학형태, 사업장부설, 시민사회단체부설, 언론기관부설, 지식·인력개발 관련 평생교육시설의 평생교육관련 사업, 설치 및 폐쇄, ⑤ 제5장 보칙 등으로 구성되어 있다. 동법은 모법으로서의 확장성과 현장에서 실천되고 있는 다양한 평생교육제도들의 법제적 기반을 마련해 주고 있다는 점에서 커다란 의의를 지니는 것으로 평가된다.

5) 2007년: 개정된 현행 '평생교육법'

기존의 '평생교육법'이 안고 있는 구조적 한계와 문제점을 해소하기 위해 2007년 12월 '평생교육법'을 다시금 전면 개정하기에 이른다. 2007년 개정된 '평생교육법'은 8장 46개 조로 구성되어 있다. 이전의 '평생교육법'에 비해 '국가 및 지방자치단체의 임무와 역할' 관련 조항이 확대되었다. 개정 주요내용은 ① 제1장 총칙 법의 목적, 평생교육 및 관련 용어의 정의, 평생교육의 이념, 국가 및 지방자치단체의 임무, 학습휴가 및 학습비 지원, ② 제2장 평생교육진흥기본계획으로 교육부 장관은 5년마다 진흥기본계획 수립 규정, ③ 제3장 평생교육 진흥 업무를 지원하기 위한 조직으로서 국가평생교육진흥원 등에 관한 규정 추가, ④ 제4장 평생교육 전문가로서의 평생교육사 자격 취득 규정, ⑤ 제5장 평생교육기관 규정으로 학교부설, 학교형태, 사내대학형태, 원격대학형태, 사업장부설, 시민사회단체부설, 언론기관부설, 지식·인력개발 관련 평생교육시설의 평생교육관련 사업 등, ⑥ 제6장 문자해득교육에 관한 규정과 이수한 자에 대한 상응 학력 인정 규정, ⑦ 제7장 평생학습 결과의 관리·인정 규정, ⑧ 제8장 보칙 등으로 구성되어 있다.

2007년 개정된 '평생교육법'은 학습자의 학습권과 평생학습의 원리에 맞춘 학습자 중심의 새로운 법적 체계 마련과 함께 평생교육 개념의 명확화를 시도하였다는 점에서 그 의의를 찾아볼 수 있다. 동법에는 교육과학기술부 장관이 매 5년마다 '평생교육진흥기본계획'을 수립하고, 시·도지사는 기본계획에 따라 연도별 평생교육진흥 시행계획을 시·도교육감과 협의하여 수립·시행해야 함을 규정함으로써 평생학습 추진체제의 공고화와 활성화라는 실효성을 거둘 수 있도록 하였다. 또한 평생교육 진흥을 위한 학습비 지원 및 유·무급 학습휴가제의 도입과 전문인력정보은행제 및 평생학습계좌제 등의 관련 규정들이 새롭게 도입되었다.

이후 '평생교육법' 부분 개정작업이 현재까지도 지속해서 이루어지고 있다. 2015년에는 '평생교육법' 일부 개정을 통해 문해교육에 대한 내용을 개정하여 제6장 제39조(문해교육 실시 등), 제39조 2항(문해교육센터 설치 등), 제40조(문해교육 프로그램 교육과정 등)를 추가하였다. 2016년에는 장애인 평생교육을 강조하기 위하여 제19조 2항에 '국가는 장애인의 평생교육 진흥과 관련된 업무를 지원하기 위하여 국가 장애인 평생교육진흥센터(이하 '장애인평생교육진흥센터'라 한다)를 둔다'는 내용을 추가하는 개정을 하였다.[3]

이처럼 현행 '평생교육법'은 '국민의 평생교육 진흥과 국민의 학습권 및 학습자 선택의 보장, 평생교육기관의 상호 유기적 수평적 통합 기능 확대, 평생교육 담당자의 자질 향상과 전문성 제고, 원격교육을 통한 재택학습 등 평생교육기회의 확대, 식업교육과 인력개발 사업의 기반 조성' 등을 위한 명시적 조항들을 포괄함으로써 이전의 '평생교육법'에 비해 평생교육 모법으로서의 위상을 공고히 하고 있다.

2. 중앙정부의 평생학습 유관조직 변천

1) 미군정기와 이승만정부(1945~1960)의 성인교육행정조직

미군정기와 정부수립 초기 이승만정부의 평생학습 유관조직을 살펴보면 국가 재건 및 주권국가 공민의 양성을 위한 성인기초교육을 담당하기 위한 조직으로, 성인교육과 사회교육 기능 수행을 위한 조직이 지속해서 확대 개편되었다. 미군정기 문교부에는 성인교육을 담당하는 부서로서 1945년 신설된 성인교육계, 1946년 신설된 성인교육과 및 성인교육국(계몽과, 재교육과) 등이 계몽, 재교육, 교화의 기능을 담당하였다(김숙의, 2000). 성인교육이 이처럼 '계'에서 '과'로 그리고 다시 '국'으로 승격되며 강화되었던 반면 1948년 헌법 제정과 8월 15일 대한민국 정부수립으로 구성된 문교부에는 문화국 성인교육과에서 업무를 담당

3 대한민국 법제처(http://www.moleg.go.kr/main.html).

하였다. 미군정기에 비해 정부수립 초기 이승만정부에서의 성인교육 조직은 '국 단위'가 아닌 '과'로 편성되어 비중이 다소 낮아졌음을 보여준다. 그러나 미군정기와 이승만정부가 정부수립 초기 상황에서 성인교육을 담당하는 전담조직을 국 수준으로 확대하여 운영하였다는 점은 당시 문맹퇴치형 성인교육이 매우 중요한 국가 문교정책이었음을 입증하는 하나의 단적인 예가 될 수 있다.

2) 박정희정부(1963~1979)의 사회교육행정조직

박정희정부에서는 문교부 직제 개편을 통해 성인교육 담당 조직이 사회교육조직으로 확대, 변경되었다. 정부수립 초기 이승만정부에서 과 단위로 축소되었던 성인교육이 다시 미군정기와 같은 국 단위 수준으로 확대된 것이다. 조직 업무 담당 측면에서는 체육 담당 업무와 국제교육 담당 업무가 사회교육에 포함되는 행정조직의 개념적 확대 현상이 발견된다. 박정희정부 초기 '성인교육과'가 소속된 '문화국'이 '체육과'를 통합하여 '문예체육국'이 되고 이후 1968년 다시 문예체육국이 사회체육국으로 바뀌면서 사회체육과 국제교육과, 체육과의 3과를 두게 된다(김숙의, 2000; 교육인적자원부, 2007).

1970년에는 다시 체육과와 사회교육과가 사회교육국으로 확대 재편되어 사회교육조직이 독자적 위상을 차지하게 된다. 1978년에는 해외 자녀교육이 중시됨에 따라 사회교육국이 사회국제교육국으로 확대된다. 박정희정부에서는 새마을교육을 위시한 지역사회개발형 사회교육이 중시된 만큼 행정조직 또한 사회교육이 국 단위로 승격을 하게 된 것으로 볼 수 있다. 사회교육 조직에 체육과 국제교육 기능이 추가되는 확대 현상도 나타난다.

3) 전두환정부(1980~1988)의 사회교육행정조직

전두환정부는 헌법에 국가의 평생교육 조항을 삽입하고 '사회교육법'을 제정하는 등 평생교육정책사 면에서 특별한 의미를 지닌다. 정치적 정당성 시비와 압제적 통치 문제를 교육개혁으로 극복하려는 정치적 의도가 작용하였던 것으로도 분석된다(최운실·이희수, 2005a). 이러한 맥락에서 전두환정부에서는 1981년 문교부에 '사회직업교육국'을 신설하고 전담 부서로 사회교육과를 두어 평생교육을 전담하였다. 사회교육과는 방송통신교육의 기획 및 조정, 방송통신대학 및 방송통신고등학교의 설치, 평생교육진흥계획의 수립 및 시행, 사회교육기관의 지도 감독 등을 담당하였다(김숙의, 2000; 교육인적자원부, 2007). 이는 당시 방송통신교육이 사회교육의 새로운 영역으로 대두되고 있었음을 시사한다. 이념적으로는 헌법에 국가의 평생교육진흥 의무조항을 삽입할 만큼 평생교육을 강조하였으나 행정조직 차원에서는 평생교육국이 아닌 사회직업교육국을 두어 직업교육 측면에서의 사회교육을 강조하는 행정을 운영하였음을 보여 준다.

이후 1983년에는 교육정책실에 제1조정관을 신설하여 국민정신교육을 강화하는 기능을 담당하도록 하였다. 국민정신교육의 내용 및 제도에 대한 연구, 국민정신교육종합계획 수립, 국민정신교육연구 기관의 지도 및 감독, 국민정신교육교재의 개발 및 보급 등을 담당하도록 하였다.

1986년에는 사회직업교육국을 다시 사회국제교육국으로 환원하고 청소년과는 국무총리실로 이관, 폐지하는 조직개편을 단행하게 된다. 사회국제교육국은 사회교육진흥과와 사회교육제도과로 확대, 개편된다. 이는 국가의 평생교육진흥 의무를 규정한 헌법의 정신과 '사회교육법'에 따른 본격적인 중앙행정조직과 지원체제가 공고한 위상을 갖추게 되었음을 의미하는 한편, 정권 홍보와 관제 시민교육의 진작을 위한 조치의 일환으로 사회교육을 추진했음을 보여 주는 단면이기도 하다(최운실·이희수, 2005a).

4) 노태우정부(1988~1993)의 사회교육행정조직

1988년 출범한 노태우정부는 1990년 '정부조직법 개정(법률 제4268호)'을 통해 해방 이후 40여 년간 사용되던 '문교부'를 '교육부'로 명칭 변경하고, 그 기능을 조정하였다. 당시 정부조직법 제35조에 의하면 "교육부 장관은 학교교육·평생교육 및 학술에 관한 사무를 관장한다"고 규정하고 있으나 공식적으로 교육부 장관이 학교교육과 함께 대등한 관장 업무로 '평생교육관련 업무'를 수행할 의무를 가지게 되었음을 시사한다. 교육부가 학교교육이 아닌 평생교육의 관점에서 교육을 본다는 차원에서 큰 의미를 지니는 것으로 평가될 수 있다(최운실·이희수, 2005a). 이후 2000년 들어 '교육부'를 '교육인적자원부'로 명칭 변경하고 그 기능을 확대하게 된 변화의 단초를 제공하였다는 점에서도 의미를 지닌다(김숙의, 2000).

사회교육행정은 사회국제교육국 사회교육진흥과와 사회교육제도과에서 담당하였다. 이 중 사회교육진흥과에서는 주로 사회교육 업무를 담당하였으며, 방송통신교육의 기획 및 조정, 방송통신대학 및 방송통신고등학교의 설치, 평생교육진흥계획의 수립 및 시행, 사회교육기관의 지도 감독 등의 업무를 담당하였다(김숙의, 2000; 교육인적자원부, 2007). 노태우정부는 전두환정부의 교육정책이나 교육개혁안들을 상당 부분 그대로 계승하였으며, 사회교육행정조직과 업무 관장 또한 전두환정부 시절과 동일하게 운영하였다.

5) 김영삼 문민정부(1993~1998)의 평생교육행정조직

김영삼정부는 1993년 문민정부 출범과 함께 작고 능률적인 정부를 구현하고 국제화·개방화시대의 교육환경에 효율적으로 대처하기 위하여 1994년 교육부 직제를 전면 개정하였다. 그러나 사회교육행정은 이전 정부에서와 같이 사회국제교육국에서 담당하도록 하였다. 다만 사회교육의 효율적 추진을 위하여 사회교육진흥과와 사회교육제도과를 각각 사회교육기획과 및 사회교육진흥과로 그 기능 및 명칭을 개편, 조정하였다(김숙의, 2000).

문민정부는 1996년에 이르러 5·31 교육개혁을 실현하기 위한 교육부 조직개편을 단행하였다. 교육부 직제상 처음으로 '평생교육국'과 '교육정보화국'을 둠으로써 열린 학습사회 실현을 위한 평생교육 개혁 정책을 추진할 획기적인 개편을 단행하였다. 직제 개편을 통해 종전의 사회국제교육국을 '평생교육국'으로 명칭 변경하고 여기에 평생교육기획과, 평생교육진흥과, 평생교육관리과를 두어 5·31 교육개혁이 지향하는 열린교육사회, 평생학습사회 기반구축과 직업능력 개발 독학에 의한 학취취득 등 평생학습사회의 기반을 조성하였다(최운실·이희수, 2005a).

6) 김대중 국민의 정부(1998~2003)의 평생학습행정조직

1998년 국민의 정부 출범으로 김대중정부는 당면한 경제 위기를 극복하고 21세기 국가도약의 기반을 구축하기 위하여 정부조직의 구조조정을 통한 정부의 역할과 기능을 재정립하는 조직개편을 단행하게 된다. 작지만 경쟁력 있는 정부를 구현하고, 새로운 행정환경에 적합한 국정운영시스템을 마련하고자 국민의 정부는 1999년 21세기 신지식, 정보화시대에 대비한 정보기능 핵심 역량 위주의 정부조직법 개정을 단행하였다. 개편을 통해 국민의 정부는 평생교육업무를 문민의 정부 시절의 평생교육국에서 과 수준의 평생학습정책과로 이관하게 된다. 평생교육행정조직이 국에서 과 수준으로 축소 조정되기는 하였으나, 평생교육이 아닌 '평생학습정책과'라는 명칭을 사용하였다는 점에서 오늘날 평생학습정책의 근간이 되는 행정조직적 변화가 감지된다.

국민의 정부는 2000년 교육부 조직개편을 통해 평생교육 담당부서를 평생직업교육국으로 격상하고 산하에 평생학습정책과, 직업교육정책과, 전문대학지원과를 두게 된다. 2001년에는 '교육부'를 '교육인적자원부'로 개칭하고 장관을 부총리로 격상하여, 종래 여러 부처에 산재해 있던 인적자원개발업무를 교육인적자원부가 중심이 되어 총괄, 조정하도록 하는 대대적인 조직개편을 단행한다. 차관보를 신설하고 인적자원 정책국을 새로 설치하여 인적자원개발정책과 관련된 업무를 담당하게 하였다.

당시 정부조직법 제24조(교육인적자원부)에 "교육인적자원부 장관은 인적개발 정책의 수립·총괄·조정, 학교교육·평생교육 및 학술에 관한 사무를 관장한다"고 규정하고 있다. 교육인적자원부가 국민 전체를 대상으로 정규 학교교육뿐만 아니라 전 생애에 걸친 평생교육·평생학습이 필수적인 시대에 누구나, 언제, 어디서나, 필요한 교육을 받을 수 있도록 '열린교육사회', '평생학습사회'를 구현함은 물론 여러 부처에 산재된 인적자원 개발 업무를 총괄·조정하여 체계적이고 효율적인 '국가인적자원개발 체제'를 만드는 것을 주 임무로 삼고 있음을 보여 준다(차갑부, 2012).

교육인적자원부로의 개편과 함께 2001년 평생교육국이 평생직업교육국으로 변경된다. 평생직업교육국에서는 주무 부서인 평생학습정책과에서 평생교육에 관한 종합정책의 수립, 조정과 유관 단체 시설의 육성 및 지원, 원격대학, 학원, 방송대학 설립운영지원과 노인교육정책 수립 등의 업무를 담당하였다. 국민의 정부에서 평생학습정책과를 존치한 상태에서 다시 국 수준으로 평생학습정책 업무를 상향 조정하였다는 점에 격상의 의미를 둘 수 있다. 그러나 실제 평생학습정책 업무는 과 수준의 평생학습정책과에서만 주로 이루어졌다는 점에서, 평생교육국은 명목상으로만 존치할 뿐 실제 행정은 과 수준에서 이루어지는 '축소지향의 길'을 걷게 된 것으로 평가된다(최운실·이희수, 2005a).

7) 노무현 참여정부(2003~2008)의 평생교육행정조직

노무현 참여정부는 2003년 조직개편을 통해 기존의 교육자치지원국을 국제교육정보화국으로 개편하고 평생직업교육국을 유지하였다. 국민의 정부에서와 같이 평생식업교육국의 평생학습정책과에서 평생교육업무를 맡도록 하였다(차갑부, 2012).

2004년에는 인적자원개발 및 관리 업무를 효율적으로 수행하기 위하여 인적자원정책국, 평생직업교육국, 대학지원국을 폐지하였다. 이때 평생교육은 인적자원개발국 소속으로 평생학습정책과에서 평생교육업무를 담당하였다. 2005년 다시 조직개편을 단행하여 인적자원정책국·평생학습국으로 개편하였다. 부활된 평생학습국 평생학습정책과에서 기존의 평생학습업무를 담당하도록 하였다(차갑부, 2012). 평생교육국이 다시 부활됨으로써 외현상 평생교육 행정조직이 격상된 것으로 보일 수 있으나 실제 행정은 평생학습정책과에서 주로 담당함으로써 과 수준의 행정이 변함없이 유지되고 있음을 감지할 수 있다. 또한 평생학습정책이라고는 명명하고 있으나 실제 업무 관장 내용을 보면 기존의 평생교육 행정 업무를 넘어서지 못하는 현상유지 축소 행정의 면모가 여실히 드러난다.

8) 이명박정부(2008~2013)의 평생학습행정조직

이명박정부는 기존의 교육인적자원부를 교육과학기술부를 개편하면서 교육과 과학기술을 통합하였다. 복수 차관제를 두었고 평생직업교육국은 제1차관이 통괄하도록 하였다. 2008년 개편에서는 종전의 평생교육국 산하에 평생학습정책과, 직업교육정책과, 전문대학지원과, 잠재인력정책과, 이러닝지원과, 지식정보기반과를 두었다. 2011년 개편을 통해 평생직업교육국이 인재정책실에 통합되고 산하에 평생학습정책과를 두어 주무를 맡게 하였다(차갑부, 2012). 인재정책실에 평생직업교육관을 두어 평생교육을 총괄하도록 하였으나 실제로는 평생교육 행정조직이 인재정책실 산하로 통합됨으로써 1개 과 수준으로 격하되어 위상이 더욱 낮아졌다.

3. 논의 및 시사점

지금까지 한국의 평생교육 법제 기반 조성과 중앙정부의 행정조직 변천사를 살펴보았다. 해방 이후 현재에 이르기까지 '사회교육법'에서 현행 '평생교육법'의 법제 변천사를 중심으로 국가 평생학습정책의 흐름을 개관해 보면 법제와 관련 행정조직과 추진정책 간에 일종의 순행적 함수 관계가 발견된다. 〈표 6-1〉에 나타난 바와 같이 헌법의 국가 평생교육진흥 의무조항 명문화를 통해 법제 기반이 조성되면서 이에 따른 일련의 국가 평생교육 행정조직 추진체제정비, 강화와 정책 활성화의 단서가 될 국가 차원의 평생교육종합진흥계획 수립, 추진 등 일련의 평생교육정책 실행 모드가 구동됨을 발견하게 된다. 평생교육관련 법규 제정과 함께 교육부 관련 행정조직 강화와 국가평생교육진흥원 등 전담기구 출범, 국가 평생교육진흥계획 수립, 독학학위제와 학점은행제 평생학습계좌제 등의 평생교육 평가인정체제 구축, 대학평생교육 사업 및 다모아평생교육정보망 구축 사업 발현 등 일련의 핵심적인 국가 평생학습진흥정책들이 가시화되고 있다.

법제 측면에서는 1949년 최초의 사회교육법안에서부터 이후 제정된 '사회교육법', '평생학습법' 시안, '사회교육법'이 전면 개정된 '평생교

〈표 6-1〉 '사회교육법'과 '평생교육법' 시대 평생학습정책 변화 양상

구분		제1기: '사회교육법' 이전 시대 (해방 이후~1981년)	제2기: '사회교육법' 시대 (1982~1999년)	제3기: '평생교육법' 시대 (2000년대~현재)
목적	배경, 목적, 가치	• 체제유지, 국가사회발전, 사회통합(1950년대) • 적응지향, 자아실현, 사회변화적응(1960~1970년대) • 개인성 강조(1970년대)	• 복지사회 건설 • 개인 중심의 직업능력 함양과 취미교양생활 중심	• 시민의식 향상, 지역사회 참여의식 확산 • 생태·환경, 여성, 다문화 등 다양한 이슈의 평생학습운동 전개
사회적 기반	평생교육진흥기본계획	• 교육법 제정(1949) • 종합성인교육계획 수립(1962)	• 평생교육국, 평생교육 종합계획 수립(1996)	• 1차 평생교육진흥기본계획(2002~2006) • 2차 평생교육진흥기본계획(2008~2012) • 3차 평생교육진흥기본계획(2013~2017)
제도적 기반		• 헌법 '국가의 평생교육 진흥 의무' 명문화(1980)	• 독학학위제 학위검정부 설치(1990) • 독학학위제 운영(1990) • 학점은행제 운영(1998)	• KEDI, 평생교육센터 설치(2000) • 평생교육진흥원 설립(2008) • 대학평생교육활성화사업 시작(2008) • 평생학습계좌제 운영(2010) • 국가평생교육진흥원 명칭 변경(2012) • 다모아 평생교육정보망 구축 시작(2012)
평생교육 행정조직		• 문교부 학무과 내 성인 교육계 창립(1945) • 성인교육국 설치(1946) • 사회교육국 설치, 이후 문화국 개편(1948) • 사회국제교육국으로 개편(1978)	• 사회국제교육국으로 개편(1986) • 교육부로 개편(1990) • 평생교육국으로 개편(1996) • 평생직업교육국으로 개편(1999)	• 교육인적자원부로 개편(2001) • 교육과학기술부로 개편(2008) • 교육부로 개편(2013)

출처 : 이희수 외(2014).

육법', 이후 현행 '평생교육법'으로 수차에 걸친 개정을 통해 비교적 공고한 법제 기반을 구축한 것으로 평가될 수 있다. 그러나 구조적인 문제점은 여전히 명칭상으로만 '평생교육법'이 되었을 뿐 이전의 '사회교육법' 틀을 크게 벗어나지 못한 상태로 남아 있다는 점이 지적될 수 있다. 더욱이 평생학습시안에서 시도되었던 '평생학습법'으로의 확대 개정은 아직 현실화되고 있지 못하다.

그런 점에서 최근 현행 '평생교육법'을 자구 수정 차원의 부분 개정이 아닌 평생학습진흥정책의 차원에서 다시 전면 개정해야 한다는 논의가 일고 있다. 평생교육이 학교교육을 배제한 제한적 범주로 남아 있으며, 포괄적·확산적 법제로서의 위상을 지니지 못한다는 점이 지적되고 있다. 헌법이 명시하고 있는 국가의 평생교육진흥 의무조항을 공고히 하기 위한 국가와 지방자치단체의 평생학습 조성 지원정책을 강화하기 위한 공적 활동으로서의 평생학습정책 보장을 위한 법제 강화가 요구되고 있다. 정부 각 부처의 평생학습정책 조정과 평생학습 유관 시설 및 단체 간의 유기적 연계 체제 구축을 위한 법제 조성 및 평생학습에 대한 전 방위적 인정체제 구축과 사회적 공인 시스템 구축을 위한 법제 기반 조성 또한 긴요함이 강조되고 있다. 평생학습 모법으로서 '국민의 평생학습 진흥과 학습권 및 학습자 선택의 보장, 평생학습기관의 상호 유기적 수평적 통합 기능 확대, 평생학습 담당자의 자질 향상과 전문성 제고, 원격교육을 통한 재택학습 등 평생학습기회 확대를 위한 법제 기반 조성' 등이 요구되고 있다. 100세 시대 국민의 전 생애에 걸친 학습권의 보장과 행복 추구권을 담보하기 위한 학습주의 관점에서의 광의적 평생학습 법제 조성이 필요하다.

행정조직 및 추진체제 측면에서는 평생학습 유관 중앙정부 행정체계 및 조직 변천사에 있어서도 명칭 및 위상, 담당 조직 업무 등에 있어 상당한 변화가 있었음이 발견된다. 행정조직의 변화는 초기 미군정청의 성인 교육과로부터 이명박정부의 교육과학기술부 인재정책실 평생학습정책과와 박근혜정부의 교육부 평생직업교육국으로 이어지는 변화를 보이고 있다. 정책업무의 초점은 성인문맹퇴치교육으로부터 계몽형 사회교육, 공민교육으로 시작하여 평생교육전담 국 체제로 위상이 격상되었다가 다시 국제교육 및 직업교육, 인적자원, 인재정책이라는 관점에서의 과 수준 평생학습정책과로 변화되는 양상을 보이고 있다.

평생교육을 국정과제로 강조하며 명칭상 '국' 수준으로 확대 개편한 듯 보이지만, 실제로는 평생학습정책과라는 단일 과의 업무로 축소됨으로써 평생학습정책 추진이라는 본래 기능 수행에 커다란 한계를 드러내고 있다. 정치적 이해관계나 부침의 영향으로 조직의 명칭과 업무와 성격이 안정되지 못한 채 조령모개식으로 정책이 변화되어 왔음을 발견하게 된다. 국 단위와 과 단위의 행정조직 규모와 수준의 반복적 부침 또한 안정적 정책 추진을 저해하는 요인으로 우려되는 측면이 있다. 그러나 지속적으로 이 정책을 관장하는 전담 부서가 존치되어 왔고 현재에도 국 수준의 전담 행정 조직이 활성화되어 있음은 긍정적으로 평가할 만하다.

III. 평생학습정책의 변천

1. 국가 재건기 성인기초문해교육 강화정책

해방 이후부터 1950년대를 묶어 '건국 초기 관주도형 국문보급', '계몽적 공민교육', '문맹퇴치 성인기초교육' 시기로 명명한다. 주권국가로서의 국민을 양성하기 위한 공민교육과 이를 위한 기초교육으로서의 문해교육이 강조된 시기이다(이희수·히고 코우세이, 2007). 당시 성인기초교육정책 추진의 주체는 미군정 당국과 해방 이후 정부수립 초기 성인교육국과 문화국이었다.

1945년 해방 당시 우리나라는 36년간 일제강점기의 잔재로 글을 전혀 읽고 쓸 수 없는, 이른바 '까막눈'이라 불리던 문맹자가 전 국민의 78%나 되는 절대 '문맹국가'[4]였다. 동화와 차별을 근간으로 하는 식민주의 교육의 결과였다(이희수, 2015). 해방이 되자 일제하에 억압당했던 교육욕구가 일시에 분출되면서 전국적으로 교육에 대한 민중의 욕구가 분출하였다. 주권재민의 민주독립을 지향하던 당시 국문 보급의 시급성은 누구나 공감하였다. 민족해방의 흥분과 고조되는 교육열은 전국적으로 국문보급 운동의 도화선이 되었고 동, 리마다 국문강습소 등이 개설되었다(한국교육십년사간행회, 1960).

대규모의 문맹집단을 일정 기간 안에 해소하기 위해서는 범국가적 운동이 필요했다. 일본식 교육제도, 형식성과 획일성, 제도 법규의 형식과 통제, 군국주의적 잔재를 청산하고(오천석, 1975b), 민주주의 국가건설에 맞는 민주주의 교육을 도입하는 과제가 제기되었다. 이러한 상황에서 미군정청은 실질적 주권국가로서의 바탕을 마련하고 민주주의를 발전시키기 위해 전 국민의 '문맹퇴치'를 위한 국문보급정책을 대대적으로 전개하기에 이른다(윤복남, 1990; 최운실·백은순, 1990; 최운실 외, 2005a). 문맹퇴치 국문보급사업 주체는 군정당국 문교부 성인교육국이었다. 성인교육국 내에 재교육과와 계몽과를 두어 국문보급사업에 주력하도록 하였다.

당시 성인교육국은 ① 일반계몽에 관한 사항, ② 국민 재교육 및 국

---

4 당시 조선총독부의 인구 통계 조사 결과(1944년 5월 1일 현재)에 의하면, 13세 이상 남한 지역의 비문해율은 77%, 북한 지역은 79%로 보고되었다(김승식, 1948).

민정신 교양에 관한 사항, ③ 성인교육지도자 양성에 관한 사항, ④ 성인교육자료 조사 연구에 관한 사항, ⑤ 성인교육 협조단체 감독에 관한 사항, ⑥ 성인교육 제반 시설 및 지도감독에 관한 사항, ⑦ 성인교육 지방 실정조사에 관한 사항, ⑧ 성인교육 보고 및 기타 성인교육 서적 발행에 관한 사항, ⑨ 성인교육 연예에 관한 사항 등의 성인교육지원 업무를 맡고 있었다(전광수, 2013).

1954년에 문교부는 '5차에 걸친 전국 문맹퇴치 계획'을 수립하여 실시하였다. 농한기를 이용하여 70일에서 90일까지 실시되었다. 교육 수준은 국민학교 2학년을 수료한 정도의 국문 해득(解得)력과 일상생활에 필요한 계산력, 기초과목 및 공민지식을 갖추도록 하는 것이었다. 대대적인 문맹퇴치사업의 결과 5차 사업이 종료된 1958년 문맹률이 4.1%로 크게 감소된 것으로 보고되었다(한국교육십년사간행회, 1960; 윤복남, 1990). 1954년 실시 예정이던 '민의원 선거'를 앞두고 글 모르는 사람들의 '작대기식 투표'를 일소한다는 구호하에 문교부뿐만 아니라 내무부, 국방부, 농림부, 보건사회부, 공보관 등의 합동사업으로 추진한 문맹퇴치 5개년사업은 이러한 맥락에서 추진된 거국적 차원에서의 관주도 성인기초교육 강화정책이었다.

2. 개발연대 지역사회개발운동으로서의 사회교육정책

1960년대와 1970년대는 근대화 선공업화 추진정책을 근간으로 하는 개발연대의 성격을 지닌다. 농촌사회를 중심으로 절대 빈곤을 타파하고 소득을 증대함으로써 경제 활성화를 통한 산업국가로의 진입을 목표로 하는 '지역사회개발형 사회교육정책'이 절실히 요구되던 시기였다. 이 시기의 사회교육정책은 재건국민운동(권대봉, 2007)과 새마을운동 등을 통한 국민운동으로서의 생활개선과 가족계획, 농촌개발사업,

소득 증대와 정신계몽 등을 이루고자 했던 시기로 평가된다.

1961년 5·16 군사정변 이후 박정희정권이 들어서면서 국가재건최고회의는 국가재건기획위원회와 재건국민운동에 관련 법률을 공포함으로써 본격적인 재건국민운동을 추진하게 된다. 재건국민운동은 강한 정치적 목적하에 추진된 범국민적 운동이었다. 자생적 국민운동과는 달리 일반 국민의 호응을 크게 얻지 못하였다는 부정적 측면이 제기되기도 하나 방대한 조직과 국가적 지원하에 추진됨으로써 국민의 전반적 의식개혁과 생활개선, 정신 계몽에 적지 않은 영향을 미쳤던 운동으로 평가된다(황종건, 1978).

재건국민운동은 크게 세 단계로 구분된다. 1단계는 관제적 조직 체제하에서 이루어진 '정부시책 홍보 계몽기'로 재건국민운동의 책임자는 모두 현역 군인으로 구성되어 있었다. 일선에서는 군수, 면장, 이·동장이 책임을 맡아 추진하였다. 홍보 계몽적 성격이 강한 '신생활운동'으로 교육의 내실 있는 성과보다는 다분히 나열적인 행사활동의 성격이 강했다. 제2단계는 '범민중화 운동기'로 국민들 스스로 하는 민간운동으로 성격이 재정립되어야 한다는 움직임이 나타나면서, 재건국민운동본부가 민간운동기구 성격으로 개편되게 된다. 기구 개편과 새로운 법률 제정에 따라 시·군과 읍·면·동 단위로 사회의 양식 있는 유지와 지도자급 민간인들이 추진회장을 선임하여 준의결기관인 각급위원회를 구성하게 된다. 전국에 재건 청년회와 부녀회를 조직하고 각급 학교별로 재건학생회를 조직하였으며, 이들 각 기구와 조직을 중심으로 자립 자조적인 향토 건설과 협동정신에 입각한 다양한 자매결연사업이 추진되었다. 제3단계는 '재건국민운동 지도체제 확립기'로 본격적인 재건국민운동 추진을 위해 재건국민운동 훈련소 본부와 도별 재건국민운동 훈련소 지부를 조직하여 운동 실천요원을 양성·교육시켰던 시기였다. 각 시·군, 읍·면·동 상임 간사급 요원과 시·군·구 추진회의 부녀회장, 시·군·읍 추진회장 및 집단 추진회 간부 등이 주체가 되었다. 이들을 중심으로 농촌계몽활동과 농어촌 정착 봉사반 활동, 무의촌 순회 진료 활동, 농어촌 및 일선 문고 보급 운동, 재건국민정신 앙양을 위한 선전 계몽사업, 의식주 및 표준의례 등에 관한 생활지도계몽활동 등이 실시되었다(황종건, 1978).

재건국민운동과 함께 범국가적 운동으로 새마을운동이 추진되었다. 지속적 경제성장과 경제개발계획의 성공적 추진 일로에 있던 우리나라는 1962년부터 수행된 1, 2차 경제개발 5개년계획을 통해 연평균 경제성장률 15.7%를 기록하는 고도 산업화를 성취해 낼 수 있었다. 그러나 개발과정에서 극심한 '도농격차' 문제에 봉착하면서 국가정책기조를 '도농균형 발전'으로 책정하고 그 방책의 일환으로 '거국적인 새마을운동'을 착수하였다. 1970년 지방장관회의에서 제기되어 1971년부터 착수된 범국가적 국민운동으로서의 새마을운동은 다양한 유형의 새마을교육을 통한 '지역사회개발 사회교육'으로 추진되었다. '근면, 자조, 협동'의 3대 기본 정신에 기초한 새마을운동은 빈곤의 악순환을 거듭하던 당시 한국의 농촌에 일대 혁신적 발전과 개혁의 전환점을 마련한 '지역사회개발형 사회교육'의 전형이었던 것으로 평가된다(정지웅·김지자, 1990).

범국민적 운동으로서의 새마을운동은 정부의 강력한 정책적 지원하에 환경 개선 및 지역사회개발, 정신개발 및 생산·소득증대사업으로 추진되었다. 농촌 지역사회개발에서 시작하여 도시, 학교, 공장 및 모든 직장에 이르기까지 크게 확산되었다. 새마을교육의 성과는 ① 지역사회 개발의지 함양, ② 참여의식의 강화, ③ '잘 살아 보자'는 경제개발 및 사회개발에의 성취동기 제고, ④ '우리도 잘 살 수 있다'는 자신감의 독려, ⑤ 협동 및 공동체 의식 고취, ⑥ 계층 간, 집단 간, 노동 간, 지역 간의 각종 각급 사회구성원들 간의 위화감 해소, ⑦ 사회지도층 및 국민 전체의 지도력 배양, ⑧ 국가 발전 및 근대화에의 전 국민 동참의식 강화 등으로 제시되었다(정지웅·김지자, 1990).

당시 문교부는 새마을교육의 기본 목표를 '국민교육헌장의 이념하에 학교교육을 통해 학생과 향토민에게 근면·자조·협동 정신을 길러주는 것으로 설정하였다. 증산 기술지도로 소득증대를 도모하여 향토개발을 촉진하며, 이웃과 나라와 민족이 건전한 윤리와 합리적인 태도를 확립하는 것'을 목표로 하였다. 지역주민 및 일반성인 대상의 학교 새마을교육은 주로 상설 새마을학교의 운영을 통해 이루어졌다. 문교부는 주민들에게 새마을운동의 이념을 확산·보급시키고 지역사회개발 및 소득증대에 도움이 되는 기술을 습득시킬 목적으로 읍·면 단위 새마을 지정 학교를 운영하였다. 새마을학교에서는 정신계몽, 지역 개발 및 소득 증대, 생활개선 등을 교육하였다(배천웅·현주, 1987). 학교 새마을교육의 주된 목적은 '학교의 사회화와 사회의 학교화'라는 지역사회교육 이념에 기초하고 있었다. 1972년부터는 문교부가 새마을운동중앙협의회의 새마을 분야 사업 추진에 참여하게 되면서 지금까지의 향토학교나 자활학교가 '학교 새마을교육'으로 통합, 추진되었다. 학교 새마을교육은 새마을운동의 일환으로 지역주민을 대상으로 지역사회의 선도적 교육기관인 학교가 지역사회 발전에 필요한 사회교육적 기능을 수행해야 한다는 명제에서 출발하였다. 이 사업들은 비록 관제형 국민운동이었기는 하나 지역사회개발형 사회교육을 통해 국민들의 사회재건 및 향토의식, 국가의식 고취 그리고 실생활 개선과 경제적 소득 증대 등에 영향을 미쳤던 것으로 평가된다.

3. 국가 주도형 평생교육제도 기반조성정책[5]

한국의 평생교육 기반조성정책은 국가의 평생교육 조항을 헌법에 명시함으로써 법제 기반을 마련한 제5공화국 전두환정부에서 비롯된 것으로 평가된다. 헌법 명시와 '사회교육법' 제정·시행으로 국가적 차원에서 평생교육의 법제적 토대가 마련되었다. 이를 토대로 평생교육기관이 크게 증가하기 시작했으며 평생교육 저변 인구가 크게 확대되는 성장을 보였다. 평생교육이 양적으로나 질적으로 성장을 보였고 종합적인 교육개혁 사업 추진의 시발점이 되었다.

제5공화국은 출발부터 정권의 정당성 획득과 경기 침체로 나타난 자본주의의 위기를 극복해야 할 양면적 과제를 안고 있었다. 그 해결책으로 '교육개혁'에 주목했다. 민주·정의·복지사회를 구현한다는 목적하에 민주복지국가 건설을 위한 국정지표를 정립하였고 이를 기반으로 '7·30 교육개혁' 시행과 '교육개혁심의회' 발족을 이끌어 낼 수 있었다. '7·30 교육개혁'을 통해 한국사회의 오랜 고질병이자 병폐였던 과열과외 근절, 대학입시제도 전환, 대학 및 방송통신대학의 4년제 승격, 졸업정원제 시행 등 일련의 중요한 교육정책을 시행하였다. 그러나 편협한 일부의 제도 개혁으로 범국가적 차원의 구조적 문제를 호도하려 하였기 때문에 실효를 거두지 못한 채, 부작용만 초래하고 성공을 거두지 못한 경우가 많았다.

정치적으로는 암울한 시기로 비판받을 수 있으나, 교육적으로는 아이러니하게도 '평생교육의 법적 토대를 마련했다'는 점에서 일견 한국 평생교육의 제도화 기반 조성 역할을 했던 것으로 볼 수 있다. 강력

5 이 부분은 2005년 최운실·이희수에 의해 수행되었던 한국교육개발원, 『평생교육정책 공과분석 연구』의 해당 부분을 수정, 발췌, 재구성하여 집필한 것이다.

한 정치적 결단과 드라이브로 한국 평생교육의 새로운 지평을 연 시기로 평가될 수 있다.

제5공화국의 국가 주도형 평생교육제도 기반조성정책은 제6공화국 노태우정부에서도 지속적으로 추진되었다. 제6공화국은 '평생교육 체제 확충' 방향을 산업계 요구에 부응하는 다양한 전문·기술교육 기회 부여, 대학진학기회 상실자에게 고등교육 기회 확대, 교육수요 증대에 부응하는 평생교육 확대로 제시하였다. '평생교육 체제 확충'이란 세 가지 기본방향에 나타나 있듯이 학습자의 요구를 수용할 수 있는 평생교육 기회를 확대 제공하기 위한 정책을 추진하였던 것으로 나타난다.

이러한 정책적 방향에 근거한 제6공화국의 국가 주도형 평생교육제도 기반조성정책을 보면 학교 형태인 사회교육시설에서 중·고등학교의 교육과정에 상응하는 교육과정을 이수한 자에 대하여는 그에 상응하는 학력을 인정하고, 사회교육시설에서 사회교육을 담당하는 전문요원의 자격기준을 강화함으로써 사회교육을 내실 있게 발전시키는 것을 주요 골자로 삼고 있다. 1990년에는 '독학에 의한 학위취득에 관한 법률'이 마련되면서 시작된 독학학위제도[6]를 국가 주도형 평생교육 기반조성정책의 일환으로 추진하였다. 동 제도는 고등학교를 마친 후 경제적·시간적 제약 때문에 대학에 진학할 수 없는 사람들에게 국가기관이 실시하는 일정한 시험 절차를 거쳐 학사학위를 취득할 수 있

6 독학학위제도의 의의는 ① 평생교육 체제에 의한 개방학습사회의 건설, ② 학력기회 확대를 통한 고학력 사회의 구축, ③ 평생교육 활성화, ④ 평생교육 효과의 가시적 제시, ⑤ 미래 정보산업사회에서 요구되는 전문인력의 발굴, ⑥ 독학자 스스로 잠재적 능력의 개발을 통한 자아실현을 목적으로 하고 있었다. 독학제도는 당시 중앙교육평가원 학위검정부(학위관리과, 검정운영과, 교양과정실, 전공과정실)에서 제도, 행정·관리·출제·채점·분석업무 등을 담당하였고, 이후 방송통신대학을 거쳐 현재 국가평생교육진흥원에서 관장하고 있다.

는 기회를 제공하고 있는 제도라는 점에서 평생교육 결과에 대한 사회적 인정체제이자 국가주도형 평생학습지원정책으로 인정받고 있다.

4. '열린 학습사회'를 위한 평생학습체제 확충정책

'신한국창조'를 새로운 정부 비전으로 제시한 김영삼 문민정부는 열린 학습사회 구현을 위한 5·31 교육개혁을 출발점으로 삼았다. 열린 학습사회는 누구나, 언제, 어디서나 원하는 교육을 받을 수 있는 신교육체제 구축을 전제로 하는 교육개혁이다. 5·31 교육개혁방안에서는 교육개혁 9대 과제 중 열린교육사회, 평생학습사회 기반구축을 최우선 과제로 선두에 제시할 만큼 열린 학습사회 구현을 위한 평생학습 정책에 비중을 두었다(교육개혁심의회, 1996c). 언제, 어디서나 개인이 이수한 과정을 평가하여 학점으로 인정하고, 학위 취득도 할 수 있게 하는 '학점은행제'와 학생이 원하는 시간에 공부할 수 있게 하는 '시간제 등록제'의 실시를 비롯하여 학교의 평생교육 기능 확대, 교육 프로그램의 다양화, 여성 및 노인의 재교육 기회 확대, 성인학습자의 다양한 교육욕구 수용, 원격교육지원 체제구축, 그리고 새로운 대학의 시범운영 등과 같은 평생학습사회 기반구축을 위한 핵심 방안을 제시하였다.

문민정부 시기 동안 평생교육정책은 새로운 한국의 창조를 위한 교육개혁의 핵심으로서, 한편으로는 세계화에 대응하는 국가 차원의 전략으로서 집중 조명을 받았다. 강력한 추진력을 확보한 교육개혁위원회와 최초의 평생교육국을 중심으로 오늘날 '평생교육법'의 근간이 되는 평생학습법안이 성립되었으며, 평생교육센터를 중심으로 한 국가평생교육추진체제의 밑그림이 이 시절 5·31 교육개혁방안과 평생교육진흥종합계획에서 이미 그려졌다는 점에서 긍정적 평가를 받을 수 있다(최운실·김진화, 2006). 〈표 6-2〉의 문민정부의 평생교육관련 교육

〈표 6-2〉 문민정부 평생교육 관련 교육개혁 완성도와 성과

영역	이후 추진 내용	문제점
열린교육사회, 평생학습사회 기반구축	• 평생교육법(1999) • 교육부 직제 개편 • 소외계층 학습지원 등	• 단순한 '사회교육법'의 명목상 대체 • 열린교육과 평생학습 목표 설정
신직업교육 체제구축	• 한국직업능력개발원 설립 • 사내대학, 원격대학 설치 • 직업능력인증제 • 국가인적자원개발 계획 등	• 국가인적자원개발계획이 실질적으로 직업교육체제 구축 개편하는 데 구체적 성과를 제시하고 있지 못함
열린 학습 사회를 위한 사회교육 개혁방안	• 국가평생교육센터 설립 • 시·도 및 시·군·구 지자체에 평생학습 관련 시설 구축 등	• 국가평생교육센터는 명목상으로만 존재 • 지자체가 독자적으로 평생학습정책 추진
민주시민교육을 위한 개혁	• 국가인권위원회, 민주화운동기념사업회 등 외곽기관을 통한 간접실시 등	• 교육부의 직접 관심 없음

자료: 최운실·이희수(2005b).

개혁 성과에 관한 정책적 논의들(안병영·하연섭, 2015)에 따르면 주로 평생교육체계 확충의 측면에서 그 공과를 찾고 있다.

오랫동안 누적되어 왔던 학교교육의 병폐를 '평생교육체계의 확충'이라는 처방을 통하여 개혁하고자 했던 문민정부의 5·31 교육개혁은 평생교육개혁의 핵심으로 등장시켰다. 교육개혁을 지원할 수 있는 새로운 법안 성립, 정부조직개편, 진흥계획수립 등을 적극적으로 추진함으로써 우리나라 평생교육체제 수립의 원년을 기록한 것으로 평가되기도 한다(안병영·하연섭, 2015). 이를 위해 5·31 교육개혁을 통해 그 어느 정부에서보다 평생교육을 적극적으로 강조했던 교육개혁으로 평가받고 있다. 아동과 청소년의 경계를 넘어 성인과 노년에 이르는 평생학습사회를 실현하려는 시도를 하였다. 문민정부의 4차에 걸친 교육개혁안은 그 구체적 성과를 떠나서 발상만으로도 '진정한 교육개혁'에 한 차원 다가선 것으로 평가될 수 있을 것이다.

5. 인적자원개발 관점에서의 평생학습진흥정책

국민의 정부에 이르러 평생교육정책은 인적자원개발이라는 패러다임을 전제로 급선회하게 된다. 국민의 정부는 전후가 확연히 대비되는 평생교육정책을 추진하였다. 전반기는 '평생교육법'의 제정 및 시행에 중점을 두었으나 중·후반기부터는 부총리 부서로서 교육인적자원부로 전면 개편을 통해 인적자원개발회의 운영, 국가인적자원개발 기본계획 수립, '인적자원개발기본법' 제정 및 시행 등에 전념하였다. 그런 연유로 이 시기의 평생학습정책은 인적자원개발정책의 하위영역으로 간주된다. 학습사회보다는 학습경제 논리가 전면에 대두되었다. IMF 체제하의 어려움을 극복하는 데에는 공동체보다는 인적자원개발이 더 설득력을 얻을 수 있었기 때문이다.

정권 후반기에 들면서 교육개혁기구인 '새교육 공동체 위원회'가 '인적자원정책위원회'로 재편되고, '인적자원개발기본법'의 제정 시행으로 평생교육보다는 인적자원개발이 전면에 대두되었다. 인적자원개발에 가려 평생학습정책이 크게 주목받거나 관심을 끌지는 못하였으나 다행히 이 시기의 평생학습정책은 문민정부에서 제안된 각종 평생교육개혁안을 '평생교육법'에 담아서 시행할 수 있도록 '평생교육법' 제정 및 시행에 역점을 둔, 평생학습정책과의 역할이 큰 시기였던 것으로 평가받기도 한다.

그로 인해 긍정적으로 평가될 만한 다수의 정책적 성과를 남기기도 하였다. 1998년부터 시행된 학점은행제, 1999년의 '평생교육법' 제정, 2002년에 발표된 평생학습진흥종합계획 수립 등을 들 수 있다. 평생교육 3대 전담지원기구인 중앙 수준의 평생교육센터, 지역 수준의 지역평생교육 정보센터와 평생학습관 설립운영 근거조항을 마련했다는 점, 그로 인해 2000년 한국교육개발원 중앙 수준 평생교육센터 설치 운영, 시·도지역 평생교육정보센터 설치·운영 등 평생교육 국가추진체제의 초석을 마련했다는 점 등에서 긍정적 평가를 받기도 한다. 법 개정을 통해 직장인들의 평생학습 기회 확대를 위한 유급 또는 무급의 학습휴가 실시와 학습비 지원 근거 마련, 평생교육사 양성과 평생교육 프로그램 개발 및 평생교육기관에 대한 경비 보조 등 평생학습 기회 확대를 위한 국가 및 지방자치단체의 임무를 법제적으로 명확히 했다는 점에서 긍정적 평가를 받음직하다. 고등교육 기회 확대를 위한 사내대학 양성화와 정보통신매체를 이용한 원격교육 활성화 정책 추진, 평생교육인정체제의 일환으로 평생교육과정 이수자의 학점 또는 학력 인정을 가능하게 한 점 또한 조성정책으로 평가받을 만하다.

6. 학습·고용·문화·복지 연계형 평생학습진흥정책

인적자원개발과 평생교육정책 연계를 통한 학습·고용·문화·복지 연계 정책이 2007년 '인적자원개발기본법'과 '자격기본법' 등 유관 법령 개정을 통해 추진되었다. 이를 근거로 참여정부는 중앙-지역 단위의 인적자원개발과 일터에서의 '일-교육-자격' 체제 구축을 위한 종합계획의 필요성을 인식하고, 〈표 6-3〉과 같은 제2차 '평생학습진흥종합계획(2008~2012)'을 수립, 발표하였다.

동 계획에는 저출산·고령화 및 양극화 현상에 대비해 '학습, 고용, 복지, 문화'를 연계하고, 소외계층에 대한 사회적 공적 지원 시스템을 구축하는 방안이 제시되어 있다. 동 계획은 참여정부 말기에 수립되었으나 이후 이명박정부에 이르러 추진되게 된다. '배우는 즐거움, 일구어 가는 내일, 함께 살아가는 평생학습 사회 구현'이라는 비전을 중심으로 자아실현과 즐거움의 원천으로 '기쁨학습', 불확실한 미래의 방향타 역할로서의 즐거운 학습을 통해 자기주도적으로 미래를 만들어

〈표 6-3〉 제2차 '국가인적자원개발기본계획' 실행을 위한 '평생학습진흥종합계획(2008~2012)'의 주요 정책

구분	자아실현	고용가능성 증진	사회통합 증진
필요성	개인의 성장, 인간의 잠재력 계발과 삶의 질 향상	경제적 경쟁력 확보가 개인 삶의 기회와 질을 결정하므로, 생애에 걸친 고용가능성 증진 필요	사회 결속, 시민성 증진을 통하여 '포용 사회(inclusive society)', '시민 사회(civil society)' 형성
정책 영역	문해교육 등 성인기초교육 문화예술교육	직업능력개발	시민교육 지역사회교육
세부 영역	생애설계 취업·진로교육, 제2인생설계 준비교육, 은퇴 후 생애설계 교육, 생애정리교육, 기본생활 적응교육, 노후대비교육, 건강교육, 노후 건강관리교육	직무기초능력교육, 직업윤리교육, 직무능력 전문화교육, 제2직업준비교육, 창업·전직·전업준비교육, 경력단절 여성 직업교육, 노후 커리어 관리교육	부모역할교육, 자녀교육, 가족갈등해소교육, 세대 간 통합교육, 지역사회 참여교육, 사회봉사활동교육, 사회관계 개선교육

자료: 교육인적자원부(2007). 제2차 '국가인적자원개발기본계획'의 실행을 위한 '평생학습진흥종합계획(2008~2012)'.

가는 '미래학습', 사회적 안전판으로서 사회적 관용과 다양성 증진, 더불어 살아가는 것을 배우는 '통합학습'이라는 3대 비전을 제시하고 있다(교육인적자원부, 2007). 〈표 6-4〉는 제2차 평생학습종합진흥계획의 주요 정책 내용이다.

동 계획의 실현을 위한 추진전략의 일환으로 평생교육진흥종합계획에 제시된 국가평생교육 추진체제 구축은 중앙, 시·도 및 시·군·구의 광역 및 기초 지자체들이 각자 역할을 분담하는 공조체제로 설계되었다. 중점 추진과제로는 '생애단계별 창조적 학습자 육성', '사회통합을 위한 평생학습 관련 기관 참여 및 연계 확대', '평생학습 인프라 구축 및 네트워크 활성화' 등의 세부 정책영역이 제시되어 있다. 이는 평생학습사회를 지탱하는 3대 축으로 개인의 자아실현, 개인의 고용 가능성 증진, 사회통합 증진을 위한 평생학습으로 연결된다. 개인에서 나아가 시민사회의 사회적 포용 증진을 위한 평생학습의 정책 이념을

〈표 6-4〉 제2차 '평생학습진흥종합계획(2008~2012)' 정책영역 및 추진과제

정책영역	추진과제
I. 생애단계별 창조적 학습자 육성	1. 평생학습 중심대학을 통한 성인전기 · 성인중기 평생학습의 내실화 추진 2. 고령사회를 대비하는 성인후기 평생학습의 구체화 3. 전문대학을 활용한 일터-학습 연계 강화 4. 재직자 평생직업능력 향상을 위한 기술계학원 활용 극대화 5. 지역사회 평생학습 문화 확산을 위한 '지역과 함께 하는 학교(초·중등)' 사업 추진 6. 군 평생학습체제 구축 및 활성화
II. 사회통합을 위한 평생학습 관련 기관 참여 및 연계 확대	1. 저소득층, 장애인 등 소외계층을 위한 평생학습 기회 확대 2. 다문화 가정, 새터민 등 신 소외계층을 위한 평생학습 안전망 구축 운영 3. 문해교육 등 성인 기초능력 향상 교육의 체계화 및 실질화 4. 풀뿌리 민주시민교육 및 참여교육을 통한 지역공동체 실현 5. 중앙-지역 단위별 평생교육서비스 네트워크 활성화
III. 평생학습 인프라 구축 및 네트워크 활성화	1. 평생학습 추진체제 개편 및 정책조정 역량 강화 2. 평생교육 전담 인력의 직업적 전문성 확보 및 배치 실질화 3. 평생학습도시 확산 및 내실화 추진 4. 평생교육서비스 제고를 위한 국가평생교육정보망으로서 '국가평생학습 지도' 구축 5. 국가자격체제와 학습계좌제의 연계로 교육훈련-자격-학력이 동등하게 인정받는 능력사회 구현 6. 국제 파트너십 구축과 평생학습의 국제교류 및 협력사업 확대 7. 즐거운 학습문화 확산을 통한 평생학습의 내재화 및 생활화

자료: 교육인적자원부(2007). 제2차 '국가인적자원개발기본계획' 실행을 위한 '평생학습진흥종합계획(2008~2012)'.

담고 있다(교육인적자원부, 2007).

이러한 진흥계획의 수립, 실천은 참여정부 평생학습 진흥을 위한 획기적인 성과의 하나로 평가된다. 참여정부는 국가인적자원개발기본계획의 실행을 위한 평생학습진흥종합계획을 수립함으로써 국가균형과 혁신을 내세우는 참여정부의 지역혁신체계 구축을 완성하고자 하였다. 이전 정부의 교육개혁과 같은 실패를 반복하지 않기 위해서 지역인적자원개발, 지역평생학습과 긴밀한 연계가 무엇보다 중요함을 시사하는 것으로 이후 평생교육정책이 지역 수준을 넘어, 국가 수준에

서 그리고 '평생교육법', '국가균형발전특별법', '인적자원개발기본법' 관계 내에서 통합적으로 구축되어야 함을 강조하고 있다.

7. 세계화·정보화 사회에서의 국가평생학습추진체제 구축정책

2008년 2월 출범한 이명박정부는 교육인적자원부를 교육과학기술부로 개편하면서 교육과 과학기술을 통합하였다. 이명박정부가 추진한 핵심적 평생교육진흥 정책의 하나는 다원화 사회에 걸맞는 맞춤형 학습기회 제공과 학습권 보장을 위한 '국가평생교육 추진체제'의 확충이었다. 중앙의 교육부와 국가평생교육진흥원(NILE)[7]을 축으로 광역지자체 평생교육진흥원과 시·군·구 평생학습관들이 유기적으로 선순환 연계될 수 있도록 하는 국가평생교육 추진체제를 공고히 하고 있다. 동 기구의 출범을 통해 그간의 평생교육평가인정체제로서의 평생학습계좌제와 대학평생교육의 활성화는 물론 오랫동안의 숙원 사업이었던 소외계층 지원사업과 지역 기반 지자체 평생학습도시조성사업이 활성화되는 등 국가 평생학습추진체제가 탄력을 받게 되었다. 동 기구의 출범은 국가 수준의 평생학습추진 전담기구가 발족되었다는 점만으로도 교육사에 남을 만한 성과로 꼽힌다(이희수, 2015).

이명박정부의 핵심적인 평생학습정책은 전 국민 학습이력시스템

---

7 국가평생교육진흥원은 모법인 '평생교육법'을 근거로 설립된 기구이다. '평생교육법' 제19조 4항에는 국가평생교육진흥원의 주요 업무를 다음과 같이 명시하고 있다. ① 평생교육진흥을 위한 지원 및 조사 업무, ② 평생교육진흥위원회가 심의하는 평생교육진흥기본계획 수립의 지원, ③ 평생교육프로그램 개발의 지원, ④ 평생교육사를 포함한 평생교육 종사자의 양성·연수, ⑤ 평생교육기관 간 연계체제의 구축, ⑥ 시·도 평생교육원에 대한 지원, ⑦ 평생교육 종합정보시스템 구축·운영, ⑧ '학점인정 등에 관한 법률' 및 '독학에 의한 학위취득에 관한 법률'에 따른 학점 또는 학력인정에 관한 사항, ⑨ 학습계좌의 통합관리·운영, ⑩ 그 밖에 평생교육진흥원의 목적수행을 위하여 필요한 사업 등이다.

이자 사회적 인증 시스템인 '평생학습계좌제'의 확대 적용과 '평생학습중심대학' 추진사업을 통한 단과대학 수준의 대학평생교육 활성화 그리고 평생학습도시 조성정책의 확대 등이다. 창조 실용 정부를 표방하며 출범한 이명박정부는 대한민국 인재강국을 비전으로 2080 평생학습국가 건설 프로젝트를 출범시킨 바 있다. 동 프로젝트의 핵심은 평생학습계좌제와 평생학습중심대학과 평생학습도시라는 세 가지 정책과제이다(최운실, 2008).

동 프로젝트(2008)에서는 새로운 교육문명의 도래와 그로 인한 평생학습체제 구축의 필요성을 ① 국가 이념형 교육에서 시민사회·세계보편가치 이념형 교육, ② 국가관리 국민인력양성에서 개인관리 평생학습, ③ 생애초기 보편교육에서 전생애에 걸친 개인계속교육, ④ 의무공교육제도에서 학습인증제도로, ⑤ 피라미드식 제공 체제에서 네트워크형 상호인증체제, ⑥ 시·공간적 제약 제도에서 IT활용에 따른 열린 학습으로의 변화 등으로 지적하고 있다.

평생학습 중심대학사업은 2차 평생학습진흥계획에 제시된 생애단계별 창조적 학습자 육성이라는 정책목표와 연동되어 있다. 평생학습중심대학은 성인 전기, 성인 중기 평생학습의 내실화 추진을 위한 방책으로서 거점기관의 역할을 하게 된다. 지역특성을 반영한 대학 성인교육과정 개발 및 개방적 학사체제 개편을 도모하는 대학을 육성하는 전략이다. 평생학습중심 대학운영의 근본적 패러다임은 시범도입기, 확산·발전기, 고등교육기관의 체제 변환기 등으로 구성되는 3단계 전환 모델을 전제로 한다. 시범도입기에는 대학과 지역 기업, 지자체, 시민단체 등이 네트워크를 통해 성인 전기, 중기 학습자 대상 교육과정을 운영한다. 확산·발전기는 학령기 학생 중심의 대학교육과정 변화를 유도하는 모듈화된 표준화 교육프로그램 확산과 독자적 준학위과정 등 대안적 고등교육 학위체제를 운영하게 된다. 고등교육기관의 체제 변환기는 평생교육 학부나 단과대학 설치 등 성인학습자 중심의 대학을 운영하는 자생적 독립운영시기이다. 평생학습중심대학육성 정책이 성공하기 위해서는 대학부설 평생교육원 운영 내실화 정책과 평생학습정책 중점 연구소, 시간제 등록생 제도, 대학 교양 교육과정 개편이라는 4대 세부 과제가 전제로 제시되어 있다. 전담교수의 확보와 전문인력 배치 등 조직개편, 소외계층을 위한 평생직업교육과정 운영 등이 병행적으로 이루어져야 하며 성인교육 중점대학인 안드라버시티(andraversity) 모형 등 중·장기적인 평생학습정책 연구·개발이 전제되어야 함을 강조하고 있다. 시간제 등록생 제도 개선 또한 선결요건으로 포함되어 있다(최운실, 2008).

평생학습계좌제 정책은 국가자격체제와 학습계좌제의 연계를 통해 교육 훈련·자격·학력이 동등하게 인정받는 능력사회를 구현한다는 목표하에 평생학습도시를 중심으로 학습결과 표준화 시범사업을 추진하는 단계와 확산 단계로 전국 규모 학습결과 표준화 사업으로 확대하는 단계 그리고 평가·인정 단계로 기존의 고등교육기관 중심의 학점은행제를 전국적인 학습결과 표준화 사업과 연계, 추진하는 단계이다. 4단계는 전 생애단계별 학습계좌제이다. 학습결과에 대한 평가 인정을 통해 참여자의 학습계좌가 완성되는 단계이다. 학습계좌제의 실시를 위해서는 개인별 학습이력 및 결과 등을 체계적으로 누적·관리할 수 있는 계좌제 정보시스템 구축이 전제되어야 한다. 동시에 국가자격체제와의 연계를 위해 산업계 중심의 산업수요 조사를 기반으로 NCS 개발 및 활용 확대 정책을 포함하고 있다(최운실, 2008).

이명박정부와 이후 박근혜정부에서 지속적인 관심을 갖고 추진하는 평생학습정책은 지자체를 중심으로 한 학습도시 활성화와 확대 조성정책이다. 평생학습도시 조성사업의 확산으로 기초 지자체장 중심의 해당지역 평생학습도시 활성화와 특화가 성과를 거양하였으나 향후 평가인증 및 질 관리 등을 통한 내실화 필요성과 1도시 1특성화 프로그램 지원 등을 통한 특화도시 유도 및 우수사례 발굴 정책 등이 필요한 것으로 나타나고 있다(교육부, 2013). 평생학습도시의 성패를 가르는 관건 요건이 되는 전담인력인 평생교육사 확보와 역량강화 그리고 자생적 학습 시스템 구축과 질 관리를 위한 성과평가 등이 중요한 정책으로 추진되고 있다.

행복학습을 비전으로 학습도시들이 평생학습공동체와 마을공동체를 조성하는 사업 또한 크게 확산되고 있다. 2016년 현재 박근혜정부에 들어 지역 기반의 학습공동체 네트워크 구축 사업인 학습도시가 전국 143개로 확대되고, 전국의 읍면동 마을에 '행복학습관'을 중심으로 한 마을공동체 조성 사업이 활성화되는 등 행복학습을 기치로 한 100세 시대 평생학습지형도가 확산되는 성장기를 맞고 있다. 소외계층을 위한 다문화교육과 노인교육, 인생 2모작 베이비부머들의 전환학습지원정책 등 본격적인 다원화 평생학습 지원정책이 추진되고 있다. 대학평생교육이 평생교육단과대학 등으로 확대, 발전되어 본격적인 성인고등교육시대를 개진하고 있으며 모바일과 유러닝 등을 결합한 'MOOC 기반형 평생학습'이 활성화되고 있다.

IV. 미래 세대를 위한 제언

1. 요약 및 시사점

이 절에서는 이상에서 살펴본 한국 평생학습정책 변천사 분석결과를 근간으로 정책 패러다임과 주요 정책기조를 분석하고 시사점을 도출해 보고자 한다. 한국의 평생학습정책은 계속해서 확대 및 전환의 부침을 거듭하며 변화해 왔으며, 평생교육 유관정책과 법제 및 행정조직 등이 지

〈표 6–5〉 역대 정부별 평생학습 추진정책 패러다임 변화

시대	국가 재건기 (1945~1959)	산업화기 (개발연대) (1960~1979)	국가주도 교육 기반 조성기 (1980~1987)	민주화 출범기 (1988~1997)	민주화 확산기 (1998~2002)	민주화 성숙기 (2003~2007)	민주화 선진화기 (2008~2016)
정권	미군정기와 이승만정부	박정희정부	전두환정부	노태우·김영삼정부	김대중정부	노무현정부	이명박·박근혜정부
패러다임 변화	미군정기와 제1, 제2 공화국	제3, 제4 공화국	제5공화국	제6공화국 문민정부	국민의 정부	참여정부	이명박 박근혜정부
평생교육 정책 기조	문맹퇴치 성인 기초교육정책	지역사회개발형 국민운동 사회 교육정책	평생교육 기반 조성 법제화 추진정책	열린 학습사회 평생교육체제 확충정책	인적자원개발 관점의 평생학습 조성정책	학습·고용·문화 복지 연계형 평생학습정책	세계화 정보화 디지털화 다원형 평생교육활성화 정책
교육정책 추진 전담 조직	미군정 당국 및 문교부 성인 교육국 문화국	문교부 문예국 사회 체육국 사회 교육국	문교부 사회직업 교육국 사회국제교육국	교육부 사회국제교육국 평생교육국	교육부 평생교육국 평생직업 교육국 교육인적 자원부 인적자원 정책국	교육인적 자원부 평생직업 교육국 평생학습국	교육과학 기술부 평생직업 교육국 평생학습 정책과 교육부 평생학습 정책과
핵심 평생 교육 정책	국가문맹퇴치 5개년계획 국문보급운동	재건국민운동 새마을 교육운동 지역사회 교육운동	헌법에 평생교육 의무조항 사회교육법 제정	5·31 교육개혁 열린 학습사회 진흥 신교육체제	인적자원개발 기본계획 평생학습종합 진흥계획	인적자원개발-평생교육정책 연계 학습·고용·문화·복지 연계정책	학습 복지와 행복 추구 학습공동체 구축 다원화 평생학습정책
법제 기반	성인교육법안 사회교육법안	교육법	헌법 사회교육법	평생학습법 시안	평생교육법	개정 평생교육법	개정 평생교육법
정책 추진 방식	국가주도의 강력한 정책 추진	강력한 관제형 국민운동 추진	국가주도 강력한 관제형 하향식 정책추진	민주화 방식 합의형 상향식 정책추진	국가정책 추진 시스템을 통한 효율적 정책추진	참여와 민주적 합의 방식을 통한 네트워크형 정책 추진	평생교육전담 기구를 통한 전문화 방식의 다원적 정책 추진

속적으로 확대, 발전되어 왔고 이를 현실화하려는 실천적 노력이 가시화되어 왔다. 평생교육정책의 기획 및 집행 및 성과 거양을 위한 매우 의미 있는 노력과 정책 실천의 구동력이 높음을 시사한다.

한국 평생학습 정책 변천사를 시대별, 역대 정부별로 구분하여 ① 국가재건기의 성인기초교육정책, ② 개발연대 국민운동으로서의 사회교육정책, ③ 국가 주도형 평생교육 법제 기반조성정책, ④ '열린 학습사회'를 위한 평생학습체제 확충 정책, ⑤ 인적자원개발 관점에서의 평생학습진흥정책, ⑥ 학습·고용·문화·복지 연계형 평생학습정책, ⑦ 다원화사회에서의 평생학습 활성화 정책 등의 측면에서 논의하고 다음과 같은 몇 가지 측면에서 미래를 위한 시사점과 제언을 도출하고자 한다.

첫 번째로 국가 재건기(1945~1959)는 국가 주도의 강력한 정책 추진을 통한 문맹퇴치 성인기초교육정책 추진기에 해당된다. 이 시기에는 미군정 당국과 문교부 성인교육국 및 문화국을 중심으로 국가 차원에서 대대적인 관주도의 전국적 국문보급운동과 국가문맹퇴치 5개년 계획이 추진된 시기였다. 이를 위한 법제 기반 조성을 위해 비록 제정에까지 이르지는 못했지만 성인교육법안과 사회교육법안 마련을 통해 이후 평생교육진흥을 위한 법제 기반의 초석을 마련하였다.

이 시기의 평생교육 추진은 오늘의 평생교육정책에 다음과 같은 시사점을 제공한다. 문맹퇴치형 성인교육을 단순한 정책적 수단으로 간주할 것이 아니라 주권국가 국민으로서의 민도 향상과 이들을 위한 학습권 차원에서 접근할 필요가 있다. 높은 문맹률은 성인 문해교육을 중심으로 한 계몽형 성인교육의 추진과 재교육을 통한 식민주의 교육 청산 및 민주주의 정신 함양과 성인교육 교사 양성의 필요를 시사한다. 교육적 배경만으로 미군정기와 정부수립 초기의 성인교육을 이해하는 것은 한계가 있다. 주권국가로서의 민주주의 도입과 냉전의 형성이란 정치적 배경을 근간으로 성인기초교육의 의미와 방향을 이해하기 위한 노력이 필요하다(이희수, 2015).

두 번째, 산업화기 개발연대(1960~1979) 국민운동으로서의 사회교육정책 시기는 일견 관주도의 운동적 사회교육 모델이 성공을 거둘 수 있다는 가능성을 보여 주는 사례로 이해될 수도 있으나 그보다는 오히려 그 한계를 보여 주는 시기였다는 의의를 지닌다. 교육과 학습을 계몽이나 경제적 관점에서 지나치게 관주도의 하향식 정책으로 접근함에 따른 한계와 문제점을 분석할 필요가 있다. 자발적 참여에 기반한 시민운동과 교육전략을 구사하여 자생적 운동으로서의 평생학습 촉발을 위한 정책 구안이 필요함을 시사한다.

세 번째, 국가주도 교육기반 조성기(1980~1987)의 평생교육은 법제 기반조성정책을 근간으로 하는 법치주의 행정 평생학습 추진정책의 중요성을 시사한다. 제5공화국에서 헌법에 국가의 평생교육 진흥 의무조항을 명문화한 것은 그런 점에서 매우 의미 있고 중요한 전략적 선택이었던 것으로 보인다. 그러나 이후 '사회교육법'과 '평생교육법' 제정 등에 있어 헌법의 진흥조항이 퇴색된 많은 문제점과 한계가 노정되고 있는 만큼 평생학습 지원조성이라는 차원에서 이념과 실천 간의 괴리와 상치가 없는 실효성 있는 법제를 조성하기 위한 노력이 후속될 필요가 있다. 제5공화국 교육개혁은 근본적 문제제기라기보다 기술적이고, 기능적인 차원에서 제시된 체제 유지 목적의 교육개혁이었다. 국가교육개혁의 기본 이념으로 '평생교육적 인식' 확립의 중요함을 역설하고 이를 위해 학교교육 중심 체제로부터 '평생교육 중심 체제'로의 전환을 시도했어야 하나 그렇지 못했다. 초·중등학교를 비롯하여 대학의 평생교육 프로그램을 강화하고, 지역별 '평생교육센터'를 설립하며, 공공도서관을 확충해 나가고, 교육방송국 설립을 통한 방송의 사회교육 기능 활성화와 사회교육 전문인력 양성 및 평생학습체제 구축을 위한 행·재정적 지원체제를 구축, 강화해야 한다. 이러한 정책들이 실제 현장에서 구동되지 못한 채 개혁안으로만 제시되는 데 그쳤다는 평가를 받고 있다.

네 번째, 민주화 출범기(1988~1997)의 열린 학습사회를 위한 평생교육체제 확충정책의 경우, 문민정부의 5·31 교육개혁과 같이 국정 개혁의 선두 과제를 평생교육정책에 두고 다각적 정책 경로와 전략을 통해 접근했던 사례는 드문 것으로 나타난다. 그 결과 동 정책들은 오늘날까지도 평생학습정책의 백미로 불릴 만큼 높이 평가되고 있으며 후속 정책에 대한 파급효과와 성과도 매우 높은 것으로 평가받고 있다. 오늘날 우리의 평생학습정책이 이 정도 수준의 선진 반열에 오를 수 있었음은 또한 상기 정책의 후광효과에 힘입은 바 크다. 당시 제안된 제도들이 거의 전부 현재의 평생학습제도와 정책을 통해 현실화되고 있고 실효를 거두고 있는 만큼 열린 학습사회 구현을 위한 5·31 교육개혁의 개혁안에 대한 후속 조치 발굴과 세부적 실현이 중요함을 시사한다.

다섯 번째, 민주화 확산기(1998~2002) 인적자원개발 관점에서의 평생학습진흥정책은 인적자원정책이 광의의 평생학습의 한 영역임에도 불구하고 정책상 개념적 호도와 본말의 전도가 빚어진 만큼 이를 바로잡는 개념모형과 추진모형의 구분이 전략적으로 필요함을 시사한다. 국민의 정부에서 인적자원개발 관점에서 평생학습정책을 수립하고 추진함에 있어 국가 차원에서 교육부를 교육인적자원부로 개편하여 부총리 부서로 승격하여 확대 개편하고 '인적자원개발기본법'을 제정하며 국가인적자원개발기본계획을 수립하고 관련 기구 및 조직을 정비하는 등 전력투구했음에도 불구하고 그리 긍정적이지 않은 평가를 받았음에 주목할 필요가 있다. 이후 다시 교육인적자원부가 정권이 끝난 후 바로 교육과학기술부로 전환되었다가 현 정부 들어 다시 교육부로

회귀하게 된 원인과 대책을 평생학습정책과 연계하여 총체적으로 분석할 필요가 있다.

여섯 번째, 민주화 성숙기(2003~2007) 학습·고용·문화·복지 연계형 평생학습정책의 경우는 과거형 정책이 아닌 현재진행형의 네트워크 평생학습정책이다. 이 시기의 평생학습정책은 2차 평생학습종합진흥계획을 근간으로 도출되었다. 종합진흥계획의 성과물로 도출된 정책이니 만큼 향후 지속적으로 이미 수립된 1차에서 2차 그리고 3차에 이르는 국가평생교육진흥종합계획을 영역별, 내용별, 대상별, 전략별로 심층분석, 진단하여 반영할 필요가 있다. 향후 명실상부한 네트워크 연계형 평생학습정책이 성공적으로 구동될 수 있도록 연결해 나가는 노력이 필요함을 시사한다.

마지막으로 선진화기(2008~2016)의 평생학습 활성화 정책의 경우는 현재 분석·제시된 평가인정체제로서의 학습계좌제 정책이나 대안형의 대학평생교육, 학습도시 조성정책뿐만 아니라 100세 시대 전 생애주기 관점에서의 다원화된 평생학습 조성정책과 맞춤형 학습자 지원정책, 대상특화형 평생학습지원정책, 미래지향적인 인공지능 초정밀 디지털시대의 평생학습정책 등 미래지향적이면서도 다각적인 평생학습활성화 정책의 강구가 필요함을 시사한다. 온라인과 오프라인을 결합한 블렌디드 평생학습정책이나 딥러닝, 모바일 러닝, 인공지능 시대의 평생학습정책 등 미래지향형 평생학습의 새로운 지평을 열어 가는 정책 방안 강구가 요청된다.

2. 미래 리더를 위한 제언

지금까지 광복 70년을 맞으며 평생학습정책의 어제와 오늘 그리고 내일을 가늠하기 위한 정책 동향과 시사점 등을 분석, 도출하는 작업을 하였다. 해방 이후 70년간 한국의 교육정책 중 평생학습 분야의 정책을 개관·분석하면서 교육개혁의 흥망성쇠와 질곡의 변천사를 만나볼 수 있었다. 이를 통해 교육정책 측면에서 몇 가지 제언을 하고자 한다.

첫째, 정책 환경으로서의 미래 사회 조감 능력과 미래 예견력을 배양하는 것이 중요하다. 정책은 진공 속에 존재하는 것이 아니라 맥락과 내외부적 환경 그리고 역사 속에 오롯이 존재하는 것이다. 정책 리더들은 예측하기 어려운 불확실성의 급변하는 정책 환경 속에서 과거 지향적으로 안주하지 말고 어제와 오늘을 되새겨 미래를 날카롭게 예견하고 비견해 보는 안목과 식견을 길러야 한다.

둘째, 정책분석과 연구에 있어 가장 중요한 것은 무엇보다 충분한 전문성을 갖춘 예리하고 통찰력 있는 정책연구자와 학자이다. 연구자 자체가 정책 연구와 분석의 도구가 된다. 미래를 향한 교육정책 수립의 시사점을 도출함에 있어 그 기반은 철저하고 탄탄한 철학적 기반과 인문학적 통찰력 그리고 역사적 안목에 근거해야 한다. 정책을 기술공학적으로만 도출하는 것은 매우 위험한 일이다. 이를 위해 다학문적인 공부를 통한 정책 아이디어 도출과 이를 위한 집단 지성 훈련에 익숙해져야 한다.

셋째, 부분이 아닌 총체적 관점에서 정책을 크고 넓게 바라볼 수 있는 조감능력을 갖추어야 한다. 근세사의 정부 수립기 이후 2016년 현재까지의 교육정책을 통시적 관점에서 시계열적으로 분석하는 일이 매우 중요함을 발견할 수 있었다. 해방 이후 한국의 교육정책 역사는 시대별 배경과 동시대의 사회 문화적 배경을 근간으로 형성된 당대의 핵심적인 정책들이 고스란히 녹아들어 있었다. 시대별 정책의 공과분석에 대한 지속적인 연구개발과 후학들의 예리한 정책적 안목에 따른 분석이 절실히 필요한 대목이다.

넷째, 지난 시대의 교육정책 사료와 원자료들이 매우 부족함을 발견한바 교육정책 자료의 데이터베이스화와 빅데이터화의 과제가 절실하다. 편년체적 역사 사료의 사실적 나열로 그치기 쉬운 교육정책 역사 분석 작업을 시도하면서 자료의 한계를 절감한 수 있었다. 기초 자료 자체가 수집되어 있지 않은 상태에서 자료 수집과 정책적 분석을 동시에 시도하는 일이란 쉽지 않다. 70년사의 교육정책 분석을 위한 70년간의 사료를 수집하고 이를 국가기록원이나 교육부 교육사료 역사박물관 등을 통해 축적 제시할 필요가 있다.

다섯째, 광복 70주년 교육정책 변동사를 살펴봄에 있어 그 후속작업으로 시대별, 정책영역별로 교육정책 백서를 발간하고 이를 한국 교육 70년사 통감 형태의 총서 시리즈로 발간하기 위한 후대 연구자들의 관심과 역사 연구 활동이 기대된다. 한국 교육정책의 새로운 시대를 여는 차세대 미래연구자들의 연구자적 역량강화와 신선한 관점의 형성 그리고 무엇보다 건설적인 비판적 관점의 교육정책 역사에 관한 후속적 연구작업을 기대한다.

참고문헌

강인수(1980). 「한국 제헌 국회의 교육법 제정 과정 연구」. 고려대학교 석사학위논문.

권대봉(2007). 「공공정책으로서 평생학습: 한국· 평생교육정책의 변화와 특징 분석」. 『평생교육학연구』 13(4).

권두승(1992). 「한국 사회교육의 변천에 관한 사회학적 분석」. 고려대학교 박사학위논문.

권두승(1998). 『사회교육법규론』. 교육과학사.

권두승(1999). 「지식 기반 사회에서의 평생교육법 개정 방향과 과제」. 『1999년 연차대회 자료집』. 교육법학회.

공은배 외(2001). 『평생교육 종합발전계획 수립연구』. 한국교육개발원.

교육개혁심의회(1986). 『교육개혁추진상황』.

교육개혁심의회(1987a). 『10대 교육개혁』.

교육개혁심의회(1987b). 『21세기를 향한 한국교육 최종보고서 III』.

교육개혁심의회(1996a) 『신교육체제수립을 위한 교육개혁방안 III』.

교육개혁심의회(1996b). 『세계화· 정보화 시대를 주도하는 新교육체제 수립을 위한 교육개혁 방안』.

교육개혁심의회(1996c). 『열린 학습사회를 위한 사회교육 개혁방안』.

교육개혁심의회(1997). 『한국교육개혁백서』.

교육부(1996). 『평생교육진흥종합계획』.

교육부(1997). 『평생교육백서』.

교육부(1998a). 『교육 50년사: 1948~1998』.

교육부(1998b). 『평생교육백서』.

교육부(1999). 『국민의 정부 교육개혁 추진 상황』.

교육부(2000). 『평생교육법·평생교육법시행령·평생교육법시행규칙 해설자료』.

교육부(2013). 『평생교육백서』.

교육인적자원부(2002). 『평생교육백서』.

교육인적자원부(2003). 『국민의 정부 교육인적자원백서』.

교육인적자원부(2004~2005). 『평생교육백서』.

교육인적자원부(2007). 「'국가인적자원개발기본계획' 실행을 위한 '제2차 평생학습진흥종합계획(2008~2012)'」.

교육인적자원부(2007~2008). 『평생교육백서』.

교육과학기술부(2009~2011). 『평생교육백서』.

교육정책자문회의(1991). 『제1차 종합보고서교육발전의 기본구상』.

교육정책자문회의(1992a). 『21세기 한국교육의 선택』.

교육정책자문회의(1992b). 『제2차 종합보고서: 교육발전의 기본구상』. 교육정책자문히이.

김기석·유성상(2001). 「미군정기 남한에서의 문맹퇴치운동. 1945~48」. 김종서 편. 『한국 문해교육 연구』. 교육과학사.

김문희(1983). 「평생교육법의 제정 의의와 평생교육 발전을 위한 당면과제」. 『국회보』 199.

김민호(1995). 「제6공화국 노동교육정책 내용의 분석」. 『사회교육학연구』 1(1).

김숙의(2000). 「교육부 직제 변천에 관한 연구」. 건국대학교 박사학위논문.

김승식(1948). 『조선연감』. 여강출판사(1986년 영인본).

김신일(1987). 『사회교육의 진흥방향과 과제』. 교육개혁심의회.

김신일 외(1990). 「평생교육 실현을 위한 평생교육관련법령 정비에 관한 연구」. 『한국평생교육협회 연구보고서』. 한국평생교육협회.

김신일·박부권(2005). 『학습사회의 교육학』. 학지사.

김종서(1962). 『문맹퇴치와 사회교육』. 현대교육총서출판사.

김종서(1987). 『평생교육원론』. 교육과학사.

김종서(1994). 『한국산업사회의 사회교육방안』. 한국정신문화연구원.

김종서 외(1980). 『사회교육 체제 확립 방안』. 한국사회교육협회.

김한별(2014). 『평생교육론』. 학지사.

김홍원(1989). 「최고정책자문기구에 관한 평가연구: 교육개혁심의회를 중심으로」. 중앙대학교 박사학위논문.

남정걸·권이종·최운실(2000). 『평생교육행정 및 정책』. 교육과학사.

노상우(1998). 「김영삼 정부의 교육개혁 이념의 문제와 한계, 그리고 대안적 담론 모색」. 『교육학연구』 36.

노일경(2000). 「한국사회교육학의 성립과정과 이념적 지향성에 관한 연구」. 서울대학교 석사학위논문.

문교부(1988). 『문교40년사』.

박경재(2002). 『평생교육법 개정방안에 관한 연구』. 교육부.

배천웅·현주(1987). 『학교의 사회교육적 기능 제고에 관한 연구: 학교 새마을 교육을 중심으로』. 한국교육개발원.

변종임 외(2004). 『정부부처별 평생교육 관련 정책 탐색: 국가평생교육정책 현황 분석』. 한국교육개발원.

서정화(2002). 「교육개혁 추진에 대한 반성과 향후 과제」. 『교육개혁포럼 주최 심포지움 교육개혁의 평가와 향후과제 자료집』. 교육인적자원정책위원회.

신현석(2003). 「국민의 정부 교육개혁 평가」. 『교육문제연구』 18.

신현석(2005). 「교육개혁의 이념과 철학」. 『2005년도 연차학술대회 자료집』. 한국교육개발원.

안병영·하연섭(2015). 『5·31 교육개혁 그리고 20년』. 다산출판사.

오천석(1975a). 『민주주의 교육의 건설: 민주교육을 지향하여』. 광명출판사.

오천석(1975b). 『한국신교육사』(하). 광명출판사.

오혁진(2009). 「개념 정의 분석을 통한 평생교육학과 사회교육학의 학문적 정체성 탐색」. 『평생교육학연구』 15(4).

오혁진(2011). 「1990년대 말 평생교육법 제정 과정 분석을 통한 평생교육 개념 혼란의 기원과 논리 검토」. 『평생교육학연구』 17(1).

유네스코한국위원회(1973). 「평생교육세미나 보고서」.

윤복남(1990). 「한국 문해교육의 사회사적 고찰」. 고려대학교 박사학위논문.

이돈회 외(2015). 『한국의 교육 70년』. 한국학중앙연구원.

이상진(2008). 「평생교육법에서의 평생학습체제 구상」. 한국교육개발원·한국평생교육학회 편. 『21세기 평생학습사회 도래와 새로운 학습체제 구상』. 한국교육개발원.

이정미(1994). 「교육개혁안 집행과정에 영향을 미친 요인에 관한 연구」. 서울대학교 석사학위논문.

이종재 외(1981). 『한국인의 교육관: 전형적 특성과 갈등』. 한국교육개발원 연구보고 RR-142.

이희수(1996). 「미군정기 성인교육의 정치사회화 기능」. 중앙대학교 박사학위논문.

이희수(2015). 「해방 후 평생학습의 전개과정 분석: 신사회운동 관점에서」. 『한국평생교육』. 국가평생교육진흥원.

이희수·백평구(2010). 「전략적 사고에 기초한 평생교육 정책 분석과 시사점: 평생교육법 개정 이후를 중심으로」. 『평생교육학연구』. 한국평생교육학회.

이희수·히고 코우세이(2007). 「초기 평생교육학의 태동과 발전(해방 후~1970년대)」. 한국평생교육학회 40주년 기념 학술세미나. 『한국 평생교육학 40년의 회고와 전망』. 한국평생교육학회.

이희수·권인탁·송병국·양병찬·이성엽·백미현(2014). 『대학중심 평생학습활성화 지원사업 중장기 발전방안 연구』. 국가평생교육진흥원.

전광수(2013). 「한국 사회교육법 성립의 역사적 변천과정연구」. 공주대학교 박사학위논문.
전영평(1998). 「김영삼 정부의 교육개혁 정책: 평가와 과제」. 『한국행정논집』 10(3).
정지웅(1997). 「사회교육의 개념과 사회교육학의 과제 탐구」. 『사회교육학연구』 3(2).
정지웅·김지자(1990). 『사회교육학개론』. 서울대학교출판부.
조석호·최운실(1986). 『평생교육 진흥방안』. 한국교육개발원.
조옥준(1992). 「제5공화국 교육개혁심의회의 교육개혁 성격에 관한 분석」. 중앙대학교 석사학위논문.
중앙교육심의회(1988a). 『1988년도 연차보고서』. 중앙교육심의회.
중앙교육심의회(1988b). 『교육개혁방안의 종합적 평가분석』. 중앙교육심의회.
차갑부(2012). 『평생교육론: 모든 이를 위한 평생학습』. 교육과학사.
최운실(1993). 『한국 사회교육의 과거·현재·미래 탐구』. 한국교육개발원.
최운실(2004). 「한국의 대학 평생교육 발전 모델 탐구」. 『평생교육학연구』 10(4).
최운실(2006). 「문민정부의 교육개혁과 평생교육정책 공과분석」. 『교육종합연구』. 교육종합연구소.
최운실(2008). 『학점은행제 정착과 활성화 방안 연구』. 한국교육개발원.
최운실·김진화(2006). 「한국 평생교육학 40년의 회고와 전망」. 한국평생교육학회 40주년 기념 학술세미나.
최운실·백은순(1990). 『한국의 문해실태와 문해교육』. 한국교육개발원.
최운실·백은순·최돈민(1993). 『한국 사회교육의 과거·현재·미래 탐구』. 한국교육개발원.
최운실 외(1992). 『한국 사회교육의 실상과 미래 전망 연구 I: 한국 사회교육의 발전과정 및 특성 분석 연구』. 한국교육개발원.
최운실 외(1999). 『평생교육의 법적제도 및 행정 지원체제 구축 방안 연구』. 교육부 학술지원정책연구.
최운실·이희수(1987). 『학교체제와 연계한 평생교육체제 구축 방안』. 한국교육개발원.
최운실·이희수(2003). 「생애단계에 따른 평생교육 체제 모델 탐색」. 『평생교육학연구』. 한국평생교육학회.
최운실·이희수(2005a). 『평생교육 정책 공과 분석 연구』. 한국교육개발원.
최운실·이희수(2005b). 「학습국가 실현을 위한 평생교육법의 합리적 개선 방향」. 한국평생교육학회 제3차 평생교육포럼 기조강연.
최은수(2012). 『평생교육정책론』. 학지사.
총무처 행정관리국(1988). 「대한민국 정부조직 변천사」. 총무처.
평생교육진흥원(2010). 『평생학습도시 조성사업 백서』.

한국교육개발원(2003). 『국민의 정부 교육정책의 평가』. 한국교육개발원.
한국교육십년사간행회(1960). 『한국교육십년사』. 풍문사.
한국학술진흥재단 광복50주년기념사업위원회(1995). 『광복50주년 기념논문집: 교육』. 한국학술진흥재단 광복50주년기념사업위원회.
한숭희(1998). 「성인교육의 비판적 담론과 한국사회교육연구」. 『사회교육학연구』 4(2).
한숭희(2005). 「문민정부의 교육개혁과 평생교육」. 『2005년도 연차학술대회 자료집』. 한국교육개발원.
한준상(1997). 『한국교육개혁론』. 학지사.
한준상(2002). 「평생학습진흥정책의 개발과 향후 과제」. 『2002 한국 교육평론 국민의 정부 교육 정책의 평가』. 한국교육개발원.
한준상(2013). 「미래 한국 평생교육정책의 비전」. 『한국 평생교육』. 국가평생교육진흥원.
황종건(1978). 『한국의 사회 교육』. 교육과학사.
황종건(1994). 『사회교육의 이념과 실제』. 정민사.
황종건 외(1962). 『사회교육』. 현대교육총서출판사.

4부

교육여건 및 지원정책

7장 /

교직원정책의 변동

서정화

I. 서론

1. 교직원정책의 개념 및 포괄 영역

해방 이후 70년이 경과하는 동안 우리나라는 여러 부면에서 엄청난 변화와 경이적인 발전을 이룩하였다. 이러한 발전을 가져오는 데는 교육이 핵심 동인으로 인식되고 있고, 여기에는 교직원들의 헌신적인 노력과 열정이 핵심 관건이 아닐 수 없다.

교직원정책은 교직원을 관리하고 지원하기 위한 계획 수립과 결정, 실천, 그리고 평가하는 일련의 활동이라 할 수 있다. 즉, 교육활동을 수행하는 교원과 이들을 지원하는 직원을 확보하고 그들의 능력을 개발하며, 유지·보존하는 일에 이르기까지 교직원을 총체적으로 지원하고 관리하는 정책을 입안, 실천, 평가하는 행위이다. 여기에는 수급계획과 양성, 임용, 평가, 연수, 보수체계 운영, 근무환경 조성, 단체활동 등이 포함된다.

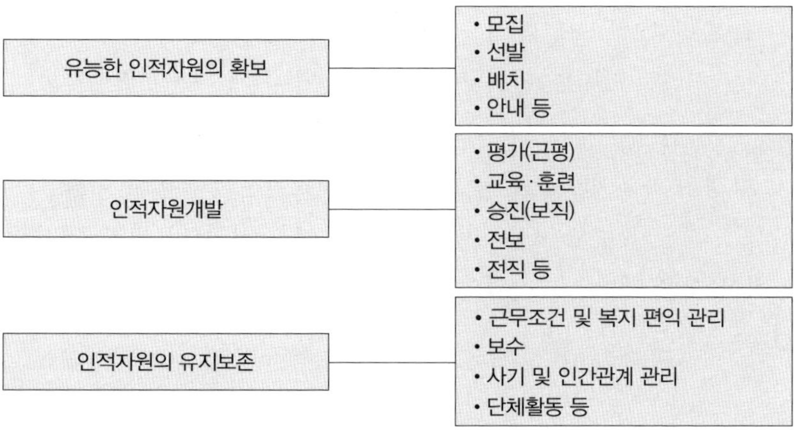

〈그림 7-1〉 교직원정책의 주요 영역

자료: 서정화 외(2011b: 20).

2. 주요 교직원정책의 변동 개관

그동안 교직원정책은 여러 차례의 변동을 거치면서 교육발전을 유도하고 촉진해 왔다. 교직원은 일반적으로 교원과 이들을 지원하는 직원들을 포함하는 개념이다. 그러나 직원들은 경력직과 특수경력직을 포함하고 있어 여기서는 교육활동을 주도적으로 수행하고 있는 교원을 주로 다루고 교육전문직과 일반직, 그리고 대학 교직원 부분은 관련사항만 다루기로 한다.

교직원정책의 흐름을 개관하면 다음과 같다.

1) 교직원정책의 기반 조성(해방 이후~1960)

1945년 해방 이후 우리 교육의 기본 틀이 만들어지고 제도화되는 과정에서 정부 주도하의 교육정책 수행 아래 교원들은 교육 활동을 담당하는 주력 부대 역할을 수행하였다. 정부에서는 홍익이념 목표하에 6-3-3-4학제(學制)의 구축, 초등교육의 의무화 실천, 교육법 제정 등을 통해 교육의 기회 확대에 주력하게 되었다.

1949년 12월 '교원법'이 제정·공포되어 교원의 신분에 관한 법적 근거를 마련하고, 1953년 5월 '교육공무원법'이 제정·공포됨으로써 교육공무원 인사행정의 근거 기준이 되었다.

학생 수가 폭발적으로 증가함에 따라 교원은 물론이고 이들을 지원하는 직원의 수도 크게 증가되었으며 교육 시설 및 재정 등 수용능력이 확충되면서 교직원의 양성과 연수 활동이 활발하게 이루어졌다.

2) 교직원정책의 기틀 마련(1961~1979)

5·16 군사정변 이후 '조국 근대화' 기치 아래 경제발전에 주안점을 두

고 산업화를 지속해서 추진하였다. 이 시기에 국민교육헌장 선포를 비롯한 안보교육 등이 강화되었고, 학생 수 증가에 부응하여 1968년 중학교 무시험 진학, 1974년부터 고교평준화정책이 시행되었다.

이러한 정책적 노력을 통해 중등교육의 보편화를 실현하게 되었고 1961년에 '교육법', '교육공무원법'이 개정되었으며 '교육공무원법'에 준(準)하여 사립학교 교직원 지원·관리를 포함하는 사립학교법도 개정되었다.

3) 교직원정책의 발전(1980~1997)

1980년 7월 30일 학교 교육 정상화 및 과열과외 해소방안이 발표되고 대학 입학전형의 변화가 이어졌다. 교육대학의 수업 연한도 2년에서 4년으로 늘어나게 되었다.

1980년대 초·중반부터 각국에서는 교육개혁이 경쟁적으로 이루어지게 되었고 이러한 교육개혁의 일환으로 교직원정책이 추진되었다. 1983년 대통령 직속으로 교육개혁심의회가 설치되고 1989년에는 교육정책자문회의가 설치되는 등 국가 차원에서 교육개혁이 추진되었다. 특히 1995년 5월 31일 교육개혁 조치가 단행됨으로써 '한국교육의 재편'이 이루어졌다고 말할 수 있을 정도로 세계화·정보화 사회에 부응하는 새로운 교육의 틀을 짜는 계기가 되었다(이돈희 외, 2015).

교육의 민주화, 자율화의 흐름 속에서 한국교원단체총연합회 중심의 단일 교원단체로부터 전국교직원노동조합(전교조)이 합법화가 되면서 복수 교직원단체 시대가 열리게 되었다.

4) 교직원의 전문성 신장 지원 노력(1998~2015)

근대화, 산업화, 민주화 과정을 거쳐 1990년대 후반에는 교육의 질적 수준 향상에 관심을 기울이게 되었다. 그동안의 외곽적이고 제도적인 측면에서 교육현장으로 관심이 확대되기 시작한 것이다. 세계화, 개방화의 흐름에 부응하여 질적 수준 향상에 주안점을 두고 우수 교직원 확보 및 전문성 신장을 위한 교직원 평가가 시행되고 임용정책의 변화도 이루어졌다.

3. 교직원정책의 핵심 과제 및 원칙

교육의 본질 구현과 교육의 질적 수준 향상을 통해 개인의 자아실현을 돕고 국가와 사회에서 요구하는 인재를 길러 내는 데 주력하는 교직원들을 관리하고 지원하는 활동은 교육운용에서 가장 우선되어야 할 과업이 아닐 수 없다.

이러한 교직원정책의 핵심은 교원이다. 교원이 종사하는 교직(teaching profession)을 놓고 흔히 성직, 노동직, 또는 전문직으로 분류하여 논의하거니와 대체로 교직을 전문직으로 인식하고 있는 것 같다.

전문직의 특성들 가운데 가장 중요한 것은 무엇보다도 교직은 전문화된 지식을 점유하고 있고 최소한의 능력을 보장하기 위하여 입학과 자격증 수여에 따른 일정한 기준과 필수요건을 가진다는 점이다. 아울러 전문직 종사자들은 자신들이 수행하는 직무의 본질에 관련된 의사결정을 할 때 전문적 자율성을 가지고, 또 전문직은 높은 사회적 위신과 경제적 지위를 지닌다(대한교육연합회, 1986).

이러한 차원에서 그동안 교직원정책은 교육활동을 담당할 우수한 교원들을 확보하고 배치하며 평가하는 일련의 과정뿐만 아니라 교육에 대한 열정과 사명감을 가지고 학생들을 가르치고 지도하는 데 전념할 수 있도록 제반 여건을 조성하고 교육전문가로서의 역할을 수행하도록 전문성 심화·촉진에 주안점을 두어 왔다.

또한 투명하고 공정한 과정을 거쳐 우수한 교직을 확보하고, 이들을 적소에 배치하는 동시에 고도의 창의성과 자율성을 가지고 교육활동에 임할 수 있도록 전문성 신장을 유도, 촉진하고 의사결정과정에 참여함으로써 계속 성숙할 수 있도록 지원하였다. 또한 높은 직무의욕을 가지고 교육에 혼신의 힘을 쏟을 수 있도록 제반 여건을 조성하기 위한 정책의 개발, 실천, 그리고 평가 등에 주력해 왔다.

지난 70여 년간에 교직원정책의 변동에서 가장 핵심적인 영역과 과제로 보이는 양성 및 연수활동의 개선, 인사관리의 혁신, 평가의 추진, 보수 및 복지 개선, 그리고 단체활동 등을 중심으로 살펴보고자 한다.

II. 교원정책의 변동

1. 교원교육(교원양성 및 교원연수)의 개선

1) 교원양성제도

흔히, 교원양성제도의 기본 유형으로 목적제와 개방제를 들고 있다. 여기서 목적제는 정형화된 교육 내용을 제공함으로써 교사로서의 자질과 능력과 역량을 갖춘 인간을 기르는 데 주안점을 두고 교육프로그램을 개설, 운영하는 방식이다. 한편, 개방제는 다양성과 자율성의 관점에서 교직과정 등의 프로그램을 통해 교사를 양성하자는 것이다. 우리나라의 경우 목적제와 개방제의 장점을 적절하게 활용하는 절충제를 채택하고 있다고 볼 수 있다.

이제까지 초등교사는 목적형으로 설치된 교육대학교를 중심으로 양성되어 왔는데, 그동안 11개 교육대학교와 한국교원대학교 초등교육과, 그리고 이화여자대학교 초등교육과 도합 13개에서 초등교사를 양성해 왔다.

초등학교 교사는 해방 이후 1980년대까지 사범학교에서 양성하다가 1980년부터 2년제 과정으로부터 4년제 교육대학교에서 양성하게 되었다. 이렇게 커다란 변화와 발전이 이루어졌지만 중앙집권적인 행정운영 방식을 통해 특별한 논란 없이 단행되었다.

한편, 중등학교 교사는 사범대학과 일반대학의 사범계 학과, 일반대학의 교직과정, 교육대학원 등에서 양성하였다. 그리고 일반대학에서 교직을 희망하는 학생들을 위해 설치된 교직과정에서 예비교사를 양성하였다.

해방 직후 중등학교 취학률의 급증으로 중등교원의 양성이 절실히 필요하게 되었고 이를 위해 기존의 사범학교를 사범대학으로 개편하여 중등교원을 양성하게 되었다. 1945년 10월 경성사범학교와 경성여자사범학교를 경성사범대학과 경성여자사범대학으로, 1946년 10월에 대구사범학교를 대구사범대학으로 개편한 것이 바로 그것이다. 이후 경성사범대학과 경성여자사범대학은 1946년 8월 '국립서울대학교 설립에 관한 법령'에 따라 서울대학교 사범대학으로 편입되었고, 대구사범대학은 1951년에 경북대학교 사범대학으로 편입되었는데, 이들은 이후 각 도에 설립된 국공립대학교 사범대학의 효시가 되었다.

국립 사범대학의 설치와 함께 사립 사범대학도 종합대학교의 테두리 안에서 혹은 독립된 단독의 대학으로 설립·확대되었다. 1951년에 이화여자대학교에 사범대학이 설치되었고, 1954년에는 수도여자사범대학이 설립되었다.

이러한 사범대학의 설치나 설립만으로는 급속하게 증대된 중등 교원의 수요를 충족시키기에는 턱없이 부족하게 되자 사범대학과는 별도로 1947~1956년 사이에 전국 12개교에 임시 중등교원양성소를 설치하여 중등학교 교원을 양성하였다. 그러나 이러한 임시 교원양성소는 임시방편적인 방식인 데다가 교원양성에 따른 질 저하 문제가 제기되어 1958년에 폐지되었고 1955년부터 시작된 일반대학의 교직과정을 통해 중등교원을 양성하는 체제로 전환되었다.

이러한 과정을 거치면서 우수한 교원양성체제의 정립 필요성이 부각되어 1960년대 중반부터는 사범대학의 설립이 크게 확대되었다. 많은 국립대학교에 사범대학이 설치되었고 사립대학교에도 사범대학 설치가 인가되어 현재 사범대학은 40여 개에 이르게 되었다. 이렇게 사범대학이 확대되고, 예·체능계나 실업계 교원 등 사범대학에서 양성되지 않는 교원을 양성하는 일반대학의 교육과와 함께 일반대학의 교직과정이 크게 확대되면서 교원의 공급이 수요를 크게 초과하는 문제가 발생하였다.

그리하여 정부에서는 국립 사범대학의 학생 수를 줄이는 동시에 일부 사립 사범대학을 구조조정하여 중등교원 자격증 과잉발급 및 임용 적체 해소를 위해 교직과정 개설학과의 교직과정 이수자의 비율을 30%에서 10%로 줄였다.

지난 1963년 서울대학교 교육대학원이 설치되면서 교육대학원에서도 중등학교 교사의 양성기능을 담당하게 되었다. 교육대학원에서도 현직 연수기능과 함께 교사양성기능을 담당하게 되자 1980년에 26개이던 교육대학원이 130여 개에 이를 정도로 양적인 팽창을 가져왔다. 이러한 상황은 교육 수준의 질적 저하 우려를 유발하게 되었고 소위 '덤핑 경쟁'을 하고 있는 것으로 비판을 받기도 하였다. 1985년부터는 한국교원대학교가 설립되어 중등교원을 양성하게 됨에 따라 교원 수급의 불균형 현상은 더욱 심화되었다. 교사자격증을 가지고도 교원 임용을 기약할 수 없는 대량의 예비교사들이 배출됨으로써 미발령 교사의 적체 문제가 크게 사회문제화되는 상황까지 이르렀다. 무분별한 양성과정의 난립으로 인한 교원 적체문제가 계속 제기되자 정부에서는 이 문제를 해소하기 위해 사범대학, 교직과정, 그리고 교육대학원 정원을 줄여 나가는 방침을 시행하게 되었다.[1]

중등교원 자격증 소지자가 과잉 공급되고 임용적체 현상이 심화되면서 교직과정과 함께 교육대학원의 양성기능이 '용도 폐기'되고 '교원양성체제를 어지럽히는' 잘못된 정책의 원천으로 지목받기도 하였다.

2) 교원양성기관 평가

앞에서 설명한 것과 같이 교원의 공급이 지나치게 늘어나는 심각한 상태를 맞으면서 적극적인 교원양성기관 평가가 이루어졌다.

교원양성기관 평가는 현장 적합성과 양성과정의 질을 높이는 데 목표를 두고 평가를 실시하게 되었는데, 1998년 1주기 평가를 시작한 이래 5주년 주기로 평가사업을 지속해 오고 있다. 그동안 교원양성기관 평가사업은 한국교육개발원 교원양성평가센터에서 담당하고 있다.

양성기관에 대한 평가지표는 경영 및 여건, 교육과정 편성 및 운영, 수업, 학교현장실습, 초·중등 교원교육 기관 간 교류, 경영 성과, 교육성과, 평가준거와 지표로 구성되어 있다. 평가결과는 우수, 보통, 미흡, 부적합 등의 등급으로 판정하고 결과가 좋지 않을 경우 정원 감축의 자료가 되었다.

3) 교원자격제도의 변동

교원자격제도는 전문직 종사자로서 주어진 업무를 수행할 수 있는 자질과 능력과 역량을 갖추고 있다는 사실을 보장하는 동시에 교직에 대

1 이를테면 교원임용률이 낮은 학과 및 과원이 예상되는 학과는 정원 감축 또는 일반학과로 전환하는 방안을 적극 검토하도록 권장하였다(교육부, 교양 81840-465, 2003. 6. 25. 공문). 또 사범계 학과의 일반학과 전환을 권장하면서, 전환 시에는 '교직과정 감축계획'에 상관없이 당해 대학 사범계학과 정원의 30% 내에서 교직과정 설치를 인정하였다.

한 공신력을 높이며 교원의 신분을 보장하는 국가 차원에서 관리하는 장치라고 할 수 있다(박영숙, 2010).

교원자격제도는 1948년 교원자격규정을 공포하고 초·중등교원에게 자격증을 교부하게 됨으로써 처음으로 실시하게 된 것이다.

이러한 교원자격제도가 제도로서 틀을 갖추게 된 것은 1953년 '교육공무원법'이 제정되면서부터라고 할 수 있고, 1963년 12월 '교육공무원법'을 전면 개정하면서 교사자격증은 1급 정교사·2급 정교사·준교사·교도교사·사서교사·실기교사·양호교사 등으로 분류되었다.

그동안의 자격제도의 변화내용을 살펴보면, 교원자격증 유효기간 폐지(1962), 교육대학원 수료자에게 중등학교 정교사 자격증 부여(1968), 교원자격증 수여 연령제한 철폐(1969), 초등학교 교원에게 전형 검정을 통해 중등학교 준교사 자격 취득 허용(1975) 등이 이루어졌다.

1980년대 들어서 교원자격 무시험검정을 위한 교직과목과 전공과목의 평균 성적 80점 이상으로 상향 조정(1982)되었고, 교원자격증 전공과목 표시를 위한 이수학점은 42학점 이상으로 강화되었다(1982). 또한 1998년도 교직과정 이수자의 자격검정 요건을 강화하였는데, 교직과목과 전공과목의 평균 성적이 각각 80점 이상으로(1998), 전문상담교사 양성과정의 경우도 교육대학원 또는 대학원에서 상담관련 과목을 18학점 이상 이수한 자로 자격 요건을 강화하였다.

그동안 초·중등 교원의 자격은 2급 정교사-1급 정교사-교감-교장으로 그 골격이 이어져 왔는데, 지난 2011년 6월 '수석교사제' 시행을 골자로 한 '초·중등교육법' 및 '교육공무원법'이 국회에서 통과되었다. 30여 년에 걸쳐 많은 연구와 논의를 토대로 시범과정을 거쳐 드디어 법제화에 이른 것이다.

원래 수석교사제는 1981년 한국교육개발원에서 교육공무원 인사제도 개선의 일환으로 선임교사 및 교장임기제와 함께 제안되었다(서정화 외, 1981). 그러나 교장임기제만 먼저 시행되고 수석교사제는 받아들여지지 않았다. 교사 자격제도의 다단계로 인한 교직사회의 관료화 우려 및 추가 재정소요 등이 주요 이유였던 것으로 보인다.

이러한 수석교사제 도입과정은 캠벨 등(Campbell et al., 1971)이 제시한 과정모형에 비추어 설명하면 기본적인 힘(basic force), 선행 운동(antecedent action), 정치적 활동(political action), 그리고 공식적 입법(formal enactment) 등의 과정을 거쳤다고 볼 수 있다. 수석교사제는 교수활동과 경영관리활동의 자격이 혼합된 교원자격 구조로부터 교수활동을 중시하는 풍토를 조성하자는 데 기본 취지가 있다. 학생을 가르치고 지도하는 일보다도 경영 관리업무를 담당하는 교감, 교장 직위의 승진에 연연하는 교직풍토로부터 벗어나 교사들로 하여금 자부심과 긍지를 가지고 교단 교사로서 보람과 자부심을 품고 교육활동에 전념하도록 유도하자는 것이다.

이러한 취지의 배경을 제대로 이해하지 못한 일부에서는 '옥상옥' 또는 교직사회의 관료화 우려 등의 관점에서 상당한 비판과 반대를 계속하였다. 이러한 우여곡절 끝에 법제화에까지 이르게 된 것은 오랫동안 논의를 통해 수석교사제의 역할과 지위, 처우, 지원 조건 등에 대한 상당한 공감대가 형성된 데다가 한국교총에서 적극적으로 추진했기 때문에 가능했던 것으로 보인다.

앞으로 수석교사제를 통해 학교에서 교수활동 중시 분위기 조성과 교원의 전문성 개발·신장을 촉진할 뿐만 아니라 교직사회의 맥(脈)이 되고 있는 승진에 대한 새로운 인식과 패러다임 전환을 가져오는 기점이 되어야 할 것으로 기대되고 있다. 아울러 수석교사가 단위학교에서의 수업지도성 발휘와 학생지도, 연수 등에 관한 전문적 멘토 역할을 수행하도록 자리매김하고 교육활동을 중시하는 교직풍토가 조성되며 교단에서 학생들을 가르치고 지도하는 교사들로 하여금 긍지와 자부심을 느끼고 학교풍토를 바꾸는 기제가 되어야 할 것으로 기대되고 있다.

한편, 장학관, 장학사, 교육연구관, 교육연구사를 포함하는 교육전문직의 경우 자격증이 아니라 자격기준만 제시하고 있다.

2. 교원연수체제

현직 교원을 대상으로 전문적 능력과 일반적 자질 함양을 위해 각종 교육·훈련이 이루어져 왔는데, 이러한 교육·훈련은 양성교육의 미흡을 보완하고 새로운 지식과 능력 그리고 태도를 습득할 수 있을 뿐만 아니라 현장에서 직면하는 교육 문제를 해결하는 안목을 길러주는 기회가 된다. 물론 계속적 연찬을 통해 끊임없이 정진하는 과정을 통해 교직의 전문성을 인정받는 과정이기도 하다.

우리나라의 교원현직 연수는 1953년 4월 '교원양성과 재교육에 관한 임시기관 설치령' 및 1954년 11월 '교육공무원 자격 검정령'이 제정·공포됨으로써 그 기틀이 마련되기 시작하였다.

그동안 초·중등교원의 교원연수는 자격연수, 직무연수, 특별연수 등 다양한 형태로 이루어져 왔다. 이러한 연수는 1950~1960년대에는 재교육 형식으로 이루어지다가 1972년 교원연수원령이 발효되면서 현직연수 형태로 체계화되기 시작하여 오늘에 이르고 있다.

1980년대에 들어 교원연수는 교원양성대학의 부설연수원과 각 시·도에 교원연수원이 설립됨으로써 더욱 활성화되었다. 그동안 연수체계가 미흡했고 연수방법의 전근대성과 낙후성, 연수여건의 불비 등이 지적되어 왔으나(김신복 외, 1991) 점차 수요자 중심으로 다양한 연수 프로그램이 개발·운용되고 있다.

앞으로 연수를 통해 교원들의 능력개발 차원을 넘어서 세계적인 자질과 전문적 역량을 함양할 수 있도록 더욱 다양한 맞춤형 연수기회를 확대 제공하고 학교를 전문적 학습공동체(professional learning community)로 만드는 데 도움을 줄 수 있어야 할 것이다. 아울러 연수의 운영과 결과에 대한 충분한 보상 및 지원체제 구축이 요청되고 있다.

3. 시사점

학생 수 증가에 따라 교사 수를 늘리는 것은 당연했지만 교사 수급(需給)에 대해 제대로 예측하지 못하고 무분별하게 교원양성기관이 난립하고 임용적체 현상이 심화된 것은 개인적인 문제뿐만 아니라 사회적인 문제가 되었다. 앞으로 교원양성은 질적 수준 향상에 주안점을 둘 필요가 있다. 또한 연수의 운영과 보상·지원이 외재적 보상을 강조하는 '결핍 모형'과 의무와 경쟁을 강조하는 '관리 모형'으로부터 내재적 보상을 강조하는 '성장 모형'과 '학습공동체 모형'으로 전환하는 노력이 요청되고 있다(조동섭, 2003).

III. 임용제도의 혁신

1. 임용제도의 쟁점

유능한 인력을 확보하고 개발하며 관리하기 위해 임용제도 측면에서 많은 변화가 있었다. 임용은 신규채용을 비롯하여 승진, 전직·전보 등 광범위한 영역이 포함된다. 여기서는 이러한 임용제도를 핵심 쟁점을 중심으로 살펴보기로 한다.

1) '국가공무원법'과 '교육공무원법' 제정

우리나라 교직원 인사제도는 해방 이후 1948년부터 1961년까지 정실주의(情實主義)와 엽관주의(獵官主義)가 두드러졌다. 그러다가 1961년 이후 인사행정제도의 개혁과 정비기를 맞게 되고 1982년 직업공무원제도가 확립되면서 체계를 잡기 시작하였다. 공직(公職)에 종사하는 것이 공무원들의 전 생애에 걸친 직업이 될 수 있도록 조직·운영되는 직업공무원제도는 기본적으로 객관적인 성취, 업적 등을 중시하는 실적주의(實績主義)에 바탕을 두고 있다.

이렇게 공무원의 신분보장과 함께 합리적인 인사관리의 기초가 되는 '국가공무원법'이 제정된 것은 국가인력관리의 큰 진전이라 할 수 있다.

'국가공무원법'은 우리나라 공무원제도를 전문화, 합리화, 과학화하는 골격이 되었다. 모든 국가공무원에게 적용할 인사행정의 기본 기준을 확립하고 공정을 기하면서 공무원으로 하여금 국민 전체의 봉사자로서 행정의 민주적이며 능률적인 운영을 기하게 함을 목적으로(국가공무원법 제1조) 중앙인사 기관, 직위 분류제, 임용과 시험, 보수, 능률, 복무, 신분 보장, 징계, 벌칙 등 공무원 관리의 대강(大綱)을 제시하고 있다.

'국가공무원법'의 내용과 궤를 같이하여 '교육공무원법'도 교육공무원의 자격, 임용, 보수, 연수, 신분보장 등 기본 골격을 포함하였다.

2) 국·사립 교사 임용 차별 시정

1991년 이전에는 국공립교원의 신규임용은 국공립교육대학교와 사범대학 졸업자들을 우선 임용해 왔다. 즉, 국공립교원양성기관의 졸업자는 별도의 선발시험 없이 무시험으로 임용되고 부족할 때만 사립교원양성기관 졸업자와 교직과정 이수자 등을 경쟁시험을 통해 선발·임용하는 방식을 채택해 왔다. 이러한 국·사립 차별 임용을 두고 국립사범대학과 일반 사립사범대학 사이에 오랫동안 갈등이 지속되었다. 이는 기본적으로 교원의 수요와 공급을 제대로 조절하지 못한 탓에 교직으로의 취업 문호가 좁아졌기 때문이다.

국·사립 출신 교사들의 임용 차별을 해결하기 위해 사립대학 측에서는 전국사범대학학장협의회가 조직되어 1974년도 설립 이래 교육부(당시 문교부)에 교원임용제도 개선을 여러 차례 건의하였다. 뿐만 아니라 교육개혁심의회, 한국교사교육연구협의회, 그리고 교육부가 위촉한 연구보고서 결과 등을 토대로 교육부에서는 '교육공무원법' 제11조 1항에 규정되어 있는 국립사범대학 졸업생의 '우선 임용 규정'을 폐지하는 결정을 하기에 이르렀다.

그러나 국립사범대학 측에서는 이를 강력하게 반대하였고 '우선임용 기득권 유지' 투쟁으로, 사립 측에서는 '국·사립 차별 위헌'으로 헌법재판소에 제소하게 되었다. 결국 헌법제판소에서 1990년 10월 위헌판결이 내려졌다. 즉, 당시의 '교육공무원법'의 제11조 1항에 규정된 국공립 출신 우선임용제도는 신규임용을 차별하는 결과를 초래함으로써 헌법상의 직업선택의 자유와 평등의 원칙에 위배된다는 결정을 내리게 된 것이다. 교육부에서는 이를 근거로 국·사립 사범대 출신을 차별임용하는 것은 형평의 원칙에 위배될 뿐만 아니라 학생·학부모들의 입장에서 볼 때 우수교원 확보를 제약하게 된다는 등의 이유로 1991년부터 차별을 철폐하였다. 그 후 1991~1993년도까지는 '신뢰이익' 보호 차원에서 임시 조처를 병행하다가 1994년 이후부터 완전 경쟁에 의한 신규채용으로 전환되었다.

한편, 사립학교 교원의 임용은 사립의 자율성 신장 차원에서 임용권한을 학교법인에게 부여하여 오늘에 이르고 있다.

3) 교원의 정년 단축

지난 1999년 IMF 체제하에서 국가가 경제적으로 힘든 상황을 맞게 되자 고통분담 차원에서 교원의 정년을 65세에서 62세로 단축하는 방안을 추진하였다. 여당의원들만 참석한 가운데 무리하게 교원의 정년을 3년 단축시켰다. 이러한 정부의 발표에 대해 교원들은 강하게 반발하였다. 한국교총과 전교조 회원 등 20여 만 명의 교원들이 참여한 가운데 정년 단축 방침 철회집회를 벌이는 등 엄청난 반발을 유발하였다. 이렇게 정부 시책을 강력하게 비판하면서 반대 시위에 나선 교원들의 단체행동은 일찍이 찾아볼 수 없던 사태로서 교원들의 불만이 얼마나 팽배하였고 사기와 직무의욕이 떨어져 있었는가를 단적으로 말해 주는 것이었다.

당시 경제부처인 기획예산위원회에서 교원의 정년 단축을 교육부에 요청하면서 IMF 관리체제하에서 재정 부족과 실업난 해소 및 고용창출에 그 목적을 둔 것으로 보도되었다. 즉, 경제난에 따른 고통분담 차원에서 교직사회도 대대적인 물갈이가 필요하다는 것이다.

결국 김대중정부하에서 교원의 정년 단축은 이루어졌으나 그 여파는 엄청나게 컸다. 교원들의 반발뿐만 아니라 교원의 수요·공급상의 차질, 교원의 사기 저하 등을 가져옴으로써 정권에 엄청난 부담을 주었던 것으로 생각된다.

그리하여 교직사회는 흔들리고 분노와 허탈감을 감추지 못하고 60세 이상 교원 및 교육전문직 3만 1,500명이 쫓겨나듯 교직을 떠나게 되었고, 이로 인한 행정공백과 신규채용 교사확보에 막대한 지장을 초래하게 되었다.

4) 교장 임용정책의 변동

지난 1995년 5·31 대통령자문교육개혁위원회의 교육개혁방안 발표

내용 중에서 '능력중심의 승진체계'를 마련하도록 권고한 바 있다. 교원의 승진은 경력, 연수성적, 근무성적평정결과 등을 토대로 이루어지도록 해 왔는데 이는 연공서열주의와 능력(실적)주의를 바탕으로 하고 있다. 그러나 모든 교사로 하여금 교장·교감이 되도록 유도하는 교원의 자격 및 임용체계가 오랫동안 굳어져 왔고, 따라서 교육전문가로서뿐만 아니라 경영마인드와 리더십을 갖춘 경영·관리자 확보에 한계점을 노출하게 되었다. 이에 학교장의 임용방식에서 학교장 초빙제 등 새로운 제도 도입에 대한 기대와 요구가 점증되었다.

이러한 요청에 부응하여 정부에서는 지난 2007년 9월 처음으로 교장공모제를 시범운영하였다. 연공서열이나 경력 점수를 기준으로 이루어지는 종래의 방식에 더하여 투명한 공모 절차를 거쳐 훌륭한 교장을 초빙하자는 것이었다.

그러나 이러한 교장 초빙, 공모제에 대하여 무자격 지원자에게 '자리 만들어 주기' 수단으로 변질될 우려가 있다는 지적도 없지 않다고 비판하면서 전교조에서는 '교장선출제'를 주장하기도 하였다.

그러나 '교장선출제' 또한 우수한 학교 경영자 초빙과는 거리가 있고 현실적으로 소규모 학교가 많아서 채택되지 않았다. 새로운 학교장 임용제 추진 시도는 자칫 교육계의 혼란과 반발을 유발할 소지가 있고 충분한 공감대 형성이 이루어지지 못한 채 추진된 것 같다.

5) 전보·전직 제도의 변동

전보(轉補)는 동일 직위 및 자격 내에서 근무기관이나 부서를 달리하는 임용이고 전직(轉職)은 직급은 동일하나 직렬이 달라지는 임용이다. 이러한 전보·전직 제도는 구성원의 능력개발 수단이라 할 수 있다. 이러한 전보·전직 제도는 효율적인 인력관리 기능의 일환이라 할 수 있고 교원들의 전문직 자질 향상과 근무의욕 고취 등에 기여하고 있는 것으로 보인다.

그러나 전직제도가 승진을 위한 수단으로 활용되고 있다든지 선발 과정상의 불합리한 점이 지적되기도 한다. 이에 앞으로 교육전문직의 양성과 임용, 체계적인 임용 전후의 교육훈련 등은 검토할 만한 내용이다.

2. 대학교원의 임용

교수요원의 임용은 자격, 교육경력, 연구실적 등에 의하여 행하되, 원칙적으로 공개채용 방식에 의해 충원하도록 하고 있다. 각 대학에서는 법정 정원을 기준으로 일정 기준 이상 교수를 확보해야 하고, 단과대학 및 학과별 정원 그리고 직급별 정원을 적정하게 조정, 배치해야 한다. 그리고 신규임용에서 자체 심사기준을 설정, 운용하도록 하는 한편 학연, 지연 등의 정실을 배제하여 공정한 인사운용체계가 확립될 수 있도록 필요한 행정적 조치를 마련하도록 하고 있다.

그래서 각 대학에서는 교수를 신규 채용하고자 할 때에 심사위원을 임명 또는 위촉하여 기초심사, 전공심사, 면접심사 등의 단계를 거치도록 하고 있다(교육공무원 임용령 제4조 3항 및 4항). 그리고 외부 인사가 채용후보자의 학문적 성취 등을 심사할 때는 심사위원의 3분의 1 이상은 당해 대학 소속 교직원이 아닌 자를 위촉하도록 하고 있다. 이는 객관적이고 공정한 심사과정을 밟도록 하기 위함이다. 또 대학교원을 신규 채용하는 데 응시 연령을 제한하지 못하도록 함으로써 평등권을 침해하는 차별 행위를 방지하고 있다. 또한 신규 채용에서 특정 대학에서 학사 학위를 취득한 자가 편중되지 않도록 하고 있다(교육공무원법 제11조 4항).

대체로 각 대학에서는 교수 신규임용의 과정을 보면 일차적으로

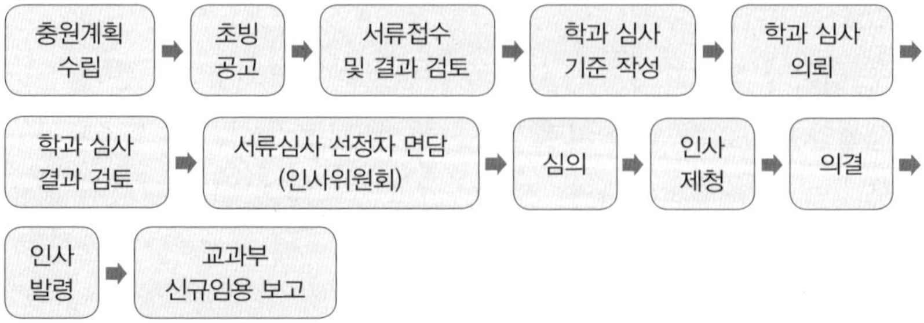

〈그림 7-2〉 대학교원 신규임용과정

자료: 한국교육개발원(2009: 99).

충원 방침을 결정하고 그 규모와 분야를 정하고 모집공고, 응모서류 접수, 채용기준에 따른 평가, 면접, 대상자 결정, 직급 및 호봉 선정 등의 단계를 밟게 된다(그림 7-2 참조).

현재 비전임교원 확보율은 70% 내외로 분석되고 있다(한국교육개발원, 2010). 비전임교원 중 시간강사 비율이 높고 전임교원 대비 비전임교원 비율은 수도권이 높은 것으로, 또 사립일수록 강의의 상당 부분을 비전임교원에 의지하고 있다. 국립과 달리 사립에서는 전임 확보에 따른 재정부담 때문으로 보인다.

대학 비전임교원의 비정상적 운영 행태, 열악한 근무조건에 대한 비판은 오래전부터 제기되어 왔다. 그러나 대학 재정의 영세성에 기인한 인건비 추가부담의 한계, 전임교원의 강의 부담 적정화 등의 이유로 대학 비전임교원의 종류가 다양화되고 규모가 더욱 확대되고 있다. 비전임교원의 신분과 지위, 임용 기준과 절차, 강의 시수, 보수 및 근무조건 등 인사제도와 운영상의 제반 문제는 답보 상태에 놓여 있는 경우도 없지 않다(임연기, 2010).

다행히 2006년 12월 '기간제 및 단시간 근로자 보호 등에 관한 법률'(약칭 '비정규직보호법') 및 동법 시행령 제정(2007. 6. 18.)으로 대학 비전임교원의 지위와 처우를 새롭게 조명할 수 있는 전기가 마련되었다.

2007년 7월부터 2년 근속 비정규직 전환이 시행되고 있음에도 그 대상에서 예외(비정규직보호법 시행령 제3조 제3항 제6호)인 경우가 있어 다른 사업 및 사업장의 비정규직과의 형평성 문제, 대학교육에의 부정적 영향 등에 따라 대학 비전임교원의 지위와 역할에 대한 법제 및 정책적 개선 대책의 필요성이 제기되고 있다.

그리고 대학에 따라 신규채용 과정에서 중앙집중식으로 운영되고 있는가 하면 지나치게 학과 중심으로 운영됨으로써 유능한 인력을 확보하는 데 제약 요인이 되고 있기도 하다. 교수 신규임용에서 투명성과 엄정성 결여로 사회적 신뢰를 받고 있지 못하다는 지적도 있다(이정민 외, 1998). 또 학연(學緣)이라든지 지연(地緣), 성차별 등의 측면에서 일부 대학에서의 불합리한 임용사례가 지적되고 있다.

또한 전임교수 확보율, 교수 확보과정의 엄정성, 교수요원에 대한 평가체계 확립, 수업부담의 적절성, 교수개발 활동, 교·강사에 대한 처우의 적절성 등의 측면에서 논란이 제기되는 쟁점들이 아직도 간간이 제기되고 있다.

전임교수 확보 및 과정과 관련하여 적정한 규모로 확보하도록 하고 대학설립·운영규정을 두어 교육 확보율을 높이기 위한 구체적인 기준을 설정하고 있으나 전임교원의 확보율은 대학 70% 내외로 분석되고 있는 것은 교수를 제대로 충원하지 못하고 있음을 말해 준다. 특히 재정이 취약한 대학의 경우 더욱 그러한 것 같다.

전체 교수 수에서 여성 교수의 비율이 낮다든지, 본교 출신 임용(inbreeding) 비율 등도 해결되어야 할 문제로 남아 있다.

3. 시사점

인사정책은 일관성 있는 운영이 중요하다. 급격한 인사관리 내용이나 방식의 변화는 바람직하지 못하다. 전술한 교원의 정년 단축 추진이 그 예이다. '개혁'이 필요하지만 이해관계가 얽힌 권력의 이동 문제가 수반될 경우 혼란을 가져올 수밖에 없어 더욱 그러하다. 개혁은 변화를 수반할 수밖에 없지만 지나치게 과격한 방식으로 변화를 시도하는 것은 부작용이 따르고 후폭풍을 가져올 수 있다는 점을 유의할 필요가 있다. 과격한 변화는 그 여파가 클 수 있는 만큼 시간이 걸리더라도 공감대 형성을 통해 정책을 형성, 개발, 추진하는 노력이 요청되고 있다. 또한 합리적이고 보편적 가치에 어긋나는 정책의 방향은 충분한 논의와 공감대 형성을 통해 점진적으로 개선 노력이 요청된9다. 국·사립 차별을 개선하지 못하고 상반된 이해관계가 대립하는 입장이 결국 헌법재판소의 판결로 철폐되었다는 점을 기억할 필요가 있다.

IV. 교원평가의 추진

교원들의 업무 수행을 점검·평가함으로써 교원능력 및 자질을 향상시키는 데 필요한 정보와 자료를 확보하기 위해 교원평가는 그동안 근무성적평정, 교원능력개발평가, 성과급평가 등의 이름으로 추진되어 왔다.

1. 근무성적평정

교원의 근무성적평정제도는 1964년에 '교육공무원 승진규정(대통령령 제1863호, 1964. 7. 8.)'의 제정으로 실시되기 시작하였고 지금까지 운영되고 있다.

근무성적평정은 교감이나 교장으로 승진하기 위해 경력평정, 근무성적평정, 연수성적 그리고 가산점으로 이루어져 있다. 근무성적평정 결과는 교사들의 선망 대상이 되고 있는 교장, 교감 등으로의 승진 임용에 주로 활용되고 있다. 교원의 평정을 위해 직위별로 타당한 요소의 기준에 의하여 평정자의 주관을 배제하고 객관적 근거에 의하여 종합적으로 분석·평가하도록 하고 있다. 평정요소로서는 자질 및 태도, 근무실적 및 근무수행 능력을 평정자와 확인자가 각각 평정 요소별로 해당 등급에 표시하도록 하고 있고 각급 학교에서는 연말에 이루어지는 근무성적평정에 대한 교원들의 관심이 지대하다. 근무성적평정이 포함되는 교육공무원의 승진규정은 그동안 여러 차례 수정·보완되었다. 그러나 승진에 초점이 맞추어져 있어서 실제로 교원의 능력개발 기제로서는 별로 도움을 주지 못한다는 지적이 있었다.

교원의 근무성적평정제도는 그동안 몇 차례(2007. 5., 2010. 4.) 수정 및 보완되었으나 평가목적의 협소성, 평가내용의 획일성 및 추상성, 평가방법의 불합리, 평가준거별 가중치의 부적절성, 평정자 및 확인자의 전문성 그리고 평가결과의 제한적 활용 등의 문제점들이 지적되어 왔다.

더욱이 근무성적평정은 1964년부터 지금까지 운용됨으로써 교원의 전문성을 적극적으로 유도·촉진하는 내용을 제대로 담아 내기에는 한계가 있었던 것으로 지적되고 있다.

2. 교원능력개발평가

교원능력개발평가제는 근무성적평정의 한계와 문제점을 극복하기 위한 대안으로 제기되었다. 교원능력개발평가의 도입 배경으로서는 먼저 1980년대에 접어들면서 각국은 학교교육에서 교원의 전문성과 질 관리가 핵심적인 교원정책의 과제로 부각되고 교원평가의 중요성이 강조되면서부터로 보인다.

1990년대 중반에 들어서면서 교육의 질적 수준 향상과 경쟁력을 높이는 지름길은 교원의 전문성 극대화와 직결된다는 인식하에 새로운 형태의 교원평가제 도입의 필요성이 대두되었다. 새로운 교원평가제는 1995년 5·31 교육개혁을 발표한 문민정부로부터 국민의 정부와 참여정부, 그리고 이명박정부에 이르기까지 핵심 사안이 되었다.

국민의 정부에서도 대통령자문 교육인적자원정책위원회의 1998년 '교육비전 2002'와 2001년의 '교직발전종합방안'에서 교원평가의 필요성이 언급되었고 참여정부에서도 교원평가에 대한 다면평가의 필요성 등이 제기되었다. 한국교육학회와 한국교육행정학회를 비롯한 관련 학회에서도 새로운 교원평가 필요성이 강조되었다.

또한 1990년대 말부터 교육의 경쟁력을 높이기 위해 교원의 전문성 향상과 질 관리가 핵심 과제임을 함께 인식하는 분위기가 조성되기 시작하였다. 교직에 입직(立職) 이후 계속된 노력을 통해 수업을 잘하는 열성적 교사가 성취감을 가지면서 인정받을 수 있어야 하지만 그렇지 못하다는 것이다. 게다가 수업지도력이 부족한 교사가 있어 이들을 위한 지도력 향상 지원체제 구축의 필요성이 제기되었다. 또 공교육에 대한 학부모들의 불신과 일부 교사의 도덕성과 자질 미흡, 별다른 자극 없이 교원의 정년이 보장된다는 부정적 인식 등이 결부되면서 교원도 새로운 평가제를 적용해야 한다는 사회적 분위기가 조성되었다. 이외에 2003년 OECD 교원정책 검토단에서는 근무성적평정제도가 교원의 전문성 신장에 거의 영향을 미치지 못한다는 점과 교원들이 평생에 걸쳐 전문성을 함양하기 위해 노력하도록 하는 장치가 미흡하므로 학생의 학습권을 보장하기 위한 새로운 교원평가제의 도입을 권장하게 되었다(전제상 외, 2008).

이렇게 교원능력개발평가를 도입함으로써 교원의 전문적 활동에 대한 피드백을 통하여 능력을 신장시키고 교사의 수업 능력을 높이는 기제로 삼자는 것이었다.

이러한 배경과 취지에도 불구하고 사회적 공감대 형성이 미흡하여 교원능력개발평가에 관한 법적 근거가 마련되지 않아 이에 대한 논란이 계속되었다.

이러한 분위기 속에서 2004년 2월 교육부 장관이 학교교육의 발전을 위해 교원들이 긴장감을 갖도록 다면평가제를 도입하겠다고 언급하면서 본격적인 논의가 시작되었다. 그러나 교사평가제 도입에 대하여 교직단체들은 매우 적극적으로 반대하였고, 특히 전국교직원노동조합(전교조)에서는 교원평가제에 대하여 강력하게 반대하였다. 이렇듯 교직단체에서 이러한 교원평가제를 강하게 반대한 주요 이유는 무엇보다도 교사의 구조조정으로 왜곡될 우려가 있다는 점(신현석, 2010)과 교사들을 신자유주의적 관점에서 평가하여 경쟁을 유발함으로써 교직사회를 오히려 삭막하게 만든다는 것 등이었다. 한편, 학부모단체나 일부 시민단체에서는 교육수요자의 입장에서 교원평가제 도입을 적극 지지하게 되었다. 그리하여 교육부와 교원단체, 그리고 학부모 간에 갈등과 마찰이 일기 시작하였다. 여러 차례 협상 노력에도 교육부와 교원단체 간의 합의에 실패하게 되었다. 결국 교육부에서는 2005년 11월 7일에 교사평가 시범학교를 전격적으로 발표하여 2006년부터 시작하여 2010년 3월부터 충분한 법적 뒷받침이 미흡한 채로 전국 초·중등학교에서 교원능력개발평가를 전면 실시하게 되었다.

교육부에서는 '교원평가제'의 명칭을 '교원능력개발평가제'로 변경하게 되었다. 이렇듯 교원평가 도입을 앞두고 의제설정과 정책형성을 위한 정책시안의 시범 실시과정에서 이해 집단 간의 입장 차이가 확연히 드러나게 된 것은 기본적으로 교원평가를 보는 시각과 관점의 차이에서 비롯된 것이라고 할 수 있다.

교원평가에 대해 정부에서는 자율화와 경쟁의 흐름 속에서 교원들로 하여금 능력을 발전시킬 기회를 줌으로써 결과적으로 교육의 질과 경쟁력을 결과적으로 높일 것을 기대한 것이다. 그러나 관점의 차이로 교원 평가에 대한 합의에 실패하게 되었다. 이는 교육부, 교원단체, 학부모 등 관련 단체들의 이해관계가 서로 크게 다르기 때문으로 여겨진다.

교원능력개발평가제는 시범운영 결과로, 긍정적인 효과가 있음에도 결과활용에서 자기 점검의 기초자료로 제한적으로 활용되고 있는 것이 사실이다(전제상 외, 2008).

3. 성과급평가

교원능력개발평가 추진과 같은 맥락에서 단위학교의 교육적 경쟁력을 높이려는 노력의 일환으로 2001년부터 교원 성과급제도가 도입되었다. 그리하여 전술한 근무성적평정과 교원능력개발평가가 함께 이루어지고 있어 동일한 교원을 대상으로 세 가지의 평가가 이루어지고 있는 셈이다. 물론 인사, 전문성 개발, 금전적 보상 등 각각 평가의 초점이 다르기는 하지만 행정의 비효율성과 업무 부담의 증가를 유발할 수 있다. 더욱이 아직도 성과급평가에 대한 교원단체의 입장은 대체로 부정적인 것으로 보도되고 있다. 앞으로 평가의 목적이나 기준, 방법 등을 종합적으로 연계하여 검토해야 한다.

4. 대학교원평가

대학교원의 경우 연구, 교육 및 봉사 영역에서의 업적을 평가하여 인사관리에 반영하고 있다. 기간제 임용(재임용)이나 승진 등과 관련하여 강의 능력 및 실적, 학문연구 능력 및 실적, 성적평가관리, 학생지도 능력 및 실적, 교수로서의 기본적 자질, 봉사, 근무상황 등을 종합적으로 평가하여 활용하고 있다.

평가영역으로는 강의 담당 시수, 강의평가, 대학원생 배출, 학생지도, 성적평가 등을 평가하기도 한다. 여기서 강의평가는 대부분 대학에서 학생들이 평가하도록 방법을 채택하고 있다.

5. 시사점

앞에서 살펴본 바와 같이 교원평가정책을 두고 교육부와 이익 집단인 한국교총과 전교조, 그리고 시민단체는 서로 다른 입장을 견지함에 따라 갈등과 마찰이 계속되었다. 교원평가가 학생의 교육활동 도움 여부에 초점을 두기보다는 교원, 학부모 등 교육관련 집단의 이해관계에 따라 많이 좌우되어 왔음을 확인할 수 있다.

앞으로 교직원평가에서 이익집단의 입장에서보다는 학생과 학부모의 입장에서, 교육에 얼마나 도움이 되는지와 함께 교원의 전문성 신장에 초점을 두어야 할 것이다. 교육 당국에게도 교육 및 교원 정책 개발에 교원단체들의 참여 기회를 확대하고 충분한 논의의 과정을 거쳐 공감대를 공유하고 확산시켜 나가는 노력이 요청되고 있다.

V. 교직원 보수제도의 발전

1. 교원보수제도의 발전

교직원의 동기를 유발하고 근무의욕을 고취시키는 가장 중요한 요소

중 하나는 보상(compensation)이다. 교직에 종사하는 것은 교육활동 또는 그 지원에 보람을 느끼기 때문이라고도 할 수 있지만 가장 기초적인 것이 있다면 그것은 적정한 보상, 즉 경제적 보상이라 할 수 있다.

따라서 어떤 보상체계를 확립하고 관리하느냐는 교직원의 사기와 근무의욕에 큰 영향을 미친다. 유능한 인재 확보도 중요하나 계속 높은 사기와 자부심을 가지고 관리해 나가기 위해 적정한 경제적 보상은 더욱 중요하다. 이런 점에서 보수제도는 임용체계와 함께 인력관리의 2대 지주(支柱)로 인정되고 있다. 물론 보수만이 근무의욕을 돋우는 유일한 수단은 아니나 유인 조건으로서의 가치를 결코 소홀히 다룰 수 없는 영역이다.

교원보수제도와 관련한 최초의 규정은 대통령령 제133호(1949. 6. 20.)에 의거 제정된 '임시공무원 보수규정'이었다. 이 법이 제정된 이후 지금까지 교육공무원 보수와 관련한 법의 제·개정은 80회 이상, 수당규정은 60회 이상이나 된다고 한다. 이것은 교원의 보수체계가 시대적으로나 사회적으로 급격한 변화의 격랑과 함께해 왔음을 보여 주는 동시에 교원의 전문성과 특수성을 충분히 반영하는 보수체계가 운용되지 못하는 불안정성을 보여 주는 것이다. 다행히 1980년대 중반 이후부터 교원보수체계가 나름대로 틀을 갖추기 시작하였으며, 1990년대에 들어서 보다 안정적인 보수체제로 운영되고 있다(전제상 외, 2003). 그동안 교원보수제도는 정부수립 이후 여러 차례의 변천을 거듭해 왔다.

교원보수제도 운영에서 주요 쟁점으로서는 경력보다 학력(學歷) 우대, 석·박사학위 소지자 우대, 단일호봉제(單一號俸制) 구현, 교육공무원 보수의 분리·운영 등을 들 수 있다(서정화 외, 1985). 그러나 1976년부터 학력과 경력을 동등하게 대우하는 학령제(學齡制)가 도입되고 상위 학력 취득의 유인가가 약화되었다. 그리고 1966년 이후 단일호봉제를 지

〈표 7-1〉 교원보수체계 변천과정

기 간	특 징	주요 내용
1949. 6.~ 1949. 10.	임시공무원 보수규정	모든 공무원에게 일괄 적용된 최초의 공무원 보수규정, 봉급표·호봉 간 승급기간·각종수당 등 명시
1949. 12.~ 1950. 9.	직위별 한계호봉의 3원제	최초의 교원보수규정 체계적 제시, 대·중·초등학교로 차등지급
1950. 10.~ 1954. 11.	직위별 한계호봉의 3원제	초·중·고·초대·대학으로 세분, 승급기간: 초-21년, 중-19년, 고-19년 9월
1954. 12.~ 1962. 3.	동일 최고호봉의 1원제	교육공무원 보수규정 별도 제정, 1원제 봉급표 채택, 직급별 한계급 1호 1급으로 일원화
1962. 3.~ 1965. 12.	학교급별 최고호봉의 5원제	초·중·고·초대·대학으로 구분, 시간수당 본봉에 통합, 직책수당 신설
1966. 1.~ 1973. 6.	동일호봉 동일봉급의 3원제	초·중등·초대·대학의 3원제로 수정, 초·중등교원 호봉동일시 봉급액도 동일
1973. 7.~ 1975. 12.	학교급별 동일최고 호봉 3원제	초·중등교원 한계호봉제 철폐, 최고호봉인 1호봉까지 도달 가능, 근속가봉제 철폐, 정기승급일 연 4회로 조정
1976. 1.~ 1982. 12.	학령제 도입	초·중등교원 호봉 37단계 → 28단계, 승급일 연 4회에서 2회로 조정
1982. 12.~ 현재	공무원 인사규정으로 통합	독자적인 교육공무원 보수체제 소멸, 1985년에 초·중등교원의 실질적 단일호봉제 실시

자료: 서정화 외(2011b: 282).

향하면서 20여 년이 지난 1985년도에 이르러 비로소 초·중등교원의 호봉 격차는 완전 해소된 것이다.

그동안의 교원보수체계 변천의 특징을 봉급체계와 수당체계로 구분하여 살펴보면 다음과 같다.

1) 봉급체계

교원의 봉급제도를 구성하고 있는 요소들은 기산호봉, 호봉단계, 승급기간 및 총승급기간, 최고호봉 그리고 호봉획정 방법 등이 포함된다.

2) 수당체계

최초의 공무원 수당지급 규정은 '임시공무원 보수규정(대통령령 제133호, 1949. 6. 20.)'이었다.

교원의 각종 수당지급에 관한 사항의 법적 근거는 모든 공무원과 마찬가지로 '임시공무원 보수규정'에서 찾아볼 수 있다. 그 후 1949년 11월 21일 대통령령 제214호에 의거, 새로 제정된 공무원 보수규정에서 수당지급에 대한 구체적인 사항이 규정되었으며, 교원뿐만 아니라 전체 공무원에게 적용되었다.

그 후 '교육공무원법' 및 교육공무원 보수규정에 따른 수당 지급이 이루어졌고 1961년 이후 각종 수당규정에 따라 수당이 지급되다가 1972년부터 교육공무원 수당규정에 따른 수당 지급이 이루어졌다.

교육공무원 보수제도는 정부수립 이후 여러 차례의 변천을 거듭해 왔다. 1954년 12월 공무원보수규정으로부터 분리되어 별도의 교육공무원 보수규정이 제정된 것과 1976년 1월 학령제를 도입한 것은 교원 보수제도 운영에서 큰 변화로 볼 수 있다. 특히 1966년부터 교원의 학력과 자격과 경력에 의해 책정되고 근무학급별이나 교수과목, 성별, 종교 등에 의해 차별받지 않도록 유·초·중등학교 교원에게 단일호봉제의 원리를 실현한 것은 보수제도 운영의 큰 진전이 아닐 수 없다.

어떤 수준의 대우(처우)를 받고 있는가는 직업 선택의 가장 중요한 요인으로 작용할 뿐만 아니라 구성원의 사기와 작업능률에 결정적인 영향을 미치는 요소라고 보고 당시 대한교육연합회(이하 대한교련)는 1947년 11월 창립 이래 봉급인상과 수당신규지급 등 교원 처우 개선을 위해 지속적인 노력을 기울여 왔고 많은 성과를 거둔 것이 사실이다(서정화 외, 1985). 이러한 성과를 거두기까지 대한교련에서는 ① 건의, ② 청원 및 진정, ③ 정책대안 제시, ④ 방문 협의, ⑤ 협의 간담, ⑥ 집회·시위, ⑦ 여론 조성 등 다양한 활동 방법과 수단을 동원하였다. 특히 대한교련은 시·도 교육회와 함께 문교부, 국회, 언론, 학부모 등 관련 기관이나 단체를 최대한 활용하였다(서정화 외, 2004). 이러한 활동을 통해 교원 봉급 인상과 각종 수당 신설 등이 이루어졌고 결과적으로 교원의 처우와 복지 수준이 상당히 향상되었다.

그러나 교원보수제도는 1983년도부터 일반공무원 보수제도에 통합되어 운영됨으로써, 교원의 전문성과 특수성을 살리지 못하고 일반공무원의 보수 결정에 따라 주로 영향을 받아 왔고, 교직의 전문직 특성을 제대로 살리지 못하고 있는 것으로 지적되고 있다(대한교육연합회, 1986).

2. 교원보수체계 운영의 실상과 한계

현재 교원의 학력(교육기간)과 경력(교육경력)에 기초하여 보수를 결정하는 단일호봉제(single salary schedule)가 적용되고 있다. 이러한 보수체계의 기본 원리는 공평성(equity)과 행정의 편의성(ease of administration)을 기초로 하고 있다(Beaumont, 1985). 그러나 단일호봉제 보수체계는 교직의 특수성을 반영하고 교원의 전문성을 적극적으로 유도, 촉진하는 데 미흡하다. 보수의 차이는 무엇보다도 생산성에 의해 결정되어야 할 것이지만 그렇지가 못하기 때문에 교사 개개인의 성취결과를 보수 결정에 적절하게 반영하지 못하는 한계를 드러내게 된다는 것이다.

현행 유치원과 초·중등 교원보수체계는 기본급인 봉급과 부가급인 수당을 근간으로 복리후생비가 합산되고 있다. 그리고 단일호봉제를 채택하고 있어 동등 학력과 경력을 가진 교원은 근무하는 학교급별에 관계없이 동등한 보수를 받게 되는 장점이 있지만 이러한 교원보수체계는 수당 중심, 연공서열 중심으로 되어 있어 교원의 전문성 신장을 반영하고 전문직으로서의 특성을 제대로 반영하지 못하고 있다.

현재 유치원·초등학교·중학교·고등학교 교원 등의 봉급표(교육공무원법 제5조 및 별표 1 관련)와 국립대학교원 봉급표로 이원화되었으며, 대학교원의 경우 성과 연봉제를 시행하는 대학이 점차 늘어나고 있다.

대학 강의의 많은 부분을 시간 강사에 의존하고 있지만 강의 수당을 포함한 근무조건이 너무 열악하다. 시간 강사의 강사료 인상을 비롯한 일부 비전임교원들을 전임교원 신분으로 전환하는 방안과 강의전담 교수제를 제한적 계약직에서 무기 계약직으로 전환하는 방안에 대한 논의도 계속 제기되고 있다(임연기, 2009). 사립유아학교 인건비를 국가가 보조해 주는 것처럼 사립대학의 전업시간 강사 인건비 보조 방안도 검토할 필요가 있다는 의견도 있다.

앞으로 시간 강사의 처우 개선은 무엇보다도 우선되어야 할 과제가 아닐 수 없고, 관련법과 제도 정비를 통한 시간 강사의 법적 지위 개선이 요청되고 있다(한국교육개발원, 2009).

3. 교원성과급제

정부에서는 2001년부터 교육공무원 성과 상여금(성과급)제도를 도입하였고, 2011년부터 모든 초·중·고교에 학교단위 집단성과급제도(학교성과급)를 도입하고 단계적으로 차등지급을 확대해 나가고 있다.

이러한 교원성과급제에 대하여 '교사의 능력을 인위적으로 평가하여 물질적인 보상을 한다는 것이 비교육적'이라는 부정적 반응도 없지 않으나 교직사회에서 '학생을 잘 가르치는 경쟁'을 불러오기 때문에 필요하다는 시각도 있다. 또 경쟁의 도입으로 교직사회가 갈등과 분란을 유발할 수 있다고 보고 전교조는 일관성 있게 성과급 폐지를 주장하고 한국교총도 반대하는 입장이다.

그러나 정부에서는 교직사회가 더욱 개방적이고 활력이 넘치며 경쟁력 있는 분위기로 전환되도록 유도하기 위해 성과급 도입을 결행해 나갈 것으로 보이고, 2016년부터는 개인성과급의 차등비율을 확대·조정한다고 발표하였다.

대학교원의 경우에도 연구의욕을 고취하고 동기를 부여하자는 취지로 2011년부터 시작되었고, 2015년에 국립대학교원과 4급 이상 일반 행정직에 대해 성과급적 연봉제가 적용되고 있다.

4. 근무조건 개선 및 복지후생 확충

그동안 교원의 근무조건은 크게 개선된 것이 사실이다. 급격한 학생인구의 증가에 따른 수용 능력이 확충되지 못하여 초등학교에서는 한때 2부제 수업, 심지어 3부제 수업이 상당한 기간 지속되기도 하였다. 그러다가 김대중정부 시절 학급당 학생 수 축소를 비롯한 교원의 근무여건은 획기적으로 개선되기 시작하였다. 2001년의 소위 '콩나물 교실'을 사라지게 한 '7·20 교육개선 조치'는 교육여건 개선의 크나큰 진전이 아닐 수 없다. 그리하여 교사 1인당 학생 수라든지 학급당 학생 수, 주당 수업시수 등도 상당히 줄어들게 되었다.

그리고 교원공제조합의 설치운영, 교원자녀학비 감면 추진 등은 교원복지 후생제도 확충의 기반이 되었고, 이 부문에서 1960~1980년대에 걸쳐 한국교총(대한교련)의 활동과 그 공로가 인정되고 있다(대한교육연합회, 1986).

그리고 공무원, 군인들과 함께 교육공무원도 연금제도가 실시되고 있다. 사립학교 교직원의 경우 사립학교 '교원연금법'이 제정되어 1975년부터 운영되고 있다.

또한 1991년부터 '교원지위향상을 위한 특별법'에 따라 학교안전공제회를 설립·운영하고 있다. 이 외에 맞춤형 복지제도도 시행되고 있다.

5. 시사점

우리나라의 교원보수제도 변천과정을 통해 다음과 같은 점들을 찾아볼 수 있다.

그동안 교원의 보수 수준은 점차 향상되어 왔다. 그러나 봉급 이외의 수당의 종류가 점차 확대됨으로써 교원보수 수준의 향상에 크게 기여한 것도 사실이지만 수당의 비중이 전체 보수의 60% 이상을 차지하고 있는데, 이는 교원보수제도의 불안정을 나타내 주는 것이기도 하다. 또한 초·중등의 경우 단일호봉제가 정착되었으나 교원의 전문성을 유도·촉진하는 보수체계가 형성되지 못하였다.

그리고 교원의 보수 수준 결정은 항상 국가의 재정형편에 따라 종속적으로 결정되고 일반직 공무원의 보수 결정에 의해 영향을 받아 왔고, 교직의 전문성 및 특수성을 반영, 유도하는 교원보수체계가 이룩되지 못한 점은 아쉬운 측면이다.

앞으로 교원보수체계 발전을 위해 검토해야 할 과제들을 몇 가지 제시하면 다음과 같다.

먼저, 교직의 전문직 특성 및 특수성을 반영하고 교원보수 우대의 법적 실효성을 확보하기 위해 '교육공무원 보수제도'를 별도로 제정하는 방안을 검토할 필요가 있다.

또한 교원보수체계를 단순화하고 기본급과 수당의 비율을 재조정할 필요가 있다. 아울러 교원의 전문적 자질을 유도, 촉진하기 위해 연수 이수 결과나 학력 수준 등을 반영하는 보수체계로 전환해 나갈 필요가 있다.

이 외에 인센티브 시스템을 개선하여 교원의 전문성 신장과 성과 및 실적 등을 반영하는 방향으로 나가도록 하고 무차별적인 평등의식으로부터 탈피하여 교직의 전문성과 특수성을 살리고 교육의 질적 수준을 높이도록 유도하는 보수체계 구축이 요청되고 있다.

VI. 교직원 단체활동의 변동

교직원은 교직단체에 가입하여 권익신장과 전문성 개발과 함께 사회·경제적 지위 향상 등을 도모하며 이를 위해 교직원정책 및 교육정책 결정과정에 참여할 수 있다. 교직단체는 교육의 발전과 교원의 권익 옹호 및 사회·경제적 지위 향상을 위해 규범적·기술적·당위적 역할과 기능을 수행한다(신현석, 2010).

1999년 이후 복수 교직원 단체활동이 허용된 이후 단체활동이 활발하게 이어지고 있다. 그동안의 한국교총과 전교조의 태동과 발전, 주요 활동 내용 등을 살펴보면 다음과 같다.

1. 한국교원단체총연합회

1947년 11월 '교육의 발전을 도모하여 세계문화 향상에 공헌'함을 목적으로 '조선교육연합회'로 출범하여 시·군, 시·도 교육회 연합체로서 학교급별, 설립별, 성별 및 직급 구별 없이 전문직 교직단체로서의 활동해 왔고 1989년 한국교원단체총연합회(이하 한국교총)로 명칭을 바꾸어 활동해 오고 있다.

한국교총은 설립 이후 전문직주의를 표방해 왔고 교직의 전문성 신장과 교원의 경제적 지위 향상 및 복지 후생 확충뿐만 아니라 교권 신장 및 윤리 확립을 비롯한 교육제도 쇄신 및 교육여건 개선을 위해 많은 활동을 수행해 왔다. 또한 연구, 장학, 국제교류 등을 통해 교직의 위상 제고를 위해서도 면면한 노력을 기울여 왔다.

그러나 교육정책 결정과정에 참여하는 기회가 한계가 있어 그동안 교원의 권익을 제대로 반영하고 대변하지 못했다는 비판이 제기되어 왔고 일선 교원들의 무관심과 일탈을 초래하기도 하였다.

이 외에 압력단체로서의 정치활동 기능 미흡, 회세(會勢) 확장활동 부진, 회원의 참여 및 결속력 저조, 재원의 불안정, 중앙과 하부조직과의 연계성 취약뿐만 아니라 정책개발 및 인력의 전문성 부족, 국제교류활동 및 홍보전략의 미흡, 각종 단체와의 활동 제휴 및 연대성 결여 등이 지적되었다. 이렇듯 교원들의 기대에 미치지 못하고 문제점들이 노출됨으로써 전국교직원노동조합(전교조) 태동의 계기를 가져왔다(서정화, 2003).

2. 전국교직원노동조합

1960년 4월 혁명 후 초·중등교원들이 '교원노조' 결성을 선언하면서 교원노조운동이 태동되었으나, 1961년 9월 '교육에 관한 임시특례법'에 의해 해체되었다가 민주화 흐름 속에서 1989년 5월 전국교직원노동조합(이하 전교조)이 결성되었다.

'국민의 정부'가 들어서서 1999년 7월 교원노조를 허용함으로써 해방 이후 40여 년 만에 비로소 제도권 내에서 교원노조 활동이 이루어지게 되었다.

이렇게 전교조가 교원 세력의 양대 축을 형성하게 된 데는 국민의 정부가 들어서면서 사회의 민주화, 자율화에 부응하고 국제적인 흐름과 궤를 같이하는 측면이 있다.

전교조가 조직되자 회세가 크게 확장되었으나 순수한 교육활동보다는 '민족·민주·인간화 교육'으로 집약되는 저항 이데올로기로서의 '참교육 논리'는 마르크시즘에 입각한 의식화 교육에 치중한다는 비판을 받게 되었다. 또 이념적 편향성으로 인해 국민적 합의를 얻는 데 실패하였으며 참신성이 퇴색되어 버렸다는 지적도 있다(오일환·이병기, 1994).

또한 지나치게 투쟁적인 모습을 많이 보여 주었고 정치적인 색깔을 드러내는 등 국민의 지지와 대중성을 확보하는 전술·전략의 취약성을 보였다. '갈등과 혼란의 가운데 전교조가 있다'는 비판을 받을 정도로 투쟁과 대립, 농성 등 과격한 단체행동으로 많은 비판을 받아 왔나. 그래서 교육운동보다는 노동운동 쪽으로 점점 기울어진다는 지적을 받기도 하였고(서정화 외, 2011b), 과격한 강경 노선을 견지함으로써 학부모·국민에게 부정적인 이미지를 많이 주게 되었다.

3. 교육정책에 대한 교직단체의 입장

교직단체활동의 방향과 과제 중에서 학업성취도평가, 교원평가, 성과급제, 정보공시제, 교원인사, 학교자율화 추진, 대학입시, 자율고 설립, 교육자치제 등이 핵심 쟁점 사안들이 되었다.

이러한 갈등은 학교 내에서 뿐만 아니라 교직 사회에서, 그리고 교육정책 전반에 걸쳐 나타나고 있으며 특히 1995년 발표된 5·31 교육개혁방안 마련 방식과 추진과정에서 계속 제기되어 왔다. 그동안 교육개혁방안을 둘러싸고 교직단체와 학부모단체, 시민단체, 그리고 정부간에 표출된 이견과 대립, 마찰 등에서 많이 확인할 수 있다. 이를테면 국가교육행정정보시스템(National Education Information System, NEIS) 도입 여부라든지 학생의 기초학력평가, 자립형 사학을 비롯한 '사립학교법' 개정, 소규모학교 통폐합, 교원정년 단축, 성과급 도입, 교원평가 등과 관련하여 나타난 찬반 논쟁과 저항, 시위, 농성 등이 그것이다.

교육의 갈등 양상은 서로 연계되어 있고 경우에 따라 학교단위, 교

〈표 7-2〉 현행 핵심 교육정책에 대한 한국교총과 전교조의 입장

구분	한국교총	전교조
학업성취도평가	찬성	반대
교원능력개발평가	조건부 찬성	반대
교원성과급 지급	부분적 찬성	차등지급안 반대
교육정보공시제	찬성	반대(일부 내용 수정 요구)
교원인사	내부형공모제 반대, 수석교사제 찬성	교장선출제 주장, 수석교사제 반대
학교자율화 추진방안	찬성	반대
자율형 사립고	찬성	반대
대학입시	대학의 선발자율권 보장	3불 정책, 교육기회평등 고수
지방자치와 통합	반대	반대

자료: 서정화 외(2011b: 374).

직사회, 교육정책 등을 넘어서 사회 정책적인 쟁점으로 확대되기도 하였다. 교육 갈등의 원인으로서는 기본적으로 우리나라 교육운용의 기조를 이루고 있는 것으로 여겨지는 1995년 5·31 교육개혁방안에 대하여 일부 교직단체와 학부모 단체에서 '신자유주의'적 접근의 전형이라고 강력하게 비판하는 입장과 교육에도 시장논리가 적용되어야 한다는 주장이 그 핵심 기저를 이루고 있다.

4. 교원단체 활동 비교

우리나라에서 교직단체의 활동은 주로 초·중등 교직원 중심으로 단체활동이 전개되고 있다. 초·중등 교직원 중심이어서 단체활동 범위와 폭이 한정된 것 같다. 한때는 교직단체가 갈등의 한복판에 서 있는 느낌을 많이 주었다고 해도 과언이 아니다. 이러한 갈등은 학교 내에서뿐만 아니라 교직사회에서, 그리고 교육정책 전반에 걸쳐 나타나고 있

으며, 특히 1995년 발표된 5·31 교육개혁방안 마련 방식과 추진과정을 중심으로 계속 제기되어 왔다.

5·31 교육개혁 추진과정에서 신자유주의 대 반신자유주의에 대한 논쟁은 교육에 대한 기본적 관점, 특히 평등성과 수월성 추구의 이념적 갈등으로 나타났다. 여기서 '평등성'의 구현은 균형발전과 격차해소를 비롯한 적극적 조치를 마련하는 데 주안점을 두었고 '수월성' 추구는 자유를 중핵으로 하는 창의적 활동과 개방과 경쟁 등을 상대적으로 강조하였다.

교육개혁정책에 대한 신자유주의 비판의 논점은 경쟁을 교육 분야에 도입할 경우 교직사회 안정이 깨질 뿐만 아니라 계층 간의 교육 불평등을 심화시킨다는 것이다. 그리고 공공재(公共財)인 교육이 수요자에 의해 주도될 때 시장의 속물 근성이 극대화됨으로써 약자에게 불이익을 가져오고, 소위 '빈익빈 부익부' 현상을 초래해 교육의 본래 목적 달성을 저해하게 된다는 것이다.

반신자유주의에 대한 비판도 없지 않다. 이를테면, 국가의 관여와 책임을 강조하면서 위임과 자율을 강조하는 것은 모순일 수 있고 시장경제 지향은 정보화 지식기반사회에서 시대적인 흐름이 아닐 수 없으며 정부가 '시장 도그마'에 사로잡혀 시장 감시·조정 기능을 포기한 사례는 찾아볼 수 없다는 것 등이다.

이러한 비판에도 불구하고 신자유주의적 접근에 대한 비판과 논란은 공동체의식과 사회통합성의 중요성을 일깨워 주었고 교육개혁 과정에서의 참여와 한국적 토양 고려의 필요성을 강조한 점, 그리고 소외계층에 대한 배려, 인간적 가치, 우애, 평화가 넘치는 공동체 형성 등의 필요를 부각시켰다는 점 등이 인정된다.

주요 쟁점 사안마다 입장 차이가 나는 것은 기본적으로 '자유와 평등'에 관한 자유민주체제의 이념 중에서 어떤 가치에 더 주안점을 두

〈표 7-3〉 신자유주의와 반신자유주의 특징과 교육개혁과제

구분	신자유주의	반신자유주의
가치	• 자유, 성장 강조 • 자유로운 경쟁 및 수월성	• 평등, 분배 강조 • 교육기회 확대 및 형평성 추구
특징	• 자율화, 규제완화 • 개방화, 민영화, 사유화 • 효율성 추구 • 수요자 중심 • 우수한 인력 배출	• 평준화 • 공공성, 국가관여 확대 • 복지향상, 균형발전, 격차해소 • 공동체의식 강조 • 사회적 약자, 소외계층에 대한 관심, 배려 강조
정책	• 학교 다양화(자립형, 자율형 등) • 교원 성과급 확대 • 평가활용(교원평가, 학교평가) • 학교 통폐합 등	• 고교평준화 확대 • 학교 급식 확충 • 자립형 사학, 외국어고교 등에 대한 부정적 시각
전략	• 경쟁, 선택과 집중	• 기회균등, 평등주의적 접근

자료: 서정화 외(2011a: 24-25).

어야 하는가 하는 관점의 차이에서 비롯된 것이라고 여겨진다. 즉, 교육의 수월성을 추구하는 정책과 교육에서의 평등을 구현하는 정책 중에서 어디에 비중을 더 둘 것인가 하는 가치의 선택이나 비중에 대한 관점의 차이라고 할 수 있다. 말하자면 교육의 자율과 다양화, 수요자 중심, 규제 완화, 개방화, 경쟁력 강화 등의 특징 및 전략의 태도를 보이는 신자유주의와 균형발전, 격차해소, 복지향상, 소외계층에 대한 배려, 국가의 개입 강화 등을 통한 교육의 실천 등을 강조하는 반신자유주의의 서로 다른 입장의 차이라고 볼 수 있다. 이러한 기본적인 시각차는 교육정책의 방향과 원칙 설정, 정책의 내용, 접근방식이나 전략 등의 차이를 드러내고 있다.

요컨대, 한국교총이나 전교조 모두 학습수요자의 요구나 교육의 질적 수준 향상 및 경쟁력 강화보다는 교사들의 부담 증가나 경쟁적인 학교풍토 등을 우려하고 있는 것으로 보인다. 그래서 '경쟁이 도입되

면 정년에 안주하기 어렵고 자신들의 방패막이였던 보호막이 허물어질 것이라는 두려움' 때문이라는 지적도 있다. 이러한 문제 또한 학생에 도움이 되는가, 교육의 경쟁력 제고에 도움이 되는가 하는 관점에서 판단되어야 할 사안이라 할 것이다.

5. 대학 교직원의 단체활동

1987년 전교조 결성 시 일부 대학교수가 동참했으며, 2000년 10월 '민주화를 위한 전국교수협의회(민교협)'가 '교수노조추진기획단'을 발족시켰다. 그리하여 2001년 4월 교수노조준비위가 발족돼 발기인 모집 등 노조설립을 위한 본격적인 활동을 벌여 2001년 11월 10일 서울대학교에서 초대 대의원 대회를 열고 교수노조의 출범을 공식 선언했다.

전국교수노동조합은 출범 선언문에서 현재의 대학이 총체적인 위기에 처해 있다고 진단하고 '공공성을 지향하는 민주적 대학운영 구조의 확립, 대학자치와 학문자유의 구현, 교육과 연구의 질 향상, 교권과 교수신분의 보장, 사회발전에 기여하는 대학의 건설 등을 주요 정책방향으로 제시'하는 데 힘을 쏟아 교육 민주화와 사회 민주화의 초석이 되겠다고 다짐하고 있다.

그러나 정부에서는 '국가공무원법' 제66조는 (교육)공무원의 노동운동을 금지하고 있고, '사립학교법'에서는 이를 사립학교 교원에도 준용하고 있으며, '교원의 노동조합설립 및 운영 등에 관한 법률' 제2조는 대학교원을 노조 설립 대상에서 제외해 현행법상 교수노조 설립은 불법이라는 입장을 고수하고 있다.

이렇듯 아직 교수노조 설립·운영에 대한 법적 근거는 마련되어 있지 못하다. 그리고 무엇보다도 대학교원에 대해 근로자 또는 노동자라고 하기보다는 전문직 종사자로 보는 시각이 지배적이라는 인식이 교수노조 설립·운영에서 제약이라고 볼 수 있다.

단위 대학에서의 단체활동도 미미하며 '교수협의회' 등의 형태로 임의 단체로 활동하고 있는 수준에 있는 것 같다.

6. 시사점

그동안 우리나라의 교직단체들은 교원들의 권익을 대변하고, 사회적·경제적 지위 향상을 위해 노력해 왔다. 그리하여 교직단체 활동을 통해 교원의 권익옹호와 사회경제적 지위 향상에 크게 기여한 것이 사실이다. 또한 교육민주화와 자율화에도 많이 기여한 것으로 보인다. 그러나 학생의 학습권과 국민의 교육권보다도 '자기들의 이익 관철'에 집착하면서 정치적이고 투쟁적인 방식의 활동과 대응으로 국민들로부터 신뢰가 많이 떨어졌다. 이는 전문직 교직단체로서 내부적인 문제를 스스로 해결해 나갈 수 있는 자생 및 자정 능력이 부족하고, 새로운 변화나 주변의 요구 등에 대해 배타적이고 폐쇄적인 풍토에 기인한 부분도 없지 않은 것 같다.

앞으로 교직단체의 목표달성뿐만 아니라 우리나라 교육발전을 주도하는 단체로 발돋움하기 위해서는 교직단체 활동의 새로운 패러다임 전환이 요청되고 있다. 무엇보다도 교원의 관점과 이익의 차원을 넘어서 수요자인 학생·학부모의 입장에서 판단하고, 개방화·자율화·글로벌화된 사회를 선도하는 교원 및 교육정책의 대안을 제시할 수 있는 전문직단체의 모습을 드러내는 노력이 요청되고 있다.

또한 교육 및 교원정책의 개발을 통해 교직단체의 발전에 기여할 뿐만 아니라 우리의 교육을 업그레이드시키는 데 주도적인 역할을 수행하는 교원으로 인정받기 위해서는 자율과 책임, 성과 및 책무성, 수요자 중심, 선의의 자극과 경쟁논리, 개방화, 글로벌화의 시대적 흐름

등을 고려하는 교원 및 교육정책 관련 정책개발이 요청된다.

아울러 교육의 질적 수준 향상에 직결되는 학교 교육여건 개선과 교원의 전문성 신장에 교직단체활동의 초점을 두어야 할 것이다.

그리고 교직단체활동이 지나치게 집단이기주의적 모습으로 비쳐지지 않도록 학습자의 학습권을 최우선으로 하면서 학부모, 국민의 지원과 호응을 받을 수 있도록 보다 유연하고 탄력적인 전술, 전략이 필요하다.

아울러 관계 당국에서도 교직단체의 요구와 필요를 지원하려는 노력과 함께 교직단체들의 협력을 이끌어 냄으로써 새로운 파트너십을 구축하여 교육의 질적 수준 향상과 교육경쟁력을 강화하는 일에 앞장설 수 있도록 유도하고 지원할 필요가 있다(서정화 외, 2011b).

VII. 미래 리더를 위한 제언

1. 교직원정책의 핵심 개혁과제와 지향가치

그동안 면면하게 교직원정책 개혁방안이 형성, 개발되고 실천되었다. 특히 1980년대 중반부터 국가적인 차원에서 종합적인 교직원정책 개혁방안이 여러 차례 제안되었다. 교육개혁심의회(1985~1987)와 교육개혁위원회(1994~1998)에서 각각 종합적인 교직원정책 개혁과제를 제시하였다. 그리고 새교육공동체위원회(1998~1999), 교육인적자원정책위원회(2000~2003), 교육혁신위원회(2003~2008), 교육과학기술자문회의(2008~2012) 등에서도 교직원정책 개혁과제가 추진되었다(표 7-4 참조).

이 외에도 한국교총, 전교조, 한국교육개발원, 한국교원교육학회,

〈표 7-4〉 대통령 자문기구의 주요 교직원정책 개혁과제

교육개혁심의회 (1985. 3.~1987. 12.)	교육개혁위원회 (1994. 2.~1998. 2.)	새교육공동체위원회 (1998. 6.~2000. 7.)
• 교사의 양성 및 자격 -교사 자격의 전문성 제고 -적성을 갖춘 교직 후보자 선발·유치 • 교원양성 -사도교육 강화 -교육과정 개선 -교과교육 전공교수 확보와 지원 • 교원연수 -교원연수의 내실화 -교원행정요원의 연수체제 확립 • 교원 임용 -공개채용을 통한 교사 신규임용 -신규임용 전의 수습과정 설치 -교원의 직급구분 및 자격요건 강화 -교원 및 교육전문직의 임용체제 개선 • 근무조건 및 복지·후생 -교원의 과중한 근무부담 경감 -교원의 복지증진책 실시 • 교원의 처우 -교원 처우 쇄신 위한 봉급제 개편 -우수 교원 확보법 제정 • 사학교원 -사학교원의 신분보장 및 임용제도 개선 -사학교원 유인체제 강화	• 교원양성 및 연수제도 개혁 -교원양성기관 교육과정 개편 -교원임용제도의 개선 -교원연수 강화 -교원의 연수기관 선택권 부여 -교원의 양성기관에 대한 평가인정제 도입 -중등교원 수급 정책 전환 -교육대학 양성체제의 개혁 -대학원 수준에서의 교원양성 및 연수 체제 모색 • 능력중심 승진·보수체계로의 개선 -능력중심 승진체계 마련 -일의 양과 어려움에 따른 차등 보수 -임용 시험 제도의 개선 • 교직의 개방화·다양화 -계약직 교원의 다양화 -순회교사 등 교육청 전속 교사의 확대·다양화 -교원자격증 제도의 개선 • 교사의 효율적 근무조건 조성 및 복지체계 혁신 -특별연구교사제 도입 -교과별 또는 학년별 연구실 확충 -교무실 사무자동화 -자율 출퇴근제 -교장명예퇴직제 실시 -교원복지체계의 혁신 • 현장교육의 전문성과 질적 향상 -교육전문직 자격 및 이용방법 개선 -교원의 현장 연구비 및 연구지원제도 도입 -우수교원을 위한 특별연수 과정 개설 -교원양성기관과 초·중등학교와 교원 상호교류	• 근무여건 개선 -학년별, 교과별 교사전담 연구실 확충 • 능력중심 승진체계 확립 -교장임기제 개선 -교육공무원의 지방직화 -기간제 임용 • 교원양성기관 구조조정 -교원양성기관 통폐합 • 교원성과급제 도입 • 교원자질 향상 -교원연수 강화 -교원평가 • 교원노조 합법화 • 교원정년 단축 • 교직발전종합방안

〈표 7-4〉 계속

교육인적자원정책위원회 (2000. 10.~2003. 2.)	교육혁신위원회 (2003. 7.~2008. 2.)	교육과학기술자문회의 (2008.10.~2012.12.)
• 교원양성기관 평가인증제 도입 • 유능한 학교 행정가 확보 • 교원평가체제 확립 • 직무능력 제고를 위한 연수 강화 • 교원의 사기진작을 위한 보상체제 확립	• 교원평가제 시범실시	• 능력개발평가 • 학습연구년제

한국교육행정학회, 사범대학장협의회, 대한사립중등학교장회 등에서도 교직원정책과 관련된 주장이나 건의사항을 활발하게 개진해 왔다.

이제까지 교직원정책 개혁 노력은 교육의 기회확대 및 기회균등 실현, 민주화 구현, 전문성 심화, 효율성과 형평성, 수월성 추구 등에 초점을 두었다. 〈표 7-4〉에서 볼 수 있는 바와 같이 교사의 양성, 신규 채용, 연수, 인사관리, 처우, 근무조건, 복지후생, 평가 등 교직원정책의 여러 영역에 걸쳐 교원 수의 확충, 교원양성기관의 연한 연장, 교사임용 기회의 확대 및 공정성 확립 등에 주력하게 되었다. 그리하여 교직원 전문성 신장을 비롯하여 임용제도의 합리와 근무여건 개선 및 사기진작, 그리고 관리 방식의 효율화 등이 면면하게 이루어졌다.

또한 사범학교 및 교육대학교의 양성기간 연장을 비롯해서, 교육공무원 임용에 있어서 국·사립 출신 차별 철폐, 복수 교원단체 활동 허용 등을 통해 학교교육의 질 향상과 교직의 위상 강화 등을 가져오게 되었다.

2. 교직원정책의 문제점 및 쟁점

앞에서 살펴본 바와 같이 해방 이후 70년이 경과하는 동안 우리의 교육은 사회 발전과 흐름을 같이하여 많은 발전을 이룩하였다. 교육의 기초를 다지는 1950~1960년대부터 1970~1980년대의 산업화과정에서 암울했던 시기를 지나 1980~1990년대의 자유화, 민주화의 진통, 그리고 2000년대를 전후한 무한 경쟁시대를 거치고 정보화, 개방화, 선진화 과정에 접어들면서 우리의 교육정책과 교직원정책도 많은 변화와 발전을 이룩하였다.

그렇지만 그동안의 교직원정책은 양적이고 제도적인 측면에 치중해 왔다고 해도 과언이 아니다. 그리고 중앙집중 방식으로 효율적으로 추진되어 온 셈이다. 그러면서도 교원들의 전문성을 높이는 데 면면한 노력을 기울여 왔다. 전술한 내용들을 종합적으로 초·중등교원 중심으로 교직원정책의 문제점을 몇 가지 지적하면 다음과 같다.

먼저, 교원의 수요와 공급이 지나친 불균형을 이루고 있다. 이는 일차적으로 수요 공급을 제대로 예측하는 데 실패했기 때문으로 보인다. 각 교원양성기관에서도 책임감 있게 질 관리를 하지 못한 탓도 있다.

뿐만 아니라 교직사회가 학부모·사회의 요구에 그리 민감하지 못하고 교수·학습활동보다도 지나치게 상위 직급으로의 승진에 집착하는 분위기가 조성되어 있다. 교직원정책을 추진하는 데 있어서 제거되어야 할 걸림돌이 아닐 수 없다.

특히 교직원정책의 개발·운용에서 지나친 평등주의의 의식이 깊게 깔려 있는 것 같다. 무차별적인 평등주의 의식에 근거한 교직원정책개발이나 제도운영은 구성원들을 자극하지 못하기 때문에 개인의 능력을 제대로 발휘할 수 있는 장치가 되지 못한다. 경쟁 기제 자체에 대한 일부 교원들의 부정적인 인식이 지배할 때 성과를 높이는 정책을 추진하기가 힘들다. 예컨대, 교원성과급도 겉으로는 시행되는 것으로 보이지만 제대로 시행되고 있는지 의문스럽다. 열심히 근무하는 교원이나 그렇지 않은 교원 간에 특별한 차등을 둘 수가 없다. 따라서 선의의 경쟁을 통한 학교 교육의 질 향상 풍토가 조성되어 있지 못하다. 열심히 가르치고 열정을 가지고 교직에 임하는 교직원과 일부 그렇지 않은 교직원들이 같은 대우를 받고 있다면 뜻 있는 유능한 교사들이 좌절을 겪을 수밖에 없을 것이다. 그 연속선상에서 다양하고 차별화된 프로그램을 개발하고 운영할 수 있는 학교 간의 경쟁도 이루어지지 못하고 있다.

또한 집단이기주의를 들 수 있다. 일부 교원 집단과 단체나 학부모 단체, 비정부단체(NGO) 등에서는 자기들의 이해관계에 집착하는 나머지 내일의 주인공인 학생들의 교육활동에 우선순위를 두지 못한 측면이 없지 않다. 그래서 그동안의 교직원정책은 학생·학부모 입장에서 형성, 추진되는 것이 아니라 교사, 학교 및 교육행정 당국 입장에서 운용되는 경우도 없지 않았다. 교원평가를 수용하지 못하고 있는 분위기가 그 예가 될 것이다.

3. 향후 전망과 방향

이 외에 개방성이 결여되어 있다. 흔히 교직사회는 폐쇄되어 있고 보수적이라는 지적을 많이 받아 왔다. 그러나 개방화 사회, 글로벌 인재를 길러야 할 책무를 맡고 있는 교원들이 몸담고 있는 교직사회가 정체되어 있고, 소위 '우물 안 개구리'식의 분위기 속에 안주하게 될 때 새로운 변화를 수용하기 힘들고 따라서 발전은 더디게 진행될 것이다. 이러한 분위기 속에서는 새로운 교육질서를 확립하고 활기찬 교직풍토를 조성하는 데 한계가 있을 수밖에 없다.

이상에서 제시한 것들을 토대로 교직사회에 대한 SWOT 분석을 〈그림 7-3〉과 같이 도식화할 수 있다.

강점	약점
• 높은 교직 선호도 • 풍부한 교직 인력풀 • 우수한 인력의 교직 진출	• 지나친 승진선호 풍토 • 교원수급 불균형 및 양성기관 난립 • 교원의 전문성 신장을 유도할 평가 및 연수 체제 미흡
기회요인	**위협요인**
• 다양하고 자율적인 학교교육체제로 전환 • 공교육 개혁에 대한 국민의 기대와 열망 • 지식의 급격한 팽창과 변화에 따른 교원 역할 확대	• 학령인구 감소로 인한 교직진출 기회 축소 • 폐쇄적이고 정체된 교직풍토 • 학교교육에 대한 국민의 불신

〈그림 7-3〉 교직상황에 대한 SWOT 분석

자료: 교육과학기술자문회의(2011: viii).

그동안 우리의 교육은 세계적인 국민의 교육열을 바탕으로 양적으로 엄청난 성장을 하였고, 폭발적인 학생 수 증가에 따라 교원과 이들을 지원하는 직원도 많이 증가하였다. 그러나 무분별한 교원양성기관과 프로그램 설치로 수요와 공급을 적절하게 조절하는 데 실패하였다. 치밀하게 계획을 수립하지도 이를 실천하지도 못했기 때문이다. 앞으로 출산율 저하로 학생 수가 급격하게 줄어들 것으로 전망된다. 이에 따라 교직원 수도 영향을 받지 않을 수 없게 될 것이다. 따라서 학생 수 감소에 따른 교원의 적절한 수급 조절을 기하는 동시에 양성기관의 구조조정이 불가피할 것이다.

앞으로 이러한 상황에 대처하기 위해서는 학교교육의 질적 수준을 높이고 좋은 학교(quality school)를 만들어 학생과 학부모의 만족과 감동을 줄 수 있는 교실개혁을 통한 교육의 질 향상에 주력할 필요가 있다. 즉, 교수-학습방식의 개선 노력이 요청되고 있다. 학급당 학생 수가 줄어들면 학습자 개개인의 창의력과 상상력, 사고력, 고등정신기능을 향상시키는 진정한 학업성취(academic achievement) 향상 노력이 요청될 것이다.

또한 교직원 임용과정을 합리적으로 운영함으로써 전문적인 능력과 자질을 지닌 교원과 직원들을 확보하기 위해 더욱 두렁하고 엄정하고 공정한 절차를 거쳐 신뢰를 받는 동시에 학생들을 사랑으로 보살피고 수범(垂範)이 되는 인성과 역량을 갖춘 교직원을 확보해야 한다.

그리고 교원정책 전반에 걸쳐 교직원의 전문성 심화를 유도·촉진하는 노력이 요청된다. 교직원의 전문성 향상 노력은 양성과정뿐만 아니라 신규임용, 연수, 평가, 보수체계 운영, 단체활동 등 교직원정책 전반을 꿰뚫는 핵심적인 지향 가치가 되어야 한다. 예컨대 보수체계도 교직원의 전문성을 유도·촉진시키는 방향으로 나가야 할 것이고 그러려면 학력과 연수이수라든지 복수자격증 취득결과도 반영할 수 있어야 한다. 교직원의 보수체계만은 아니지만 점차 봉급보다 수당의 비중이 높은 불안정한 보수체계부터 안정된 보수체계를 확립할 필요가 있다. 그리고 교사 개개인의 학력과 연수 등을 통해 교원의 전문성을 유도하고 촉진시킬 수 있도록 미국이나 캐나다 등에서 운용하고 있는 복선형보수체제(matrix shape salary schedule)로의 전환과 함께 인센티브 확충, 그리고 우수교사를 위한 학습연구년제 등도 추진될 필요가 있다. 교직원의 공감 속에 학교단위 성과 상여금제도도 정착시켜 나가도록 해야 한다.

교직원평가는 교원의 능력개발의 불가피한 과정이요 수단임을 인식하고 법적인 뒷받침을 하는 동시에 능력개발을 위한 연수과정에 적극 참여할 수 있도록 인센티브 제공을 강화할 필요가 있다.

이를 위해 교원능력개발평가의 법적 근거를 마련해야 한다. 이러한 노력의 일환으로 초·중등교육법에 교원능력개발평가 관련 규정을 두고, 국공립·사립학교의 모든 교원들이 평가를 받으며 교원능력개발평가의 공정성 확보를 위한 다양한 방안을 강구하도록 해야 한다.

앞으로 교육활동이나 교원의 자질과 역량에 대한 학부모의 요구와 주문도 점차 증대될 것으로 보이며, 이에 선제적(先制的)으로 대응하는 노력도 요청되고 있다.

또한 교원의 전문성 개발, 심화를 유도·촉진하는 교원자격체계가 확립되어야 할 것이다. 이러한 관점에서 수석교사에 이르는 전(前)단계로서 선임교사 자격을 취득하도록 하는 자격제 개편도 검토할 필요가 있다. 장기적으로 우수한 능력을 갖춘 교원양성 및 우수 인력의 교직 입직을 위한 교원전문대학원의 설치를 검토할 필요가 있다.

대학에서도 설립유형이나 지역에 따라, 또는 재정형편에 따라 다르지만 교수 및 강사들을 위한 적정한 처우는 무엇보다 중요하다. 그럼에도 불구하고 일부 대학에서는 경영난을 핑계로 낮은 보수를 지급한다거나 시간당 강사료를 지나치게 낮게 지급하는 경우가 없지 않은데, 이는 시급히 시정되어야 할 과제이다.

또한 대학에서 전문적 행정 능력과 역량 개발을 위하여 연찬 프로그램이 운용될 필요가 있다. 교수들은 기본적으로 교육과 연구활동을 수행하면서 외부 자문이나 봉사활동을 포함하여 대학 내부적으로도 학과장을 비롯한 학·처 실장, 대학원장, 총장 등 다양한 보직을 수행한다. 따라서 보직자들로 하여금 행정적인 지원·관리 활동을 수행할 수 있는 능력과 역량을 습득할 수 있는 기회를 제공할 필요가 있다. 체계적인 보직관리를 위해서는 직무명세를 작성하여 직위에 따라 구체적인 자격 요건을 명시할 필요가 있다. 경력, 전공, 연구실적, 관리능력, 인간관계 등을 종합적으로 고려하여 보직임용 지침을 설정하는 것이다. 그리고 보직담당 교수의 학문적 성취의 피해를 줄일 수 있도록 일정 기간 후의 계속 임용을 억제하고 주요 보직자를 위한 보상제도 운영도 필요하다.

특히 실·처장 등 주요 보직자를 대상으로 학사관리, 재무관리, 기획 등에 관한 이론과 지식·기술 등에 대한 체계적인 연수프로그램을 개발·운영할 필요가 있다. 전문적 행정능력 신장을 위해 주요 보직자들이 수행하는 업무내용, 절차에 관한 업무 흐름표를 포함하는 체계화한 업무 편람 등을 개발·활용해야 한다.

대학의 규모가 커지면서 방대한 시설·설비, 그리고 막대한 재원을 관리하고 교수들의 교육 및 연구 활동을 지원하고 관리하는 대학 직원의 역할 또한 커지고 있다. 현재 대학 직원 수는 4만여 명에 이를 것으로 추정된다. 따라서 유능한 직원을 확보하고 그들의 전문성을 신장시키는 교육과 연찬 활동이 강화될 필요가 있다.

교직원 또는 그 가족의 생활안정과 건강유지, 그리고 휴식 등의 측면에서 그들의 생활을 향상시키기 위해 물적·정신적 서비스 제공 등 복지가 더욱 넓고 깊게 확대되어 복지제도가 더욱 확충되어야 한다. 삶의 질 향상에 대한 인식이 높아짐에 따라 복지에 대한 관심이 점차 높아지고 있고, 국가 차원에서 정책적인 노력을 많이 기울여 복지는 점차 나아지고 있는 것이 사실이지만 아직도 교직원들을 위한 제반 부가적 혜택이 확충되어야 할 여지가 많다.

그동안 교원단체는 교육발전과 교원정책의 개선을 위해, 특히 교원의 권익신장을 위해 많은 기여를 한 것으로 평가된다. 그러나 전술한 바와 같이 '자유'와 '평등'에 관한 이념적 스펙트럼에 관한 관점과 시각의 차이로 교육 및 교직원 정책을 놓고 많은 갈등과 마찰을 가져왔다. 이러한 갈등은 많은 사회적 비용의 낭비를 불러올 수밖에 없다. 따라서 교육관련 단체나 구성원들의 공감과 타협 그리고 협력을 위한 노력이 절실하고, 탄력적이고 융통성 있는 인식이 필요해 보인다.

이 외에 교직원들이 교육개혁의 핵심 세력으로 나설 수 있도록 여건과 분위기를 조성할 필요가 있다. 앞에서 살펴본 바와 같이 이제까지 여러 차례 교육개혁을 추진하였으나 교직원들이 소극적이고 수동적으로 따라가는 형국이었다고 할 수 있다. 그러나 이제 교원들이 교육개혁에 동참하는 수준을 넘어서 적극적이고 주도적으로 교육개혁 추진에 나설 수 있어야 한다. 그러려면 교직원들의 직무의욕을 고취시킬 수 있는 정책 추진과 함께 개방적인 개혁 마인드 조성을 위한 노력이 필요하다.

아울러 교육전문직과 행정업무를 담당하는 일반 행정직도 교육에 대한 이해 위에 교원을 지원하고 관리하는 일이 매우 중요하므로, 초·중등학교의 일반 직원과 대학의 장학사(관), 교육연구사(관) 등 교육전문직뿐만 아니라 행정전문가를 위한 적극적인 양성·개발프로그램 운용이 필요하다.

끝으로, 유능한 교육 CEO를 확보, 개발, 유지하는 데 주력해야 한다. 또한 CEO로서 최상의 리더십을 발휘할 수 있도록 연찬 기회도 확대될 필요가 있다. 이에 더하여, 학교경영자들을 평가하고 평가결과에 대한 보상 방안도 강구될 필요가 있다. 이들은 교육활동에 대한 전문적인 지식과 식견, 경험을 가지고 있을 뿐만 아니라 행정 능력과 합리적인 리더십을 발휘할 수 있으므로, 관련된 지원 대책도 마련, 운용되어야 한다.

참고문헌

고전(2002). 『한국교원과 교원정책』. 도서출판 하우.

교육과학기술부(2009). 「교육선진화를 위한 교직경쟁력 강화방안」. 자문조사 2009-4.

교육인적자원부(2001). 「교직발전 종합방안」.

국가교육과학기술자문회의(2012). 『생활지도 상담교육의 효과 제고 방안』.

김갑성·박병영(2010). 『이명박 정부 교원정책에 대한 교원인식조사 및 시사점』. 한국교육개발원.

김갑성 외(2009). 『교원양성체제 개편 방안 연구』. 한국교육개발원.

김선종·송광용·진동섭·허종렬(1994). 『교원자격제도 개편방안 연구: 수석교사제를 중심으로』. 한국교원단체총연합회 교육정책연구소.

김신복·서정화·정태범·최희선(1991). 『교원양성 체계화 연구』. 교육부 학술연구.

김이경 외(2004). 『교원자격·양성제도 개편 방안 연구』. 한국교육개발원.

김이경 외(2005). 『교원의 직무 수행 실태 분석 및 기준 개발 연구』. 한국교육개발원.

김태완 외(2008). 『교원 양성 및 임용의 다양화 방안 연구』. 교육과학기술부.

김혜숙·백승관·김희규(2007). 『수석교사제 도입에 관한 기초 정책 연구』. 교육인적자원부.

김혜숙·양승실·김안나(2000). 『교원 직급 및 자격 체제 개편 연구』. 한국교육개발원.

김희규·백승관·전제상·전상훈(2007). 『수석교사 시범운영을 위한 모형 개발 연구』. 교육인적자원부.

대한교육연합회(1986). 『교원처우백서』.

문교부(1990). 『교직사회와 교원노조』.

박영숙(2010). 『교육전문직 인사제도 개선방안 연구』. 한국교육개발원.

박영숙·김갑성·전제상·김지희(2007). 『국가 수준의 교사자격 기준개발연구』. 한국교육개발원.

서정화(1989). 『교육인사행정』. 세영사.

서정화(2003). 「한국교육발전과 교원단체의 역할」. 한국교옥정책연구소 세미나 발표 논문.

서정화 외(1981). 『교육공무원 인사 행정제도의 개선 방향』. 한국교육개발원.

서정화 외(1985). 『교원보수제도 개선에 관한 연구』. 대한교육연합회.

서정화 외(2004). 『교원보수체계 개편방안 연구』. 한국교원단체총연합회.

서정화 외(2009). 「교육 및 연구경쟁력 제고를 위한 교수인사관리 체제 개선」. 한국교육개발원 편. 『대학 선진화 정책의 방향과 과제』. 한국교육개발원.

서정화 외(2010). 『학교성과급 지급 방안 연구』. 교육과학기술부 정책연구보고서.

서정화 외(2011a). 『한국교육의 새 지평: 교육의 재구조화』. 교육과학사.

서정화 외(2011b). 『교육인사행정론』. 교육과학사.

서정화·김지희(2013). 「교육개혁자문기구의 평가와 과제」. 한국교육개발원.

신현석(2010). 『한국의 교원정책』. 학지사.

오일환·이병기(1994). 『이익집단과 교원단체: 교총, 일교조, 전교조 분석』. 에덴기획.

이돈희 외(2015). 『한국교육의 70년』. 한국학중앙연구원출판부.

이정민 외(1998). 「대학교원 임용제도 개선을 위한 세부추진전략 모형」. 서울대학교 교육정책개발 연구과제.

이희수·권인탁·송병국·양병찬·이성엽·백미현(2014). 『대학중심 평생학습활성화 지원사업 중장기 발전방안 연구』. 국가평생교육진흥원.

임연기(2010). 「대학교원 인사관리 선진화 방안」. 대학교육의 경쟁력 강화 및 선진화 방안 발표자료. 한국고등교육정책학회.

전제상(2010). 『교원성과급제도의 자율성 확대 및 개선방안연구』. 교육과학기술부.

전제상 외(2003). 『우수교원 유인체제 마련을 위한 보수제도 혁신방안 연구』. 교육인적자원부 교육정책연구 2003-일-10. 교육인적자원부 정책연구보고서.

전제상 외(2008). 『교원의 전문성 신장을 위한 교원능력개발평가의 결과 활용방안 연구』. 교육과학기술부.

정지웅·김지자(1990). 『사회교육학개론』. 서울대학교출판부.

조동섭(2003). 「우수교사 확보와 개발·유지를 위한 정책방향과 과제」. 『학교교육연구 I』. 한국학교교육연구원.

최운실·백은순(1990). 『한국의 문해실태와 문해교육』. 한국교육개발원.

한국교육개발원(2003). 『교원인사제도 혁신방안 수립을 위한 국민의견 수렴 사업』(제2차 워크숍자료집).

한국교육개발원(2004). 『한국 교원정책의 도전과 과제』.

한국교육개발원 편(2009). 『대학 선진화 정책의 방향과 과제』.

한국교육개발원(2010). 『한국의 교사와 교수 바로 알기』(통계로 본 한국과 세계교육 시리즈 2).

Beaumont, M. S.(1985). *Salary System in Public Higher Education*. Praeger Publishers.

Campbell, Roald F. et al.(1971). *Introduction to Educational Administration*(4th ed.). Allyn and Bacon, Inc.

Castetter, W. B. & Young, I. P.(2000). *The Human Resource Function in Educational Administration*(7th ed.). Prentice-Hall.

Ornstein, Allan C. & Levine, Daniel U.(1981). *An Introduction to the Foundation of Education*. Houghton Mifflin.

Rebore, R. W.(2004). *Human Resource Administration in Education: A management approach*(7th ed.). Pearson Education Inc.

Young, I. Phillip(2008). *The Human Resource Function in Educational Administration*. Pearson.

8장 /

교육복지 및 교육환경 정책의 변동

김인희

I. 서론

1. 개념과 범위

1) 교육복지

(1) 교육복지의 개념과 범위

‘교육복지’라는 용어는 1990년대 들어 간헐적으로 정부 문서에서 사용되기는 하였으나 보편적으로 활발하게 사용된 것은 2000년대 들어서부터라고 할 수 있다. 교육복지의 개념은 ‘교육을 통한 인간다운 삶의 실현’이라는 교육의 복지적 관점을 추구하는 노력이라는 점에서는 대체로 합의가 이루어질 수 있다. 그러나 구체적으로는 보편적 복지와 선별적 복지 두 관점의 차이에 따라 구분될 수 있다. 전자가 모든 이를 대상으로 교육을 통한 성장 발전의 기회를 동등하게 제공하려는 것이라면, 후자는 교육적으로 취약하고 소외된 자에게 필요한 교육적 지원을 제공하는 것이다. 예컨대, 모든 국민에게 중학교까지 무상의무교육을 실시하고 무상학교급식을 제공하는 것은 보편적 교육복지이며, 저소득층 학생에게 학비를 지원하고 학업중단위기 학생을 위한 대안교실을 운영하는 것은 선별적 교육복지라고 할 수 있을 것이다.

김인희(2012)는 교육복지를 ‘교육소외 현상을 해소하기 위한 노력’이라고 보아 선별적 복지의 관점에서 접근하는 듯하지만, 교육소외 자체가 누구에게나 나타날 수 있는 질병이나 증세와 같은 현상으로 보아 교육복지를 건강관리와 같이 모든 학습자에게 적용되는 보편적인 과제로 보고 있다. 교육복지의 개념 규정을 이와 같이 한다면 개념상의 보편적·선별적 교육복지 구분은 사실상 의미가 없어진다. 즉, 두 구분은 이분법적·대립적 구분이 아니라 연속선(continuum)상의 상대적 위치의 문제가 되며, 실제 정책적 선택은 우선순위에 따른 자원배분이라는 현실적 판단 문제가 되는 것이다. 즉, 모든 국민이 건강관리의 대상이 되면서도 의료지원의 우선순위는 중증의 위급한 환자에게 주어지듯이 교육복지 역시 개념상으로는 모든 학습자를 대상으로 하되 정책적으로는 교육소외가 심한 학습자에게 우선 지원이 제공되는 것이라고 할 수 있다. 이와 같은 맥락의 견해는 사회복지의 논의에서도 볼 수 있는데, 최근 들어 보편주의와 선별주의를 상대적·연속적 개념으로 이해할 필요가 있다고 하면서, 대상자의 포괄 범위에 따라 보편주의와 선별주의를 이분법적으로 구분하는 것은 타당하지 않다는 주장이 있다(구인회 외, 2010; 김연명, 2011; 윤홍식, 2011).

교육복지를 '교육소외 현상을 해소하기 위한 노력'이라고 정의하면 교육복지의 범위는 교육소외의 내용에 따라 정해지게 된다. 즉, 교육소외를 정의하고 그 범주를 정하면 교육복지의 범위는 자연스럽게 정해지게 된다. 교육소외는 '정상적인 교육의 기회를 통해 자신에게 필요한 학습경험을 하지 못함으로써 자신이 지닌 잠재능력을 제대로 개발하지 못하여 정상적인 성장의 길을 걷지 못하고 그로 인하여 질 높은 삶을 누리지 못하는 현상'(안병영·김인희, 2009)으로 정의될 수 있다. 교육소외의 범주는 〈표 8-1〉과 같이 구분할 수 있다.

류방란·김경애(2011)는 교육복지정책의 목표를 공정한 교육 실현을 통한 역량 있는 시민 양성으로 설정하고 이를 실현하기 위한 추진전략과 실천과제를 제시하였다. 네 가지의 추진전략은 양질의 교육기회 보장, 교육프로그램의 다양화, 교육성취의 공정성, 공정한 교육을 위한 기반 조성이며, 실천과제는 〈표 8-2〉와 같다.

이상과 같이 교육복지의 범위는 교육소외의 범주, 추진전략 등 다양한 기준으로 구분할 수 있고 그 기준에 따라 해당 과제의 내용도 다

〈표 8-1〉 교육소외의 범주

교육소외의 범주				내용
절대적 교육소외	교육기회의 접근 제한			교육기회에 접근하지 못하거나 접근의 정도가 충분치 못함
	교육 부적응	교육내용 부적응		교육을 받고 있으나 교육내용과 학습자의 교육적 필요가 맞지 않음
		교육방법 부적응		교육을 받고 있으나 교육방법이 부적합하여 효과적 학습을 저해
		교육환경 부적응	공간적·물리적	교육공간의 물리적 환경이 부적합하여 효과적 학습을 저해
			심리·사회 문화적	교육공간의 심리·사회문화적 환경이 효과적 학습을 저해
	교육기회 불충분			교육의 양적·질적 여건이 학습자의 교육적 필요를 충족시키지 못함
상대적 교육소외	교육불평등, 교육차별, 교육격차			교육의 기회, 과정, 결과 등에서 불공정성이 작용함

자료: 김인희(2012) 내용 일부 수정.

〈표 8-2〉 교육복지정책의 실천과제

추진전략	실천과제
1. 양질의 교육기회 보장	1-1. 출발점 평등을 위한 양질의 유아교육 확대 1-2. 사각지대 아동·청소년을 위한 교육기회 제공 1-3. 고등교육 기회 확대를 위한 장학금 확충 및 장학제도 개선
2. 교육프로그램의 다양화	2-1. 모든 학생이 최고의 잠재력을 발휘할 수 있는 교육과정 제공 2-2. 학교부적응 예방을 위한 대안적 프로그램 개발 및 제공 2-3. 학생 특성과 요구를 반영한 방학 중 프로그램 제공
3. 교육성취의 공정성	3-1. 기초 수준의 학력 보장 3-2. 잠재역량에 기초한 입학전형 확대를 위한 사전·사후 지원 강화
4. 공정한 교육의 기반조성	4-1. 교원의 취약집단 이해도 4-2. 통합적 지원을 위한 학교-지역사회 연계 강화

르게 구성될 수 있다. 어느 정책과제가 교육복지의 영역에 해당하는가는 다음의 교육복지의 의의와 요건에 관한 논의와도 연관된다.

(2) 교육복지의 의의[1]

교육복지의 실현은 우리나라 헌법에 규정된 '능력에 따라 균등한 교육을 받을 권리'와 '교육기본법'에 규정된 '학습권', 더 나아가 세계인권선언에 인간의 기본권으로 규정된 '교육받을 권리'를 실현하는 것이다. 또한 교육이라는 사회적 가치가 교육제도를 통해 공정하게 배분되는 것을 의미하며 이를 정의로운 교육제도의 운영 또는 교육정의의 실현이라고 할 수 있다. 이돈희(1999)도 이를 지적하고 있으며, 샌델(M. J. Sandel)은 교육에서 정의를 실현하는 길은 모든 학생이 학업 수준에 상관없이 그들의 잠재력을 최대한 발휘할 수 있는 교육제도를 만드는 일이라고 하였다.

교육복지는 개인적으로는 자신에게 유의미한 교육을 통하여 사회 구성원으로서 인정받을 수 있는 역량, 즉 '정체성 자본(identity capital)'[2]을 갖추게 되는 것으로 이는 소극적으로는 사회적 배제를 막는 일이며, 적극적으로는 자신의 잠재역량을 최대한 발휘하면서 자아실현을 하고 질 높은 삶을 누리는 길인 것이다. 또한 모든 개인의 역량을 최대한 신장하도록 하여 사회가 필요로 하는 인적자원을 개발하는 길이며, 사회적 배제 예방을 통해 사회통합을 진전시킴은 물론 사회적 배제 집단으로 인해 사후에 발생할 사회적 비용을 절감하는 방안이 된다.

---

1 김인희(2012), 「교육복지 개념의 이론적 재탐색」에서 발췌 수정.

2 코트(E. Côte, 1996)는 인적(human), 사회적(social), 문화적(cultural) 자본(capital)이 통합된 총체를 '정체성 자본(identity capital)'이라 부르며, 정체성 자본이 곧 개인의 사회통합 능력의 요체가 됨을 주장하고 있다.

인체에 병이 생겨 정상적인 기능을 할 수 없을 때 이를 치료하기 위해 의학이 발달되었듯이, 교육이 의도한 대로 제대로 성과를 거두지 못하고 교육소외가 발생할 때 이를 진단하고 해결하기 위한 교육학(또는 교육복지학)이 절실하지만 이는 제대로 발전되지 못하였다. 이로 인해 현장에 진출하는 교사들도 일상적으로 당면하는 교육소외 문제에 대처할 전문적인 교육훈련을 제대로 받지 못하였다. 어떤 교사들은 '도대체 교사가 교육학을 무엇 때문에 배워야 하는가'라는 황당하지만 뼈아픈 질문을 던지기도 한다.

교육복지는 교육소외라는 사회적 바이러스를 퇴치하는 면역기능과 같은 작용을 한다. 교육복지는 우리 교육체제와 사회체제 속에 내장되어 있으면서 교육소외를 찾아 퇴치하는 면역체제라고 볼 수 있다. 더 나아가 우리 교육체제와 문화 자체를 교육소외라는 바이러스가 발생하지 않고 발붙일 수 없는 강건 체질로 전환토록 하는 노력의 길잡이 역할을 할 수 있다. 교육복지는 우리 교육이 안고 있는 병리현상을 치유하고 모든 학습자가 자신에게 유의미한 학습기회를 누리는 활력 있고 생산적인 교육시스템을 만들어 가는 패러다임이자 원동력으로 작용할 수 있을 것이다.

2) 교육환경

(1) 교육환경의 개념과 범위

교육환경이란 교육을 위해 제공되고 있는 환경을 의미하는데, 환경을 어떻게 정의하는가에 따라 교육환경의 정의도 달라질 수 있다. 환경의 사전적 개념은 '생물체를 둘러싸고 그것과 일정한 접촉을 유지하고 있는 외계'(이희승, 1982) 또는 '유기체에 영향을 미칠 가능성을 지니는 외적 조건과 요인의 총합'(English & English, 1958)이라고 되어 있다. 블룸(B. S. Bloom, 1964)은 환경을 '개인에게 주어지는 요건, 힘 및 외적 자극'이라고 보고 있다. 이를 정리해 보면, 일반적으로 환경은 어느 주체를 기준으로 그 외부에 존재하며 주체에 영향을 미치는 조건, 힘, 또는 자극 등의 총체로서 그 주체의 행동 배경(setting)이 되는 것을 의미한다. 이를 교육환경에 적용하고 주체를 학습자 개인으로 본다면, 교육환경이란 '개인에게 교육적으로 영향을 미치는 외적 조건 및 자극의 개적(個的) 또는 총합적인 구조와 작용'을 의미한다(정원식, 1998).

이와 같은 교육환경의 개념을 따르면 교육환경의 범위는 매우 넓다. 한 개인을 기준으로 할 때 교육환경은 교육의 장소에 따라 가정환경, 학교환경, 사회환경으로 구분될 수 있고, 그 내용에 따라 물리적·공간적 환경과 사회심리적·문화적 환경으로 구분될 수 있으며, 이상섭(1991)은 지위환경, 구조환경, 과정환경으로 구분하기도 한다. 또한 인공적 환경과 자연적 환경으로 구분될 수도 있는바, 이와 같이 교육환경의 분류기준은 보는 관점에 따라 매우 다양할 수 있다.

이 장에서 다루는 교육환경의 범위는 '학교환경' 중 물리적·공간적 환경에 관한 것이다. 즉, 학교에서 학생들의 학업과 생활에 영향을 미치는 공간적·물리적인 조건에 대한 것이다. 물리적 학교환경에는 우선 교실, 교사, 교지 등으로 구성되는 학교시설이 포함된다. 이 장에서는 학교시설 중 보통 내부시설이라고 하는 교육설비, 기자재 등 교육매체적인 성격의 항목은 제외한다.

물리적 학교환경에는 또한 학생들의 학습활동뿐만 아니라 건강하고 안전한 학교생활 전반에 영향을 미치는 요소 등이 포함될 수 있다. 학교보건, 학교환경위생, 학교안전, 학교급식 등이 이에 해당된다고 할 수 있다. 이는 2016년 2월 제정된 '교육환경 보호에 관한 법률'에 제시된 교육환경의 정의인 '학생의 보건·위생, 안전, 학습 등에 지장이 없도록 하기 위한 학교 및 학교 주변의 모든 요소'와 대체로 일치한다고 생

〈표 8-3〉 교육환경의 구성요소

영역	내용
학교시설	교실, 교사(校舍), 운동장 및 체육시설, 화장실, 식당, 강당, 교직원 편의시설, 기타 부속시설, 통학로
학생건강	학교보건, 학교급식, 학교환경위생, 학교안전

각된다. 이 장에서 다루는 교육환경의 내용은 〈표 8-3〉과 같다.

(2) 교육환경의 요건

좋은 교육환경이란 학생이 정신적·신체적·사회적으로 건강하게 생활하고 성장할 수 있는 조건이며, 학생의 인지적·정의적·심체적(心體的) 욕구가 충족되어 건전한 전인적 발달이 이루어질 수 있는 환경을 의미한다. 환경은 인간의 반응을 야기하는 자극장(stimulus field)으로 볼 수 있으며 인간의 감각범위, 즉 촉각환경, 후각환경, 청각환경, 시각환경 등의 영역들에 대한 충분한 연구를 바탕으로 교육환경이 조성되어야 한다(조미경, 1992). 환경은 또한 인간의 행동이 이루어지는 배경장치(behavioral setting)로서 의미를 지닌다. 따라서 교육환경은 학생과 교사의 학습 및 교수 활동이 이루어지는 배경으로서 이 활동들을 긍정적인 방향으로 유도하고 촉진하는 요인을 갖추어야 한다.

이호진(2007)은 교육환경 중 학교시설은 양적 차원과 질적 차원 모두 갖추어야 할 요건을 지니는데, 양적으로는 충분한 수용능력과 함께 영역별로 특화된 학생의 학습활동을 가능케 하는 특별교실을 갖추어야 하며, 질적으로는 변화하는 교수-학습방법에 대응할 수 있어야 하고, 이용자의 행동 특성, 지역적 특성 등에서 비롯되는 이용자의 요구에 부응해야 하며, 시설 자체가 주변 생태와 에너지 효율을 고려하여 자연친화적이어야 하고, 교육활동을 지원할 수 있는 기술성을 갖추어야 한다고 제시하고 있다. 또한 학교시설은 인간공학적인 차원에서 신체적으로 학생의 체질, 체격을 정상으로 성숙시킬 수 있어야 하고, 건축적인 차원에서 교육환경 내의 시설 규모, 구조, 재료, 색채, 설계 등의 원리를 모두 통합해야 한다(조미경, 1992).

교육환경 중 학생건강 영역은 대체로 학교보건, 학교급식, 학교환경위생, 학교안전의 4개 영역으로 구분할 수 있으며, 이들 영역의 기본목표는 학생의 건강증진과 안전확보를 통하여 신체적·정신적·사회적으로 건강한 시민을 육성하는 것이라 할 수 있다(교육과학기술부, 2011). 즉, 학생을 비롯한 학교 구성원의 건강과 안전은 교육환경의 중요한 목표인 동시에 요건이 된다.

이상과 같은 논의를 종합하여 교육환경의 요건을 정리한다면, 먼저 양적 충분성과 질적 적합성으로 구분할 수 있고, 질적 적합성은 다시 발달지원성, 학습지원성, 안전성, 쾌적성, 편리성 등으로 생각할 수 있을 것이다. 〈표 8-1〉에서 교육환경 부적응을 하나의 교육소외 유형으로 제시하였는바, 교육의 물리적·공간적 환경은 정상적·효과적인 교육이 이루어질 수 있도록 하는 중요한 요소로 작용하므로, 교육환경이 앞에 제시한 요건을 제대로 갖추지 못한다면 학습자는 이에 대한 부적응 현상을 보이고, 이는 다시 교육부적응, 즉 학생의 정상적인 학습활동이 이루어지지 못하고 교육소외 현상으로 이어질 수 있음을 의미한다. 이러한 점을 볼 때 교육환경은 교육복지의 관점에서 매우 중요한 의미를 지닌다고 할 수 있으며, 교육복지와 교육환경은 매우 밀접한 관계를 지니고 있음을 알 수 있다.

II. 교육복지정책의 변동

〈표 8-4〉 정책변동의 시기 구분 및 시기별 특징

<table>
<tr><th colspan="2">시기 구분</th><th>교육복지</th><th>학교시설</th><th>학생건강</th></tr>
<tr><td colspan="2">1945~1979</td><td rowspan="2">◎ 교육기회 접근을 위한 기초적·제한적 교육복지제도(검정고시, 공민학교, 방송중·고등학교, 고등기술학교, 산업체부설중고 등)</td><td>◎ 양적 공급 확대
◎ 표준설계도에 의한 획일적 공간구성
- 학교시설설비기준령</td><td rowspan="2">◎ 학생건강 사업 추진 및 제도의 구축 정비
- 학교신체검사(1951~)
- '학교보건법(1967)'
- 학교환경위생정화구역 도입
- '학교급식법(1981)'</td></tr>
<tr><td rowspan="2">1980~
1997</td><td>1980년대</td><td>◎ 교육환경 내실화
◎ 학교시설 양적 확대</td></tr>
<tr><td>1990년대</td><td>◎ 교육복지개념 태동 및 관심 증가
- 5·31 교육개혁안에 '교육복지국가' 제시
- 5개 영역 교육복지대책 수립(1996~1997)
- 대안교육 양성화</td><td>◎ 교육환경 개선 지속
◎ 질적 발전 관심 증가
- 제1차 교육환경개선사업(1990~1992)
- 현대화시범학교 추진(1992)
- 제2차 교육환경개선사업 추진(1996~2000)
- 고등학교 이하 각급학교 설립운영규정(1997)</td><td>◎ 학생건강정책의 실현 및 적용 확대, 치료에서 예방중심으로 전환
- 학생종합건강검진 실시(1997)
- 학교급식 실시 및 제도화
- 학교교육과정에 보건교육 반영 실시
- 교내 생활환경관리 시작</td></tr>
<tr><td>1998~
2015</td><td>2000~</td><td>◎ 교육복지정책 틀의 정립 및 다양한 교육복지 사업 추진
- 교육복지종합계획 수립
- 저소득층 지원, 교육복지 우선지원사업
- 학교부적응 대책
- 농어촌교육복지 지원
- 유아·특수교육 확대
- 다문화·탈북학생 지원
- 무상복지지원 확대</td><td>◎ 교육시설의 다양화, 복합화 추진
- 학교시설 현대화사업 추진
- 7·20 교육여건 개선 추진(2001~)
- 민간자본 교육투자(BTL) 도입(2005)</td><td>◎ 제도의 선진화, 내실화 학교안전정책 강화
- 교내 환경위생 및 식품위생 기준 마련(2001)
- '학교폭력예방법(2004)'
- 정서행동특성검사(2007)
- 교육환경평가제(2008)
- 무상학교급식(2011)
- 교육분야 안전종합대책 수립(2014)
- '교육환경보호법(2015)'</td></tr>
</table>

1. 기초적·제한적 교육복지제도(1945~1980년대)

대한민국정부가 수립되면서 1949년 '교육법'이 제정되고 학교교육제도의 기본 운영 틀이 성립되었다. 1960~1970년대의 산업화를 거치는 동안 인구가 급속히 증가하면서 국가교육정책의 큰 현안은 늘어나는 교육수요에 대응하여 모든 국민에게 동등한 교육기회를 부여하기 위하여 교육의 공급능력을 확대하는 것이었다. 그럼에도 불구하고 이미 학교교육의 시기를 놓친 저학력 성인들이 다수 존재하고 경제적으로 어려운 계층의 자녀들은 교육기회 접근에서 불리함을 겪으며 많은 청소년이 학교가 아닌 산업체로 향해야 하는 현실이 지속되었다. 이와 같은 상황에서 정부는 정규학교를 다닐 여건이 안 되는 성인과 청소년에 대하여 대안적인 교육의 기회를 제공하기 위한 여러 제도를 수립하고 그 법적 근거를 마련하였는데, 이 당시 '교육복지'라는 용어를 사용하지는 않았지만 '교육소외의 해소'라는 교육복지 개념에 비추어 볼 때 이러한 대안적 제도들은 분명히 교육복지를 실현하기 위한 중요한 교육정책이라고 할 수 있다. 다만 이들은 1차적인 교육기회 접근 차원의 제도인 동시에 그 수혜대상이 상당히 제한된 참여자를 대상으로 하였던 점을 감안할 때 '기초적·제한적'인 성격을 지닌 교육복지제도라고 부를 수 있을 것이다. 공민학교, 고등기술학교, 산업체부설학교, 방송통신학교, 사회교육시설, 검정고시 등이 해당된다. 1990년대에 출범한 독학에 의한 학위취득제와 학점인정제도 같은 취지에 해당된다.

또한 무상의무교육의 확대와 함께 저소득층, 농어촌 등 취약계층, 지역에 대한 학비, 장학금 지급 등 재정적인 지원을 통하여 교육기회 차별을 없애는 데 힘을 기울였다. 이와 같은 정책적 노력으로 세계적으로 유례없는 빠른 기간에 사실상 보편적 교육기회를 달성하였으며

〈표 8-5〉 정규학교 이외 학력 취득제도

제도	취지	관련법령
검정고시제도	질병 등의 개인적 이유나 사회·경제적 가정형편 등 여러 부득이한 사정으로 정규 중·고등학교에 진학하지 못했거나 중도 이탈하여 정상적인 학교교육을 받지 못한 사람들에게 일정한 학력검정을 통해 학력을 취득하도록 하는 제도	1950년도 '대학입학자격검정고시규정'이 문교부령 제10호로 공시, 1951년 문교부령 제12호에 의해 '고등학교입학자격검정고시규칙' 제정
공민학교	대한민국에서 정규 초등교육을 이수하지 못한 자에게 초등교육을 제공하는 기관. 수업연한은 3년으로 하며, 교과목의 구성은 초등학교에 준함	1949년 '교육법'상 학교로 인정
고등공민학교	공민학교나 초등학교를 졸업한 후 중학교에 진학하지 못한 자 중 나이가 취학에 적합하지 않은 자를 위해 중학교 교육과정을 실시함	
고등기술학교	중학교나 고등공민학교를 졸업한 사람들에게 실제 직업에 필요한 기술 교육을 실시함	1949년 '교육법'상 학교로 인정
방송통신 고등학교	근로청소년에 대한 계속교육 기회 제공, 학령기를 넘어선 성인을 위한 교육기회 제공	1974년 '교육법'상 학교의 형태 중 하나로 규정
방송통신 중학교	중학교 학력 미취득자*의 계속교육 요구, 학업부적응 학생의 증가, 결혼이민자, 장애인과 같은 교육소외계층의 중학교 학력 취득	1973년 '교육법'에 설치 근거가 마련되었으나 후속 시행령의 제정 미비로 시행되지 못하고 1998년 '교육기본법' 개정 시 설치 근거가 삭제되었으나, 2012년 1월 '초·중등교육법'이 개정되고, 동년 11월 '방송통신중학교와 방송통신고등학교 설치기준령'과 '동 시행규칙'이 제정되어 40년 만에 부활함
산업체부설 학교 및 특별학급	중·고등학교 과정으로 산업체근로자로서 중학교나 고등학교 학력을 지니지 못한 자들을 위해 산업체부설로 학교 또는 특별학급을 설치·운영하고 학력을 인정함	1977년 대통령령 제8462호 '산업체근로청소년의 교육을 위한 특별학급 등의 설치기준령' 제정

〈표 8-5〉 계속

제도	취지	관련법령
학력인정 사회교육시설	사회교육시설의 교육과정을 이수한 자에 대하여 초·중등 학력을 인정받을 수 있는 근거를 마련(후에 '평생교육법'에 의거 학교 형태의 평생교육시설로 수용됨)	1983년 제정 '사회교육법' 제10소
독학에 의한 학위취득	독학자들에게 시험에 의한 학사학위 취득의 기회를 부여함으로써 교육의 기회균등 및 평생교육 이념 구현	1990년 '독학에 의한 학위취득에 관한 법률(법률 제4227호)' 및 '동법 시행령, 시행규칙' 제정
학점인정제	학교 밖 사회교육기관에서 취득한 학점의 인정으로 학위를 취득할 수 있도록 하여 열린 평생학습사회 구현	1997년 '학점인정 등에 관한 법률' 및 '동법 시행령' 제정

* 2012년 기준 중학교 졸업 이하 학력자의 비율은 4.48%(한국보건사회연구원, 2016).

취학률 등 양적 수준에서는 1980년대에 이미 선진국 수준의 교육기회 접근이 이루어졌다. 1974년 도입된 고교평준화정책도 교육기회의 평등을 지향한 대표적 정책이라 할 수 있다.

한편, 지역적으로 교육조건이 불리한 도서벽지 지역의 교육격차 해소를 위하여 1967년 제정된 '도서벽지교육진흥법'에 따라 국가와 지방자치단체의 교육지원 의무를 명시하였으며 그 내용은 학교부지·교실 등 교육시설의 구비, 교재 및 교구의 정비, 교과서 무상 공급, 통학에 필요한 조치, 교원에 대한 주택 제공, 적절한 교원 배치를 위한 모든 경비의 지급, 지역교육의 특수한 사정에 적합한 학습지도자료 정비, 교원의 연구기회 우선 부여 및 수당 지급, 교원에게 도서벽지 수당지급 등이며, 이외에 도서벽지 근무자에 대한 가산점 지급 등이다.

2. 교육복지 개념과 교육복지정책의 태동(1990년대)

이 시기에는 교육복지라는 용어가 학계나 정부에서 간헐적으로 사용되는 경우가 나타났으나, 그에 대한 학술적·정책적 논의가 활성화되지는 못하였다. 그러나 국가적으로 매우 중요한 역사적 의의를 지니는 교육개혁안에 교육복지가 언급되고 교육복지라는 용어를 사용한 종합대책이 수립됨으로써 '교육복지'라는 개념이 국가교육정책의 전면에 나타나기 위한 토대가 만들어지는 시기였다고 할 수 있다.

1) 5·31 교육개혁안

1995년에 발표된 문민정부의 5·31 교육개혁안은 우리 초·중등교육 전반에 걸친 매우 광범위한 정책과제를 포함한 종합적인 개혁안으로 지난 20년간 교육정책의 추진 방향을 제시해 왔으며 다수의 정책과제들은 아직도 상당히 유효하게 적용되고 있다. 이 개혁안은 '누구나 언제 어디서나 원하는 학습을 통하여 자기 개발을 할 수 있는 교육복지국가(edutopia)'를 교육개혁의 비전으로 제시함으로써 교육복지라는 용어를 사용하고 그 의미를 제시하고 있다. 즉, 모든 사람이 동등하게 자신에게 필요한 학습의 기회를 가질 수 있는 것을 '교육복지'의 의미로 규정하고 있는 것이다. 그러나 이 개혁안에서 교육복지의 개념이나 원리가 더 상세히 구체적으로 기술되지는 못하였다. 안병영·하연섭(2015: 39)은 "5·31 교육개혁의 중심축은 수월성이었으며 그것이 당시의 시대정신이었고, 그 때문에 교육개혁방안에서 '뒤진 자'와 교육의 형평성에 대한 정책적 관심은 주변적일 수밖에 없었다"고 회고하고 있다.

2) 교육복지종합대책안(1997~2001)

1996~1997년 사이에 교육부는 5개 분야의 교육정책을 담은 '교육복지종합대책'을 수립, 발표하였다. 이는 당시 안병영 교육부장관(1995. 12.~1997. 8.)의 교육복지에 대한 높은 정책 의지가 반영된 결과물이라고 할 수 있다. 안 장관은 당시 세차게 추진되던 5·31 교육개혁의 프

로그램들이 지나치게 경쟁을 강조하는 쪽으로 치우치고, 교육의 인간화, 복지화를 제고하기 위한 프로그램들이 부족하다고 평가하여 '소외된 자와 특별한 배려가 필요한 자'를 대상으로 하는 교육복지종합대책(1997~2001)을 수립하게 되었다고 밝히고 있다(안병영·김인희, 2009: 3-4). 이 종합대책에는 학교중도탈락자, 학습부진아, 특수교육 및 유아교육대상자, 귀국자녀 등에 대한 다양한 교육지원책이 포함되었다.

3) 대안교육의 활성화

1990년대 중반 학교교육에 대한 불신, 학교 중도탈락 및 비행 증가, 학교부적응 및 탈학교 경향 속에서 형성된 대안교육운동은 새로운 학교로서의 대안학교에 대한 열망으로 집중되었으며, 이러한 대안교육의 흐름 속에서 다양한 유형의 대안학교가 등장하였다(김종일, 2016).

1996~1997 교육복지종합대책 중 학교중도탈락자 대책은 학교 중퇴자들을 대상으로 미인가 학교형태로 운영되던 대안학교들을 제도권으로 끌어들이는 계기가 되었으며, 1997년 3월 발표된 '대안학교 설립 및 운영지원계획'을 통해 종래의 대안학교들이 정규학교인 대안교육 특성화중·고등학교로 설립되게 되었다. 이와 같은 특성화학교들은 일반학교에 적응하기 어려운 학생들을 위한 대안교육을 담당할 뿐만 아니라 학생의 다양한 교육요구에 부응하여 유연한 교육과정 운영으로 전인교육을 추구하는 모습을 교육계에 소개하는 의미 있는 역할을 수행하게 되었다. 이러한 일련의 변화는 당시 안병영 교육부장관의 열성적인 노력으로 추진되었다. 1998년 3월 간디, 영산성지, 양업, 화랑, 한빛 등 6개 고등학교가 출범하였으며, 이후 '초·중등교육법시행령'에 '자율학교' 제도가 명문화되면서 교육과정 운영과 학생 및 교사 선발 등에 학교의 자율권이 크게 강화되어 학교 운영에 질적인 변화를 가져왔다(안병영·김인희, 2009).

3. 교육복지정책의 체계화 및 다양한 시책의 확대(2000년대 이후)

1998년 IMF 외환위기 이후 빈곤층의 급증으로 악화되기 시작한 우리 사회의 양극화 현상은 교육에도 지대한 영향을 미치게 되었고, 교육기회의 빈익빈 부익부 현상은 2000년대를 거쳐 심화되었다. 계층 및 지역 간 교육격차의 해소는 국가적인 정책과제로 부상하였고, 종래와는 다른 보다 적극적이고 질적인 차원의 교육복지적 노력을 요구하게 되었다. 특히 2003년 출범한 참여정부는 사회적 약자에 대한 지원을 통한 교육의 형평성 제고에 어느 정부보다도 정책의 비중을 두었다. 그에 따라 이 시기에 본격적인 교육복지정책 추진의 전기가 마련되었으며, 더구나 이전에 교육복지종합대책을 수립, 추진하였던 안병영 장관이 2003년 12월 다시 교육부총리로 취임하게 되면서 교육복지는 바야흐로 교육정책의 중심에서 중요한 발전의 계기를 맞게 되었다. 이후 교육복지정책은 2000년대 이후 정부가 바뀌면서도 지속적으로 확대, 발전하면서 그 흐름을 이어 갔다.

1) 교육복지종합계획의 수립 추진

2004년 3월 교육부에 교육복지정책심의관과 교육복지정책과가 신설되면서 가장 먼저 추진한 과제는 '교육복지종합계획 2004~2008'의 수립이며 이는 당시 범정부적으로 수립된 참여복지 5개년계획의 교육부문 대책으로 포함되었는데, 다음과 같은 문제 진단을 바탕으로 하고 있다(안병영·김인희, 2009).

첫째, 교육복지정책 추진 체계의 미흡이다. 교육부 및 교육청에 전담 행정조직이 없어 빠르게 변화하는 교육복지 수요 및 정책 환경에 대하여 능동적으로 대처하고 체계적·통합적으로 정책을 수립하고 추진하는 데 한계가 있다.

둘째, 현장중심 교육복지 서비스 제공 인프라의 미약이다. 교육복지 서비스의 공급자와 수요자를 연결시키는 기능 및 정보공유체제가 미흡하다. 또한 서비스 수요자의 체감 만족도를 높일 수 있는 구체적 정책 노력이 미흡하다.

셋째, 민간자원의 활용 및 정책 참여의 부진이다. 기존 교육청-학교 행정체제 중심의 교육복지 사업시행으로 민간의 능동적인 정책과정 참여 및 잠재적 민간자원의 활용에 한계가 있다.

넷째, 단위학교의 교육복지 역량이 미약하고 지역사회와의 협조가 부진하다. 학교의 교육복지에 대한 의식, 교육복지를 증진시킬 수 있는 공간환경, 교육복지 프로그램의 미흡, 학교의 폐쇄성 등으로 인해 학교의 교육복지 역량이 향상되지 못하고 결과적으로 학교가 교육복지 구현의 중심 기관으로 발전하지 못하고 있다.

이상과 같은 문제점으로 인해 교육복지의 시대적·사회적 수요는 증대하는 데 반해 교육복지정책의 과정이 원활하게 이루어지지 못했을 뿐만 아니라 학교와 지역을 중심으로 한 효율적인 교육복지서비스 체제의 수립도 어려울 수밖에 없었다. 이와 같은 상황 속에서 보다 통합적이고 체계적인 교육복지종합계획의 수립과 추진이 시급한 과제가 될 수밖에 없었다(안병영·김인희, 2009).

2004년 10월 확정된 교육복지종합계획의 주요 내용은 국민기초교육수준(national minimum in education)의 보장, 교육부적응 및 불평등 해소, 복지친화적 교육환경 조성 등 세 영역의 과제 추진 및 정책 추진체계 강화 등으로 구성되어 있다(그림 8-1). 교육복지정책 담당부서의 신설과 교육복지종합계획의 수립은 이상과 같은 문제점들에 대하여 보다 능동적·체계적으로 대처함으로써 교육복지정책 발전의 토대와 계기를 마련하고 정책 추진의 기본 틀을 세우는 의미를 지니고 있었다. 또한 교육복지종합계획은 지역단위의 정책노력에 대한 국가의 가이

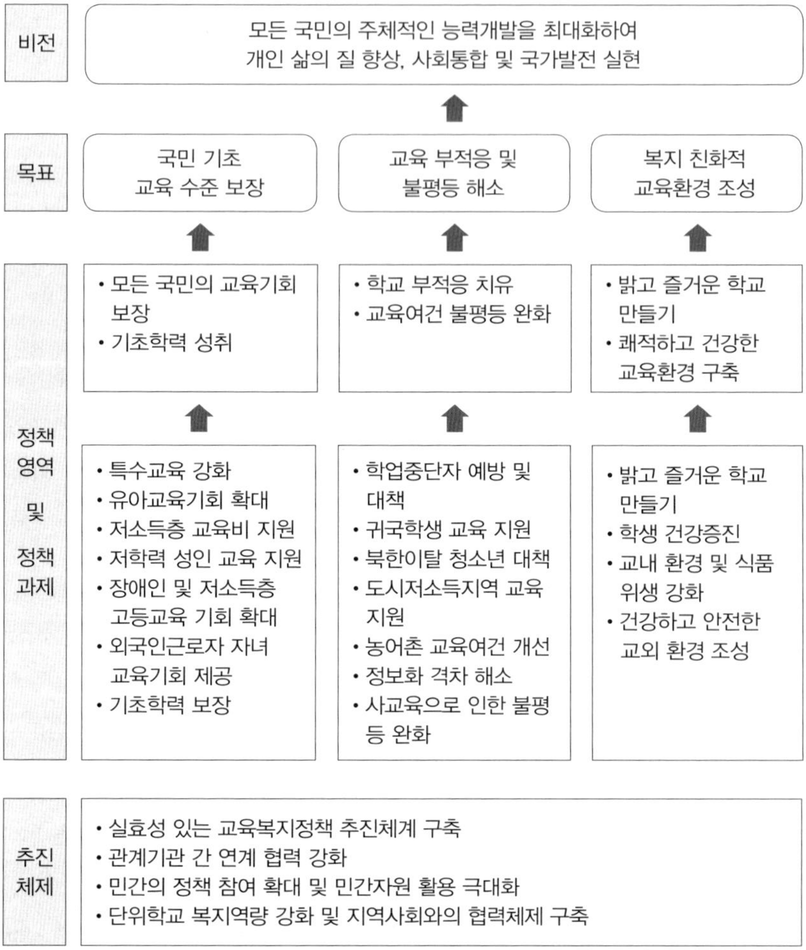

〈그림 8-1〉 교육복지구현 흐름도

자료: 교육인적자원부(2004).

드라인을 제시한다는 의미를 지니고 있었다. 이 계획의 수립을 계기로 각 시·도교육청은 국가추진사업 외에도 자체적으로 교육복지사업계획을 수립·시행하게 되었으며, 지역교육청 및 학교에 교육복지담당부서 설치 및 인력을 배치하는 등 교육복지정책 추진에 필요한 인프라의 구축과 의식 확산이 이루어져 왔다(안병영·김인희, 2009).

2008년 출범한 이명박정부는 출범 이래 자율과 경쟁을 통한 창조적 인재 양성, 교육의 선진화라는 보수주의 정책기조를 강화하는 한편, 2008년 12월 '이명박정부 교육복지대책 2008~2012'을 수립하여 추진하였고, 2009년에 들어서는 '친서민' 정책 차원의 '사회적 약자를 배려하는' 교육정책을 홍보하는 데 주력하였다. 학업성취도평가 및 결과 공개, 자율형사립고 도입, 학교정보공시제 등이 대표적인 보수주의 정책이라면, 취업 후 학자금 상환, 농산어촌 교육지원, 기초학력부진 대책, 사교육 없는 학교 추진 등은 친서민 정책으로 분류할 수 있을 것이다(김인희, 2010).

이명박정부 교육복지대책(2008~2012)은 15개 핵심 과제가 중심을 이루는데, 그 내용은 ① 중학교 무상교육 대폭 강화, ② 저소득층 대학생 국가장학지원 확충, ③ 저소득층·농산어촌학생 급식지원 확대, ④ 기초학력 향상 지원체계 구축, ⑤ 다문화가정 학생·학부모 통합 지원, ⑥ 북한이탈학생 지원 체계화, ⑦ 농산어촌 연중 돌봄학교·K-2학교 운영, ⑧ 도시저소득층을 위한 교육복지투자우선지역 사업 확대, ⑨ 안전하고 맛있는 학교급식 제공, ⑩ 학교안전통합시스템(Wee Project) 구축, ⑪ 발달지연유아를 위한 희망교육사 파견, ⑫ 전국 모든 유치원에 종일반 설치, ⑬ 장애학생 의무교육 전면 실시, ⑭ 일반학교 내 특수학급 증설, ⑮ 저학력 성인 교육기회 확대 등이다.

박근혜정부는 앞선 두 정부와 같은 종합적 교육복지계획을 수립·시행하지는 않았으나 교육부가 대통령에게 보고한 '2013 교육분야 국정과제'의 영역에(표 8-6) '고른 교육기회 보장을 위한 교육비 부담 경감'이 한 축으로 포함되어 있으며, 그 중점 내용으로는 ① 방과후 돌봄서비스 확대, ② 교육비 부담 경감, ③ 장애·다문화·탈북학생 등 교육지원 강화를 과제로 채택하고 있다.

〈표 8-6〉 2013 교육분야 국정과제 현황(교육차별 해소 관련)

구분	국정과제명	
고른 교육기회 보장을 위한 교육비 부담 경감	방과후 돌봄서비스 확대	유치원 돌봄기능 강화
		초등학교 방과후 돌봄기능 강화
	교육비 부담 경감	유아교육비 부담 경감
		고등학교 무상교육의 단계적 실시
		사교육비 부담 완화
		소득연계형 반값 등록금
		학자금 대출이자 실질적 제로화
		대학생 기숙사 확충 및 기숙사비 인하
	장애·다문화·탈북학생 등 교육지원 강화	장애학생 교육여건 대폭 확충 다문화·탈북학생의 교육기회 확대

2) 저소득층 지원 및 교육복지우선지원사업의 실시

(1) 저소득층 지원

교육부는 저소득층 자녀가 경제적 이유로 교육기회를 갖지 못하는 경우가 발생하지 않도록 재정적인 지원 등을 제공하고 있다. 주된 내용은 의무교육이 아닌 고등학교 학비 지원, 학교급식비(중식) 지원, 방과후학교 자유수강권(바우처) 지급, 저소득층 가구에 PC를 제공하는 교육정보화 지원 등이다. 또한 저소득층 대학생의 학업 지속을 돕기 위하여 가계곤란장학금 지급, 학자금 융자 확대 및 상환이자 부담 최소화 정책이 실시되고 있다. 그 외에 재정적 지원과는 별도로 특수목적고나 자립형사립고 등 입학에 저소득층을 포함하는 사회적 배려 대상자를 일정 비율 선발하게 되어 있으며, 대학입학전형에도 계층(기초 및 차상위계층) 및 지역별 균형 선발을 적용할 수 있게 되어 있다. 즉, 이는 한국형 적극행동(affirmative action)에 해당된다고 할 수 있다. 박근혜정부에서는 소득연계형 대학 반값등록금, 누리과정 무상지원 등 유아교육비 경감정책이 추진되는 등 특히 저소득층에 혜택을 줄 수 있는 정책들이 확대·추진되었다.

(2) 교육복지우선지원사업 실시

2003년 시작된 '교육복지투자우선지역 지원사업'(2011년 이후 '교육복지우선지원사업'으로 변경)은 도시 저소득층 영유아 및 학생의 출발점 평등을 통해 교육기회를 실질적으로 보장하기 위하여 이들의 교육·문화·복지 수준을 총체적으로 제고하기 위한 사업이다. 빈곤으로 인해 충분한 학습의 기회와 조건을 누리지 못하여 학습부진과 학교부적응을 경험하기 쉬운 아동·학생들에게 학교와 지역사회의 협조하에 교육-복지-문화 서비스가 통합적·유기적으로 제공되는 프로그램을 통하여 정상적인 학습과 삶의 궤도로 들어서고 학교생활에 대한 흥미와 자신감을 가질 수 있도록 도와주는 것을 목표로 한다.

이 사업의 특징은 교육인적자원부(현 교육부), 보건복지부, 문화관광부(현 문화체육관광부), 여성부 등 중앙부처와 지방자치단체 및 교육청 간의 유기적인 협조하에 사업계획을 수립, 시행한다는 점이었다. 또한 사업을 주관하는 지역교육청이 기초자치단체 및 지역사회기관·단체와 횡적 협조를 통하여 지역의 자원과 역량을 학생들의 교육-복지-문화 발전에 투입되도록 유도하고, 학교가 닫혔던 문을 열고 지역사회와 손을 잡으며 학부모를 비롯한 지역 민간단체와 자원인사들이 프로그램에 참여하는 등 협동 네트워크를 통해 사업을 추진했다는 점이다(안병영·김인희, 2009). 이러한 변화는 학교와 교육청에 배치되어 활동하는 교육복지사(지역사회교육전문가, 프로젝트 코디네이터)의 역할에 힘입은 바 크다. 이러한 통합과 협력을 통한 사업 추진은 교육복지사업의 모범사례가 되어 왔으며, 그로 인해 지난 10여 년 동안 의미 있는 성과를 거두었고 높은 지지를 받았다.

이 사업은 수많은 참여 학생의 심리 정서, 사회적 태도, 행동적 차원의 긍정적 변화를 가져왔다는 점과 높은 수요자 만족도를 유지하고 있다는 점 외에도 중요한 의의를 지닌다. 종전의 학비, 급식비 지원 등과 같은 물질적 차원의 소극적 복지에서 교육·문화 등이 복합된 프로그램 형태의 학습경험이 제공되는 등 정신적 차원의 적극적 복지로 전환되는 계기가 되었으며, 교육복지사의 활약을 통해 학교가 지역사회와 소통 협력하는 방식을 적용하고 그 효용성을 깨닫는 계기가 되었고, 교원들이 교육복지의 의미와 실천 방법을 직·간접 체험을 통해 학습하고 그 학습이 다시 전이 확산되는 기회를 제공하였다. 또한 이러한 교원들의 교육복지 학습은 교사들의 자기효능감을 높이고 학교의 역할에 대한 인식을 진전시키는 데 기여하였으며, 이는 학교의 교육활동 전반에, 특히 다른 교육복지적 사업이나 프로그램을 추진하는 데 긍정적으로 작용하였다(김인희, 2016).

3) 학교부적응 대책 추진

(1) Wee 프로젝트 실시

2000년대에 들어서 가족적 위기(빈곤, 이혼, 다문화가정 등), 교육적 위기(학습부진, 학업중단 등), 개인적 위기(범죄, 가출, 폭력, 흡연 등)에 처한 학생이 증가하였다. 이처럼 위기상황에 노출된 학생들을 위한 단위학교 차원의 선도 및 치유 활동이 한계에 직면하면서 보다 체계적인 지원시스템의 구축이 절실히 필요하게 되었다. 이에 따라 이명박정부의 대통령 공약사업으로 '학교안전관리통합시스템'이 추진되어 2008년 10월부터 시·도교육청, 교육지원청, 학교가 포함되는 Wee 프로젝트가 출범하였다. 이는 학교-교육청-지역사회의 긴밀한 협력으로 위기상황에 놓인 학생에 대한 다중의 촘촘하고 종합적인 안전망을 구축함으로써 학교부적응을 해소하기 위한 것이다(최상근, 2011). Wee 프로젝트는 단위학교에 Wee 클래스, 교육지원청에 Wee 센터, 시·도교육청에 Wee 스쿨을 설치·운영하고 있으며, 상호 연계하에 위기 학생에 대한 상담 및 다양한 교육복지적 지원을 제공하고 있다.

(2) 대안교육 지원

교육부는 2003년 7월 '대안교육 기회의 확대 및 내실화 추진방안'을 수립하고 대안교육기관에 학생위탁 및 학교수업 인정, 학력인정 대안학교 설립 추진, 공교육 차원의 대안교육 프로그램 활성화 방안을 포함하여 관련 법령 정비를 추진하였다. 2005년 대안학교를 각종학교로 설립할 수 있는 근거를 '초·중등교육법'에 신설하였고 2007년 6월 '대안학교 설립·운영에 관한 규정' 제정에 따라 다양한 형태로 실재하는 미인가 대안교육시설이 학력인정을 받는 각종학교로서의 법적 지위를 가질 수 있는 길이 열리게 되었다. 이 규정에 따라 각종학교 인가를 받은 대안학교는 2015년 현재 24교에 이른다.

1990년대 후반에 출범한 대안교육 특성화중·고등학교는 2015년 현재 38개교가 운영되고 있으며, 이 중 7개교는 공립 중·고등학교로 2002년 경기 대명고등학교 설립 이후 2009년부터 공립 대안학교가 설립되기 시작하여 현재 중학교 3개교, 고등학교 4개교가 운영되고 있다. 한편, 미인가 대안교육기관에 대한 재정지원도 이루어지고 있다. 기자재 구입비, 프로그램 개발비를 지원해 왔으며, 2007년부터는 신규 교직원 인건비도 지원하는 등 정부는 대안교육 활성화를 통하여 학생들의 교육부적응을 해소하기 위한 일관된 노력을 기울이고 있다(안병영·김인희, 2009).

2014년부터 교육부는 학교 내 대안교실 운영을 지원하고 있는데,

이는 학업중단 위기학생을 대상으로 학교적응을 돕기 위한 프로그램을 제공하는 동시에 학교의 프로그램을 보다 창의적이고 유연하게 하여 학생의 교육적 요구에 부응토록 한다는 취지를 지니고 있다. 2014년에 1,547개 중·고등학교가 참여하였다.

4) 농어촌 교육복지 지원 확대

해방 이후 1970년대까지 농어촌 교육정책의 중점이 교육기회의 확대와 교육여건 개선이었다면, 1980~1990년대의 주된 정책기조는 소규모학교 통폐합 및 교육여건 내실화라고 할 수 있다(임연기, 2012). 2000년대에 들어서는 교육복지정책의 발전과 함께 농어촌의 교육소외 해소 및 도농 지역 간 교육격차 완화를 위한 교육복지 지원방안들이 수립, 추진되었다.

2002년 교육인적자원부는 농어촌교육발전 종합방안을 수립하여 농어촌 소규모 학교 운영지원, 지역사회 연계강화 방안 등을 반영하여 추진한 바 있으며, 2005년에는 농림어업인의 삶의 질 향상 및 농어촌 지역개발 시행계획(2005~2009) 중 교육여건 개선 분야 시행계획이 수립되었다. 교육기회와 관련하여 병설유치원 신증설, 방과후학교 운영지원, 농어촌 우수고 육성, 농어촌 학생 대입 특별전형 등이 반영되었다. 교육비 부담과 관련하여 모든 농촌 고교생 자녀 장학금 지원, 초·중·고생 급식비 지원, 유아교육비 지원, 특수교육센터 순회교육비 지원 등이 있으며, 교사의 근무여건 개선과 관련하여 특수지 근무수당 및 승진가산점 부여, 교육감 추천 교대 신편입학제, 순회교사·복식수업 수당, 사택 확충 등이 포함되었다. 연중 돌봄학교 육성과 관련하여 농어촌 면 소재 우수 초·중등학교를 집중적으로 육성하고자 2009년부터 전원학교, 연중돌봄학교 사업을 추진하였고, 2011년부터는 전원학교 사업으로 단일화하여 통합 운영하였다(임연기, 2012).

5) 유아·특수교육 강화

(1) 유아교육

유아교육이 이루어지는 유치원도 학교와 마찬가지로 해방 이후 1980년대까지는 1963년 유치원설치기준령, 1982년 '유아교육진흥법' 제정 등 기초적인 제도의 정비가 이루어졌고, 1976년 최초의 공립유치원 설립을 계기로 빠른 양적 성장을 이루었다고 할 수 있다. 유치원은 교육법상 교육기관으로 규정되어 있었으나 사실상 민간에 의해 설립·운영되었고, 공립유치원은 1976년 이후 급속하게 늘어나 1981년에는 사립유치원 수를 넘어서게 되었다.

1987년에 교육개혁심의회에서 유치원의 공교육화 논의가 처음 시작되어 5·31 교육개혁안에는 유치원을 기간학제에 포함하는 안이 제시되었으며, 1990년대 후반부터 2000년대 초반까지 유아교육의 개혁 논의가 활발하게 이루어진 결과 2004년 12월 31일에 '유아교육법'이 제정되면서 드디어 유아교육은 공교육의 기간학제에 포함되고 '초·중등교육법'에서 분리되어 독립된 법체계를 확보하게 되었다. 즉, 2004년에 오랜 숙원이었던 유치원의 공교육화가 이루어졌고 무상의무교육화가 추진되게 되었다. 연이어 시행령과 시행규칙이 제정되었으며 수년간의 정착기를 거쳐, 2009년 11월에는 5개 분야 25개 과제를 포함하는 '유아교육 선진화 방안'이 발표되었다.

(2) 특수교육

장애를 지닌 학생에 대한 특수교육은 해방 이후 1977년까지는 '교육법'에 규정된 특수학교와 특수학급 규정에 근거하여 정책이 이루어졌다고 할 수 있으며, 1977년에 51개 특수학교, 350개 특수학급에서 1만 4,273명이 특수교육을 받았다(이석진, 2005). '교육법'에는 시·도가 1개교 이상의 특수학교를 설치해야 하는 의무가 규정되어 있었다.

1977년 12월 31일에 정부발의로 '특수교육진흥법'이 제정되었는데 이 법의 제정 취지는 '교육법'에 특수학교의 설치 규정은 마련되어 있으나 특수교육의 수요에 비해 특수학교, 특수학급의 설치가 재정의 부족과 자격을 갖춘 특수교육교사의 부족 등으로 제약되어 교육기회 확대가 원활치 않으므로 이를 국가정책적으로 강화하기 위한 목적이 있었다고 볼 수 있다. 1987년에 동법 개정을 통하여 특수학교 교육의 무상교육화가 규정되었으며, 1992년에는 '특수교육시설·설비기준령'이 대통령령으로 제정되었다.

1994년에는 '특수교육진흥법'에 대한 전문개정이 이루어졌는데, 개정 이유는 특수교육을 필요로 하는 사람에게 국가 및 지방자치단체가 각자의 능력과 장애 정도에 따라 적절하고 고른 특수교육의 기회를 확대 제공하고 새로운 선진 특수교육방법을 도입하여 특수교육의 질적 향상을 도모하며, 특수교육지원체제를 확대하는 등 당시 사회의 변화에 따라 급격히 증가하고 있는 특수교육 수요에 능동적으로 대처하기 위함이었다. 이 개정으로 '특수교육진흥법'은 종전 법과 비교할 때, 특수교육의 정의, 특수교육대상자 및 그 선정방법, 특수교육대상자의 배치 및 교육적 조치, 조기교육, 순회교육, 개별화교육, 직업교육 등의 교육방법 확장, 취학편의 제공, 국가 및 지방자치단체의 임무 등을 새롭게 규정하여 획기적인 변화가 있었다(이석진, 2005: 38). 가장 중요한 변화는 특수교육의 방향이 분리교육에서 통합교육으로 패러다임이 전환된 것이며, 특수교육정책의 국가적 실천을 위한 '국립특수교육원'이 설립된 것이라 하겠다(이효자, 2010).

정부는 또한 1차(1962~1966)부터 7차(1992~1996)까지의 경제(사회)개발 5개년계획 중 교육부문 계획에 특수교육부문을 포함하여 특수교육발전계획을 수립 추진함으로써 특수교육의 기회 확대 및 질적 발전

〈표 8-7〉 다문화 학생 현황 (단위: 명, %)

구분	2012년				2013년			
	초	중	고	합계	초	중	고	합계
한국 출생	29,303	8,196	2,541	40,040	32,831	9,174	3,809	45,814
중도입국	2,676	986	626	4,288	3,065	1,144	713	4,922
외국인 자녀	1,813	465	348	2,626	3,534	976	534	5,044
합계	33,792	9,647	3,515	46,954	39,430	11,294	5,056	55,780
비율	74.1	19.7	6.2	100	70.7	20.3	9.0	100

을 위한 지속적인 노력을 기울였다. 2000년대에 들어 수립된 제2차 특수교육발전 종합계획(2003~2007)은 특수교육과 일반교육이라는 교육의 이중체제 고착을 타파하고, 요람에서 무덤까지 통합교육환경에서 평생교육 기회보장, 특수교육 요구학생의 선정 및 배치의 체계화, 교육방법의 확장을 통한 교육의 질 제고, 교원의 전문성 제고와 특수교육 보조원제 도입, 특수교육행정의 효율화 및 재정지원 확대 등을 과제로 담았다(정동영, 2002).

2008년 5월에는 '장애인 등에 대한 특수교육법'이 제정되었으며, 정부의 '제3차 특수교육발전 종합계획(2008~2012)'이 수립되었다. '장애인 등에 대한 특수교육법'의 주요 내용은 특수교육대상자의 확대, 특수교육대상자에 대한 의무교육체제 구축, 통합교육의 내실화, 특수교육 교원 배치기준 마련, 진로 및 직업교육의 강화, 고등교육 및 평생교육 강화 등이다. 정부의 3차 특수교육발전 종합계획은 이러한 내용을 구체적으로 추진하는 계획들이 반영되어 이른바 장애인의 생애주기별 교육지원체제 구축을 지향하였다(이효자, 2010).

6) 다문화·탈북학생 교육지원

2000년대 들어 주목해야 할 사회현상 중 하나는 국제결혼의 증가에 따른 다문화가정 자녀의 증가, 국내 정착 탈북자의 증가에 따른 학령기 탈북아동청소년의 증가, 외국인근로자의 증가에 따른 외국인근로자 자녀 증가 등의 현상이다. 이들은 모두 학업에 큰 영향을 미치는 언어나 문화 등에 불리해 별도의 지원이 없으면 교육소외의 위기에 놓일 가능성이 높은 '신소외집단'이라고 볼 수 있다. 정부는 이들에 대한 다양한 정책지원 노력을 전개하고 있다.

(1) 다문화가정 자녀 교육지원

정부의 지원사업은 다문화 학생 개개인의 교육적 요구에 대한 맞춤형 교육지원을 목적으로 하며, 다문화 예비학교 운영, KSL 운영지원, 이중언어교육 지원, 대학생 멘토링을 통한 학교적응 및 기초학력 지원, 교원연수 강화 등을 실시하고 있다. 2013년을 예로 들면, 이들 사업에 155억 4,000만 원(특교 80억 원, 국고 75억 4,000만 원)이 지원되었다. 이 시기의 다문화 학생 현황은 〈표 8-7〉과 같다.

(2) 탈북청소년 교육지원: 한겨레중·고등학교의 설립·운영

2000년대 초 북한이탈주민의 수가 빠르게 증가하면서 학령기에 해당하는 탈북 아동·청소년의 수도 증가함에 따라 이들의 교육문제가 중요한 이슈가 되었다. 이들에 대한 교육은 국내 생활적응을 위한 기초교육으로서의 의미뿐만 아니라 정상적인 사회의 일원으로 성장하기 위해 기본적으로 해결되어야 할 우선 과제로 여기게 되었다. 북한이탈주민의 정착지원을 담당하는 통일부는 국내 학교생활 적응에 어려움을 겪는 청소년들을 위한 국립 예비학교의 설립을 교육부에 요청해 왔다. 이는 일반학교 편입 전에 사전 적응교육을 시키기 위한 디딤돌학교(transition school)로서의 기능을 하는 것이다(안병영·김인희, 2009).

교육인적자원부는 이와 같은 학교의 필요성에 공감하며 구체적인 설립방안을 검토한 결과 국공립학교보다는 사립 대안교육 특성화학교 형태로 설립·운영(자율학교 지정)하는 방안을 선택하게 되었다. 심한 부적응을 겪는 북한이탈 청소년들의 학업지도 및 사회적응 교육은 일반학생 교육에 비하여 엄청나게 높은 교사의 업무 부담을 가져오며, 이를 감당하기 위해서는 높은 사명감과 헌신적 봉사가 요구된다. 또한 학생들의 특수성에 부응한 교육 실시를 위해서는 학교운영에 있어 상당한 자율성과 신축성이 요구되는바, 이러한 사정들을 고려할 때, 국가적 사업으로서 정부가 주도적으로 추진하면서 지원을 하되, 학교설립 운영은 대안교육에 폭넓은 경험과 노하우를 갖춘 민간에 맡기고, 국가와 지방자치단체의 행·재정적 지원 및 상호 협력체제를 구축한다는 기본방침을 수립하게 되었다.

2006년 3월에 개교한 한겨레중·고등학교는 정규학교이지만 기본적으로는 일반학교에 편입되기 전의 준비과정의 성격을 가진다. 설립 당시의 학생정원은 7학급(중 3학급, 고 3학급, 취업 1학급) 140명, 학급당 학생 수는 20명 정도였으나 이후 10학급 200여 명으로 증가되었다. 교육기간은 수개월에서 최장 2년이며, 학년 구분 없이 북한에서의 수학연한 및 연령 등을 고려하여 과정별로 운영하고, 수료 후 학력심사위원회의 심사를 거쳐 일반학교 진학기회를 부여한다(안병영·김인희, 2009).

7) 누리과정 및 무상급식 지원으로 인한 갈등: 보편적 복지 대 선별적 복지 논쟁

누리과정은 유치원과 어린이집의 공통 교육·보육과정으로 2012년 만 5세, 2013년부터는 만 3~4세 유아에 대하여 정부가 비용을 지원하기 시작하였다. 이는 박근혜 대통령의 공약사업으로서 2015년부터는 지방교육재정교부금으로 비용을 부담하도록 법령에 규정하였는데, 이는 법정교부율이 내국세의 20.27%인 지방교육재정교부금이 향후 국내 경기 전망에 따라 연 3조 원씩 증액되어 누리과정 지원사업의 소요액을 충당할 수 있을 것으로 2011년 결정 당시 예측하였기 때문이다. 그러나 실제로는 교부금이 예상대로 증가하지 못하였고 교육청의 전액 부담이 시작되는 2015년의 지방교육재정교부금 규모는 당초의 예상보다 10조 원 정도가 부족하게 되어(이윤진 외, 2015), 교육청은 중앙정부의 결정이 잘못된 재정 추계에 근거한 것이라는 점을 들어 문제를 제기하였고 일부 시·도교육청은 2016년 예산 편성을 거부하고 중앙정부의 해결책을 요구함으로써 갈등이 발발하였다.

한편, 학교무상급식은 2009년 경기도를 비롯하여 이후 진보 성향 교육감들의 공약사업으로 추진되었으며, 무상급식 지원범위에 대한 2011년 서울시 주민투표를 계기로 국가적 차원의 정책 이슈가 되었다. 2013년 현재 12개 시·도교육청이 초등학교 전체 학생을 대상으로 무상급식을 실시하고 있다. 전체 학생에 대한 무상급식은 기존의 저소득층 지원을 넘어 추가재정지원의 혜택이 중산층 이상에게도 가게 되면서 교육복지예산 지원의 정당성 문제가 제기되었다. 즉, 경제적 부담능력을 지닌 계층에 재정지원을 함으로써 재정지원이 절실히 요구되는 취약계층에 돌아갈 예산이 줄어들게 된다는 것이다. 제한된 예산을 가지고 누구에게 얼마를 지원하는 것이 정당한 것인가의 문제가 교육복지정책의 주요 현안으로 대두되고 있다.

보편적 복지를 대변하는 누리과정 및 학교 무상급식 지원 예산은 시·도교육청 전체 교육복지예산의 3분의 2를 차지한다(엄문영 외, 2014). 이들 예산의 비중이 너무 크고 지속적으로 확대되기 때문에 다른 사업 예산의 축소가 불가피한 상황이며, 특히 다른 교육복지사업

예산이 감축되고 있는 실정이다. 정치적 공약으로 이루어진 2개의 보편적 복지 시책 때문에 취약계층을 위한 선별적인 교육복지사업 예산이 잠식당하고 있는 실정이다(김인희, 2016).

엄문영 등(2014)에 의하면, 교육복지 34개 사업영역에 대한 교사와 학부모의 중요도 인식조사 결과 학교부적응 지원이 1위로 나타났으며, 높은 예산 비중을 차지하고 있는 학교급식지원은 최하위를 기록하였다. 이는 곧 교육복지사업의 범위 내에서 투자의 우선순위와 비중을 다시 생각해 보아야 함을 시사한다. 학교부적응 해소를 위한 예산이 학교급식 예산투입 등으로 인해 감축될 위기에 놓인다면, 이는 교육정책의 중요한 수행자인 교사, 주된 고객인 학부모의 의사와 역행할 뿐만 아니라 교육복지정책의 궁극적인 효과성을 저하시키는 결과를 가져올 수도 있다.

4. 논의 및 시사점

해방 이후 70년 동안의 교육복지정책의 변천은 우리 교육이 당면한 시대적 상황과 시대정신에 바탕을 둔 적극적 대응의 과정이었다고 이야기할 수 있다. 교육복지 용어가 사용된 지 20년 정도밖에 되지 않았지만 사실상의 교육복지정책은 한국 교육제도의 출범과 함께 시작되었다고 보아야 한다. 왜냐하면 교육이 이루어지는 동안에는 부득이 교육소외와 격차라는 현상이 수반되며 이에 대한 정책적 대응이 곧 교육복지정책이기 때문이다. 건국 이후 1980년대까지는 우리 교육이 양적으로 급속하게 확대되는 시기였으며 이 시기에는 교육기회 접근(access)의 평등이 가장 중요한 정책적 관심이 되었다. 정규학교의 확충뿐만 아니라 정규학교를 다닐 수 없는 처지의 국민들을 위한 다양한 학업기회의 제도적 구축은 이 시기의 가장 긴요한 교육복지정책 과제였다.

우리 교육의 양적 성장은 우리 사회의 성과주의, 능률 중시 풍토와 맞물려 급속하게 진전되었는데 양적 성장 이면에 수반되는 질적 부실의 문제, 지나친 성과주의 풍토 속 인간 소외의 문제, 경쟁과 능률이 중시되는 자본주의적 사회구조 속 빈부 격차 심화 등의 문제가 교육에서도 여과 없이 소외와 격차의 확대, 심화로 이어지게 되었다. 이러한 현상은 1990년대 말 IMF 위기 이후에 더욱 극명하게 드러나기 시작하였고, 2000년대 들어 교육복지정책은 이와 같은 교육소외와 교육격차를 완화하는 방향으로 자연스럽게 초점이 맞추어졌다. 종래의 취약계층에 대한 재정적 지원 중심의 양적 접근에서 실질적으로 소외현상을 치유, 해소하기 위한 프로그램 중심의 질적 접근으로 전환되기 시작하였다. 따라서 이러한 프로그램의 개발 및 운영을 담당할 인력의 확보와 전문성, 프로그램 운영을 위한 인프라 구축이 중요한 정책 요소로 대두되었다.

교육복지정책이 추진되는 과정에서 아쉬운 점으로는 교육복지 용어가 교육계에서 자생적으로 형성된 것이 아니라 정책적 의도를 지닌 정책주도자들에 의해 채택된 것이었기 때문에, 또한 교육복지정책이 저소득층을 대상으로 하는 '교육복지투자우선지역 지원사업'이라는 사업의 형태로 학교현장에 처음 전달되었고, 그 사업을 전담하는 교육복지사라는 인력이 외부로부터 학교로 투입되었기 때문에, 아울러 복지라는 용어가 통상 취약집단에 대한 시혜 중심의 '사회복지'를 떠올리게 하기 때문에, 학교현장의 교원들이 이를 자신들의 본연의 업무영역이라는 인식을 형성하는 데 제약이 따랐다는 점이다. 교원들이 소극적 협력과 간접적 지원에 머무르는 것은 교육복지정책의 효과를 제한하는 중요한 요인이며, 앞으로 교육복지정책의 지속적인 발전을 위해 시급히 해결되어야 할 과제라고 할 수 있다.

교육복지정책 중 상당 부분은 법령으로 제도화되지 않은 상태에서 사업형태로 추진되고 있다. 교육복지우선지원사업, Wee 프로젝트, 학교 내 대안교실 등 많은 사업이 사업의 수준에서 이루어지고 있는 바, 사업이란 예산이 반영되지 않으면 언제 중단될지 모르는 불안한 상태에 있는 것이다. 즉, 일관성·안정성·지속성 등의 문제를 안고 있는 것이며, 사업예산 확보와 사업담당인력의 신분 불안정의 문제들이 항상 따르게 된다. 더욱이, 초·중등교육 분야의 일반예산편성이 교육부에서 사라진 이후 지방교육재정교부금 중 특별교부금을 통해 국가가 추진하는 정책사업들은 지속성의 한계를 지닌다. 학교 교육복지사업으로 추진되는 내용 중 상당 부분은 학교의 일상적인 기능으로 작용되어야 하는 것으로서, 사업형태를 벗어나 학교의 기본적인 기능으로 학교기본예산을 통해 이루어질 수 있도록 전환하는 것이 바람직하다. 이러한 관점에서 교육복지제도의 구축과 운영, 교육복지시책 강구 및 정책집행 등에 관한 사항을 규정하는 가칭 '교육복지법'의 제정이 시급하다.

교육복지정책 발전에 있어 정책리더십의 중요성은 분명하게 드러난다. 주무장관인 교육부총리를 비롯하여 교육관료, 정치가, 교육계 및 학계, 전문가 등의 안목과 정책 참여는 매우 중요한 변수가 된다. 특히 교육복지의 발전이 요구되는 중요한 시기에는 그 문제에 대한 경륜과 전문성, 정책철학, 실천 의지와 리더십을 갖춘 인물과 집단이 역량을 결집하고 지도력을 발휘하는 것이 중요하다.

III. 학교시설정책의 변동

1. 교육시설 공급의 양적 확대(해방 이후~1980년대)

해방 이후 1980년대까지의 학교시설정책의 과제는 인구의 증가 및 도시 집중으로 인한 학생 수의 급속한 팽창에 따른 학교시설 확충이 최우선시되었다. 〈표 8-8〉에서 보듯이 1964년부터 1980년까지 기간 중 초등학생 수는 19.7%, 중학생과 고등학생은 각각 270.8%, 324.6%로 급속하게 증가하였으며, 이에 따라 학교 수와 학급 수도 급속하게 증가하였다. 이와 같이 빠른 학생 수의 증가는 학교시설 공급의 같은 속도의 확대를 요구하였으며, 이 시기의 교육시설정책은 과밀학급 및 과대규모 학교 해소와 같은 공급의 양적 확대가 현안이 될 수밖에 없었다.

이 시기의 학교시설은 학교시설의 개념이나 질적 변화에 따른 명확한 목표나 방향성을 설정하지 않은 상태에서 학생 수 증가에 대응하

〈표 8-8〉 학생 수, 학교 수, 학급 수의 변화 (단위: 명, %)

구분		1964년	1980년	증가율
초	학생 수	4,726,297	5,658,002	19.7
	학교 수	5,004	6,479	29.5
	학급 수	71,377	108,855	52.5
중	학생 수	666,630	2,471,997	270.8
	학교 수	1,165	2,103	80.5
	학급 수	11,114	37,741	239.6
고	학생 수	399,617	1,696,792	324.6
	학교 수	692	1,355	95.8
	학급 수	6,963	28,392	307.8

기 위해 일제수업에 대응한 편복도형의 획일적인 학교를 대량으로 신축하는 흐름에서 벗어나지 못하였다. 교육시설에 대한 개념을 보면 학생들에게 주입식 방법을 통한 지식전달 장소 위주의 개념이었으며, 그에 따라 공간구성도 일제수업 위주의 공간구성이었다(류호섭, 2007).

늘어나는 학생 수용을 위한 학교시설의 확대와 함께 교실 등 학교 내부의 환경 개선이 교육시설정책의 주요 과제를 이루었고 1967년에 최초로 제정된 '학교시설·설비기준령'은 학교설립을 위한 교육시설설비의 기본 요건을 법령으로 규정하여 학교시설 및 설비의 확보, 운영 관리 및 행정지도의 기준이 되었다.

2. 교육시설의 질적 발전 관심 증가 및 교육환경 개선(1990년대)

1) 교육시설의 질적 발전 관심 증가

이 시기는 1980년대까지의 양적 확대 위주 정책에 비하면 교육시설의 질적 발전에 대한 관심이 부분적으로 나타나기 시작한 시기라고 할 수 있다. 일례로 1990년 당시 교육부가 주관하여 발표한 '국민학교 건축계획의 모형연구'에서 제시되어 현대화사업의 일환으로 나타난 학교건축이 실시되었는데, 여기서는 ① 저학년과 고학년의 공간적 분리 배치, ② 저학년의 화장실은 2교실 사이에 배치, ③ 일부 학년에 교사의 공간 배치, ④ 학교시설과 설비의 개선 등이 이루어진 바 있다. 이는 선진국 수준의 교육방법 다양화에 부응한 시설의 관점에서는 아직 미흡하나 저학년의 생활을 공간적으로 독립·유지시키고자 한 노력 등, 시설사용자의 삶의 질에 관한 배려를 시설내용에 반영하고자 한 점은 평가할 수 있다. 이 모형은 초등학교에 한정되었고, 전국적으로 획일적인 형태를 제시한 것은 아쉬운 점이다(류호섭, 2007).

1990년대 중반에 활발하게 이루어진 '열린교육' 운동은 교육방법의 변화를 지원하는 교육시설의 변화에 대한 관심을 증대시키고 현장의 부분적인 변화를 가져오기도 하였다. 다목적 공간의 확보, 교실과 교실, 교실과 복도 사이의 벽을 제거한 공간 확장, 복도 공간의 교육적 활용 등 다양한 시도가 이루어지기도 하였다. 또한 1997년 제7차 교육과정 고시와 연관하여 중·고등학교에 수준별 이동수업 등에 대비한 교과교실형 공간구성이 시도되는 등 1990년대에는 교육방법과 관련된 교육시설의 추구라는 질적 변화가 시도되었다는 점이 인정된다(류호섭, 2007).

종전의 '학교시설·설비기준령'이 1997년에 '고등학교이하 각급학교 설립운영규정'으로 전환됨으로써 종전의 획일적인 교실의 규모와 크기에서 학생 수 등 학교 실정을 고려하여 총체적인 면적 개념으로 전환하여 제시하였다.

1997년도에 성수대교 붕괴, 삼풍백화점 붕괴 사고를 계기로 1950~1960년대에 건축된 노후 학교시설의 개축이 시작되면서 새로운 학교 모형에 대한 제안이 나타나기 시작하였다. 1997년 지역사회와 함께 할 수 있는 학교시설복합화 시도가 이루어져 성동구청과 서울시의 재정지원 협력하에 2002년도 금호초등학교 학교시설복합화를 완성하였다. 또한 이 시기에 초등학교 개축 시 다양한 교육활동을 위한 열린 교실을 시도하였고 중등학교 개축 시 교과교실 모형을 도입하기도 하였다. 또한 1990년대 말에는 서울 구남초등학교를 시작으로 학교건물에 엘리베이터와 옥상 녹화를 시도하기 시작하였으며 이후 친환경개념의 학교 건축에 대한 관심이 형성되기 시작하였다.

2) 교육환경 개선의 지속 추진

(1) 제1차 교육환경개선사업 추진(1990~1992)

전반적으로 1990년대에도 아직 기본적으로 낙후된 교육환경을 개선해야 하는 정책과제는 지속 추진되었다. 1990~1992 제1차 교육환경개선특별회계가 설치되었고 이에 따라 교육환경개선사업이 실시되었다. 낙후된 교육환경의 개선이 주된 목적이었으며, 연간 3,700억 원, 3년간 1조 1,100억 원이 교육환경 개선에 투자되어 상당한 성과를 거두었으며(송기창, 1993), 이는 뒤에 오는 제2차 교육환경개선사업의 토대가 되었다고 할 수 있다.

(2) 제2차 교육환경개선사업 추진(1996~2000)

1996년 정부의 교육재정 GNP 5% 확보계획과 함께 낙후된 교육환경의 획기적 개선을 위한 2차 교육환경개선특별회계가 설치되고 1996~2000 교육환경개선사업을 추진하게 되었다. 이는 특별법인 '환경개선특별회계법(법령 제5071호, 1995. 12. 29.)'에 따라 별도로 마련된 예산을 운영하여 새로운 교육과정 및 교수-학습방식에 맞는 교육환경의 재편성 및 재개발을 시도할 수 있는 개혁사업이었다(김향근, 2001). 5년간 매년 1조 원씩 총 5조 원이 투자되었는데 국고 3조 5,000억 원과 시·도 교육비특별회계 자체부담 1조 5,000억 원으로 구성되었다(백성준 외, 1998: 3-4).

3. 교육여건 개선 및 교육시설 및 공급주체의 다양화(2000년대 이후)

1) 7·20 교육여건 개선 추진(2001~2005)

교육인적자원부는 2001년 7월 20일 대통령 업무보고에서 지식정보화 사회에 부응한 여섯 가지의 교육여건 개선 추진과제를 제시하였는데, 여기에 학급당 학생 수의 대폭 감축과 제7차 교육과정 시설 확충을 포함시켰다. '7·20 교육여건 개선'이라 불리는 이 과제에는 4년 동안 16조 원이 책정되었는데 이 중 학교 신설과 추가 시설, 교실 증축에 12조 원이 투입되었다. 이에 따라 과밀학급이 크게 줄었고 평균 학급규모도 크게 축소되었다. 2001~2005년 기간 중에 초등학교는 평균 학급당 학생 수가 3.8명, 중학교는 2명, 고등학교는 7명이 줄어들었다.

단시일 내에 사업을 추진하는 과정에서 특별교실 등 학교의 교육 지원시설이 일반교실로 전환되는 등의 일부 부작용이 있었으나 전반적인 교육여건은 괄목하게 향상된 것으로 평가되고 있다(교육인적자원부·한국교육개발원, 2006).

〈그림 8-2〉에서 보듯이 지난 수십 년간의 교육환경개선 노력에 따라 교육여건의 대표적인 지표인 학급당 학생 수는 1960년대의 70명대 수준에서 2006년에는 30명대 수준으로 감소하여 교육환경이 크게 향상되었다.

〈표 8-9〉 학급규모의 변화 (단위: 명)

구분	2001년	2003년	2005년
초	35.6	33.9	31.8
중	37.3	34.8	35.3
고	39.7	33.1	32.7

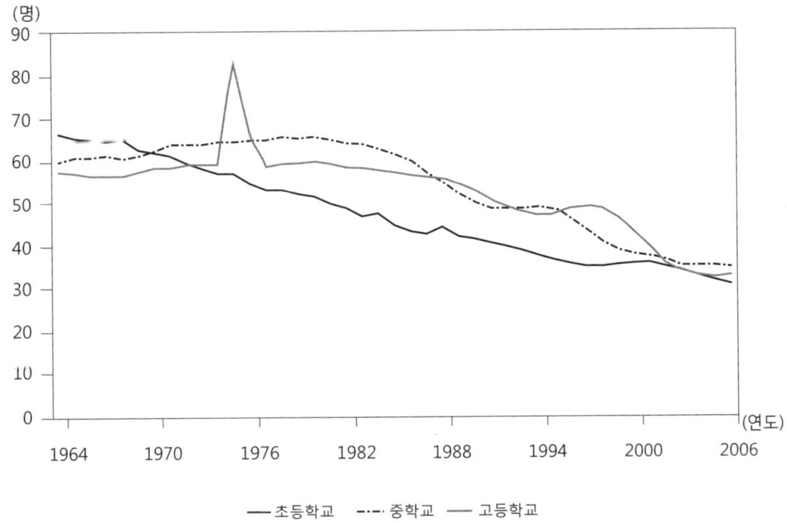

〈그림 8–2〉 학급당 학생 수의 변화

2) 민간자본 교육투자 도입

정부는 예산상의 제약을 극복하면서 긴급하게 필요로 하는 공공시설을 조기에 공급하고자 '사회기반시설에 대한 민간투자법'을 개정하여(2004. 12. 31.) 학교시설도 임대형 민간투자(Build-Transfer-Lease, BTL)사업방식을 통해 개선 및 현대화할 수 있는 근거를 마련하였다. BTL사업이란 민간이 자금을 투자하여 사회기반시설을 건설(build)한 후 국가·지방자치단체로 소유권을 이전(transfer)하고, 국가·지방자치단체로부터 시설을 임대(lease)하여 운영하되 정부가 시설임대료 및 운영비를 지급함으로써 투자비를 회수하는 방식을 말한다(교육인적자원부·한국교육개발원, 2006).

2005년부터 시행된 학교시설에 대한 BTL사업은 학교시설의 신축, 증축, 개축, 소규모의 다양한 방식으로 추진되었다(조진일, 2013). 이는 학교시설을 정부예산상의 제약을 벗어나 적기에 공급하는 동시

〈표 8-10〉 BTL사업 학교 수 및 고시액 (단위: 개, 100만 원)

연도	학교 수	고시액
2005	222	1,391,112
2006	409	2,485,502
2007	360	1,562,849
2008	102	848,923
2009	57	752,346
2010	26	376,454
2011	25	373,569
2012	2	34,447
2013	2	37,307
합계	1,205	7,862,509

〈표 8-11〉 BTL사업 내역 (단위: 개)

구분	초등학교	중학교	고등학교	특수학교	합계
신축	287	185	118	5	595
개축	95	25	25	1	146
증축	28	11	13	–	52
소규모	230	128	52	2	412
합계	640	349	208	8	1,205

에 민간의 창의와 효율을 활용하는 시설운영의 효율을 기하는 장점이 있다. 2005~2013년 기간 중 교육청이 실시한 BTL사업은 197개 사업에 1,205개 학교에 해당되며, 연도별로는 2005년 39건(222교), 2006년 62건(409교)으로 증가하였으나, 2008년 이후로는 대폭 감소하였는데 교육청의 동 사업 예산이 세출예산의 2%를 넘지 못하도록 새로운 제한이 생겼고 2010년부터 학교용지 무상공급이 추진되었기 때문이다.

3) 교육시설의 복합화, 친환경화 추진

1990년대 중후반에 교육방법 다양화에 부응한 교육공간의 구성에 대한 관심이 활성화되었던 것에 비해 2000년에 들어서는 일부 일선 교사들의 반대에 부딪히는 등 그 분위기가 오히려 후퇴되었다(류호섭, 2007). 이와는 별도로 주목할 만한 움직임이 나타났는데 바로 '학교시설의 복합화'이다. 학교시설의 복합화는 운동장, 교실, 기타 부속시설 이외의 다른 건축물 용도를 학교부지 또는 건물에 설치하여 이용시간을 연장하며, 토지이용의 효율성과 도시기능의 연계성을 높이는 것이라 볼 수 있다. 다시 말해서 학교시설 복합화의 개념은 학교의 순수교육기능인 학생들의 학습공간뿐만 아니라 지역사회의 공공시설로서 지역 주민의 평생교육의 장으로서 학습·문화공간으로 발전할 수 있도록 학교의 물리적 환경을 조성하는 것이다.

서울의 경우 교실증축사업을 수행하면서 학교공간의 재배치를 통해 학교 도서관 중심 정보교육시설을 집중 배치하고 이를 지역사회 개방을 할 수 있도록 출입구 등을 고려하여 배치하였으며 동시에 학교도서관 운영지원을 통해 지역사회 주민에게 개방을 시작하였다. 또한 서울금호초등학교 열린교육문화관을 시작으로 학교시설 개방이 이루어졌으며 동시에 서울시의 학교 녹화사업 지원을 통해 담장 없는 학교사업과 학교 공원화사업이 동시에 이루어져 학교시설을 지역사회 주민에게 개방하는 정책이 활성화되기도 하였다.

학교시설 복합화를 통해 교육적 다양성을 위한 복합시설 환경을 제공할 수 있고, 지역의 수요에 따른 학교시설 복합화가 가능하며, 아동보육과 노인복지시설에 대한 공공시설의 협력에 의한 교육재정 조달이 요구된다. 특히 학교시설 복합화는 저출산 대책으로서의 아동복지시설 확대 요구와 고령화시대의 노인복지시설 확충 요구를 동시에 충족하며, 농촌지역 학교 소규모화, 대도심 학생 수 감소 등에 따른 교육시설 운영 비효율 문제를 해소함과 동시에 공공시설투자를 통하여 미래 교육수요에 부응하는 교육시설을 확보하는 효과를 지닌다(이재림, 2015).

4. 논의 및 시사점

이화룡(2007: 12-16)은 학교시설의 정책변화 요인을 재원 확충, 교육내용의 변화, 문화적 변화, 다원화 사회의 요구, 다양한 주체의 참여 등으로 제시하고 있다. 우리 학교시설정책의 변화에서 볼 때, 재원 확충의 측면에서는 1981년 '교육세법'에 의해 제정된 교육세 신설, 1991년 이후 설치된 교육환경개선특별회계, 과밀학급 해소에 기여한 7·20 교육여건 개선 등은 대규모의 재원 확충 여부가 정책의 변화를 가능하게 하는 핵심 요인으로 작용한 사례로 본다. 교육내용의 변화 측면에서는 학교시설 현대화 운동, 열린교육과 7차 교육과정 등에 따른 교육공간 변화를 예로 들고 있으며, 문화적 측면은 대중주의적 전통요소와 지역성, 고전주의 부활, 예술적 자율성 강조, 생태학교 강조 등을 예로 들고 있다. 다원화 사회의 요구 측면은 정보화시대에 맞는 학교 건축, 학교 건축의 구조와 재료의 다양화, 다양한 형태의 학교 출현 등을 예로 들고, 다양한 주체의 참여 측면에서는 학교시설의 복합화, BTL사업을 예로 들고 있다. 이는 앞에서 논의한 지난 70년 동안 학교시설정책의 변동 요인들을 대부분 포함하여 설명하고 있다.

〈그림 8-3〉에서 보듯이, 해방 이후 1980년대까지는 증가되는 학생수요를 충족시키고 노후된 시설을 교체하는 수준의 획일성 바탕의 양적 발전을 이루어 왔다면, 1990년대에는 교육의 질적 측면과 학교시설의 역할에 대한 의식이 성장하는 가운데 기본적 교육여건을 개선하기 위한 대규모의 투자가 이루어진 시기였다. 2000년대에 들어

학교건축의 변천

제7차 교육과정이 시행되면서 열린교육, 수준별수업, 수요자 중심교육을 주제로 다양하고 현대적인 학교시설 모형이 출현하게 되었으며, 학교시설의 복합화, 친환경학교 등 다양한 교육환경을 모색

1950~1980년대	1990년대	2000년대
표준설계도에 의한 학교건축 양적 팽창의 시기	제7차 교육과정 시행 질적 성장의 시기	교육청, 사용자, 사업자가 함께 만드는 다양한 교육환경 모색의 시기
학교시설·설비기준령(1969) 제1차 환경개선사업(1980)	초등학교 건축계획의 모형연구 현대화 시범학교 시행 제7차 교육과정(1998)	개별특성과 환경을 고려한 사용자의 다양한 요구 반영 민간 창의력의 활용(BTL)

〈그림 8-3〉 학교건축의 변천

자료: 최병관(2015).

서는 다양화, 다원화된 사회, 문화의 변화로부터 오는 다양한 요구가 전달되어 학교시설에 대한 질적인 고민이 촉진되고 성숙되는 시기였다. 교육내용 발전과 지역사회복지 요구에 부응하는 학교시설의 복합화 및 친환경화, 민간투자를 통해 학교시설의 확보를 원활히 하고 창의성을 바탕으로 질을 높이기 위한 BTL사업 등은 유연하고 미래지향적이며 사회문화의 흐름을 읽고 다양화된 가치를 추구하는 학교시설분야의 선도자들의 노력을 바탕으로 가능했던 정책이라고 할 수 있다.

도전에 대한 응전을 거듭하며 이룩한 우리 학교시설의 급속한 발전은 인정되어야 마땅하다. 하지만 선진국의 교육시설에 비하면 아직은 더욱 향상될 여지가 많다.

앞으로 우리 교육의 모습이, 우리 사회의 모습이, 우리 삶의 모습이 어떻게 변화되어 갈 것인가에 대한 깊은 통찰을 바탕으로 새로운 패러다임을 정립하고 이를 바탕으로 학교시설에 대한 중·장기 정책 마련과 투자가 이루어져야 할 것이다.

IV. 학생건강정책의 변동[3]

저출산·고령화 사회로의 인구학적 구조 변화, 국내외 경기침체와 사회계층 간 건강불평등 문제, 맞벌이가족 및 한부모가족 증가, 과도한 입시경쟁과 청년실업 증가 등의 사회적 배경과 청소년의 비만 및 생활습관병 증가, 나쁜 식습관과 영양불균형, 부족한 신체활동, 우울, 자살, 주의력결핍과잉행동장애(이하 ADHD), 인터넷 중독과 같은 정신문제, 흡연·음주, 성문제 등 일탈행위 증가, 10대 성폭력 증가와 같은 청소년의 건강문제가 사회적 문제로까지 대두되면서 보다 체계적이고 포괄적인 사전 예방적 학생건강정책을 필요로 하고 있다(교육과학기술부, 2011). 해방 이후의 학생건강정책의 변화과정을 주요 정책 중심으로 살펴본다.

1. 학생건강사업의 추진과 제도 구축정비(1945~1990)

이 시기는 국가가 주관하는 학교보건사업이 처음으로 시작되어 법적 기초와 추진 체계를 마련하고 사업의 영역을 발전시켜 나간 시기라고 할 수 있다.

1946년에 학교보건사업으로 분유를 이용한 결식아동 급식을 최초로 실시하였고, 처음으로 보건교과가 설치되어 운영되다가 1963년 군사정부가 수립되면서 폐지되었다. 1949년 12월에 '교육법'이 제정되어 각급학교 학교보건사업의 실시와 양호시설의 설비에 대해 규정하였다.

1951년 '학교신체검사규정(문교부령 제15호)'을 제정하였고, 1953년

3 이 절의 내용은 교육과학기술부(2011), 『학교 보건·급식 60년사』에서 발췌하여 수정, 보완, 인용하였다.

에는 '교육공무원법'에 양호교사를 명시하여 학교보건교사제도의 시발점이 되었다. 같은 해에 결식아동의 구호를 목적으로 구호급식이 시작되었다.

1954년부터 1962년까지 8년간 초·중등학교에서 보건과목이 독립적으로 개설되었으며, 교육과정 시간배정 기준에 국민학교는 보건과목, 중등학교는 체육보건 과목에서 건강교육을 실시하도록 규정하였다.

1955년에 학교신체검사가 도입되고 결핵검진사업이 실시되었으며, 1957년 기생충구충사업이 시작되었으며, 1958년에는 학생신체검사에 체력검사가 포함되었다.

1956년에는 양호교사 자격증이 처음 발급되었고, 1959년에 학교보건의 중심 역할을 담당하는 양호실이 설치되었으며, 1961년에 처음으로 양호교사를 발령·배치하게 되었다.

1967년 3월 '학교보건법(법률 제1928호)'이 제정됨에 따라, 학교보건관리, 학교환경위생정화구역, 학교급식 등 구체적인 사항이 규정되면서 학교보건은 새로운 전환기를 맞게 되었다.

1968년 '학교보건법 시행령'이 제정되어 보건교사를 비롯한 학교보건 인력에 대한 내용과 학교환경위생정화구역의 설정범위가 규정되었다.

1969년에는 1951년에 제정되었던 '신체검사규정'이 '학생신체검사규칙'으로 변경되어 학생신체검사 사업이 본격적으로 진행되었고, 1970년 건강기록부운영지침에 따라 건강기록부가 작성되기 시작하였고, '학교보건법 시행규칙(대통령령 제7195호)'이 제정되었다. 1971년 문교부의 학교보건관리 지침이 시달되어 학교방역사업 및 혈액검사(ABO 유형)가 체계적으로 실시되었고, 일반신체검사 외에 표본학교를 선정하여 신체검사를 실시하였다.

학교환경개선을 위한 사업으로 '학교보건법' 및 '동법 시행령'을 근거로 1975년 체육 및 보건관리지침에 학교환경위생정화에 대해 구체화하였고, 1977년에는 학교 급수의 위생관리, 1980년 조명·소음·진동·방음관리 등에 대해 구체화하였다.

학교급식은 1953년에 시작된 해외원조에 의한 구호급식을 1972년까지 실시하였으나, 1973년 정부와 학부모 부담의 자립급식이 시작되었고, 1977년 '학교급식규칙(문교부령 제401호)'을 제정하여 경상북도 급식학교에 임시직 영양사가 배치되고 학교급식에 대한 제도적 기반이 마련되었다. 1981년에는 '학교급식법'이 제정되어 급식의 확대 및 운영원칙 등에 관한 기준이 마련되었다.

보건교육은 1980년 학교보건관리지침에서 다시 공식화되었으며 보건교육 시간, 방법 등이 구체화되었고, 1984년 초·중·고에 각각 체육시간 중 보건교육을 하도록 하였으며(제4차 교육과정기) 1987년부터 적용된 제5차 교육과정기에는 학교보건교육의 중요성이 증대되어 보건교사가 주당 6시간의 정규교과시간에 수업하는 것을 시범 실시하였다. 문교부에서는 1987년부터 1989년까지 학교보건교육 연구시범학교를 지정하여 운영하였다.

1990년 '학교보건법 시행령(대통령령 제13214호)'에 학교 환경위생 및 식품위생에 관한 규정이 명시되었다.

2. 학생건강정책의 실현 및 적용 확대(1991~2000)

1990년대 들어서 국민의 건강문제 양상의 변화로 건강권 보장과 관련하여 학교보건교육의 중요성이 대두되었다. 이에 1992년부터 적용된 제6차 교육과정기에는 보건교육을 관련교과와 특별활동에 반영하여 편성하였고, 체육교과서에 성교육 및 약물 오·남용 단원을 강화하고 보건학습 지도 시 보건교사가 참여할 수 있도록 하였다.

1993년 '학교보건법 시행령'을 개정하여 양호교사의 직무를 삽입하였으며, 1995년 '교육법' 제29조의 양호교사를 양호교사 1급·2급으로 변경하였다. 이에 따라 1996년 전국적으로 양호교사 1급 연수가 시작되었다.

1957년 시작되었던 기생충검사가 폐지되었고, 약물 오·남용 예방의 일환으로 1998년까지 청소년 약물반응검사가 실시되었다. 1997년 각종 퇴행성 질환 예방 및 관리를 위해 '학교신체검사규칙(교육부령 제706호)'이 개정되어 고등학교 1학년 학생 종합검진제도가 도입되었다.

1998년 '학교보건법(법률 제5618호)'이 개정되어 양호실이 보건실로 명칭이 변경되었으며, 학생의 안전관리조항이 신설되고, 신체검사는 체격검사·체질검사·체력검사로 구분되었다. 1999년 비효율성과 안전성 문제로 학교 단체예방접종이 중지되었다.

1998년부터 적용된 제7차 교육과정기에는 성교육, 안전교육, 보건교육을 초·중학교 재량활동에, 공중보건을 고등학교 선택과목에 편성하도록 하였다. 같은 해인 1998년에는 '초·중등교육법 시행령' 제33조에 의해 보건교사도 부장교사로 임용될 수 있는 근거가 마련되었고, 서울시교육청에서는 보건교과과정 표준지침을 개발하여 연구시범학교를 지정하여 정규 보건수업을 실시하였다.

1995년 공립학교에 근무하는 학교 영양사를 보건직공무원에서 식품위생직공무원으로 변경하였고, 1996년 12월 30일 '학교급식법' 개정으로 학교급식에 위탁급식제도가 도입되었으며, 1998년 초등학교를 시작으로 학교급식이 전면 추진되어, 1999년까지 고등학교에 2002년까지 중학교에 연차적으로 도입되었다. 또한 1999년 '학교급식법'에서 학생 급식지원을 제도화하였다. 1999년에는 과학적인 위생관리기법인 '학교급식 HACCP 시스템'을 연구·개발하여 학교급식 현장에 적용하고, 2000년에는 『학교급식 위생관리 지침서』를 발간하여 학교급식 현장에 보급하였다.

2000년 이전까지 학교환경위생정책의 주요 내용은 학교환경위생 정화구역 설정과 정화구역 내의 금지시설 및 금지행위 관리, 지하수 먹는 물 수질검사, 조명시설 개선, 소음·진동 피해학교 방음시설, 교사 안에서의 환기·채광·조명·온습도의 조절, 상하수도, 화장실의 설치 및 관리, 오염공기, 폐기물, 소음·분진의 예방 및 처리 등이었다(교육과학기술부, 2011).

1998년 12월 31일 '학교보건법' 제12조에 학생의 안전관리에 관한 규정을 두어 학생의 안전사고를 예방하기 위한 학교의 시설·장비의 점검 및 개선, 학생에 대한 안전교육의 실시, 기타 필요한 조치를 의무화하였다.

3. 제도의 선진화(2000년대 이후)

1) 학교보건

2000년대에 들면서 국민들의 건강증진에 대한 관심 증대와 생활양식의 변화, 만성질환으로의 질병 양상 변화, 인구학적 변화 등 다양한 사회적 변화로 인해 국민의 건강권 보장을 위한 국가의 책무성이 증가되기 시작하였다.

2006년 학생건강검사를 보다 내실화하기 위하여 '학교보건법'의 개정(법률 제7396호)으로 종전의 '학교신체검사규칙'이 '학교건강검사규칙(교육인적자원부령 제873호)'으로 전면 개정되어 기존의 체격검사, 체질검사, 체력검사 등의 '학생신체검사'가 신체의 발달상황, 신체의 능력, 건강조사, 건강검진 등의 '학생건강검사'로 변경되었으며, 취학 이후 3년마다 검사를 받게 되었다.

2007년에는 학생 건강증진을 위해 교육인적자원부가 학생 비만예방과 약물남용예방 표준프로그램을 개발하여 전국적으로 보급하였으며, 학생 우울증과 자살, ADHD와 같은 정신건강 문제가 증가하면서 학생 정신건강 관리 강화를 위해 전국 96개교에서 정신건강실태조사가 실시되었고, 2006년 미국 버지니아공대 한인 학생 총기사건을 계기로 학생정신건강 관리의 필요성이 제기되어 2008년부터 학생 정서·행동발달 선별검사 및 관리가 확대되기 시작하였다. 2012년에는 학생건강검사 항목에 정신건강 조사가 추가되었고, 학교폭력 징후 및 자살생각 등에 대한 조기발견·관리를 위하여 정서·행동특성검사를 모든 학생을 대상으로 확대하였다.

2007년 '학교보건법'이 개정(법률 제8678호)되어 모든 학교에서 체계적인 보건교육을 실시하도록 하는 법적 근거가 마련되었고, 보건교사의 업무가 보건교육과 학생의 건강관리로 규정되었다.

2009년에 신종플루가 대유행하여 학교 현장에서 학생 건강관리와 보건교육을 동시에 수행해야 하는 어려움이 발생하여 보건교사 배치 확대 및 보건 보조인력이 배치되는 계기가 되었다. 2015년에는 메르스로 인한 학교 휴업 시 보건당국과 교육당국의 의견 불일치로 혼란이 초래된 바 있어, 감염병 시 관련기관 간 협의 및 신속 대응을 위한 '학생 감염병 예방 종합대책'이 2016년에 수립되었다.

2015년에는 '학생자살예방종합대책'이 수립되었는데, 학생들의 자살을 비롯한 중독, ADHD, 학교폭력, 왕따 등 정신건강 문제가 심각해지면서 2012년 이후 사회적 이슈로 부각된 것에 대한 정부의 대응이라고 할 수 있다.

2015년에 학교 성교육 표준안이 국가 차원에서 마련되었으나 일부 내용에 대해 성차별, 동성애 및 성소수자 인권 문제 등으로 보수 및 진보단체에서 모두 이의를 제기하고 있다. 2015년 교육부가 시행한 학생건강증진 기본방향에는 건강관리 영역에 성교육 등 보건교육 내실화를 비롯하여, 학생건강관리 강화, 학생건강검사 철저, 학생정신건강관리 강화, 교내 감염병 예방관리 강화, 흡연·음주 등 약물 오·남용 예방, 학교 심폐소생술 교육 실시 등이 포함되었다.

2) 학교급식

2006년에는 위탁급식에서 집단식중독 사고가 발생하여 위탁급식에서 직영급식으로의 전환이 추진되어 '학교급식법' 개정을 통해 2010년까지 직영으로 전환되도록 하였다. 2007년에는 영양교육 등의 필요성으로 급식학교에 영양교사를 선발·배치하였다.

2011년부터 학교 무상급식이 본격 실시되었다. 서울지역 초·중·고 전면 무상급식 실시를 놓고 주민투표 결과 이를 반대한 보수진영의 오세훈 시장이 물러난 뒤 무상급식이 실시되었고, 2015년 경남에서는 역시 보수진영의 홍준표 경남지사가 무상급식 지원 중단을 선언하기도 하였다. 즉, 전면 무상급식에 대해서는 진보와 보수 간에 의견 차이가 있으며, 보수 내에서도 온도 차이가 존재하는 것이 사실이다. 이에 수반되는 문제는 무상급식에 소요되는 예산의 규모로 인해 교육청의 재정이 큰 압박을 받게 되어 여타 사업비들이 축소되는 문제가 나타나고 있다.

2015년 교육부가 시행한 학생건강증진 기본방향의 급식관리 영역에는 학교급식 운영의 내실화, 학교급식 안전관리 강화, 학교급식 식중독 예방관리 철저, 안전하고 우수한 식재료 사용, 영양관리 및 식생활지도 강화, 저소득층 및 농어촌지역 학교급식비 지원, 학교급식 지도·감독 및 행정지원 강화, 식품안전관리 기본계획 세부과제 추진 등이 포함되었다.

3) 학교환경위생

학교환경 개선사업의 방향은 2000년 이전에는 열악한 학습환경을 개선하고, 당시에 발생한 학교환경문제를 단순히 해결하는 대응 차원의 접근이었다. 그러나 2000년대 들어와 학부모들이 자녀의 건강과 교육환경에 더 많은 관심을 가지게 되고 이에 대한 사회적 의식 수준과 관심이 높아지면서, 교실 내 공기질이나 학교의 건축자재에 포함된 석면문제, 깨끗한 학교환경의 유지 등을 포함하는 학교 내부적인 측면과 아울러 도시를 개발하는 계획단계에서부터 학교용지에 대한 교육환경을 평가하고, 도시를 재정비하거나 재개발 시 계획단계부터 정비구역 내 학습환경을 사전에 확보하고 보호하도록 하는 예방적이고 적극적인 방향으로 변화되고 있다.

교사 내 공기 질 등 환경위생 관리에 대해서는 1980년부터 2005년까지는 온습도의 조절과 환기·조명·소음·진동·방음 대책 등이 주요 내용이었으나, 2004년 '다중 이용시설 등의 실내공기질 관리법' 시행 전후로 학교 교사(校舍) 내 공기 질 등 환경위생에 대한 관심이 높아졌다. 2005년 '학교보건법 시행규칙(교육인적자원부령 제866호)'에 학교 교사 내 공기질 관리항목을 12개로 확대하는 등 교사 내 환경관리가 강화되었고, 2006년 학교 교사 내 환경위생 및 식품위생 점검기준(교육인적자원부 제2006-10호)이 고시되었다. 또한 관련 매뉴얼을 개발, 보급하여 교사 내 공기 질 관리 등 환경위생 관리를 위한 체계를 구축하였다.

2007년 '학교보건법'을 개정(법률 제8678호, 2007. 12. 14.)하여 학교용지를 선정할 때부터 보건·위생·안전 및 학습환경 등 교육환경에 대한 평가를 실시하도록 함으로써 보다 근본적으로 쾌적한 학교환경을 확보·보전하기 위한 '교육환경평가제도'를 도입하였다. 2008년부터 교육환경평가 및 학습환경 보호제도가 실시되고 있는데, 2000년 일산 신도

시 학교 주변에 러브호텔 건축으로 교육환경 보호 문제가 이슈화된 바 있었으며, 2006년에는 서울 재건축단지에서 발생한 통학로 폐쇄로 인해 학생이 사망하는 사건이 발생하여 재건축단지 학교의 학습권보호 문제가 대두된 바 있는데, 이러한 문제에 대한 대책으로서 의미를 지닌다.

2012년 일산 양일초등학교 학교 주변 건설폐기물 처리장 관련 등교 거부가 있었으며, 이에 대한 반응으로 민주통합당 유은혜 의원이 학교설립 시 교육환경 보호를 위한 '양일초법' 제정을 추진한 바 있다. 이러한 노력이 2016년 '교육환경보호에 관한 법률(법률 제13937호, 2016. 2. 3.)' 제정으로 귀결되었다.

2015년 교육부가 시행한 학생건강증진 기본방향의 환경관리 영역에는 학교환경위생정화구역 등 교육환경보호제도 관리 철저, 학교 석면관리 강화, 학교 먹는 물 위생관리 대책, 교사(校舍) 내 공기 질 등 환경위생 개선 등이 포함되었다.

학교환경에 대한 정부의 대응은 단순히 문제해결을 위한 사업의 시행에서만 접근하는 것이 아니라 이를 근본적으로 해결하기 위한 방안으로 해당 분야의 연구를 실시하고 그 결과를 토대로 관련법을 정비하고 필요한 제도를 만들어 학교환경 개선사업이 이행될 수 있도록 하고 있으며, 또한 이행 사항을 평가하기 위한 객관적인 평가기준을 마련하여 시행하고 있다(학교보건법, 법률 제9847호, 2010).

4) 학교안전관리

2000년대에 들어와 학교폭력과 따돌림 등으로 학생 자살 문제가 심각해지면서 학교심리상담의 필요성이 대두되었다. 1995년 학교폭력으로 자살한 아들의 아버지가 청소년폭력예방재단을 설립하여 '학교폭력예방법' 제정에 대한 전 국민 서명 및 국회청원을 추진하였다. 그 결과 2004년에 '학교폭력 및 예방에 관한 법률'이 제정되었으며, 같은 해부터 학교에 상담교사가 배치되기 시작하였다. 2011년 집단 괴롭힘으로 자살한 대구 중학생 사건 등에 대한 정책 대응으로 2012년 '학교폭력 근절 종합대책'이 수립되었다.

2007년 1월 28일 '학교안전사고 예방 및 보상에 관한 법률'이 제정되어 학교안전사고를 예방하고, 학생·교직원 및 교육활동참여자가 학교안전사고로 인한 피해를 신속·적정하게 보상하기 위한 학교안전사고보상공제 사업의 실시에 관하여 필요한 사항을 규정하였다.

2014년 세월호사고가 발생한 이후 사회 전반의 안전대책을 비롯하여 학교안전에 대한 발전된 정책이 요구됨에 따라 2014년 '교육분야 안전종합대책'이 수립되었다. 이 대책은 7대 안전교육 표준안을 제시하고 '학교안전법'의 개정 보완이 필요함을 적시하였다.

4. 논의 및 시사점

학생건강정책의 변화는 학생의 건강에 영향을 미치는 다양한 사회환경적 요인에 민감하게 반응할 수밖에 없는 영역이며, 그만큼 사회적 상황에 좌우된다고 보아야 한다. 특히 그 시대의 사회적 보건, 위생, 안전 등의 문제와 떼어서 생각할 수 없다.

초기의 전염병, 기생충 등으로부터의 감염 예방이 중심이 되던 사회적 상황으로부터 학교공간의 공기 질에 관심을 두는 상황으로 변하였으며 정책의 내용과 수준도 많은 변화를 거쳤다.

기본적으로 학생건강정책은 이러한 사회적 상황 변화에 맞추어 끊임없는 점진적 개선을 이루어 왔다. 이러한 과정 속에서 여러 가지 힘이 작용하게 되는데, 특히 이익집단과 정치세력의 개입을 들지 않을 수 없으며 이들 특수 영역의 전문가 집단의 참여도 중요한 요소라고 볼 수 있다. 학생건강 영역은 보건, 급식, 환경, 안전 등 각각 전문적인 지식과 경험이 요구되는 특수 분야로 구성되어 있으며, 보건교사, 영양교사 및 영양사, 학교급식조리종사원 등 각자의 중요한 역할과 함께 이해관계를 지니며 직접 참여하는 집단들의 영향을 받을 수밖에 없다. 하나하나의 정책변화에 이들의 목소리가 중요할 수밖에 없으며 집단 간 또는 정부 측과 갈등이 발생할 소지도 많다고 할 수 있다. 이러한 문제들은 스스로 해결되지 못하고 때에 따라서는 정치세력의 힘을 빌려 정치적 타협으로 해결되는 경우도 나타나게 된다. 이익집단의 영향은 민주주의적 정책과정에서 불가피한 면이 있으나 지나친 집단이기주의로 전체적 효율성을 떨어뜨리는 결과를 초래할 수도 있다.

정치가들은 대중에게 어필(appeal)하여 표를 얻기 위한 전략을 최우선으로 삼는 경향이 있다. 전면적 무상학교급식 실시와 같은 정책은 포퓰리즘(populism)이라는 비판을 받으면서도 정치적인 목적에 의해 채택된 경우라고 할 수 있다. 보편적·제도적 복지의 실현이라는 명분을 앞세워 정책화되었으나 현실적인 예산확보 능력과 추가적인 예산투자가 어느 계층에게 혜택을 주는지에 대한 고려는 무시된 결정이라는 지적을 한편에서 받고 있다. 정치세력의 지나친 개입은 정책결정의 합리성과 장기적 효율성을 저해할 가능성을 배제할 수 없다.

이와 같이 정책 변동에 직접 참여하는 집단적 영향이 있다고 하더라도 더욱 중요하게 학생건강정책의 방향을 제시하는 것은 아무래도 사회적 상황이라고 할 수 있다. 특히 사건, 사고 등을 계기로 불거지는 사회문제는 학생건강정책에 직접적인 영향을 미친다. 신종플루나 메르스 같은 감염병 사태, 버지니아 공대 총기사건, 대구 학생자살사건과 같은 학교폭력 및 학생자살 사건, 학교급식 중 단체 식중독 사건, 세월호 사건과 같은 대형 안전사고 등은 기존 학생건강정책의 전면적 검토와 새로운 대책을 요구하는 등 정책변동의 결정적 계기로 작용한다.

학생건강정책은 사회적 변화에 부응하여 신속하게 대응해야 함을 인정할 수밖에 없으나, 사후 대응적인 접근 못지않게 체계적이고 효율적인 사전 진단 및 관리를 통한 예방시스템을 갖추는 것이 중요하다. 선진국의 정책과 시스템 등을 면밀히 연구하여 우리 실정에 적합한 미래형 학생건강시스템을 구축할 수 있는 중·장기적 투자와 법령 정비, 시스템 구축과 교육이 수반되어야 할 것이다. 또한 이익집단들의 목소리를 반영하되 이를 조율할 수 있는 권위 있는 기구의 설치도 필요하다고 본다.

V. 미래 리더를 위한 제언

1. 정책 흐름 요약

앞 절에서 교육복지와 교육환경 분야 정책의 흐름을 살펴보았는바, 이 분야는 교육과 학습이 정상적으로 이루어지기 위한 기초 여건을 제공하면서 우리 교육정책의 양적 확대기를 지나왔고, 질적 발전기(특히 선진화기 1998~2015)에 들어서는 사회 환경 변화에 부응하여 정책의 범위와 내용이 비약적으로 증대되었다. 교육복지에 대한 질적 요구 수준이 더욱 높아질 것으로 예상되는 미래에는 교육복지와 교육환경에 대한 정책수요는 점점 더 확대 심화될 것으로 전망된다.

정책변동과정에서 나타난 이 분야의 특성을 정리해 보면, 첫째는 교육 이외에 다른 전문영역, 정부·민간을 아우르는 다양한 주체와의 접점이 많아 광범위한 연계·협력, 조정·조율 등이 절실하게 필요하다는 점, 둘째는 전문적인 영역이 개입되므로 정책결정의 전문적인 합리성이 요구되는 한편, 다양한 이해관계자의 참여에 따른 절차의 민주성이 중시되어야 한다는 점, 셋째는 정책참여 이익집단 간의 갈등, 정치적 이념 대립 등 정치적 영향에 노출되어 있어 이로부터 정책의 합리성을 지킬 필요성이 높다는 점, 넷째는 사회적 상황과 요구에 민감하며, 사회의 기술 및 의식 수준, 인프라 등에서 자유롭지 못하기 때문에 이러한 추세를 읽고 능동적으로 대처해야 한다는 점, 다섯째는 정책 리더(또는 리딩 그룹)의 철학적 패러다임, 전문적 이해, 협치의 리더십, 미래지향적 안목 등이 결정적으로 중요하며, 정책결정 및 집행과정의 참여 주체들의 마인드와 실천 역량 역시 중요하다는 점 등이라고 할 수 있다.

2. 미래 리더를 위한 제언

1) 교육복지[4]

우리 교육의 사회적 구조와 생태를 고려할 때 교육소외 현상은 지속, 확대될 가능성이 높다.[5] 그에 따라 교육복지의 중요성도 커지게 될 것이며, 이에 성공적으로 대응하지 못하면 교육계에 대한 사회적 비판은 점점 거세질 것이다. 교육복지정책이 확고하게 뿌리를 내리고 성과를 거두기 위해서 달성해야 할 조건을 제시하면 다음과 같다.

(1) 교육복지 패러다임의 정립 및 적용

교육복지를 한시적인 사업으로 접근하던 방식에서 벗어나 학교와 지

---

4 김인희(2014b), 「교육복지정책의 과제」, 『교육비평』 34(2): 43-73에서 발췌 및 보완 인용.

5 김인희(2014b)는 우리 교육복지의 정책환경을 학교부적응 심화 및 청소년 정신건강 심각, 교육 양극화 현상 심화, 신취약계층(다문화가족, 탈북자, 외국인근로자)의 확대, 고령화, 저출산 심화, 보육·돌봄 등 아동복지 기능 요구 증대, 전반적인 교육복지 기대 수준 상승 등으로 제시하고 있는데, 이는 현재뿐만 아니라 미래에도 지속 강화될 것으로 전망된다.

역사회를 기반으로 하는 교육체제 내에 교육복지 기능이 항시적으로 작동할 수 있는 메커니즘을 구축하는 관점에서 접근해야 한다. 또한 교육복지는 하나의 정책분야라는 인식에서 더 나아가 모든 교육정책에서 기본적으로 추구해야 할 가치이자 원리로서 적용되어야 한다. 즉, 교육복지 패러다임이 교육정책 전반에 투영되는 중심 철학으로 자리하여야 한다. 다시 말하면, 모든 교육정책은 교육의 기회가 누구에게나 동등하게 주어지고, 그 교육기회가 학습자의 성장과 발전을 가능게 하는 유의미한 학습경험을 제공하는 것이어야 한다는 기본조건에 충실해야 함을 의미한다.

(2) 교육복지체제의 효율화

현재 분산적으로 추진되고 있는 교육복지사업들은 교육복지체제라는 틀 속에서 재구조화되고 연계 통합되어야 한다. 이를 위해서는 먼저 교육 당국의 교육복지에 대한 명확한 개념 정립이 필요하며 각각의 과제들이 교육복지 개념 틀 속에서 의미가 부여되고 자리를 잡아야 한다. 분리된 사업들이 학교현장에서 통합적으로 운영될 수 있으려면 먼저 교육부나 교육청 수준의 업무 통합 및 연계가 선행되어야 한다. 또한 중앙의 교육부와 관계 부처 간에도 관련 정책 간에 연계 협력이 이루어져야만 지방 수준에서 수평적 연계 협력이 가능해진다. 이를 위해 아일랜드의 사례처럼 '국가교육복지위원회'의 설치 운영도 고려할 만하다. 또한 학교와 지역 간 협력을 촉진하기 위해서 '지역교육복지센터'와 같은 지역교육복지협력 네트워크의 허브(hub) 역할을 수행하는 기관이 운영될 필요가 있다. 학교가 지역의 다양한 기관, 단체들과 직접 관계를 맺고 협력을 유지하는 일이 쉽지 않기 때문에 이러한 네트워크를 아우르는 연결고리(linking pin)가 필요한 것이다.

(3) 교육복지역량의 강화

교육복지역량의 주체는 기본적으로 교원, 학교, 지역사회로 볼 수 있다. 교사의 교육복지역량을 강화하기 위해서는 교사연수와 교원양성과정에서 교육소외 문제와 교육복지 실천에 관한 내실 있는 학습경험 제공이 필요하다. 특히 현직 교사의 경우에는 학교현장의 교육소외 문제를 해결해 나가는 교사들 간의 실천공동체(community of practice)가 활발하게 가동되어 동료 간 실천과 학습의 공유가 이루어지도록 여건을 조성해야 한다. 교원양성과정의 예비교사에 대하여는 교육복지강좌 이수와 함께 교육실습 및 교육봉사에 교육소외 문제 대응에 대한 체험학습 기회를 부여하여 교육소외 문제에 대한 공감능력과 함께 기초적인 전문교육이 이루어질 수 있도록 제도화하고 각 교원양성대학에서 내실 있는 교육복지 학습이 이루어질 수 있도록 노력해야 한다.

학교의 교육복지 역량강화를 위해서는 교사 외에도 학교관리자에 대한 교육복지연수가 체계적으로 실시되어야 하며, 현재의 교육복지사(프로젝트코디네이터, 지역사회교육전문가)와 같은 교육복지 전문인력의 양성이 체계화되고 자격기준이 마련되어 학교와 지역사회를 잇는 가교 역할을 수행해야 한다. 또한 이들에 대한 신분, 처우와 근무조건의 개선도 병행되어야 할 것이다.

(4) 교육복지연구의 활성화

교육복지 문제에 관한 연구가 활성화되고 관련 논문 및 저서 등의 출간이 활발해져야 한다. 교사, 학교관리자, 교육행정가 등에 대한 교육복지 전문교육을 위해 사용될 수 있는 전문서적과 논문이 풍부해질수록 양질의 교육이 가능하며, 현장의 교육소외 문제에 대한 연구가 활발해지는 만큼 교육소외 해소를 위한 사회적·정책적 역량이 향상될 수 있을 것이다. 교육복지를 연구하는 전문인력도 증강되어야 하며 교수인력도 양성되어야 할 것이다. 이와 같은 전반적인 '교육복지연구 생태계'의 발전은 우리 교육복지정책의 수준을 끌어올리는 토대가 될 것으로 생각한다. 앞으로 '교육복지학회'와 같은 학술단체의 설립, '국가교육복지연구소'와 같은 국책연구소의 설치, '한국교육복지재단'과 같은 교육복지활동 지원 민간기구 등이 출범되고, 다양한 민간 교육복지 기관·단체가 등장하여 우리 사회의 총체적인 교육복지역량이 획기적으로 발전되기를 기대한다.

(5) '교육복지법'의 제정

국가 및 지방자치단체의 교육복지정책 추진의 목적, 정책 추진 근거를 체계화하고 정책 추진 권한과 책임 소재를 명확히 하여 적극적이고 안정적인 교육복지정책이 추진될 수 있도록 하고 교육복지체제 구축과 운영에 필요한 기본 사항과 교육복지 재원조달에 관한 사항을 규정하는 '교육복지법'을 제정할 필요가 있다. 이는 헌법에 의한 국민의 '능력에 따른 균등한 교육을 받을 권리'와 '교육기본법'에 의한 '차별 없는 학습권'을 보장하기 위한 차원에서 일반법인 '유아교육법, 초·중등교육법, 고등교육법'에 대한 특별법으로서의 성격을 갖는다.

2) 교육환경

(1) 학교시설

김성중(2015)은 미래의 학교모형을 '창의인성학교'로 설정하고 그 교육운영에 필요한 건축 요소와 방향을 〈그림 8-4〉와 같이 제시하고 있다. 그는 미래형 창의인성학교 모델의 요소로 창의공간학교, 지속가능 학교, 개방형 학교, 특성화 학교, 연계적 학교를 들고 있으며, 학교계획에 반영될 전략적 요소로 창의적 공간구조를 지닌 미래형학교, 저탄소 친환경학교,

미래형 창의인성학교 모델 설정

창의 지성교육의 모델 방향

구분	건축방향	미래형 창의 인성학교 모델	미래형 창의인성학교 계획방향
창의 지성 교육	• 다양한 공간 확보 • 개방형 공간 확보 • 가변성 확보 • 개성화 · 특성화 • 지원시설 확보 • 행정관리공간 통합화 • 교육정보화 시스템 개선 • 중점학교 • 연계학교 • 학교별 특성화 고려 • 안정성 확보 • 친환경공간 확보 • 지역특성화 고려 • 평생교육 지원	**▶창의공간 학교** • 다양한 공간을 가진 학교 • 이형의 공간을 가진 학교 **▶지속가능한 학교** • 가변형 공간구조의 학교 • 다목적 공간을 가진 학교 **▶개방형 학교** • 개방형 공간구조의 학교 • 지역사회에 개방된 학교 **▶특성화 학교** • 학교별 특성화 • 지역별 특성화 **▶연계적 학교** • 학교 간 연계성 확보 • 지역과의 연계성 확보	**▶미래형 교육학교 (창의인성교육학교)** • 창의적 공간구조를 가진 학교 **▶저탄소 친환경 학교** • 지역 및 환경교육 특성화 친환경학교 **▶스마트 스쿨** • 복지 및 지역연계 학교 **▶안전한 학교** • 창의적 공간구조의 학교와 연계계획 **▶학교 개방화** • 개방적 내부공간을 가진 안전한 학교
미래 학교	• 스마트 학교 • 안전한 학교 • 즐거운 학교 • 글로벌/지역사회와 연계된 학교 • 생태지향적 학교		

〈그림 8-4〉 미래 학교건축 모형

자료: 김성중(2015).

스마트 스쿨, 안전한 학교, 학교 개방화 등을 제시하고 있다.

같은 맥락에서, 이재림(2015)은 학교 건축물 계획에서 가장 중요한 요소를 미래 교육기능의 수용과 사회적 패러다임의 변화에 따른 교육기능의 지속적 유지라고 본다. 학교 건축물이 지속가능성을 갖기 위해서는 교육기능의 충족이 우선되어야 한다. 과거의 교육방식은 학급 교실에서 교사가 교과서의 지식을 전달하는 방식으로 진행되었고 대학입시를 위해 암기된 지식을 통해 학생들의 교육적 능력을 평가하는 비중이 높았다. 그러나 미래에는 기존의 지식을 융합적으로 활용하여 새로운 시너지 효과를 낼 수 있는 창의성 교육이 요구되고 있으며 학교 건축도 이러한 패러다임의 변화에 부응할 수 있어야 한다. 우선, 교과교실제, 자유학기제, 창의·인성교육, 스마트교육 등 정책적 변화에 맞추어 나갈 필요가 있다.

이재림(2015)은 또한 저출산 고령화 사회에서 사회복합시설과 학교 시설의 융합을 시도할 필요성을 제시하고 있다. 학교는 내부분 근린주구 내 운동장과 녹지를 갖고 있으며 대부분 4~5층의 건물로 구성되어 있다. 반면 도시계획에 의하지 않고 자연발생적으로 생긴 지역사회는 복지공간의 부족으로 사회적 변화에 따른 아동 및 노인 복지 시설의 부족현상이 따르고 있다. 따라서 학교공간의 입체 개발에 의해 학생의 교육적 활용이 낮은 공간 또는 고층공간을 활용하여 지역 복지시설을 통합 배치함으로써 부족한 사회복지시설을 활용할 수 있다. 그 대안으로 학교시설 복합화에 의해 기존의 수영장과 체육시설의 복합사용에서 더 나아가 아동 및 노인 복지시설을 도입하여 중·장기적인 학생 수 감소에 따른 유휴교실을 활용하고 점점 증대되는 아동 보육 및 노인보호시설의 복합 수요를 충족시키는 등 사회변화에 순응하는 공간 융합으로 학교공간의 지속성을 유지시켜 줄 수 있을 것이다.

(2) 학생건강

학교보건 및 급식, 안전에 관련한 문제는 단지 학령기 및 청소년기의 학생들의 건강에만 영향을 미치는 것이 아니라, 성인기 이후 전 생애에 걸쳐 지속적으로 그 영향이 미칠 수 있다. 국민의 대다수가 여러 해 동안 학교생활을 하고 있으며, 학교는 이들이 건강한 민주시민으로 자랄 수 있도록 교육 효과를 극대화하여 건강하고 안전한 장소 제공 및 건강한 생활습관을 기르도록 도와주는 건강증진 활동의 중요한 환경이라 할 수 있기 때문이다. 같은 맥락에서 학생건강증진사업은 교육과 보건서비스의 제공 및 건강한 환경의 조성이 동시에 가능하므로 건강을 향상시키는 데 가장 효율적이고 비용효과적인 접근이라고 할 수 있다. 따라서 전 국민의 평생건강관리체계 확립을 위해서는 기존의 단편적 사업의 시행이 아닌 대상의 다양한 특성과 학교, 가정 및 지역사회를 연결하는 주요 건강행태영역을 포괄할 수 있는 종합적 개념의 학교건강증진 프로그램의 개발이 필요하다(교육과학기술부, 2011).

또한 미래에도 지속가능한 학생건강증진을 실현하기 위해서는 학생건강정책에 대한 접근의 획기적인 변화가 요구되는바, 그 주요 방향은 다음과 같다. 첫째, 학생건강 증진을 위한 정책 패러다임 변화가 필요하다. 다양한 사회변화 요인에 따라 학업 스트레스, 신체활동 부족, 잘못된 식습관 등으로 학생들은 건강에 위협을 받고 있으며, 이러한 건강은 사회경제적 환경과 밀접한 관련을 가지고 있다. 학령기의 건강상 위기를 해결하고 건강을 증진하는 것은 미래사회의 중요한 과제로서 건강증진은 단순히 개인이 건강한 생활습관을 실천하는 것만이 아니라 건강에 영향을 미치는 사회결정요인을 통제할 수 있는 사회적·정치적 환경변화를 위한 노력이 수반되어야 한다. 이를 위해 건강에 대한 사회적 책임감을 공유할 수 있는 학생건강정책이 추진되어야 할 것이다.

둘째, 행복의 핵심 요소로서 건강에 대한 포괄적 접근이 필요하다. 학생건강은 과거 치료적 접근에서 예방적 접근으로의 변화 이후, 질병예방을 넘어서 보다 건강한 상태를 유지하기 위한 긍정적 접근방식으로의 변화가 필수적이다. 이를 통해 학교에서의 건강문제 개입이 단순한 문제해결에서 웰빙과 행복추구로 전환하여 학생의 행복지수 제고를 위한 포괄적 접근 모델이 필요하다. 또한 신체적 건강을 비롯한 정서적·정신적·사회적 건강이라는 종합적·통합적 관점이 적용되어야 한다.

셋째, 학교건강, 학교환경, 학교안전의 통합지원 체계구축이 필요하다. 학교건강과 학교환경, 학교안전의 위험요인을 보다 효과적으로 관리하여 궁극적으로 삶의 질과 행복 수준을 향상시키기 위해서 분리되어 관리되고 있는 보건, 안전, 환경 분야를 통합적으로 지원하여 학생건강안전 문제를 유발하는 복합 요인에 대해 효율적으로 대응하는 것이 필요하다.

참고문헌

교육과학기술부(2008). 「이명박정부 교육복지종합대책(2008~2012)」.

교육과학기술부(2011). 『학교 보건·급식 60년사』.

교육부(1996). 『교육복지종합대책(1)』.

교육부(1997). 『교육복지종합대책(2)』.

교육부(2013a). 『2013 대통령업무보고서』.

교육부(2013b). 『학업중단 예방 및 학교 밖 청소년 지원방안』.

교육인적자원부(2004). 『참여정부 교육복지종합계획(2004~2008)』.

교육인적자원부(2005). 『농산어촌 교육여건개선 기본계획(2005~2009)』.

교육인적자원부·한국교육개발원(2006). 『교육백서』.

구인회 외(2010). 『사회복지정책론』. 나남.

김광기(2013). 「건강증진사업의 선진화 방안」. 『한국보건행정학회학술대회자료집』.

김성중(2015). 「해외우수학교 건축사례」. 『학교건축계획 및 설계의 전문적 이해와 실무』(2015 KEDI 교육시설 교육). 한국교육개발원 연구자료 RRM 2015-13.

김연명(2011). 「한국에서 보편주의 복지국가의 의미와 과제」. 『민주사회와 정책연구』 19.

김영철(1987). 『학교시설의 현대화』. 한국교육개발원.

김은영·최은영(2012). 「유아교육 선진화 정책의 성과와 과제」. 『육아정책연구』 6(1).

김인희(2006). 「교육복지의 개념에 관한 고찰」. 『교육행정학연구』 24(3).

김인희(2010). 「교육소외와 격차 해소를 위한 교육복지정책의 과제」. 『한국사회정책』 17(1).

김인희(2012). 「교육복지의 개념에 관한 이론적 재탐색」. 한국교육행정학회 추계학술대회 발표논문.

김인희(2014a). 『유네스코 교육차별철폐협약 가입 타당성 연구』. 서울대학교 교육정책중점연구소.

김인희(2014b). 「교육복지정책의 과제」. 『교육비평』 34(2).

김인희(2016). 「교육복지우선지원사업의 발전 방안」. 교육복지사 국회토론회 발표논문.

김인희·이혜영(2011). 「복지와 교육의 융합」. 경기복지재단 편. 『그들이 아닌 우리의 복지』. 학지사.

김종일(2016). 「공사립 대안교육 특성화학교 구성원의 교육만족도에 관한 연구」. 한국교원대학교 석사학위논문.

김택균(2013).「농어촌 연중돌봄학교 육성사업의 공평성 분석」. 공주대학교 석사학위논문.

김향근(2001).「교육환경개선사업의 효과성 분석」. 전남대학교 석사학위논문.

김현숙·김미경(2013).「우리나라 학생건강관리 사업의 역사적 변천과 의의」.『한국학교보건학회지』 26(3).

대통령자문 교육개혁위원회(1995).『세계화 · 정보화 시대를 주도하는 신교육체제 수립을 위한 교육개혁방안』.

류방란(2010).「교육소외 집단을 위한 교육복지정책의 방향」. 한국교육학회 2010 춘계 학술대회 발표논문.

류방란·김경애(2011).『공정사회 실현을 위한 교육복지정책 방안』. 한국교육개발원.

류방란 외(2011).『MB정부 역점 교육복지정책 검토 및 향후 과제』. 한국교육개발원.

류호섭(2007).「학교시설의 수준 변화」.『교육시설의 현황과 발전과제』. 한국교육개발원.

배상수(2013).「우리나라 건강증진정책의 현재와 미래」.『한국보건행정학회학술대회 자료집』.

백성준 외(1998).『교육환경개선사업 평가연구』. 한국교육개발원.

송기창(1993).「교육환경개선특별회계 평가 연구」.『교육행정학연구』 11(2).

안병영·김인희(2009).『교육복지정책론』. 다산출판사.

안병영·하연섭(2015).『5·31 교육개혁 그리고 20년』. 다산출판사.

엄문영·이선호·김혜자·김민희·오범호·윤홍주(2014).『교육복지투자 실태 및 효율화 방안 연구』. 한국교육개발원.

우옥영(2006).「한국과 미국의 학교보건교육정책 비교 연구」.『한국교육연구』 11(1).

유병하(2009).「한국 검정고시제도의 운영실태 분석과 개선방안 모색」. 한국교원대학교 석사학위논문.

윤홍식(2011).「보편주의를 둘러싼 주요 쟁점」.『한국사회복지학』 63(2).

이경상 외(2014).『미래환경변화 및 청소년정책전망연구: 미래 청소년 정책 비전, 전략, 과제에 대한 전망』. 한국청소년정책연구원.

이돈희(1999).『교육정의론』. 교육과학사.

이상섭(1991).『교육환경론』. 형설출판사.

이석진(2005).「한국 특수교육정책 발전과정에 관한 연구」. 공주대학교 박사학위논문.

이윤진 외(2015).「무상교육·보육정책으로서의 누리과정 현황과 개선방안」.『육아정책연구』 9(2).

이재림(2015).「사회패러다임 변화에 따른 학교시설 복합화 정책 방향」.『교육시설학회지』 22(4).
이호진(2007). 「학교시설의 과거, 현재, 미래와 민간투자사업의 방향」. 『교육시설의 현황과 발전과제』 3-8. 한국교육개발원.
이화룡(2007). 「학교시설의 정책변화」. 『교육시설의 현황과 발전과제』. 한국교육개발원.
이효자(2010). 「장애인의 전생애 단계별 특수교육지원체제 확립을 위한 국립특수교육원의 기능 강화」. 『특수교육연구』 17(2).
이희승(1982). 『국어대사전』. 민중서림.
임연기(2012). 「농산어촌 연중돌봄학교 육성사업의 추진 내용과 성과 분석」. 『교육행정학연구』 30(2).
장창곡(2012). 「우리나라 학교보건제도와 학교보건사업의 발달: 1945~2010년」. 『한국학교보건학회지』 25(2).
장창곡(2014). 「학교보건의 새로운 패러다임: 건강증진학교」. 『대한보건연구』 40(4).
정동영(2002). 「모든 학생의 교육성과 제고를 위한 특수교육 발전 종합계획(2003~2007)」. 『현장특수교육』(2002. 3.~4.).
정연석(2008). 「학교시설복합화정책에 따른 체육시설 민자사업투자 활성화 방안」. 단국대학교 박사학위논문.
정원식(1998). 『현대교육심리학』. 교육출판사.
조미경(1992). 「중등학교 교육환경의 문제점 및 개선방안에 대한 고찰」. 이화여자대학교 석사학위논문.
조진일(2013). 『교육시설 BTL 사업 성과분석』. 한국교육개발원.
주봉관(2007). 「우리나라의 유아교육과 보육사업 동향」. 『유아교육·보육행정연구』 11(1).
차경륜(2009). 「교육환경의 개선을 위한 공공디자인 적용에 관한 연구」. 경희대학교 석사학위논문.
최병관(2015). 「학교건축의 이해」. 『학교건축계획 및 설계의 전문적 이해와 실무』(2015 KEDI 교육시설 교육). 한국교육개발원 연구자료 RRM 2015-12.
최상근(2011). 「Wee 프로젝트 추진과 전망」. 『교육개발』 여름호.
한국보건사회연구원(2016). 『한국복지패널조사』.
현주(2007). 『교육환경개선사업 평가 및 발전방향』. 한국교육개발원.
Bloom, B. S.(1964). *Stability and Change in Human Characteristics*. John Wiley & Son, Inc.
Côte, E.(1996). "Sociological perspectives on identity formation: The culture identity

link and identity capital." *Journal of Adolescence*, 19.

English, H. B. & English, A. C.(1958). *A Comprehensive Dictionary of Psychological and Psychoanalytical Terms*. Longmans, Green & Co.

9장 /

교육행정 및 정책과정의 변동

김신복

I. 서론

1. 개념규정 및 검토의 초점

1) 정책과정(수립·집행·평가)과 행정기능

행정기능이라는 용어는 매우 추상적이고 다양하게 해석될 수 있는 개념이다. 흔히 거시적 차원에서 행정기능의 분석은 정치지도자나 장차관들의 리더십이나 정책결정에 초점을 두는 경향이 있다. 그러나 그보다 더 중요한 것은 정책을 실제로 입안하고 제도화하고 필요한 자원을 조달하여 집행하는 실질적인 기능이다.

행정기능을 정책과정(policy process)의 단계별로 구분해 보면 ① 종합적·기본적 발전방향(목표) 설정, ② 세부정책(사업계획)의 수립·집행, ③ 평가 및 환류(feedback)로 구분할 수 있을 것이다. 이러한 기본기능을 뒷받침하는 지원기능으로서는 주요 정책(사업)의 법적 기반을 마련하는 일, 필요한 조직과 인력을 확보하여 활용하는 일, 소요재원을 확보하고 적정하게 배분하는 일 등이 핵심 역할이다. 이러한 여섯 가지 역할 내지 행정기능별로 필요한 주요 행정수단들을 열거해 보면 〈표 9-1〉과 같다(김신복, 2011).

이러한 개념규정에 따른 관련 요소들은 지난 70년의 교육정책(행정)과정을 검토하는 데 분석틀 내지 준거(frame of reference)가 될 것이다. 즉, 검토의 초점을 중·장기 계획 및 연차계획의 추진실적, 정권의 국정목표와 정책이념, 법령과 예산을 통한 정책 추진 뒷받침, 주요 정책 추진과정의 주관조직과 리더 및 참여집단, 자원의 확보와 배분, 행정정보화, 행정기관 평가와 책무성 등에 두겠다는 것이다.

〈표 9-1〉 정책(행정)과정과 주요 행정수단

정책과정(행정기능)	주요 행정수단
● 종합적·기본적 발전방향(목표) 설정	○ 중·장기 종합계획(기본계획) 수립 ○ 대통령 취임사
○ 주요(사업) 정책의 법제화·제도화	○ 관련 법령 제정·개정
● 세부 정책(사업계획)의 수립·집행	○ 연차계획(주요 업무계획) 수립 ○ 정책(사업)별 시행계획 추진
○ 추진 조직 및 참여 집단	○ 조직 신설 또는 개편 ○ 정책추진과정에서의 리더 및 참여집단
○ 자원확보 및 적정배분	○ 인적·물적 자원의 확보와 배분 ○ 정보자원의 활용(행정정보화)
● 평가 및 환류	○ 정책추진(행정)기관의 평가와 책무성 ○ 총괄평가 및 차기 계획에 반영

주: ●는 핵심기능, ○는 지원기능 또는 정책수단.

2) 행정(정책)과정의 거버넌스

거버넌스(governance)의 개념에 대한 학문적 합의는 아직 명확하지 않은 것 같다.[1] 그러나 일반적으로 정부만이 아닌 여러 사회적 행위자가 긴밀한 상호작용을 하면서 공동의 문제를 해결하는 새로운 관리방식을 가리킨다. 즉, '사회적 문제를 해결하기 위해 정부, 공공기관, 사적 부문, 시민사회가 가담하는 상호작용의 총체'(Meuleman, 2010)를 의미한다.

거버넌스는 기존의 관료제와 달리 그동안 정부가 독점했던 의사결정과정을 외부행위자들, 곧 시민과 기업에게 개방하여 공동으로 문제를 발굴하고, 정부가 개입해야 할 우선순위를 함께 설정하며(joint agenda building), 그 해결방식을 더불어 결정함은 물론, 주어진 문제해결을

1 governance는 흔히 지배구조, 운영체제, 협치 등으로 번역되고 있는데 여기서는 거버넌스로 표기한다.

위해 공동으로 노력하는 일련의 과정을 의미한다. 여기에는 거버넌스가 복잡한 사회문제를 해결하는 새로운 협력기제(mechanism)로서, 집단으로 주어지는 공공의 문제를 해결하는 보다 효과적인 수단이 될 것이라는 공동의 믿음이 존재한다(은재호·이광희, 2009).

국가 거버넌스는 특정 국가에서 사회적 조정기제(調整機制)들을 조율하고 혼합하는 메타(meta)거버넌스이기도 하다. 역사적으로 공공문제의 해결기제로 작동했던 사회적 조정기제로서의 거버넌스는 ① 관료제적 특성을 가진 계층제 거버넌스, ② 자율과 성과를 중시하는 시장 거버넌스, ③ 신뢰와 참여 및 협력을 근간으로 하는 네트워크 거버넌스의 세 가지로 구분할 수 있다. 즉, 국가 거버넌스는 사회적 조정기제들을 조정하고, 나아가 각 조정기제를 대표하는 정부-기업-시민 사이의 협력을 이끌어 내는 기제이다. 선진국들의 경우 1950년대 이후 1980년대 초까지를 계층제 거버넌스의 시대, 1980년대 초에서 1990년대 중반까지를 시장 거버넌스의 시대, 1990년대 중반 이후를 네트워크 거버넌스의 시대를 거쳤다고 할 수 있다(은재호·이광희, 2009). 그러나 항상 세 가지 거버넌스 양식이 혼재해 왔다고 할 수 있으며, 다만 공통적으로 나타나는 현상은 시장과 네트워크가 계층제의 대안으로 대두되고 있다는 사실이다(Meuleman, 2010).

2. 주요 교육정책의 변동(교육개혁 포함)과 행정의 기능 개관

우리나라에서는 다른 대부분 행정분야와 마찬가지로 교육행정에서도 강력한 중앙집권적 통치구조와 정부 주도적 발전모델이 적용되어 왔다. 그러나 지난 70여 년 동안 교육발전과정에서 행정의 역할은 시대별로 약간씩 변해 왔으며 채택된 정책수단들도 달라져 왔다(김신복, 2011).

1) 신교육제도의 형성과 재건(1948~1959)

이 시기에 정부는 일본 식민지 교육의 잔재(殘滓)를 없애고 민주적·개방적 교육제도를 정착시키면서 국민기초교육을 보편화하는 데 초점을 두었다. 6-3-3-4의 단선형 학제를 도입하였고 문맹퇴치사업에 이어 초등교육의 의무화를 추진하였다. 정부수립 후 3년 만에 한국전쟁을 겪으면서 파괴된 교육시설을 복구하는 것은 가장 큰 당면과제였다.

정부는 초등교육의 의무화·무상화를 1948년 제헌헌법과 1949년 '교육법'에 규정하였고 휴전 직후부터 의무교육완성 6개년계획(1954~1959)을 수립·시행하였다. 폭발적으로 높아진 국민의 교육열과 정부의 수용능력 확대에 힘입어 1959년에 취학률이 96%를 넘어서 사실상 완전 취학을 실현하였다. 1958년에 제정된 '교육세법'과 '의무교육재정교부금법'은 재정소요를 충당하기 위한 효과적인 정책수단이 되었다. 수요에 못 미치는 수용능력 부족사태는 과밀학급과 2부제 수업, 거의 탈락 없는 자동진급제 등을 허용하는 편법적인 시책으로 대처하였다.

부족한 학교재정, 심지어는 건축비의 일부까지도 사친회비 등 학부모의 부담으로 충당하였고, 초등학교 무상교육은 정부수립 직후 헌법에 규정되었지만 각종 잡부금과 교과서 대금면제는 1970년대 후반에야 실현되었다. 교육계획에서 설정한 취학기회 확대 목표는 대부분 조기에 달성되었지만 재정확보 목표는 제대로 지원되지 않아서 민간부담에 의존할 수밖에 없었다.

2) 양적 성장 실현(1961~1979)

이 시기에 정부는 초등학교 교육여건을 개선하고 중등교육기회를 확대하였으며 고등교육에 대해서는 질적 저하 방지를 위한 통제를 강화하였다. 경제성장에 국정의 최고 우선순위를 두면서 인력양성의 기반 확충과 직업교육에 중점을 두었고 정부의 재정규모가 확대되면서 교육여건 개선에도 많은 투자가 이루어졌다.

특기할 만한 점은 정부가 초등학교 교육여건 개선과 실업고교 확충을 경제개발 5개년계획의 주요 사업 속에 포함시켜 투자개념으로 추진하였다는 사실이다. 당시 문교부는 그와 병행하여 의무교육시설확충 5개년계획을 두 차례 수립하여 집행하였다. 제1차 5개년계획(1962~1966) 기간 중 교육부문 투자총액 중에서 79.7%를, 제2차 계획(1967~1971)에서는 73.4%를 초등교육의 시설개선에 배정하였다(이종재 외, 2010: 54).

정부는 중학교 '입시지옥'을 해소하기 위해 1969년 중학교 입학시험을 폐지하고 무시험전형으로 전환하였으며, 입시 경쟁이 고등학교로 옮아가자 1974년 고등학교 평준화정책을 도입하였다. 그에 따라 사실상 지원자 전원을 수용하는 정책이 불가피했으며 결과적으로 중학교는 1979년에, 고등학교는 1985년에 진학률이 90%를 넘어서게 되었다. 이처럼 입시제도의 개혁은 우리 교육행정에서 가장 중요한 정책수단으로서 교육기회는 물론 하급학교 교육내용과 방법에 지대한 영향을 미쳤으며 가장 대표적인 것은 대학입시였다.

정부는 1960년 군사정권이 들어선 이후 과도하게 늘어난 대학정원을 축소하고 무자격자들의 대학입학을 통제하는 정책기조를 채택하였다. 입시제도와 관련하여 가장 중요한 통제수단은 대학입학예비고사를 거쳐 각 대학에 지원할 수 있게 한 조치였는데 그 후 수차례 변경되었지만 그 골격은 최근까지도 유지되고 있다.

초·중등교육을 지원하기 위해 정부는 내국세의 일정비율을 지방교육에 할애하도록 '지방교육재정교부금법'을 제정하였다. 그 후 동 비율은 계속 상향조정되어 지금까지 교육재원 확보에 가장 중요한 제도적 장치가 되었다.

박정희정부하에서는 철저한 중앙집권적 행정체제가 유지되었고 정부의 5개년계획과 연간 주요 업무계획들은 그 시행과정에서 분기별 심사분석과 평가, 그 결과에 따른 시정조치와 차기계획 및 예산반영이라는 정통적인 기획관리가 이루어져 왔다.

3) 질적 발전 추구 및 민주화 태동(1981~1997)

이 시기에 정부는 초·중등학교의 교육환경개선에 지속적 노력을 기울이면서 고등교육기회를 개방하고 교육의 질적 개선과 교육행정의 민주화에 역점을 둔 것으로 평가할 만하다. 이는 경제의 안정적 성장에 따라 정부의 재정상황이 개선되고 고급인력에 대한 수요가 증가하였으며 군사정권을 거쳐 문민정부, 국민의 정부에 이르면서 사회의 민주화·자율화 요구에 부응하기 위한 정책기조였다고 하겠다.

1990년대 초부터 두 차례의 교육환경개선특별회계 설치로 초·중등학교의 학급당 학생 수가 현저하게 감소되는 등 상당한 성과를 거두었고 학교의 생활환경도 현저하게 개선되었다. 심각했던 재수생대책으로 마련된 1980년의 7·30 교육개혁조치는 대학입학 정원 확대, 졸업정원제 실시 등으로 사실상 대학문호개방의 계기가 되었다.

정부는 공교육비를 GDP의 6%, 7%까지 높이겠다고 한 김영삼·김대중 정부의 선거공약에 힘입어 정부예산 중 교육예산의 비율을 꾸준히 높여 1990년대 중반에는 23%에 이르렀다. 그러나 중·고등학교 취학률의 급격한 증가와 사립중고교에 대한 정부재정지원 확대로 대학교육예산은 답보상태를 면치 못하였다. 그 결과 대학의 교수당 학생 수 등은 이 기간 동안 현저하게 늘어나는 등 고등교육여건은 별로 개선되지 않았으며 사립대학의 비중 및 교육비의 민간부담률은 오히려 높아졌다.

교육의 질적 개선 위주의 교육개혁 추진을 위해 정부는 7·30 교육개혁조치 이후 정권마다 교육관련 대통령자문위원회를 설치하고 다양한 개혁방안들을 제시하였다. 그러한 방안들 중 일부는 문교부(현 교육부)에 의해 채택되기도 했지만 재정적 지원이 수반되지 않아 충실히 시행되지는 못하였다.

교육행정의 민주화·분권화·자율화 정책은 단계적으로 확대되어 왔다. 교원노조활동의 금지조치는 지속되었지만 1995년 실질적인 지방교육자치제가 도입되었고 교육행정 및 학교운영의 자율성도 약간씩 높아져 왔다.

4) 자율성·수월성·형평성 추구(1998~2015)

이 시기에 김대중·노무현 정부는 교육의 민주화와 형평성 증진에 역점을 두었고 이명박정부는 교육의 다양화를 중요시하여 약간 다른 정책이념을 보였다. 그러나 고등교육의 질적 개선, 교육운영의 자율화, 교육복지의 증진 등을 강조해 온 점에서는 공통적이었다고 하겠다.

1990년대까지 불법이었던 교원노조의 설립이 김대중정부하에서 합법화되었고, 그 위상과 영향력은 노무현정부에서 최고조에 달하였다. 지방교육자치제 실시 이후 교육행정에 있어 지방분권과 대학운영의 자율성 확대도 꾸준히 지속되어 왔다.

2000년대에 접어들어 정부는 고등교육의 개혁과 연구개발에 대한 지원을 대폭 확대하였다. 주요 정책수단으로 학술연구비의 대폭 확충, BK(Brain Korea) 21 프로젝트, NURI(New University for Regional Innovation) 프로젝트 등이 추진되었다.

정부는 2002년에 교육부를 부총리급 교육인적자원부로 격상시켜 범부처적인 인적자원개발 기능을 총괄·조정하게 하였으나 2008년 교육과학기술부로 통합개편되면서 그러한 기능은 발휘되지 못하였고 시행착오를 거쳐 2012년 교육부 장관 겸 사회부총리체제로 전환되었다.

이 시기에 정부는 평생교육을 제도화하고 지원하는 데 지속적인 노력을 전개하였다. 학점은행제에 의한 학사학위수여, 사내대학인정, 원격대학설립 등이 이루어졌고 '평생교육법'이 제정되었으며 정부출연으로 평생교육진흥원이 설립되었다. 사교육비의 계속적인 증가와 학교교육기능의 상대적인 위축은 정부의 최대 관심사 중 하나로서 공교육 내실화에 지속적인 노력을 기울였지만 효과는 제한적이었다.

II. 중앙정부의 교육행정 및 정책 추진 인프라

1. 중앙정부 교육행정조직의 개편과정[2]

1) 이승만정부(1948~1959)

1948년 7월 17일 공포된 '정부조직법'은 교육, 과학, 기술, 예술, 기타 문화 전반에 관한 사항을 관장하는 문교부를 설치하도록 하였다. 이러한 법규정에 따라 1948년 11월 문교부는 직무를 설정하고 하부조직은 5국 1실 22과로 구성하여 출범하였다(조성일·신재흡, 2005: 29). 당시 문교부의 분담업무를 보면 보통교육국은 초·중등교육과 특수교육에 관한 사항을 담당하였으며, 고등교육국은 대학교육과 사범교육, 그리고 고등학교교육을, 과학교육국은 과학의 진흥과 농·공·상·수산업 교육을, 문화교육국은 성인교육, 생활개선, 청소년 지도, 예술·체육에 관한 사항을, 그리고 편수국에서는 교과서 편찬과 발행업무를 담당하였다.

2 이하는 김신복(2008)에서 발췌한 것이다.

2) 박정희정부(1961~1979)

1960년대는 1950년대에 비해 교육행정조직의 변화가 상당히 심했던 시기였다. 1960년 수립된 제2공화국하에서는 종전 1명의 차관을 두던 것을, 정무차관과 사무차관의 2명의 차관을 두는 것으로 문교부 직제가 개정되기도 하였으나, 이러한 변화는 오래가지 못하고 1961년의 군사정변 이후 또다시 변화를 맞게 된다. 즉, 1963년 12월 탄생한 제3공화국은 '정부조직법' 개정을 통해 문교부 직제를 2실 4국 14과로 개편하였다. 그 내용을 살펴보면 기획예산, 행정관리, 법무 등의 업무를 담당하는 기획관리실, 장학기능을 담당하는 장학실을 신설하고, 과거의 문화국에 국제교육과를 신설하여 문예체육국을 구성하고, 여기에 기존의 보통교육국, 고등교육국, 편수국을 둔 형태였다.

여기에 1967년 4월에는 경제개발계획을 지원하기 위해 과학교육국(농수산교육과, 상공교육과)을 신설하였고, 고등교육국의 대학교육과를 대학관리과와 대학학무과로 분리하기도 하였다. 1969년에도 사회교육국에 학교급식과를, 과학교육국에 교육외자과를 신설하는 등의 조직 변화가 이어졌다.

1970년대는 사회변화에 발맞춰 교육행정조직의 변화가 더욱 잦아졌다. 1970년 '정부조직법' 개정을 통해 정부 행정부처에 일괄적으로 담당관제가 도입되었는바, 이에 문교부도 담당관제를 도입하였다. 즉, 차관 직속으로 체육진흥기획담당관과 학생군사교육담당관을 두는 등의 변화를 가져와 문교부 직제는 2실 5국 11과 17담당관으로 개편되었다. 1972년 '유신헌법' 제정과 함께 탄생한 제4공화국에서 문교부 조직은 종전의 시설 관련 업무를 통합하여 교육시설국을 신설하는 등의 변화를 통해 2실 7국 19과 12담당관으로 바뀌었다.

이후에도 여러 번에 걸쳐 직제 개정이 이루어지다가 1978년에 문교부 조직은 다시 한번 큰 변화를 맞이하였다. 1970년대 이후 지속적

경제성장으로 고급인력에 대한 수요가 증가하고, 또 민주화에 대한 요구로 잦은 학원소요문제가 사회적 이슈가 되면서 고등교육행정에 대한 정부의 대응이 요청되었는바, 이에 정부는 고등교육국을 대학교육국·교직국·학술진흥국 등으로 분리·확대하고 과를 신설하는 등 2실 8국 25과 15담당관으로 문교부 조직을 대폭적으로 확대·개편하였던 것이다.

3) 전두환·노태우·김영삼 정부(1981~1997)

1980년 제5공화국이 들어선 이후 이루어진 1981년 1월의 문교부 직제 개정에서는 학사지도업무와 학사정책연구, 학생지도정책을 전담하는 교육정책실을 신설하였는데, 이는 1980년 학교교육 정상화와 과열과외 해소를 위해 단행된 7·30 교육개혁을 뒷받침하기 위한 조치였다. 이에 따라 문교부 조직은 3실 8국 30과 21담당관으로 더욱 확대되었다. 하지만 이러한 확대 개편은 제5공화국 정부가 추진한 작은 정부 구현 노력에 의해 1년도 못 가서 다시 축소·개편하게 되었다. 즉, 1981년 11월의 문교부 직제개정을 통해 장학실과 편수실을 통합하여 장학편수실로, 산업교육국과 사회국제교육국 및 체육국의 업무를 조정하여 사회직업교육국과 체육국제국으로 개편하는 등의 변화를 통해 3실 6국 26과 19담당관으로 된 것이다. 이후 국민정신교육, 유아교육, 과학교육 등 정부 교육정책의 변화에 맞추어 문교부 조직은 다시 조금씩 개편되어, 제5공화국 말기인 1986년에는 3실(기획관리실, 장학편수실, 대학정책실) 5국(보통교육국, 교직국, 과학교육국, 사회국제교육국, 교육시설국) 25과 21담당관이 되었다.

1990년대 들어 교육행정조직에 나타난 가장 특기할 만한 변화 중의 하나는 1990년 12월의 '정부조직법' 개정에 의해 문교부 명칭이 교육부로 변경되고, 체육부가 체육청소년부로 변경되면서 청소년단체

지도업무가 체육청소년부로 이관된 것이다. 한편, 1980년대 중반 이후 1990년대 초반까지 중앙행정기구의 직제는 일부 명칭변경이 있었고, 담당관실이 개편되는 등의 변화를 제외하고는 3실 5국 25과 체제가 계속 유지되었다. 이 체제는 1994년 문민정부가 추진한 작은 정부 구축 노력의 일환으로 2실(기획관리실, 교육정책실) 5국(대학교육지원국, 지방교육지원국, 교육지원국, 사회국제교육국, 편수국) 19과 체제로 잠시 축소·개편되었다. 이는 다시 문민정부 말기 교육부의 정책기획 기능 강화 및 관리 및 규제 중심에서 지원 및 조장 중심으로의 조직개편 방침에 따라 3실(기획관리실, 초·중등교육실, 고등교육실) 4국(교육정책기획국, 지방교육행정국, 평생교육국, 교육정보관리국) 21과 체제로 다시 확대되었다. 이 당시 특기할 만한 사항으로는 지방교육자치제 실시와 함께 지방교육지원업무를 지원하는 부서가 등장하게 되었다는 점과 정보화시대에 맞추어 교육부에 교육정보화를 전담하는 교육정보관리국이 설치된 것을 들 수 있다.

4) 김대중·노무현·이명박·박근혜 정부(1998~2015)

1997년 외환위기 직후에 들어선 국민의 정부는 1998년 2월 교육부의 일부 하부 조직을 축소하고 기능을 합리적으로 조정하는 직제개편을 단행하였는데, 그에 따라 교육부는 기획관리실과 학교정책실의 2실, 평생교육국, 학술연구지원국, 교육환경개선국, 교육정보화국의 4국, 그리고 23과 14담당관 체제로 변화하게 되었다.

2001년 1월 우리나라 중앙교육행정조직은 다시 한번 큰 변화를 맞이하게 된다. 즉, 교육부가 국가 수준의 인적자원개발정책의 수립·총괄 및 조정기능을 수행하기 위하여 그 명칭이 교육인적자원부로 변경되고, 장관이 부총리를 겸임하게 되었던 것이다. 이에 따라 차관보, 인적자원정책국을 신설하고 교육정보화기능과 국제교육협력기능을 통합하여 국제교육정보화기획관을 두는 등의 개편을 통해 교육인적자원부는 1차관보 2실 4국 4심의관 32과로 확대·개편되었다. 2003년 출범한 참여정부는 초창기 교육자치지원국을 폐지하고, 국제교육정보화국을 신설하는 등의 부분적 체제개편을 단행하여 1차관보 2실 4국 4심의관 33과를 두었는데, 그 후 인적자원정책국을 인적자원정책본부로 그 기능을 강화하고, 팀제를 도입하는 등의 변화가 있었다.

이명박정부는 2008년 출범과 함께 중앙부처 통폐합을 단행하였는데 그 일환으로 교육인적자원부와 과학기술부를 통합하여 교육과학기술부를 설치하였다. 조직은 장관 밑에 2명의 차관과 4실(기획조정실·대학지원실·연구개발정책실·인재정책실), 3국(교육기반통계국·학교지원국·학생지원국), 13관 2단 65과 등을 두었다. 당초 두 부처를 통폐합하면서 대학 등 교육기관과 국가출연연구기관 간에 활발한 교류와 시너지효과를 기대하였으나 별 성과가 없었고 오히려 교육현안 때문에 과학기술진흥기능이 소홀히 되는 부작용이 나타났다. 그 결과 박근혜정부가 출범하면서 2013년 3월 교육부와 미래창조과학부(과학기술진흥 및 정보통신진흥 기능 통합)로 분리되어 5년 전의 상황으로 되돌아갔다.

2. 교육부 장관의 자질과 리더십 여건

교육부 장관이 부여된 사명과 역할을 충실히 수행하여 당면한 교육문제를 해결하고, 미래의 교육에 대한 청사진을 실현하도록 하기 위해서는 적절한 인물의 임명과 아울러 리더십을 발휘할 수 있는 여건을 마련하는 것이 중요하다. 여기서 적절한 인물의 임명은 교육 및 교육행정에 대한 전문지식과 식견을 갖추고, 리더십과 도덕성을 겸비한 인사를 교육부 장관에 등용하는 것을 말한다. 그리고 리더십을 발휘하기 위한 여건은 여러 가지가 필요하겠지만 장기적인 안목에서 안정적으로 일할 수 있는 충분한 임기가 보장되지 않으면 안 된다.

1) 장차관의 출신배경과 학력 및 경력

장관에게 필요한 자질, 즉 장관직을 성공적으로 수행하는 데 필수적인 능력, 지식, 태도는 무엇인가? 여기서 말하는 자질은 임명권자가 실제로 장관 충원에서 고려하는 기준이 아니라, 그가 마땅히 고려해야 할 자질이다. 교육부 장관을 두 번 역임한 안병영 교수는 ① 상황판단능력, ② 비선, ③ 정치력, ④ 전문성, ⑤ 관리능력 그리고 ⑥ 공공심의 여섯 가지 덕목을 제시한다. 이들 자질들은 서로 배타적이라기보다는 상호 유기적으로 연계되며, 서로 보강효과를 갖는다(안병영, 2003).

국가의 백년대계인 교육을 총괄하는 교육부 장관의 역할은 법적·제도적으로 일반 장관에게 부여된 임무보다도 더 막중하다고 할 수 있다. 이승만정부부터 김대중정부까지 역대 장관들의 취임연령을 살펴보면 전체 평균 취임연령이 55.4세로 나타났고, 장면정부와 박정희정부 전반기에서 취임연령이 낮았으며 김대중정부 때에는 60세까지 올라갔다. 과도정부 시절의 문희석 장관이 39세로 역대 최연소 장관으로 기록되었고 전두환정부의 서명원 장관이 68세로 최고령 장관으로 나타났다(양정호, 2004).

교육부 장관은 전문성 이외에 정치적 고려로 인한 임용이 많았기 때문에 장관 임용에도 어느 지역 출신이냐가 큰 관심사였다. 이승만정부에서는 수도권과 영남지역 출신이 많이 임용되었고 그 이후의 정부에서는 대체로 영남지역 출신 장관들이 높은 비율을 차지하였다. 특히 박정희정부 전반기에서는 다른 정부에서보다 영남 출신 비율이 가장 높게 나타났다. 하지만 노태우정부에서는 영남 출신이, 김대중정부에서는 호남 출신의 장관이 1명도 임명되지 않았으며 오히려 김대중정부가 임명한 7명의 장관 중에서 영남 출신이 3명이었다. 김영삼정부에서는 지역별로 1명씩 골고루 임명되었다(양정호, 2004).

대부분 정부에서 교육부 장관 중에는 교수 출신이 압도적으로 많았던 것으로 나타났다. 1960년대 이전인 이승만정부부터 장면정부까지의 교육부 장관들 중 65% 이상이 교수 출신으로 상당히 높게 나타났고 이후 박정희정부 전반기에 조금 감소하다가 박정희정부 후반기부터 다시 교육전문가 출신의 교수들을 장관에 많이 임명하는 경향을 보였다. 특히 군 출신 대통령이었던 전두환·노태우 정부와 김영삼정부에서는 장관들 전원을 교수 출신으로 임명하였다. 그러나 이승만·박정희 정부는 물론, 김대중·노무현·박근혜 정부에서도 관료, 정치인, 군인 출신 인사를 1~2명씩 교육부 장관에 임명한 바 있다. 역대(1946~2015) 교육부 장관 56명 중 주요 경력이 교수인 사람은 42명으로 75%에 달하는 것으로 나타났다.

문민정부 출범(1993) 이후 2014년까지 21년 동안 모두 23명이 교육부 장관을 역임했고 이들 중 서울대학교 출신이 약 70%(16명)로 나타났다. 출신학과별로는 교육학 분야가 7명으로 30%를 차지하는 등 계열별로 보면 인문사회계가 21명으로 91.3%를 차지했고 자연계열은 2명에 불과하였다.

이렇게 볼 때, 우선 역대 우리나라의 교육부 장관 임명은 교육 및 교육행정에 대한 전문성과 도덕성 면에서는 그런대로 좋은 점수를 줄 수 있다고 생각된다. 전문성 면에서 학력 수준도 높고 교육에 대한 전문적 식견을 상당한 정도로 갖춘 인사들이 임명되어 왔고, 도덕성 면에서도 크게 문제된 인물들이 별로 없었기 때문이다.[3]

3 도덕성 문제로 장관직에서 물러난 사람은 3명이 있었으나, 이는 극히 예외적인 사례라 할 수 있다.

2) 재임기간

역대 장관들의 정권별 재임기간을 살펴보면 이승만, 전두환, 이명박 정부에서 장관의 평균 재임기간은 각각 21.1개월, 22.4개월, 20.0개월로 재임기간이 비교적 길었다. 반면에 김대중, 노무현 정부에서는 각각 7명, 6명의 장관이 임명되어 장관의 평균재임기간이 채 1년도 되지 않을 만큼 자주 장관이 교체되었다. 가장 장수한 장관으로는 박정희정부의 민관식 장관(39.4개월)과 전두환정부의 이규호 장관(37.4개월)이며 한 달 미만 근무한 장관은 장면정부(1명), 김대중정부(1명), 노무현정부(2명) 등에서 있었다.

무엇보다 정부수립 이후 56명의 교육부 장관들이 임명됨으로써 재임기간이 평균 14.2개월 정도에 불과하여 긴 안목에서 안정적으로 교육발전을 추진하기에는 한계가 있을 수밖에 없었다. 장관들의 평균 재임기간을 시대별로 비교해 보면 1980~1990년대가 18.8개월로 가장 길었고, 다음이 정부수립 이후 1960년 이전까지의 16.9개월, 1960~1970년대의 14.9개월 순이었으며, 2000년 이후가 11.2개월로 가장 짧았다. 교육부처럼 다양하고 방대한 산하기관 및 구성원들을 통솔하는 부처의 최고 책임자는 업무 파악에만도 최소 6개월 이상 걸린다고 볼 때 장관의 잦은 교체는 결코 바람직한 현상이라고 볼 수 없다. 이러한 측면에서 보면 지난 1960~1970년대, 특히 2000년 이후에는 교육부 장관들이 리더십을 안정적으로 발휘할 수 있는 여건이 매우 열악한 상태에 있었다고 하겠다.

3. 교육행정 정보화

1) 2000년대 이전

정부수립 이후 1980년대까지 각급 교육행정기관들에서는 문서 위주의 결재와 지시 보고 방식에 의존하였다. 개별 업무별로 전산화 작업이 이루어져 활용하기는 했지만 기관 간에 정보유통에는 이르지 못하였다. 개별 교육(행정)기관에서의 서류발급이나 업무처리도 대부분 수작업으로 이루어졌다.

1995년에 시작한 초고속정보통신망사업을 기반으로 클라이언트/서버(C/S) 기반 학생생활기록부시스템(Student Information System, SIS)을 구축하여 1996년 8월 고등학교를 시작으로 1998년 전국 모든 초·중등학교에 보급하였다. 그런데 SIS는 개개 학교별로 독체형(Stand Alone)에 토대한 폐쇄 C/S 시스템으로 운영되었기 때문에 학교, 교육행정기관, 학부모 사이의 상호 연계된 자료공유가 불가능하였고, 학교별 시스템 관리로 인적·기술적 보안체계상의 문제점이 노정되었다. 1997년에는 국가교육행정정보시스템(National Education Information System, NEIS)의 전신인 학교행정관리시스템(SIMS)이 개발·보급되었다. 그리고 2000년에는 전국에 걸쳐 초·중등학교의 IT 인프라 구축이 완료되었다.

2) NEIS 개발 보급

NEIS는 각급 학교-시·도 및 지방 교육청-교육부-학부모를 연계하는 인터넷 기반의 교육행정 시스템으로서 2001년 전자정부 11대 사업의 하나로 추진되었다. NEIS의 추진목적 첫째는 인터넷과 정보통신기술 발전에 따라 기존 문서행정을 디지털 행정으로 전환, 둘째는 시·도교육청의 각종 정보시스템 간 호환성 문제로 자료의 효율적 관리 및 이용상 곤란 해소, 셋째는 2001년 현재 전체 공공기관 보안사고 중 70%가 각급 학교에서 발생하고 있으므로 기존 학교 시스템의 보안 문제의 해결, 넷째는 시·도 교육청별 업무단위별 프로그램의 중복개발 및 시스템 관리비용 과다소요 문제를 해결하여 효율적 시스템관리 및 예산절감, 다섯째는 학생중심의 수준별 교육과정 도입 등에 따른 교사의 연구시간 확보 및 교육행정 효율화를 통한 학교현장의 업무경감, 그리고 마지막으로 21세기 국가경쟁력 확보 및 국민편익 증진을 위한 범정부적 전자정부 구현활동의 확대 강화 및 NEIS를 통한 교사의 정보화 역량 제고 등이 제시되었다(송희준 외, 2008).

이를 이용 대상별로 세분해 살펴보면 첫째, 학부모·민원인은 각종 민원신청, 교육통계 현황, 교육정책, 학생정보 등을 조회할 수 있다. 둘째, 교육부는 인터넷을 이용해 교육정책을 수립·시달하고, 교육정책 시행 결과 및 교육통계를 분석할 수 있다. 셋째, 시·도 및 지역 교육청은 인터넷으로 교육정책을 시행·관리·분석하고, 예산·회계·인사 및 물품, 기타 행정 업무를 수행할 수 있다. 넷째, 각급 학교는 인터넷을 통해 교무·학사, 학교 회계 및 물품, 보건과 급식 업무 등을 처리할 수 있다.

NEIS는 교육인적자원부, 16개 시·도교육청, 180개 지방교육청, 그리고 전국의 1만여 개 초·중등학교를 인터넷으로 연결하는 통합 정보관리시스템이다. 일반교육행정 22개 영역, 학교행정 5개 영역 등 27개 업무를 2003년 3월에 개발 완료하였다. 그러나 NEIS의 시행에 전교조 등 일부 인권단체들이 반대운동을 전개하였다. 제기된 문제점은 학생 신상자료의 이관 및 통합 관리과정에서 발생할 수 있는 인권 침해와, 기록된 정보가 유출될 경우 상업적으로 이용될 우려가 있으며, 교사를 통제하거나 압박하는 수단이 될 가능성이 있다는 점이었다. 정부는 2004년 3월 인권침해 소지가 제기된 교무·학사, 입(진)학, 보건의 3개 영역을 분리 구축하는 방침을 확정하고, 2006년 2월에 개발을 완료하여 2006년 3월 전면 시행에 들어갔다.

3) 차세대 NEIS 구축 및 안정화

2010년 당시의 교육과학기술부는 NEIS를 다시 시·도교육청 단위로 통합하겠다는 계획을 발표하고 기본계획 수립, 업무프로그램 개편, 운영 인프라 구축 등을 통해 2011년 구축을 완료하였으며 실제 서비스는 9월부터 제공되었다. NEIS에 대한 현장 이용자의 의견수렴을 통한 안정화 및 기능개선 작업과 함께 평생교육시설 학력인정학교를 위한 교무업무시스템 응용 SW의 추가개발사업(2006. 7.~2007. 3.)을 비롯하여 민원인 및 특수학교 시각장애 교사를 위한 NEIS 추가개발(2006. 10.)을 완료하고, 디지털 교육재정사업(2005~2008)을 추진하였다. 또한 홈에듀(Home-Edu) 민원서비스, 교원능력개발평가, 방과후학교 온라인 신청 서비스 등을 제공하였고, 나눔포털에서도 자료를 NEIS로 연계할 수 있게 되었으며, 2013년 7월부터는 학생서비스를 시작하였다.

4) 전자정부와 정부 2.0 및 3.0

김대중정부 이후 강력하게 추진해 온 전자정부사업은 2010년대 이후 응용기술 측면에서 세계적으로 가장 선진화된 수준에 이르렀을 뿐만 아니라, 행정의 패러다임을 바꾸는 방향으로 추진되어 왔다. 이명박 정부에서 강조한 정부 2.0은 '정보기술을 기반으로 정보의 수집과 가공, 이용의 과정을 효율적으로 실현하는' 기술적 측면은 전자정부와 같지만, 단순히 전자정부의 확장된 개념으로 볼 수는 없다. 전자정부 서비스가 정부에서 제공할 정보의 종류와 범위를 일방적으로 정해 놓고, 기존의 정부업무 및 서비스를 전산화된 기반하에 제공하는 '자판기형' 서비스라면, 정부 2.0의 핵심은 시민들이 원하는 정보를 찾아 자유롭게 가공하여 원하는 서비스를 만들어 낼 수 있는 기반, 즉 '플랫폼형' 서비스를 제공하는 것이다. '플랫폼형' 서비스에서 정부의 역할은 정보의 개방 범위를 설정하고 시민들이 스스로 정부서비스들을 자유롭게 창출할 수 있는 기반을 만들어 주는 것이다(한국정보화진흥원, 2010).

한편, 박근혜정부가 표방한 정부 3.0은 투명한 정부, 유능한 정부, 서비스 정부라는 비전을 갖고, 이를 실현하기 위해 공공정보를 적극 개방·공유하고, 부처(부처 내 조직) 간에 칸막이를 없애면서 소통·협력함으로써 국민 개개인에 대해 맞춤형 서비스를 제공하는 노력에 최대 역점을 두고자 하는 정부 운영의 패러다임이다(정부3.0추진위원회, 2016). 교육부에서도 이러한 방침에 따라 새로운 정보기술을 활용한 맞춤형 서비스 제공, 수요자 맞춤형 서비스 통합 제공, 공공정보의 적극 제공으로 국민의 알 권리 충족, 협업·소통·지원을 위한 정부운영 시스템 개선, 빅데이터를 활용한 과학적 교육행정 구현 등을 중점과제로 채택하여 추진하고 있다.

4. 논의 및 시사점

앞에서 교육행정 및 정책 추진의 인프라로서 행정조직, 교육부 장관의 자질과 재임기간, 행정정보화 등의 변화를 살펴보았다. 우선 우리나라 중앙교육행정조직의 변천과정에서 다음과 같은 특징들을 발견할 수 있다. 첫째, 문교행정조직이 분화와 합종연횡의 과정을 겪어 왔다는 점이다. 초창기에 관장하던 과학기술, 체육, 종교, 청소년, 문화 관련 업무들이 신설 부처들로 이관되고 부처의 명칭도 문교부에서 교육부로 변경되기에 이르렀다. 그와 관련하여 최근에 있었던 교육과학기술부로의 통합과 잇따른 분리는 일종의 시행착오였다고 할 수 있다.

둘째로 우리나라 중앙교육행정조직의 규모는 지속적으로 확대되는 경향을 보여 주었다는 점이다. 물론 작은 정부를 지향하는 정권이 집권할 경우에 일시적으로 교육행정조직이 축소되기도 하였지만, 그러한 정부에서조차도 정권 말기에 이르러서는 정권초기보다 교육행정조직의 규모가 더 확대된 경우가 대부분이었다. 셋째, 하위부서의 편제가 매우 빈번하게 개편되어 왔다는 점이다. 정권의 변동에 따라 교육부의 조직편제가 달라진 것은 납득할 만하지만, 동일한 정권의 통치기간 내에서도 교육부 조직편제는 빈번히 개편되어 왔다. 심지어 1년 사이에 교육부의 편제가 두 번이나 바뀐 경우도 있었다. 이와 같이 빈번한 교육행정조직의 변동은 사회의 교육수요를 반영한 결과라고 해석할 수도 있지만, 장기적인 비전이 없이 그때그때의 교육문제에 대처하기 위한 수단으로서 교육행정조직을 개편한 결과라고 볼 수 있다.

교육정책 추진의 실질적 최고책임자인 교육부 장관은 예외적인 사례들을 제외하고는 학력 수준과 전문성이 높은 인사들이 등용되었다고 평가할 만하다. 그러나 역대 교육부 장관 임기가 평균 1년 2개월 정도에 불과했던 사실은 긴 안목에서 안정적으로 교육정책을 추진할 수 있는 리더십 발휘를 절대적으로 저해하는 요인으로 지적하지 않을 수 없다.

장관들이 단명한 이유는 정치적 고려에서 비롯되는 경우가 많다. 민심수습책이나 국면전환용 등 위기관리 차원에서 개각을 하는 경우가 너무 잦았다. 자주 장관을 교체하는 또 하나의 중요 원인은, 역대 대통령들이 장관직을 일종의 정치적 보상의 수단 내지 전리품으로 사용하고 있기 때문이다. 거기에는 장관은 '아무나 할 수 있는 자리'라고 보는 임명권자의 철학 부재도 함께 작용한 것으로 보인다. 장관의 재임기간이 짧게 되면, 주요 정책대안에 대한 심도 있는 연구는 고사하고, 심하게는 장관역할에 대한 기본적 학습 도중에 물러나게 된다. 장관이 자주 바뀌면, 국·과장 등도 바뀌게 마련이어서 정책의 전문성과 일관성을 기대하기 어렵고, 공무원의 사기도 추락된다(안병영, 2003). 이처럼 교육부 장관을 비롯한 고위관료들의 재임기간이 짧다 보니 교육정책의 일관성 및 예측가능성이 낮아지게 되고, 그것만으로도 교육행정에 대한 국민의 불신을 심화시키는 요인이 되었다.

우리나라의 전자정부 운영은 세계적으로도 모범이 될 만큼 선진화되어 왔다. 그에 힘입어 교육행정정보화도 운영시스템 등 인프라와 제공되는 서비스 수준이 1990년대 이후 급속도로 발전하였으며 그 계기가 된 것이 NEIS의 도입이라고 할 수 있다. NEIS는 학적관리, 성적처리, 교육과정 운영 등 업무의 간소화를 통해 행정력 낭비를 방지하고 비용을 절감하며 업무의 생산성을 향상시키는 성과를 가져왔다. 또한 행정자료의 정확성을 높이고 행정의 질을 제고하는 데도 기여했다고 평가할 만하다. 그러나 학교 및 교원에 대한 교육행정 당국의 통제가 강화될 가능성과 학생, 학부모, 교원들의 사생활을 침해할 소지가 있다는 비판을 받았다.

NEIS 개발과정에서 나타난 두 가지 핵심 쟁점과 그에 대한 사회적 해법은 다음 형태로 나타났다(송희준 외, 2008). 첫째, NEIS가 개발 완료되자 전교조 등 시민단체는 2003년 2월 국가인권위원회에 진정서를 제출하였고, 국가인권위원회는 교무·학사, 입(진)학, 보건 영역이 인권침해 소지가 있다면서 시행 중지를 권고하였다. 또 NEIS의 수록정보가 개인의 행복추구권과 사생활 비밀 및 자유 등을 침해한다는 헌법소원(2003)에 대하여 헌법재판소는 학교에서 수집하는 불필요한 개인정보의 불법 유통을 금지하도록 판결하였다. 또 개인 인격과 밀접하게 연관된 민감한 정보로 보기 어려운 졸업생 성명, 생년월일 및 졸업 일자만을 NEIS에 보유하는 행위는 수권 법률의 명확성을 특별히 요구하지 않는 정보로 판결하였으며, 개인정보 자기결정권에 대한 상대적·제한적 권리로 정의하였다. 이것은 전자정부를 선도하는 개인정보보호에 대한 국민적 인식을 획기적으로 제고시켰다.

둘째, NEIS를 전국단위로 운영하려던 계획이 반발에 부딪혀 3개 영역을 고등학교는 학교별로, 초·중등학교는 15개 학교를 권역별로 묶어 관리하게 됨에 따라 발생한 예산부족 문제를 해결하기 위하여 교육인적자원부(현, 교육부)는 개발비용이 상대적으로 저렴한 오픈 소프트웨어 시스템을 도입하였다.

정부 2.0이 국민 중심, 민주성, 제한된 공개, 양 방향 제공 등의 특징을 가졌다면 정부 3.0은 국민 개개인 중심으로 운영되며 확장된 민주성을 핵심 가치로 여긴다. 능동적인 참여·공개·개방·소통·협력 등을 중시하고, 양방향·맞춤형 행정서비스를 제공하며, 수단도 무선인터넷뿐만 아니라 스마트 모바일로 확장되었다. 그러나 공개된 데이터 중 유용한 데이터가 적고 제공되는 데이터도 활용하기 어려운 형태이기 때문에 활성화되지 못한다는 비판을 받았다. 특히 실정에 맞지 않는 데이터 공개 시점, 형식 등으로 데이터가 공개된 후 사실상 필요 없는 정보로 전락했다는 점이 지적되었다(시사상식사전, 2015). 또 정부 2.0도 제대로 실현이 안 된 상태에서 정부 3.0을 표방하는 것이 타당한지에 관한 비판도 있었다.

III. 중앙정부의 교육부문 기획 및 정책(행정)과정

1. 중·장기 기획 및 정책집행과정의 특징적 변화

1) 이승만정부(1948~1959)

교육은 본디 장기적인 투자회임기간(gestation period)이 필요하므로 다른 분야보다도 중·장기계획을 많이 수립·추진해 왔다. 건국 초기에는 문맹퇴치와 국민기초교육 확립을 위해 의무교육확충을 최우선적인 정책목표로 삼아 연속적으로 5개년계획을 수립·추진해 왔다. 특히 당시 문교부(현, 교육부)가 추진한 '의무교육완성 6개년계획(1954~1959)'은 의무교육제도를 확립하는 데 크게 기여하였다. 동 계획은 의무교육에 필요한 재원을 확보하여 부족한 교실을 신축하고, 목표 연도까지 학령아동 취학률을 96.13%까지 향상시키는 것을 목표로 하였다. 그 계획들을 시행한 결과, 교원의 확보와 교육시설의 확충은 목표에 미치지 못하였으나 취학률은 96.4%로 상승하는 의미 있는 성과를 실현했다고 할 수 있다.

2) 박정희정부(1961~1979)

1960년대에는 1950년대의 '의무교육완성 6개년계획' 추진에 힘입어 양적으로 팽창한 취학인구에 대한 교육의 질 향상을 위해 교육여건 개선에 초점이 맞추어진 시기였다. 즉, 정부는 의무교육 여건을 획기적으로 개선하기 위해 경제개발 5개년계획과 계획기간을 같이하여 '의무교육시설확충 5개년계획'을 두 차례에 걸쳐 시행하였다. 제1차 계획(1962~1966)은 노후교실 개수와 교실 신축을 목표로 하였으며, 제2차 계획(1967~1971)은 부족시설 완전 해소, 노후교실의 개축, 의무교육 재정확보, 학급규모 축소, 교과서 무상지급 등을 목표로 하였다.

이러한 계획을 강력히 추진한 결과, 학교증설 및 교실신축은 목표를 초과하게 되었고 그 결과 1971년까지는 부족교실이 거의 해소되었고 대도시 지역을 제외하고는 전국적으로 2부제 수업도 거의 사라졌다. 또한 초등학교 교원확보율도 교원증원 노력에 힘입어 1970년에는 법정기준에 도달하게 되었다.

제1~2차 경제개발 5개년계획 기간 중 중등교육과 고등교육을 위해서도 재원이 투입되었으나 그 대부분이 실업계 고교 및 대학에 집중되었으며, 중등교육 대부분을 차지하고 있는 중학교와 인문계 고등학교의 교육환경 개선에는 큰 성과를 거두지 못하였다. 1972년부터 시작된 제3차 경제개발계획부터는 교육계획부문이 포함되기 시작하였으며, 1969~1971년에는 장기종합교육계획심의회(위원장 국무총리)에서 최초로 15개년(1973~1986)에 걸친 장기종합교육계획을 수립하였으나 실천으로 연결되지는 못하였다. 정부의 경제개발 5개년계획 체제하에서는 실행계획으로서 연차계획 또는 기본운영(주요 업무)계획의 수립·추진이 제도화되었다.

3) 전두환·노태우·김영삼 정부(1981~1997)

1980년대에는 초등학교 의무교육이 완전히 정착됨에 따라 중학교 의무교육의 필요성이 제기되었다. 1971년부터 전국적으로 실시된 중학교 무시험진학제로 인해 중학교 취학률이 획기적으로 상승하였고,[4] 이것이 중학교 의무교육의 실시를 위한 기반으로 작용하게 되었다. 이러한 배경하에 1984년 '교육법'을 개정하여 "모든 국민은 6년의 초등교육과 3년의 중등교육을 받을 권리가 있다"고 규정함으로써 중학교 의무교육 실시를 위한 법적 근거를 마련하였고, 마침내 1985년부터 중학교 의무교육이 시작되었다. 다만 이 제도를 전국적으로 실시하는 데는 막대한 재정이 확보되어야 했기 때문에 지역별, 단계별로 확대해 실시하는 방향으로 추진되었다. 1985년 1차로 경제적 사정이 어려운 도서·벽지지역에 거주하는 주민의 자녀 중 신입생에 대하여 무상의무교육을 제공하고, 1992년부터는 군 지역까지, 1995년부터는 시 지역까지 확대하였다. 그 이후 국가재정 여건 때문에 이 제도의 전국적 확대계획이 수차례 미루어지다가 결국 2004년에야 중학교 의무교육이 완성되었다.

1990년대 초부터는 일련의 교육환경개선특별회계의 설치를 통해

4 초등학생의 중학교 진학률이 1968년에는 56%에 불과하였으나 중학교 무시험진학제가 실시된 이후 매년 급속하게 증가하여 1979년에는 96%에 도달하게 되었다.

교육환경의 개선을 도모하였다. 제1기 특별회계(1990~1992)는 총 1조 1,100억 원을 투입하여 교원근무환경과 노후시설의 개선을 추구하였는데, 그 결과 전화기 증설, 책걸상 교체, 교실난방구조 개선, 이중창 설치 등 상당한 성과를 거두었다(송기창 외, 2001: 118). 제2기 특별회계(1996~2000)에는 총 5조 원의 투입을 통해 교육의 물적 시설 개선을 추구하였다. 계획했던 예산의 87.7%가 실제 집행되었는데, 그 결과 대수선, 화장실·난방시설 개선사업에서는 목표를 초과 달성하는 성과를 보였으나, 교원 편의시설, 증개축, 책걸상 및 사물함 개선 등은 목표를 달성하지 못하였다.

4) 김대중정부 이후(1997~2015)

2000년대 들어서도 교육 여건 개선 노력은 계속되었다. 그러한 노력 중에서 가장 대표적인 것이 2001년부터 시작한 7·20 교육여건개선사업이다. 이 사업은 ① 교수-학습방법의 개선, ② 학급당 학생 수의 대폭적인 감축, ③ 초·중등교원의 증원, ④ 제7차 교육과정 시설확충, ⑤ 국립대학 교수 증원과 기초학문 보호·육성 등을 목표로 4년 동안 16조 원의 재원을 투자하는 사업으로서, 그 결과 과밀학급이 크게 줄었고, 평균학급규모도 크게 축소되는 성과를 가져왔다(교육인적자원부, 2006: 115-116).

범정부 차원의 5개년계획 방식이 종말을 고하면서 부처별로 수립·추진하는 정부계획들이 활성화되었다. 근래에는 아주 세분화되고 상대적으로 작은 비중의 정부업무도 계획을 통하여 수행하고 있는데, 예를 들면 '법교육지원법'에 의한 '법(法)교육에 관한 기본계획 및 연도별 계획'이 있다. 이러한 정부계획들은 거의 모든 부처에 확산되어 있으며 일회성에 그치는 경우가 거의 없고 정기적으로 수립·집행되는 경우가 대부분이다.

현실적으로 거의 모든 부처의 주요 업무나 기능 중에서 상당 부분이 법령에 의거하여 계획을 수립하고 집행하면서 지도·감독·조정하고 평가·환류시키는 과정으로 추진되고 있다. 정부부처들이 다양한 소관 업무의 계획을 수립하는 과정도 거의 정형화되어 있다. 예컨대 교육부의 경우 각 실·국 또는 과의 공무원들이 주도적인 역할을 하지만 업무 추진의 기본계획만 내부결재를 받고 계획의 초안을 작성하는 일은 주관부서와 긴밀하게 협조할 수 있는 산하기관 또는 연구기관에 맡겨서 수행하게 하고, 그 검토와 심의는 관련 이해관계자와 전문가들로 위원회를 구성하여 자문을 받아 수정·보완한 다음에 장차관의 결재를 받는 방식이 일반화되어 있는 것이다.

2. 정책 추진과정에서의 참여주체 및 역할 개관

관계집단이나 국민의 의견이 정치·행정체제에 투입되는 통로는 흔히 매스컴, 여론조사, 선거, 정당, 압력단체 등이 있다(Sharkansky, 1978). 따라서 교육 거버넌스를 이루는 주요 행위 주체로는 정당, 언론기관, 시민단체 및 이익집단 등을 들 수 있다. 그중에서도 매스미디어(mass media)를 보유한 언론기관은 여론 형성에 그만큼 절대적 힘을 갖고 있다고 볼 수 있다.

박정희정부 말기의 의견조사결과에 의하면 문교정책결정에서 대통령의 지시가 가장 큰 영향을 미친 요인이라고 인식되었다. 〈표 9-2〉에 나타난 바와 같이 행정실무자들보다도 산하단체 등에서 대통령의 지시가 갖는 비중을 더 높이 평가하였으며, 행정실무자들은 국민 여론의 영향력을 상대적으로 크게 인식하고 있었다. 같은 조사에 의하면 문교정책결정에서 각종위원회나 외부전문가들의 참여는 부분적으로 이루어지고 있다고 보았으며, 문교부가 재량권이 있기는 하지만 타 기

〈표 9-2〉 문교정책결정에 가장 큰 영향을 미친 요인

구분	행정실무자	산하단체 등	계
대통령의 지시	38(33.0%)	102(71.3%)	140(54.3%)
국민의 여론	30(26.1%)	5(3.5%)	35(13.6%)
전문가의 건의	26(22.6%)	20(14.0%)	46(17.8%)
국회의 의결	1(0.9%)	2(1.4%)	3(1.2%)
기타, 무응답	20(17.4%)	15(9.8%)	34(13.2%)
합계	115(100%)	144(100%)	258(100%)

주: ① 행정실무사는 문교부 3·4급 직원
② 산하단체 등은 교육개발원, 대한교련, 사학재단연합회, 재경 교육학자 등
자료: 행정조사연구소(1979).

관의 영향을 많이 받는다고 보았다(행정조사연구소, 1979: 140-153).

1) 대통령

대통령 중심제 국가에서 각 분야의 정책수립에 대한 대통령의 영향력은 지대하다. 한국의 정책과정에서 현직 대통령은 실로 어떤 참여자와도 비견할 수 없는 막강한 영향력을 구사한다는 사실은 아무도 의심치 않는다. 그러나 그도 모든 정책과정에서 언제나 무소불위(無所不爲)의 영향력을 발휘하는 것이 아니다. 행정수반인 그도 시간과 정보의 한계, 인적·물적·제도적 제약 속에서 움직일 수밖에 없다. 박정희 대통령은 비서실조직을 효율적으로 활용하여 대통령직을 수행한 최초의 '현대적' 대통령이었다. 그는 집권 초기에는 강력한 청와대 중심의 중앙집권적 국정운영방식을 채택하였다. 그러나 자신의 권력적 기반이 공고화된 이후에는 청와대를 전략기지로 계속 힘을 실어 주면서, 일 중심으로 국정의 중심축을 서서히 장관에게 옮겼다. 김영삼 대통령은 대개 국무회의의 주재를 국무총리에게 맡겼고, 큰 국사만 챙기는 편이었다. 이에 비해 김대중 대통령은 직접 국무회의를 주재했고, 개

개 부처의 정책사업에 대해서도 비교적 많이 관여했다. 따라서 장관의 상대적 정책자율성은 김영삼정부 때에 더 높았다고 보여진다(안병영, 2003).

초대 대통령부터 18대 대통령까지 모든 대통령이 나름대로 교육에 대한 관심과 소신을 가지고 국정을 펴 나갔겠지만, 특별한 관심을 표명한 사람은 교육대통령이 되겠다고 자임한 김영삼, 김대중 두 대통령이었다. 김영삼 대통령은 교육예산을 GDP의 6%로 확대하겠다고 공약하였는데 완전히 실현하지는 못했지만 역대 정권 중에서 교육재정을 가장 많이 확충한 대통령으로 평가받고 있다. 또 임기 중에 발표한 5·31 교육개혁은 부정적 측면도 있지만 한국 교육정책의 패러다임을 바꾸고자 시도한 결단이었다고 할 만하다.

김대중 대통령은 취임사에서 ① 자라나는 세대가 지식정보화사회의 주역이 되도록 초등학교부터 컴퓨터를 가르치고, ② 대학입시를 획기적으로 개혁하여 청소년들이 과외로부터 해방되고 학부모들은 과중한 사교육비에서 벗어나게 하겠으며, ③ 지덕체의 전인교육을 실현하겠다는 등 구체적인 공약을 하였다. 교육예산을 GDP의 7%까지 확대하겠다고 한 선거공약은 지켜지지 못했지만, 7·20 교육여건 개선사업으로 교육시설을 대폭 확대하고 초·중등학교의 학급당 학생 수를 획기적(35명 수준)으로 감축하였다. 또 전자정부실현을 위한 대규모 투자와 함께 NEIS 도입 등 교육정보화에도 획기적인 성과를 거두었다고 평가할 만하다.

노무현 대통령은 취임사에서 교육에 관해서 별로 언급하지 않았지만, 교육혁신의 필요성을 강조하고 ① 아이들이 입시지옥에서 벗어나 저마다의 소질과 창의력을 발휘할 수 있도록 하겠고, ② 계층 간 격차를 좁히기 위해 교육과 세제 등의 개선을 강구하겠다고 약속하였다. 실제로 참여정부에서는 사회적 형평성 증진을 통치이념으로 삼아 대학입시에서 내신성적 반영비율 확대, 지방대학 육성, 소외계층에 대한 교육기회 확대 등의 교육정책을 추진하였다.

1980년대 이후 대통령직속의 교육개혁기구들이 잇달아 설치되어 여러 가지 개혁방안들이 제시되었다. 전두환정부의 교육개혁심의회와 노태우정부의 교육정책자문회의에서 제시한 보고서들은 직접 채택되거나 실천으로 연결되지 못하였지만, 김영삼정부의 교육개혁위원회에서는 이른바 7·30 교육개혁안을 제시하여 대학입시제도의 개혁과 교육재정확대를 가져온 계기가 되었다. 대통령직속의 교육개혁기구는 김대중정부의 교육개혁국민운동본부, 노무현정부의 교육혁신위원회, 이명박정부의 국가교육과학기술자문회의로 이어지면서 중·장기 교육개혁방안과 주요 정책 등을 제시하는 역할을 담당하였으나 제시된 정책방안들은 재원부족과 현실적인 타당성의 미흡 등으로 제대로 시행되지 못한 경우가 많았다.

이명박 대통령은 취임사에서 ① 청소년들의 적성과 잠재력 개발 및 디지털 글로벌 역량 강화, ② 입시 위주 교육 탈피 및 교육현장에 자율, 창의, 경쟁의 조장, ③ 학교의 유형 다양화 및 교사의 경쟁력 제고, ④ 대학의 자율화와 교육 및 연구의 역량 제고, ⑤ 교육기회의 질적 확충과 교육복지의 확대 등을 공약하였다. 비교적 길게 언급된 이러한 공약들은 집권 5년 동안 교육정책을 수립, 추진하는 데 기조가 된 것이 분명하다.

박근혜 대통령은 취임사에서 ① 창의력이 상실되는 경쟁교육 해결, ② 학생의 소질(꿈과 끼)과 능력을 찾아내는 교육시스템 구축, ③ 학벌 위주에서 능력 위주 사회로의 변화 등을 강조하였다. 그러나 추상적인 당위성만 제시하고 있을 뿐 구체적인 정책들은 거의 발견할 수 없다. 가장 대표적인 정책으로는 중학교 자유학기제 도입, 전문대학 등에 국가직무능력표준(National Competency Standards, NCS) 적용 등을 들 수 있을 것이다.

대통령의 교육에 대한 관심과 철학, 그리고 지원의지는 임기 동안 교육정책의 기조와 투자의 우선순위를 결정하는 데 지대한 영향을 미쳤을 것으로 평가된다. 특히 선거공약과 취임사의 내용은 임기 중의 교육정책 수립에 테두리와 중점을 제시했다고 할 수 있을 것이다.

2) 교육부 장관

장관은 부처 내에 매우 우수한 관료군(群)을 갖고 있고, 대체로 하나 이상의 산하 정책연구소를 거느리고 있다. 따라서 이들의 창의성과 능력을 십분 활용하는 경우, 정책과정에서 장관의 입지는 크게 제고될 수 있을 것이다. 장관의 정책영향력은 ① 대통령의 통치스타일이 장관 중심으로, 또 장관에게 권한을 위임하는 방식으로 전개될 때, ② 대통령의 장관에 대한 신임이 돈독할 때, ③ 장관의 능력과 자질이 뛰어나고, 뚜렷한 정책의제(policy agenda)와 보좌시스템을 갖추고 있을 때, ④ 특히 고위관료들과의 정서적 공감대가 높을 때, 그리고 ⑤ 장관이 비교적 장기 재임하여 경륜이 쌓였을 때 극대화된다. 안병영은 교육부 장관 경험을 바탕으로 대통령/비서실-장관-고위관료 사이의 역학관계를 고찰하면서 장관의 영향력을 정책수준별, 정책유형별, 정책단계별로 논의한 바 있다(안병영, 2003).

행정부의 정책수립 및 결정은 대체로 두 단계로 이루어진다. 첫 단계는 정책목표를 설정하고, 정책의제를 결정하는 일이다. 이 단계에서의 정무적 의사결정은 청와대와 장차관 등 최상위 수준에서 이루어진다. 다음 단계는 우선순위와 실현 가능성을 고려하여 추진계획을 수립하고 사업(프로그램)화하는 일이다. 이와 관련한 의사결정은 부처 내의 최상위나 상위의 관료계층에서 이루어진다. 즉, 정책 실현을 위한 법적·제도적 정비, 예산, 인사 등 정책수단의 동원, 그리고 실시 시기의 결정 등 행정적 의사결정을 필요로 하며 그 최고결정자는 장관이다.

우리나라 교육행정이 중앙집권적이고 관 주도적인 체제를 유지해 왔기 때문에 정권에 상관없이 교육정책의 수립과정에서 교육부 장관 및 고위관료들의 역할이 가장 큰 역할을 해 온 것은 두말할 필요도 없을 것이다. 교육부 장관의 정책영향력은 정권에 따라서라기보다는 앞에서 인용한 여러 가지 요소에 따라서 장관 개인에 의해 달리 행사되어 왔다. 그리고 교육부 장관 56명의 재임기간이 평균 1년 남짓밖에 안 되었기 때문에 각 장관의 정책영향력을 개별적으로 비교하는 것은 지극히 어렵고 실증적인 자료도 구하기 어려웠다.

3) 관료 · 정치권 · 언론

교육부의 주요 정책결정은 부처 내 토론, 유관부처와의 협의, 당정협의, 공청회, 이익집단과의 조정, 언론과의 관계 등 여러 조직이나 집단 등과 복합적으로 상호작용하면서 결정이 이루어진다. 정책수립의 공식적인 채널은 교육행정조직이며 그 핵심적인 주체는 관료들이다. 그러나 대부분 관료들은 속성상 패쇄적·방어적·보수적이어서 관료들 스스로 주도하여 혁신적인 교육정책을 창출하는 경우는 드물며 실무적이고 규제적인 활동을 하거나 지원업무에 치중하는 경우가 많았다.

1978년에 국무총리 직속의 심의회에서 작성한 장기종합교육계획은 교육정책대안에 관한 일종의 종합목록(inventory)의 성격을 띠어 행정 당국 및 관료들의 정책대안탐색에 유용한 자료가 되었다(한국교육개발원, 1978b). 1985년 대통령 직속으로 설치했던 교육개혁심의회를 비롯한 후속 자문기구들이 작성·발표한 보고서의 내용도 곧바로 채택된 부분도 있었지만 채택되지 않았더라도 관료들이 참조할 수 있는 정책대안모음(pool)의 기능은 했다.

정당은 공익 추구를 우선으로 한다는 점에서, 자기 집단만의 이익을 추구하는 이익집단과 구별된다. 교육문제에 관해서도 정당은 여론을 형성하고 국민의 참여를 유도하는 등 여러 가지 중요한 역할을 수행한다. 정당이나 선거가 우리나라에서 교육정책에 얼마나 큰 영향을 미치는지는 가늠하기 어렵다. 그러나 과거 권위주의 정권시절에 비하면 입시문제, 학생문제, 교원문제, 교과서문제 등 국민의 관심과 정치적 의의가 높은 문제들을 중심으로 각종 선거 공약에서 교육문제의 비중이 현저하게 높아졌고, 특히 지방자치제 실시 이후 지방선거에서는 학교 신증설이나 교육여건 개선에 관한 공약들이 큰 비중을 점하고 있다. 이렇게 보면 정당과 선거가 여론을 수렴하여 정책 당국에 '압력'을 가하고 국회나 지방의회에서의 입법활동을 통해 정책수립에 큰 역할을 수행하고 있다. 2000년대 이후 국회에서 의원입법사례가 늘고 있는 사실도 이를 반영한다.

우리나라에서 언론이 교육문제를 다루는 빈도와 비중은 매우 높다. 교육에 관한 여론조사를 전국규모로 정기적으로 실시하는 주체는 없지만 각종 정책연구와 관련하여 수없이 많은 표본조사가 이루어져 왔다. 그러나 문제점의 파악보다는 특정한 정책대안들에 대한 찬반을 묻는 경우가 더 많았다. 교육정책수립에 있어 의제선정(agenda setting)이 내부 주도적으로 이루어지는 경우에 이러한 연구보고서들의 의견조사결과를 토대로 한 문제제기는 중요한 기초자료가 된다.[5] 특히 그 결과가 언론에 보도되는 경우에 정책 당국자들의 관심을 끄는 데 상승작용을 할 것임은 예상하기 어렵지 않다.

---

5 허쉬만(Albert O. Hirschman)은 '내부 주도적으로 의제가 선정되는 경우를 선택된 정책문제(chosen policy problem)'라고 부르고 있다.

4) 교직관련 이익집단과 압력집단

교육현장에서 주요 교육정책이나 교육개혁방안을 실천하는 데 핵심이 되어야 할 주체는 교원과 실무행정직원들이다. 그런데 1990년대에 실시한 설문조사 결과에 의하면 교원들은 발표된 교육개혁의 타당성에 대해 회의적이며 실천도 잘 안 되고 있다는 반응을 나타낸 바 있다. 일선교육행정기관이나 학교에 근무하는 일반 행정직원들의 시각도 비슷했을 것으로 유추된다. 1991년 12월에 교육개혁추진위원회에서 교원들을 대상으로 실시한 설문조사에서도 교육개혁안의 내용이 합당한 편이라고 평가한 사람은 12.1%에 불과한 반면 '부적절한 편이다' 33.2%, '아주 부적절하다' 10.9%, '그저 그렇다' 43.9%로 나타났다. 또 교육개혁이 학교현장에서 실천되고 있는 정도에 대해서도 '실천되고 있다' 20.7%, '별로 안 되고 있다' 38.1%, '전혀 안 되고 있다' 6.7%로 응답하고 있었다(교육개혁추진위원회, 1991).

교육개혁이나 교육정책의 급격한 변화에 대한 교원들의 저항은 일반적으로 냉소주의, 무관심 등으로 나타나고 지시나 지침이 시달되더라도 형식적으로 이행하는 데 그치는 소극적 협조자세로 연결되었다. 그러나 1995년 초 한국교원단체총연합회(이하, 한국교총)가 앞장서서 졸속적인 교육개혁 조치를 중단하라는 서명운동을 벌인 것처럼 조직적인 반대에 나서기도 하였다. 또 교원의 신분 및 처우와 관련된 사항들에 대해서는 교장협의회, 초등교사협의회 등의 단체에서 공개적인 비판을 제기하거나 성명을 발표하기도 하였다. 교원들이 이처럼 저항을 보이는 이유는 다양하다. 우선 개혁안 수립과정에서 의견수렴 등 참여기회가 없었던 데 대한 반작용이 크게 작용했을 것이다. 1995년 11월에 한국교총에서 실시한 교원 대상의 설문조사에서도 교육개혁방안 수립과정에서 학교현장과 교원들의 의견을 수렴하는 노력이 별로 없었던 것으로 대부분 인식하고 있었다. 즉, '의견 수렴 노력이 별로 없었다' 54.9%, '상당한 정도 있었다' 18.5%, '잘 모르겠다' 15.4%로 나타났다(한국교원단체총연합회, 1996). 더욱이 1980년대 이전의 권위주의 정권하에서는 교육정책수립과정에서 교원들의 의견을 수렴하거나 참여시키는 노력이 훨씬 제한되어 있었으리라는 점은 짐작하기 어렵지 않다.

다음으로 교원들의 저항을 야기시킨 요인들로는 정책방안의 취지와 내용에 대한 이해부족, 일방적 하향식 추진절차와 방식에 대한 반발심리 등이 작용하였다. 그리고 새로 변경되는 교육제도와 내용 및 방법에 적응해야 하는 부담과 그로 인한 업무량 증가 등을 우려하는 무사안일한 태도에서 비롯된 저항도 내포되었을 것이다(김신복, 1991).

교육정책의 형성과정에서 각종 단체의 영향력은 정치 및 사회의 민주화가 진전되면서 점차 증대되어 왔다. 과거 권위주의 정부 시절에는 친정부 성향의 단체를 제외하고는 단체의 결성 및 활동이 극히 제약되어 있었다. 그 후 사회 전반의 민주화 경향이 일반화되면서 단체결성이 자유스러워지고 활동이 왕성해지기 시작하였다. 교육정책과 관련된 이익집단으로서는 한국교원단체총연합회, 전국교직원노동조합(이하 전교조), 한국대학법인협의회, 대한사립중고등학교장회, 한국대학교육협의회 등이 있으며, 이들은 기관지를 발간하거나 자체적인 정책연구를 수행함으로써 문제를 제기하고 회원의 권익을 대변한다.

한국교총은 기관지로서 『한국교육신문』(주간)을 발행하는 것 외에 지금까지 수많은 정책연구보고서를 발간하였으며, 매년 당면 교육정책 개선방안을 작성하여 관계요로에 배포·건의하고 있다. 회원 수가 약 20만 명에 달하는 한국교총은 교육정책부서를 두어 정책건의를 해 왔으며, 교육정책의 형성에 가장 큰 압력단체였다고 할 수 있다. 특히 교원의 권익옹호와 관련된 정책수립에는 상당한 이익집단의 역할을 해 왔다. 이처럼 한국교총은 전문직 단체를 표방하지만 전교조는 근본적으로 회원이 약 5만 3,000명인 노동조합일 뿐만 아니라 사회개혁을 지향하는 이념적 성격이 강하다고 할 수 있다. 따라서 교원들의 임용이나 근로조건 및 복지후생 영역의 쟁점들에 대해서도 판이한 시각과 방안들이 제시되곤 하였다. 이러한 교직단체 간의 갈등은 전교조가 합법화된 1999년 이후 표면화되어, 그동안 NEIS 문제, 교장자살사건, 학교자율화 추진계획, 교과학습 진단평가 등을 둘러싸고 한층 심화되는 양상을 띠었다(신현석·이경호, 2009).

사학재단연합회와 대한사립중고등학교장회는 사학의 권익보호 및 애로타개를 위해 여론조성을 위한 세미나, 회지의 발간, 대(對) 정부 건의 등의 활동을 전개하고 있다. 한국대학교육협의회(이하, 대교협)는 대학(교) 총·학장들로 구성되며 공통된 중요 관심사에 관하여 자율적 협의조정을 거쳐 의결된 내용을 정부에 건의하는 기능을 수행하고자 1982년에 설립되었다. 이러한 이익집단들의 활동이 얼마나 성과를 거두고 있는지는 속단하기 어렵지만 최소한 회원의 의사를 집약한 형태로 문제의식을 제기하고 있는 것만은 분명하다.

교직단체가 제시한 대안이 정책수립에 기초가 된 전형적인 예는 1968년의 중학교 무시험전형제로서 대한교련(한국교총의 전신)이 전문위원단을 구성하여 작성한 안이 정부의 중학입시폐지에 결정적인 착상을 제공한 바 있다(대한교육연합회, 1968). 동 정책의 형성과정은 행정사례(case)로 기술되어 분석자료로 활용되고 있으며 그것을 토대로 한 사례연구도 있었다(행정조사연구소, 1974).

이 밖에 구체적 정책건의가 바로 정책대안으로 검토되어 반영된 예도 많이 있다. 예컨대 한국교총의 경우 1981년도의 정책반영 실적으로서 교육세 신설, 교장 임용권자를 대통령으로 격상, 교육전문직 자격요건 강화, 학교 숙직전담제 실시, 교육행정직류 신설, 사학교원 신분보장 조항 반영 등을 주장하였는데(한국교원단체총연합회, 1982: 5), 어느 정도 결정적인 역할을 했는지는 평가하기 어렵지만 대안제시의 소임을 다한 것만은 분명하다.

한편, 사학재단연합회에서는 '사학육성법' 제정, 고교평준화 재검토, 사학정책 전담부서 설치, 사학에 대한 각종 규제 및 세법 개정 등을 건의한 바 있으며(한국사학재단연합회, 1981), 대한사립중고등학교장회에서는 사학교장의 임기제 철폐, 사학교원의 승진기회 확대, 사학에 대한 국고보조확대 및 지원기금조성 등을 건의한 바 있다(대한사립중고등학교장회, 1982).

5) 교육정책 관련 연구기관

교육정책에 활용될 수 있는 연구기관 및 연구물들은 타 분야에 비해 현저하게 많은 편이다. 한국교육개발원을 비롯하여 한국직업능력개발원, 각 시·도의 교육연구원 등이 직접·간접으로 교육정책과 관련된 연구를 수행하고 있으며, 각 대학(교)에 부설된 교육분야의 연구소만도 수백 개에 이를 것이다. 이 밖에 대학교수를 주축으로 수천 명의 회원을 가진 교육관련 학회들 역시 세미나, 논문발표 등을 통해서 정책대안을 제시하는 경우가 흔히 있다.

한국교육개발원은 1972년 개원 이래 국가교육정책의 방향 및 비전 제시, 교육정책 및 제도의 개발 분석 평가를 위한 연구, 인적자원정책의 교육기반연구, 고등교육의 내실화 연구, 미래 교육 및 역량개발연구 등을 수행하였다(한국교육개발원, 2013). 구체적인 연구과제들은 교육부의 요청 및 지원에 의한 것들이 적지 않고 자체 판단에 의해서 추진한 경우도 많다.

기타 중앙 및 지방의 연구기관들도 교육정책과 관련된 연구들을 많이 수행하고 있으며 실제로 정책에 반영된 예도 없지 않다.[6] 그러나 행정 당국과 직접적인 연계가 약하여 큰 기여를 했다고 보기는 어렵다. 교육부는 이와 같이 산하에 많은 연구자원을 보유하고 있을 뿐만 아니라 정책연구비를 갖고 있으므로 연구재원 면에서도 타 부처보다 훨씬 유리한 위치에 있었다.

각 대학의 교육관련 부설 연구소와 교육관련 학회들도 독자적인 연구활동을 수행함으로써 교육정책 형성에 유용한 자료를 제공하는 역할을 수행해 왔다. 또한 관련 분야의 개별 학자들도 전문적 역량을 바탕으로 정책연구를 수행하거나 정부의 교육정책 관련 위원회 등에 참여하는 방식으로 정책형성에 영향을 미쳐 왔다.

대부분 교육정책과 관련한 연구제목들을 개관해 보면 계획 또는 정책방안들을 제시한 '~을 위한 연구'가 가장 많고 정책과 관련된 이론적 소개나 자료를 제공한 '~에 관한 연구'가 다음으로 많으며 기타는 도서관, 교육프로그램, 교육기자재 등의 운영개선방안과 같은 개발연구들이 많다. 지금까지 한국연구재단(과거의 학술진흥재단)이 지원한 교육정책연구는 연구문제 및 정책목표를 당국에서 제시해 주고 그 배경·대안·세부운영방안을 탐색하는 경우가 대부분이었다.

3. 평가와 책무성 점검

기획 및 정책과정의 마지막 단계는 평가이다. 평가는 교육(행정)의 주체가 설정된 목표를 어느 정도 실현했으며, 책임과 의무를 다했는지를 점검하는 활동이다. 즉, 주어진 책무를 얼마나 잘 이행했는지를 평가하는 일이다. 교육행정활동에 대한 평가는 대상에 따라 학생(학업성취도)평가, 교원평가, 학교평가, 교육청평가, 부처(교육부)평가 등으로 구

6 1960년대의 실적에 관해서는 백현기(1970), 「교육학에 있어서 교육연구활동이 정부정책 결정에 미친 영향」, 『한국행정학보』 제4호 참조.

분할 수 있지만, 학생평가와 교원평가는 다른 영역(장)에서 다룰 예정이므로 여기서는 생략하고자 한다.

1) 초·중등학교평가

학교평가는 교육목적을 달성하기 위하여 학교 자체의 결함을 발견하고 이를 교정함으로써 학교교육을 개선하고 발전시키기 위해서 실시하는 것이다. 평가의 대상은 학급 내의 교수·학습활동 외에 교직원·시설 및 재정운영도 포함될 수 있다. 교육청의 시각에서는 단위학교 평가결과를 바탕으로 우수한 사례를 발굴하고 홍보하여 선의의 경쟁을 유발하고, 각 학교의 특성을 고려한 학교교육정책 수립의 기초자료로 활용함과 아울러 각종 지원방안을 모색하며, 교육행정 당국이 설정한 교육정책 실현에 참여를 유도한다는 목적이 있다.

학교평가제도를 채택한 연혁을 보면 1996년에 교육부가 시·도교육청 평가항목의 하나로 학교평가 실시 여부를 포함시키면서 시·도교육청에서 학교평가를 실시하기 시작하였고, 1997년에는 '초·중등교육법' 제9조 제2항(1997. 12. 13.)에 국가수준 학교평가의 법적 근거조항이 마련되었다. 1998년에는 '초·중등교육법 시행령' 제11조, 제12조에 학교평가의 대상과 학교평가의 기준이 명시되었으며, 1999년에는 교육인적자원부의 '교육발전 5개년계획 시안'에서 학교종합평가 실시방안(1999. 3.)이 제시되기에 이르렀다.

2000년도부터 한국교육개발원에서 국가 수준의 학교평가를 위한 모형개발 및 기초연구를 실시한 후 많은 학교를 표본으로 선정하여 현장방문평가를 실시한 바 있다. 2004년에는 교육과학기술부와 한국교육개발원이 학교평가를 위한 공통평가지표를 개발·보급하고 연수를 실시하였다. 한편, 시·도교육청 수준에서는 국가 차원에서 개발된 공통평가지표와 자체 개발한 시·도 자체지표의 이원적 체계로 학교평가를 실시하였는데, 2006년에는 모든 학교에 적용되는 공통지표와 시·도 자체지표를 8:2로 구성하였고 평정방법은 전문가들의 판단에 상당 부분 맡기기로 하였다. 2008년 4·15 교육자율화조치 이후 학교평가의 수체가 교육부 장관에서 시·도교육청별 자율적 실시로 전환되어 지역 단위의 자율성이 점차 확대되었다. 2010년에는 학교평가의 주요 사항을 16개 시·도교육청의 학교평가 담당자들로 구성된 학교평가 협의체인 '학교평가 운영위원회'를 통해 논의하기로 되었다(한국교육개발원, 2016).

2012년 3월 '초·중등교육법' 개정법률이 발효되면서 학교평가에서 시·도교육청의 자율성이 법적으로 보장되었으며, '초·중등교육법' 시행령에서 제시한 평가영역을 준수하여 교육과정 및 교수학습, 교육경영, 교육성과, 만족도로 구분하고 종전의 활동중심의 평가방식으로부터 학교의 성과중심 평가지표를 강화하는 방식으로 전환하였다. 그리고 학교평가 등 평가권한을 교육감에게 이양함에 따라 교육부 장관은 시·도교육청 및 그 관할학교를, 교육감은 그 관할하는 교육행정기관(지역교육청) 및 학교를 평가대상으로 하게 되었다.

평가주기는 2006년부터 3년 주기로 실시되고 있으며, 한국교육개발원에서 제공하는 평가지표를 선택하거나 적용하는 구체적인 방법, 지표의 영역별 비중, 지표별 가중치 부여 등 구체적인 사항들은 시·도 자율로 정하고 있다. 평가결과에 대해서는 교육부 단위의 표창제도를 없애고, 단위학교 개선을 위한 노력을 지원하고자 후속 컨설팅과 연계시키고 있다.

2) 대학평가

우리나라에서 대학평가가 시작된 것은 1970년대 초부터이지만 공식적인 활동으로 추진된 것은 1982년 대교협이 설립되어 대학평가를 법정사업으로 맡아 수행하기 시작하면서부터이다. 대교협의 대학평가는 대학(교) 전체를 하나의 단위기관으로 보아 총체적으로 평가하는 기관평가와, 대학(교) 내의 단과대학(원), 학과, 교육프로그램을 대상으로 하는 학문영역평가를 포함한다. 그 후 대교협은 교육부의 위탁을 받아 1994년부터 평가인증제(accreditation system)를 실시하여 기관평가결과를 세 등급으로 구분해서 공표해 왔다(김신복 외, 1995: 3).

1990년대 이후 교육부는 전문가들로 평가위원회를 구성하여 교육개혁, 특성화, 지방대 육성 등의 측면에서 평가한 결과를 정부재정지원사업 등에 반영하고 있다. 교육부가 직접 주관하는 이러한 재정지원 연계 평가들은 2000년대 이후 정권이 바뀔 때마다 늘어나 행정공무원 및 대학관계자들에게 과중한 행정부담을 야기할 뿐만 아니라 대학들을 옥죄는 간접적인 행정통제수단이 되고 있다.

이 밖에 언론기관 중에는 단독으로 혹은 외국 평가전문기관들과 제휴하여 국내 대학들의 기관평가 순위를 매년 발표해 오고 있다. 그러나 언론기관들의 평가는 평가의 기준이나 지표들이 서로 다르고 자료의 정확성이나 평가의 전문성도 의문시되어 신뢰도에 한계가 있다고 할 수 있지만 일반 국민이나 진학준비생들에게는 상당한 영향을 미치고 있는 것으로 보인다. 언론기관들에 의한 대학평가는 직접 제출받거나 간접적으로 수집한 계량적 자료 중심으로 이루어지고 대학방문이나 면담조사는 하지 않으며, 대학 전체의 순위뿐만 아니라 학문영역별로 교육·연구의 질적 수준을 평가하여 순위를 공표하기도 한다.

3) 교육청평가

교육부가 시·도교육청에 대한 종합평가를 추진한 것은 1994년도부터였다. 교육부에서는 1994년 말 교육정책과제로 '시·도교육청 및 학교의 종합평가방안연구'를 위탁하여 1995년 7월 연구보고서가 제출되었다. 이 연구보고서는 시·도교육청의 본질적인 기능과 현행 직제분석으로부터 출발하여 교육청의 행정역량과 운영실적을 총체적으로 분석하기 위한 준거와 방법을 제시하였다(김신복 외, 1995: 3).

그러나 1995년 이른바 '5·31 교육개혁안'이 발표되면서 시·도교육청 평가의 초점과 대상영역을 전략적으로 조정하게 되었다. 즉, 5·31 교육개혁안의 성공적 추진을 촉진하기 위해서는 제시된 개혁방안들의 추진실적을 점검·비교평가하여 선의의 경쟁을 유발할 필요가 있었다. 따라서 평가영역 및 항목의 반 정도를 그러한 측면에 할애하는 평가기준을 작성하게 되었으며 그러한 관행은 지속되었다.

이와 함께 교육부는 1996년도 예산에 시·도교육청 자구노력 지원사업비 500억 원을 반영하여 평가결과에 따라 차등지원할 재원을 확보하게 되었다. 그리고 1996년 2월에는 '자구노력 지원사업 추진 기본계획'을 수립하여 시·도교육청 종합평가 작업을 실천에 옮기게 된 것이다. 그 후 지원사업비 예산은 1,000억 원으로 확대되었으며 2015년 현재까지 시행해 오고 있다. 시·도교육청평가는 지역(시·군·구)교육청 평가와 학교평가로 연결되어 실시해 왔는데 시·도 모두가 평가위원회를 구성하여 산하기관 평가를 실시하고 있다. 시·도교육청 평가의 법적 근거는 '초·중등교육법' 제9조에 명시된 바와 같이 "지방자치단체의 교육, 과학, 기술, 체육 기타 학예에 관한 사무를 관장하는 지방교육행정기관에 대한 평가"이며, 평가의 목적은 "교육행정의 효율적인 수행을 위해 실시할 수 있다"고 명시되어 있다(초·중등교육법, 제9조 2항).

4) 교육부(중앙부처)에 대한 정책평가

정책평가는 정부에서 실시한 정책의 성패여부를 측정하거나, 더 나아가 결과의 원인이 무엇인가를 규명하는 활동이며 정책평가제도는 정부가 정책평가를 통하여 달성하고자 하는 목적과 활동 및 추진체제를 구체적인 법령이나 규정으로 체계화시킨 것이라고 할 수 있다. 우리나라에서 정책평가제도의 기원은 5·16 군사정변 이후 군정에서 도입한 기본운영계획의 심사분석에서 찾을 수 있다. 정책평가제도는 시행 이후 정권이 바뀔 때마다 지속적인 변화를 겪어 왔는데, 박정희정부의 심사분석에서부터 전두환정부의 심사평가, 노태우정부에서 도입한 정책평가, 김대중정부의 기관평가, 노무현정부 이후의 통합평가까지가 그 예이다(공병천, 2003).

교육부 등 중앙행정기관을 대상으로 이루어지는 기관평가는 '정부업무 등의 평가에 관한 기본법(2001년 공포, 시행)'에 근거를 두고 시행되었다. 이는 1994년도부터 실시되던 심사평가 관련제도의 한계성 보완과 정부업무추진의 효율성 제고 및 책임성 확보를 목적으로 1998년에 대통령령에 근거를 두고 도입된 것이다. 상기 법률은 2006년 3월 24일 '정부업무평가기본법(법률 제7928호)'의 제정으로 통폐합되었다. 최근의 중앙행정기관 평가는 주요 정책 및 기관역량 등을 평가하는 특정 평가와 자체평가로 구성되는데, 여기서 자체평가는 중앙행정기관이 주요 정책, 재정사업, 연구·개발사업, 행정관리역량(조직·인사 등)에 대하여 자체적으로 평가함을 말한다.

각 부처는 기관특성 및 업무특성을 반영할 수 있도록 평가지표, 지표별 배점 및 측정방법 등을 완전히 자율적으로 선정할 수 있다. 평가방법은 정량평가는 물론 정성평가를 병용하여 정책의 파급효과, 문제점 및 원인분석, 대안제시 등 질적 측면에 대해 서술적으로 평가하며, 평가결과는 성과급 등에 활용될 수 있도록 상대평가 등급기준을 적용한다. 각 부처는 자체평가위원회를 구성하여 평가계획 심의, 반기별 추진실적 점검, 자체평가, 평가보고서 작성 등의 업무를 수행한다. 각 부처가 제출한 자체평가결과는 국무총리 산하의 정부업무평가위원회가 자체평가 시행에 대한 객관성 및 공정성 여부 등을 점검하고 그 결과를 최종 심의·의결한다(정부업무평가위원회, 2016).

2000년대 초의 중앙부처평가는 정책과제 위주의 평가 중심으로 시행되었고 정권이 바뀔 때마다 중점을 두는 정책영역이 달라져 왔기 때문에 평가결과를 연도별로 비교하기는 어렵다. 그러나 교육부의 정책수행에 대한 총괄평가결과는 전반적으로 '보통' 이하 수준이었다고 할 수 있다. 2005년도 24개 중앙부처의 주요 정책 만족도, 기관행정이용자 만족도, 민원서비스 만족도 세 가지를 종합한 고객만족도를 비교평가한 결과를 보면 당시의 교육인적자원부는 '미흡' 등급으로 보고되었다. 2008년의 경우 주요 정책 만족도와 민원행정서비스 만족도가 모두 '보통' 등급을 받았다. 한편, 2010년도 38개 부·처·청의 정부업무평가 중에 정책관리역량 부문의 경우 교육과학기술부를 비롯한 3개 기관이 최하위 등급인 '미흡' 등급을 받았다.

기관별 종합평가 등급이 발표된 2013년의 경우 교육부는 상위 3개 기관이나 하위 3개 기관에 포함되지 않았으며, 부·처 전체를 3등급으로 구분한 2014년 평가결과의 경우 교육부에 대한 기관평가결과는 '보통'이었다. 교육부는 2015년도 평가에서 기관공통사항에 대한 기관평가결과는 '보통' 등급을 받았으며, 국정과제평가 부문은 '보통', 규제개혁부문은 '미흡', 정책홍보부문은 '우수', 비정상의 정상화부문은 '미흡'으로 평가되었다(정부업무평가위원회, 2016, 홈페이지 자료실).

이처럼 중앙부처들 중에서 교육부의 정책수행역량과 고객서비스에 대한 만족도는 '보통' 등급에도 약간 못 미치는 수준으로 유지해 왔음을 알 수 있다. 바꿔 말하면 국가전체의 교육정책을 총괄적으로 수행하고 행정적으로 책임을 지는 교육부가 과연 그 사명과 역할을 다해 왔는가 하는 책무성 측면에서 상당한 우려를 낳고 있는 것이다.

4. 논의 및 시사점

우리나라의 주요 교육정책들은 우선 법령으로 규정하거나 중·장기계획 속에 명시하여 추진해 온 경우가 많았다. 초등교육을 무상·의무교육으로 제공할 현실적인 여건을 못 갖추었음에도 '헌법'과 '교육법'에 먼저 규정하고 난 후에 의무교육완성 5개년계획을 잇달아 수립·추진한 것이 전형적인 사례이다. 교육발전을 위한 중·장기계획들은 1960년대 이후 경제(사회)발전 5개년계획을 일곱 차례나 수립·추진하면서 교육정책 추진에서도 일반화된 시스템으로 받아들여져 왔다.

정부의 계획들은 법률에 의해 근거가 규정된 경우는 물론, 그렇지 않더라도 공식적인 계획으로서의 위상을 인정받고 강제력과 구속력을 가지고 수립·추진된다. 교육분야의 경우 2000년대 이후만 하더라도 '인적자원개발기본법, 평생교육법, 인성교육진흥법, 지방대학 및 지역균형인재 육성법' 등에서 기본계획과 연차계획 수립을 의무화한 바 있다. 그러한 정부계획들은 정기적으로 반복해서 수립되어야 한다. 계획기간은 근거법률에 기본계획은 5년, 그 실행을 위한 연차계획은 1년으로 규정되어 있다. 그러나 정권이 교체되거나 장관 또는 지자체장들이 교체되는 경우에는 그러한 계획들을 시행중간에 다시 수립하는 경우도 적지 않다.

실제로 정부 각 부처의 거의 모든 부서에서 주요 업무를 추진할 때 관계법률에 근거가 없는 경우라도 우선 계획을 수립하고 시행한 다음에 평가하여 시정조치를 취하는 방식이 일상화되어 있다. 이러한 업무방식은 행정 및 경영의 정통적인 과정인 기획(plan)→시행(do)→평가(see)의 단계를 따르고 있다는 점에서 바람직한 현상이라고 보여진다. 그리고 주요 정책이나 사업을 추진함에서 관계부처나 관련 공공·민간기관들의 협조를 받아야 하는 경우에 근거법률에 명시하여 계획을 수립·추진하는 방식도 충분히 이해할 만하다. 또 그 과정에서 위원회를 구성하여 계획을 수립·검토하게 하는 방식도 참여를 확대하여 중지를 모으고 이해관계를 조정하는 데 기여하는 측면이 분명히 있다.

그러나 법령에 근거를 두고 이러한 방식으로 수립·추진되는 정부계획들은 여러 가지 문제점과 부작용을 낳고 있는 것도 사실이다. 첫째는 자유경쟁시장이나 민간부문에 대한 정부개입의 범위와 영향력을 유지 또는 확대하는 결과를 가져온다는 점이다. 앞에서 예시한 인적자원개발, 평생교육, 인성교육 분야의 경우도 예외가 아닐 것이다. 이는 정부의 시장개입을 축소하고 공공서비스를 민영화하는 등 작은 정부를 지향해 가는 자유자본주의 국가들의 세계적인 추세에 역행한다는 비판을 면하기 어렵다.

둘째는 정부가 지속해서 표방해 온 민간에 대한 규제완화라는 정책기조를 심히 저해한다는 점이다. 정부계획을 통해서 교육부나 관련 공공기관이 어떤 기능이나 사업을 직접 수행하는 경우에는 사실상 사립학교나 개인들이 참여할 기회를 대체하는 셈이어서 그러한 계획추진방식은 눈에 보이지 않는 진입규제역할을 하게 된다. 예컨대 지방대학육성계획을 통해 수도권을 제외한 지역의 대학에 대해서만 차등지원을 하는 경우에 정부는 인위적으로 공정한 자유경쟁구도를 왜곡하고 비정상적인 보상체제를 조장하는 결과를 가져올 것이다.

세 번째 부작용은 정부계획의 수립과정에서 형식적으로는 투명하고 공정한 의사결정을 표방하지만 실제로는 주관 행정기관의 의도대로 조종되고 관료들이 책임을 회피하는 수단이 될 수 있다는 점이다. 위원회나 심의회를 통해서 정부계획을 수립·검토하는 방식은 각계 전문가 및 이해관계자들의 신중한 검토와 의견수렴을 거쳤다는 명분을 살리고, 집단적 의사결정을 통해 책임을 분산시킬 수 있다는 장점이 있다. 그러나 현실적으로는 관련 부처가 쉽게 통제할 수 있는 산하기관이나 연구기관을 통하여 사실상 관련 계획의 핵심적인 사항은 다 결정해 놓음으로써 위원회에 참여하는 전문가나 이해당사자를 거수기로 활용하는 경우도 많다(조성봉, 2006: 31).

권위주의 정권 이후에도 교육정책결정과정에서 행정기관의 영향력은 여전한 것으로 보이지만 2000년대 이후에는 국회 및 정당의 역할이 점차 커지고 있으며, 교원단체 등 이익집단과 시민단체의 영향력도 현저하게 증대되었다. 역사적 기간별로 보면 1950년대까지는 정치권의 교육정책에 대한 관심과 전문성이 낮았고 따라서 관료제적 특성이 강한 계층제 거버넌스가 지배적이었다고 할 수 있다. 그 후에 군 출신 대통령들이 통치했던 1990년대 초까지의 권위주의 정권시대에도 계층제 거버넌스는 여전히 유지되었다고 보아야 할 것이다.

그러나 자율화·세계화를 표방했던 문민(김영삼)정부, 민주주의와 시장경제를 표방했던 국민의(김대중)정부, 형평과 개방을 강조했던 참여(노무현)정부에서는 자율과 성과를 중시하는 시장 거버넌스가 대두되었다고 할 수 있다. 1990년대 중반부터 교육기관이나 교육행정기관에서도 각종 평가시스템이 도입되었고 자율화에 따른 책무성 확보기제가 강화되었기 때문이다. 평가결과는 보상이나 제재를 통해 책무성을 확보하는 수단이 될 뿐만 아니라 환류(feedback)를 통해 정책과정이나 행정의 개선으로 연결되어야 한다. 이러한 평가의 순기능이 제대로 발휘되었는지는 회의적이며 상급행정기관에 대한 평가일수록 그러하다.

이명박정부와 박근혜정부에서는 행정과정에서 규제를 상징하는 '전봇대'나 '가시'를 뽑는 규제완화 시책을 계속 추진하였고 동반성장과 공유라는 정책방향도 지속해서 강조하였다. 그러나 대통령부터 하향식 리더십과 소통부족이라는 비판을 면치 못했으므로 과연 신뢰와 참여 및 협력을 근간으로 하는 네트워크 거버넌스가 정부에서 공식적으로 표방해 온 것처럼 작동되었는지는 의문이다.

IV. 지방행정체제(교육자치제)와 운영

1. 운영체제(교육감·교육위원) 구성방식 변동

1) 중앙정부에 의한 교육감 임명제(1948~1963)

우리나라 교육자치제의 태동과정을 간략하게 살펴보면 다음과 같다(윤정일 외, 2003: 683). 8·15 해방 직후의 미군정은 해방과 함께 우리나라에 민주주의를 이식하면서 교육행정의 민주화를 촉진하기 위해 교육자치제의 실시를 구상하여 1948년 8월 12일 '교육구 설치법'안 등을 제정·공포하였다. 이 법안은 같은 해 8월 15일 정부수립으로 시행되지는 못하였으나, 1949년과 1952년에 제정·공포된 '교육법' 및 '교육법 시행령'상의 교육자치제 관련 규정의 모태가 되어 우리나라 교육자치제 실시의 밑바탕이 되었다.

교육자치제의 본격적인 실시는 1952년에 제정·공포된 '교육법 시행령'이 시행되면서부터이다. 이 기간에는 각 지방에서 다양한 형태의 교육자치가 이루어졌다. 즉, 시장, 도지사, 군수 등이 당연직 교육위원이 되고 특별시 및 시·도, 교육구 등에 따라 다양하게 교육위원을 선출하여 교육위원회를 구성하였다. 군 단위의 교육감은 집행기관이었으며, 특별시·도 단위의 교육감은 교육위원회의 사무장이었다. 그러나 1952년 6월부터 시·군 단위에서 부분적으로 시행된 교육자치제는 1961년 5·16 군사정변을 계기로 폐지되었다.

2) 시·도 교육위원회 구성 운영(1964~1990)

1964년부터는 시·도 단위에서 명목뿐인 교육자치제를 채택하여 1980년대까지 시행되었다. 제3공화국 출범 이후 군사정부는 지방의회를 해산하고 시장, 도지사, 군수 등 모든 지방자치단체장을 중앙에서 임명하여 강력한 중앙집권적 통치가 이루어졌다. 따라서 교육자치도 법적으로는 지방자치의 형식을 갖추었지만 지방의회가 구성되지 않아 실질적으로는 강력한 중앙통제하에 지방교육이 운영되었다. 그러다가 1988년 4월 시·도 단위 및 시·군·구 단위의 교육자치제를 동시에 실시토록 하는 '교육법' 개정안이 통과되어 그 본격적인 실시를 다시 준비하였다.

3) 교육감·교육위원 간선제(1991~2007) 및 교육감 직선제 (2008~2015)

1991년 3월에 비로소 '지방교육자치에 관한 법률'을 제정·공포하여 법적 토대를 마련하였고, 같은 해 8월 교육위원을 선출하고 각 시·도에 교육위원회가 구성됨으로써 30년 만에 실질적인 교육자치제를 시행하게 되었다. 그러나 교육자치단위는 광역자치단위인 시·도 단위에서만 실시하여 시·군·구의 기초단위까지 자치를 실시하는 일반지방자치와는 다르게 운영되어 왔다. 1990년대와 2000년대에 우리나라의 교육자치기구는 일반지방의회와 별도로 각 시·도에 심의·의결기구로서의 교육위원회를 두었고, 그 사무의 집행을 위해 교육감을 두었다.

그 후 지방의회가 교육위원을 선출하는 과정에서 빚어진 혼탁과 비리 문제를 시정하기 위해 학교운영위원회 대표들이 선거인단을 구성하여 교육위원 및 교육감을 선출하는 방식으로 변경되었다. 이후 2006년 개정된 법률에서는 지방교육감의 선출을 간선제에서 직선제로 바꾸었고, 동법에 의한 교육감선거는 2008년 7월 서울로부터 시작하여 연차적으로 전국에 확대되었다. 아울러 교육위원회는 준독립형 기구로부터 시·도의회의 한 분과위원회로 위상이 변화되었다.

2. 지역 교육자치 및 분권화 추이와 영향요인

우리나라 지방교육행정은 정부수립 당시부터 교육자치를 표방하여 일반행정으로부터의 분리·독립, 중앙정부로부터의 분권화, 주민자치, 전문적 관리 등의 원리가 강조되어 왔다(김종철, 1982). 교육자치제의 변천과정은 앞에서 개관해 본 바와 같이 지방교육에 대한 통제주체가 누구인가에 따라 주민자치기, 중앙정부 통제기, 학교운영위원회 통제기, 그리고 주민자치기를 거치면서 지배구조와 거버넌스 형태가 달라져 왔다.

지방교육행정에 대한 중앙정부로부터의 지시 감독과 통제를 감축하고 지방교육청의 자율성을 강화한다는 방침과 정책은 지속해서 유지되어 왔다. 그러나 아직도 충분하지 못하다는 것이 일반적인 평가이다. 예컨대 지방 교육행정기관의 행정기구 및 조직을 보면, 과거에는 대통령령으로 시·도교육청 및 하급 교육청의 명칭과 사무분장을 상세하게 규정하였으나 1998년 10월부터는 시·도교육청, 본청, 지역교육청의 구성에서 학생 및 지역인구 등 교육규모를 감안하여 내부기구를 탄력적으로 조직할 수 있게 되었다(조성일·신재흡, 2005: 72-73). 따라서 그 후에는 모든 시·도교육청이 공통필수로 두어야 하는 부교육감과 기획관리실(또는 국)을 제외한 실·국의 설치 및 사무분장은 각 지자체의 조례에 의해 자율적으로 정하고 있다. 이처럼 자치제 강화와 더불어 통제가 완화되기는 했지만 아직도 조직편제와 직급별 공무원 정원책정은 상급기관의 통제를 받고 있다. 분권화와 자율성 강화가 제대로 이루어지지 못하는 가장 큰 이유 중의 하나는 자주적인 재원의 확보가 안 되어 중앙정부에 의존하고 있기 때문이라고 할 수 있다. 지방교육재정규모의 충족성과 안정성은 크게 개선되었다. 지방교육재정교부금의 교부율은 '교부금법' 제정 당시에 내국세의 11.8%에서 2001년 13.0%, 2005년 19.4%, 2008년 20.0%, 2010년 20.27%로 상향조정되어 왔다. 이러한 교부금을 중앙정부가 각 시·도에 배분하는 과정과 기준은 과거보다 현저하게 합리적으로 개선되어 왔지만 아직도 재량에 의한 자의적인 배분의 여지가 상존하고, 특별교부금은 특히 그러하다. 교부금과 국고보조금을 포함한 중앙정부로부터의 이전수입은 2010년 기준으로 보더라도 지방교육재정 전체의 67.2%에 달하였다. 따라서 지방교육청의 자체 재원이 상대적으로 적어서 교육청 수준에서 독자적인 계획이나 사업을 추진하는 데 제약조건이 되고 있는 것이다.

3. 논의와 시사점: 지방교육자치의 성과와 과제

지난 20여 년간 지방교육자치제는 교육행정의 지방분권을 통해 주민의 참여의식을 높이고 지역의 특성에 적합한 교육정책을 추진할 수 있도록 하여 교육의 자주성·전문성과 정치적 중립성을 신장하는 데 적지 않은 기여를 했다. 그러나 우리의 교육자치제는 아직도 적지 않은 문제점을 안고 있다(주삼환 외, 2007: 229-230). 첫째, 일반자치와 달리 교육자치는 광역단위에서만 실시하고 있어 주민들의 피부에 와 닿는 교육자치를 실현하지 못하고 있다. 둘째, 과거에 독립된 위상을 갖고 있던 시·도별 교육위원회가 지방의회의 한 분과위원회로 변경되어 일반행정으로부터 분리·독립이라는 교육자치의 이념을 충분히 구현하기 어렵게 되어 있다. 셋째, 보조기관의 성격을 가진 부교육감을 교육부장관의 제청으로 대통령이 임명하는 등 지방자치에 대한 중앙정부의 통제가 여전히 지속되고 있다. 넷째, 실질적인 지방교육자치가 실현되기 위해서는 지방교육재정이 안정적으로 확보되어야 하는데 현재는 지방교육재정에 대한 중앙정부와 지방정부의 책임한계가 불분명하며 실제로 지방자치단체의 교육비 전입금이 매우 미미하다.

교육행정의 분권화와 자율화는 권한과 책임의 분담, 그리고 자원

배분이 조화롭고 균형 있게 이루어져야 하며 중앙정부로부터 시·도교육청, 지역교육지원청, 개별학교에 이르기까지 수직적인 행정계층에 따라 차례대로 이루어져야 할 과제이다. 지방교육행정에 있어 상급기관에 의한 행정적 규제와 교부금 또는 보조금을 통한 재정적 통제에 의존해서는 행정의 성과와 능률을 높이는 데 한계가 있을 수밖에 없다. 향후에는 각급 행정계층 단위기관들의 창의성과 자율성을 최대한 보장하여 독자적인 운영의 폭을 확대하고 책무성을 강화하는 방향으로 행정의 패러다임을 바꾸어 나갈 것이 요망된다.

V. 초·중등학교 행정 및 거버넌스

1. 1990년대 이전 학교운영의 자율성

정부수립 이후 1980년대 중반까지 단위학교에서는 교장이 교무를 통할하고 교사에게 지시와 명령을 내리며, 교사는 교장의 명을 받아 학생을 교육하도록 법으로 규정되어 있어서 교장만이 의사결정권을 가지고 있었다. 1980년대 이후 교육민주화의 진전에 따라 초·중등학교에 기획위원회, 인사자문위원회 등 의사수렴기구들을 운영하여 교사들이 의사결정에 참여할 기회를 가지도록 하였다. 그러나 실제로는 참여가 요식적 절차로만 이루어졌고, 교장은 민주적 참여요구를 부정하지 못하기 때문에 형식적으로 의견을 듣는 경우가 많았다. 교사들은 학교장으로 하여금 자신들의 의견을 듣고 다소간 참작하면서 최종적인 결정을 내리면 그것이 의사수렴기구에서 합의한 사항과 다르더라도 받아들이도록 강제할 수가 없었다. 따라서 교사들은 학교 내에 설치·운영된 각종 위원회가 학교경영개선에 대체로 도움을 주지 못한다고 인식하고 있었다(유현숙·정태화, 1994). 따라서 이 시기에 단위학교의 거버넌스는 계층제 거버넌스 형태가 지배적이었다고 하겠다.

학부모나 지역사회 인사들의 경우에는 학교운영에 관여할 기회가 거의 없었다. 단위학교의 의견수렴기구에 참여할 수 있는 요식적인 기회조차도 주로 교사들에게만 주어졌기 때문이었다. 학부모회가 조직되어 있었지만 그 역할이 자문, 건의, 의사결정에 미치지는 못하였고, 학교에서 요구하는 사항에 대하여 협조나 지원을 하는 정도의 역할을 수행하는 그쳤다(김영화, 1992). 더욱이 학부모회에 적극적으로 참여하는 사람은 경제적으로 여유가 있는 학부모와 학부모회 임원 등으로 한정되는 경우가 많았다.

개별학교는 지방교육행정기관인 교육청으로부터 행·재정적인 지원을 받으면서 동시에 지도·감독을 받는 위치에 있다. 교육청은 학교 교원의 인사권, 예산배정권, 평가권 등을 갖고 있다. 지난 수십 년 동안 강조되어 온 정책기조는 행정기관의 일방적인 통제를 지양하고 단위학교의 자율성을 존중하라는 방향이었다. 2010년에 각 지역교육청의 명칭을 지역교육지원청으로 변경한 것도 그러한 맥락에서였다. 그러나 아직도 초·중등학교 관점에서 보면 시·군·구 교육지원청의 학교에 대한 지원기능은 미약하고 관리, 지도, 감독 기능이 여전히 가장 많은 부분을 차지하고 있다(최영출 외, 2008: 6, 8-73)고 평가되고 있어 그러한 정책기조가 얼마나 실현되었는지는 의문이다.

2. 학교운영위원회의 설치·운영

우리나라 초·중등학교 운영체제는 전통적으로 학교장 중심의 구조였다. 그러나 1996년에 학교운영위원회 제도가 도입됨으로써 단위학교에서의 네트워크 거버넌스가 크게 강화되었다. 학교운영위원회는 학교구성 주체들에게 학교운영에의 참여기회를 부여하고 있는 열린 운영구조이다. 학교운영위원회는 당해 학교의 교원대표·학부모대표 및 지역사회 인사로 구성하는데, 위원의 정수는 5인 이상 15인 이내의 범위 안에서 학교의 규모 등을 고려하여 대통령령으로 정한다.

학교운영위원회는 시범운영을 거쳐 법제화된 지 15년째를 맞고 있다. 1996년 3월부터 시(市) 지역 이상의 국공립 초·중등학교에서부터 실시되기 시작하였으며, 2000년 3월 1일부터 자문기구로 반드시 설치하여 운영하게 되면서 현재는 모든 초·중등학교에 학교운영위원회가 설치되어 있다.

학교운영위원회는 시간이 흐르면서 제도 도입 당시보다 점차 기능이 확대되고 그 중요성이 높아지고 있다. 학교운영위원회는 단위학교 운영과정에서는 학교발전기금을 조성하는 것을 심의·의결할 뿐만 아니라, 그것을 직접 집행할 수 있는 지위를 부여받았다. 또한 대학입학 전형과정에서 학교장 추천제와 관련하여 제반 절차를 심의하기도 한다. 교육감 직선제가 실시되기 이전에는 학교운영위원들은 교육감과 교육위원을 선출하는 선거인단을 구성하기도 하였다. 최근에는 교장 공모제가 확대되면서 교장공모에 응모한 인사들을 심사하는 역할을 맡고 있다.

3. 논의 및 시사점: 학교운영위원회의 성과평가

학교운영위원회가 학교운영의 민주화를 촉진하고 투명성을 높였으며, 학교운영위원회 구성 주체들에게 교육에 대한 책무성을 새롭게 인식시키는 제도가 될 수 있음을 보여 주었다는 평가들이 있다. 학교운영위원회의 성과는 세 가지로 요약할 수 있다. 첫째로 학교운영구조 측면에서 단위학교의 폐쇄적 운영구조가 열린 운영구조로 개편되는 성과를 가져왔고, 둘째로 학교운영과정 측면에서 민주화와 투명성이 제고되고 합리적인 의사결정을 하는 데 기여하였으며 학교구성주체의 책무성이 강화되는 효과를 가져왔고, 셋째로 같은 학교구성원들에게 열린 자세로 상호 의견을 존중하게 하는 등 민주적 태도를 함양하는 학습 효과가 있었다(김성열, 2010). 결과적으로 학교운영위원회의 활성화 여부에 따라 학교교육의 질과 성과가 달라지고 학교구성원의 만족도도 달라지고 있음을 지적하는 현장연구들이 많이 나타나고 있다.

그러나 개선해야 할 과제들도 적지 않다. 무엇보다도 단위학교의 최고 의사결정체제나 거버넌스를 학교운영위원회 중심으로 재구조화해야 한다. 그리고 학교운영위원회의 기능, 구성, 운영 측면의 모델을 설립주체별, 지역별, 학교급별, 학교규모별로 다양화할 필요가 있다. 또 학교운영위원회 운영과정에서 위원들의 전문성을 높이고 정보의 공유 및 의사소통을 촉진해야 할 것이다.

VI. 미래 리더를 위한 제언

1. 요약 및 시사점

한국교육의 성장·발전과정에서는 국민의 높은 교육열과 교육비 부담이 가장 핵심적인 원동력이었지만 정부가 수립·추진해 온 주요 정책과 제도들도 지대한 역할을 해 온 것이 사실이다. 교육행정 및 정책 추진을 통해 실현하고자 한 핵심적인 사명(mission)은 〈표 9-3〉에서 보는 바와 같이 달라져 왔다. 1950년대까지 우리 교육행정의 사명은 민주적 신교육제도를 정착시키고 전후 피폐된 교육시설의 확충을 통해 교육기회를 확대하는 것이 급선무였다. 그때부터 정부는 교육여건의 확충을 위해서 지속해서 여러 차례 중기·단기 계획들을 수립·추진하였다. 또 그것을 뒷받침하는 법령의 정비와 조직법 개편도 수시로 이루어졌지만 재원의 확보는 제대로 실현되지 않았고 충실한 평가를 통한 책무성 확보 기능도 1990년대 중반까지는 미흡했다고 하겠다. 1980년대 이후 정부재정규모의 확대와 더불어 교육의 질 향상을 위한 교육환경개선과 제도적 개선 노력은 큰 진전이 있었고 고등교육확충을 위한 제도적인 개선도 추진되었다. 1970년대 이후 경세의 빠른 성장에 따라 급증한 인력수요를 충족시키기 위해 인력양성체제를 정비하고 교육의 질을 높이는 것이 교육정책의 핵심적 사명이 되었다. 1990년대 이후 정치사회적 민주화 시기를 거치면서 교육정책의 이념도 형평과 복지에 더 큰 가치를 두기 시작하였고 교육행정과정에서도 민주성과 자율성을 강화하였다. 공교육 내실화와 사교육해소는 1960년대부터 계속해서 우리 교육정책의 가장 큰 과제였지만 크게 성공을 거두지 못하였다. 교육부 장관의 잦은 교체로 인한 교육정책의 안정성 결여, 조령모개식 입시제도 변경, 과도한 행정규제, 관료적 행정수행방식 등은 지속적으로 비판의 대상이었다.

정부의 기획 및 정책과정은 1960년대 초반부터 1990년대 중반까지의 권위주의 정부에서는 경제기획원이 주관하여 일곱 차례에 걸쳐 경제(사회)개발(발전) 5개년계획을 수립·추진하였고 교육분야도 그에 부응하여 종합기획방식을 채택하였다. 그러나 문민정부 이후에는 5개년 종합계획 방식을 폐지하고 각 부처에서 세부분야별로 기본계획과 연차계획을 수립·추진하는 방식이 일반화되고 있다. 표면적·공식적으로는 관련법령을 마련한 후 주관 위원회를 설치하여 계획을 수립·집행·평가하는 과정을 거치게 되어 있어 매우 합리적인 거버넌스를 지향하는 것처럼 보이지만 실제로는 여전히 관(官) 주도적인 방식을 벗

〈표 9-3〉 교육행정(정책추진)의 패러다임 및 특징 변화

시기 패러다임 변화	정초기 (1945~1960)	산업화기 (1961~1979)	민주화기 (1980~1997)	선진화기 (1998~2015)
교육행정의 핵심적 사명	신교육제도 정비 학생수용능력 확충	교육기회 확대를 위한 제도 개혁 및 자원조달 인력양성체제 정비	교육의 질 향상을 위한 지원 확대 고등교육확충을 위한 제도 개편	인적자원개발 체제 정립 교육운영 자율화 교육복지증진
중앙정부 교육행정조직	문교부(교육·학술· 과학기술·예술·문화) 전반 관장	문교부(과학교육·교 육시설·학원문제) 담당조직 확대	교육부(1990) 체육·문화 업무 타 부처 이관	교육인적자원부 → 교육과학기술부 → 교육부
교육부 장관의 리더십 안정성	평균 재임기간 16.9개월	평균 재임기간 14.9개월	평균 재임기간 18.8개월	평균 재임기간 11.2개월
교육행정 정보화	문서에 의한 지시 보고	문서에 의한 지시 보고	NEIS 개발보급	차세대 NEIS 구축 및 안정화 정부 3.0 시동
교육정책 추진방식의 특징	법령에 규정 중기·단기 계획 추진	종합기획 및 직접 규제 자원의 동원·배분	종합기획 및 직접 규제 점진적 자율화	평가를 통한 차등 지원 조정 및 협치
정책(행정) 추진과정에의 참여 및 주체	느슨한 관주도적 추진 참여기회 제한	강력한 관주도적 추진 참여기회 제한	정치권, 언론 및 관련 이익집단의 참여 증가	국회의 권한 증대 교원관련 집단의 협상권 확대
중앙정부· 지방교육청· 일선학교의 행정계 층별 거버넌스	중앙집권적·계층적 거버넌스 시·군 단위의 지방교육자치 학교장 주도의 운영	중앙집권적·계층적 거버넌스 명목상의 지방교육자치 학교장 주도의 운영	시장 거버넌스 도입 교육자치제의 점진적 확대 학교장 주도의 운영	행정의 분권화 자율화 확대 교육감 직선제 학교운영위원회 제도 도입

어나지 못하였다. 그러나 군 출신 대통령들의 권위주의 정권들이 끝나면서, 정책추진(행정)과정에서 국회와 정당, 언론, 교직관련 집단들의 참여기회는 지속해서 확대되었으며, 특히 2000년대 이후에는 합법화된 교원노조와의 단체협상이 공식적으로 시행되었다.

정책(행정)과정에서의 거버넌스는 행정관료중심의 계층적 거버넌스

가 일반화되어 있다가, 1990년대 이후 자율과 성과를 중시하는 시장 거버넌스가 대두되었다고 할 수 있다. 교육기관이나 교육행정기관에 각종 평가시스템이 도입되는 등 자율화에 따른 책무성 확보기제가 강화되었고 교육행정정보화의 진전에 따라 행정의 효율성도 향상되었기 때문이다. 그와 함께 정책수립과정에서 정당과 언론, 이익단체와 연구기관 등의 영향력이 증대되고 있고 행정과정도 점차 개방적·참여적 정책과정으로 변화하기 시작하였지만, 신뢰와 참여 및 협력을 근간으로 하는 네트워크 거버넌스로 진환되었다고 평가하기에는 시기상조라고 하겠다. 지방과 단위학교에서의 거버넌스는 상급 행정기관들의 통제가 점진적으로 완화되어 왔고, 특히 2000년대 이후 교육감 직선제와 학교운영위원회 제도 도입을 계기로 자율성이 현저하게 확대되었다고 평가할 만하다.

2. 정책 제언

앞으로 우리나라 교육행정체제는 더욱 분권화·자율화해 나가는 것이 바람직하다. 교육부의 규제 및 감독기능을 더 줄이고 조직도 간소(slim)화할 필요가 있으며 고등교육행정의 경우 특히 그러하다. 현재의 중앙집중적이고 경직적인 교육행정체제로는 다양하고 유동적인 현장의 교육행정수요를 충족할 수 없다. 과거에 중앙정부에서 교육개혁이라는 명목하에 많은 시행착오를 겪어 왔지만, 앞으로는 교육에 대한 전국적이고 획일적인 개혁 실험을 지양하고, 지역중심, 학교현장 중심의 교육행정 및 운영체제로 개편할 것이 요구되고 있다. 무엇보다도 교육부 시·도교육청의 기능을 기획과 정책수립에 국한하고 규제 및 집행 기능을 최소화해야 한다. 이와 관련하여 교육부 장관에게는 임기제를 적용하고 초당적 교육정책결정기구를 운영하여 교육정책의 일관성, 안정성을 확보해야 할 것이다.

이에 따라 구체적인 시행방안수립과 의사결정은 현장에 가까운 하급행정단위에서 이루어지도록 최대한 기능과 권한을 이양 또는 위임해야 한다. 초·중등교육행정은 교육부로부터 교육청으로, 교육청으로부터 학교로 권한과 업무를 최대한 이양하는 것이 바람직하다. 상급행정기관의 획일적 규제를 최소화하고 일선 교육행정 주체들이 자율적으로 판단하여 실천하도록 해야 하며, 자유와 재량권이 행사된 결과에 대해서는 그에 상응하는 보상과 책임을 부과함으로써 책무성을 확보해야 할 것이다.

학교 차원에서는 학교장 중심의 책임운영제를 강화하고 대학과 초·중등학교 운영의 자율성을 최대한 보장하지 않으면 안 된다. 이와 같이 교육행정의 획기적인 분권화, 자율화를 추진하면서 행정기관 및 행정가, 교원, 직원들에 대해서는 엄정한 평가와 그에 따른 차등보상 등 책무성 제고 장치를 확립해야 한다.

정부가 법령을 통한 중·단기 계획을 통해 업무를 추진하는 방식도 각 교육기관과 교육자들의 창의와 자율을 제약하지 않는 범위 내에서 이루어져야 한다. 최근에는 과도한 의원입법과 더불어 국회기능의 비대화가 우려되고 있다. 교육정책의 수립과정 및 교육행정의 거버넌스 측면에서 정당과 여론, 언론과 이익단체 등의 견해를 최대한 반영하되 참여주체들이 상호 견제와 균형을 유지하도록 하여 교육정책이 추구하는 본질적 가치가 훼손되지 않게 하는 제도적 장치와 유도기능이 요망된다.

지방교육자치제의 지배구조 및 거버넌스를 개선하면서 운영을 쇄신하고 일반 행정과의 연계를 강화할 필요가 있다. 그리고 학교장 중심의 책임운영제를 강화하고 대학과 초·중등학교 운영의 자율성을 보장하면서 책무성을 제고할 수 있는 제도적 장치들이 강화되어야 할 것이다.

3. 리더십과 관련한 제언

교육행정분야의 리더들이 갖추어야 할 자질은 전문성과 관리능력을 갖춰야 함은 물론 공인이 지녀야 할 자세를 잃지 말아야 한다. 아울러 이 장에서의 역사적 변동 분석에서 시사하는 바를 토대로 미래의 리더들에게 다음 몇 가지를 제언하고자 한다.

첫째, 온고이지신(溫故而知新)의 정신이다. 옛것을 제대로 알고서 새로운 것을 알고자 하는 기본적인 태도야말로 행성의 안성성과 혁신성을 함께 추구하는 기초이다. 옛것을 익히는 것은 결코 과거의 선례를 답습하자는 것이 아니며 역사적 교훈을 토대로 취사선택함은 물론 리더로서 역사적 책임의식을 갖게 할 것으로 기대하기 때문이다.

둘째, 객관적 근거에 입각한 행정(evidence-based administration)을 펴 나가는 역량과 자세를 가져야 한다. 개인적인 감정이나 느낌에 의존해서는 당연히 안 될 것이며 주먹구구식의 판단이나 시행착오적이고 성급한 결정도 배제해야 한다. 그러자면 객관적인 분석에 의한 치밀한 기획을 토대로 행정을 수행하지 않으면 안 된다. 예컨대 정보의 빅데이터를 활용한 과학적 교육행정 구현 등은 여기에 크게 기여할 것이다.

셋째, 현대 학문연구에서 강조되고 있는 융·복합적인 접근방법과 종합적이고 균형 있는 판단을 활용한 행정이 이루어져야 한다. 정책을 추진하거나 행정을 펴 나갈 때 자신의 편협한 지식이나 편향된 시각을 배제하고 넓은 안목에서 합리적인 판단을 내리자면 다양한 전문지식과 견해를 종합하려는 자세와 노력이 요망된다. 이를 위해서는 많은 전문가의 도움과 조언을 구하고 다양한 이해관계자들의 의견을 반영하기 위한 노력과 제도적인 장치들을 강화해야 할 것이다. 행정조직 내에서는 물론 외부 관련 집단들과 일반 국민들과의 소통기회를 확대하고 정책(행정)과정에 참여기회를 확대하는 것은 현대 행정지도자들에게 요구되는 가장 기본적인 책무이기 때문이다.

넷째, 국민에 대한 행정서비스를 확대하고 고도화하는 데 현대적인 정보통신기술을 최대한 활용하는 노력과 리더십이 요구된다. 공공정보를 적극적으로 제공하여 국민의 알 권리를 충족시키고, 협업 및 소통과 맞춤형 서비스를 제공하는 데 새로운 정보기술을 최대한 활용해야 한다. 여기에는 행정 리더들의 진취적인 리더십과 정보통신기술에 대한 상당한 정도의 전문성이 뒷받침되지 않으면 안 될 것이다. 행정에 있어서 능동적인 참여·공개·개방·소통·협력 등을 확대하는 것은 민주주의 행정이념을 실현하는 핵심적 수단이며 무선인터넷과 스마트모바일 등 현대적 IT 기술의 활용은 그러한 가치를 실현하는 데 크게 기여할 것이다.

참고문헌

공병천(2003). 「정부기관평가제도의 탐색적 연구: 중앙행정기관평가를 중심으로」. 『한국정책학회보』 12(4).

교육개혁추진위원회(1991). 『교육발전의 기본구상』. 교육정책 자문회의.

교육인적자원부(2006). 『교육백서』.

김성열(2010). 「학교운영위원회의 법제화 성과와 전망」. 이종재·김성열·돈 애덤스 편저. 『한국교육 60년』, 서울대학교출판문화원.

김신복(1982). 「정책개발의 과정과 방법」. 강신택·김광웅·김신복·노화준·유훈·정정길. 『정책학: 과정과 분석』. 법문사.

김신복(1991). 「교육개혁 추진상의 영향요인과 저항」. 『행정논총』 34(1).

김신복(2008). 「교육정책」. 『한국행정 60년: 제3권 공공정책』. 한국행정연구원.

김신복(2011. 6. 24.). 「한국의 교육발전과정에서 정부의 역할과 정책수단」. 한국행정학회 주최 공동학술대회 발표논문.

김신복 외(1995). 『지방교육청 및 학교의 종합평가방안 연구』. 1995년도 교육부학술연구조성비에 의한 교육정책연구보고서.

김영철·김주훈·이인효·최돈민(1995). 『고등학교 평준화 정책의 개선 방안』. 한국교육개발원.

김영화(1992). 『한국교육의 종합이해와 미래구상(III): 학부모와 자녀교육편』. 한국교육개발원.

김종철(1982). 『교육행정의 이론과 실제』(제3판). 교육과학사.

대한교육연합회(1968). 『중학교 입시제도 개선방안 연구보고』.

대한교육연합회(1978). 『한국교육 오늘의 과제』.

대한사립중고등학교장회(1982). 『사학』.

백현기(1970). 「교육학에 있어서 교육연구활동이 정부정책결정에 미친 영향」. 『한국행정학보』 제4호.

송기창·이화룡·신상명(2001). 「교육환경개선특별회계 종결에 따른 평가연구」. 『교육재정경제연구』 10(1).

송희준·권효진·유효정·김상운(2008). 「교육행정정보화사업의 성과분석」. 『한국정책학회 하계학술발표논문집』 제2호.

시사상식사전(2015). 네이버 백과.

신현석·이경호(2009). 「교직단체의 역할과 기능 분석」. 『교육정치학연구』 16(2).

안병영(2003). 「한국 장관의 역할, 유형, 그리고 정책영향력」. 『사회과학논집』 33.
양정호(2004). 「한국 교육부 장관에 관한 연구」. 『교육행정학연구』 22(4).
유현숙·정태화(1994). 『교육자치제에 따른 학교경영체제 개선방안 연구』. 한국교육개발원.
윤정일·김병주·김영철·김윤태·윤종건·이현청(2003). 『교육개혁론』(교육행정학 전문서 11). 도서출판 하우.
은재호·이광희(2009). 『국가 거버넌스 연구』. 한국행정연구원 협력 갈등관리 총서. 법문사.
이종재·김성열·돈 애덤스 편저(2010). 『한국교육 60년』. 서울대학교출판문화원.
이종재·이차영·김용·송경오(2012). 『한국교육행정론』. 교육과학사.
정부3.0추진위원회(2016). http://www.gov30com.kr.
정부업무평가위원회(2016). 국무총리실. http://www.evaluation.go.kr.
조성봉(2006). 『정부계획과 시장경제의 왜곡』. 한국경제연구원.
조성일·신재흡(2005). 『한국 교육행정발달사 탐구』. 집문당.
조영기(2005). 「교육(인적자원)부 정관의 임용관련 요인과 리더십에 관한 연구」. 『한국교육』 32(1).
주삼환·명제창·신봉섭·이명주·이석영(2007). 『교육행정 및 교육경영』. 학지사.
최영출·김민희·박수정·박정수·이기우·김현주·연준모(2008). 『지역교육청의 조직 및 기능개편연구』. 충북대학교 지방교육연구소.
한국교육개발원(1978a). 『고교평준화시책 평가연구』.
한국교육개발원(1978b). 『교육발전의 전망과 과제』.
한국교육개발원(2013). 『KEDI 2013 연차보고서』.
한국교육개발원(2016). 「한국의 학교평가제도」. 『학교평가』. http://www.eval.kedi.re.kr.
한국교원단체총연합회(1982). 『요람』.
한국교원단체총연합회(1996). 「교육개혁 평가」(미간행물).
한국사학재단연합회(1981). 「교육정책과 사학육성 건의」(미간행물).
한국정보화진흥원(2010). 「정부2.0 시대의 공공정보 및 공공서비스 활성화 전략」. 『CIO Report』 21.
행정조사연구소(1974). 「교육혁명: 1968년의 중학입시폐지」. 『한국행정사례집』.
행정조사연구소(1979). 『한국행정에 있어서 문교행정의 위치』. 1978년 학술연구조성비에 의한 보고서.

Hirschman, Albert O.(1975). "Policymaking and policy analysis in Latin America: A return journey." *Policy Science*, 6.

Meuleman, I.(2010). "The cultural dimention of metagovernance." *Public Organization Review*, 10(1).

Sharkansky, I.(1978). *Public Administration: Policy Making in Government Agencies*. Rand McNally.

10장 /

교육재정제도 및 정책의 변동

천세영

I. 서론: 대한민국 교육재정의 역사적 유산

대한민국은 20세기 후반 세계사에서 유례없는 인류 역사의 한 페이지를 작성했다. 세기 초에 들어 대한민국의 선조들은 500년 민족국가의 멸망에 이은 36년간의 식민통치를 겪었다. 이후 주변 외세 강대국 간의 힘에 눌려 남북 간 민족 분단과 3년간의 동족상잔 전쟁의 비극을 겪었으며 세계에서 가장 가난한 나라로서 국민들은 굶주림과 추위에 허덕여야 했다. 그럼에도 불구하고 대한민국은 1948년 8월 15일 자유민주주의 국가로 건립되어 북한의 공산사회주의 체제로부터의 끊임없는 위협과 대립을 겪으면서도 근면과 성실을 무기로 국민적 노력에 노력을 거친 결과 이미 1980년대부터 동아시아 신흥공업국(Newly Industrializing Countries, NICs)의 하나로 우뚝 섰으며 1998년 OECD 가입에 이어 2010년 G20회의를 서울에 유치함으로써 명실공히 세계 20대 강대국의 반열에 올라섰다. 세계사는 이를 '대한민국의 기적(Korean miracle)'이라고 한다.[1]

대한민국 기적을 설명하려는 많은 시도와 연구가 있었지만 가장 유력한 설명 중의 하나는 교육기적 혹은 교육혁명 가설이다.[2] 즉, 대한민국의 기적은 대한민국 교육기적을 제일 동력으로 하여 가능했다는 것이다. 이 가설이 맞다면 그다음 설명은 대한민국 교육기적을 설명해야 한다. 이 장은 이를 대한민국 교육재정으로 설명하려는 시도이다.

---

1 이명희는 이를 대한민국 혁명이라 하며 그 동력을 교육혁명이라 한다. 이에 대한 내용은 이돈희 외(2015) 참조.

2 대한민국 발전에 있어서 교육의 역할에 대한 본격적 조명은 KDI의 연구를 통해서이며, 이후 슐츠(T. W. Schultz)와 베커(G. S. Becker)가 주창한 인간자본론이론과 교육경제학 분야 연구에서는 한국이 가장 뚜렷한 사례로 사용되어 왔다. KDI의 연구는 McGinn & Kim(1981) 참조.

대한민국 교육재정 70년사의 궤적을 살펴보면 일단 이 역시 세계사에서 유례가 없는 기적으로 보인다. 그러나 모든 실제는 우주적 보편성과 함께 개체적 특수성을 동시에 갖고 끊임없이 환경과의 상호작용을 통해 생존하고 진화해 간다. 즉, 대한민국의 교육재정 70년사에도 보편사적 요소와 특수사적 요소가 모두 게재되고 있다. 여기서는 먼저 그러한 보편사로서 1948년 정부수립 이전 대한민국의 교육재정사가 출발하기 전에 축적되어 있었던 자원을 살펴보려고 한다.

재정은 경제현상이며 경제현상은 투입된 자원과 비용에 경제주체의 노력을 더하여 부가적 가치를 생산하는 활동이다. 따라서 경제주체로서의 대한민국 교육재정은 1948년 정부수립 초기에 가지고 있었던 자원을 슬기롭게 활용하여 이후 기적적인 규모의 생산을 달성한 사실로 규정되어야 할 것이다.

정부수립 초기의 대한민국 교육재정은 표면적으로 볼 때는 제로 상태라고 볼 수 있으나 내면적으로 볼 때 전혀 그렇지 않았다. 즉, 장부상으로는 0이나 금전적으로 셀 수 없었던 무형 재원들이 많았으며, 70년이 지난 현시점에서 판단했을 때, 그것은 크게 세 가지로 볼 수 있다. 첫째는 일제강점기를 포함하여 조선 이전의 선대로부터 물려받은 유산이며, 둘째는 미군정기에 형성된 미국형 교육자치제도이며, 셋째는 농지개혁을 포함한 민간교육자원의 형성이다.

첫 번째 자원은 대한민국의 근대교육은 서양의 그것과는 다른 역사적 유산이다. 비록 근대교육은 서양에서 탄생하고 조선 말 갑오경장(1894)의 일환이자, 고종의 을미개혁(1895)으로 발표된 교육입국조서를 통해 도입되었지만, 대한민국의 선조들이 축적해 온 교육유산은 짧은 시기에 싹을 틔울 수 있었다. 서양의 근대교육이 교회로부터 국가와 사회 영역으로 세속화되고 1648년 베스트팔렌 체제 이후 탄생한 국민국가 시대의 국민교육을 위한 정치적 제도로서의 속성을 가진 것과는 달리, 처음부터 교육은 인간의 보편적 권리이자 조건으로서 받아들여졌으며 교육열의 근원이 되었다. 그뿐만 아니라 그것이 개인의 권리였던 만큼 교육은 사적 영역과 공적 영역 간의 구별도 없었고, 자연스럽게 빈산의 교육열은 사립학교와 같은 민간자원의 참여영역이 되었고 1960년대 이후 국가 주도의 경제개발계획에 따른 산업화 인력공급 장치로서 역할을 하는 데 아무런 장애를 만들지 않았다. 근대 초기와 일제강점기를 통해 형성된 교육열은 건국 후의 의무교육과 보편교육 기회 폭발을 위한 씨앗이었다. 강길수(1980: 200-204)는 "한국에 의무교육제를 펴려고 하는 논은 국력의 여하를 돌보지 않는 유견(謬見)이고, 돌연히 일본의 문운 융성한 상태를 동경하여 안광이 아직 그 근원이 국부의 정도에까지 투철하지 못했다고밖에 할 수 없다"면서 당시 한국인들의 교육적 열망에 비해 그것을 충족하기 위한 재원이 얼마나 부족하였는가 대해 평가를 내리고 있다.

두 번째 자원은 대한민국 교육재정의 핵심적 근거라고 할 수 있는 지방교육재정교부금제도가 미군정기에 소위 '교육자치 3법'으로 잉태되었다는 사실이다. 미군정 3년은 대한민국 교육의 원형이 만들어지는 매우 중요한 시기였는데 그 가운데 핵심 과제 중의 하나는 지방교육자치제의 완성이었다. 이를 두고 많은 논의가 진행되었으며 8·15 정부 수립 직전까지도 해결이 되지 않자 당시 미군정사령관 딘(W. F. Dean) 소장은 '한국인을 위한 선물'이라는 표현을 써 가며, 이른바 '교육자치 3법(교육구의 설치, 교육구회의 설치, 공립학교 재정경리)'을 8월 12일에 발표해 버렸다.[3] 이는 향후 1949년 교육법상의 교육자치제 골격을 이루고 많은 우

3 미군정 초기의 교육자치제 성립에 관해서는 정태수의 연구를 통해 많은 역사적 사료가 집적되었는데, 그의 연구는 또한 오천석(1975), 이호성(1954), 김종철(1989)의 연구 결과들에도 힘입었다.

여곡절을 겪으면서도 안정적 교육재원의 확보에 큰 기여를 하게 되었다. 이러한 지방교육자치제는 일면 선진외국제도의 적극적 수용이라고 할 수 있는데 대한민국의 초기교육재정 형성기에서 해외로부터의 지원 또한 빼놓을 수 없다. 특히 한국전쟁을 겪으면서 더욱 본격화된 해외로부터의 교육원조는 부족한 교육재원을 긴급수혈하는 효과를 톡톡히 해냈다.[4]

세 번째의 자원은 단연 민간교육재원의 형성이었다. 사실 민간교육재원은 조선 말엽부터 시작된 근대학교 운동이 민족사학과 기독교계 미션사학들에 이미 초기 형성사를 구성하였으며, 정부수립 초기에는 농지개혁에 따른 대지주들의 학교설립 운동으로 이어졌다. 그러나 민간사학재단들은 주로 학교설립에 따른 초기투자재원은 감당하였으나 이후의 학교운영에 필요한 실질적 재원은 학부모 중심의 후원회, 사친회, 육성회 등으로 이어지는 수익자부담재원에 의해 지지되었다. 그뿐만 아니라 오늘날도 대한민국 교육의 난제로 남아 있는 사교육비 재원도 이때부터 형성되기 시작했다고 보아야 할 것이다.

이와 같이 대한민국 교육재정 70년사는 역사적 유산은 물론 시대적 조건과 맞물린 복합적 자원을 활용하여 스스로 창조적으로 진화한 역사이다. 이 장에서는 이러한 진화사를 교육재원의 확보사, 배분사,

---

4 초기교육재정에서 유무상 해외원조는 중요한 역할을 했다. 그러나 그 규모는 다른 개발도상국들에 비해서는 적었다고 보며, 특히 1970년대 이후 경제발전이 본격화되면서 무상원조는 거의 사라지고 최소 규모의 유상원조 곧 차관이 들어왔으며 '1969~1982년 사이에 도입된 교육차관의 총규모는 공공차관과 상업차관 총액의 약 2.33% 정도이며, 동 기간 문교예산의 3.86%'에 달했다. 차관사업들은 대체로 교육의 질 향상과 관련된 대체로 기자재 구입과 같은 극히 제한된 분야의 특수하고 긴요한 교육재정사업들에 투자되었는데 대체로 그 영역은 ① 교육용 실험실습기자재 구입, ② 연구용 기자재 구입, ③ 외곽시설 건축, ④ 의과대학 및 부속병원용 기자재 구입, ⑤ 교수 및 교사훈련으로 구분된다(문교부 교육차관사업종합평가단, 1983: 91, 399).

그리고 운영사로 구분하여 살펴보고자 하며, 앞의 세 가지 측면이 부득이 초·중등 보통교육에 보다 치중되어 있기 때문에 고등교육을 포함하여 최근 새롭게 등장하고 있는 교육복지 재정분야를 부가적으로 살펴보고자 한다.

그리고 마지막으로 대한민국 교육재정의 지난 70년 발전사가 지속가능하기 위해서 현재 곳곳에서 드러나고 있는 재정문제를 어떤 방향으로 해결해 가야 하는 입장에서 미래지도자를 위한 정책적 제언 형태로 제시하고자 한다.

II. 교육재원확보제도의 성립과 발전

1945년의 해방과 1948년의 정부수립은 1950~1953년의 전쟁과 분단으로 이어졌고 남은 것은 대한민국이라는 잿더미 국가였다(천세영, 2013). 독립은 쟁취했지만 무일푼 국가의 살길은 오로지 교육밖에 없었다. 다행히 해방과 더불어 한글학회가 주도한 한글교과서 보급운동과 세종대왕의 기적적인 선물인 훈민정음 덕택에 순식간에 대중적 문해국가로 변신할 수 있었으며, 이는 이어 1954~1959년의 6개년 의무교육완성계획이 성공적으로 실천되는 밑거름이 되었다.

문제는 재원이었으며, 더 큰 문제는 재원을 조달할 수 있는 정부의 재정수단이 사실상 전무했다는 것이다. 미군정의 영향으로 만들어진 미국식 교육자치제는 제도적 골격만 갖추었을 뿐 그에 따른 재정기반은 보잘것없었다. 호별세부가금과 특별부과금만으로는 필요한 재원을 감당할 수 없었다. 이 시기의 재정사정에 대한 연구문서는 찾아보기가 매우 어렵지만 최초의 교육재정연구서라고 할 수 있는 백현기 박사의 『교육재정』(을유문화사, 1963)에 따르면 당시의 재정이 경제빈곤과 인플

레이션이 겹쳐 빈한하기 짝이 없었음을 짐작할 수 있다.

이처럼 빈한한 대한민국의 교육재원이 현재 수준에 이르기까지는 공공 및 민간 분야에서의 독창적인 제도와 장치들이 창안되고 발전되어 왔다. 여기서는 이를 공공재원과 민간재원으로 구분하여 살펴보려고 한다.

1. 공공교육재원의 확보

전후복구 작업이 진행되면서 교육재원의 안정적 확보에 대한 논의가 본격적으로 활성화되고 그 결실로 오늘날까지 한국교육재정의 골간이 된다고 할 수 있는 두 가지의 법정재원확보제도가 1958년에 만들어진다. 그 하나는 '교육세법'이며 두 번째는 '의무교육재정교부금법'이다. 제1차 '교육세법'은 4·19 혁명과 5·16 군사정변의 소용돌이 정부교체시기에 실질적인 효과를 거두지 못했으나, 이후 1981년의 한시교육세, 그리고 1991년 방위세 재원을 물려받으면서 영구교육세로 정착되었다. 교육세 재원은 물론 그 규모 면에서는 전체 교육재정의 일부분만을 담당해 왔지만 적어도 국가가 교육재정만은 안정적으로 확보해야 한다는 점에서는 그 어떤 세원보다 조세저항이 가장 적은 징세제도로 정립되어 왔다.[5] '교육세법'과 함께 만들어진 '의무교육재정교부금법'은 그 제도적 법적 근원을 1948년 8월 12일의 '교육자치 3법'에 두고

5 '교육세법'의 탄생과정에 대한 연구는 지방교육재정교부금법의 경우와 함께 송기창(2012~2013 한국교육재정경제학회장)의 박사학위논문 「지방교육재정정책 변천과정 분석연구」(1994)에 가장 상세히 분석되었으며, 원시자료로는 허성득의 「교육세법에 대한 구상」(『문교월보』 제22호, 1956)과 고광득의 「교육세법의 구상」(『문교월보』 제40호, 1958)이 있으며 박남기의 석사학위논문 「교육세 평가를 위한 준거모형 탐색」(1986)도 귀중한 자료이다.

있는바, 곧 지방교육자치의 정신에 근거하여 지방, 곧 자치교육구의 일차적 교육사무였던 초등의무교육을 위한 재정지원을 목적으로 설계되었으며, 이후 여러 차례의 발전을 거쳐 오늘날 한국교육재정의 골격인 지방교육재정교부금의 원조가 되었다.

1) 교육세제도의 성립과 발전

(1) 교육세제도의 의의

교육세는 용어의 정의상 교육을 위해 징수하는 세금이다. 그러므로 엄밀히 말하면 조세이론에서 말하는 바의 대표적 일반세인 소득세, 소비세, 재산세와는 다른 특별 목적세이며, 당연히 목적세의 신설과 존치를 둘러싸고는 일반 재정 이론과 실천 분야에서는 많은 논란이 이루어진다. 그런데 대한민국 교육재정 70년사에서 차지하는 교육세의 의의는 그것이 건국 초기에서부터 필요성이 천명되었다는 사실에 있으며 비록 처음부터 도입은 안 되었으나 1958~1961년까지의 1차 교육세 시기, 1981~1990년까지의 2차 한시교육세 시기를 거쳐 1991년 이후 영구교육세로 정착되는 과정을 거치면서 대한민국 교육재정에서 핵심 재원의 근간으로 자리잡았다는 점이다. 물론 교육세를 통해 확보된 재원의 규모는 1차 교육세는 시행도 못되고 폐기되었으며 2차 교육세는 한시세로서는 1982년 첫해 10.3%였고 영구교육세로 전환한 1991년 21.7%로 출발하여 2000년대 이후는 〈표 10-1〉에서 보는 것처럼 30%를 넘게 된 것처럼(송기창 외, 2012: 139) 내국세 규모에 비해서는 작다고 해야 할 것이나 그 상징성 면에서는 매우 소중한 재원임이 분명하다.

〈표 10-1〉 교육세 징수실적과 지방교육재정 대비 비중 추이(1982~2000) (단위: 억 원, %)

연도	교육세 징수실적			지방교육 재정총액 (C)	비율	
	교육세 (A)	담배소비 세전입금	합계 (B)		A/C	B/C
1982	1,979	–	1,979	19,193	10.3	10.3
1983	2,631	–	2,631	22,238	11.8	11.8
1984	2,848	–	2,848	24,343	11.7	11.7
1985	3,211	–	3,211	27,187	11.8	11.8
1986	3,724	–	3,724	30,104	12.4	12.4
1987	4,093	–	4,093	32,964	12.4	12.4
1988	5,123	–	5,123	36,687	14.0	14.0
1989	4,134	1,800	5,934	42,700	9.7	13.9
1990	5,213	2,276	7,489	56,845	9.2	13.2
1991	15,321	2,414	17,735	70,734	21.7	25.1
1992	18,223	2,426	20,649	92,666	19.7	22.3
1993	20,789	2,525	23,314	97,004	21.4	24.0
1994	25,396	2,361	27,757	111,746	22.7	24.8
1995	29,931	3,080	33,011	126,244	23.7	26.1
1996	42,242	3,084	44,326	152,208	27.8	29.1
1997	53,985	3,222	57,207	173,548	31.1	33.0
1998	52,031	3,252	55,283	167,318	31.1	33.0
1999	52,969	3,099	56,068	182,529	29.0	30.7
2000	59,237	2,991	62,228	193,181	30.7	32.2
합계	403,080	32,530	434,610	1,659,439	24.3	26.2

주: 교육세 징수실적과 지방교육재정 총액은 결산기준(2000년은 예산기준).
자료: 송기창(2001).

(2) 교육세제도의 발전과정

교육세제도는 세 차례의 변화를 거쳤다. 즉, 1958년의 1차 교육세에 이은 1982~1990년까지의 한시교육세를 2차 교육세라고 한다면 1991년 방위세가 교육세로 세목이 변경되면서 수립된 영구교육세를 3차 교육세라고 할 수 있을 것이다.

1958년 1차 교육세제도는 사실상 1960년과 1961년 두 해 동안 거의 유명무실한 수준으로 작동되었고 1961년 세제개편과 지방교육자치제도와 함께 폐지되고 말았다. 그럼에도 불구하고 1차 교육세제도가 대한민국 교육재정사에 차지하는 의미는 매우 중요하다. 정태수(1992)에 따르면 1945년 해방과 1948년 건국 이전까지 미군정은 대한민국 교육제도와 정책의 근간을 사실상 확립하였으며 그중에서도 가장 중요한 것이 1948년 8월 12일의 미군정 사령관 딘 소장에 의해 발표된 '교육자치 3법'이며 그중에서도 중요한 것이 '교육재정에 관한 공립학교재정경리령'이다. 물론 1949년 '교육법'이 실제 제정·발효되는 과정에서 미국형 교육자치제의 원형이 모두 실현되지는 못했지만 그 원리는 이후 대한민국 교육재정정책사의 원리적 기반이 되었다. 1958년 교육세는 한국전쟁이 끝난 후 의무교육의 발전과 완성을 위해 수립된 1954~1959 의무교육완성 6개년계획의 실행 과정에서 반드시 필요했던 재정적 대책이었다. 물론 내무 당국과 교육 당국 간의 지방교육자치제를 둘러싼 치열한 다툼 가운데 1952년부터 논의가 시작되었던 교육자치단체 곧 교육구회의 자율적 재정수단으로서의 교육세는 1958년 말에 가서야 겨우 법령적 골격을 갖추었으며 교육세를 통해 확보된 재원은 '의무교육재정교부금법'을 통해 집행되는 얼개를 갖추었다. 그러나 이마저도 연이은 4·19 혁명과 5·16 군사정변으로 지방교육자치제와 함께 중단되었으며 더욱이 1961년 전반적인 세제 개편에 따라 교육세제도 또한 폐지되고 말았다. 그럼에도 불구하고 1958년 1차 교육세는 이후 교육자치제가 부활되고 2차 한시교육세와 영구교육세가 만들어지기까지의 교육재원 확보를 위한 소중한 정책적 자산이 되었다.

1982~1990 2차 한시교육세는 1980년 7·30 교육개혁의 일환으로

시작된 제5공화국 교육개혁의 산물이다. 1971년 종전의 지방교육교부세와 의무교육교부금을 통합하여 지방교육재정교부금을 제정하였으나 제1차 오일쇼크의 대응책으로 수립된 1972년 8·3 경제긴급조치에 따라 1년을 못 넘기고 내국세 대비 12.98%(11.8% 보통교부금과 1.18%의 특별교부금)의 경상교부금 확보가 중지되었다. 그 결과 이후 10여 년간 중학교 무시험제도와 고교평준화제도로 인해 급속히 늘어난 중등교육 규모에 비해 교육재정은 빈핍 일로에 빠지게 되었다. 1981년 시작된 제5공화국 정부의 교육정책 제1조는 당연 교육재정 긴급확보 대책에 놓였다. 무엇보다도 먼저 내국세 교부율의 환원은 별다른 반론 없이 이루어졌다. 그러나 피폐한 교육환경개선을 위해서 턱없이 부족한 재원마련을 위한 특단의 대책이 요구되었으며, 그 결과 1982~1986년 5년간 연간 3,000여 억 원 규모 총 1조 5,000억 원을 목표로 한시교육세제도가 교육-내무-재무 당국 간의 치열한 논의를 거쳐 성립되었다. 이 재원은 교육환경개선특별회계로 특별 관리되어 낙후된 교육환경을 개선하는 데 집중투자되었으며 월 10만 원의 교직수당을 신설함으로써 교원의 처우개선 재원으로 활용되었다. 비록 재원의 규모는 크지 않았으나 2차 교육세의 재정투자는 낙후된 교육여건을 개선하는 긴급수혈 효과를 거두었으며 그 결과 1986~1991년까지 1회에 한해 연장되었으며, 1990년에 이르러 1991년 이후의 영구교육세제로 발전하는 발판이 되었다고 평가된다.

1991년 영구교육세제도의 성립은 건국 직후 성립되었던 지방교육자치재정의 근간인 교육세제도의 완성을 의미한다. 물론 2016년 현재도 교육세 재원은 총 교육재원의 30% 내외를 차지하는 2차 재원이기는 하나, 지방교육재정교부금제도와 함께 한국교육재정의 양대 재원을 차지하게 된 주요 재원이다. 그런데 영구교육세제의 확립은 약간은 우연적 상황변화의 결과라고 볼 수 있는바, 곧 구소련연방에 의한 동구권 몰락과 독일 통일로 이룩된 갑작스런 세계 정치지형의 데탕트화가 가져온 국방비 감축 무드의 산물이었다. 베트남의 멸망과 함께 찾아 왔던 국방력 강화 전략에 따라 1975년 도입된 방위세는 세제정책적 목표를 어느 정도 달성한 측면도 있지만 무엇보다도 1990년에 이르러서는 더 이상 존속되기 어려운 조세저항을 받게 되었으며 그 돌파구가 방위세의 교육세로의 세목 변경이었다.[6] 결과적으로 1990년 방위세는 폐지되고 1991년부터 교육세로 세목이 변경되었지만, 세원과 세율은 거의 그대로 승계되었다. 이로 인해 영구교육세제의 성립이 교육재원 확보를 위해 실질적 효과를 거두었느냐에 대해서는 당시 많은 반론에 직면하였지만(한국교육연구소 지방교육재정연구위원회, 1991) 건국 직후부터 숙제였던 대표 교육재원제도로서의 교육세제의 완성이라는 의미는 분명하였고 이후 교육재정이 실질적으로 안정적으로 확보되는 데 기여한 것은 분명하다. 그뿐만 아니라 7·30 교육개혁안의 일환으로 성립된 'GDP 5% 공교육재정 확보'라는 국가교육재정의제가 성립되기 시작했던 것과도 궤를 같이하기도 했다.

6 영구교육세제도의 성립과 함께 영구교육세를 통해 확보된 재원의 운영을 위해 잠시 이를 지방교육양여금제도를 운영한 바 있다. 지방교육양여금은 1990년 12월 21일 제정된 '지방교육양여금법과 국세와 지방세의 조정 등에 관한 법률' 제5조 제2항에 근거하는 것으로 교육세 중 교육환경개선특별회계에 전출금액을 제외한 전액을 재원으로 하여 국가가 특별시·광역시 및 도의 교육행정기관에 양여하는 금액으로 설정했는데, 결국 이 재원은 지방교육재정교부금 산정식에서 기준재정수입액에 먼저 산입되는 회계적 편의에 불과했다. 결국 지방교육재정의 재원을 단순화시켜 재정운영의 투명성을 제고하기 위하여 2005년 1월 1일부로 폐지하고, '지방교육재정교부금법'에 의한 교부금의 재원으로 통합하였다. 실제 지방교육양여금 배분 기준은 해당 연도의 전전 연도 11월 1일 현재의 특별시·광역시·도의 인구 비율로 정하고 필요적 조정을 하였는데, 국가의 특정한 수입을 지방에 분배한다는 점에서 교부금과 별다른 차이가 없었던 것이다.

2) 지방교육재정교부금제도의 성립과 발전

(1) 지방교육재정교부금제도의 의의

지방교육재정교부금제도는 1958년 의무교육재정교부금제도가 최초로 성립되고 1971년 지방교육재정교부금제도로 골격이 완성되어 2016년 현재까지 여러 단계를 통해 발전되어 왔다. 무엇보다도 이 제도야말로 대한민국 교육기적의 든든한 버팀목이었다고 평가되어야 한다. 교육재정의 안정성 측면에서 법정재원이라는 확실한 기반을 갖추고 있어서 충분성 측면에서는 국가경제의 성장과 함께 교육재정의 최소 필요량을 확보하는 제도였다.

(2) 지방교육재정교부금제도의 발전과정

지방교육재정교부금제도는 첫째 그 재원의 부과 방법에 따라, 둘째 재원의 부과 목적에 따라 여러 차례의 변화를 겪었다. 첫째 재원부과방법에 따라서는 크게 지방세 등 특정 세목에 부과하던 시기에서 내국세 시기를 거쳐 교육세 병과 시기, 그리고 지방정부재원분담기로 구분되며, 둘째 교원봉급교부금과 경상교부금의 분리와 통합 부과 시기로 또한 초등교육과 중등교육 교부금의 분리 통합 부과 시기로 구분해서 살펴볼 수 있다.

① 재원의 부과방법에 따른 변화

송기창(2001)은 지방교육재정교부금은 그 부과대상 세원에 따라 지방세 부과기(1945~1958), 목적세 부과기(1958~1961), 특정 국세 연계기(1962~1967), 내국세 연계기(1968~1981), 목적세 병과기(1982~2000), 지방교육세 병과기(2001~2004), 지방교육재정교부금 통합교부기(2005~현재)로 구분하였다. 이를 재원의 성격에 따라 세 시기로 재구분하면 특정 세목기는 1945년부터 1967년까지, 내국세 도입기는 1968년 이후, 그리고 1982년부터의 교육세 병과기에 이어 2001년 이후의 지방재원 분담기로 나눌 수 있다.

첫째, 특정세는 처음 건국 초기의 지방세 부과기(1945~1958)로서 지방세 부가 형태로 교육재정을 확보하던 방식인데, 이는 사실 일제강점기에 도입되어 시행되다가, 1958년 8월 '교육세법'이 제정됨에 따라 폐지된 시기를 말한다. 1949년 12월 22일 제정된 '지방세법'은 제46조에서 지방세인 호별세 부가 형태로서의 목적세를 규정하였고, 며칠 후 제정된 '교육법'에서도 지방교육재원으로 교육세(호별세부가금), 특별부과금 등을 제도화하였다. 1958년 1차 교육세가 잠시 도입되었던 목적세 부과기(1958~1961)가 있었는데 이는 사실상 실효를 거두지 못했다. 즉, 1958년 '교육세법'의 제정으로 호별세부가금, 특별부과금 등 지방세에 의존하던 방식에서 교육목적세를 부과해 보려 했으나, 1961년 12월 '소득세법'이 제정되어 자동 폐지됨으로써 4년 만에 사라지게 되었다. 목적세로서 교육세가 부과되기는 하였으나, 특별시와 시의 경우에는 교육세의 부과·징수권이 여전히 일반 지방자치단체에 있었고, 종전의 호별세부가금과 특별부과금의 세원을 100% 흡수하지 못하고 사친회비를 징수할 수 없게 됨에 따라 의무교육재정규모 면에서는 별다른 실익이 없었다.

교육세와 제1종 토지수득세의 폐지로 '의무교육재정교부금법'이 1962년 4월 24일에 법률 제1063호로 전문 개정됨에 따라 교육재원은 특정 국세에 부과되기 시작했다. 특정 국세별로 살펴보면, 의무교육재정 보통교부금은 소득세의 100분의 42로, 기준재정 수요액에서 기준재정수입액과 소득세의 42% 해당액을 합한 금액을 감한 금액, 특별교부금은 기준재정 수요액 중 기본 급여(제수당 포함)를 감한 금액의 30/100 이내의 금액으로 하였다. 기준재정 수요액의 산정방법은 각 시행령으로 정하도록 되어 있었으며, 기준재정수입액의 산정방법은 입장세액의 50%에 해당하는 환부금과 기타 수입의 예상액으로 하였다.

1965년의 개정(법률 제1727호, 1965. 1. 20.)에서 입장세 환부금제도가 폐지되고, 소득세 교부율이 100분의 40에서 100분의 50으로 상향 조정되었으나, 1966년 개정(법률 제1858호, 1966. 12. 27.)에서는 소득세와 입장세가 부가세 재원을 흡수함에 따라 세수가 증대되었다는 이유로 소득세와 입장세의 교부율이 100분의 50에서 100분의 40 이상 100분의 50 이하로 하향 조정되었다. 한편, 1963년 '지방교육교부세법'이 제정·공포되었는데, 이 법은 지방자치단체가 부담해 오던 중등학교 교직원 봉급의 전입금 해당액을 국가에서 교부하는 제도를 마련하기 위하여 제정되었다. 지방교육교부세의 재원은 종래의 '지방교부세법(법률 제931호, 1961. 12. 31.)'에 의해 지방교부세 재원으로 확보되던 영업세, 입장세, 전기·가스세의 40%에 해당하는 금액과 주세 중 탁주·약주세의 85%에 해당하는 금액에서 입장세액의 40%와 약·탁주세액의 42%를 전환한 것이다. 이 시기는 국세, 특히 소득세는 계속 신장되는 시기였으므로 국세에 의한 교육재정의 확보는 재정규모 확대에 기여했다고 평가된다.

둘째, 지방교육재정교부금이 본격 궤도에 오른 것은 내국세 연계기(1968~1981)이다. 1968년 7월 19일 '의무교육재정교부금법(법률 제2035호)'과 '지방교육교부세법(법률 제2036호)'의 개정으로 특정 국세가 내국세 총액의 일정률로 변경되었다. 지방교육재원의 모세가 특정세인 관계로 매년 세입추계와 예산편성 과정에서 논란의 대상이 되고 있어 내국세 총액과 연계 산출토록 개정된 것이다. 개정 '의무교육재정교부금법'에 의하면, 의무교육교원봉급교부금 외에 보통교부금은 내국세의 105/1000, 특별교부금은 보통교부금의 10%(내국세의 1.05%)에 해당하는 금액으로 정해졌다. '지방교육교부세법'의 개정은 중등교육인구의 증가에 따른 중등교육시설 확충재원 확보와 공무원 처우개선비 부담률의 증액 등으로 발생한 막대한 재정결함을 보전하기 위하여 이루어졌다. 교부세 재원을 내국세 총액으로 하여 보통교육교부세의 교부율을 내국세 총액의 1.3%(특별교육교부세 0.13%)로 하였다.

셋째, 목적세(교육세) 병과기(1982~2000)는 1972년 8·3 긴급조치로 인한 교육재정의 손실로 악화된 교육여건을 개선하기 위해 1981년 말에 도입된 한시교육세가 제정됨에 따라 교육재원이 내국세와 교육세에 병과된 시기를 말한다. '교육세법'은 1981년 말 제정된 이후로 운용시한의 연장, 담배 판매세의 제외, 방위세원 흡수 및 영구세와 소주에 대한 교육세 부과, 법조항 정비, 과세대상 확대 등의 개정이 있었다. 내국세 재원은 '지방교육재정교부금법의 개정(법률 제3561호, 1982. 4. 3.)'에 의해서 8·3 긴급조치 이전의 교부율을 회복하였으나 12.98% 중 보통교부금 11.8%만을 회복하고, 나머지 특별교부금 1.18%는 회복하지 못함으로써 교육세 신설 효과를 감소시킨 점은 있다.

마지막으로 2000년에는 지방교육세가 신설되었고 이에 따른 지방교육세 병과기(2001~2004)가 시작된다. 그동안 지방교육재정의 책임은 국가의 역할이었으며, 목적세로 국가가 재원을 조성하여 지방에 양여해 왔다. 그런데 기존의 국세 세목 중 일부인 등록세, 재산세, 종합토지세, 자동차세, 주민세(균등할) 등에 부과되던 교육세가 지방교육세로 전환되었으며, 담배소비세와 경주마권세(현재 레저세액)에 부과되던 교육세는 지방세로 되면서 세율도 일부 인상 조정되었다. 그리고 이는 모두 지방자치단체가 징수하여 일반회계에 계상, 교육비 특별회계로 전출하도록 하였다. 또한 2000년 말 '지방교육재정교부금법' 개정에서는 2001년부터 시·도세 총액전입금 규모를 2.6%에서 3.6%로 상향 조정하였으며, 그동안 서울·부산에만 부담하였던 중등교원 봉급을 대구·

인천·광주·대전·울산·경기도에서도 중등교원 봉급의 10%를 교육비 특별회계로 전입하게 되었다.

사실상 본격적인 지방세에 의한 교육 재원 조달은 1990년 말 교육세가 확충되어 교육세원에 지방세의 일부가 포함되면서 시작되었다. 이 시기는 내국세와 교육세의 병과기라고 볼 수 있으나 교육세가 독립세로 부과되지 못하고 지방세와 국세 부가세 형태로 부과되고 있어서 교육의 필요에 따라 재원이 확보되는 것이 아니라 교육세가 부가되는 지방세나 국세의 필요와 변화에 따라 교육세 자체가 변화되는 문제가 있었다. 또한 교육세 총액이 교육이라고 하는 목적 사업재원의 전체를 포괄하지 못하고 극히 일부분만을 충당하고 있기 때문에 엄밀한 의미에서 목적세라고 말하기 어려웠다. 단지 국민들의 조세 저항을 줄이기 위하여 조세저항이 적은 교육세라는 명칭을 붙였을 뿐이고 실제로 조세의 운영은 일반조세와 다를 바가 없다. 따라서 이 시기는 목적세가 부과되었다는 것보다는 지방세원에서 다시 교육재원이 조달되기 시작했다는 점에 더 의의가 있다. 1990년 말에 방위세가 폐지되면서 지방세분 방위세를 전액 교육세원으로 흡수함에 따라 결과적으로 지방세로부터 교육재정을 조달하게 된 효과를 갖게 되었다.

② 재원의 부과 목적에 따른 변화

지방교육재정교부금의 정책목표는 글자 그대로 지방교육재정의 안정을 도모하는 것이다. 교육은 기본적으로 지방정부의 사무로 건국 초기에서부터 천명되었기 때문에 국가는 그 지방정부 사무가 온전히 이행될 수 있도록 지원하는 입장에 있었다. 재원의 부과 목적에 따른 지방교육재정교부금의 변천은 크게 두 가지 측면, 곧 교원급여안정을 목적으로 한 봉급교부금의 설치와 통합 그리고 초등의무교육의 완성 지원을 위한 '의무교육재정교부금법'과 이후 중등교육으로의 교육기회확대를 위한 '지방교육재정교부금'으로의 통합으로 구분하여 살펴볼 수 있다.

첫째, 1958년 최초로 성립된 '의무교육재정교부금법'에서부터 재원 형성의 최우선 목표는 의무교육기관에 종사하는 교원보수의 안정적 보상이었다. 이는 1968년에 탄생한 '지방교육교부세법'에서도 중등교육기관 봉급교부금을 구분 확보하는 선례를 낳았다. 봉급교부금과 별도로 부과확보된 경상교부금 재원도 실질적으로는 봉급 이외의 각종 교원수당으로 지출되었다. 그러나 2000년대를 전후로 재정운영의 효율성을 목적으로 한 통합교부의 필요성이 높아짐에 따라 2005년부터 봉급교부금과 경상교부금이 통합되었다.

이는 정부혁신지방분권위원회가 발표한 재정개혁 로드맵(2003. 7. 20.)에 의한 지방세제도 개편에 그 뿌리를 두고 있다. 국가 전체적으로 재정운용방식을 개편하여 재정 당국이 예산총액배분 자율편성제도를 도입하여 분야별 부처별로 재원을 총액배분하면 각 부처는 지출한도 범위 내에서 자율적으로 재원을 배분하도록 변화되었다. 이에 따라 국가가 지원하는 종전의 봉급·경상·증액교부금을 경상교부금으로 통합하여 경상교부금의 교부율을 종전의 내국세의 13%에서 19.4%로 인상하였으며, 국세교육세를 재원으로 한 지방교육양여금제도도 폐지하여 교부금의 재원으로 통합하였다. 지방자치단체가 부담하는 재원에도 변화가 있었는데, 국가가 봉급교부금을 폐지하고 경상교부금에 통합한 것과 같은 취지로 종전의 중등교원에 대한 봉급전입금(서울 중등교원봉급의 100%, 부산 50%, 기타 광역시 및 경기도 10%)을 폐지하고, 시·도세 전입금에 통합하여 전입금 비율을 인상하였다. 종래의 시·도세 전입금 비율이 모든 시·도에 동일하게 3.6%였으나, 봉급전입금을 통합하여 서울은 시·도세의 10%, 광역시 및 경기도는 5%로 인상되었다. 2006년 말 개정된 '지방교육재정교부금법'은 경상교부금의 교부율을 종전의 내국세의 19.4%에서 20%로 인상하여 2008년도부터 시행하도

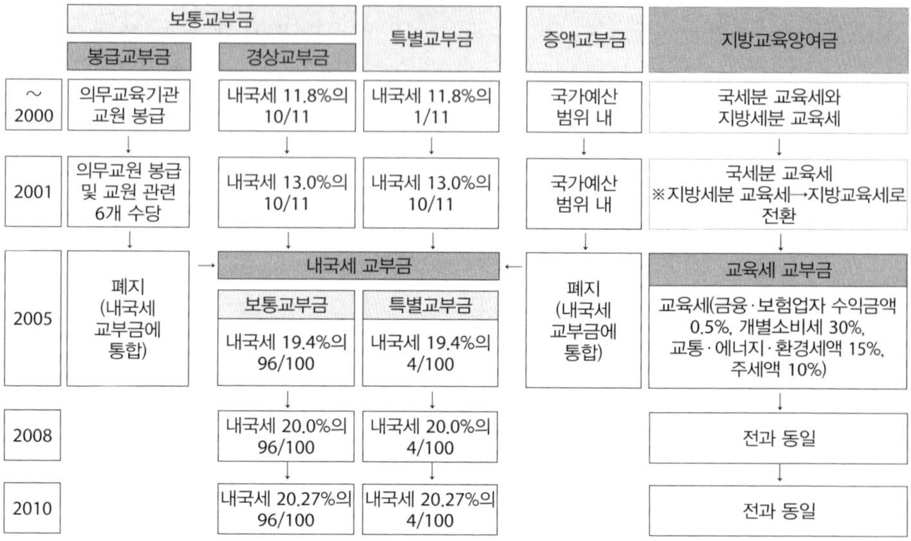

〈그림 10-1〉 2000년대 이후 지방교육재정교부금의 재원구조 변화

자료: 송기창·윤홍주(2011: 17).

록 하였고, 이후 2010년도 개정에서 현재의 20.27%로 다시 조정되었다. 〈그림 10-1〉은 2000년대 이후 교부금의 재원구조별 변천사항을 일목요연하게 정리한 도표이다.

둘째, 1971년의 '의무교육재정교부금법'과 '지방교부세법'의 통합은 1968년 중학교무시험제도와 1973년 고교평준화제도로 급격히 확대한 중등교육재정 재원 보전에 대한 대책으로 평가된다. 1958년에 제정된 '의무교육재정교부금법'은 분명 초등의무교육의 완성에 분명한 기여를 했다고 평가되며, 그것은 곧 순차적인 중등교육보편화를 위한 재정기제가 필요했으며 이는 결국 1971년의 '의무교육재정교부금법'과 '지방교육교부세법'을 통합한 '지방교육재정교부금법'의 탄생으로 나타났다. 물론 그것이 재정규모의 변화도 아니었으며 더군다나 시행된 지 1년도 안 되어 1972년 8·3 긴급조치에 의하여 법정교부율의 효력이 1982년까지 정지됨으로써 오히려 심각한 교육재정난의 원인이 되었다는 평가도 있다. 그렇지만 궁극적으로는 이후의 국가경제의 지속적 성장이 이루어짐으로써 통합된 지방교육재정교부금은 분명히 초·중등교육의 발전에 기여를 했으며 이후 유아교육과 교육복지 재정수요가 급증하는 현재도 안정재원 확보의 근간이 되고 있다.

3) 자치단체교육경비보조금제도의 발전

건국기에서 오늘에 이르기까지 '교육자치 3법'에 의해 천명되어 온 대한민국 교육행정체제의 염원이요 숙제는 '완결된 지방교육자치제'이며 그 핵심 요소 중 하나는 교육자치단체의 재정자립이다. 광역자치단체 수준의 재정책무는 지방교육세와 지방세분 전입금제도의 도입을 통해 적어도 제도적으로는 기반이 마련되었으나 기초단체 수준의 재정책무는 오랜 숙제였다.

그런데 교육자치단체의 교육재정 책무에 대해 법적 논쟁이 제기되면서 2004년 지방교육비 부담을 둘러싼 논란에 대해 헌법재판소가 '공동부담'의 원칙을 주요 판결사항으로 제시함으로써 큰 계기가 마련되었다(조석훈, 2009; 김민희, 2011). 의무교육을 포함한 지방교육에 대해서는 중앙정부는 물론이고 지자체 또한 권한과 함께 책임이 있고, 그에 소요되는 비용에 대해서는 공동부담을 하는 것이 마땅하다는 것이다. 지방교육재정부담 주체들의 역할은 지역 주민들의 교육받을 권리를 실질적으로 보장하며, 교육격차를 해소하여 교육기회균등을 구현하고 책무성을 담보할 수 있어야 한다는 것이다. 이러한 판결 이후 '지방교육자치에 관한 법률'과 '지방교육재정교부금법'의 개정을 통해 이 원칙은 법적으로 수용되고 강화되었다.

그 결과 2000년대에 들어서면서 최근 지방교육에 대한 지자체의 책임은 점차 확대되어 왔으며, 특히 기초광역을 막론하고 자치단체들의 지역주민 대상 평생교육에 대한 투자 확대와 무상급식 논쟁 이후 더욱 확대되는 계기가 마련되었다. 지방교육자치제의 틀 속에서 시·도지사는 권한은 없고 지방교육비에 대한 책임만 진다는 불만과 함께 부담을 최소화하려는 소극적 자세를 가지는 경우가 많았으나, 최근 지방자치가 확대되면서 지방교육에 대한 관심과 지원 규모가 커지고 있고, 지원 내용 또한 다양화되고 있다.

4) GDP 5% 공교육재정 의제의 성립

마지막으로 대한민국 교육재원 확보를 성공으로 이끈 또 한 축의 재정정책은 이른바 GNP 5%(1996년 OECD 가입 이후 GDP로 기준 변경) 국가의제였다. 이는 1987년 교육개혁심의회(1987: xi)가 처음 제기하였다. 교육개혁심의회 제46차 전체회의(1987. 9. 15.)에서는 교육재원확충방안의 기본전제로 "GNP 대비 문교예산비율을 현재의(1987) 3.34%로부터(매년 0.01%씩) 증대시켜 목표연도(2001)에 4.74%까지 확보해야 한다"고 의결하였다. 이후 이른바 87체제 이후 민주화가 전반적으로 진행되고 88올림픽 이후 급속한 경제성장의 과실이 사회에 넘치면서 1993년 문민정부의 등장과 더불어 선진국 수준으로 교육환경 및 교육여건을 개선하고, 성공적 교육개혁을 추진하기 위해서 안정적인 재원확보가 필수라는 공감대가 교육계를 넘어 정치권에 형성되기 시작하였다. 이 결과 1987년 대통령 자문기구인 교육개혁심의회는 GNP 대비 5% 교육재정 확보방안을 발표하였고, 각 당이 제14대 대통령 선거 공약으로 이를 채택하기에 이르렀다. 김영삼 대통령은 대선공약 이행과 5·31 교육개혁을 추진할 수 있는 재원을 확보할 수 있도록 국무총리를 위원장으로 하는 교육개혁추진위원회를 구성하고, 교육개혁추진실무 위원장인 국무조정실장이 교육재정 관련 차관(당시 재정경제원, 내무부, 교육부, 건설교통부 차관) 협의를 통해 1995년 8월 30일 GNP의

3.68%(1995년 기준)에 불과한 교육재정을 1998년까지 5% 규모로 확대할 계획을 확정 발표하였다. 이를 위한 후속조치로 관계법령을 제·개정하였고, 1998년 GNP 5% 교육재정이 확보된 수 있도록 예산까지 편성하였다. 그러나 외환위기로 4.36%의 확보에 그쳤다. 그러나 이후에도 GDP 5% 공교육재원 확보 의제는 대선공약으로, 교육재정문제가 크게 부각된 것은 교육재정 부족에 대한 교육계의 의견을 수렴한 결과라고 볼 수 있다.

2016년 현재에도 공공재정규모는 5%를 넘어서지 못하고 있다. 그럼에도 불구하고 교육재정의 부족이 논의될 때마다 항상 이는 국정어젠다로서 언제든지 등장할 수 있는 동력을 이제까지 그래왔던 것처럼 향후에도 가지게 될 것으로 전망한다.

2. 민간재원의 참여

대한민국 교육재정에서 차지하는 민간재원의 비중은 절대적이라고밖에 할 수 없다. 그것은 크게 세 부문으로 나뉘어 참여해 왔다. 첫째는 사립학교이며, 둘째는 학부모가 부담하는 이른바 수익자부담금적 경비로서 학교기관에 납부하는 공식적 납입금과 후원금이며, 셋째는 사교육비이다. 세 부문 모두 건국 초기부터 공공재원보다 규모와 비중면에서 더 컸으며 70년이 지난 오늘날에도 그 경향은 지속되고 있으며 그 공과에 대한 평가도 엇갈리고 있다. 그럼에도 불구하고 그 공과에 대한 평가와 관련없이 역사적 사실을 기록한다는 관점에서 공공재원과 함께 대한민국 교육재정의 양축의 하나로서 지대한 역할을 담당해 왔던 민간재원에 대해서 살펴보아야 한다.

1) 사립학교의 재정적 참여

한국교육재정정책의 관점에서 볼 때 사립학교는 유치원에서부터 대학에 이르기까지 전 영역에서 주도적인 교육서비스 공급자로서의 위상을 갖는다. 건국 초기부터 국가의무교육이 시행되었던 초등학교와 1980년대에 들어서야 국가의무교육이 완성된 중학교를 제외하고 유치원과 고등학교와 대학 단계에서는 3분의 2 이상의 사립학교가 교육기회 제공에 참여해 왔다. 사학의 참여를 공급 측면으로 해석한다면 이와 같은 공급이 이루어진 것은 그에 마땅한 수요, 곧 교육열이 있었다는 것을 의미한다. 그리고 정부는 교육시장의 공급과 수요가 만날 수 있는 정책 환경을 제공했었을 것이라는 가설이 성립된다. 그러나 사실 이와 같은 현상에 대해 간헐적으로 분석이 안 된 건 아니지만 체계적인 평가는 아직도 미흡하다. 대체적으로 사립학교의 재정투명성과 재정취약성을 중심으로 다소 비판적 평가가 이루어졌다. 그러나 전 세계적으로 보아 한국교육의 성공 요소이기도 하고 특성요소이기도 한 교육열만으로 사학의 팽창을 설명하는 데는 한계가 있다.

그렇다면 어떻게 해서 다른 나라와는 달리 유독 대한민국에서는 사립학교의 팽창과 사립학교를 통한 재정 동원이 가능했을 것인가? 이를 설명하기 위해서는 한국교육을 설명하는 중요한 코드 중 하나는 교육열이며 교육열은 학부모의 교육비 부담의지라는 점을 상기해야 하고, 이때 이러한 교육열은 사립학교 설립운동의 근본 동인이 되었음이 쉽게 추론된다. 실제로 대한민국의 교육열은 조선몰락과 일제침략기로 이어지는 근대교육의 맹아기에 사학설립운동으로 나타났으며 일제강점기에서의 억압된 국민교육열은 해방 직후 재점화되었다. 국가가 해야 할 일은 사립학교 설립주체들이 교육수요자의 교육욕구를 합리적으로 수용할 수 있도록 정책환경을 조성하는 것이었으며 이는 국가공공재원이 극도로 빈핍했던 시기에 유용했던 돌파구이기도 했다.

여하튼 사립학교의 팽창은 사립학교를 통한 교육재정의 확보와 배분이 관여되었음을 의미한다. 사립학교를 통한 재정확보는 결국 학부모 부담 납입금재원과 설립자인 사립학교의 법인전입금 그리고 정부의 재정지원을 통해 이루어진다. 여기서 학부모 부담재원과 정부재정지원은 각각 공사립학교를 막론한 학부모 부담재원 확보 관점과 정부의 재정배분정책 대상으로서의 사립학교 재정결함지원 정책의 대상으로 다루어진다. 그러나 사립학교 설립자인 법인이 부담해 온 법인전입금 재원은 대한민국의 교육재정정책사에서 독특한 현상으로 인식될 필요가 있다.

사학재단 전입금은 사학재정의 건실한 운영 수단으로 사학재단으로부터 이전되는 재정을 말한다. '사립학교법' 제5조에 의하면, 사립학교 설립법인은 그가 설치·경영하는 학교에 필요한 시설 및 설비와 당해 학교경영에 필요한 일정 규모의 재산을 보유해야 하는 것으로 규정되어 있다. 또한 학교법인은 사학경영에 필요한 재산 중에서 수익을 목적으로 토지, 건물, 주식, 예금, 국·공채 등의 수익용 기본재산을 연간 학교운영경비의 10배 이상에 해당하는 규모로 확보하고 동재산에서 발생하는 수익의 80%를 그가 설치·경영하는 학교의 연간 운영경비에 충당하도록 되어 있다(학교법인의 학교경영 재산기준령 제2, 3, 5조). 이처럼 사학재단이 그가 설치·경영하는 학교에 일정 규모 이상의 전입금을 투입하도록 설계되었다.

2) 학부모 부담재원

나민주(1999)에 따르면 민간재정의 참여 과정에는 사립학교는 물론 학부모 부담재원이 또한 큰 몫을 했음을 알 수 있다. 학부모 부담재원은 학교에 공식적으로 납부하는 수업료와 각종 후원금 외에도 1980년대 이후 가장 큰 사회적 이슈가 되어 온 사교육비의 형태로 나타났다. 그런데 먼저 살펴보아야 할 것은 공교육비, 곧 공공회계절차를 통해 집행되는 재정의 수입원으로서 학부모 부담금 또는 납입금의 규모는 막대하였으며, 그것을 뒷받쳐 준 재정의 원리는 수익자부담의 원칙이라고 할 수 있다. 한편, 학부모 부담금의 종류 또한 크게 세 가지로 분류해 볼 수 있는데, 곧 교육서비스에 대한 직접구매비용이라고 할 수 있는 수업료와 교육기관에 대한 학부모들의 후원금 성격의 육성회비 또는 기성회비와 마지막으로 학교발전기금이라 불리는 비정형적 기부금이다.

첫째, 학부모가 부담하는 수업료는 무상의무교육으로 시작된 초등학교를 제외하고는 건국 초기부터 모든 국공립과 사립의 중·고등학교와 대학이 수익자부담원칙이라는 이름으로 교육서비스에 대한 직접 대가로 징수한 재정이다. 1985년부터 도서지역을 시작으로 2002년에는 전국으로 중학교까지 무상의무교육이 확대되면서 중학교에서의 수업료 징수는 중지되었고 최근 고등학교 단계까지의 확대가 논의되고 있으나 지난 70년간 분명 학부모 부담 수업료는 민간교육재원의 제1주자였음이 분명하다.

둘째, 수업료보다 사실 더 큰 규모를 차지한 학부모 부담 공식 교육비는 초·중등학교에서는 육성회비로 불리고 대학에서는 기성회비로 불렸던 '학부모 자율협찬금' 성격의 후원금 재정이었다. 육성회(대학은 종전대로 기성회 존치)는 1970년 3월의 새학년을 계기로 공식 발족한 제도로서 종래 후원회(1945), 사친회(1952), 기성회(1963) 등으로 이어져 온 학부모 부담에 의한 교육재원을 개편 부활시키기 위한 것이었다. 1954~1959년 의무교육완성계획을 수립하고 1958년 교육세가 도입되었던 것은 해방과 건국 후 10년도 안 되어 초등학교 취학률은 100%에 육박하였지만 그것은 무늬만 무상의무교육이었을 뿐 학교시설도 대부분 지역주민들의 토지는 물론 물자 지원으로 이루어진 경우가 많았으며 무엇보다 교사 급여를 포함한 운영비의 80%는 학부모 후원금으로 이루어지고 있었다. 전쟁이 끝나고 국가재정이 안정되면서 최소한의 국가재정 투자를 보장하자는 의미에서 1958년의 교육세와 의무교육교부금제도가 성립되었던 것이다. 그러므로 수업료 이외의 학부모 후원금은 실질적 교육재원이었던 것으로 판단된다.

1960년대 이후 사정은 조금 나아졌지만 이와 같은 초·중등학교에서의 각종 잡부금들은 모두 빈핍한 학교경비를 보조하기 위한 편법적 수단들이었으며 1970년 육성회비가 도입되던 당시에 이런저런 종류의 잡부잡종금의 종류는 무려 70여 가지에 이르러서 징수를 둘러싼 교사와 학생-학부모 간의 불미스러운 사건들도 끊이지 않았다(천세영, 1990). 여하튼 이렇게 해서 공식적인 학교후원금제도로 등장한 육성회비는 초등학교의 경우는 시골지역에서는 1972년부터 단계적으로 폐지되어 6대 도시에서만 징수해 오다가 1997년 완전히 폐지되었으며, 1998년 학교운영위원회로 학교육성회가 이름을 바꾸면서는 학교운영지원비라는 명목으로 징수되었지만 이 역시 중학교무상의무교육가 확대되면서 최종적으로는 2000년대에 들어서 중학교에서도 완전 폐지되었지만 아직 고등학교에서는 존속되고 있다.[7]

셋째, '초·중등교육법' 제31조에서 규정한 바에 따라 학교운영위원회가 설치되었으며, 학교운영위원회는 학교발전기금을 조성할 수 있도록 하고 있다. 학교발전기금은 ① 기부자가 기부한 금품, ② 학부모 등으로 구성된 학교 내외의 조직·단체 등이 그 구성원으로부터 자발적으로 갹출하거나 구성원 외의 자로부터 모금한 금품의 접수일 경우 기금 조성이 가능하도록 하였고, 그 사용목적은 ⓐ 학교교육시설의 보수 및 확충, ⓑ 교육용 기자재 및 도서의 구입, ⓒ 학교체육활동 기타 학예활동의 지원, ⓓ 학생복지 및 학생자치활동의 지원에 한정하고 있

7 2021년부터 고등학교까지 무상교육이 확대 실시되면서 모두 폐지되었다.

다. 학교발전기금은 큰 틀에서 보면 일종의 자발적 기부금에 해당되는데 학교는 지역유지, 동문, 기업가, 학부모, 기타 독지가 등으로부터 기부금을 유치하여 학교재정의 확충과 안정화에 크지는 않지만 소중한 역할을 해 온 것으로 평가된다.

3) 사교육비의 위상

한국교육재정에서 가장 애매한 위치에 놓여 있는 것은 사교육비이다. 엄밀한 의미에서 사교육비는 교육재정의 대상도 아니며 주체도 아니다. 그러나 사교육비는 늘 공교육비와 함께 우리 교육재정정책의 핵심에서 벗어나 본 적이 없다. 1977년 사교육비 조사가 공식적 연구로 시작된 이후,[8] 그리고 2008년 통계청에 의해 본격 국가통계로 조사되고 오늘에 이르기까지 사교육비의 규모는 늘 공교육비 총규모에 버금가는 규모로 나타났다. 대체로 공교육비 규모가 민간부담을 포함하여 GDP의 7%를 약간 넘는 데 비해 사교육비 규모 또한 5%를 넘는 규모이며 고등교육 부문을 제외한 초·중등교육 단계에서만 비교하자면 공사교육비의 규모는 거의 1:1에 이른다.

매번 정부가 들어설 때마다 사교육비 경감공약을 내세웠지만 실질

8 초기 주요 사교육비 연구와 총량기준 규모는 다음과 같음(공은배·천세영, 1992: 59).
- 1969: 천년수·김재범·최종진, 『연간 투입되는 교육비 총액 추정』, 중앙교육연구소(총액 736억, GNP 4.46%).
- 1977: 윤정일·박종열, 『교육재정의 현황과 문제: 교육비분석연구』, 한국교육개발원(총액 4,015억, GNP 2.22%).
- 1982: 김영철·공은배·이윤식, 『교육투자규모와 적정단위교육비』, 한국교육개발원(총액 2조 1,376억 원 GNP 4.13%).
- 1985: 공은배·한유경·강태중, 『교육투자규모와 수익률』, 한국교육개발원(총액 4조 6,960억, GNP 6.59%).
- 1992: 공은배·천세영, 『한국의 교육비수준』, 한국교육개발원(총액 9조 4,270억, GNP 6.79%).

적인 성공을 거두었다고 평가된 적은 없다. 사교육비에 의해 제공되는 사교육의 교육적 역할과 의미는 유보한 채로 순전히 재정적 규모 측면에서만 본다면 분명 막대한 국민재원이 사교육비라는 이름으로 투자되고 있고, 사교육비가 문제된다는 것은 그 효율성에 대한 의문의 제기일 것이다.

3. 논의와 시사점

교육재정확보정책사의 요점은 재원의 안정성과 충분성이다. 건국 초기의 국가의 재정확보 역량은 사실상 제로에 가까웠으며, 그것은 정부부문과 민간부문 모두 마찬가지였다. 그러나 70년 교육재정사는 무에서 유를 창조하듯 안정적이고 충분한 재정확보에 기적적인 성공을 거두었으며, 이는 세계사의 사례를 찾기 어렵다. 이러한 성공이 가능했던 것은 결과적으로 대한민국만의 고유한 교육재정정책사적 노력과 결실이 있었다고 평가해야 할 것이다. 여기서는 이 절에서 살펴본 교육재원확보 정책사의 요점 중심으로 살펴보고 미래의 발전 전망과 과제에 대한 시사점을 도출해 보고자 한다.

첫째, 교육재정정책 성공을 이해하기에 앞서 역사문화적인 유산과 건국 초기의 미국을 비롯한 국제사회의 지원을 소중한 자산으로 삼았다는 것을 인정할 필요가 있다. 전통적으로 내재된 국민적 교육열과 근대 초기의 민족교육운동사는 정부가 선도하는 교육재정 동원과정에서 효과적인 재정참여 동인이 되었다. 또한 미국을 비롯한 국제사회로부터 선진교육적 제도와 정책을 자문받고 국내 사정에 맞게 번안해 낼 수 있었다.

둘째, 정부재원과 민간재원이 상호 협응하였으며, 특히 초기 국가재정력이 부족할 때는 민간재원이 효과적인 교육재원 동원에 참여하였다. 우선 정부재정정책은 지방교육재정교부금제도라고 하는 매우 안정적인 법정재원 제도를 여러 차례의 개선 과정을 거치면서 완성하였으며, 특히 교육세제와 GDP 5% 공공교육재정 확보라는 국가의제를 동시에 확립시킴으로써 공공 교육재원 투자의 국가사회적 합의를 이룩해냈다. 한편, 민간재원의 경우는 수익자부담원칙이 건국 초기에 정착됨으로써 부족한 공공재원을 보전하였으며 사립학교의 팽창을 통한 재정확보는 물론 비대해지기까지 한 사교육비 재정까지 모두 대한민국 교육재원 규모를 형성하는 데 거대한 구조를 형성하기에 이르렀다.

셋째, 이상과 같은 재정확보의 변천사적 특징은 대체로 건국 초기에는 GDP 곧 국가경제규모를 기준으로 했을 때 초기에는 민간재원이 큰 역할을 했으나 점차 공공재원의 규모가 커져 왔다는 점이다. 또한 그럼에도 불구하고 여전히 민간교육재원의 규모는 2000년대 이후에도 세계에서 가장 많은 민간교육비 부담률을 보이고 있으며, 더구나 여기에 사교육 규모까지 포함한다면 그 규모는 훨씬 커질 것으로 추정된다.

대한민국 교육재정사는 1991년 영구교육세를 도입한 이전과 이후로 크게 구분해 볼 때 충분재정 확보기 전후로 설정해 볼 수도 있을 것이다. 말하자면 1945년 건국에서 1948년 건국을 기점으로 대체로 약 50년간은 공공재정규모의 절대 부족 문제를 해결하는 시기였다면 이후는 새로운 재정수요에 대한 대응과 합리적인 재정배분을 위해 노력하는 시기로 볼 수 있을 것이다. 그러나 전기에 비해 후기의 재정정책은 오히려 많은 문제를 드러내고 있다. 실제로 GDP 5% 공공재정 확보 의제는 GDP 6% 제안까지 등장할 정도로 획기적인 재정확충 필요성이 국가사회적 합의 수준에 이르렀으나 정책실현은 되지 못하였고 사실상 현재로서는 실종되어 버린 상태이다. 〈표 10-2〉는 지난 70년간의 교육부 예산을 GDP 및 정부예산 대비 비중(%)으로 나타낸 것인데 여기서 보듯이 2010년의 경우에도 교육부 예산만을 기준으로 하

〈표 10-2〉 GDP 및 정부예산 대비 교육비 추이 (단위: 100만 원, %)

연도	GDP(A)	GDP 성장률	정부예산(B)	교육예산(C)	B/A	C/A	C/B
1953	47,300	–	6,068	159	12.8	0.3	2.6
1955	113,100	4.5	28,143	2,633	24.9	2.3	9.4
1960	243,100	1.2	41,995	6,381	17.3	2.6	15.2
1965	798,100	5.7	94,652	15,331	11.9	1.9	16.2
1970	2,775,000	8.8	446,273	78,478	16.1	2.8	17.6
1975	10,478,000	7.3	1,586,931	227,925	15.1	2.2	14.4
1980	39,110,000	−1.9	5,804,061	1,099,159	14.8	2.8	18.9
1985	85,699,000	7.5	12,532,361	2,492,308	14.6	2.9	19.9
1990	191,383,000	9.3	22,689,432	5,062,431	11.9	2.6	22.3
1995	409,654,000	8.9	54,845,022	12,495,810	13.4	3.1	22.8
2000	635,185,000	8.8	93,937,057	19,172,027	14.8	3.0	20.4
2005	919,797,000	3.9	134,370,378	27,982,002	14.6	3.0	20.8
2010	1,265,308,000	6.5	211,992,599	41,627,519	16.8	3.3	19.6

주: 1. 정부예산 = 일반회계+지방양여금관리특별회계+지방교육양여금관리특별회계
2. 교육인적자원부예산 = 일반회계+특별회계
3. 1956년 자료는 1955년과 함께 표기되어 있음.
4. GDP는 명목 국내총생산을 의미하며, 1953~1969년은 1975년 불변가격 기준, 1970~1999년은 2005년 불변가격 기준, 2000~2010년은 2010년 불변가격 기준임.

자료: 1. 교육예산은 한국교육개발원(각년도).
2. GDP는 한국은행 경제통계시스템(http://ecos.bok.or.kr/) 2014년 11월 24일 인출.
3. 오성철 외(2016).

면 GDP의 3.3% 수준에 머무르고 있을 뿐이고, 여기에 지방정부 전입금, 고등학교 및 대학에서의 수업료 수입 등을 모두 합친 공교육투자 총규모로 산정할 때 5% 수준에 겨우 이르고 있을 뿐이다. 이는 그동안 많은 국가재정 확보가 이루어졌음에도 불구하고 여전히 GDP 5% 공교육재정은 미완의 과제로 남아 있고 학부모 재원 의존도가 높은 실정임을 증명하고 있다.

그런데 최근 급격히 늘어난 유아교육재정을 비롯하여 고교무상교육, 반값 등록금, 무상급식과 무상보육과 같은 교육복지 재정수요는 기본교육재정을 압박하는 상황에 이르고 있다. 또한 고질적인 문제인 사교육비 비대화도 공공재정의 절대 규모 부족으로 인한 재정실패라는 관점을 일부 인정한다면 분명 대한민국의 5% 수준 공공재정 규모는 다시 한번 획기적인 확충이 필요하다고 보아야 할 것이다. 특히 21세기 디지털교육과 스마트교육 혁명이 진행되면서 새로운 수준의 교육인프라 혁신이 필요하고 이를 위한 재정수요가 급격히 늘어나고 있음에도 불구하고 여전히 전통적인 교육환경만을 고집하고 있다. 더구나 최근 학생 수 감소로 초·중등학교의 소규모화가 진행되면서 재정 당국에서는 새롭게 늘어나는 교육재정 수요를 재정배분의 효율화를 통해 기존 재원 규모 안에서 해결할 수 있다는 입장을 보이고 있다.

사실상 교육재정의 수요와 재원의 크기는 절대적 규모가 정해져 있지 않고 국가사회가 교육발전 전망을 어떻게 설정하는가에 따라 달라진다. 지난 70년간의 역사는 도저히 국가재정으로는 감당하기 어려운 교육재정 수요를 민간재정의 보완을 통해 해결하였다. 그리고 그 결실이 오늘날과 같은 경제발전이다. 21세기는 전혀 새로운 도전을 요청하고 있으며 이제 대한민국은 세계 선진국으로서 따라잡는 나라가 아니라 앞서 나가는 나라가 되어야 하며 그에 따른 교육발전 전략도 새롭게 세워야 한다. 이를 위해서는 지난 70년 역사의 교훈에 입각하여 혁신적 교육투자 전략이 수립되어야 하고 그것은 또 한 번의 획기적 교육재원 확충으로 뒷받침되어야 하며, 그 재원은 이제 더 이상 민간재원이 아닌 공공재원으로 감당되어야 할 것이다. 이런 점에서 볼 때 GDP 5% 국가 의제를 다시 살려 GDP 6% 의제로 발전시켜야 할 것이다.

III. 교육재정배분제도의 발전

교육재정배분은 확보된 재원을 각각의 교육재정 주체들에게 정책목표 달성을 위해 합리적으로 각각의 몫을 나누어 주는 것을 의미한다. 여기서 첫째로 교육재정주체[9]를 어떻게 규정할 것인가, 둘째로 교육재정 주체별 재정배분의 목적과 가치를 어디에 둘 것인가에 따라 교육재정 배분제도의 형성과 발전 과정은 달라진다고 볼 수 있다.

첫째, 대한민국 교육재정주체는 최상위에 국가를 대표하는 중앙정부와 그 아래 지방자치단체를 대표하는 지방정부 그리고 최종 단위에는 교육기관인 학교로 구성된다. 다만 최종 단위인 학교에는 지방정부가 설립 주체인 공립학교 이외에 독립된 민간사학법인이 설립 주체인 사립학교도 존재하나, 통상적으로 사립학교 또한 공립학교에 준하여 교육재정배분의 대상이 되기 때문에 수준으로 보면 통상 단위학교재정주체에 해당한다. 여기서 최상위 주체인 중앙정부는 대체적으로 재정의 확보 주체로서 하위 주체인 지방정부와 학교로 재정을 배분하는 책무를 지고 있기 때문에 재정배분은 상위 재정주체가 하위 재정주체에게 필요한 재정을 배분하는 것을 의미한다. 그러므로 재정배분은 1차적으로는 중앙정부가 지방정부에 배분하는 정부 간 재정배분[10]과 2차적으로는 지방정부가 학교에 배분하는 학교재정배분으로 구분된다.

둘째, 교육재정배분의 목적과 가치는 국가와 정부 교육정책의 목적과 가치와 일관된다. 그런데 근대국가교육제도의 운영 원리는 대체로

9 교육재정주체는 education finance unit을 의미하는데 이때 unit은 단위로 번역되기도 하여 교육재정주체는 교육재정단위 혹은 교육재정기구라는 말과도 같은 의미로 쓰인다.

10 지방정부는 또 하나의 자치단체로서 자체재원 수단을 가지고 있으며 자연히 지방정부 간 재정력의 차이가 발생하고 그에 따른 재정필요의 차이도 발생한다. 따라서 지방정부를 대상으로 하는 중앙정부의 재정배분은 정부 간 재정조정제도로 불리기도 한다.

교육기회의 균등한 배분과 각 개인과 집단 교육역량의 최대치 도달이라는 관점, 곧 형평성과 효율성[11] 가치 간의 균형을 지향하고 있다.

대한민국 교육재정배분제도의 성립과 발전과정은 중앙정부에서 지방정부로 다시 지방정부에서 학교로의 배분제도를 형평성과 효율성의 가치를 상호 어떻게 균형되게 도달했는가라는 관점에서 살펴보아야 한다. 그런데 재정배분제도의 성격을 살핌에 있어서 형평성과 효율성을 구분해 본다는 것은 매우 어렵기 때문에 대개는 개별적 재정배분제도의 특성을 상호보완적 관점에서 검토해 볼 수밖에 없다. 이런 관점에서 볼 때 대한민국 교육재정배분제도는 ① 중앙정부에서 지방정부로의 배분제도인 지방교육재정교부금, ② 지방정부에서 학교로의 배분제도인 표준교육비로 크게 구분된다.

1. 지방교육재정교부금 배분제도

지방교육재정교부금제도는 교육재원의 확보와 배분제도의 양면적 성격을 가지고 있다. 배분제도로서의 지방교육재정교부금은 그 목적상 지방의 재정자립도나 빈부의 격차로 인해 발생하는 교육기회의 불균형과 교육의 질적 격차를 해소하기 위하여 국가가 지방자치 단체에 교육재정을 지원하는 재원으로 지역 간 재정능력의 격차를 조정함으로써 교육기회의 균등한 제공을 보장하기 위한 형평교부금이다. 다만 교부금의 배분 목적상 보통교부금과 특별교부금으로 구성되는데[12] 대체

11 효율성(efficiency)의 원리는 통상적으로 경제학적 가치가 반영된 개념이어서 교육적 맥락에서는 수월성(excellency)의 원리로 종종 대치되어 사용되기도 하나, 여기서는 교육적 맥락과 경제적 맥락이 융합된 교육재정 맥락인 점을 고려하여 효율성으로 사용한다.

12 '지방교육재정교부금법'에 따르면 이외에도 증액교부금을 두어 지방교육재정상 부득이한 수요가 있는 경우에 국가예산이 정하는 바에 따라 교부할 수 있게 되어 있으나 실제

로 보통교부금이 형평성에 보다 큰 비중을 두고 있다면 특별교부금은 특정한 교육정책목표를 대상으로 한다는 점에서 효율성에 비중을 두고 있다고 볼 수 있다.

우선 보통교부금은 지방자치단체의 기준재정수입액이 기준재정수요액에 미달하는 경우에 그 미달액을 기준으로 교부하고, 특별교부금은 다음 세 가지의 경우에 따로 배분한다. ① 전국에 걸쳐 시행하는 교육관련 국가 시책사업으로 따로 재정지원계획을 수립하여 지원해야 할 특별한 재정수요가 있는 경우(특별교부금의 60%), ② 기준재정수요액의 산정방법으로 포착할 수 없는 특별한 지역교육현안수요가 있는 경우(특별교부금의 30%), ③ 보통교부금의 산정기일 후에 발생한 재해로 인하여 특별한 재정수요가 있거나 재정수입의 감소가 있는 경우(특별교부금의 10%)이다.

보통교부금 배분에서의 기준재정수요액은 교육기관 및 교육행정기관이 그 교육적 필요를 충족시키기 위하여 필요한 재정 규모를 말한다. 기준재정수요액은 각 측정단위의 수치를 그 단위비용에 곱하여 얻은 금액을 합산한 금액으로서 '지방교육재정교부금법 시행규칙(교과부령 제79호, 2011. 1. 1.)'에 의하면, 측정단위는 학교급별·규모별 학교수와 학교급별 학급 수, 학교급별 학생 수 등으로 하고, 이에 단위 비용과 교육부 장관이 정하는 적용률을 곱하여 산정한다. '지방교육재정교부금법 시행규칙'이 제정되기 전까지는 교당경비와 급당경비를 기준으로 기준재정수요액을 산출했으며 교·급·학생별 단위비용과 측정단위를 기준으로 수요액을 산정했다. 한편, 기준재정수입(액)은 교육·과학·기술·체육·기타 학예에 관한 일체의 재정수입으로서, '지방교

로 작동한 적은 없다.

육재정교부금법' 제11조에 의한 일반회계 전입금 등 교육·학예에 관한 지방자치단체 교육비특별회계의 수입예상액(지방교육재정교부금법 제7조)을 합산하여 산정된다. 동 수입예산액은 먼저 일반회계로부터의 전입금(지방세법 제151조에 따른 지방교육세에 해당하는 금액, 담배소비세의 45%, 시도세, 수업료 학교용지부담금), 수업료 및 입학금 및 학교용지부담금을 합한 금액(지방교육재정교부금법 제11조)을 포함하며, 이 중 지방세를 재원으로 하는 것은 '지방세법(제2조 1항 6호)'에 따른 표준세율에 의하여 산정한 금액으로 하되, 산정한 금액과 결산액의 차액은 다음 연도의 기준재정수입액을 산정하는 때에 정산하며, 나머지 수입예상액의 산정방법은 대통령령으로 정하도록 되어 있다(지방교육재정교부금법 제7조 2항).

2. 학교재정배분제도로서의 표준교육비제도의 성립[13]

교육재정의 최종 사용 단위인 학교로의 재정배분은 크게 1991년 지방교육자치제 실시 이전과 이후로 구분해 볼 때 그 이전에는 중앙정부가 각급 학교별로 교·급당 경비를 기준으로 상세히 정하여 전국의 모

13 표준교육비제도의 또 하나의 유형으로 바우처(voucher)제도가 유아교육비제도로 2004년 '유아교육법'과 '보육법'의 제정과 함께 등장했다. 바우처제도는 1980년대 미국에서 차터스쿨제도가 도입되면서 학생당표준교육비에 기반하여 유가증권으로 교육비를 학부모와 학생에게 직접 제공하고 학교를 선택하게 함으로써 이른바 스쿨초이스(school choice, 학교선택) 중심 교육재정배분제도로 이해된다. 유아교육은 국가공교육체제 이전에 자생적으로 고아원, 어린이집, 유치원 등 다양하고 복잡한 방식으로 확대된 이후 국가의 정책개입이 이루어짐으로써 공적 제도나 정책으로서의 재정확보와 배분제도가 적용되는 데 많은 한계가 있었다. 그러한 정책환경은 2004년 '유아교육법'으로 5세무상교육이 정책으로 성립하면서 '유아학비'라는 명칭의 바우처제도가 최초로 도입된 의미를 갖는다. 이후 공립유치원과 사립유치원 간, 어린이집과 유치원 간, 소득계층 간 재정지원 정책을 둘러싼 많은 갈등이 전개되었으며 급기야 2012년에는 3~5세 대상 누리과정으로 통합되면서 유아교육재정은 최근 교육재정정책의 가장 시급한 과제가 되었다.

든 학교가 거의 동일하게 배분되는 정액배분제를 사용했다면 이후로는 학교급별 교육비차이도와 지역별차이도를 반영한 총액배분제를 도입했으며, 특히 배분 총액을 산정하기 위한 방법으로 표준교육비제도를 운영해 왔다.

1991년 교육자치제 실시 이후 총액배분제가 도입되면서 학생 수를 기준으로 각 지방정부의 총교육비를 총액 단위로 교부되고 각급 학교별 예산은 지방정부 단위로 자율 편성하게 되었다고 볼 수 있는데 이로 인해 각급 학교별 재정배분의 표준을 정하는 일이 중요한 문제로 등장하였으며, 그 결과 도입된 것이 표준교육비제도이다.

표준교육비는 일정규모의 단위학교가 현재 교육목표 및 교육과정 등 제반 교육체제를 유지한다는 전제하에서 정상적인 교육활동을 수행하는 데 필요한 최소한의 교육비로서 최저소요교육비 혹은 적정(단위)교육비라고도 한다.

현재 표준교육비 산출을 위한 교육비 구성 요소로는 학생, 교원, 학교, 학급이 포함되고, 단위교육비는 학생당 교육비, 교원당 교육비, 학교당 교육비, 학급당 교육비 등으로 구분된다. 또한 교육의 종류와 유형에 따라 교육비의 차이도가 생길 수도 있는데 이처럼 단위교육비의 모든 측면을 고려하여 우리나라 교육재정 소요를 결정하는 경우 그 재정소요는 교육수요와 단위교육비를 고려하여 다음과 같이 산출된다.

> 교육재정 소요 = (학생 수 × 학생기준 단위교육비) + (학급 수 × 학급기준 단위교육비) +
> (교원 수 × 교원기준 단위교육비) + (학교 수 × 학교기준 단위교육비) +
> (신축교실소요수 × 교실신축비) + ……

3. 사립학교 재정결함보조금제도

사립학교에 대한 공공재정 배분 문제는 민주주의 사회의 이념에 따라 교육가치의 다양성을 제고함과 동시에 다양한 교육을 추구하는 국민의 교육권을 보장해 준다는 뜻에서 강조되어 왔다. 특히 1968년에는 중학교 무시험 정책에 따라 중학교 단계에서의 공사립 학교 간의 학교선택권이 없어졌고, 1974년부터는 고교평준화정책에 따라 고등학교 단계에서도 대도시 지역들을 중심으로 공사립 간의 학교 선택권이 없어졌다. 이로 인해 수업료 수준 결정을 비롯한 사립학교의 재정권이 공립학교에 준해 제한됨으로써 사학에 대한 국가의 재정지원은 불가피하게 되었다. 이에 따라 중학교는 1971년부터, 고등학교는 1979년부터 재정지원을 하기 시작하였다. 사립 초등학교의 경우 사립 초등학교 운영 자율화 방안의 일환으로 1989년부터 재정결함지원이 중단되었다. 결과적으로 국가는 공사립 간의 기본 운영비, 즉 교원의 인건비와 학교운영비에 있어서는 공립과 같은 수준을 유지시켜 주어야 할 부담을 안게 되었으며, 그 결과 '사립 중·고등학교 재정결함보조금 정책'이 도입되었다.

사립학교에 대한 공공재정배분은 이후 운영비 지원에 해당하는 재정결함보조금 이외에 교육환경개선을 목적으로 하는 시설비 지원도 지속적으로 확대되어 왔다. 그런데 이 제도는 기본적으로 기준재정수요액이 기준재정수입액을 초과하는 경우 그 초과액에 대하여 지원하고 있기 때문에 사학법인은 굳이 전입금을 학교에 전출시키고자 하는 노력을 회피하는 경향을 낳았으며, 특히나 사학재단이 설립 당시 가지고 있었던 수익용재산들의 수익률이 사실상 제로에 가까워지면서 재정적 관점에서만 보면 현재 대한민국의 중등사학들은 거의 대부분의 재원을 공공재원에 의존하는 사실상 의존사학들이 되어 버렸다. 이는 한편으로는 사학의 재정적 안정을 제공함으로써 공사립학교 간의 교육기회균등에 기여한 측면도 있지만 사학의 자율성과 다양성을 훼손하는 측면도 있었다. 이로 인해 다양한 교육적 수요는 억눌리게 되었는데, 결국 1990년대 이후 설립되기 시작한 자립(율)형 사학과 특수목적고등학교의 경우와 같이 공공재원에 의존하지 않는 재정자립형 사학 탄생의 계기가 되었다. 요컨대 사립학교에 대한 재정지원은 교육기회의 형평성 확보에는 기여했으나 다양성 측면에서 문제를 낳게 되었고 그로 인한 자립형 혹은 자율형 사학들의 탄생은 중등교육제도의 골간인 고교평준화정책과의 갈등을 빚게 되었다. 그러므로 교육재정 배분정책에서의 공사립학교 간의 균형성과 효율성을 어떻게 확보할 것인가는 긴요한 정책과제가 되어 있다.

4. 논의 및 시사점

대한민국 교육재정배분 제도사의 변천에서 두드러지는 특징은 첫째 지방정부 간 재정형평성을 보장하기 위한 지방교육재정교부금 배분제도의 발전, 둘째 학교예산의 자율성과 책무성 보장을 위한 학교비배분제도의 발전, 그리고 셋째로 한국교육의 고유한 특성인 막중한 사립학교의 재정건실화를 위한 사학재정결함보조금제도의 발전과정으로 정리된다.

첫째, 한국교육재정제도의 골간인 지방교육재정교부금은 그 성격상 본질적으로 재정력이 취약하거나 불균형한 지방교육자치단체 간 재정의 안정성과 형평성을 보장하기 위한 정책으로 역할해 왔다. 이는 건국 직후 설정된 '지방교육자치 3법' 정신에 따른 일반행정과 중앙정부로부터 완전히 독립적인 특별자치단체형 지방교육자치제도의 원리를 구현하기 위한 방편이기도 했다. 결과적으로 각 시·도교육청은 중앙정부가 안정적으로 확보하고 지원해 준 재정을 바탕으로 지역 차원의 교육기회 확장에 성공할 수 있었다고 평가된다. 그러나 다른 한편으로는 시·도교육청별 교육재정 자립도는 아직 30% 미만 수준에 이르고 있어서 지방교육자치는 재정운영상의 자치권만 가지고 있을 뿐 거의 재원은 거의 중앙정부에 의존하고 있음을 알 수 있다. 재정구조면에서의 이와 같은 중앙정부의존성은 점차 증대되어 온 다양한 교육필요를 스스로 창출하지도 못했을 뿐만 아니라 사회적으로 요구되는 변화에도 탄력적으로 적응하지 못하는 획일성을 낳는 원인이 되어 왔다.

둘째, 교육재정배분정책은 주로 지방정부 간 재정배분에 역점을 두어 온 것에 비해 최종 교육기관인 학교를 대상으로 한 효율적 재정배분정책은 상대적으로 소홀히 되어 왔다. 다만 1991년 본격적인 지방교육자치제가 실시됨에 따라 종전처럼 중앙정부가 학교의 교급당경비까지 정액으로 배분하는 방식에서 광역 교육청에 상당부분 학교재정 배분권을 위임하는 총액 기준 배분 방식으로 변하면서 학교재정배분정책이 본격적인 궤도에 올랐다. 1988년 최초로 도입된 표준교육비제도는 학교재정의 소요를 학교, 학급, 교사, 학생 단위로 표준화하여 배정하는 기본 골격이 도입된 의미를 갖는다. 표준교육비는 당시 제6차 교육과정을 기준으로 표준적 교육활동을 수행하는 데 최소적정 교육비를 산정하는 방식으로 한국교육개발원에 의해 연구되었고 '지방교육재정교부금 시행규칙'상의 재정배분 기준으로 활용되었다. 표준교육비는 이후 교육과정의 변화나 재정수요 산정방식의 변화 요구에 따라 3년 혹은 5년 단위로 꾸준히 개선되고 있다. 그러나 표준교육비는 출발 당시부터 학교재정의 대부분을 차지하고 있는 교직원 인건비를 제외한 학교운영비만을 대상으로 했기 때문에 학교단위의 자율성과 책무성을 제고하는 데는 많은 한계를 가질 수밖에 없었다.

셋째, 교육재정배분 정책의 중점은 공사립학교 간의 재정형평성 보장에 두어져 왔다. 특히 중학교무시험 및 고교평준화정책의 반대급부적 대책으로서 도입된 사학재정결함보조금 배분은 상대적으로 어려웠던 사립학교 재정난을 보전함으로써 중등교육기회의 획기적 확대에는 큰 기여를 하였으나, 동시에 사립학교 고유의 교육적 특색을 유지하고 발전하는 데는 불가피한 제약이 될 수밖에 없었다.

대체적으로 지난 70년간의 한국교육재정 배분정책사는 지역 간 그리고 학교 간 재정격차를 줄이고 형평한 교육기회를 보장하는 데 역점을 두었다고 평가된다. 이는 헌법에 보장된 균등한 교육기회의 보장과 배분이라는 교육정책 이념을 달성하는 데는 분명한 기여를 해 왔다고 평가된다. 그러나 다른 한편으로는 사립학교별 교육프로그램의 다양성과 특색을 발전시키지 못하고 교육의 획일성을 온존시키는 부작용도 있었다. 또한 지방교육자치단체들도 재정자립도를 갖추려 노력하기보다는 중앙정부 재원에만 의존하여 재정자립도를 키워 내지 못했으며, 그 결과 지역별 교육의 특색과 다양성 또한 만들어 내지 못했다. 그러므로 향후 우리나라 교육재정배분사는 형평성 가치배분을 다소 완화시키고 효율성과 자율성 가치배분을 강화하는 방향으로 발전되어 가야 할 것이다.

IV. 교육재정운영제도의 발전

교육재정은 확보된 재정을 재정정책의 목적을 달성하기 위해 효율적으로 운영함으로써 완성된다고 할 수 있다. 재정운영의 효율성의 하위 범주로는 자율성, 투명성, 책무성, 안정성 등등 여러 요소들이 관여하고 있으나, 대한민국 교육재정운영제도의 발전과정에서 가장 중요시되었던 가치는 재정운영의 자율성이라고 할 수 있다. 교육재정의 두 주요 주체인 지방교육자치단체와 학교의 재정운영 자율성을 구현하기 위한 제도적 장치는 건국 직후부터 완전한 의미의 교육자치를 재정운영의 자율성을 확보하는 데 목표를 두고 발전해 왔다. 물론 그것이 70년이 지난 오늘의 수준에 이르는 데는 많은 우여곡절이 있었지만 최종적으로는 지방교육비특별회계와 초·중등학교에서의 학교회계 그리고 국립대학회계와 같은 제도적 모습을 갖추게 되었으며, 사립학교는 당초부터 자율운영체계를 갖추어 왔다. 여기서는 이 중에서 지방교육비특별회계와 초·중등학교 학교회계를 중심으로 교육재정운영제도의 발전과정에 대해 살펴보기로 한다.

1. 지방교육비특별회계의 성립

1948년 '교육자치 3법'에서 천명된 공립학교회계령에 따르면 교육재정의 운영이 교육자치구회의 완전한 자율영역에 속해야 한다는 것을 규정하고 있다. 건국 초기부터 교육자치제의 발전과정이 순탄치 않았던 것은 곧바로 광역단위인 시·도교육청과 기초단위인 시·군·구교육청의 재정운영자율성 확보 또한 만만치 않았음을 말해 준다. 그렇지만 궁극적으로는 1958년 '의무교육재정교부금법'의 제정을 시작으로 1971년 지방교육재정교부금제도의 완성에 이르는 과정에서 각 시도와 각 시군에 교육비특별회계를 두고 교육재정 운영만큼은 일반 자치단체로부터 철저히 독립시킬 수 있었던 것은 분명히 대한민국 교육발전의 중요한 원동력이었음은 분명하다.

지방교육비특별회계는 법적으로는 일반자치단체장으로부터 교육감과 교육위원회에게 위임되어 있는 회계이기는 하지만 실제로는 운영 초기부터 완벽한 자율성을 보장받고 있다. 이에 따라 교육자치기구의 수장인 교육감은 지방의 일반행정으로부터 일체의 간섭을 받지 않고 순전히 교육 필요에 기반한 지방 교육의 양과 질을 확보하는 데 일념할 수 있었다고 판단된다. 물론 이러한 배경에는 지방교육재정교부금에 의해 확실히 보장된 법정교육재정을 중앙정부로부터 보장받을 수 있었던 이유도 있었다. 다시 말해서 교육비특별회계는 형식적으로는 지방자치단체 의회에서 심의와 의결을 거치도록 되어 있지만 일반 지방자치단체의 장은 실질적인 통제권을 행사하지는 못하게 되어 있다. 지방정부는 전입금 형태로 지방교육비특별회계의 기준재정수입액을 부담하고는 있지만 이 재원은 서울과 부산을 제외하고는 전체 지방교육비재정 중에서 10% 미만의 미미한 역할만을 감당하고 있을 뿐이다.

최근 무상급식의 확대와 일반자치단체로부터의 교육전입금 확대와 교육경비보조금이 확대되면서 교육비특별회계의 운영과 관련한 일반자치단체와 교육자치단체 간의 의견 충돌과 대립이 조금씩 드러나고는 있으나 이는 일반자치단체로부터의 재정부담에 대한 자연스런 반대급부 요구로 해석할 수도 있다. 특히 최근에 무상급식과 누리과정과 같은 대규모 재정문제가 등장하면서 향후 지방교육비특별회계의 안정적 운용과제는 새로운 차원의 논의가 전개될 것으로 전망된다.

한편, 1991년 광역단위 지방자치제가 완성되고 영구교육세제도가 도입됨과 동시에 안타깝게도 시군단위교육비특별회계는 폐지되고 시도 수준의 광역교육청 단위의 교육비특별회계만 현재 남게 되었다.[14] 그러나 교육자치제의 궁극적 지향점이 광역보다는 기초 단위 그리고 나아가서는 학교단위자치제에 있다고 볼 때 교육비특별회계의 미래

14 지방교부세 배분에 있어서는 광역자치단체인 시·도와 기초자치단체인 시·군을 구분하여 교부금을 배분하고 있으나, 1991년 지방교육자치제 실시와 함께 시군교육비특별회계가 폐지되었다. 이는 헌법에 보장된 지방자치에 있어서의 기초자치단체의 자치권이 무력화 되었다는 평가도 있다(정기오 교수 토론, 2016. 6. 18. 한국교육정책 70년 세미나(서울대 행정대학원 세미나실).

방향에 대한 새로운 도전이 시작될 것으로 전망된다.

2. 학교회계제도의 발전

과거 국공립 초·중·고등학교에서는 교육부 또는 교육청에서 지원되는 교육경비 외 학부모 부담경비(학교운영지원비), 수익자 부담경비, 시·군·구에서 지원되는 교육경비 보조금, 학교발전기금 등 다양한 재원을 통해 재정을 운영해 왔다. 이처럼 다양한 자금은 〈표 10-3〉에서 보듯이 용도별로 또한 경비의 성질에 따라 법령이나 지침이 각각 달리 적용됨으로써 학교현장의 많은 혼란을 야기하였다. 몇 가지 문제를 살펴보면 ① 학교 재정현황을 적기에 파악하기가 어렵고, ② 복잡한 학교재정구조로 인하여 회계집행상의 투명성을 결여하였으며, ③ 경비 종류에 따

〈표 10-3〉 학교예산회계제도 도입 이전의 학교재정 운영

자금별	회계연도	회계장부	예산서 작성 여부	적용법규
일상경비	1.1~ 12.31	현금출납부 지급내역부	배부목적에 따라 집행	시·도교육청 재무회계규칙
도급경비		도급경비 정리부	도급경비집행 계획서 수립	도급경비 처리지침
학교운영 지원비 (육성회비)	3.1~ 2월 말	현금출납부 세입부 세출부	학교운영지원 (육성)회계 예산서 작성	학교운영지원 (육성)회계 관리요령
학교 발전기금	3.1~ 2월 말	학교발전기금 출납부	학교발전기금 운용 계획서	학교발전기금의 조성 운용 및 회계관리에 관한 규칙
자치구 교육경비 보조금	1.1~ 12.31	별도 장부	보조목적에 따라 집행	시·군 및 자치구의 교육경비보조에 관한 규정
세입세출 외 현금		현금출납부 지급내역부	배부목적에 따라 집행	시·도교육청 재무회계규칙

자료: 이원근(1999).

라 회계 지침이 다르기 때문에 예산운영이 비효율적으로 운영되었다.

이러한 문제를 해결하기 위해서는 학교단위의 회계를 통합하고 학교재정 관리의 자율성을 높여야 한다는 지적과 개선안이 지속적으로 제기되어 왔다. 그리고 1995년 5월 31일 단위학교의 교육자치를 활성화하고, 지역 실정 및 특성에 맞는 다양한 교육을 창의적으로 실시한다는 명목으로 '단위학교 학교운영위원회 구성 및 운영 방안'이 발표되고, 1995년 서울시 교육청은 시범학교를 두고 교육비특별회계와 학교운영지원회계를 실험하였다. 결과적으로, 서울 외의 여러 교육청에서도 그 장점을 받아들여 점차 확대하기 시작했으며, 최종적으로는 '초·중등교육법' 개정(2000. 1. 28.)과 '국립 및 공립 초·중등학교회계규칙'이 제정(2000. 11. 6.)됨으로써 전국 공립 초·중·고등학교에서도 학교회계제도가 본격적으로 실시되기에 이르렀다.

3. 사업별 예산제도와 학교회계전산시스템 에듀파인 도입

참여정부(2003~2008)의 재정개혁의 일환으로 도입된 성과중심 예산체계를 실현하기 위해 2007년부터 발생주의 회계원리에 기초한 복식부기 회계제도가 시행되고, 2008년부터 품목별 예산제도를 대체하는 사업별 예산제도가 전면적으로 정부재정회계운영의 근간으로 자리 잡았다. 이에 따라 교육기관에도 전면적으로 사업별 예산제도가 도입되고 우선 2000년부터 본격 도입된 학교회계제도에서부터 적용되었다.

사업별 예산제도는 재정성과관리제도 및 디지털예산회계제도와 연계되어 있다. 즉, 사업별 예산제도는 성과관리제도를 실현할 수 있도록 내용을 제공하는 도구가 된다면 디지털예산회계제도는 성과관리제도를 효율적으로 구현할 수 있는 도구이되 사업별 예산제도를 그 내용으로 한다. 디지털예산회계제도는 사업별 예산제도의 완성을 기반

〈표 10-4〉 품목별 예산제도와 사업별 예산제도하에서의 업무처리방식 비교

구분		품목별 예산제도	사업별 예산제도
사용시스템		• NEIS	• 학교회계(에듀파인)
예산제도		• 품목별 예산 - ㅇㅇ사업예산을 어느 과목에 얼마씩 쓸까? - 품목 중심(인건비, 물건비 등)	• 사업별 예산 - ㅇㅇ사업 추진에 얼마가 소요될까? - 사업과 조직이 하는 일 중심
업무처리방식	예산요구	• 수기로 예산요구서 작성 → 결재 → 행정실 제출	• 시스템으로 예산요구서 작성 → 전자결재가 완료되면 행정실로 자동 제출됨
	지출품의	• NEIS에 지출품의 입력, 품의서 출력 → 결제 → 행정실 제출 • 수기문서로 지출품의서 작성 → 결재 → 행정실 제출	• 시스템으로 지출품의 작성 → 전자결재가 완료되면 행정실로 자동 제출됨

자료: 김용남(2012: 183) 일부 제시.

으로 하며, 사업별 예산제도는 디지털 예산회계제도를 통해 실현된다고 할 수 있다.

지방교육행·재정통합시스템(Edufine, 에듀파인) 이전 지방교육재정 업무는 NEIS를 통하여 예산 편성, 회계, 결산처리 등 재정과 관련된 제반업무를 단식부기 형태로 수행하고 있었기 때문에 2007년에 제정된 '국가회계법' 및 2009년에 시행된 '국가회계기준에 관한 규칙(2009. 3.)'과 맞지 않았다. 이러한 제도개선 및 개선요구 사항들을 반영하기 위해 2005년부터 지방교육재정시스템 구축사업을 시작하여 완성하고 2009년부터 운용에 들어갔다. 에듀파인 이후 학교회계운영의 업무처리방식은 〈표 10-4〉와 같이 변화되었다.

4. 지방교육채와 BTL사업 재정의 과제

정부재정은 균형예산을 기본으로 하기 때문에 필요한 재정을 조세를

통해 확보하는 것이 일반적이나, 공공재정수요가 대폭 확대되고 예기치 않은 상황에서 추가비용이 발생하면서 조세를 통한 재원확보만으로는 한계가 있다. 이때 조세를 통한 재원확보의 대안으로 활용되고 있는 것이 지방채이다.

지방교육채는 1964년 명목상의 지방교육자치의 도입 이후 세입원의 하나로 등장하였다. 그러나 중앙정부는 전통적으로 지방교육채 발행에 대하여 보수적 태도를 취해 왔다. 중앙정부는 지방체발행 승인제도(기채승인제도)를 통하여 지방자치단체의 지방채 발행에 직접 개입하였고, 지방재정에서 지방채의 비중이 낮았으며, 지방채 제도 역시 활발한 논의의 대상이 되지 못하였다. 지방교육재정의 경우 더욱 그러하였다. 지방교육채는 예산운용상 세입원으로서 비중이 낮았다.

교육분야에서 지방채가 본격적으로 활용되기 시작한 것은 1998년부터이다. IMF 외환관리체제를 계기로 교육부 주관으로 학교신설비 마련을 위한 지방교육채 발행이 시작되었고, 1999년에는 교원정년단축에 따른 명예퇴직수당 마련을 위한 지방교육채 발행으로 이어졌다. 2000년 1월 지방교육자치에 관한 법률 전면개정에 따라 시·도교육감에게도 지방채 발행 권한이 주어졌고, 2006년 9월부터는 지방채발행 승인제도가 지방채발행 총액한도제로 전환되면서 지방채가 정부재정 확보방안으로 적극 활용되게 되었다. 그러나 근래 들어 일반 지방자치단체의 재정건전성이 악화되고 일부 지자체에서는 채무과다로 지불유예선언까지 해야 하는 상황에 이르면서 지방채에 대한 정부의 정책적 관심도 상당히 변화하고 있다.

지방채는 주로 교육시설재정에서 주로 이용되었다. 교육시설 사업비가 급증하면서 어려움을 겪고 있던 상황에서 민간투자사업의 대상에 학교시설이 포함되자, 2005년부터 교육부문에도 BTL(Build-Transfer-Lease)사업제도가 본격적으로 도입되었다. 학교시설당국은 학교시설을 BTL사업으로 추진함으로써, 교육재정 부담을 완화하면서 조기에 교육여건을 개선하고, 학교시설사업 구조를 공공(교육청) 주도에서 민간 주도로 전환하며, 학교시설 공사 및 운영관리를 전문화, 민간화할 수 있다고 밝힌 바 있다(유웅상, 2006: 7). 그러나 BTL사업을 추진하는 과정에서 여러 가지 문제점이 노출되자 2012년부터 BTL사업에 의한 초·중등학교 신설은 중단된 상태이나,[15] 대학의 경우는 특히 기숙사 건설재정으로 꾸준히 확대되어 왔다.

5. 논의 및 시사점

교육재정운영에 관한 지난 70년 정책사에서 가장 역점이 두어졌던 정책가치는 재정주체들의 재정운영 자율성이었다. 물론 지방의 교육행정 당국이나 학교와 같은 재정주체들로서는 항상 재정난에 직면해 왔기 때문에 사실상 자율재정운영의 폭은 절대적으로 제한되어 있었다. 1990년대까지 대부분의 재정은 교원 인건비와 기본 시설과 환경 개선비로 지출되었으며 교육의 최종 단위 책임경영자인 학교장 수준에서 현장 특성에 맞는 교육프로그램을 운영한다는 일은 사실상 불가능했다.

그러나 교육재정운영의 자율성과 효율성 과제는 지속적인 정책목표가 되어 왔으며 1990년대 이후 교육재정 사정이 개선되면서 몇 가지 중요한 정책발전이 있었다.

15 2005년부터 2011년까지 추진된 초 · 중등학교 BTL사업 실적을 보면, BTL사업 한도액은 8조 1,802억 원이었고, 고시금액은 7조 6,113억 원이었으나, 민간투자비는 7조 4,262억 원이었다. 1,200개 학교에서 190개 사업을 고시하고 실시협약을 체결했으나, 2012년 11월 현재 1,182개교, 181개 사업이 완료되어 운영 중인 것으로 나타났다. BTL사업은 2005년부터 2007년까지 집중적으로 시행되었으며, 2008년부터 줄기 시작하여 2012년에는 신규 사업이 중단된 상태이다.

첫째, 지방교육비특별회계 제도의 운영은 재정 구조적인 제약 조건이 많은 상황하에서도 일반행정과 중앙행정으로부터의 독립성과 자율성을 최대한 보장해 주는 장치로 든든한 장치가 되었다고 평가된다. 이를 통해 교육행정 당국은 제한된 재정규모 한도 내에서도 교육활동만을 위해 배타적이라고 할 만큼 온전히 투자할 수 있었다고 평가된다. 많은 나라의 경우 경제적 정치적 상황의 변동이 올 때마다 교육재정의 안정성이 흔들리는 경우가 많았지만 대한민국의 경우는 건국 초기부터 지방교육자치 당국의 재정독립성을 보장했다. 그리고 그 결과는 한정된 재원의 최대 효과를 거둘 수 있게 한 요인이 되었다고 본다.

둘째, 2002년부터 본격적으로 도입된 학교회계는 비록 운영비로 국한되었지만 학교재정운영의 독립성과 자율성을 획기적으로 발전시키는 계기가 되었다. 물론 도입한 지 10여 년이 지났지만 그 효과에는 여러 가지 평가가 병존한다. 무엇보다도 그것이 학교교육활동의 결정적 요소인 교직원 운용과 관련된 인건비는 제외되고 있어서 학교회계의 효과가 미미해질 수 있으며, 또한 중앙정부와 지방정부가 학기 초에 결정된 학교회계 편성사업 이외에도 다양한 목적지정사업비가 학교회계의 재정독립성을 침해한다는 지적도 있다. 장기적으로 볼 때 인건비를 포함한 단위학교의 재정독립성과 자율성은 근본적으로 개선되어야 할 것이다.

셋째, 2000년대 이후에 들어오면서 교육행정정보화가 급진전되면서 일반재정분야에서와 마찬가지로 교육재정의 경우도 디지털회계체제가 본격적으로 도입되었다. 교육재정운영의 전산화와 함께 정부회계 기준 또한 글로벌 스탠더드에 맞추어 종전의 현금주의와 단식부기를 버리고 발생주의와 복식부기 체제를 도입했으며, 사업별 예산제도를 운영하게 되었다. 이와 같은 교육재정운영방식의 혁신은 에듀파인 시스템의 도입으로 더욱 진전되었다. 그러나 현재로서는 도입 초기의 혼란이 남아 있으며 특히나 완전한 의미의 단위학교 책임경영제가 정착되지 않는 단계에서 예산운영의 자율성 수준은 풀어야 할 숙제들이 많이 남아 있다.

V. 고등교육재정제도의 발전

교육재정정책은 주로 초·중등교육을 대상으로 하는 지방교육재정정책에 보다 무게 중심이 놓여 있기 때문에 고등교육재정은 정책의 원리와 제도적 측면에서 다소 다른 방향에서 접근해 왔다. 그러나 큰 틀에서 보면 여전히 공공재정에 기반한 국립대학재정과 민간재정에 기반한 사립대학재정으로 구분해 볼 때 초·중등학교에서의 공공부문과 민간부문의 양대 축을 중심으로 발전해 온 것과 매우 유사하다. 우선 국립대학의 경우는 국공립 초·중·고등학교와 거의 유사하게 국가의 감독과 지원하에 재정정책이 운용되었다. 그리고 사립대학의 경우는 2000년대 이전까지는 마치 1980년대 이전 중등사학들처럼 재정난을 겪고 이후 중등사학재정결함보조금제도를 통해 공공재원의 지원을 받았듯이 2000년대 이후로는 BK21 등으로 대표되는 각종 평가에 기반한 대학재정지원사업을 통해 국립대학과 함께 재정지원을 받게 되었다. 이는 마치 중학교 무시험제도와 고교평준화 이후 공사립 중·고등학교 수업료가 동일해진 것이 사학재정결함보조금 지원의 근거가 되었듯이 대학의 반값등록금 정책이 사립대학에 대한 국가의 재정지원 근거가 되었다고도 볼 수 있다.

한편, 고등교육재정정책에서 빼놓을 수 없는 부분은 대학에 대한 지원 외에 1970년대 이후 국가 R&D정책에 따라 강력하게 추진된 국가출연연구소 지원정책이다. 1970년대 과학기술입국 정책에 따라 과감한 과학연구투자가 시작되었으나 당시로서는 연구인프라가 매우 부족하였던 대학보다는 우선 국가출연연구소를 별도로 설립함으로써 국가 학술연구를 진흥하고자 하였다. 이러한 출연연 기반 학술 및 과학 진흥정책은 이후 대학의 연구역량을 키우는 데도 기여했으며 2000년대를 들어서면서는 국가 R&D재정지원이 국사립대학을 막론하고 대담한 규모로 투자되기 시작하였다.

이처럼 고등교육재정정책은 국·사립대학 간 그리고 대학과 연구소 간 통합적으로 운용되어 왔지만 역시 그 핵심에는 국가 고등교육을 선도한다는 정책목표하에 국립대학 재정정책이 놓여 있었다. 특히 1960년대에는 서울대학교 시설특별회계를 두고 국립서울대학교의 선도적인 발전을 도모했으며, 1990년대 이후 국립대학회계의 독립과 법인화를 위한 많은 정책적 노력이 있었다. 그럼에도 불구하고 고등교육영역에서 사립대학과 국립대학 간의 병존 구조는 국가의 고등교육재정정책에서 초·중등교육단계에서와 마찬가지로 국·사립 간 공정한 재정지원과 사립대학에 대한 재정지원논쟁을 낳았다. 특히 2000년대 들어오면서 학령인구감소로 인해 대학입학자원이 절벽에 다가가기 시작했으며, 학생등록금에만 의존해 오던 사립대학들의 재정난은 심각한 문제로 등장했다. 더욱이 세계화와 정보화가 가속되면서 국가 간 경쟁이 심화되었고 국가경쟁력의 원천으로서 교육과 대학경쟁력은 초미의 관심으로 떠올랐다. 자연스럽게 국사립을 막론한 대학경쟁력 강화와 그에 대응한 국가재정지원 책무는 고등교육재정정책 의제로 떠올랐다. 1998년 국민의 정부에서 시작된 BK21사업과 2004년 참여정부의 누리사업 등 2000년대 이후 대표적인 고등교육재정정책인 대학재정지원 평가사업이 탄생한 배경이었다.

여기까지 살펴본 지난 70년간 고등교육재정정책의 변천사 중에서 국립대학 회계제도의 성립을 둘러싼 경과와 대학재정지원 평가사업에 대해 좀 더 자세히 살펴보려고 한다.

1. 국립대학회계의 설치 경과

국립대학회계는 처음에 국립대학 특별회계 설치 논의로 1989년 8월에 처음 등장하였다. 그러나 이 논의는 교육부 내의 의견 검토 수준이었다. 본격적으로 정부 관련 부처 간 의제로 공식화된 것은 1996년 2월이었으나 이 역시 부처 간 이견으로 말미암아 논의 수준에 머물렀을 뿐이었다. 그러다가 재정경제원이 1997년 2월 공식적으로 교육부에 협의요청을 해 왔으며, 동년 9월 최초로 국립대학 특별회계법(안)의 입법예고가 있었다. 그러나 이후로도 여러 가지 사정이 겹치면서 법제화 단계에 이르는 데는 많은 시간이 흘렀으며, 2015년에 이르러서야 국립대학 기성회비 반환소송에서 국립대학들이 패소함에 따라 기성회의 폐지와 함께 자연적으로 국립대학회계가 급작스럽게 도입되기에 이르렀다.

국립대학 특별회계 논의가 시작된 배경은 국립대학 재정운용과정이 안고 있는 여러 가지 문제점을 해결하자는 데 있었다. '특별회계법' 제정의 근본 취지는 국고 일반회계와 기성회계로 이원화되어 있는 현행의 체제를 특별회계로 단일화하여 통합 운영함으로써 대학의 책임경영체제를 구축하고 재정 운용의 자율성 보장과 효율화를 추구하며, 그동안 부분적으로 제기되어 왔던 일반회계의 경직성과 기성회 회계의 비효율성을 제거하여 국립대학의 교육 및 연구의 질 향상과 경쟁력을 강화하자는 취지로 제안되었다. 그러나 그 핵심은 결국 국고회계와 기성회회계를 통합한다는 것이다. 즉, 국립대학 비국고회계 관리규정에 의거하여 운영되고 있는 기성회 회계와 국고 일반회계를 특별회계로 통합하여 관리하고, 발전기금 등의 기부금은 특별회계와 구분하여 별도로 운영하도록 한다는 것이었다.

이렇게 시작된 국립대학 특별회계안은 추진과정에서 국립대학 법인화 안과도 맞물려서 많은 갈등과 부침을 떠안았고 그 과정에서 국립서울대학교법인이 탄생하고 인천대학교, 울산과학기술대학교 등이 국립대학법인으로 법적 지위를 변모하였다. 그러나 여전히 40여 개 이상의 지방국립대학들은 법인으로 독립하지 못하고 특별회계도 도입하지 못한 채 여전히 대학재정운영의 문제점들을 안고 있었다. 그러다가 2015년 기성회가 갑자기 폐지되는 상황에 이르러서야 급작스럽게 기존의 국고와 기성회를 통합한 의미의 독립된 특별회계가 아닌 기성회 재원 규모만을 대상으로 하는 대학별 국립대학회계를 설치하기에 이른 것이다.

2. 대학재정지원 평가사업

대학재정지원 평가사업의 본격적인 시초는 국민의 정부에서 시작한 BK21(Brain Korea 21, 두뇌한국 21)사업이었으며 이후 NURI사업, 각종 대학특성화사업, 대학역량강화사업, 학부선도대학사업 등 정부가 바뀔 때마다 해마다 가짓수가 늘어 왔으며 재정규모 또한 막대해졌다. 특히나 박근혜 정부에 들어서서 곧 밀어닥칠 학생정원절벽에 대응한다는 명목으로 강력한 대학구조개혁평가사업이 진행되고 있으며 2016년의 프라임사업의 예에서 보듯이 전국의 모든 대학이 재정평가사업 선정 경쟁을 곧 대학별 재정확충 전략으로 삼게 되는 상황에 이르렀다.

BK21사업은 세계적 수준의 대학원 육성과 우수한 연구인력 양성을 위해 석·박사과정생 및 신진연구인력(박사후 연구원 및 계약교수)을 집중적으로 지원한다는 명목하에 1999년부터 2012년까지 13년간 약 3조 5,000억 원의 자금을 투입하여 세계수준의 우수대학원을 양성하는 것을 목표로 시작되었다. 국가지원사업인 관계로 대학 간의 이해관계가 얽혀, 선정과정에 이의를 제기하는 경우도 있었고 무엇보다도 상대적으로 대학원 경쟁력이 뒤쳐졌던 지방 국립대학들이 서울 사립대학들에 경쟁에서 밀리면서 비판이 제기되어 다시 2004년부터는 지방대학혁신역량강화(New University for Regional Innovation, NURI)사업이 도입되었다. 그럼에도 이를 통해 국내 대학들의 논문연구 실적이 향상되고 세계 대학경쟁 순위에서도 두각을 나타낸 성과도 있었으며, 현재는 BK21플러스라는 3단계 사업(2013년부터 2020년까지 7년)이 진행되고 있다.

BK21사업이 대학원 경쟁력이 강한 수도권 사립대학에 유리하다는 지적이 제기되었으며, 2004년 출범한 참여정부의 지역균형정책이 강화되면서 지방대학의 발전을 위한 재정지원사업인 지방대학 혁신역량강화사업이 2004~2008년까지 5년간 1조 4,200억 원이 투입되었다. 첫해에 총 454개 사업단 신청자 중 112개 대학의 111개 사업단이 선정되어 4:1 이상의 경쟁률을 보였다. 그런데 NURI사업은 수도권 대학들에 대한 공평지원의 문제가 지적되어 수도권대학특성화 사업이 추가로 도입되었으며 이어 전문대학특성화사업과 산업인력특성화(LINC)사업 등이 추가되었다.

이러한 사업들의 평가방식에 따른 대학 간 견해 차이와 함께 평가에서의 우위 선점을 위한 대학들의 재정투자 소요에 따른 등록금 인상 등의 부작용도 생겨나게 되었다. 2008년 출범한 이명박정부는 이에 따라 BK21은 세계수준대학(World Class University, WCU)사업으로 명칭을 변경해서 평가기준의 단순투명화를 시도했으나 결국은 post-BK21을 거쳐 BK21 플러스사업으로 통합되었다. 그리고 NURI사업 등 4년제 대학들에 대한 재정평가사업은 모두 우수역량강화사업으로 통합하여 평가 기준을 취업률, 장학금지원율, 학생충원율 등 대표적 지표로 단순화하여 이른바 포뮬러방식 지원평가제도로 개선을 시도하였다.

2013년 출범한 박근혜정부에 들어서는 대학구조개혁사업이 강화되면서 재정지원평가사업의 규모와 종류가 대폭 늘어났다. 포뮬러방식에 의한 역량강화사업의 문제점을 개선한다는 차원에서 '잘 가르치는 대학사업(ACE)'으로 확대개선되었으며 이 외에도 국가직무능력표준(National Competency Standards, NCS), 고교교육정상화지원사업 등 매년 새로운 재정지원사업들이 지속적으로 늘어나고 있다. 이는 특히 반값등록금 이슈와 맞물려서 전통적으로 대학재정의 중심재원이었던 대학등록금의 인상이 극도로 제한되었으며, 그에 대한 보상논리로 국사립대학 모두를 대상으로 하는 다양한 이름의 재정지원 사업들이 누가되는 기현상을 보이고 있다. 이러한 재정지원사업들은 한편으로는 대학들에 대한 재정지원 효과를 거두는 측면도 있지만 다른 한편으로는 정부에 대한 대학의 재정의존도를 키움과 동시에 학사운영까지 과도하게 통제하고 간섭하게 되는 부작용도 낳고 있다.

3. 논의 및 시사점

고등교육재정은 정책의 원리와 제도적 측면에서 초·중등교육을 대상으로 하는 지방교육재정과는 다른 방향에서 접근되어 왔다. 그러나 큰 틀에서 보면 여전히 공공재정에 기반한 국립대학재정과 민간재정에 기반을 둔 사립대학재정으로 구분해 볼 때 초·중등학교에서의 공공부문과 민간부문의 양대 축을 중심으로 발전해 온 것과 매우 유사하다. 우선 국립대학의 경우는 국공립 초·중·고등학교와 거의 유사하게 국가의 감독과 지원하에 재정정책이 운용되었다. 그리고 사립대학의 경우는 2000년대 이전까지는 마치 1980년대 이전 중등사학들처럼 재정난을 겪고 이후 중등사학재정결함보조금제도를 통해 공공재원의 지원을 받았듯이 2000년대 이후로는 BK21 등으로 대표되는 각종 평가에 기반을 둔 대학재정지원사업을 통해 국립대학과 함께 재정지원을 받게 되었다. 이는 마치 중학교 무시험제도와 고교평준화 이후 공사립 중·고등학교 수업료가 같아진 것이 사학재정결함보조금 지원의 근거가 되었듯이 대학의 반값등록금 정책이 사립대학에 대한 국가의 재정지원 근거가 되었다고도 볼 수 있다.

이처럼 고등교육재정정책은 국사립대학 간 그리고 대학과 연구소 간 통합적으로 운용되어 왔지만 역시 그 핵심에는 국가 고등교육을 선도한다는 정책목표하에 국립대학 재정정책이 놓여 있었다. 국립대학 법인화 정책과 국립대학 회계제도의 도입을 둘러싼 정책 갈등은 아직도 지속되고 있으며, 2000년대 이후의 학생 수 감소에 따른 국·사립대학 간의 공정한 평가와 경쟁에 기반을 둔 재정지원사업이 새로운 고등교육재정정책 패러다임으로 자리 잡게 하는 계기가 되었다고도 평가된다. 이러한 재정지원사업들은 한편으로는 대학들에 대한 재정지원 효과를 거두는 측면도 있지만 다른 한편으로는 정부에 대한 대학의 재정의존도를 키움과 동시에 학사운영까지 과도하게 통제하고 간섭하게 되는 부작용도 낳고 있다.

초·중등 대상 지방교육재정정책이 그러하듯이 고등교육재정 또한 건국 초기와 현재를 비교해 볼 때는 분명 규모 면에서 괄목할 성장을 한 것은 분명하다. 그럼에도 세계 어느 나라에서보다 비대해진 사립대학들은 독자적인 재정경쟁력을 발전시키지 못했고 늘 학생등록금에만 의존하는 취약한 구조를 벗어나지 못했다. 이에 비해 국립대학은 상대적으로 정부재정지원에 기반을 두어 상대적으로 국가 고등교육의 수준을 유지하는 데 공헌을 해 왔으며, 특히 지방국립대학들의 역할은 매우 컸다고 평가된다. 그러나 국립대학 역시 정부 의존적 구조를 벗지 못하고 학문적 자유를 지킬 재정자립도를 갖추지 못했고 결과적으로는 사립대학에 비해 경쟁력이 저하되는 비판에도 직면했다. 이러한 복합적인 상황에서 탄생한 대학재정지원 평가사업은 정부의 고등교육투자 규모 확대라는 긍정적인 측면 못지않게 그로 인한 대학의 정부의 존도 심화를 낳는 부정적 측면도 부정할 수 없게 되었고, 앞으로 한국 고등교육정책의 핵심적 개혁 과제로 남게 되었나.

VI. 새로운 교육재정 이슈의 등장: 교육복지재정의 딜레마

우리 사회 혹은 교육계에서 교육복지의 개념이 등장하기 시작한 시기는 제6공화국(1988~1992) 때라고 보여진다. 그 이전에는 교육복지란 생계비를 보조하거나 의료보험을 보장하는 등의 사회복지적 지원으로 보았다. 그러던 것이 제6공화국에 이르러서 사회복지와의 차별을 선언한 것이다. 제6공화국에서 시작된 교육복지는 크게 목표, 대상, 수단의 세 가지 차원으로 제시되어 있다. 대상은 교육소외계층이고, 목적은 교육기회의 확충과 동시에 질적 평등 보장이며, 이를 달성하기 위한 다양한 수단이 필요하다. 다시 말해서 교육복지란 교육소외·결손집단에게 교육기회의 확충과 동시에 질적 평등을 보장해야 하는 것이다. 물론 시기에 따라 목표와 대상, 수단의 세부 내용은 달라져 왔다. 예를 들어 교육소외계층은 저소득층, 장애학생 등으로 정의되어졌으나 최근에는 다문화가정 학생, 새터민 자녀, 중도탈락자, 농산어촌 학생 등으로 확대되었다. 하지만 주요 복지는 ① 경제적 사회적으로 약자인 교육소외계층을 대상으로 ② 교육기회 및 질적 평등을 보장하기 위하여 ③ 다양한 정책수단이 동원되는 활동으로 정의할 수 있다.

교육복지를 최초로 정책어젠다로 확립시켰던 제6공화국(1988~1992) 시기에 교육복지 정책은 ① 보상과 지원, ② 교육 프로그램 제공, ③ 교육여건 개선의 세 관점으로 시도되었으며, 이후 정부가 다양한 정책수단의 변화가 있었다. 이러한 변화는 크게 양적 확대와 질적 고양의 두 가지로 볼 수 있는데, 교육복지의 대상과 프로그램 측면에서 양적 확대가 이루어져 옴과 동시에 그 내용 면에서도 질적인 세분화와 발전이 수반되어 온 것이다.

이처럼 한국에서의 교육복지정책은 시대를 거치면서 양적 그리고 질적으로 분화, 발전되어 왔다. 그러나 최근 특히 18대 대통령시기를 전후하여 본격적인 복지 논쟁이 점화되었으며 대표적인 교육복지 논쟁으로는 무상급식, 반값등록금 그리고 누리과정 재정이 오늘날 복지재정의 딜레마로 등장되어 있다. 딜레마의 핵심은 우리의 교육복지재정이 이를 감당할 수 있는가의 문제로 집결되며, 대체적으로는 교육복지재정에 대한 근본적인 재검토 없이는 이는 감당 불가능하다는 것이며, 교육재정구조 전체의 위기를 가져올 것이 확실하다. 천세영(2014)은 이를 유령복지의 딜레마로 규정하면서, 특수교육과 유아교육의 경우는 이러한 유령교육복지로 인해 잔여복지로서도 설계가 제대로 되고 있지 못하며 나아가 보편복지로서의 가능성마저도 싹이 잘리고 있다고 본다. 즉, 경제적 빈부를 넘어서서 사회적으로 차별되고 남겨질 수밖에 없는 대상자를 수용조차 못했던 특수교육은 이제 장애 유형별로 다양한 방식의 교육복지 서비스를 받아야 하고 나아가서는 보편복지 단계를 넘고 다시 여타 단계의 기본교육정책의 하나로 정립되어야 하며 유아교육은 더욱 그러한데, 3~5세 연령별 누리교육과정을 완성한 유아교육도 이제 종전과 같은 잔여주의 복지서비스로서가 아니라 독립적인 교육정책 대상으로 전환되어야 할 것임에도 무상급식이나 반값등록금 같은 유령복지에 밀려 바른 교육복지재정정책이 길을 잃었다는 것이다.

VII. 미래 리더를 위한 제언

1. 요약 및 시사점

대한민국 교육기적의 분명한 동인은 교육재정정책이었으며, 그 요점은 최소 규모의 재정을 최대 규모의 효율성으로 승화시킨 것이었다. 첫째는 민간과 공공 재원 간의 협응을 통해 국민적 교육비부담의지를 최대한 동원해 냄으로써 최종적으로는 안정재원 확보를 이루어 낸 것이며, 둘째는 지방교육재정교부금제도를 통한 형평한 재정배분과 지방교육비특별회계를 중심으로 한 재정운영의 자율성 효과를 극대화한 결과이다. 이러한 역사는 〈표 10-5〉에서 정리된 바와 같이 적시에 효과적인 정책이 수립되고 집행되면서 거의 무에서 유를 창조한 기적

〈표 10-5〉 시기별 교육재정정책 주요 변천사

시기 / 정책분야	정초기 (1945~1960)	산업화기 (1961~1979)	민주화기 (1980~1997)	선진화기 (1998~2015)
교육재정 확보	• '교육자치 3법'의 완성 • 교육세 성립 • 의무교육재정교부금법 성립	• '지방교육재정교부금법' 성립	• 영구교육세제의 완성 • GDP 5% 재정의제 성립	• 지방교육재정교부금제도 정비
교육재정 배분	• 교원봉급교부금제도의 성립	• 초·중등학교 재정 통합배분	• 표준교육비제도 도입 • 사학재정결함보조금제도 도입	• 유아복지교육재정 제도 성립
교육재정 운영	• 학교후원회, 기성회 설립운영	• 지방교육비특별회계제도 정비	• 학교대상 일상도급경비제도 운영	• 학교회계제도 도입 • 교육재정전산화
고등교육재정 유아복지재정	• 국립서울대학교 설치	• 지방국립대학 발전	• 유아교육공교육화정책 수립	• BK21, NURI 등 재정평가사업 탄생

이다. 그러나 최근 무상급식재정을 중심으로 한 교육복지재정 논쟁과 지방교육재정의 개혁과제 등 대한민국 교육재정의 딜레마가 곳곳에서 갈등을 불러일으키고 있다. 이 시점에서 다시 대한민국 교육재정정책은 70년 전의 원점으로 돌아가서 새로운 창조를 하지 않으면 기적은 한순간에 물거품이 되고 말 것이다. 여기서는 지난 70년 교육재정정책사를 종합적으로 요약해 보고 이를 바탕으로 미래의 리더들을 위해 어떤 방향으로 정책운용방향을 설정해야 할지를 제안하고자 한다.

첫째, 교육재정확보정책사의 요점은 재원의 안정성과 충분성이었던 것으로 평가되었다. 건국 초기의 국가 재정확보 역량은 사실상 제로에 가까웠으며, 그것은 정부부문과 민간부문 모두 마찬가지였다. 그러나 70년 교육재정사는 무에서 유를 창조하듯 안정적이고 충분한 재정확보에 기적적인 성공을 거두었으며, 이는 세계사의 사례를 찾기 어렵다. 이러한 성공이 가능했던 것은 결과적으로 대한민국만의 고유한 교육재정정책사적 노력과 결실이 있었다고 평가해야 할 것이다. 이와 같은 성공의 밑바탕에는 역사문화적인 유산과 건국 초기의 미국을 비롯한 국제사회의 지원을 소중한 자산이 있었음을 인정해야 한다. 이를 바탕으로 정부재원과 민간재원이 상호 협응하였으며, 특히 초기 국가재정력이 부족할 때는 민간재원이 효과적인 교육재원 동원에 참여했다고 볼 수 있다. 결과적으로 건국 초기에는 GDP 곧 국가경제규모를 기준으로 했을 때 초기에는 민간재원이 큰 역할을 했으나 점차 공공재원의 규모가 커져 왔다. 그러나 여전히 민간교육재원의 규모는 2000년대 이후에도 계속 2.7%로서 세계에서 가장 많은 민간교육비 부담률을 보이고 있다.

둘째, 교육재정배분 제도사의 변천에서 두드러지는 점은 지방정부간 재정형평성을 보장하기 위한 지방교육재정교부금 배분제도의 발전, 학교예산의 자율성과 책무성 보장을 위한 학교비배분제도의 발전, 그리고 한국교육의 고유한 특성인 막중한 사립학교의 재정건실화를 위한 사학재정결함보조금제도의 발전과정으로 정리된다. 대체로 지난 70년간의 한국교육재정 배분정책사는 지역 간 그리고 학교 간 재정격차를 줄이고 형평한 교육기회를 보장하는 데 역점을 두었다고 평가된다. 이는 헌법에 보장된 바의 균등한 교육기회의 보장과 배분이라는 교육정책 이념을 달성하는 데는 분명한 기여를 해 왔다고 평가된다. 그러나 다른 한편으로는 사립학교별 교육프로그램의 다양성과 특색을 발전시키지 못하고 교육의 획일성을 소중히 보존하는 부작용도 있었다. 또한 지방교육자치단체들도 재정자립도를 갖추려 노력하기보다는 중앙정부 재원에만 의존하여 재정자립도를 키워 내지 못했으며, 그 결과 지역별 교육의 특색과 다양성 또한 만들어 내지 못했다. 그러므로 향후 우리나라 교육재정배분사는 형평성 가치배분을 다소 완화시키고 효율성과 자율성 가치배분을 강화하는 방향으로 발전해 가야 할 것이다.

셋째, 교육재정운영에 관한 지난 70년 정책사에서 가장 역점을 두었던 정책가치는 재정주체들의 재정운영 자율성이었다. 물론 지방의 교육행정 당국이나 학교와 같은 재정주체들로서는 항상 재정난에 직면해 왔기 때문에 사실상 자율재정운영의 폭은 절대적으로 제한되어 있었다. 1990년대까지 대부분 재정은 교원 인건비와 기본 시설과 환경 개선비로 지출되었으며 교육의 최종 단위 책임경영자인 학교장 수준에서 현장 특성에 맞는 교육프로그램을 운영한다는 일은 사실상 불가능했다.

그러나 교육재정운영의 자율성과 효율성 과제는 지속적인 정책목표가 되어 왔으며 1990년대 이후 교육재정 사정이 개선되면서 크게 볼 때 세 가지 정도의 중요한 정책발전이 있었는데, 곧 지방교육비특별회계 제도의 운영, 학교회계제도 도입, 그리고 최근에 본격 운영된 에듀파인으로 대표되는 디지털교육재정회계시스템이다. 그런데 종합적으로 평가해 볼 때 교육활동의 최종 단위인 학교의 재정운영 자율성을 최고의 정책가치로 생각한다면 현재로서는 도입 초기의 혼란이 남아 있으며 특히나 완전한 의미의 단위학교 책임경영제가 정착되지 않는 단계에서의 예산운영의 자율성 수준은 풀어야 할 숙제들이 많이 남아 있다.

2. 미래 리더를 위한 정책방향 제안

지난 70년 교육재정정책사가 무에서 유를 만들어 온 성공사라고 할 수 있지만 동시에 그 안에 또 다른 모순들을 내포하면서 발전해 온 과정이기도 하다. 요컨대 그것은 부족한 재원의 우선적 확보와 교육재정 당국들에 전면적인 자율권을 보장함으로써 한정된 재원의 배분과 운영 효과를 극대화했지만, 동시에 그 이면에 중앙정부 의존형 재원확보 방식과 획일적 배분과 운영 방식이 온존됨으로써 단위별 자율성과 다양성이 발전되지 못했고 결과적으로는 최근 유아교육과 교육복지 재정 그리고 스마트교육과 같은 새로운 재정 수요에 탄력적 대응을 못했다. 이에 대한민국 교육재정의 미래를 위해 첫째 교육재정의 확보라는 관점, 둘째 확보된 재정의 효율적인 배분과 운영이라는 관점에서 근본적인 재검토가 필요하다는 관점에서 미래 리더들을 위한 다음과 같이 두 가지의 정책방향을 제언하고자 한다.

1) GDP 6% 공공교육재정 의제의 실현과 교육재정의 확충

〈그림 10-2〉의 OECD의 교육통계 보고에 따르면 한국의 공교육투자 규모는 평균보다는 높지만 노르웨이, 핀란드 등 경제선진국들에 비하

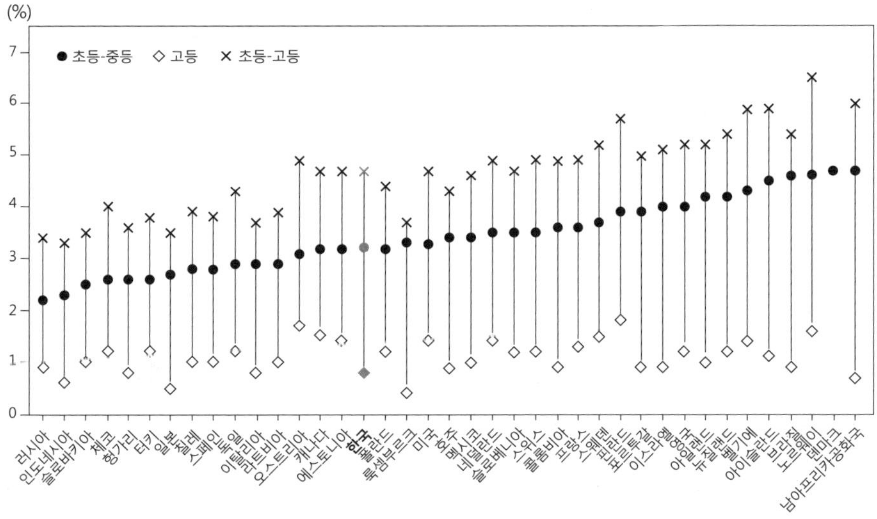

〈그림 10–2〉 OECD 국가들의 GDP 대비 공교육투자비중(2012년 기준)

자료: OECD 온라인데이터베이스 https://data.oecd.org/eduresource/education-spending.htm.

면 여전히 낮은 수준이다. 물론 여기에 민간부담 교육비까지를 합한다면 그 규모는 GDP 대비 6%를 웃돌 것으로 추정되며, 사교육비 규모까지 포함한다면 실제적인 교육투자 규모는 더 커질 것으로 추정된다. 그러나 문제는 공공재정투자 규모의 절대 취약성 때문에 빚어지는 민간부담 재정구조의 불합리성은 하루속히 불식되어야 할 과제이다.

이제 공부담공교육비의 규모 목표를 GDP 5% 넘어 6%로 재설정하고 재정확충을 위한 제2도약을 할 필요가 있다. 공부담공교육비는 왜 GDP의 6%를 최소한 넘어야 하는가? 그것은 대한민국의 기적은 교육기적이며 그것은 국민의 교육열을 근간으로 하고, 국민의 교육열은 다름 아닌 사교육비로 표현된다는 사실이 대변하고 있다. 사교육비가 한국 사회에서 문제가 되는 것은 교육격차의 직접 원인이 되고 있기 때문이며, 무엇보다도 투자에 비해 효과는 극도로 미미한 도박비용이 되고 있기 때문이다. 즉, 교육수요자들 간의 경쟁을 부추겨서 사교육공급자들의 이익은 극대화되고 있지만 그로 인한 교육적 효용, 곧 개인과 사회의 성장은 극히 미미한 것이다. 결국 유·초·중등교육을 담당하고 있는 지방교육재정의 비효율성을 낳고 있는 근본원인은 공교육체제의 취약성 그 자체이며 그 취약성은 근본적으로는 공교육투자의 빈곤에서 비롯된다.

사실상 문민정부(김영삼 대통령)에서 GDP 5% 공교육비 어젠다가 확립된 지 20년이 지나가고 있지만 한 번도 목표에 제대로 도달하지 못했다는 점을 상기해야 한다. 국민의 정부(김대중 대통령)는 GDP 6% 공약을 선거 당시에만 약속했을 뿐 IMF 경제위기를 핑계로 이후 공교육재정의 확충 의제는 완전히 사라지고 말았으며, 참여정부에서는 고등교육경쟁력이라는 목표에 치중하여 일반 지방교육재정교부금으로는 충당하기 어려운 국고지원사업들, 예컨대 유아교육과 영재교육과 교육정보화 사업비들을 조금씩 지방에 떠넘기는 실마리를 제공하였고 급기야 2010년대 이후 포퓰리즘의 광풍 가운데 누리과정과 무상급식 재정폭탄을 안게 된 것이다. 사교육비는 이명박정부 때에 이르러 잠시 주춤하였다. 이는 무엇보다도 방과후학교와 원어민영어강사지원 그리고 스마트교육 등 학교교육프로그램 개선을 위한 재정투자 증가로 해석된다. 그러나 동시에 진행된 무상급식과 누리과정으로 인한 막대한 재정압박은 결과적으로 학교교육의 부실화를 가져올 수밖에 없었고 최근 들어 주춤하던 사교육비는 다시 급증세로 돌아서고 있다. GDP 6%와 같은 추가재원의 확보 없이 추진된 포퓰리즘적 지방교육재정정책 운용은 절대 규모의 부족과 운용구조의 비효율성을 동시에 안고 있는 학교재정을 더욱 압박한 결과라고밖에 볼 수 없다. 사실상 사교육비의 과도한 증가는 빈약한 공교육투자 때문이다. 세계 평균에 비하면 분명 대한민국의 교육비 투자액수는 많다고 할 수 있지만 그것이 세계 다른 나라에서는 찾아 볼 수 없고, 그것이 대한민국 기적의 근원이라면 분명 그중 일부는 반드시 국가재정이 감당해야 할 것이다. 최소한 누리과정만큼에 소요되는 추가 재정만이라도 국가재정이 투입되어야 한다. 현재의 지방교육재정 제도와 구조에서는 결코 초·중등학교의 몫을 나누어 누리과정에 재배분될 수 없는 일이며 이미 복지 사이클에 접어들어 버린 무상급식과 반값등록금 재원을 삭감하는 일도 요원하다.

2) 지방교육재정 배분 효율화를 위한 근본적 대책 마련

교육재정의 효율화는 사실상 구호만 있었지 한 번도 제대로 실행된 적은 없다. 사실상 지난 70년간의 교육재정사는 확보와 배분에 강조점이 두어졌고 운영의 효율성과 책무성은 다소 소홀했다. 그런데 1998년 IMF 외환위기를 거치고 2000년대에 접어들면서 '효율화'라는 의제가 등장하기 시작했는데 그 계기는 크게 두 가지로 요약된다. 첫째로 경제사정이 적어도 2008년 금융위기 이전까지는 많이 나아짐으로써 내국세에 연동된 지방교육재정교부금이 안정적으로 확보되고 매년 상당 규모의 세계잉여금도 남게 되었으며, 둘째로 교원의 정년 단축과 학생 수 급감으로 인한 기본재정수요 증가세가 둔화됨으로써, 언제부터인가 학교재정의 부족 문제보다는 효율 문제가 수면 위로 떠오르기 시작했던 것이다. 물론 더욱 근본적인 문제는 효율성이 요청되던 시점에서 마땅한 대응을 못했기 때문이었다.

지방교육재정 효율화의 과제는 매우 광범위할 수 있겠으나, 여기서는 그 모든 것을 다루기보다는 2016년 이후 닥쳐올 지방교육재정의 화두인 누리과정, 무상급식, 학생당배분이라는 세 가지 재정정책의 효율성을 무엇보다 시급히 제고해 보고자 한다.

첫째, 누리과정은 3세에서 5세까지를 대상으로 소득수준에 관계없이 교육비를 지원하는 것을 말한다. 기본적으로 이 설계는 재정수요를 제대로 예측하지 못한 정책실패임이 분명하다. 무엇보다도 그것은 재정이 허락하는 범위 안에서 2012년 최초 설계되었던 것처럼 5세부터 단계적으로 확대했어야 했다. 헌법에 천명하였던 9년제 무상의무교육이 실현된 것은 아주 최근의 일일 뿐이며, 중학생에 대한 학부모 후원금 성격의 학교운영지원비(1970년 제정 육성회비의 후신)가 사라진 것도 2010년 이후였으며, 대부분의 선진국에서 시행하고 있는 고교무상교육은 기실 재정수요가 크지 않음에도 불구하고 미루어지고 있다. 또 한 가지의 결정적 착오는 소득계층별로 충분히 차등지원이 가능한 제도였음에도 전면적 지원을 함으로써 재정수요를 더더욱 감당치 못하는 상황에 이른 것이다. 그뿐만 아니라 양자의 사정이 극도로 다른 채로 이원화되어 있던 어린이집과 유치원의 유아교육서비스를 누리과정으로 무리하게 통합해 버림으로써 현장의 혼란을 가중시켜버린 점도 재정효율화라는 관점에서 볼 때는 결정적 패착일 수밖에 없었다. 누리과정으로의 통합은 당연한 명제일 수 있으나 그로 인해 현격히 재정수요 격차가 발생할 수밖에 없는 어린이집과 유치원에 대한 차별적 대책을 세밀하게 준비하지 못했던 것이다.

둘째, 무상급식은 잘못 설계된 재정정책임을 분명히 해야 한다. 전 세계 어떤 나라에서도 대한민국처럼 전면적인 무상급식을 실시하지 않으며, 일부 실시했던 국가들도 모두 철회하였다. 지금 당장은 초·중등학교 재정과 무상급식 재정을 줄이는 일이 어려울지 모르지만 이로 인해 해당 지역 내 영유아교육의 결손이 생긴다면 그로 인해 초·중등교육단계로의 교육결손은 곧바로 이전될 것이며, 그 처치를 위한 재정소요는 지금의 몇 배가 될 것임은 분명한 이치이기 때문이다.

셋째, 최근 교육부가 추진 중인 지방교육재정개혁과제의 하나는 '교부금 배분 학생 수 비중 강화'이다. 그러나 이는 시·도 간 이해관계의 차이 때문에 그 실현 가능성이 매우 낮다. 이는 사실상 학교재정배분제도에 대한 근본적 수술 없이는 요원한 문제이다. 수술은 정말 근본적이어야 하는데, 그것은 선진국들이 이미 도입한 '학생당비용에 근거한 단위학교책임경영' 그 이상도 이하도 아니다.

우선 먼저 살펴보아야 할 선진제도는 단연 바우처이다. 교육비지불보증제도라 불리는 이 제도는 1980년대 미국에서 시작되었고 이후 미국 학교개혁의 중심 견인차인 차터스쿨의 근간이 되었다. 대한민국의 경우 2004년 제정된 '유아교육법'에서 이를 도입한 것은 매우 선진적인 조치였다고 평가되었으나 이후 공립유치원과 사립유치원의 갈등과 유보육기관 간 갈등을 거쳐 누리과정에 이르기까지 유아교육정책이 표류하면서 제도 정착은 아직도 갈 길이 먼 상태이다. 사실 아직도 미국에서는 바우처제도가 완전히 정착되지 않았지만 학교재정효율화를 위한 정답이라는 점에 대해서는 상당한 합의에 도달했다고 보아야 할 것이다. 2013~2014년 조사에 따르면 바우처에 근간한 미국의 차터스쿨은 16개 주 6,400여 개 학교로 늘어난 것으로 보고되었으며 이 중 70%가 공립차터스쿨이라고 한다. 이러한 차터스쿨들은 정부로부터 받는 기본 교육비 바우처를 제외하고도 학교별 사정에 따라 추가적인 수업료 징수와 외부자원들을 모금함으로써 재정의 확충을 위해서도 많은 노력을 하고 있어서 교육재정운용의 효율성에 분명한 기여를 하고 있는 것으로 평가된다. 학교재정효율화와 개혁의 최선두 주자는 단연 영국의 아카데미(Academy)와 자유학교(free school)일 것이다. 아카데미 체제는 지역교육청과 거의 같은 역할을 하는 비영리 교육지원청인데, 영국 정부는 학교 스스로 지역교육청으로부터 벗어나서 아카데미의 관할하에 들어갈 수 있는 선택권을 부여한 것이다. 일종의 전통적 교육행정기관의 관료적 감독을 벗어나서 학교에 정말 필요한 컨설팅과 장학을 받을 수 있는 새로운 지원체제를 만들어 낸 것이다. 그러나 이러한 영국의 학교재정 개혁에서 눈여겨볼 것은 그것이 단순한 학생당재정배분을 넘어선 완전한 의미의 단위학교책임경영제라는 사실이다.

첫째로 학교장은 법인이사회격인 학교운영위원회에 매달 1회 학교경영보고를 해야 하는 상임대표이사로서의 책무를 수행하고 있으며, 둘째로 학교경영지표의 핵심은 학부모의 선택에 기반을 둔 학생 수라는 사실이다. 즉, 학생 수가 많아지면 그만큼 학교재정배분액수가 많아지고, 줄어들면 당연 배분액도 감액되어서 경영과 재정 압박을 받게 되는 것이다. 따라서 교장으로서는 학부모의 선택을 받기 위해 부단히 학교개선 노력을 해야 하며, 그 핵심은 교육과정의 꾸준한 개선활동일 것이다. 그런데 여기서 더욱 중요한 것은 이때의 교육과정 개선이 학교 교과목별 내용과 시수의 변동을 의미하며, 결국 그것은 교원조직의 개선까지를 의미한다는 사실이다.

결론적으로 학교재정운용의 효율성이란 궁극적으로 학교운영의 자율성을 의미하며 구체적으로 그것은 CEO 교장의 경영 자율성과 책무성을 뜻한다. 단, 여기서 정부가 학생당재정배분의 기준을 마련하면서는 단순히 학생 1인당 같은 금액을 배분하는 것은 아님을 분명히 알아 두어야 한다. 이는 선진국들이 오랜 경험을 통해 학교재정의 형평성과 효율성을 기할 수 있는 학생당표준교육비 제도를 운영해 왔기 때문에 가능하다. 학생당표준교육비는 학교규모는 물론, 지역적 특성과 학생의 특성을 모두 감안하여 각각의 교육비 차이도를 반영하여 산정되며 일정 주기를 기준으로 변경된다. 우리의 경우도 1988년 이후 표준교육비 제도가 도입되기는 하였으나 아직은 학교재정의 대부분을 차지하고 있는 교직원 인건비가 제외되고 있을 뿐만 아니라 각종 정책사업비가 별도로 책정되고 있어서 학교의 자율적 표준교육비로 배분되는 재정은 학교운영비의 절반 정도밖에 안 된다. 지방교육재정운용의 궁극적 효율성은 이와 같은 학교재정의 자율성 없이는 불가능한 일임을 명심해야 할 것이다.

참고문헌

강길수(1957). 『교육행정』. 풍국학원.

강길수(1980). 『한국교육행정사연구』. 재동출판사.

고광득(1958). 「교육세법의 구상」. 『문교월보』 제40호.

공은배·한유경·강태중(1985). 『교육투자규모와 수익률』. 한국교육개발원.

공은배·천세영(1992). 『한국의 교육비수준』. 한국교육개발원.

교육개혁심의회(1987). 『교육재원의 확충방안 정책연구 IV-8』.

김민희(2011). 「지방자치단체의 지방교육재정지원 개선방안: 주요국과의 비교 관점」. 『한국비교정부학보』 15(3).

김영철·공은배·이윤식(1982). 『교육투자규모와 적정단위교육비』. 한국교육개발원.

김용남(2012). 「에듀파인 학교회계제도의 성과와 과제」. 『한국교육재정경제학회 하계학술대회 자료집』. 한국교육재정경제학회.

김재범(1983). 『교육재정론』. 교육출판사.

김종철(1989). 『한국교육정책연구』. 교육과학사.

나민주(1999). 「민간의 교육재정부담제도에 대한 평가와 전망」. 『교육재정경제연구』 8(1).

대한사립중고등학교교장회(1974). 『한국의 사학』. 민중서관.

문교부 교육차관사업종합평가단(1983). 『교육차관사업종합평가연구』.

박남기(1986). 「교육세 평가를 위한 준거모형 탐색」. 서울대학교 석사학위논문.

백현기(1963). 『교육재정』. 을유문화사.

백현기(1972). 『교육행정의 기초』. 배영사.

손인수(1971). 『한국근대교육사』. 연세대학교출판부.

송기창(1994). 「지방교육재정정책 변천과정 분석연구」. 서울대학교 박사학위논문.

송기창(2001). 『교육세백서』. 숙명여자대학교.

송기창 외(2012). 『2012 교육재정백서』. 한국교육개발원 수탁연구 CR-2012-51.

송기창·윤홍주(2011). 『2000~2010년 지방교육재정 변동추이 분석』. 한국교육개발원.

오성철 외(2016). 『대한민국 교육70년』. 대한민국역사박물관.

오천석(1975). 『한국신교육사』(상, 하). 광명출판사.

유웅상(2006). 「교육시설 임대형 민자사업(BTL) 추진방향」. 『건축』 50(2).

윤정일·박종열(1977). 『교육재정의 현황과 문제: 교육비분석연구』. 한국교육개발원.

윤형원 외(1998). 『국립대학 특별회계법 제정에 관한 연구』. 한국대학교육협의회 연구보고 RR 제98-6-165호.
이돈희 외(2015). 『한국의 교육 70년』. 한국학중앙연구원.
이원근(1999). 「학교예산회계제도의 개선방향」. 『교육마당 21』 99.
이호성(1951). 『교육자치제와 그 운영』. 한국교육문화협회.
정태수(1992). 「미군정기 '교육자치3법'의 초안자와 입법의도 및 추진과정」. 『교육법학연구』 3.
정태수(1995). 『광복 3년 한국교육법제사』. 예지각.
정태수·신세호 편저(1991). 『전환기의 한국교육』 별쇄본. 예지각.
조석훈(2009). 「지방교육재정교부금법에 의한 지방자치단체 일반회계 진입금세도의 변천과정」. 『교육재정경제연구』 15(2).
천년수·김재범·최종진(1969). 『연간 투입되는 교육비 총액 추정』. 중앙교육연구소.
천세영(1990). 「학교육성회제도의 성립」. 『교육비평』 창간호.
천세영(2013). 「교육재정경제(학)사 60년 회고」. 『교육학회 2013연차대회발표자료집』.
천세영 외(2014). 「교육복지재정의 정책논리와 규모추정」. 『교육재정경제연구』 22(1).
한국교육연구소 지방교육재정연구위원회(1991). 『학교는 왜 가난한가: 한국교육재정의 위기』. 우리교육.
허성득(1956). 「교육세법에 대한 구상」. 『문교월보』 22.
McGinn, Noel & Youn-Bong Kim(1981). *Education and Development in Korea: Studies of the Modernization of the Republic of Korea*. Harvard University Press.
https://data.oecd.org/eduresource/education-spending.htm#indicator-chart.

찾아보기

ㅇ

ㅈ

ㅊ

ㅌ

ㅍ

ㅎ

발간사

서울대학교 국가리더십연구센터는, 우리나라가 국민들이 바라고 전 세계가 부러워하는 '모범국가'로 발전하는 데 기여하기 위해서 2013년 3월 설립되었다.

어떤 조직, 어떤 사회, 어떤 국가의 흥망과 성쇠는 지도자에 달려 있다고 해도 과언이 아니다. 한 나라가 모범국가로 발전하는 과정의 핵심도 국가의 지도자다. 국가지도자의 비전과 역량에 따라 모범국가로 나아가기도 하고, 형편없는 국가로 머물러 있거나 또는 추락하기도 한다. 그들이 무엇을 시대적 과제로 인지하고 어떤 국가의 비전을 설정하며, 그것을 달성하는 과정에서 어떻게 국민의 지지를 확보하면서 동시에 여러 가지 어려움과 저항을 극복하는지에 따라 모범국가로 나아갈 수도 있고 그렇지 않을 수도 있다. 그것도 한 세대가 아니라 세대를 이어 가면서 각 시대의 국가적 과제를 국가지도자들이 어떻게 설정하고 이를 추진하는지가 중요하다. 각 세대를 책임지는 국가지도자들이 계속해서 보다 나은 국가에 대한 비전을 설계하고 이를 잘 성취할 수 있는 지혜를 가진다면, 우리나라는 그야말로 전 세계가 부러워하는 모범국가로 우뚝 설 수 있을 것이다.

국가리더십연구센터는 바로 그러한 지혜를 연구하고 이를 미래의 지도자들에게 전수하여, 지금부터 70년 뒤에는 우리가 광복 70년 동안 이룩해 왔던 것보다 더 많은 발전을 이룩하고, 그로부터 다시 70년 뒤에는 그야말로 전 세계가 부러워하는 모범국가로 우뚝 서는 데 기여하고자 한다.

이를 위한 사업으로 국가리더십연구포럼, 역사리더십연구포럼, 정책리더십연구포럼을 각각 추진하고 있다. 첫째, 국가리더십연구포럼은 대한민국 정부수립 이후 국가의 발전과 국민의 행복에 기여한, 생존하고 있는 국가지도자들을 초청하여 이들이 격변의 과정에서 무엇을 국정목표와 가치로 설정하고, 이를 달성하기 위해서 어떤 전략과 수단을 사용하였는지, 특히 여러 가지 저항과 어려움을 어떻게 극복하였는지 그 생생한 리더십의 경험을 청취, 정리, 연구하는 동시에 이를 역사적 사료로 후세에 전달하고자 하는 사업이다. 둘째, 역사리더십연구포럼은 중요한 역사적 전환 시점에 나라의 발전을 위해 헌신한 역사적 인물을 대상으로 이들이 그 시대를 어떻게 이해하고 무엇을 시대적 비전으로 설정하였으며 이를 어떤 리더십으로 달성하였는지를 연구하는 사업이다. 셋째, 정책리더십연구포럼은 각 정책분야별 역사적 변화의 궤적을 추적하고 향후 전망을 제시하는 사업이다. 대한민국이 '모범국가'로 나아가기 위해서는 우리가 어디에서 와서 현재 어디에 있으며 또 앞으로 어디로 갈지를 파악하는 것이 필요하다. '모범국가'라는 것이 고정된 것이 아니라 전 세계라는 공간과 역사라는 시간에 따라 변화되는 국가의 모양이라고 볼 때, 각 정책영역별 역사적 변동과 전망을 정리함으로써 보다 구체적인 국가발전의 방향을 설정할 수 있을 것이다. 그래서 각 정책분야별로 의미 있는 발전과 개혁이 무엇인지, 이러한 변화가 이루어지는 과정에서 추진세력은 저항세력을 어떻게 극복하는지 정치·경제·사회적 제약조건과 이를 극복하는 전략과 수단을 탐색하는 사업이다.

이러한 세 가지 포럼의 연구 성과를, 동시대와 공유하는 한편 후세에 전해 주기 위해서, 국가리더십연구총서의 형태로 지속적으로 발간하고자 한다. 많은 분들의 관심과 비판, 그리고 격려를 통하여 모범국가로 나아가는 데 조금이라도 기여를 할 수 있으면 하는 마음 간절하다.

국가리더십연구센터 소장 김병섭

필자 소개

김신복

서울대학교 교육학과를 졸업하고, 동 행정대학원에서 행정학 석사를, 미국 피츠버그 대학에서 행정학 석사와 박사학위를 취득하였다. 한국행정학회 회장, 교육인적자원부 차관, 서울대학교 부총장 등을 역임하였으며, 현재 서울대학교 행정대학원 명예교수와 가천학원 이사장으로 재직 중이다. 저서로 『교육정책론』(1996, 공저), 『발전기획론』(2004) 외 다수가 있다.

김인희

서울대학교 사회교육과를 졸업하고, 동 대학원에서 교육학 석사학위를, 미국 버지니아대학에서 교육학 박사학위를 취득하였다. 교육인적자원부 교육복지정책과장, 홍익대학교 교육경영관리대학원 교수, 한국교원대학교 교육정책전문대학원 교수 등을 역임하였으며, 현재 한국교육복지연구소 소장으로 재직 중이다. 저서로 『학교교육혁신론』(2008), 『교육복지정책론』(2009, 공저) 외 다수가 있다.

김재춘

서울대학교 교육학과를 졸업하고, 동 대학원에서 교육학 석사학위를, 미국 UCLA에서 교육학 박사학위를 취득하였다. 대통령비서실 교육비서관, 교육부 차관, 한국교육개발원 원장 등을 역임하였다. 현재 영남대학교 교육혁신부총장으로 재직 중이다. 저서로 『교수·학습활동의 이론과 실제』(2007), 『교육과정: 이론과 실제를 겸비한 인재 양성 지도서』(2016), 『들뢰즈와 교육』(2016), 『학교의 미래, 미래의 학교』(2018) 외 다수가 있다.

김훈호

서울대학교 지구과학교육과를 졸업하고, 동 대학원에서 교육학 석사와 박사학위를 취득하였다. 한국교육개발원 연구위원을 역임하였으며, 현재 공주대학교 교육학과 교수로 재직 중이다. 저서로 *Internationalizing Higher Education in Korea*(2016, 공저), *Demographic Change and Implications for Education Policy*(2018, 공저) 외 다수가 있다.

서정화

서울대학교 교육학과를 졸업하고, 동 대학원에서 교육학 석사학위를, 미국 플로리다주립대학에서 철학 박사학위(교육행정/정책 전공)를 취득하였다. 한국교육행정학회 회장, 홍익대학교 사범대부속고등학교 교장 등을 역임하였으며, 현재 홍익대학교 교육학과 명예교수로 있다. 저서로 『한국교육의 새지평』(2011, 공저), 『선생님이 해답입니다』(2012) 외 다수가 있다.

신정철

성균관대학교 행정학과를 졸업하고, 서울대학교 행정대학원에서 행정학 석사학위를, 미국 플로리다주립대학에서 교육학 박사학위를 취득하였다. 교육부 평생학습정책과장을 역임하였으며, 현재 서울대학교 교육학과 교수로 재직 중이다. 저서로 *University Rankings*(2011), *The Future of the Post-Massified University at the Crossroads*(2013), *Mass Higher Education Development in East Asia*(2015), *The International Encyclopedia of Higher Education Systems and Institutions*(2020) 외 다수가 있다.

이무근

서울대학교 농생물학과를 졸업하고, 동 교육대학원에서 교육학 석사학위를, 미국 일리노이대학(UIUC)에서 교육학 박사학위를 취득하였다. 서울대학교 농산업교육과 교수, 한국직업능력개발원 원장, 경일대학교 총장, 동명대학교 총장, 한국과학기술한림원 이사를 역임하였으며, 현재 서울대학교 농업생명과학대학 명예교수이자 한국창의성학회 대표로 재직하고 있다. 저서로 『직업교육과정과 평가』(2000), 『직업교육학 원론』(2003) 외 다수가 있다.

이종재

서울대학교 교육학과를 졸업하고, 동 대학원 교육학과에서 석사과정(교육행정전공)을 수료한 뒤, 미국 플로리다주립대학에서 교육학 박사학위를 취득하였다. 한국교육행정학회 회장, 한국교육개발원 원장 등을 역임하였으며, 현재 서울대학교 교육학과 명예교수로 있다. 저서로 『한국교육 60년』(2010, 공저), 『사교육: 현상과 대응』(2010, 공저), 『한국교육행정론』(2012, 공저), 『교육정책론』(2015, 공저), 『사회적 약자를 위한 교육정책론』(2020, 공저) 외 다수가 있다.

천세영

서울대학교 교육학과를 졸업하고, 동 대학원에서 교육학 석사와 박사학위를 취득하였다. 한국교육재정경제학회 회장, 한국교육학술정보원 원장, 대통령실 교육비서관 등을 역임하였으며, 현재 스마트교육학회장 및 충남대학교 교육학과 명예교수이다. 저서로 『한국교육재정 현상 탐구 1』(2005), 『한국교육재정 현상 탐구 2』(2009), 『교육과 자유』(2012), 『스마트 교육혁명』(2012, 공저) 외 다수가 있다.

최운실

이화여대학교 교육학과를 졸업하고, 동 대학원에서 교육학으로 석사와 박사학위를 취득하였다. 한국평생교육학회 회장, 국가평생교육진흥원 원장 등을 역임하였으며, 현재 아주대 명예교수와 서원대 석좌교수로 재직 중이고 재단법인 한국지역사회교육재단 이사장과 유네스코글로벌학습도시자문위원장(UNESCO-EAC)과 아시아태평양학습도시연맹(APLC-EAC) 자문위원장으로 활동하고 있다. 저서로 『한국의 평생교육』(1990), 『평생교육경영론』(2014, 공저), 『노인교육론』(2017, 공저) 외 다수가 있다.